Tim Smedley

# DIE GROSSE TROCKENHEIT

Tim Smedley

# DIE GROSSE TROCKENHEIT

## HITZE, DÜRRE, WASSERNOT

### WAS KANN DIE WELT NOCH VOR DEM VERDURSTEN RETTEN?

Aus dem Englischen
von Elisabeth Schmalen

LUDWIG

Die Originalausgabe erschien 2023 unter dem Titel
*The Last Drop. Solving the World's Water Crisis* bei Pan Macmillan.



CERTIFIED
cradle to cradle
BRONZE

Cradle to Cradle Certified® ist eine eingetragene Marke
des Cradle to Cradle Products Innovation Institute.

FSC
www.fsc.org
MIX
Papier | Fördert
gute Waldnutzung
FSC® C014496

Penguin Random House Verlagsgruppe FSC® N001967

Deutsche Erstausgabe 2023


First published 2023 by Picador an imprint of Pan Macmillan,
a division of Macmillan Publishers International Limited


Redaktion: Gisela Fichtl
Umschlaggestaltung: eisele grafik design
unter Verwendung eines Fotos von: Bigstock/alfotokunst
Satz: Leingärtner, Nabburg
Druck und Bindung: GGP Media GmbH, Pößneck
Printed in Germany
ISBN: 978-3-453-28158-5

www.Ludwig-Verlag.de

»Doch immer wieder vergaßen die Menschen während der trockenen Jahre die üppigen und verloren während der feuchten Jahre die Erinnerung an die trockenen. Immer wieder ging es so.«[1]

*John Steinbeck, Jenseits von Eden (1952)*

»Wasser ist kostbar.
Ja, manchmal noch kostbarer als Gold.«[2]

*Der Schatz der Sierra Madre (1948)*

# INHALTSVERZEICHNIS

# EINLEITUNG: GEWÄSSER IN NOT

## KARAMEH-STAUDAMM, JORDANIEN, AUGUST 2021

Ich stehe am Ufer eines großen Sees in einer der trockensten Regionen der Welt. Das Wasser liegt ruhig und friedlich da, ein wohltuender Anblick in der zunehmenden Hitze des Augustmorgens. Wir befinden uns am niedrigsten Festlandpunkt der Erdoberfläche, im Jordangraben 400 Meter unter dem Meeresspiegel, wo die Hitze schon bei Sonnenaufgang erdrückend ist und monatelang kein Regen fällt. Auf der gegenüberliegenden Seite des Sees verschwimmt das bleichweiße Ufer mit dem Himmel und im Dunstschleier ist geisterhaft die Hügellandschaft des Westjordanlandes zu erahnen. Kurz ist ein einsamer, schlanker weißer Wasservogel zu sehen, der kaum in der Lage ist, die Stille oder seine eigene Lethargie zu durchbrechen, bevor er aufgibt und wieder landet. Neben mir am Ufer ragen eine Handvoll verkümmerter Sträucher traurig aus dem Wasser, die unteren Zweige von einer verräterischen hellen Kruste überzogen. Denn dieser See hat ein verhängnisvolles Problem: Der Karameh-Staudamm, der bei seiner Entstehung 1995 der zweitgrößte im Königreich Jordanien war[1], wurde auf salzigem Untergrund errichtet. Das aufgestaute Wasser, das dringend als Trinkwasser und zur Bewässerung gebraucht wurde, ist vollständig unbrauchbar.

Ein Auto taucht auf und wirbelt weißen Staub auf. Eshak Al-Guza'a steigt aus. Der Projektmanager der Nichtregierungsorganisation EcoPeace Middle East ist ein einnehmender Mittdreißiger, der gern lacht und noch lieber Zahlen herunterrattert. »Das hier ist einer unserer größten Fehlschläge«, klagt er, während wir auf den seltsam schönen, aber toten See schauen. »Fast 52 Millionen Kubikmeter unbrauchbares Wasser. Obwohl wir in den Neunzigern über das Wissen und die Technologien verfügten, um einen hochwertigen Damm zu bauen, hat man sich über die salzhaltigen Quellen und das Gestein einfach nicht gut genug informiert. So haben wir hier eine Menge Süßwasser aufgestaut und es versalzen lassen und jetzt gibt es keine Möglichkeit, das wieder rückgängig zu machen.« Als ob das noch nicht genug wäre, wurde 2010 eine Entsalzungsanlage am Ufer errichtet, die aber wenige Monate später wieder aufgegeben werden musste, weil sie den extrem hohen Salzgehalt des Sees – höher als der des nur wenige Kilometer entfernten Toten Meeres – nicht bewältigen konnte. Während unseres Gesprächs verschafft sich Nasser – unser Fahrer für den Tag und gleichzeitig Investmentmanager von EcoPeace – einen Eindruck vom Ufer, wo möglicherweise eine Ferienanlage mit nachhaltigen Unterkünften und Wassersportangebot entstehen soll. Doch der See weicht aufgrund von Verdunstung jedes Jahr etwa einen Meter weiter zurück, da der Klimawandel für mehr Hitze und weniger Regen sorgt. Der Grundablass des Staudamms befindet sich mittlerweile mehrere Meter oberhalb des Wasserspiegels; würde man ihn öffnen, kämen nur ein Haufen knochentrockener Steine herausgepurzelt.

Der Bau des Karameh-Staudamms, erfahre ich, ist auf einen Traum zurückzuführen. Angeblich hatte der junge Sohn eines Ministers eines Nachts geträumt, dass an dieser Stelle ein Staudamm errichtet werden sollte.[2] Also tat man genau das, für eine Summe zwischen 43 und 75 Millionen Pfund, in einem der trockensten, salzigsten Täler der Erde. Das freute den Sohn, einige einflussreiche Bauern und zweifellos auch das britische Bauunternehmen, das den Zuschlag für das Projekt bekam. In einer rauschhaften Mischung aus Übermut und Gier gab der Staat Jordanien Millionen dafür aus, den kostbaren Rest an Oberflächenwasser zu vergeuden, den es in dem vom einst mächtigen Jordan gegrabenen Tal überhaupt noch gab (heute ist der Jordan aufgrund von Überentnahme selbst kaum mehr als ein Rinnsal). »Als der Standort in der Prüfungsphase begutachtet wurde, rieten mehrere Wissenschaftler und Spezialisten der Regierung davon ab, den Staudamm zu bauen«, schreibt Elias Mechael Salameh, Professor für Hydrogeologie und Hydrochemie an der Universität Jordanien. »Doch die für den Jordangraben zuständige Behörde im Wasser- und Bewässerungsministerium, die JVA MoWI, ignorierte sämtliche Kritikpunkte und Warnungen.« Der ehemalige Generalsekretär der JVA MoWI, Seine Exzellenz Saad Saleh Abu Hammour[3], bestätigt mir im Interview, dass ein solcher Bericht vorlag, und weist die Schuld allein den zuständigen Ministern zu: »Das ist Korruption«, sagt er und erklärt, dass ein Minister »dort drüben Land besaß«.

Laut Abu Hammour ist die Wassersituation in Jordanien »schlimmer als je zuvor« in der Geschichte des Landes: »Wir brauchen jeden Tropfen Wasser, überall.« Doch der Karameh-Stausee mit seinen Billionen an wertvollen, verschwendeten Tropfen liegt still und nutzlos da. Er ist eines der großen Wahrzeichen des weltweiten Wassermissmanagements – und die Liste dieser Wahrzeichen ist, wie wir sehen werden, lang und niederschmetternd. Salameh schrieb 2004: Der Karameh-Staudamm »war eine Lektion auf die harte Tour, nicht nur für Jordanien, sondern auch für andere Weltgegenden, wo fundierte wissenschaftliche Untersuchungen, die das Gemeinwohl im Blick haben, zugunsten der Gier einiger weniger Nutznießer ignoriert werden.«[4]

Das Fassungsvermögen des Karameh-Stausees, rund 50 Millionen Kubikmeter, ist in mehr als einer Hinsicht bedeutsam. Im Sommer 2021, als ich in Jordanien war, musste das Land Wasser aus dem benachbarten Israel zukaufen, um die jüngste Wasserkrise abzuwenden. Die Menge, die man erstand (was mit einem Eingeständnis der nationalen Notlage einherging und einer regionalen Blamage gleichkam), belief sich auf – ja, wirklich – 50 Millionen Kubikmeter.[5]

## LAKE MEAD, USA, DEZEMBER 2021

Nur wenige Minuten, nachdem wir an der Zentrale der Nationalparkbehörde (NPS) in Boulder City, Nevada, losgefahren sind, passieren wir den Kamm und ich schnappe nach Luft – vor mir erstreckt sich der »Badewannenring«, der in all seiner bleichen Schande rund um den Lake Mead verläuft, ein tristes Zeugnis des verlorenen Wassers. Ich hatte gelesen, dass der Pegel des Sees in 20 Dürrejahren um 43 Meter abgesunken war, doch was das bedeutet, wird mir erst klar, als ich es mit eigenen Augen sehe. Die Freiheitsstatue ist nur wenig größer – 46 Meter. Wenn Lady Liberty mit ihren Füßen auf dem heutigen Wasserspiegel stände, hätte nur ihre Fackel aus dem Wasser geragt, als der See noch voll war. Die weiße Verfärbung des »Badewannenrings« ist darauf zurückzuführen, dass sich das Kalziumkarbonat im Wasser auf dem roten Sandstein ablagert: Wenn der Wasserspiegel sinkt, entstehen natürliche Pegelstandsmarkierungen auf dem Felsen, wie Schaumreste an der Badewannenwand, nachdem man den Stöpsel gezogen hat. Selbst aus der Ferne ist jede einzelne dieser Markierungen sichtbar, wie Baumringe, durch die man die relativ guten von den relativ schlechten Jahren unterscheiden kann. Von unserer Aussichtsplattform in der Nähe des Hoover-Damms aus deutet mein Begleiter, Justin Pattison, der stellvertretende Regionalchef des NPS, auf den Ring, der für das vergangene Dienstjahr steht, direkt über der Wasseroberfläche. Er ist ziemlich breit, vielleicht 3,7 Meter. Die vier Einlauftürme des Wasserkraftwerks ragen mindestens 61 Meter aus dem Wasser, wie Wolkenkratzer. Sie wirken schmal und zerbrechlich und zeigen ihre Rüschenunterwäsche – die Metallgitter, die dafür sorgen sollten, dass nichts, was im Wasser schwimmt, in die Turbinen gerät, wenn sich diese Gitter denn unter der Wasseroberfläche befänden. Jetzt ragen die Türme peinlich entblößt vor einem Fotos schießenden Publikum auf und demonstrieren noch deutlicher als der Badewannenring, dass der Punkt, an dem aufgrund des niedrigen Pegelstandes überhaupt kein Wasser mehr durch den Damm fließt (der sogenannte *Deadpool*-Punkt), deutlich näher ist als der gefüllte Zustand. Nachdenklich mache ich ein paar Selfies und fühle mich dabei wie ein Katastrophentourist. Auf der anderen Seite des Staudamms hängt ein kleiner Anlegesteg für Besichtigungsboote unnütz an einem Felsen, hoch über der Wasseroberfläche, auf der er vielleicht ein Jahr zuvor noch schwamm.

Als wir ein Stück am Ufer entlangfahren, erfasse ich erst so richtig, wie gewaltig der größte Stausee Amerikas eigentlich ist – selbst dieser kleine Abschnitt ist riesig und erstreckt sich bis zu den Red Mountains am Horizont. Doch gleichzeitig ist überall zu erkennen, wie sehr er schon geschrumpft ist. An vielen Stellen ragen Inseln aus weiß überzogenem Gestein aus dem See, die bis vor Kurzem nur die Tiefenmesser der Sportbootfahrer registrierten. Hemenway Harbor, der Hafen, in dem rund 100 Sportboote liegen und wo auch der Touristendampfer *Desert Princess* ablegt – zumindest in der Vergangenheit –, rückt immer näher an ein neues Steinarchipel heran, das sich erst seit Kurzem aus dem Wasser erhebt. Noch vor zehn Jahren wirkten die Wassermassen des Sees unbezwingbar.

Die Straße, die zur Bootsrampe von Hemenway Harbor führt – sie ist so breit wie eine Autobahn – endet abrupt 50 Meter vor dem Wasser. Jedes Mal, wenn der Pegel um 30 Zentimeter sinkt – das ist der monatliche Durchschnitt –, zieht sich das Wasser um mehrere Meter zurück. Die Bootsbesitzer brauchen eine Rampe aus Beton, um nicht im Schlamm stecken zu bleiben, doch der NPS kann die bestehende Straße nicht schnell genau ausbauen. »Unser Problem ist«, erklärt Pattison, »dass die Straße, sobald wir mit der Planung, der Angebotssichtung und dem Bau durch sind, nur wenige Monate passt, bis sie schon wieder verlängert werden müsste. Wir können buchstäblich nicht mithalten, so schnell weicht das Wasser zurück.« Links von uns verläuft der brandneue, 3 Millionen Dollar teure Straßenabschnitt, der dieses Jahr bis ans Wasser herangebaut wurde. Doch er ist schon wieder zu kurz und daher nutzlos.

Eine 3 Millionen Dollar teure Straße ins Nichts. »Irgendwann kommt es einem nur noch wahnsinnig vor, oder?«, gesteht Pattison. »Immer wieder Millionen an Steuergeldern für Bootsrampen auszugeben, die dann unbrauchbar sind.« Um die Zufahrt offen zu halten, wären »in den nächsten beiden Jahren rund 20 Millionen Dollar« nötig. »Und wissen Sie, wie es nach diesen 2 Jahren aussähe? Genauso wie jetzt.« Falls (sobald) der Wasserspiegel auf 305 Meter abfällt – was bereits 2024 der Fall sein könnte –, muss Hemenway Harbor endgültig aufgegeben werden. Der *Deadpool*-Punkt liegt bei nur 273 Metern.

Pattison geht davon aus, dass sich an der Zuflussmenge des Sees im kommenden Jahr nicht viel ändern wird. Wie weit der Pegel sinken wird, sei unklar, sagt er, aber sinken werde er: »Die Richtung steht fest.« Da der See in den vergangenen zwanzig Jahren 43 Meter eingebüßt hat, ist der Trend eindeutig. »Wir bekommen oft zu hören: ›Wir brauchen eben *einen* herausragenden Mai‹ oder ›Nur *ein* guter Winter, dann sieht alles schon ganz anders aus.‹ Was wir den Leuten zu verdeutlichen versuchen, ist, dass wir es seit mehr als zwanzig Jahren mit einem Abwärtstrend zu tun haben, der sich weiter fortsetzen wird, unabhängig davon, was in den nächsten zwei, drei, vier, fünf Jahren passiert. Die Frage ist nur, wie schnell es geht.« Wenn der Pegel weiter durchschnittlich um 4,6 Meter pro Jahr absinkt, wie im Moment projiziert wird, dürfte der See irgendwann um das Jahr 2029 den *Deadpool*-Punkt erreichen. Dann ständen die Turbinen des Wasserkraftwerks still, und der Colorado River würde am Staudamm enden, statt weiter durch Arizona zu fließen, ganz zu schweigen von Mexiko (wo bereits jetzt kaum noch Wasser ankommt) oder dem Meer (das der Fluss schon seit Jahren nicht mehr erreicht). Falls bzw. sobald das eintritt, verlieren 40 Millionen Menschen – plus die ein oder zwei Millionen, die bis dahin durch das Bevölkerungswachstum und den niemals endenden Bauboom im Südwesten der USA hinzugekommen sind – den Zugang zu der Quelle, die sie seit 90 Jahren mit Wasser versorgt.[6]

2021 besuchte ich noch einen dritten großen Stausee. Genau genommen den größten von allen: Der Volta-See in Ghana ist gemessen an der Oberfläche der absolute Riese unter den künstlich angelegten Stauseen. Da er von der Hauptstadt Accra aus nur im Rahmen eines Tagesausflugs zu erreichen ist, machen wir uns früh auf den Weg. Emmanuel, unser Fahrer, legt eine CD mit R&B-Musik der frühen 2000er-Jahre ein – Craig David, Usher und das (für ein streng christliches Land) vor Kraftausdrücken nur so wimmelnde *F**k it – I don't want you back* von Eamon. Nachdem die CD viermal durchgelaufen ist und wir immer noch im Verkehr der Metropolregion festhängen, bitte ich höflich um etwas Abwechslung. Als das zermürbende Mahlwerk von Accra uns endlich ausgespuckt hat, fahren wir in die Natur hinaus: eine flache, grüne Landschaft mit einzelnen, baumbestandenen Hügeln, die sich unvermittelt erheben und genauso abrupt wieder abfallen. In der Nähe der Shai-Berge sitzen Paviane am Straßenrand, die sich gern aus den vorbeifahrenden Autos heraus füttern lassen.

Gegen Mittag erreichen wir den See, die Stadt Akosombo und die Akosombo-Talsperre, deren Wasserkraftwerk das Land (und viele seiner Nachbarn) mit Energie versorgt. Unsere Anfrage für eine offizielle Besichtigungstour mit der zuständigen Behörde, der Volta River Authority (VRA), ist in den bürokratischen Mühlen stecken geblieben – konkret im Eingangsfach auf einem Schreibtisch in der VRA-Zentrale in Accra. Der Wachposten lässt uns nicht durch, aus »Gründen der nationalen Sicherheit« und wegen der zunehmenden Spannungen zwischen Ghana und Togo über ein umstrittenes Stromlieferabkommen. Resigniert begeben wir uns ins nahe gelegene Volta Hotel Akosombo, wo ein rundum verglastes Restaurant einen hervorragenden Blick auf die Talsperre erlaubt, wie Emmanuel weiß. Von dort machen wir ein paar unbefriedigende Fotos. Es war eine lange Fahrt für ein Selfie hinter einer Glasscheibe. Meine Landkarten-App zeigt eine öffentliche Straße an, die hinter dem Staudamm weitergeht und an einer Freizeitanlage mit dem Namen »Dodi World« auf das Ufer des gewaltigen Volta-Sees trifft. Ich überrede den skeptischen Emmanuel, bis zu dieser Stelle zu fahren. Dort angekommen, finden wir ein verlassenes, außer Betrieb befindliches Touristenschiff vor und eine so exzellente Aussicht auf den See rund um uns herum, dass wir vor Begeisterung geradezu ergriffen sind – es war ein langer Tag in einer langen Woche. Vor uns führen einige Stufen zum Wasser hinab, wo ein einsamer Fischer gerade einen Einbaum in den See schiebt. Er winkt uns zu, als Zeichen, dass wir zu ihm herunterkommen können, also tun wir das. Ich gebe dem Impuls nach, mich zu bücken, meine Hand ins Wasser zu tauchen und mir das Gesicht und den Hals zu waschen. Das Wasser ist klar und sauber. Ich musste es sehen und fühlen. Und ich musste verstehen, wie es sein kann, dass diese riesige Menge Süßwasser, die 3,6 Prozent von Ghana bedeckt, nicht ausreicht, um das Land vor einer Wasserkrise zu bewahren.

Die Antworten finde ich nicht am Volta-See, sondern am nahe gelegenen Kpong-See, einem Speicherbecken ein Stück weiter flussabwärts. »Wassermangel ist bei uns kein Problem, überhaupt nicht«, erklärt Yaw Adjei, der Manager der Kpong-Aufbereitungsanlage (KWTP), einer von fünf solcher Anlagen, die zwischen 1954 und 2014 in der Volta-Region entstanden. Adjei verwaltet sie alle. Allein in KWTP, liest er von einem Datenblatt ab, »reinigen wir monatlich 4 482 433 Kubikmeter. Im Monat. 3 630 275 Kubikmeter [davon] gehen nach Accra.« Laut Adjei ist die Wasserqualität im Volta-See so gut, dass sie das Wasser nur mit 2 Chemikalien behandeln müssen: Kalk, um den pH-Wert zu regulieren, und Chlor. Dann fließt es durch 1,07 Meter dicke Rohre zur nächsten, 48 Kilometer entfernten Pumpstation, bevor es weitere 30 Kilometer bis in die Hauptstadt zurücklegt. Die Wassermenge ist also nicht das Problem. Hier gibt es keinen »Badewannenring«, der riesige See ist bis zum Rand gefüllt. Was Adjei am meisten Kopfschmerzen macht, ist die Energieversorgung. Wasser über eine Strecke von 80 Kilometern durch Hochdruckleitungen zu pumpen, verbraucht viel Energie, und deren Verfügbarkeit entzieht sich Adjeis Kontrolle. Obwohl das Wasserkraftwerk des Akosombo-Staudamms mit seiner installierten Leistung von einer Gigawattstunde so nah ist, fällt der Strom manchmal aus und mit ihm auch die Pumpen. Das größte Staubecken in Accra selbst, Weija, hat das gegenteilige Problem: Es ist nahe genug an den Menschen gelegen, um eine kostengünstige Verteilung zu ermöglichen, aber das Wasser ist hochgradig verschmutzt, sowohl durch Industrieabfälle als auch durch das illegale Goldschürfen (hier als *Galamsey* bezeichnet). Das macht es sehr teuer, das Wasser so aufzubereiten, dass es dem Trinkwasserstandard genügt. »Weija ist im Grunde ein stehendes Gewässer«, beklagt Adjei, »und alles, was hineingelangt, bleibt auch drin.« 2014 kam die Idee auf, eine neue Aufbereitungs- und Pumpanlage gleich hier in Kpong zu bauen. Die »China-Anlage«, wie sie von den Einheimischen genannt wird, weil sie von Chinesen errichtet wurde, kann täglich 149 000 Kubikmeter Wasser verarbeiten. Doch Accra wächst Adjei zufolge so schnell, dass die Nachfrage das Angebot dennoch übersteigt. Seiner Meinung nach sollte hier in Kpong eine zweite Anlage entstehen. »Und sogar eine dritte. Denn der Fluss, dieser See, wird nie austrocknen. Niemals. Wir können hier so viele Anlagen hinbauen, wie wir wollen.« Aber das sei eine Frage des Geldes und hänge von den »Mächtigen dort oben« ab. Glaubt man den Zahlen des staatlichen Versorgers Ghana Water Company (GWC), beläuft sich der Bedarf des Landes pro Tag auf 1 131 820 Kubikmeter, obwohl nur 871 500 Kubikmeter zur Verfügung stehen – ein Defizit von 23 Prozent.[7] Inoffiziell hört man noch ganz andere Zahlen. So oder so bedeutet es, dass viele Einwohner von Ghana, einem der wasserreichsten Länder Afrikas, keinen Zugang zu Trinkwasser haben.

Auf dem Rückweg von Kpong nach Accra kühlt es sich ab und wir sehen schwarze Wolken aufziehen. Kurz darauf öffnet der Himmel seine Schleusen. Gullys verwandeln sich in braune Springbrunnen,

Straßen in schlammige Flüsse. Ich frage mich, ob wir heil wieder zurückkommen, da sämtliche Schlaglöcher nun Teiche sind, aber Emmanuel fährt ruhig und unbeeindruckt weiter. Kurz vor Accra reißt die Wolkendecke auf und wir überqueren eine kleine Brücke, von der aus ich einen Tross Wassertransporter nebeneinander stehen sehe. Sie gehören Privatfirmen und sind für das Befüllen der Plastiktanks zuständig, die auf den Dächern der meisten Wohnhäuser in Accra zu finden sind und zwischen 1 000 und 10 000 Liter fassen. Auf Yaw Adjeis Schreibtisch steht ein Unternehmenskalender, der stolz damit wirbt, dass das Wasser der GWC »fünfmal günstiger« sei als das Wasser aus diesen Transportern. Als wir an ihnen vorbeifahren, verrenke ich mir fast den Hals, um zu sehen, was die Tankwagen dort machen. Unter der Brücke verläuft ein kleiner Fluss, der durch den Regenguss zu einem Sturzbach geworden ist. Das Wasser ist rotbraun und in den Schlamm mischt sich alles, was aus den Seitenstraßen und den Gullys hineingespült wurde. Die Lastwagen saugen es ein, um es an die Dachtankbesitzer zu verkaufen. Je weiter wir uns vom Schatz des Volta-Sees entfernen, desto schwerer ist es offenbar, Zugang zu seiner Fülle zu erhalten.

## OXFORDSHIRE, SÜDENGLAND, HOCHSOMMER 2022

Im Sommer gehe ich gern schwimmen. Nicht gerade elegant pflüge ich im Bruststil durch die 50-Meter-Bahn meines örtlichen Freibads in der Grafschaft Oxfordshire und verschlucke dabei hin und wieder versehentlich ein kleines bisschen chlorgesäubertes Wasser, von dem hier opulente 5,9 Millionen Liter (5900 Kubikmeter)* vorhanden sind. Manchmal bin ich auch bei Regen dort, wenn sich deutlich weniger Leute aufraffen können, und habe eine Bahn ganz

* Ein Kubikmeter = 1 000 Liter

für mich allein, begleitet vom seltsam angenehmen Gefühl, oben und unten von Wasser umgeben zu sein. An einem Ende des Beckens habe ich eine Flasche Wasser deponiert, aus der ich nach der halben Strecke trinke. Im Anschluss stelle ich mich normalerweise unter die Dusche, selbst wenn ich morgens schon geduscht habe. Ich führe ein nasses, wassergetränktes Leben. Doch das kann, wie ich bei den Recherchen für dieses Buch feststellte, nicht so weitergehen. Ich lebe über meine Wasserverhältnisse. Dieser Lebensstil ist nur möglich, weil wir die Natur ausrauben, weil wir Wasser aus Flüssen und Seen entnehmen und es verschmutzt wieder hineinleiten. Das muss sich ändern – nicht aus einem selbstlosen, schuldbewussten Streben nach Besserung heraus, sondern schlicht, weil diese Menge an Wasser auch in England bald nicht mehr verfügbar sein wird. Wie so viele Gegenden dieser Erde verbrauchen wir hier mittlerweile mehr Wasser, als wir nachhaltig entnehmen können. Jahr für Jahr verlieren wir Oberflächenwasser und der Grundwasserspiegel sinkt und das wird zu einer Krise führen. Es ist simple Mathematik. Auch bei uns übersteigt die Nachfrage das Angebot.

Die durchschnittliche jährliche Niederschlagsmenge im Vereinigten Königreich beträgt rund 1200 Millimeter, verglichen mit weniger als 400 Millimetern in Afghanistan oder den zweistelligen Werten in Ägypten[8]. Dennoch stehen bedeutende Teile des Königreichs trotz unserer Winterstürme bereits mit einem Fuß im leeren Wassereimer. Ein Großteil der vierstelligen Niederschlagsmenge entfällt auf die regenreichen Gebirgsregionen in Schottland, Wales und Nordengland. In Südostengland, wo ich lebe, beträgt die durchschnittliche Regenmenge um die 600 mm – ähnlich wie im Libanon oder Kenia und deutlich niedriger als in Sydney, Australien[9]. Gleichzeitig ist dieser Teil Englands der am dichtesten besiedelte, mit etwa 18 Millionen Einwohnern, die sich auf nur 19000 Quadratkilometern drängen, einschließlich London. Und er trocknet aus und zwar ziemlich schnell. Der staatliche Wasserentnahmeplan zeigt, dass 28 Prozent aller Grundwasserkörper und bis zu 18 Prozent aller

Flüsse und Stauseen übermäßig beansprucht werden, indem mehr Wasser aus ihnen entnommen als zurückgeführt wird.* Nicht ein einziger englischer Fluss gilt als ökologisch gesund; und das umfasst auch die glasklaren *Chalk Streams*, die »Kreideflüsse«, ein empfindliches Ökosystem, das fast ausschließlich in England zu finden ist. Trotzdem sind sich weite Teile der Öffentlichkeit dieses Problems, das wir zumindest zum Teil selbst zu verantworten haben, nicht bewusst. Mehr als die Hälfte des Süßwassers, das im Vereinigten Königreich entnommen wird, fließt in Privathaushalte. Der durchschnittliche Brite verbraucht unbeschwert 153 Liter am Tag, durch Duschen, WC-Spülungen, Geschirrspüler, Waschmaschinen und Gartenschläuche. Dabei sagen Klimaforscher voraus, dass die Anzahl der trockenen Sommer in England um 50 Prozent zunehmen dürfte, wodurch die verfügbare Wassermenge bis 2050 um mindestens 10 bis 15 Prozent schrumpfen wird.

Süßwassermangel, einst als lokales Problem betrachtet, gilt heute als weltweite Bedrohung. Das Weltwirtschaftsforum (WEF) bezeichnet die Wasserkrise in allen zehn jährlichen Risikoberichten seit 2012 als eine der fünf größten Gefahren für die Weltwirtschaft. Die Hälfte der Weltbevölkerung – fast 4 Milliarden Menschen – lebt in Regionen, wo mindestens einen Monat im Jahr schwerwiegender Wassermangel herrscht, und eine halbe Milliarde Menschen leidet das ganze Jahr über darunter. Der weltweite Wasserbedarf ist in den vergangenen hundert Jahren um 600 Prozent gestiegen, während die verfügbare Süßwassermenge in den letzten 20 Jahren um 22 Prozent geschrumpft ist.[10] Das zeigt deutlich: Irgendetwas muss sich ändern.

Angesichts der Tatsache, dass 70 Prozent der Oberfläche unseres Blauen Planeten aus Wasser bestehen, wirkt das schwer vorstellbar.

---

* Als »Grundwasserkörper« bezeichnet man die unterirdischen Schichten aus lockerer Erde und hohlraumdurchsetztem Gestein, in denen Grundwasser gebunden ist.

Doch 97,5 Prozent dieses Wassers sind Meer- oder Salzwasser und für den Menschen damit ungenießbar. Fast zwei Drittel der verbliebenen 2,5 Prozent Süßwasser sind im Eis an den Polen und im Permafrost gebunden. Ein See allein, der Baikalsee in Russland, enthält 20 Prozent des weltweiten Trinkwassers (und selbst das wird durch den Tourismus zunehmend verschmutzt). Die Hilfsorganisation WaterAid formuliert es so: »Wenn das gesamte Wasser der Welt in einen Eimer passen würde, wäre eine Teetasse davon Süßwasser und nur ein Teelöffel voll für uns verfügbar.« Der wachsende Bedarf und der Klimawandel sorgen dafür, dass die Hand, die diesen Teelöffel hält, immer zittriger wird.

Die Menge an Wasser in unserem Wasserkreislauf bleibt immer gleich. Jeder Tropfen hier auf der Erde existiert schon seit Anbeginn der Zeit und wird immer und immer wieder recycelt. Bis zu 60 Prozent der Körpermasse eines erwachsenen Menschen sind Wasser (selbst Knochen bringen es auf erstaunliche 31 Prozent). Wenn wir nach unserem Tod verbrannt oder beerdigt werden, entweicht dieses Wasser erneut in die Atmosphäre oder in die Erde und die Wassermoleküle vereinen sich irgendwann mit ihren alten Freunden in den Wolken. Wir sind ebenso sehr Bestandteil des Wasserkreislaufs wie Flüsse und Seen. Doch viele Flüsse, vom Gelben Fluss in China bis zum Colorado River in den USA, erreichen das Meer gar nicht mehr. Viele von ihnen wurden künstlich begradigt, ihr Wasser wird aufgestaut, abgesaugt und umgelenkt, um damit Landwirtschaftsbetriebe, Fabriken und Privathaushalte zu versorgen. Große Seen, etwa der Aralsee in Zentralasien und der Urmiasee im Iran, sind so gut wie verschwunden. Grundwasserkörper wie der Ogallala-Aquifer und der Central-Valley-Aquifer in den USA oder jene am oberen Ganges und am unteren Indus in Indien und Pakistan verlieren durch die Entnahme mehr Wasser, als nachkommt. Das verbliebene Süßwasser ist zunehmend mit Dünger und Pestiziden belastet, was Algenblüten auslöst, die wiederum ganze Ökosysteme ersticken. Flüsse in Pakistan und Bangladesch leuchten in allen Farben des Regenbogens, weil die Textilindustrie, die den Westen mit den neuesten Modetrends beliefert, ihre Färbemittel hineinleitet. In Europa droht drei Vierteln von Spanien die Wüstenbildung, das Gleiche gilt für Teile von Portugal, Süditalien und Zypern, wo jahrhundertealte Olivenhaine verdorren.[11]

»Klimawandel heißt Wasserwandel, und die Klimakrise ist auch eine Wasserkrise«, betont Torgny Holmgren, Geschäftsführer des Internationalen Stockholmer Wasserinstituts (SIWI). »Unter dem Strich ist der Wasserbedarf enorm gestiegen. Wir erleben einen Bevölkerungsanstieg, Wirtschaftswachstum und eine zunehmende Verstädterung. Die Organisation für wirtschaftliche Zusammenarbeit und Entwicklung (OECD) sagt voraus, dass wir, wenn sich diese Trends fortsetzen, 2050 noch einmal 50 Prozent mehr Wasser verbrauchen werden als vor 20 Jahren. Aber das ist natürlich unmöglich, weil Wasser eine endliche Ressource ist. [...] Das wird uns alle betreffen.«

Die COVID-19-Pandemie, die zeitgleich zu meinen Buchrecherchen grassierte, rückte diese Wasserprobleme in den Fokus: »Die erste Anweisung, die alle erhielten, lautete, zu Hause zu bleiben und sich gründlich die Hände zu waschen«, sagt Gary White, Chef der Hilfsorganisation Water.org, der normalerweise jedes Jahr mehr als 300 000 Kilometer im Flugzeug zurücklegt, um verschiedene Wasserprojekte zu besichtigen, 2020 aber genauso am Boden bleiben musste wie wir alle. Aber für die 2,3 Milliarden Menschen weltweit, die ohne sauberes Trinkwasser oder sanitäre Versorgung in ihren Häusern leben[12], gilt: »Wenn man täglich zum Brunnen laufen muss, um Wasser zu holen, ist es nicht möglich, sich fünfmal häufiger die Hände zu waschen, ohne öfter laufen oder den Wasserverkäufern mehr Geld geben zu müssen. [...] Es ist nicht so, als hätte uns erst COVID gelehrt, dass Hygiene Wasser voraussetzt; das war uns vorher klar. Aber ich bin mir sicher, dass wir den mangelhaften Zugang zu Wasser und sanitären Anlagen vorher noch nicht als *globale* Krise betrachtet haben. Doch wenn jemand, der sich in seinem

Land nicht die Hände waschen kann, zum entscheidenden Kontakt zur Weiterverbreitung einer Krankheit wird, sind Wasser und Hygiene plötzlich ein weltweiter Risikofaktor.« Die Pandemie vertiefte die Risse, die sich ohnehin schon durch das globale Wassersystem zogen. Im Juni 2021 äußerte Mami Mizutori, die Sonderbeauftragte der Vereinten Nationen: »Die Dürre steht kurz davor, sich zur nächsten Pandemie auszuweiten, und dagegen gibt es keine Impfung.«[13]

Weite Teile dieses Buches entstanden im Jahr 2021 und Anfang 2022 und auch meine Rechercheireisen fielen in diesen Zeitraum. Das bedeutet, dass einige einschneidende Klimaereignisse noch nicht stattgefunden hatten, von den katastrophalen Überschwemmungen in Ostaustralien und Pakistan über die Trockenphase in Europa, die dazu führte, dass die Frachtschiffe auf dem Rhein keine Kohle mehr zu den Kraftwerken liefern konnten, bis hin zum fast vollständigen Austrocknen des Jangtse-Flusses in China.[14] Doch es deutete sich schon während meiner Recherchen an, dass derartige Entwicklungen unvermeidlich sind. So sicher, wie auf Mai Juni folgt, werden wir von nun an jedes Jahr Klimakatastrophen erleben, die schlimmer sind als die des Vorjahres. Dieses Buch hat nicht die Absicht, diese Ereignisse aufzulisten oder ein umfassendes Abbild der aktuellen Situation zu präsentieren. Stattdessen geht es darum, die Geschichten zu erzählen, die universell relevant sind, die gleichermaßen Individuen wie Entscheidungsträger zum Handeln bewegen können, jetzt und in den kommenden Jahrzehnten. Außerdem soll das Buch Hoffnung machen. Die gleichzeitig gute und schlechte Nachricht ist, dass Wasserkrisen, wie ich am Ufer des Karameh-Stausees erkennen konnte, für gewöhnlich nicht durch das Klima, sondern durch menschliches Fehlverhalten verursacht werden. Doch mit der Verschärfung des Klimawandels, veränderten Niederschlagsmustern und stetig mehr Klimaflüchtlingen schrumpft die Zeitspanne, die uns bleibt, um noch die Kurve zu kriegen. Wir sind dabei, die Wasserquellen zu erschöpfen, von denen unsere Existenz abhängt.

Damit können wir weitermachen, bis zum allerletzten Tropfen. Oder wir entscheiden uns dafür, den Kurs zu ändern, bevor es zu spät ist. Es ist nicht die Welt, der das Wasser ausgeht. Es sind die Menschen. Dieses Buch erzählt, wie es zu der Krise kam und wie wir die Katastrophe noch abwenden können.

TEIL EINS

# BIS ZUM LETZTEN TROPFEN

# I DER NÄCHSTE *DAY ZERO*

Auf dem Weg von Amman hinab in den Jordangraben überwinden wir innerhalb weniger Minuten einen Höhenunterschied von 1400 Metern. Zu meiner Überraschung – vielleicht, weil ich die Erfahrung nur aus dem Flugzeug kenne – bekomme ich Druck auf den Ohren. Am Grund des Tals angekommen, passieren wir Anbauflächen, auf denen sich unzählige Reihen nackter Metallringe erstrecken, Skelette von Pflanztunneln. Der Boden ist mit schwarzen Plastikfetzen durchsetzt, Überreste der Folie, mit der man die Felder in der Anbausaison abdeckt, um die Feuchtigkeit zu binden, und die hier anschließend einfach untergepflügt wird. Nasser fährt langsamer und zeigt auf seine Lieblingsdattelfarm. Ich frage mich, ob ich wohl jemals zuvor jemanden getroffen habe, der eine Lieblingsdattelfarm hat. Wir verbringen viel Zeit damit, unser Ziel zu suchen. In Jordanien gibt es keine genauen Adressen, und es gibt auch keine offizielle Post. Das Tal ist der Wilde Westen des Landes, hier drängen sich kleine Ansiedlungen rund um eine einzige Hauptstraße, die von Norden nach Süden verläuft. Die Menschen verdienen ihr Geld mit Landwirtschaft, kleinen Läden oder Dienstleistungen. Auf den Straßen ist mehr los, als bei der Hitze möglich scheint. Zwischen den großen Feldern der Bewässerungslandwirtschaft sehen wir einzelne Straßenverkäufer, Feigenplantagen, den einen oder anderen Schäfer mit seiner Herde, Jungen, die abwechselnd auf einem Esel reiten, vertrocknete Wüstenlandschaft und – immer mal wieder – den König-Abdallah-Kanal.

Dieser Kanal ist das jordanische Gegenstück zum »National Water Carrier« in Israel: Beide wurden Anfang der 1960er-Jahre gebaut, um Wasser aus den Flüssen Jarmuk und Jordan in die großen Städte des jeweiligen Landes zu leiten. Der israelisch-jordanische Friedensvertrag von 1994 gesteht Jordanien jährlich 50 Millionen Kubikmeter Wasser zu, darunter 75 Prozent aus dem Jarmuk, dem Grenzfluss zu Syrien, plus 20 Millionen Kubikmeter, die durch Rohrleitungen aus dem See Genezareth nach Jordanien gelangen. All dieses Wasser landet im König-Abdallah-Kanal. Für die Hauptwasserquelle eines ganzen Landes wirkt der Kanal von der Straße aus ziemlich bescheiden – als würde ganz Nordengland sein Wasser aus dem Leeds-Liverpool-Kanal beziehen.

Yana Abu Taleb, die jordanische Direktorin von EcoPeace Middle East, will mir die Quelle des Kanals zeigen – das Abschlagsbauwerk, wo jedes Land seinen Anteil bekommt. Da wir uns nahe an der Grenze zu Syrien und Israel bewegen, sind die Sicherheitsvorkehrungen groß; wir werden von bewaffneten Wachen durchsucht und dann ins Niemandsland durchgewunken, wo wir einen guten Blick auf das Jarmuk-Tal haben. Am Horizont ist der See Genezareth zu erkennen; darunter weichen die sonnengebleichten Berge und Schluchten einem schmalen, grünen Band, das den Verlauf des Flusses markiert. Ein Anwohner erzählt mir später, dass der Jarmuk nur noch ein Viertel dessen sei, was er früher war; die Wasserentnahme weiter stromaufwärts (und das Wasserverteilungsabkommen zwischen Jordanien und Israel von 1987), der syrische Bürgerkrieg und der Klimawandel hätten ihm schwer zugesetzt. Ein Stück weiter oben im Tal ragt eine kaputte, verrostete Brücke im osmanischen Stil auf, über die einst die Hedschasbahn* fuhr – sie verläuft deutlich höher über den Fluss, als heute notwendig wäre. Diese drei zusammen zu sehen, den schmalen Kanal und die beiden wasserarmen,

* 1913 konnte man morgens einen Kaffee in Damaskus (Syrien) trinken und dann in die osmanische Hedschasbahn nach Amman (Jordanien) steigen, um entweder zum Mittagessen nach Haifa (heute Israel) an der Mittelmeerküste oder weiter nach Medina (Saudi-Arabien) zu fahren.

grenzüberschreitenden Flüsse, führt mir noch einmal eindrücklich vor Augen, wie prekär die Wasserlage in der Region ist.

Der Wassermangel in Jordanien ist so groß, dass das Land immer mehr importieren muss, um die Versorgung zu gewährleisten, doch das ist extrem kostspielig. Das Wasser, das den Jordaniern durch das Abkommen von 1994 zusteht, erhalten sie zum »Selbstkostenpreis« von 4 US-Cent pro Kubikmeter von Israel. 2021 bat Jordanien um weitere 50 Millionen Kubikmeter jährlich zum selben Preis. Israel sagte, so billig ginge es nicht, erzählt mir Yana, aber ihrer Meinung nach dürfte das Land bald einwilligen, da es wisse, wie wichtig »unsere Landesgrenze für die nationale Sicherheit ist. [...] Es ist in ihrem eigenen Interesse.« Ein Großteil der Arbeit von EcoPeace besteht darin, die gemeinsamen Interessen zu fördern. Allein schon die Existenz der Organisation, deren Team zu gleichen Teilen aus Palästinensern, Israelis und Jordaniern besteht, mit einem Direktor aus jeder dieser Gruppen, ist ein Symbol – sie zeigt, was durch Zusammenarbeit möglich ist.

Im November 2021 wies König Abdullah höchstpersönlich* seine Regierung an, eine bessere Langzeitstrategie für die Wasserfrage zu erarbeiten. Das Wasserministerium ging davon aus, dass sich der Bedarf 2022 auf etwa 555 Millionen Kubikmeter belaufen würde, obwohl nur 510 Millionen Kubikmeter zur Verfügung stehen. Dr. Raya Al-Masri, eine jordanische Wissenschaftlerin vom Zentrum für Umwelt und Nachhaltigkeit an der Surrey University in England, berichtete mir, dass die Stauseen in Jordanien in den meisten Jahren zu 40 bis 60 Prozent gefüllt sind, »was [in der Summe] etwa 340 Millionen Kubikmetern entspricht. Aber dieses Jahr [2021] sind es weniger als 30 Prozent. Das ist ein enormes Defizit.« Der Plan des königlichen Wasserministers, um dieses Defizit auszugleichen, besteht darin, die Grundwassermenge, die aus dem mit Saudi-Arabien geteilten Disi-Aquifer entnommen wird, von 12 auf

---

* Der Kanal ist nach seinem Großvater benannt.

14 Millionen Kubikmeter zu erhöhen. Doch Fachleute wie Al-Masri sind sich nicht einmal sicher, ob das kurzfristig helfen würde, geschweige denn auf lange Sicht. Als man 2010 begann, den Grundwasserleiter anzuzapfen, hätten die Verbesserungen in der Wasserversorgung von Amman nur bis 2013 angehalten, erklärt sie mir. Anfangs habe es geheißen, dort unten sei genug Wasser für 50 Jahre.[1] Doch jetzt macht es den Eindruck, als würde die Menge auf Dauer nicht ausreichen; neue Quellen werden schon vor 2025 nötig sein. Das sind nur 15 Jahre. Die Differenz ist Al-Masri zufolge darauf zurückzuführen, dass die Bedarfskalkulation auf einer deutlich geringeren Bevölkerungszahl basierte und ohne Berücksichtigung der Auswirkungen des Klimawandels durchgeführt wurde. Die letzte Volkszählung in Jordanien ergab, dass unter den insgesamt 10,2 Millionen Einwohnern 1,3 Millionen Syrer sind – ein Anstieg um fast 15 Prozent. »Durch die Geflüchteten ist die Bevölkerung im Norden stark angewachsen, also braucht man mehr Wasser«, erläutert Al-Masri. »Die Versorgung in der Region war ohnehin fragil und der größte Grundwasserleiter bereits leer gepumpt.«

Die Kosten, die entstehen, wenn mehr Wasser aus noch tieferen Schichten des Disi-Aquifers heraufgepumpt wird, sind auch deshalb untragbar, weil die Qualität des Wassers immer schlechter wird, je weiter der Grundwasserleiter erschöpft wird. Irgendwann wird es extrem mineralienhaltig, womöglich sogar radioaktiv und schwer aufzubereiten sein. Ein Teil des angepriesenen »Fünfzig-Jahre-Vorrats« hätte ohnehin im Boden bleiben müssen, Syrienkrieg hin oder her. Doch ohne eine alternative Wasserquelle ist man auf diesen fossilen Bestand angewiesen. Das verringert die Zeitspanne, in der er nutzbar ist – und rückt Jordanien näher an einen *Day Zero* heran, den »Tag Null«, an dem dem Land das Wasser ausgeht und strenge Rationierungen nötig werden. Laut Aussagen des World Resources Institute (Weltressourceninstitut, WRI) befinden sich 12 der 17 Länder mit der angespanntesten Wassersituation im Nahen Osten und

Nordafrika; Jordanien ist sogar unter den Top 5. Amman wurde lange zweimal wöchentlich aus dem Netzwerk beliefert, erzählt Yana. »Jetzt kommt das Wasser nur noch einmal in der Woche und manchmal nur für acht Stunden. Können Sie sich vorstellen, wie schwierig das ist?« Omar Shoshan, der Vorsitzende der jordanischen Umweltvereinigung Jordan Environmental Union, erklärte der *Jordan Times*: »Wir sind dem *Day Zero* schon ganz nahe.«[2]

## *Day Zero* in Kapstadt

Es war die Stadtverwaltung von Kapstadt, Südafrika, die Ende 2017 den Begriff *Day Zero* prägte: für den Tag, an dem die Wasserversorgung der Vier-Millionen-Stadt abgestellt würde und die Bürger sich an Notbrunnen anstellen müssten, um sich ihre tägliche Ration abzuholen. Kapstadt wäre an diesem Punkt, wenn die Füllmenge der großen Stauseen der Stadt auf unter 13,5 Prozent fiel. Da damals keine Niederschläge zu erwarten waren, ging man davon aus, dass *Day Zero* am 12. April 2018 erreicht wäre. Der Begriff entwickelte sich zu einem Weckruf, der ganz Kapstadt in Angst und Schrecken versetzte und die Bewohner zum Handeln bewog. Auf öffentlichen Toiletten hingen plötzlich Schilder mit Aufschriften wie »Verhindern Sie Day Zero. Spülung bitte erst nach viermal Urinieren betätigen.« und »Ist's gelb und flüssig, ist das Spülen müßig. Ist's braun und fest, gib ihm den Rest.« Hotels flehten ihre Gäste an, das Duschen auf 90 Sekunden zu beschränken, und fingen das Abwasser in Bottichen auf, um es in der Toilettenspülung weiterzuverwenden. Schwimmbecken wurden geleert, Gärten vertrockneten. Die Gegend, die die Stadtgründer einst wegen ihres üppigen Wasservorkommens ausgewählt hatten, war zwei Jahre in Folge von einer »Jahrtausenddürre« heimgesucht worden. »Sollte es so weit kommen, wäre Kapstadt weltweit die erste Großstadt, die sämtlichen Haushalten das fließende Wasser abstellt«, schrieb die Zeitung *Globe and Mail.* Kapstadts damalige Bürgermeisterin, Patricia de Lille, erklärte auf einer Pressekonferenz: »Wir sind an einem Punkt, an dem es kein Zurück mehr gibt.«

Am 1. Januar 2018 verkündete die Stadt die Wasserrationierung gemäß »Stufe 6«: 87 Liter pro Person pro Tag (die Weltgesundheitsorganisation WHO empfiehlt mindestens 100 Liter für eine ausreichende Hygiene und Gesundheitsversorgung). Im Februar wechselte man in »Stufe 6B« – 50 Liter pro Person pro Tag. Dann wurden die finalen Pläne für den errechneten *Day Zero* im April bekannt gegeben: Man würde sämtliche Wasserleitungen zudrehen und stattdessen über die Stadt verteilt 200 Notbrunnen errichten. Diese Notbrunnen, von den Einheimischen als »pods« bezeichnet, würden täglich nur 25 Liter pro Person ausgeben (im Vergleich: in den USA liegt der durchschnittliche Tagesverbrauch bei rund 380 Litern*). Neben den »pods« sollten Toiletten aufgebaut werden, wo man mit Schlangen von bis zu 5000 Menschen rechnete.[3] Louise Stafford, Direktorin des Südafrikanischen Wasserfonds für die Naturschutzorganisation The Nature Conservancy (TNC), die am Stadtrand von Kapstadt wohnt, erinnert sich noch an die logistischen Vorbereitungen, die kurz vor dem 12. April getroffen wurden. Man erstellte gemeinsam Pläne, sagt sie; die Leute erkundigten sich, wo der nächste Notbrunnen stehen würde, und fingen ihr Duschwasser in Eimern auf. »Alle richteten sich auf das Schlimmste ein. [...] Wie würden die Menschen in inoffiziellen Siedlungen an Wasser kommen? Die Auswirkungen waren enorm. Manche verfielen in Panik.« In Staffords Blog war damals zu lesen: »Mehr als 30000 Menschen im Landwirtschaftssektor haben ihre Arbeit verloren, weil die Pflanzen nicht bewässert werden können. Einige Bauern schneiden die Knospen aus ihren Obstbäumen, da die Bäume irreparabel Schaden

---

* Unglaublicherweise hat Katar, obwohl es eines der wasserärmsten Länder der Welt ist, mit den höchsten Pro-Kopf-Wasserverbrauch, täglich rund 1200 Liter. Der Staat finanziert teure Entsalzungsanlagen, für Staatsbürger ist Wasser kostenlos.

nehmen könnten, wenn sie Früchte tragen, aber kein Wasser bekommen. Das wird sich auch auf die nächste Ernte auswirken. Kapstadt erhält Futtermittelspenden von außerhalb der Stadt, weil es einen Mangel an Tiernahrung gibt.«[4]

Im März kam der Regen dann doch, und die Wasserspeicher füllten sich langsam wieder. Im Mai 2018 rutschte das Theewaterskloof-Reservoir, das mit Abstand größte des Wassersystems, unter die *Day-Zero*-Schwelle, auf 12 Prozent, doch die fünf kleineren Stauseen standen deutlich besser da, mit im Schnitt 21 Prozent. Das Datum des *Day Zero* wurde erst auf Juni und dann, dank der Winterniederschläge, in unbestimmte Zukunft verschoben. Die Notbrunnen wurden nie installiert. Zumindest noch nicht.

Aufgrund der hohen Bevölkerungsdichte in Städten und der zunehmenden Verstädterung ist die urbane Wasserversorgung besonders anfällig. Schätzungen zufolge werden im Jahr 2050 685 Millionen Menschen in mehr als 570 Städten durch den Klimawandel einen Rückgang des verfügbaren Süßwassers um mindestens 10 Prozent hinnehmen müssen. In einem Bericht der Vereinten Nationen heißt es: »Einige Städte, wie Amman, Kapstadt und Melbourne, könnten Einschränkungen der Süßwasserverfügbarkeit in Höhe von 30 bis 49 Prozent erleben, während sie in Santiago möglicherweise über 50 Prozent betragen.« Die nüchterne Schlussfolgerung: »Es ist wahrscheinlich, dass dies schwerwiegende gesellschaftliche Auswirkungen nach sich zieht.«[5]

Die Frage ist nicht, ob, sondern wo der nächste *Day Zero* ansteht. Potenzielle Kandidaten gibt es viele. Dieses Kapitel – und das ganze Buch – zielt nicht darauf ab, eine erschöpfende Liste zusammenzustellen. Stattdessen möchte ich eine Sammlung von universell relevanten Geschichten teilen, die wegen der Wasserknappheit am Abgrund stehen. Diese Geschichten ergeben zusammen ein Bild der Welt.

Kapstadts *Day Zero* war bereits mehr als ein Jahrzehnt zuvor vorhergesagt worden. 2006 hielten die Forscher Asit K. Biswas und

Cecilia Tortajada – damals für das Institute of Water Policy an der Lee Kuan Yew School of Public Policy in Singapur tätig – im Auftrag des südafrikanischen Wasserministeriums einen Vortrag, in dem sie prophezeiten, dass »mindestens eine Metropole der Welt innerhalb der nächsten 20 Jahre eine überaus schwerwiegende Wasserkrise erleben wird. Das Ausmaß dieser Krise wird so groß sein, wie es noch keine Generation zuvor erlebt hat.« In einem gemeinsam veröffentlichten Fachartikel von 2018 griffen die beiden das Thema noch einmal auf und schrieben, dass Kapstadts *Day Zero* »unsere Berechnungen bestätigte«, bevor sie eine neue Prognose tätigten: »Innerhalb der nächsten zehn Jahre werden mindestens zehn wichtige Städte Indiens eine noch schlimmere Wasserkrise erleben als Kapstadt.«[6] Nur ein Jahr später ging Chennai, mit rund 11 Millionen Einwohnern, das Wasser aus.

## Chennai, Indien

Im Juli 2019 fielen alle vier großen Stauseen, aus denen Chennai, die sechstgrößte Stadt Indiens, versorgt wird, trocken. Das hieß nicht, dass ihr Pegelstand auf 12 Prozent der Maximalkapazität oder so etwas sank – sie bestanden nur noch aus rissigem Schlamm. Anfang des Monats belief sich die gesamte Füllmenge auf nur 0,1 Prozent.[7] Es gab keine öffentliche Wasserversorgung mehr. *Day Zero* hatte die Millionenstadt voll erwischt. In den Straßen stauten sich die Tankwagen privater Wasserlieferanten, an denen verzweifelte Menschen Schlange standen. Zunächst wurden Milchwagen umgewidmet, um damit Wasser aus dem 220 Kilometer entfernten Jolarpet herbeizuschaffen, kurz darauf auch Öl- und Benzintransporter. Man saugte das Wasser aus verlassenen Steinbrüchen, behandelte es mit Chlor und verteilte es an notleidende Stadtbewohner.[8] Alpana Jain, die beruflich regelmäßig in Chennai ist, erzählt mir: »Die Menschen erhielten nur alle zwei Wochen Wasser aus einem Tankwagen; sie standen Schlange und befüllten dann mehrere Gefäße. Sie hörten auf zu baden, versuchten, sich ohne Wasser zu waschen, sparten, wo es nur ging. Es war eine Herausforderung.« In wohlhabenderen Stadtteilen, wo die Hausbesitzer private – oft illegale – Grundwasserbrunnen hatten, »wurde nun tiefer gebohrt. Selbst 120 Meter tiefe Brunnen waren trocken. Also vertiefte man sie, aber so manch einer fand nichts als Gestein.«

Jain ist heute Stadtbeauftragte von The Nature Conservancy Indien, ihr Fokus liegt auf dem Thema Wasser. »Chennai hat in den letzten zehn Jahren abwechselnd Überschwemmungen und Dürren erlebt«, sagt sie. Früher gab es dort etwa 1000 Seen, von denen heute nur noch 200 übrig sind – und diese wiederum dienen als »Abladeorte für Müll und Abwasser«. Mit den Seen und Feuchtgebieten verlor Chennai seine Widerstandsfähigkeit. »Feuchtgebiete können bei Überschwemmungen das überschüssige Wasser aufnehmen und es für die Zeit der nächsten Dürre oder die Trockensaison speichern«, erklärt Jain. Doch als diese Feuchtgebiete zerstört, geschwächt oder einfach bebaut wurden, war das nicht länger der Fall.

Ich frage nach, wie die Krise von Chennai in Indien insgesamt aufgenommen wurde. Waren die Menschen geschockt, als eine ihrer größten Städte ohne Wasser dastand? »Absolut«, sagt Jain. »Jedes Mal, wenn es eine Dürre oder eine Überschwemmung gibt, besinnen sich die Menschen und fangen an, jeden Tropfen Wasser zu sparen. Aber dann setzt das Vergessen ein. Dieses Mal war es anders. Es war ein neues Bewusstsein entstanden. Zeitgleich gab die Zentrale Planungskommission Indiens einen Bericht heraus, in dem zu lesen war, dass bis 2030 fast 20 Großstädten in Indien das Wasser ausgehen könnte. Auch das war ein Riesenthema.« Die Bauordnung von Chennai sieht schon länger vor, dass sämtliche Neubauten mit Regenwassertanks ausgestattet sein müssen, was die Krise von 2019 hätte abwenden können. »Indien ist sehr gut darin, hervorragende Regeln aufzustellen«, sagt Jain. »Die schwerste Aufgabe ist, sie durchzusetzen. Darin sind wir nicht so gut. […] Wenn sie [die Tanks] verstopften oder so, hat sich niemand darum gekümmert. Und plötzlich gab es eine Urbanisierungswelle, massenhaft Leute zogen vom Land in die Stadtgebiete, und ab da ging alles schief.«

Vaibhav Chaturvedi, Mitglied des Council on Energy, Environment and Water (Rat für Energie, Umwelt und Wasser, CEEW) in Delhi, ist der Meinung, dass der *Day Zero* Chennai in Sachen Wassermangel »aufgeweckt« habe. »Die Menschen dort waren völlig entgeistert, so etwas hätten sie nie erwartet. Chennai ist eine Stadt mit hohem Durchschnittseinkommen, eine der Metropolen Indiens.« Aber, fährt er fort, »es ist nicht die einzige Stadt, in der ein solch schwerwiegendes Wasserproblem möglich ist. […] Egal, welchen Bundesstaat man sich anschaut, es gibt überall extrem trockene Regionen.« Dass Wasser rund um die Uhr aus dem Hahn kommt, sei in Indien ohnehin so gut wie nirgendwo der Fall, sagt Vaibhav. Der Regierungsbericht, den Jain erwähnt hat, spricht eine deutliche Sprache: »Berechnungen zufolge wird der Wasserbedarf die verfügbare Menge bis 2030 um das Doppelte übersteigen, was einen schwerwiegenden Wassermangel für Hunderte Millionen Menschen bedeutet. […] 54 Prozent der indischen Grundwasserbrunnen trocknen aus, und 21 Großstädten wird voraussichtlich das Grundwasser ausgehen.«[9]

## Jackson, Mississippi

Am 4. März 2021 machte Jazmine Walker ihrer Verzweiflung auf Instagram Luft. In einem leidenschaftlichen, vierzehnminütigen Video erklärte sie: »Ich habe nun schon seit über zwei Wochen kein sauberes Wasser mehr.«[10] Aus den Wasserhähnen »kommt mal etwas, mal nicht – heute Morgen kommt nichts, und wenn doch, kann man es nicht zum Waschen, nicht zum Kochen und nicht zum Trinken verwenden.« Ein historischer Wintereinbruch in den Südstaaten der USA hatte dafür gesorgt, dass viele Wasserleitungen in der größten Stadt des Bundesstaates Mississippi eingefroren und geplatzt waren. In den Hauptleitungen waren mindestens 80 Brüche und Lecks gemeldet worden. Extremwetterereignisse wie dieses sind historisch gesehen die absolute Ausnahme, könnten aber zur Norm werden – 2020 waren die USA von einer ähnlichen Kältewelle heimgesucht worden –, da der Golfstrom durch die steigenden Temperaturen in der Arktis an Kraft verliert und dadurch einstmals »arktische« Wettersysteme weiter nach Süden gedrückt werden. »Wir dürfen es nicht einfach zur neuen Normalität erklären, keinen Zugang zu sauberem Wasser zu haben«, appellierte Walker. »Das ist unmenschlich, vor allem im – in Anführungsstrichen – reichsten Land der Welt.« Zum Trinken und Zähneputzen war sie auf Wasser in Flaschen angewiesen. Vielen Menschen blieb nichts anderes übrig, als Schnee und Eis zu schmelzen, um sich zu waschen. Eine Lokalzeitung informierte: »Nicht trinkbares Wasser (für die Toilettenspülung) ist am Montag von 9 bis 18 Uhr an diesen Orten erhältlich«, gefolgt von einer Liste von Turnhallen und Gemeindezentren.[11]

Walker, eine Schwarze in einer zu 80 Prozent von Schwarzen bewohnten Stadt, meinte, es sei »kein Zufall«, dass dies ausgerechnet hier geschehe. Trinkwassersysteme, die gegen die staatlichen Mindeststandards verstoßen, treten laut dem Natural Resources Defense Council (Nationaler Rat zum Schutz natürlicher Ressourcen, NRDC) mit 40 Prozent höherer Wahrscheinlichkeit in Städten oder Gegenden auf, in denen viele nicht-weiße Menschen leben. Grund dafür ist die langjährige Unterfinanzierung der städtischen Infrastruktur. Mehr als ein Viertel der Bewohner von Jackson leben unterhalb der Armutsgrenze, was Erinnerungen an den Wasserskandal im mehrheitlich von Schwarzen bewohnten Flint im Bundesstaat Michigan fast vier Jahre zuvor weckt, wo das Grundwasser aufgrund von chronisch unzureichenden Investitionen mit Blei verseucht war. In solchen Fällen bleiben selbst grundlegende Aufgaben liegen. Der Lokalpolitiker Ronnie Crudup erklärte dem Nachrichtensender

NBC News: »Die Infrastruktur war immer schon ein Problem hier, das jahrelang jede Regierung nur vor sich hergeschoben hat. Es ist eine Langzeitaufgabe, aber jetzt zahlen wir für das Versäumnis einen hohen Preis.«[12] Der Bürgermeister von Jackson, Chokwe Antar Lumumba, fügte hinzu, dass für die Instandsetzung des Trink- und Abwassersystems der Stadt mindestens 2 Milliarden Dollar nötig seien. »Die Frage lautet nicht, *ob* die Systeme versagen, sondern *wann*«, sagte er im Podcast *Mother Jones*. »Überall platzen Rohre, weil sie über 100 Jahre alt sind. Sie sind so brüchig wie Erdnusskrokant.«[13]

Die Aufforderung an die Bürger von Jackson, das Leitungswasser vor der Nutzung abzukochen, wurde am 17. März aufgehoben, nachdem die Stadt fast einen Monat ohne Trinkwasser hatte auskommen müssen. Parallel dazu meldet die *New York Times* immer mehr Trockenheit und Wasserknappheit in den USA: »Laut staatlichen Prognosen wird bis 2040 fast der gesamte Bereich westlich von Missouri unter extremem Wassermangel leiden. Aus dem Memphis-Sands-Aquifer, der entscheidend zur Wasserversorgung von Mississippi, Tennessee, Arkansas und Louisiana beiträgt, werden bereits jetzt täglich Hunderte Millionen Liter zu viel entnommen.« Hinzu kommt: »In Bundesstaaten wie Texas, Florida und Georgia werden mindestens 28 Millionen Amerikaner ähnliche ›Megabrände‹ erleben, wie wir sie jetzt schon in Kalifornien sehen.«[14] Waldbrände sind sowohl ein Symptom als auch eine Ursache von Wassermangel. Viele Regionen sind auf Bäume und Wälder als natürliche Wasserfilter angewiesen, die sauberes Wasser in Flussläufe leiten – wenn es gebrannt hat, ist dieser »natürliche Service« verschwunden.

## Mexiko-Stadt

Die Bürgermeisterin von Mexiko-Stadt, Claudia Sheinbaum, beschrieb die Dürre von 2021 als die schlimmste, die die Stadt in den letzten 30 Jahren erlebt hatte. Weite Teile des Landes, insgesamt 80 Prozent, litten unter historisch geringen Niederschlägen. Aber Mexiko im Allgemeinen und Mexiko-Stadt im Besonderen flirten schon lange mit *Day Zero*. Ironischerweise prasselt während meines Gesprächs mit Anaid Velasco, die als Umweltanwältin für das Mexikanische Zentrum für Umweltrecht (CEMDA) arbeitet, ein schwerer Regenschauer auf die größte Stadt Nordamerikas nieder. »Leider löst der Regen nicht das Problem des Wasserzugangs in Mexiko-Stadt«, erklärt sie. Durch die schlechte Infrastruktur »fließt er direkt ins Abwasser; er wird vergeudet. Saisonale Niederschläge richten nichts gegen den grundsätzlichen Mangel aus. […] Wir schwanken zwischen extrem nass und extrem trocken.«

Wie viele alte Städte trägt auch Mexiko-Stadt schwer an seiner Kolonialvergangenheit: »Die Spanier haben die Seen leer gepumpt und die Flüsse durch Rohre geleitet – ein ziemlich verrückter Weg, eine Stadt zu gründen«, sagt Velasco. Durch Überentnahme senkt sich die Stadt jährlich um durchschnittlich 50 Zentimeter ab; Hunderte privater Brunnen saugen den Boden aus wie ein Milchshake durch einen Strohhalm.[15] Die Stadt ist auf dem Gebiet des einstigen Texcoco-Sees errichtet, auf den Überresten der legendären »schwimmenden« Aztekenstadt Tenochtitlán, und droht durch die immer tieferen Bohrungen nach Wasser ständig weiter abzusinken. »Wir nehmen nicht genug Rücksicht auf den Wasserkreislauf; wir schaffen es einfach nicht, genug Wasser wieder in die Erde fließen zu lassen«, sagt Velasco. »Also müssen wir uns an anderen Wassersystemen bedienen – in gewisser Weise berauben wir andere Gemeinden.«

In Mexiko-Stadt, sagt Velasco, gingen ungefähr 40 Prozent des Wassers durch Lecks im Leitungsnetz verloren. Das ist deutlich mehr als der weltweite Durchschnitt*, aber ein unsichtbares Problem, das politisch wenig Aufmerksamkeit auf sich zieht und für das wenig öffentliche Gelder da sind, obwohl die Wasserknappheit ein bekanntes Problem darstellt. Genau wie die meisten Bewohner der Stadt trinkt auch Velasco das Wasser nicht direkt aus der Leitung. Sie benutzt einen Wasserfilter, doch vielen Menschen reicht auch der nicht aus, was zur Folge hat, dass die Stadt mit 73 Prozent wohl die höchste Quote an Flaschenwassertrinkern der Welt hat.[16] Viele Haushalte haben nicht einmal Zugang zu minderwertigem Wasser: »Sie bekommen *gar keins*«, betont Velasco. Die betroffenen Gebiete, darunter auch der dicht besiedelte Bezirk Iztapalapa, sind auf Wasser aus Tankwagen angewiesen, das mindestens »zehnmal so teuer« ist wie das aus den öffentlichen Wasserleitungen. Die noch Ärmeren, die an den steilen Hängen des Acalpixca leben, bekommen ihr Wasser auf Eseln geliefert, die jeweils 4 Zwanzig-Liter-Kanister tragen.[17] Wenn die Politiker in diesen Gegenden auf Stimmenfang gehen, versprechen sie Zugang zur Wasserversorgung, erzählt Velasco, aber wenn sie dann gewählt sind, lassen sie ihren Worten keine Taten folgen.

In den am schlechtesten angeschlossenen Vierteln ist der Anteil der indigenen Bevölkerung laut Velasco durchgehend überdurchschnittlich hoch. Sie hat sich für das Volk der Yaqui in der Sonora-Wüste im Norden Mexikos eingesetzt, als deren Wasserquelle von den Behörden einer nahe gelegenen Stadt angezapft wurde, um den dortigen Wasserbedarf zu bedienen. Als Grund gab die Stadt Velasco zufolge an, dass »das Wasser benötigt würde, um die Menschenrechte der Stadtbewohner zu erfüllen«. Das war ein zynischer, aber geschickter Schachzug, der viele Stadtbewohner gegen das Anliegen der Yaqui aufbrachte. Noch während die Gerichtsprozesse liefen, wurde

* Der schwer zu beziffern ist, doch die Weltbank schätzt ihn auf rund 35 Prozent, wobei Dänemark am wenigsten Wasser verliert (7,8 Prozent) und Irland am meisten (49 Prozent).

ein Aquädukt in die Stadt gebaut. Mehrere Jahre später verhandelt Velasco immer noch darüber, wer welchen Anteil vom Wasser im Aquädukt erhält. Sie behauptet, dass einer der Yaqui-Anführer unter falscher Anklage inhaftiert worden sei. »Für Umweltschützer ist Mexiko das sechstgefährlichste Land der Welt«, erklärt sie nüchtern.

### São Paulo, Brasilien

Von allen Megametropolen mit mehr als 20 Millionen Einwohnern ist noch keine dem *Day Zero* so nahe gekommen wie São Paulo im September 2014. Damals versammelten sich Demonstranten vor der Zentrale des regionalen Wasserversorgers SABESP und protestierten gegen den Wassermangel in der größten Stadt Südamerikas – und auf der südlichen Erdhalbkugel –, weil sie »tagelang kein Wasser« hatten.[18] SABESP gestand ein, dass der Wasserstand des Cantareira-Systems, des größten Stauseeverbundes, aus dem fast 9 Millionen Menschen versorgt werden, am 25. September auf ganze 7,4 Prozent gesunken war – das kam einem *Day Zero* bedrohlich nah und lag beträchtlich unter dem Schwellenwert von Kapstadt. Das Wasser wurde mittlerweile aus dem »Totraum« gepumpt – im Grunde aus dem schlammigen Sediment.

Lise Alves, eine erfahrene freie Journalistin in São Paulo, erzählt mir, dass die Anwohner während der Krise 2014 angewiesen wurden, ihren Wasserverbrauch um 20 Prozent zu senken, ansonsten drohten Bußgelder. Sie erinnert sich an Geschichten über Menschen, die hektisch Eimer, Badewannen und Waschbecken füllten, sobald das Wasser lief. Unser Gespräch findet am 7. September 2021 statt, zu Beginn der Trockenzeit, und Alves sagt, dass der Stadt erneut das Wasser ausgehe. »Brasilien bezieht seinen Strom in beträchtlichem Umfang aus Wasserkraftwerken. Der Präsident [Bolsonaro] hat uns schon gewarnt, dass uns eine noch größere Energiekrise bevorsteht als vor 20 Jahren, und São Paulo stellt sich bereits auf Wasserrationierungen ein, weil nicht mehr genug für die Wasserkraftwerke da ist. Der Strompreis ist auf das Dreifache angestiegen.« Laut der Zeitung *La Prensa Latina* soll die neue »Wasserknappheitssteuer« (ein Zuschlag von 14,2 Real, gut 2,50 Euro, pro 100 verbrauchte Kilowattstunden) die Haushalte dazu anspornen, ihren Stromverbrauch zu senken.[19]

Es ist jedes Jahr das gleiche gefährliche Spiel. Alves bezeichnet es als »wiederkehrenden Albtraum«. Im September 2016 fiel der Pegelstand in den Stauseen erneut auf 17 Prozent der Maximalkapazität.[20] Eine von der Regierung ausgegebene Wassernotstandsmeldung im Mai 2021 wies darauf hin, dass Brasilien die schlimmste Dürre seit 91 Jahren erlebte; die Niederschlagsmenge in São Paulo habe im Winter 56 Prozent unter dem Durchschnittswert gelegen. Ein SABESP-Mitarbeiter sagte voraus, dass das Cantareira-System bis zum folgenden Sommer erneut unter die Zwanzig-Prozent-Marke fallen würde. Alves erzählt, sie habe Berichte gesehen, laut denen es bald noch schlimmer werden könne als 2014. Sie fügt hinzu, dass das vorhandene Wasser zudem verunreinigt sei: Da hier alles Mögliche in den Flüssen und Zuflüssen lande, gäbe es ein Verschmutzungsproblem. Auch Überschwemmungen könnten große Schwierigkeiten nach sich ziehen. »Im Januar und Februar dauert es hier unten vielleicht eine halbe Stunde, bis die Straßen überflutet sind, weil wir auch noch ein Ablaufproblem haben – die Gullys sind sofort verstopft.« In diesem Jahr habe es viel geregnet, aber »an den falschen Stellen«, lacht sie. Die Stauseen hätten sich »einfach nicht gefüllt«.

Im Oktober, einen Monat nach unserem Gespräch, kommt der Regen dann doch, gerade noch rechtzeitig, um die Katastrophe abzuwenden, und der Füllstand des Cantareira-Systems steigt wieder auf 29,9 Prozent – damit steht er über dem offiziellen Rationierungsgrenzwert von 20 Prozent, aber deutlich unter den 60 Prozent, die zu diesem Jahreszeitpunkt eigentlich normal sind.[21] Im Januar 2022 geht das Ganze wieder von vorn los, mit einer

Meldung im Nachrichtenportal *The Brasilian Report*: »In sechs der zehn bevölkerungsreichsten Bundesstaaten des Landes führen die Stauseen zu Beginn des Jahres weniger Wasser als im Jahr zuvor.« Ob es in São Paulo zum *Day Zero* kommt, ist jedes Jahr ein Glücksspiel.

### Santiago, Chile

»Dieses Jahr gab es ein bisschen Regen und die Leute haben sich riesig gefreut«, erzählt Andrea Becerra und macht mir damit Hoffnung. »Doch wir liegen weiterhin unter dem historischen Durchschnittswert. Genau genommen ist dieses Jahr immer noch das zweitschlechteste der letzten zwei Jahrzehnte. Es sieht also ziemlich übel aus.« Damit ist meine Hoffnung wieder dahin. Becerra, die frühere Lateinamerika-Verantwortliche des NRDC, erklärt, dass die Metropolregion Santiago – einer von 16 Verwaltungsbezirken Chiles – unter einer zehnjährigen Dürre leide, mit jährlich maximal 300 Millimetern Niederschlag. Vor 2010 waren es eher 700 Millimeter im Jahr. Bevor die Krise die Stadt Santiago erreichte, waren ihre Auswirkungen vor allem »im ländlichen Bereich« spürbar. »Grundwasserleiter fielen trocken, die Bauern mussten immer tiefere Brunnen graben. Letztes Jahr sind in der Metropolregion durch den Wassermangel mehr als 35 000 Tiere verendet.« Doch nun macht sich die Dürre auch in der Stadt bemerkbar.

Das Oberflächenwasser in Santiago stammt aus dem El-Yeso-Stausee, der sich aus Regen- und Schmelzwasser speist. Auf Satellitenbildern der NASA ist zu erkennen, dass das gewaltige Reservoir zwischen 2016 und 2020 aufgrund der geringen Niederschlagsmenge und dem Zurückweichen der Gletscher auf rund die Hälfte geschrumpft ist.[22] Die Gletscher in den Anden verlieren jedes Jahr rund einen Meter ihrer Dicke – im Verhältnis zu ihrer Größe mehr als in allen anderen Gebirgsregionen der Welt. Vom Tuni-Gletscher in Bolivien war 2021 nur noch 1 Quadratkilometer übrig, was die Wasserversorgung von La Paz gefährdete.[23] In anderen Regionen bewirkt die schnelle Gletscherschmelze jedoch ein falsches Sicherheitsgefühl – wenn die Gletscher schmelzen, lassen sie Flüsse und Bäche anschwellen und gleichen den Regenmangel aus. Doch dieses Wasser ist fossiles Wasser – sobald es weg ist, kommt es nicht wieder; ist der Höhepunkt überschritten, gibt es nur noch eine Richtung. Irgendwann sind die gefrorenen Wasserspeicher, auf die wir uns so lange verlassen haben, einfach verschwunden, und ohne Regen und Grundwasser gibt es keine Alternativen. Der NRDC-Bericht zieht eine trübe Bilanz: »Die Niederschlagsmenge [einschließlich Schnee] in den Anden der Metropolregion sinkt pro Jahrzehnt um 3 Zentimeter. [...] Das hat dazu beigetragen, dass 8,54 bis 15,14 Gigatonnen Gletschermasse abgeschmolzen sind – eine Menge, die ausgereicht hätte, um ganz Chile vierzehn Jahre lang mit Wasser zu versorgen.«

2018 trocknete der Aculeo-See südwestlich von Santiago, ein Touristenmagnet und mit einer Oberfläche von 11,7 Quadratkilometern eines der größten natürlichen Gewässer in Zentralchile, restlos aus. Er ist nicht wieder zurückgekehrt. In nur fünf Jahren, berichtet Lorena Guzmán auf der Medienplattform *Diálogo Chino*, habe sich die verfügbare Wassermenge in Chile durch die Dürre um 37 Prozent verringert.[24] »Santiago steht ein *Day Zero* bevor, so viel ist sicher«, sagt Becerra, die für den NRDC einen Bericht über die Region verfasst hat.[25] Zwei Drittel des Zuflusses hier gehen auf die Gletscherschmelze zurück, sagt sie; nur das habe Santiago im vergangenen Jahrzehnt vor der Katastrophe bewahrt. Was passiert also, wenn die Gletscher weitgehend verschwunden sind? »Das ist die große Frage.«

Im April 2022 haben wir die Antwort erhalten. In Santiago wurde zum ersten Mal das Wasser rationiert. Die Stadt führte ein Ampelsystem ein, das sich an den Wasserständen der Flüsse Mapocho und Maipo orientierte. Die Ampel wurde umgehend auf Gelb geschaltet (was eine generelle Verringerung des Wasserdruckes bedeutete). Man ging davon aus, dass sie spätestens im Sommer auf Rot umspringen würde – dann würde alle vier, sechs oder zwölf Tage das Wasser abgedreht.[26]

## Belgien

»Wir Wissenschaftler warnen seit zehn Jahren davor, dass Dürre und Wassermangel in Belgien zum Problem werden«, erzählt mir Marijke Huysmans, Professorin für Grundwasserhydrologie (Vrije Universiteit Brüssel) und Hydrogeologie (KU Leuven). »Doch man hat uns ausgelacht und nur gesagt: ›In Belgien regnet es doch die ganze Zeit!‹« Aber dann standen im trockenen Sommer 2020 plötzlich Tausende Haushalte ohne fließendes Wasser da. »Wir waren jeden Tag im Fernsehen und in der Zeitung. Das hat etwas ausgelöst in der öffentlichen Wahrnehmung; plötzlich erkannte man den Ernst der Lage.« Belgien – berühmt für Regen, Brunnen mit pinkelnden Knaben und schlammspritzende Fahrradrennen – stand kürzlich auf Platz 22 der am meisten von Wasserknappheit bedrohten Länder, noch vor Mexiko und Syrien.[27]

Belgien ist ein Paradebeispiel dafür, wie sich der moderne Städtebau auf das Grundwasser auswirkt. Das Land ist optimal entwässert. Wenn alle Straßen nach Rom führen, führen in Belgien alle Straßen, Kanäle und Abflüsse ins Meer. Doch die immer längeren Trockenphasen des Klimawandels verlangen nun, einen Teil des Wassers zurückzuhalten, wenn die Leitungen nicht leerlaufen sollen. 2020 schrieb Huysmans in ihrem Grundwasser-Blog: »Warum leidet Flandern an Grundwasserknappheit? Die warmen und trockenen Sommer der vergangenen Jahre haben es nur allzu deutlich gemacht. […] Flandern verfügt über Wasserreserven in Höhe von 1500 Kubikmetern pro Kopf pro Jahr. Das ist im internationalen Vergleich ›sehr wenig‹.« Allgemein gelten weniger als 1000 Kubikmeter pro Kopf pro Jahr als »schwerwiegender Mangel«. »Außerdem ist Flandern eine dicht besiedelte Region. [...] Chaotische Stadtplanung hat dazu geführt, dass große Flächen einfach bebaut, asphaltiert oder zubetoniert wurden. 14,5 Prozent der Landoberfläche in Flandern sind versiegelt.« Die Kombination dieser drei Faktoren plus Klimawandel »liefern das Rezept für ein Wasserversorgungsproblem«.[28]

Laut Huysmans wird die Lage »immer schlimmer [...] unser Grundwasser steht nicht so gut da, wie es zu dieser Jahreszeit sollte. [...] Wir beschweren uns ständig über den Regen, was in England bestimmt nicht anders ist*, aber objektiv gesehen regnet es gar nicht so viel.« Dürre und Überschwemmungen sind zwei Seiten der gleichen Medaille. Ausgetrocknete oder versiegelte Flächen erhöhen das Risiko einer Überflutung, wenn die schweren Regenfälle dann doch kommen – so geschehen im Katastrophen-Juli 2021, als in Belgien 42 Menschen ums Leben kamen. Der Klimawandel sorge für chaotische Niederschlagsmuster, sagt Huysmans, und die Dauer, »die Intensität und die Häufigkeit der Dürren, die wir heute erleben, übersteigen sogar noch, was die Klimamodelle vorhergesagt haben. [...] Es folgt Dürre auf Dürre, und der Grundwasserspiegel sinkt immer weiter ab.«

Eine klare Trennung zwischen Grundwasser und Oberflächenwasser ist nicht möglich, Flüsse und Bäche speisen sich aus dem Grundwasser und (bis zu einem gewissen Grad) umgekehrt. Huysmans erklärt: »Viele unserer kleinen Fließgewässer führen hauptsächlich Grundwasser: 60 bis 80 Prozent des Wassers in kleinen Flüssen, die beispielsweise von Landwirten genutzt werden, ist Grundwasser.« Selbst zur Zeit unseres Gesprächs, im Dezember, dürfen die Bauern nur eine begrenzte Menge Wasser entnehmen, weil der Spiegel immer noch so niedrig ist. Das sei jetzt schon das vierte Jahr in Folge so, sagt sie, und komme einer Katastrophe gleich. Ein Vergleich der oberflächennahen Grundwasserleiter zwischen

---

* Das kann ich bestätigen.

2000 und 2020 ergibt, dass der Wasserspiegel an 70 Prozent der Messstationen in Belgien gesunken ist.[29]

Auch der Wasserverbrauch ist ein Problem. Privathaushalten ist es im Sommer für gewöhnlich ohnehin verboten, unnötig viel Wasser zu nutzen, aber laut Huysmans standen bestimmte Regionen schon kurz davor, dass gar kein Wasser mehr aus den Leitungen kam. Während sehr trockener und heißer Phasen steigt der Verbrauch um 50 Prozent. »Für die Trinkwasserunternehmen ist das natürlich ein riesiges Problem.« Huysmans zufolge muss Belgien sich »auf mehr lang anhaltende Dürreperioden und auf mehr Starkregenfälle einstellen, denn genau das ist es, was wir erwarten«.

## Pakistan

Pakistan geht das Trinkwasser aus. Das pro Kopf pro Jahr verfügbare Oberflächenwasser sank von 5 260 Kubikmetern im Jahr 1951 auf etwa 1000 Kubikmeter im Jahr 2016 – unter den wichtigen Schwellenwert für »starken Wassermangel« – und wird wahrscheinlich schon 2025 bei 860 Kubikmetern angekommen sein.[30] »Die Verfügbarkeit von sauberem Trinkwasser ist ein massives Problem«, erklärt Maheen Malik, die bei der Alliance for Water Stewardship (Allianz zur Erhaltung der Wasserressourcen, AWS) für ihr Land zuständig ist und Ende 2020 aus Lahore, der zweitgrößten Stadt des Landes, mit mir spricht. Pakistan hat eine stetig wachsende Bevölkerung und begrenzte Ressourcen. »Da wir uns Wasserbestände mit anderen Ländern teilen, muss man auch die Geopolitik in den Blick nehmen«, sagt sie. »Einer der Gründe für die Verwerfungen zwischen Pakistan und Indien über Kaschmir ist das Wasser, das dort zu finden ist.« Ein anderes Thema sei die Landwirtschaft, die »für mehr als 90 Prozent des Wasserverbrauchs verantwortlich ist. Unsere Wirtschaft ist sehr stark auf Landwirtschaft ausgerichtet.« Die pakistanischen Behörden gehen davon aus, dass dem Land bis 2025

38 Kubikkilometer* Wasser fehlen werden (die Bewässerungslandwirtschaft verbraucht jährlich 128 Kubikkilometer), obwohl sich die Grundwasserreserven auf nur 30 Kubikkilometer belaufen.[31]

Jede der vier Provinzen Pakistans hat ihr eigenes, jeweils sehr akutes Wasserproblem. Im Norden drehe sich alles um den Zugang, sagt Malik: »Normalerweise gehen die Frauen oder Kinder zum nächsten Fluss und holen dort Wasser. In Punjab hingegen ist der Zugang da, aber das Wasser ist stark verschmutzt. In Sindh hat das Grundwasser einen sehr hohen TDS-Wert**, weil es ziemlich salzhaltig ist – durch das massive Eindringen von Salzwasser ist das Grundwasser nicht mehr nutzbar, und Oberflächenwasser ist nur in begrenzter Menge vorhanden. Und in Belutschistan ist Wasser ohnehin extrem knapp.«

Pakistan steht auf Platz 4 der Liste der Länder, die jährlich am meisten Grundwasser entnehmen – die Konkurrenten um den ungeliebten Spitzenplatz sind die deutlich größeren Länder Indien, China und die USA. Das Indusbecken, aus dem Pakistan einen Großteil seines Wassers bezieht, gilt als der am zweitstärksten überlastete Grundwasserleiter der Welt.[32] Die informelle, oft nicht regulierte Wasserentnahme lässt die pakistanischen Wasserreserven dahinschwinden. Es gebe kein Lizenzsystem, sagt Malik, »daher pumpen viele Menschen Grundwasser durch illegale Brunnen hoch«. Außerdem ist Pakistan der weltgrößte Grundwasserexporteur, bezieht man ein, wie viel Wasser für die Herstellung wasserintensiver Exportprodukte wie Leder, Textilien und Reis aufgewendet wird.[33] Das bisschen Wasser, das Pakistan hat, wird abgepackt und ins Ausland geschickt.

Extreme Dürren ziehen häufig extreme Überflutungen nach sich. Das erlebte Pakistan in katastrophalem Ausmaß im September

---

* 1 Kubikkilometer Wasser ist genau das, wonach es klingt: Man stelle sich einen Würfel aus Wasser mit einer Seitenlänge von 1000 Metern vor.

** Total Dissolved Fluids – die Gesamtmenge der im Wasser gelösten Feststoffe, ein typischer Marker bei der Ermittlung der Wasserqualität.

2022, als die großflächigste Überschwemmung in der 73 Jahre umfassenden Staatsgeschichte ein Drittel des Landes unter Wasser setzte. In Belutschistan, der ärmsten und normalerweise auch trockensten Region Pakistans, wurden 60 Prozent der Häuser zerstört.[34] Als sich das Wasser zurückzog, schlug Unicef Alarm: »Nun zeigt sich das wahre Ausmaß der Verwüstung. Hunderttausende Behausungen sind beschädigt oder zerstört, und das Gleiche gilt für viele Gesundheitseinrichtungen, Wasserleitungsnetze und Schulen.«[35] Der Fernsehsender Al-Jazeera berichtete von 1500 Toten und kommentierte: »Diese Tragödie unterstreicht noch einmal, wie unerlässlich der Ausbau von Schutzmaßnahmen gegen die Folgen des Klimawandels ist, in Pakistan und anderswo.«[36]

## Das Mekongdelta

Der Mekong ist der längste Strom in Südostasien und der zehntlängste der Welt; er fließt auf einer Länge von 4350 Kilometern durch China, Myanmar, Laos, Thailand, Kambodscha und Vietnam und nimmt dabei eine Fläche von 800 000 Quadratkilometern ein. An seinen Ufern leben rund 100 Millionen Menschen, unter anderem in den Hauptstädten zweier Länder – Vientiane (Laos) und Phnom Penh (Kambodscha). Würde der Mekong versiegen, könnte der Dominoeffekt einen *Day Zero* in einer Vielzahl von Städten auslösen. Allein in Vietnam wohnen mehr als 21 Millionen Menschen am Fluss.

Chi Nguyen wuchs im Mekongdelta in Vietnam auf und ist Dozentin für Umweltkommunikation. Während unseres Gesprächs im Mai 2021 hält sie sich in ihrer Heimatstadt Can Tho auf. Als wichtigste Anbauregion Vietnams steht für das Mekongdelta durch den Klimawandel und grenzübergreifende Wasserstreitigkeiten viel auf dem Spiel. Obwohl die Region »die Reisschüssel Vietnams« ist, wie Nguyen es formuliert, ist sie »die ärmste und unterentwickeltste im ganzen Land«. Brian Eyler beschreibt Can Tho, 90 Kilometer stromaufwärts der Stelle, wo der Mekong in das Südchinesische Meer mündet, in seinem Buch *The Last Days of the Mighty Mekong* als »eine der am stärksten durch menschliche Eingriffe geprägten Landschaften des Planeten, eine fruchtbare Ebene, die von einem Netz aus insgesamt 30 000 Kilometern Flüssen und Kanälen durchzogen ist«.[37] Auch wenn sich die chinesischen Staudämme 2500 Kilometer weiter stromaufwärts befinden, haben die enormen Mengen an Süßwasser, die sie zurückhalten, dennoch Auswirkungen auf den Durchfluss, die Sedimentation und den Salzgehalt des Wassers im vietnamesischen Delta. Diese grenzübergreifenden Probleme werden durch den Eindruck verschärft, Vietnam habe in der Mekong-Kommission, der zwischenstaatlichen Organisation, die für die »gemeinsame« Verwaltung der geteilten Ressourcen zuständig ist, »nicht viel zu sagen«, sagt Nguyen.

Ihr zufolge haben die vielen Talsperren, die China weiter oben in den Fluss gesetzt hat, Auswirkungen auf den Flusslauf weiter unten. Dort sind viele Menschen auf den Mekong als primäre Einnahmequelle angewiesen, doch die Fischbestände nehmen ab, und die Verschlechterung der Boden- und der Sedimentqualität sowie der Wasserqualität selbst beeinträchtigen den Reisanbau und die Garnelenfischerei. Bauern, die früher auf drei Reisernten pro Jahr zählen konnten, kommen jetzt nur noch auf zwei. Die Kokosnusserträge sind auf die Hälfte geschrumpft. Man versucht, neue Nutzpflanzen zu finden, die mit dem erhöhten Salzgehalt zurechtkommen. Doch in den meisten Fällen kehren die Bauern dem Fluss einfach den Rücken und bewässern ihre Felder stattdessen mit Grundwasser. Schon jetzt übersteigt die entnommene Wassermenge das, was nachkommt, trotz des jährlichen Monsuns. 2019 erreichte die Niederschlagsmenge nur 60 bis 70 Prozent des Durchschnittswertes, und die Trockenzeit 2020 brach alle Rekorde.[38] Jeden Tag werden 2,5 Millionen Kubikmeter Wasser aus dem Boden gepumpt, wodurch das Delta Jahr für Jahr ein paar Zentimeter absinkt – angesichts des durch den Klimawandel steigenden Meeresspiegels eine gefährliche Angelegenheit.

Das Salzwasser breitet sich wie ein Krebsgeschwür immer weiter ins Landesinnere aus. 2019 drang es in Gebiete vor, die 130 Kilometer von der Küste entfernt liegen.[39] Laut Prognosen könnten weite Teile Vietnams – und ein Großteil des Mekongdeltas – bis 2050 bei Flut unter Wasser stehen.

Um zu zeigen, wie schlimm die Situation mittlerweile ist, hat sich Nguyen ironischerweise mit einem Dokumentarfilmteam aus Hongkong zusammengetan, weil die vietnamesischen Mainstream-Medien die Probleme nicht benennen dürfen, sagt sie. Den meisten Lokaljournalisten ist überaus bewusst, dass Kritik an China nicht erwünscht ist. Nachdem die Volksrepublik 11 Talsperren im Oberlauf des Mekong gebaut hat, half sie den am Unterlauf gelegenen Ländern wie Laos und Kambodscha, weitere Dämme zu errichten. Studien haben ergeben, dass »Chinas Stauanlagen fast das gesamte Wasser zurückhalten, das während der Regenzeit in den Oberlauf gelangt«, was 2019 zu einer Dürre am unteren Teil des Flusses führte.[40] Das macht es leicht, Peking zum Sündenbock zu erklären. Aber Peking ist selbst eine der wasserärmsten Städte der Welt; dort stehen pro Kopf nur 193 Kubikmeter zur Verfügung.[41] Eine Studie aus dem Jahr 2020 ergab, dass das chinesische Perlflussdelta, die »Werkbank« des Landes und Heimat von Dutzenden Millionen Menschen, zu den Ballungszentren gehört, die am stärksten durch den ansteigenden Meeresspiegel bedroht sind – stärker noch als das Mekongdelta.[42]

## Subsahara-Afrika

Möglicherweise ist Kapstadt gar nicht der wahrscheinlichste Kandidat für den nächsten *Day Zero* im südlichen Teil Afrikas. Laut Themba Gumbo, einem Wasserbauingenieur aus Simbabwe, der in Pretoria arbeitet, ist die Region Johannesburg-Pretoria noch stärker gefährdet. »Ich glaube nicht, dass wir auf ein solches Szenario vorbereitet sind. […] Hier wird das Chaos viel größer«, warnt er. Die Metropolregion, in der rund 15 Millionen Menschen leben, »ist das Wirtschaftszentrum des Landes mit allen großen Industriebranchen, aber das bedeutet auch, dass hier deutlich mehr Abwasser entsteht.« Dieses Abwasser wird kaum aufbereitet und landet oft im Flusssystem des Vaal, aus dem es ursprünglich entnommen wurde. Was das Problem weiter verschärft, ist »nicht nur die Verschmutzung durch menschliche Ausscheidungen, sondern auch durch die sauren Abflüsse aus den Minen, was wir als *acid mine drainage* bezeichnen – der Boden unter der Stadt Johannesburg ist durch den Bergbau geradezu durchlöchert.«

Auch in Harare, Simbabwe, haben Gumbo zufolge »wohl 80 Prozent der Bevölkerung keinen Zugang zum Wasserleitungsnetz. Sie versorgen sich über Brunnen und Wassertanks und schleppen Wasser durch die Gegend, weil das zentralisierte System versagt hat.« Man könnte sagen, dass Harare den *Day Zero* schon heute erreicht hat; die Stadt ist auf die private, uneingeschränkte Grundwasserförderung angewiesen. Die Sahelzone gehört zu den wasserärmsten Regionen der Welt. Negativrekorde bei der Niederschlagsmenge – vergleichbar mit der großen Dürre im Jahr 2011, die Tausende Tote nach sich zog – haben zu Ernteeinbrüchen geführt. Patrick Youssef, Afrika-Chef des Internationalen Roten Kreuzes, berichtete dem Onlineportal *ReliefWeb* im Mai 2022: »An einigen Orten in Burkina Faso stehen die Menschen 72 Stunden lang am Brunnen an. Ihr Leben dreht sich nur noch um den Zugang zu Wasser. Sollte sich die Situation weiter verschlechtern, besteht die sehr reale Gefahr, dass Menschen […] verdursten.«[43] Weiter südlich leidet Maputo, die Hauptstadt von Mosambik, seit 2015 durchgehend an einer Dürre; seit 2018 wird das Wasser rationiert.[44] Die ghanaische Hauptstadt Accra (mit ihren rund 5 Millionen Einwohnern) habe »noch im April« 2021 einen *Day Zero* erlebt, erzählt mir Richard Matay aus Accra im Juni jenes Jahres. »Die Ghana Water Company musste aufgrund von Wartungsarbeiten eine Woche lang das Wasser abstellen«, wodurch die Hälfte der Bewohner keinen Zugang zu Wasser hatte.

»In diesem Teil der Welt heißt es: ›Wenn du in einen Fluss springst, musst du dich hinterher abstauben‹«, witzelt Gumbo. »Denn die meiste Zeit über sind die Flüsse nichts als trockene Rinnen.« Das Hauptproblem, mit dem die Wasserwerke in Südafrika zu kämpfen haben – in Bezug auf Angebot *und* Nachfrage –, ist »die Urbanisierungsrate«. »Das ist ein Riesenproblem in ganz Südafrika, vielleicht sogar in der gesamten Region; überall sprießen informelle Siedlungen aus dem Boden.« In Südafrika gewährt der *Water Act* (das »Wassergesetz«) ein Grundrecht auf Wasserversorgung; jedem Haushalt stehen monatlich kostenlos 6 Kubikmeter (6000 Liter) Wasser zu. Doch die Gewinne fließen nicht an die Kommunen, damit diese die Versorgung gewährleisten können. Nicht jeder, der bezahlen müsste, tut es auch – und es wird selten überprüft, wer mehr als die subventionierte Menge verbraucht. Gumbo erzählt mir von einem Freund in der Township Soweto, der keine Ahnung hatte, wo sich sein Wasserzähler eigentlich befand: Dieser war in fünf Jahren nicht einmal abgelesen worden. »So ist die Lage.«

◆

Im feuchten Flachland der Niederlande verfolgt Rick Hogeboom, der Chef der international tätigen Organisation Water Footprint Network (Wasser-Fußabdruck-Netzwerk) einen anderen Ansatz zum *Day-Zero*-Konzept. Er war auf dem Höhepunkt der Wasserkrise in Kapstadt, als die tägliche Ration nur 50 Liter pro Person betrug. »Das war kein Vergnügen. Ich konnte nicht einmal duschen. Und in den Slums war die Situation natürlich noch viel schlimmer.« Aber, so meint er, »es ist ein Verwaltungsproblem. Die Infrastruktur war mangelhaft. Die Region verfügt über genügend Wasser, um die Bevölkerung von Kapstadt zu versorgen, Punkt.« Er weist darauf hin, dass das wichtigste Standbein der dortigen Wirtschaft die Weinproduktion ist. »Viele der Winzer bauen ihre Trauben in den Vororten von Kapstadt an. Dafür nutzen sie Wasser aus dem gleichen Wassersystem. Galten für die Winzer während des *Day Zero* [die gleichen] Beschränkungen? Nein. Es handelt sich um eine Vier-Milliarden-Dollar-Branche.« Über die Wasserzuteilung entscheide die Politik, sagt er, und das hätte Auswirkungen auf die Gesellschaft und die Ungleichheit: Für jede Stadt sei Wasserknappheit ein »vermeidbares und beherrschbares« Problem. Schwierig seien für gewöhnlich eher der Mangel an Speichermöglichkeiten – sowohl in Seen als auch unter der Erde – sowie alte, undichte Rohre. Viele Städte und Länder hätten lange die Hände in den Schoß gelegt, obwohl ihre Infrastruktur überaltert und die Abhängigkeit von pünktlich eintreffenden Regenzeiten extrem groß war. Dieses System mag im 20. Jahrhundert so gerade noch funktioniert haben. Doch jetzt ist auf die Regenfälle – und den Wasserkreislauf – kein Verlass mehr.

# 2 DER WASSERKREISLAUF IM UMBRUCH

Die Prampram-Tekponya-Gemeinschaft bewohnte einst ein abgelegenes Dorf an der südghanaischen Küste, inmitten von fruchtbarem Ackerland und einer Fülle an Bächen und Flüssen. Es war ein gutes Leben, bis die Erschließungsgesellschaften kamen. Als Erstes brachten sie die Dorfbewohner dazu, näher ans Meer zu ziehen – das Meer übte auf die Städter keinen großen Reiz aus. Hier hatten die Dorfbewohner immer noch einen Fluss und einen See, den sie auf der dem Meer zugewandten Seite aufstauten, indem sie dort Bäume pflanzten – der neue Wohnort war nicht schlechter als der alte. Die meisten leben in selbst gebauten Hütten, die aus Brettern und Wellblech oder – ganz traditionell – aus Lehmwänden und Palmdächern bestehen. Erst in den vergangenen fünf Jahren wurde das Wohnen am Strand attraktiv, und plötzlich fingen Scharen von Bauunternehmen an, vor dem und rund um das Dorf Häuser hochzuziehen. Nun blockierten Beton und Schalstein die Fließgewässer, die bisher den Stausee gefüllt hatten. Und selbst das hätten die Dorfbewohner und der See überstanden, dank des Monsuns, der in Ghana zweimal im Jahr niedergeht. Doch die Regenzeit ist nicht mehr das, was sie einmal war. Die Bauunternehmer zimmerten den Sarg, aber der Klimawandel schlägt die Nägel hinein.

Mein Besuch im September fällt offiziell in die letzten Tage der Regenzeit, doch bisher ist kaum etwas vom Himmel gekommen – der Stausee des Dorfes sieht aus, als wäre man mitten in der Trockenzeit, mit nur 1 Meter schlammigem Wasser, in dem Pflanzen treiben. Das bedeute, erklären mir die Dorfbewohner, dass er

»dieses Mal mit Sicherheit ganz austrocknen wird. Was sollen wir dann tun?«

Bevor ich nach Prampram-Tekponya fahre, spreche ich mit Richard Matey von der kleinen örtlichen Nichtregierungsorganisation Alliance for Empowering Rural Communities (Allianz zur Stärkung ländlicher Gemeinschaften, AERC), der mir ein Treffen mit den Dorfbewohnern vermittelt. »Es ist ein großes Problem«, sagt er. »Normalerweise hätte es zwischen April und Juli heftige Regenfälle geben sollen, aber dieses Jahr blieben sie aus. Wenn es April, Mai, Juni wird, sinken die Temperaturen; normalerweise holen wir die Pullover raus. [...] 2021 ist es sehr, sehr warm. 2020 ging schon als heißestes Jahr in die Aufzeichnungen ein, aber 2021 dürfte es sogar noch heißer sein.« Der Klimawandel sorgt dafür, dass feuchte Regionen noch feuchter und trockene Regionen immer trockener werden. Und in welche Richtung gehen Länder wie Ghana, die in den afrikanischen Tropen liegen? Matey sagt voraus: »Es wird trockener – selbst in den tropischen Gebieten treten jetzt Dürren auf.«

Um Prampram-Tekponya zu besuchen, erklärt mir Felix Best Agorvor, Richards Kollege beim AERC und mein Begleiter für den Tag, muss ich zunächst eine Genehmigung vom Oberhaupt des Dorfes, dem Chief, einholen. Wir sammeln Felix an der Ausfallstraße von Accra ein. Obwohl die Strecke immer holpriger wird, verlassen wir doch niemals bebautes Gebiet. Während wir an Baustellen und Industrieanlagen vorbeifahren, ruft Felix – der noch keine 30 ist – immer wieder aufgeregt: »Das da ist neu!« Bei den Prampram-Tekponya angekommen, finden wir inmitten der zersiedelten Landschaft eine ländliche Oase vor – die letzte ihrer Art. Der »Palast« des Chiefs ist das einzige Betongebäude im Dorf. Wir stellen fest, dass er selbst nicht zu Hause ist, aber seine Frau, Naadu Mateye, ist bereit, uns zu empfangen. Dafür werden Plastikstühle im Schatten eines Baumes im Hof aufgestellt. Naadu Mateye ist eine streng dreinblickende, eher kurz angebundene Frau. Felix dolmetscht unser Gespräch. Das Dorf wurde vor zehn Jahren an die öffentliche Wasserversorgung angeschlossen, sagt Mateye, aber es gibt nur einen Wasserhahn, an dem ein Zähler angebracht ist. Die monatliche Wasserrechnung des Dorfes beläuft sich auf 1 000 bis 2 000 Cedi (rund 140 bis 280 Euro)*. Die Dorfbewohner kaufen dem Chief das, was sie verbrauchen, zu einem Preis von 60 Pesewa (8,5 Cent) pro Gallone (etwa 4,5 Liter) ab. Die gelben, je 1 Gallone fassenden Kanister stehen auf jedem Grundstück, an dem wir vorbeikommen. Ich frage, was die Leute machen, wenn sie diesen Preis nicht zahlen können. Naadu Mateye zeigt auf den Bach, den *yoduwekope***, hinter den Häusern – kaum mehr als ein schlammiges Rinnsal. Eine ältere Frau, die ich später treffe, erinnert sich noch daran, dass dort früher ein klarer, gurgelnder Fluss verlief. Das Dorf war einst eine Bauernansiedlung, mit reichlich Anbauflächen und verlässlichem Niederschlag; heute ist ein Großteil des Landes als Baugelände erschlossen und der Regen bleibt aus. Alle, mit denen ich mich unterhalte, erzählen mir das Gleiche: Die Regenzeit beginnt normalerweise im Mai, aber letztes Jahr sei sie einfach ausgefallen. Dieses Jahr ebenso. Jetzt gibt es im August oder September hin und wieder heftige Regengüsse, die auf den ausgetrockneten Boden prasseln und ihn sofort überschwemmen, bevor das Wasser wieder abfließt.

Als ich Naadu Mateye frage, was ihnen hier helfen würde, antwortet sie »ein Damm« und meint damit einen zusätzlichen Stausee, aus dem die Frauen Wasser schöpfen können. Dann klingelt ihr Handy – es ist ihr Mann, Chief Nene Kwaku Abladu. Er gewährt uns doch noch eine Audienz, wenn auch nur über das Telefon. Ihm schwebt eine andere Lösung vor als seiner Frau: Momentan verfügt er nur über einen Wassertank, den er mit dem Wasser aus der

* Felix, der aus der Umgebung stammt, aber nicht aus dem Dorf, berichtet mir, dass die Wasserrechnung seines Haushalts üblicherweise zwischen 300 und 400 Cedi (42–56 Euro) betrage.

** Wörtlich übersetzt bedeutet *yoduwekope* »eine Frau muss baden«, erfahre ich – eine geschützte Stelle, an der sich Frauen abseits der Männer waschen können.

öffentlichen Leitung befüllen kann. Drei weitere wären gut. Naadu Mateye möchte also mehr Stauflächen für das kostenlose Fluss- und Regenwasser, während sich der Chief einen größeren Speicher für das aufbereitete Wasser wünscht, das er verkauft – im Grunde eine Erweiterung des Geschäfts, in dem er das Monopol ausübt. Doch da die Wasserzufuhr immer wieder bis zu zwei Wochen lang unterbrochen ist, genügt ein Tank wirklich nicht, um ausreichend Wasser für den Bedarf der Gemeinschaft bereitzuhalten.

Als uns der Chief freundlicherweise die Erlaubnis erteilt, durch das Dorf zu laufen und mit einigen der Bewohner zu sprechen, erfahren wir jedoch, wie teuer dieses Wasser für Menschen ist, die von der Hand in den Mund leben. Ich besuche eine Fischerfamilie und unterhalte mich mit der Frau, nennen wir sie Afi*, die ich gemeinsam mit ihrer Schwiegermutter Joy zu Hause antreffe. Sie bestätigt, dass sie 60 Pesewa für 1 Gallone Wasser aus dem Tank des Chiefs bezahlen und sich Wasser aus dem Bach holen, wenn das Geld dafür nicht reicht. Dann weist sie ein Kind an, mir einen Becher Flusswasser aus einem bereitstehenden Kanister zu zapfen (ein Hinweis darauf, dass sie regelmäßig kein Geld für das aufbereitete Wasser haben). Es ist so dreckig, dass ich nur ein paar Zentimeter tief hineinschauen kann – vom Boden des kleinen Plastikbechers ist nichts zu sehen. Ich frage, ob das Wasser sie krank mache. Joy nickt und deutet mit den Händen ein Würgen an. War der Bach sauberer, als Joy noch jung war? Sie lächelt und macht eine ausladende Bewegung, um die Fülle darzustellen.

Das verschmutzte Wasser wird auf verschiedene Weise »behandelt«. Traditionellerweise, erklärt Felix, werden getrocknete Kürbisse oder Kokosschalen verbrannt, um das Wasser mit dem Rauch zu »reinigen«; das verleiht ihm einen Geschmack, den Felix zufolge viele Ghanaer kennen und mögen. Eine weitere Möglichkeit bestünde darin, das Wasser mit »Alum« zu versetzen, einem Aufbereitungs-

* Ich wurde gebeten, keine echten Namen zu verwenden (bis auf den des Chiefs).

mittel, das in den örtlichen Geschäften erhältlich ist. Gibt man es ins Wasser, bindet es die Verunreinigungen, die daraufhin auf den Grund des Gefäßes sinken, wodurch das Wasser klar und trinkbar wird. Die Einheimischen nutzen die Substanz auch als Deodorant.*

Die 60 Pesewa, die der Chief für 1 Gallone Leitungswasser verlangt, seien zu viel, sagt Afi. Sie und ihre Familie kaufen das Wasser nur zum Trinken und wenn sie ihre Kleidung für einen besonderen Anlass waschen (unter anderem – ironischerweise – für Treffen mit dem Chief). Sonst können sie es sich nicht leisten. Afis Mann, Ekow, kommt nach Hause und beäugt mich nervös, bevor er sich setzt. Er erzählt, dass er manchmal ganz ohne Fang vom Fischen heimkehrt und somit kein Geld verdient; an sehr guten Tagen nimmt er vielleicht 200 Cedi (28 Euro) ein, doch diese Tage werden seltener. Ich frage, welchen Teil ihrer Haushaltsausgaben sie für Wasser aufwenden. Afi und Ekow beratschlagen sich und antworten dann, dass sie für gewöhnlich 10 Cedi am Tag ausgeben, fünf davon für Wasser. Das bedeutet, dass die Hälfte ihres ohnehin schon sehr niedrigen Haushaltseinkommens für Wasser draufgeht. Ein Teil davon wandert als Gewinn in die Taschen des Chiefs, ja, aber der Löwenanteil landet bei der Ghana Water Company (GWC), die ihr Wasser zu einem deutlich höheren Preis verkauft als viele westliche Wasserversorger, an Kunden, die im Schnitt weitaus weniger verdienen. Das erschüttert selbst Felix.

Als ich Afi und Ekow frage, was ihnen helfen würde, geben sie, wie zu erwarten war, eine andere Antwort als der Chief. Ekows Traum wäre eine eigene Wasserleitung, um den Mittelsmann zu

---

* Als ich es später recherchiere, stellt sich heraus, dass »Alum« für Aluminiumsulfat steht, das lange zur Aufbereitung von Wasser verwendet wurde, falsch dosiert aber zu Schwefelsäure reagieren kann. Laut einer kürzlich veröffentlichten Studie steht der übermäßige Einsatz auch mit dem Auftreten von Alzheimer in Verbindung, »sowohl bei Arbeitern, die der Substanz beruflich bedingt ausgesetzt sind, [...] als auch bei Menschen, die das Wasser trinken«. Es unfachmännisch in selbst abgefülltes Flusswasser zu geben, birgt daher durchaus Gefahren.

umgehen (den Chief, auch wenn Ekow viel zu respektvoll ist, um ihn konkret zu benennen) und ihren Wasserverbrauch direkt zu bezahlen. Die GWC hat ihm ausgerechnet, dass ein solcher Anschluss 2500 Cedi (350 Euro) kosten würde, was ein beträchtlicher Teil seines Jahreseinkommens und damit schlicht unerschwinglich ist. Felix ergänzt, dass der Preis für einen eigenen Anschluss in der Stadt eher um die 1000 Cedi (140 Euro) beträgt, aufgrund der geringeren Entfernung zur Hauptleitung. Das gilt natürlich für die gesamte öffentliche Infrastruktur, aber die GWC scheint diesbezüglich keine Zugeständnisse zu machen. »Wasser ist teuer«, fasst Felix schonungslos zusammen. Mit schlechtem Gewissen muss ich daran denken, wie wenig ich in England bezahle.

Der *yoduwekope*-Fluss teilt das Dorf in zwei Hälften, doch irgendwann wurde auch eine Straße gebaut und die Bauunternehmen fielen ein, mit der Folge, dass die beiden Teile von Prampram-Tekponya jetzt mehrere Kilometer auseinander liegen. Auf der anderen Seite herrscht eine ganz andere Stimmung. Beide Teile unterstehen dem gleichen Chief, doch drüben scheint man deutlich autonomer zu sein – dort leben mehr Menschen, es gibt eine Schule und die Häuser sind stabiler gebaut. Ich sitze unter einem großen Mangobaum im gepflegten, geräumigen Hof eines Dorfältesten. Sein Sohn, nennen wir ihn Kosi, sitzt neben mir und beantwortet meine Fragen auf Englisch. Dieser Teil des Dorfes hat einen eigenen Zugang zur Wasserversorgung sowie einen eigenen Tank, und der Älteste, bei dem ich zu Gast bin, scheint das Monopol über das Wasser zu haben. Hier beträgt der Preis 80 Pesewa bis 1 Cedi pro Gallone. Vielleicht wissen die Bewohner gar nicht, dass das ein Drittel bis zwei Drittel mehr ist als auf der anderen Seite des Dorfes. Oder der Chief gewährt den ärmsten Familien doch einen Rabatt.

Kostenloses Wasser gibt es auch hier aus dem Stausee. Aber dieses Jahr »ist der Regen einfach nicht gekommen«, sagt Kosi. »Nur zwei, drei, vier Monate nach der Regenzeit war das aufgestaute Wasser vertrocknet. Daher sind wir von Ghana Water abhängig, aber wir haben nur einen Wasserhahn. Zum Glück hat uns unser Abgeordneter einen Tank gespendet. Wenn Wasser aus dem Hahn kommt, füllen wir den Tank und verkaufen es [...] aber auf Ghana Water ist kein Verlass und das Wasser fließt nicht regelmäßig. [...] Manchmal ist es nur zwei oder drei Tage im Monat da, oder sie entscheiden, es für ein, zwei Monate abzustellen.« Wenn der Tank leer ist, sind sie auf den Stausee angewiesen oder müssen ihr Wasser in der Stadt kaufen, für 1,5 Cedi pro Gallone (und damit 150 Prozent mehr, als der Chief verlangt), plus 10 bis 50 Cedi für ein Leihauto. »Wir haben keine Wahl, weil wir kein Wasser haben.«

Auf Vorschlag von Kosi und seinem älteren Bruder Akwasi schauen wir uns den Stausee an, der nur einen kurzen Fußmarsch entfernt liegt. Die wunderschönen, lehmverputzten Behausungen weichen halbfertigen Bauten aus Schalsteinen. Der Stausee ist ein weitläufiger Tümpel, 200 mal 400 Meter groß, umstanden von Bäumen und Schilf, mit einer dicken Schicht Seerosen auf der Wasseroberfläche. Ein paar ausgetretene Meter weiter befindet sich die kleine, matschige Stelle, an der die Dorfbewohner ihr Wasser holen – irgendjemand hat eine große Plastikflasche vergessen, halb gefüllt mit trübem Wasser. Der See ist nur um die 30 Zentimeter tief, dabei sollte das Staubecken zu dieser Jahreszeit, am Ende der Regenperiode, so voll sein, dass das Ufer, das sich jetzt knochentrocken mehrere Meter über uns erhebt, fast überflutet wird. Nicht einmal 1 Kilometer entfernt ragt ein Haus mit einem roten Dach fast bis in den See hinein, und kurz dahinter sind einige weitere Dächer sichtbar. In den Augen der Baugesellschaften ist der Stausee offenbar einfach nur lästig. Wohlhabende Bauherren interessieren sich nicht für kostenloses Wasser aus einem schmutzigen See; sie beziehen ihr Wasser per Tankwagen oder über die Rohre der GWC. Aus Sicht der Bauunternehmen ist es nur gut, wenn der See bald austrocknet und die Fläche erschlossen werden kann. »Das ist die einzige verlässliche Wasserquelle, die wir haben«, sagt Akwasi. »Aber die Leute sind unvernünftig. [...] Sie denken nicht an die Zukunft des Stausees, sondern nur daran, ihre Häuser zu bauen.« Akwasi glaubt, dass der See diesen Winter unweigerlich austrocknen wird. Auf dem Rückweg passieren wir mehrere Baustellen. Aus dem Schatten eines Baumes heraus starren uns vier junge Männer an, als wir vorbeifahren. »Das sind *langas*«, warnt Felix. »Sie schlagen jeden zusammen, der den Bauarbeitern Stress macht. Dafür werden sie bezahlt. Die Leute haben Angst vor ihnen.« Die Baulanderschließung bringt Arbeit, Wählerstimmen und Steuern. Aber sie bringt kein Wasser. Und auch keinen Regen.

◆

Jay Famiglietti ist für die Wasserforschung, was Tiger Woods für den Golfsport ist: Man schreibt kein Buch über Wasser, ohne Zeit an seinem Hof zu verbringen. Sein Lebenslauf enthält Stationen wie Professor für Erdsystemwissenschaft an der University of California in Irvine, leitender Wasserforscher der NASA sowie Wasserberater des kalifornischen Gouverneurs Jerry Brown und des amerikanischen Kongresses.[1] Zum Zeitpunkt unseres Gesprächs ist er Direktor des Global Institute for Water Security (Weltinstitut für Wassersicherheit, GIWS) an der University of Saskatchewan in Kanada. Und er hat einen Podcast, *What About Water? with Jay Famiglietti* (ehemals *Let's Talk About Water*), der in seinen beiden Staffeln mit einem mitreißenden Techno-Intro beginnt, um die Hörerschaft gleich mit Jays Enthusiasmus anzustecken.

Jays größter Erfolg bisher war sein Mitwirken am Gravity Recovery and Climate Experiment (GRACE) der NASA, das ergab, dass die größten Grundwasserkörper der Welt im Rückgang befindlich sind. Die theoretischen Überlegungen hinter der Mission stammten bereits aus den 1920er-Jahren, als Geophysiker herausfanden, dass große, unterirdische Wasseransammlungen Auswirkungen auf die Gravitation in jenem Teil der Erde haben können. »Sie wussten, dass die Bewegung von unterirdischem Wasser das Schwerefeld beeinflusste, aber damals gab es noch keine Möglichkeit, das zu messen«, erklärt mir Jay aus seinem improvisierten Büro in seinem Privathaus heraus – er ist vor Kurzem umgezogen, und hinter ihm sind ein Whiteboard mit mathematischen Formeln (von seiner Frau) und eine an die Wand gelehnte Gitarre (seine) zu sehen. Der GRACE-Satellit, der im März 2002 ins All geschossen wurde, konnte diese Messungen liefern. Bei der Mission ging es nicht nur um Klimaforschung. Wer sich mit Raumfahrt beschäftigt, sagt Jay, »muss eine möglichst gute Kenntnis des Schwerefeldes haben, um die Umlaufbahnen berechnen zu können und zu wissen, wo eine Rakete wieder in die Atmosphäre eintritt.« GRACE funktioniere, vereinfacht gesagt, wie eine »Waage am Himmel«. Wenn der Satellit die Landmassen der Erde passiert, würde die technische Ausrüstung durch die verstärkte Anziehungskraft, die vom unterirdischen Wasser ausgeht, ganz leicht in eine Richtung gezogen. Durch die gewonnenen Daten lässt sich die Verteilung der Grundwasserreserven auf der Erde heute ziemlich exakt darstellen – und ebenso ihr Schrumpfen, da GRACE zwischen 2002 und 2017 immer wieder neue Daten lieferte. Der Fachartikel mit dem Titel »Quantifying renewable groundwater stress with GRACE« (in etwa: Die Gefährdung des erneuerbaren Grundwassers in Zahlen, ermittelt durch GRACE), den Jay zusammen mit anderen Autoren 2015 publizierte, war wegweisend. 21 der 37 größten Grundwasserkörper der Welt, so die Studie, verloren mehr Wasser, als auf natürliche Weise neu gebildet wurde. Dafür gab es zwei Hauptgründe. Erstens: übermäßige Entnahme durch den Menschen. Die Grundwasserkörper, die am schlechtesten dastanden, befanden sich an den Orten mit dem größten Bewässerungsbedarf und der höchsten Bevölkerungsdichte. Am schlimmsten war der Zustand des Arabischen Aquifers, des Murzuk-Djado-Beckens (Nordafrika), des Indusbeckens (Indien und Pakistan) sowie des Grundwasserleiters im kalifornischen Central Valley (siehe Abb. 1) – dort wurde am meisten Wasser entnommen, obwohl kaum etwas nachkam. Das zweite Problem waren die durch den Klimawandel ausgelösten Veränderungen des Wasserkreislaufs. Wenn Wasser in einer Region verschwindet, muss es in einer anderen wieder auftauchen – und es gibt tatsächlich Grundwasserleiter, die unter dem Strich wachsen, beispielsweise unter den nördlichen Great Plains (USA und Kanada), im Amazonasbecken und im Karoo-Becken (Südafrika).

Doch das bedeutet nicht unbedingt, dass diese Orte die »Gewinner« im neuen Wasserkreislauf sind. Mehr Wasser kann zu mehr Überschwemmungen führen. Die kanadische Provinz Saskatchewan, in der Jay bis vor Kurzem gelebt hat, wird beispielsweise immer feuchter. »Das ist in gewisser Hinsicht gut; Kanada baut viele Nahrungsmittel an und will den Ertrag weiter steigern. Daher haben wir es mit einer üppigen Ressource zu tun. Schlecht ist allerdings, dass die Niederschläge immer unberechenbarer werden. Die Variabilität nimmt zu.« Es gibt vermehrt Starkregenereignisse mit längeren Dürrephasen dazwischen; das Pendel zwischen nass und trocken schlägt stärker aus. Das heißt mehr Überschwemmungen *und* mehr Dürren. Jay bezeichnet dieses Phänomen als »Intensivierung des Wasserkreislaufs«. In einer wärmeren Welt ist der Wassergehalt im atmosphärischen Bereich höher*, was zur Folge hat, dass die »Ausschläge des Wasserkreislaufs stärker ausfallen«. Ich merke an, dass Großbritannien gerade den nassesten Februar seit Beginn der Aufzeichnungen erlebt hat, gefolgt vom trockensten März. »Genau das ist es«, sagt Jay. »Wie eine Wippe zwischen nass und trocken – und so ergeht es der ganzen Welt [...] Für die Wasserversorgung ist das extrem schwierig.«

In einem 2016 gehaltenen Vortrag am Wasserinstitut der kanadischen University of Waterloo[2] führte Jay die Erkenntnisse aus dem Artikel von 2015 weiter aus. Die am schlimmsten betroffenen Grund-

* Das bedeutet allerdings nicht, dass es insgesamt mehr Wasser gäbe, sondern nur, dass die Luft mehr Feuchtigkeit in Form von Wasserdampf binden kann – auf die Gründe gehe ich später noch ein.

**Abb. 1** Der Rückgang der Grundwasserbestände aus dem All betrachtet

Entwicklung des Wasserbestandes in bedeutenden Grundwasserleitern weltweit, ermittelt durch das Gravity Recovery and Climate Experiment der NASA (GRACE) und der Nachfolgemission (GRACE-FO) (die senkrechten, gestrichelten Linien zeigen das Zeitfenster zwischen dem Ende der GRACE-Mission und dem Beginn der GRACE-FO-Mission an).

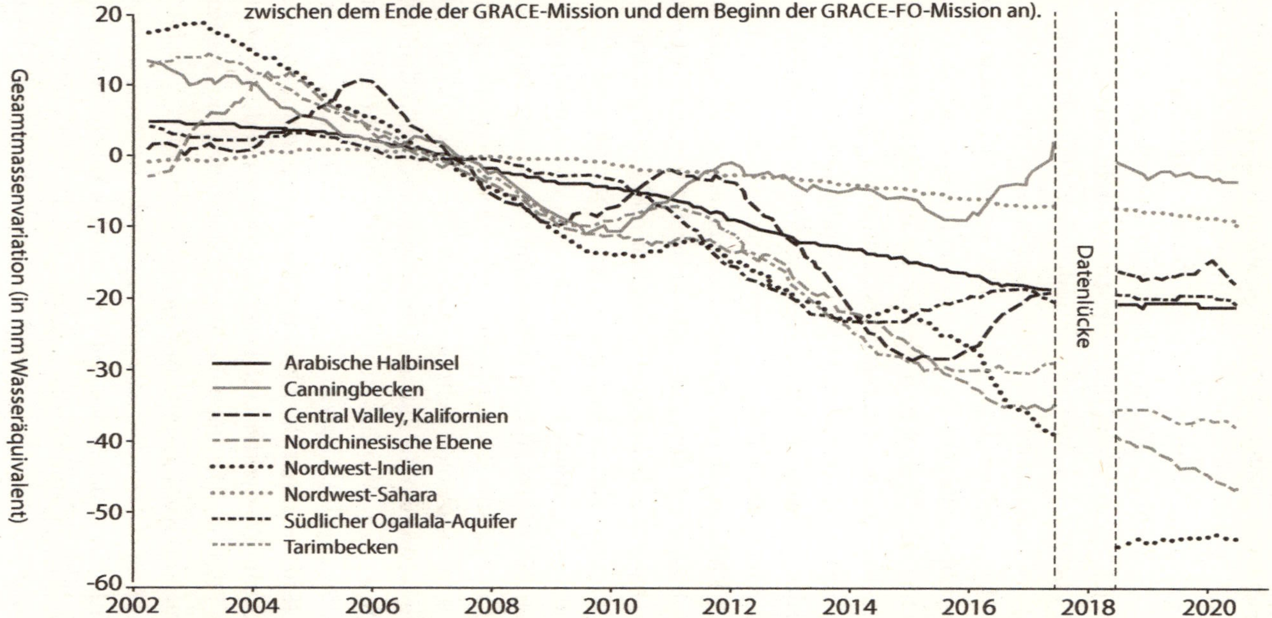


*Quelle: Famiglietti, J. S./Ferguson, G. (2021): The hidden crisis beneath our feet, Science, Bd. 372, Ausgabe 6540, S. 344-345, DOI: 10.1126/science.abh2867.*

wasserkörper hätten »den Kipppunkt in Sachen Nachhaltigkeit« bereits überschritten. »Einige von ihnen erschöpfen sich enorm schnell, etwa die in Indien, Pakistan, im Nahen Osten, im Central Valley und der Guarani-Aquifer. Das sind alles wichtige Anbauregionen. [...] Ich glaube nicht, dass wir schon bereit sind. [...] Die Welt ist nicht bereit. [...] Sie wird sich aufteilen in Leute, die Wasser haben, und Leute, die kein Wasser haben.« Bei unserem Gespräch 2020 betont Jay, dass der Artikel von 2015 keine Momentaufnahme war. »Die Entwicklung verläuft linear«, sagt er, und die Hauptursache sei das Klima. »Die höheren Breiten werden immer wasserreicher, die trockenen Regionen immer wasserärmer, Eis und Gletscher schmelzen weiter [...] Wenn wir die Karte alle fünf Jahre neu zeichnen würden, wäre die Richtung, in die es geht, immer gleich.«

In einem Bericht der Weltbank aus dem Jahr 2017[3] ist zu lesen: »Der Klimawandel wird zur Verschlechterung der Situation beitragen, indem er den Wasserkreislauf beeinflusst, das Wasser unberechenbarer macht und die Häufigkeit und die Intensität von Überschwemmungen und Dürren steigert.« Sandra Postel, Leiterin des Global Water Policy Project (Weltweites Wasserpolitikprojekt), war Ende 2021 in Jays Podcast zu Gast und bezeichnete den Wasserkreislauf als »kaputt«. Dazu hätten wir durch unseren Umgang mit Wasser und Land einen Beitrag geleistet. Weltweit würden 60 000 größere Talsperren die Flüsse in ihrem natürlichen Verlauf behindern, sagte Postel: »Wir haben riesige Dämme errichtet, um uns gegen Hochwasser zu schützen, aber Flüsse müssen über die Ufer treten. Sie sind von ihren Überflutungsflächen abgeschnitten – das ist eine Lücke im Wasserkreislauf. Das Grundwasser bildet den Basisabfluss von Flüssen.« Der doppelte Angriff durch den vom Menschen verursachten Klimawandel und die vom Menschen errichteten Bauwerke führt dazu, dass »die Erwärmung der Atmosphäre den Wasserkreislauf grundlegend verändert und die wärmere Atmosphäre mehr Feuchtigkeit bindet, was ausgeprägtere Dürren und Überschwemmungen zur Folge hat.« Postel zufolge gilt das überall, »lokal, global, regional«, mit dramatischen Auswirkungen auf die »Nahrungsmittelsicherheit, die Wasserversorgung und die Gesundheit von Mensch und Natur im Allgemeinen«.[4] Unser »Verfügungsanspruch« im Umgang mit Wasser gleicht ihr zufolge »einem faustischen Handel, der den Wasserkreislauf sprengt«.

2021 schien es, als fordere der Teufel seine Bezahlung. Im Juli gingen in Westdeutschland schwere Regengüsse nieder. In Köln wurden in nur 24 Stunden 154 Millimeter Niederschlag registriert, fast doppelt so viel wie durchschnittlich im ganzen Monat Juli (87 Millimeter). In Reifferscheid im Kreis Ahrweiler waren es unvorstellbare 207 Millimeter in nur neun Stunden. Die Welt konnte zusehen, wie Häuser und Autos durch die überflutete Fachwerkidylle schwammen. Gebäude knickten ein wie Streichhölzer, und ganze Felder versanken in Erdlöchern. Innerhalb einer Woche gab es 133 Todesopfer; sechs weitere kamen hinzu, als das Unwetter über die Niederlande, Belgien und Luxemburg hinwegzog. Auf dem Höhepunkt der Ereignisse wurden in Rheinland-Pfalz, dem am schlimmsten betroffenen Bundesland, 1300 Personen vermisst.[5] Am 16. Juli tweetete die Fridays-for-Future-Aktivistin Luisa Neubauer: »Hier in Deutschland sind Dutzende in den Fluten gestorben, Hunderte werden vermisst, Tausende haben ihr Zuhause verloren. Es ist niederschmetternd. Die Klimakrise schlägt auch in einem der wohlhabendsten Teile der Erde durch – der sich lange Zeit ›sicher‹ gefühlt hat. Kein Ort ist mehr ›sicher‹.«[6]

Knapp eine Woche später sagte die Stadt Zhengzhou in China: »Was du kannst, kann ich schon lange.« Die dortige Wetterstation verzeichnete am 20. Juli zwischen vier und fünf Uhr nachmittags überwältigende 201,9 Millimeter in *einer Stunde*. Laut einer Aussage des Wetter-Bloggers Minghao Zhou war das ein neuer Stundenrekord für alle 2418 Wetterstationen auf dem chinesischen Festland und »womöglich der stärkste Regenguss, den es je in einer Stadt mit mehr als 10 Millionen Einwohnern gegeben hat«.[7] Am Ende des Tages gab die Wetterstation in Zhengzhou die Niederschlagsmenge der letzten 24 Stunden mit 612,9 Millimeter an. Zum Vergleich: Ich habe, während ich dieses Buch schreibe, ebenfalls einen Niederschlagsmesser in meinem Garten stehen und übertrage die Daten gewissenhaft jede Woche in eine Tabelle. Dabei kam ich im nassen alten England, wo es jeden Monat regnet (die längste Trockenphase, die ich verzeichnet habe, umspannte drei Wochen), für das gesamte Jahr 2021 auf 624 Millimeter, also ziemlich genau so viel, wie es in Zhengzhou an dem einen Tag regnete. Daher ist es kein Wunder, dass der Hydrologe und Klimaforscher Peter Gleick am 23. Juli auf Twitter schrieb: »Ich bin (sozusagen) tief in die Geschichte der Extremwetterereignisse eingetaucht. Aber das ist absolut unvorstellbar für mich.«[8] Der Wert war mit großem Abstand der höchste, der in Zhengzhou registriert worden war: Der Jahresdurchschnitt liegt bei nur 640 Millimeter.[9] Auch andere Teile der Region waren betroffen, Dutzende von Städten standen unter Wasser. Am 2. August meldeten die Behörden der Provinz Henan 302 Todesopfer, von denen 292 aus Zhengzhou stammten.

Laut UN-Wasser sind die Anzahl und die Dauer der Dürren seit dem Jahr 2000 im Vergleich zu den zwei vorausgehenden Jahrzehnten um 29 Prozent gestiegen, während es bei den Hochwasserkatastrophen im gleichen Zeitraum eine Zunahme um 134 Prozent gab. Im Dezember 2021 erlebte auch Los Angeles rekordverdächtige Regengüsse. In Teilen von Santa Barbara gingen an einem Tag mehr als 178 Millimeter nieder und die Innenstadt von Los Angeles übertraf einen Höchstwert aus dem Jahr 1888. Die *Los Angeles Times* berichtete, dass »der normalerweise stark regulierte L. A. River […] Fahrzeuge ins rauschende Wasser riss«.[10]

Kurz nach den Extremereignissen in Deutschland und Zhengzhou kontaktierte ich Dr. Jennifer Francis, leitende Wissenschaftlerin am Woodwell Climate Research Center (Woodwell-Klimaforschungszentrum) in Massachusetts, um sie zu fragen, was zum Teufel da eigentlich gerade vor sich ging. In einem Leitartikel für die Zeitung *The Hill* hatte sie geschrieben: »Nur damit keine Missverständnisse aufkommen: Es hat im Sommer immer schon Hitzewellen und

Überschwemmungen gegeben. Neu ist aber, dass die Intensität, die Dauer, die Orte, die Häufigkeit und die Ausdehnung über das Normalmaß hinausgehen. Langjährige Rekorde werden mit großem Abstand überschritten [...] Das Wetter wird deutlich schneller extrem als vorhergesagt.«[11] Francis war in den 1980er-Jahren für das Polarforschungszentrum der University of Washington in der Arktis tätig. »Anfangs waren in der Arktis keine Veränderungen auszumachen, und Klimaforschung war damals noch kein Thema«, doch in den Neunzigerjahren schmolzen plötzlich Eisschichten, die aus der letzten Eiszeit stammten. Mittlerweile ist Francis vorrangig Klimaforscherin. Ihr wäre es lieber, sie könnte weiter die unveränderte, makellose Landschaft studieren, die in ihrer Erinnerung fortbesteht, aber es ist heute praktisch unmöglich, die Arktis zu erforschen, ohne sich auch mit dem Klimawandel zu befassen. Sie ist die sich am schnellsten erwärmende Region der Erde.

»Global gesehen erleben wir längere Feuchtperioden und längere Trockenperioden. Und wenn es regnet, regnet es stärker«, erzählt Francis, als wir auf meine »Was zum Teufel«-Frage zurückkommen. »Wir beobachten ganz eindeutig eine Häufung von Starkregenereignissen. [...] Das hängt klar und direkt mit dem Klimawandel zusammen: Wenn wir die Ozeane und die Atmosphäre erhitzen, nimmt die Verdunstung zu und es gelangt mehr Wasserdampf in die Atmosphäre. Wasserdampf ist ein bedeutender Faktor des Klimawandels, der nicht genügend Aufmerksamkeit erhält. Wasserdampf ist ein Treibhausgas. Er trägt zur weiteren Erwärmung bei. Und er ist der Treibstoff der Wirbelstürme.« Neben den wärmeren Weltmeeren verstärken auch die zunehmend warmen Landmassen den Klimawandel. »Wenn das wärmere Land und die wärmere Luft die Verdunstung erhöhen, trocknen die Böden schneller aus, vor allem im Frühling und im Sommer, wenn die Sonne richtig Kraft hat. Sobald der Boden trocken ist, heizt er sich noch schneller auf [...] was zu stärkeren Hitzewellen führt, die wiederum das Austrocknen beschleunigen. Es entsteht also einer dieser Teufelskreise. Die Verlagerungen im

Wasserkreislauf bewirken, dass es in den trockenen Regionen trockener und heißer wird, unterbrochen von extrem starken Niederschlagsereignissen.« Der Klimawandel »intensiviert den Wasserkreislauf«, sagt Francis und klingt dabei wie Jay. »Durch die Klimaerwärmung beschleunigen wir die Verdunstung von Meerwasser, das dann in die Atmosphäre aufsteigt und als Starkregen wieder herunterkommt.«

Und das ist noch nicht alles. Für unsere Infrastruktur und unsere Wasserqualität sind Überschwemmungen ebenso zerstörerisch wie gar kein Regen – mit deutlich schnelleren Schäden. Im vergangenen Jahrzehnt belief sich die durchschnittliche Niederschlagsmenge in Santiago, Chile, auf nicht einmal 300 Millimeter. Doch selbst in dieser Zeit erlebte die Stadt starke Überschwemmungen. Wenn Regen auf harten, sonnenverbrannten Boden prasselt, sammelt er sich an, statt zu versickern. Obwohl die Jahre 1912 bis 1999 im Schnitt viel regenreicher waren, erlebte die Metropolregion Santiago zwischen 2000 und 2017 22 Prozent mehr Überschwemmungen und fast sechsmal so viele Erdrutsche; 2017, in einem der trockensten Jahre der Wetteraufzeichnungen, raubte eine Flut mehr als 4 Millionen Chilenen den Zugang zu sauberem Wasser.[12]

Was den Wasserkreislauf angeht, ist kaum etwas beängstigender als der Zustand des Amazonas. Der Regenwald dort wird häufig als »Lunge der Welt« bezeichnet, aber genauso wichtig ist der Amazonas als Entstehungsort von Wolken. Eine Studie der NASA* aus dem Jahr 2019 ergab, dass die Luftfeuchtigkeit über dem Regenwald in den vergangenen 20 Jahren stetig gesunken ist. Armineh Barkhordarian, eine der Hauptverantwortlichen der Studie, sprach von »einem signifikanten Anstieg der Trockenheit in der Atmosphäre sowie des atmosphärischen Wasserbedarfs über dem Regenwald«[13]. Ungefähr die Hälfte dieses Anstiegs sei der erhöhten Treibhausgas-

* Diese Studie beruht nicht auf GRACE, sondern auf AIRS – dem »Atmospheric Infrared Sounder«-Messgerät an Bord des Aqua-Satelliten, der 2002 ins All gestartet ist.

konzentration anzulasten, der Rest ginge auf »menschliche Aktivitäten« (namentlich das Niederbrennen und Abholzen des Regenwaldes zur Schaffung landwirtschaftlicher Flächen) zurück. Bäume und Pflanzen benötigen Wasser zur Photosynthese und Abkühlung; sie saugen es über ihre Wurzeln aus dem Boden und lassen es in Form von Wasserdampf durch die Öffnungen in ihren Blättern in die Atmosphäre entweichen. Dieser Wasserdampf kühlt die Luft ab und bildet Wolken. Regenwälder sind ein perfektes Kreislaufsystem. Doch wenn die Luft immer trockener wird, droht dieses System zu kollabieren. »Es ist eine Frage von Angebot und Nachfrage«, sagte Sassan Saatchi, ein weiterer Autor der Studie. »Die Bäume müssen Feuchtigkeit abgeben. [...] Aber der Boden enthält kein überschüssiges Wasser, das sie aufsaugen könnten.« Ähnliches wie für die Menschen gilt auch für das Ökosystem Wald: »Die Nachfrage steigt, das Angebot schrumpft.«[14] Wie wir in Kapitel 1 gesehen haben, wäre São Paulo 2014 und 2021 fast das Wasser ausgegangen, aufgrund von Dürren und Abholzung am Rand des Regenwaldes. Sollte der *gesamte* Regenwaldkomplex zusammenbrechen, hätte das katastrophale Auswirkungen auf 22 Millionen Bürger von São Paulo, 200 Millionen Einwohner von Brasilien und auf die ganze Welt.

Darüber hinaus ist der Jetstream – das Starkwindfeld, das etwa 8 bis 11 Kilometer oberhalb der Erdoberfläche von West nach Ost bläst – nicht mehr so verlässlich, wie er einst war.* Die Überschwemmungen in Deutschland und Belgien, die Hitzewelle im Nordwesten Nordamerikas 2021 (bei der die kanadische Stadt Lytton bei Tempe-

---

* Nicht zu verwechseln mit dem Golfstrom, der Meeresströmung, die warmes Wasser aus dem Golf von Mexiko nach Nordwesteuropa transportiert. Der Golfstrom ist allerdings auch nicht unwichtig. Er gilt als Unterwasser-Förderband für Energie und verliert durch das schmelzende Eis an Kraft, was ebenfalls zu Extremwetterereignissen, Flutwellen und stärkeren Wirbelstürmen führen könnte. (Vgl. »The rivers in the ocean mustn't stop«, We Are Water Foundation, 8. April 2021, https://www.wearewater.org/en/the-rivers-in-the-ocean-mustn-t-stop_339321)

raturen von 49,6 Grad – volle 5 Grad über dem bisherigen Hitzerekord in Kanada – in Flammen aufging) und der zugefrorene Mississippi im Winter desselben Jahres (der zur Wasserkrise in Jackson führte) wurden allesamt durch »Verwirbelungen« des Jetstreams ausgelöst, ähnlich wie beim Wasser in einem Fluss. »Die Flut in Deutschland ging auf eine solche Verwirbelung zurück, die südlich des Hauptverlaufs einen ›Höhentrog‹ bildete«, erklärt Francis. »Man kann es sich wie einen Strudel im Fluss vorstellen, in diesem Fall gegen den Uhrzeigersinn. Wenn sich diese Verwirbelungen vom eigentlichen Jetstream lösen, neigen sie dazu, an Ort und Stelle zu verbleiben, massenweise Feuchtigkeit aus dem Ozean aufzusaugen und diese dann weiterzutragen und anderswo abzuladen.« Das sei die »Dynamik« eines solchen Wetterereignisses, sagt Francis; der zusätzliche Wasserdampf verstärke die »Thermodynamik«. »Im Nordwesten Amerikas war die Situation genau andersherum, dort beulte sich der Jetstream nach Norden aus und bildete ein sogenanntes ›blockierendes Hoch‹, ein sehr beständiges Hitzefeld. [...] Es war ein historisches Ereignis, die schlimmste Hitzewelle aller Zeiten, gemessen daran, in welchen Bereichen sich die Temperaturen sonst bewegen.« Francis zufolge ist mit einer Zunahme solcher Extremwetterereignisse zu rechnen. Im letzten Bericht des Weltklimarates (IPPC) von 2022 ist zu lesen: »Der Klimawandel beeinflusst das Auftreten von und die Gefährdung durch hydrologische Extreme (hohe Wahrscheinlichkeit) [...] erhöht die Niederschlagsintensität (hohe Wahrscheinlichkeit), lokale Überschwemmungen (mittlere Wahrscheinlichkeit) und das Dürrerisiko (sehr hohe Wahrscheinlichkeit).«[15] Doch obwohl wir »das alles schon seit Langem wissen«, sagt Francis, »übertrifft das Tempo, in dem die wirklich außergewöhnlichen Extremwetterereignisse zunehmen, unsere Erwartungen.«

Als Polarforscherin weiß sie besser als die meisten Menschen, welche Auswirkungen darüber hinaus die sich erwärmende Arktis auf derartige Wetterereignisse hat: »Die Arktis heizt sich ungefähr dreimal schneller auf als die Erde insgesamt«, sagt sie. »Und das bedeutet, dass der Temperaturunterschied zwischen der Arktis und den Gebieten südlich von ihr geringer wird. [...] Dieses Nord-Süd-Gefälle ist jedoch die Haupttriebfeder des Jetstream. Winde werden von Temperaturunterschieden angetrieben. Wenn wir also dafür sorgen, dass der Unterschied schwindet, schwächen wir die West-Ost-Winde des Jetstream. Und wir wissen, dass ein schwächerer Jetstream dazu neigt, diese Verwirbelungen zu bilden, die die Überschwemmungen in Deutschland und die Hitzewelle im Nordwesten Amerikas ausgelöst haben.« Ein schwächerer Jetstream mit weniger kräftigen Winden erzeugt zudem »behäbige« Wirbelstürme, die sich langsamer bewegen und deshalb umso heftiger wüten. »Wenn sie schließlich auf Land treffen, dauern sie länger an«, sagt Francis. Ein Beispiel ist Hurricane Harvey, der im August 2017 über Texas und Louisiana hinwegzog und fast 1,5 Meter Regen auf Houston niedergehen ließ. »Stürme wie Harvey, die sehr träge sind und deshalb deutlich größere Schäden anrichten, werden immer wahrscheinlicher.« Ich frage, ob auch das Auftauen des Permafrosts und das Abschmelzen des Eises den Trend verstärken. »Absolut. Der wichtigste Faktor für den Anstieg des Meeresspiegels ist im Moment die Eisschmelze in Grönland. Und die findet erst seit Kurzem statt.«

Auch die heftigsten aller Regenfälle, bekannt als »atmosphärische Flüsse«, treten immer häufiger auf. Atmosphärische Flüsse sind schmale Bänder aus Wasserdampf, die über den Himmel ziehen und die Feuchtigkeit warmer Gebiete aufnehmen, um sie in kälteren Regionen abzustoßen, was extreme Regen- oder Schneefälle zur Folge hat. Wissenschaftler an der Universität von Tsukuba in Japan haben 2021 die Wetterdaten aus fast 60 Jahren in Klimasimulationen eingespeist und dabei herausgefunden, dass atmosphärische Flüsse »in einem wärmeren Klima häufiger auftreten« – das hatten sämtliche ihrer Modelle übereinstimmend ergeben. Obwohl sie sich in der Studie auf Japan, Taiwan, den Nordosten Chinas und die koreanische Halbinsel konzentrierten, wiesen die Verfasser darauf hin, dass »die Ergebnisse auf andere Regionen in den mittleren Breiten übertragbar« seien, einschließlich Nordwestamerika und Europa.[16] Im Februar 2022 traf ein atmosphärischer Fluss den australischen Bundesstaat New South Wales. In den drei Tagen vor dem 28. Februar gingen in Brisbane und Umgebung 676,8 Millimeter Regen nieder, so viel wie noch nie innerhalb von drei Tagen (oder einer Woche) – mehr, als der Niederschlagsmesser in meinem Garten in einem ganzen englischen Jahr ermittelt hatte, und mehr, als es in Brisbane in einigen der vorausgegangenen Jahre geregnet hatte. In der australischen Presse war von einer »Regenbombe« die Rede. Die Wetterstation am Mount Glorious in den Bergen von Queensland meldete 1,5 Meter Regen in jener Woche.[17]

Derart wechselhafte und tiefgreifende Veränderungen des Wasserkreislaufs »werden sich direkt auf den Wasserhaushalt der Erde auswirken«, ist im UN-Weltwasserbericht zum Thema Wasser und Klimawandel von 2020 zu lesen. Paradoxerweise ist es möglich, dass es gleichzeitig mehr Regen und weniger verfügbares Wasser gibt. Längere Trockenphasen und kürzere, heftigere Regenzeiten bedeuten, dass die jährliche Niederschlagsmenge steigt, der Regen aber auf ausgetrocknete Böden trifft und – wie vor Kurzem in Pakistan erlebt – direkt alles überflutet, statt den Filter der Feuchtgebiete zu durchlaufen und ins Grundwasser einzusickern. Das ist ebenfalls eine Form des Wasserkreislaufs, aber nicht die, die wir kennen. Es ist, als würde man eine auf eine hyperschnelle Breitbandverbindung ausgelegte Datenmenge in eine veraltete, analoge Infrastruktur einspeisen.

»Auch in der Kryosphäre sind durch den Klimawandel bedingte Veränderungen weitverbreitet, was zu einem weltweiten Rückgang der Schnee- und Eisdecke führt«, heißt es weiter im UN-Bericht. »Schneedecken, Gletscher und Permafrost werden im 21. Jahrhundert mit hoher Wahrscheinlichkeit in fast allen Regionen weiter schmelzen bzw. auftauen […], wodurch negative Auswirkungen auf die Wasserreserven in Gebirgsregionen und den angrenzenden Ebenen zu erwarten sind.«[18]

Dr. Junyan Liu befasste sich zu Beginn ihrer wissenschaftlichen Laufbahn mit dem Rückzug der Gletscher im chinesischen Qilian-Gebirge und stieg am 12. Juli 2018 zum ersten Mal auf den Laohugou-Gletscher Nr. 12, den größten der Bergkette. Das Schmelzwasser des Laohugou und seiner Nachbargletscher dient zur Bewässerung im Hexi-Korridor und spielte eine entscheidende Rolle bei der Entstehung von Oasenstädten entlang der nördlichen Seidenstraße.[19] 1959 erstreckte sich der Laohugou-Gletscher über eine Länge von 10,1 Kilometer. Doch ab 2006 zog er sich jährlich um rund 13 Meter zurück und war bis 2018 bereits um 500 Meter geschrumpft. Junyan sagt, die Bedeutung dieser Zahl sei ihr vor ihrem Besuch vor Ort nicht bewusst gewesen. Bei ihrem ersten Aufenthalt dort im Juli hatte eine Sturzflut, ausgelöst durch das Schmelzwasser, die Straße weggerissen, sodass sie die letzten 3 Kilometer zum Gletscher zu Fuß hatten zurücklegen müssen. Bei ihrem zweiten Besuch im August hatte eine noch stärkere Überschwemmung durch das Wasser vom Gletscher zur Folge, dass sie und die Wissenschaftler des IPCC die letzten 20 Kilometer laufen mussten. Vermutungen zufolge fließt aus dem Laohugou Nr. 12 heute doppelt so viel Wasser ab wie noch vor 60 Jahren. Derart rapide Gletscherschmelzen bringen zwei ganz unterschiedliche Probleme mit sich: Kurzfristig Überschwemmungen und langfristig einen endgültigen, verheerenden Wasserverlust. Das Qilian-Gebirge galt früher als eher wasserarm, trotz der verlässlichen alljährlichen Schmelze. Doch heute werden laut Junyan 40 Prozent des lokalen Flussbeckens von Schmelzwasser gespeist. »Aufgrund der zunehmenden Wassermenge aus den Bergen bauen die Menschen deutlich mehr Gemüse an, in der Stadt pulsiert das Leben und die Wirtschaft boomt, nur weil es mehr Wasser gibt. Aber das haben wir dem schmelzenden Gletscher zu verdanken […] Sobald der Höhepunkt überschritten ist, wird die Region unter Wassermangel leiden.« Sie bezeichnet den Aufschwung als »falschen Boom«. Schrumpfende Gletscher mögen wie ein hyperlokales Problem wirken, doch tatsächlich, so Junyan, ist »das Hochland von

Tibet ein überaus wichtiger Bestandteil der Erdatmosphäre«. Veränderungen des Ökosystems in dieser Region wirken sich mit Sicherheit auf das globale Klimasystem aus.

Junyan ist mittlerweile für Greenpeace International in Peking tätig und befasst sich damit, welche Gefahr der Klimawandel für Städte darstellt. »Dicht besiedelte Gebiete sind vulnerabler als viele andere Orte, vor allem in China«, berichtet sie mir. »Wenn es in einer landwirtschaftlich geprägten Region eine Überschwemmung gibt, nimmt der Boden das Wasser innerhalb von ein bis zwei Tagen auf und das System kehrt langsam wieder zur Normalität zurück.« Doch Städte brauchen länger, um sich zu erholen: »Wir haben gesehen, wie Häuser zerstört, Infrastruktur weggerissen wurde.« Unsere Unterhaltung findet im Jahr 2020 statt, nachdem der Süden Chinas von Überschwemmungen heimgesucht worden ist. Die chinesische Meteorologiebehörde hat gerade einen Bericht herausgebracht, in dem es heißt, dass die Anzahl der Starkregenfälle in China seit 1960 um fast 20 Prozent gestiegen sei. »Bis vor Kurzem haben wir geglaubt, dass der Klimawandel ein sehr langsamer Prozess ist«, meint Junyan traurig. »Dass die Veränderungen behäbig vonstattengehen, Stück für Stück. […] Aber das stimmt nicht, die Katastrophe ist jetzt schon da.« Was wir damals beide noch nicht wussten, war, dass die Überschwemmungen 2021 noch viel schlimmer ausfallen sollten.

Die Veränderungen des Wasserkreislaufs sind überall auf der Welt zu spüren. In Uganda, berichtet mir der Klimaaktivist Nirere Sadrach, der von Kampala aus mit mir spricht, »beobachten wir heute Veränderungen im Niederschlagsmuster. […] Manchmal regnet es zu viel, zu stark; das zerstört Dörfer und Ernten.« Heftige Regenfälle im September und Anfang Oktober 2021 führten zu Überschwemmungen, Erdrutschen und Hagelschauern, die mehr als 40 000 Menschen in 17 ugandischen Bezirken betrafen, von denen fast 4 000 ihre Häuser verlassen mussten. Es war die schlimmste Flutkatastrophe in Uganda seit 1976.[20] »Gleichzeitig«, fährt Nirere fort, »dauert die Trockenzeit, wenn sie dann anfängt, immer länger. Wir haben mittlerweile zwei bis drei Monate mehr Sonnenschein.« Ich bin überrascht, dass er von Monaten spricht, nicht von Tagen oder Wochen. »Ja, die Trockenzeit dauerte früher zwei Monate – dieses Jahr waren es sechs [...] Sie ist brutal, es ist viel zu heiß; alles trocknet aus. In heutigen Zeiten ist der Zugang zu Wasser ein riesiges Problem.«

Dr. Hans Sanderson von der Universität in Aarhus erzählt mir, dass sogar in Dänemark die Winter kaum noch als solche zu erkennen seien: »Wir haben eine ganze Jahreszeit an den Klimawandel verloren.« Es fällt mir schwer, das zu glauben. Ich bin schon im Winter in Dänemark gewesen und hatte überall Skijacken und Schneestiefel gesehen. »Heute haben wir nur noch drei Jahreszeiten: Herbst, Sommer und Frühling. In Südschweden ist es das Gleiche. [...] Die schwedische Meteorologiebehörde hat offiziell verkündet, dass es in Südschweden keinen Winter mehr gibt; die Kriterien werden nicht mehr erfüllt.« Wir unterhalten uns im März 2022, und normalerweise müsste gerade ein langer, harter Winter zu Ende gehen. Doch laut Sanderson »konnte man in den letzten drei Jahren weder Ski fahren noch Schlittschuh laufen [...] kein Schnee und kein Eis. Das ist das erste Mal, würde ich sagen, dass es einfach nichts gibt.«

Deutlich weiter südlich berichtet Gidon Bromberg, der israelische Co-Direktor von EcoPeace Middle East: »Der Jordangraben hat wegen des Klimawandels einen dramatischen Niederschlagsrückgang erlebt. [...] 15 der letzten 20 Jahre waren von Dürre geprägt. Der obere Teil des Jordan führte so wenig Wasser wie noch nie seit Beginn der Aufzeichnungen. [...] Sämtliche Bemühungen, den Jordan zu sanieren, werden durch den Klimawandel stark erschwert.« Nebenbei bemerkt Bromberg, wie sehr es ihn verblüfft, dass so viele Menschen in den USA und Teilen Europas den Klimawandel leugnen. »Das gibt es in Israel kaum. Und das ist kein Zufall. Hier erleben die Leute den Klimawandel am eigenen Leib. Die Folgen sind bereits jetzt dramatisch [...] höhere Temperaturen, mehr unerträglich heiße Tage und natürlich weniger Niederschlag. Hier bezweifelt niemand, was gerade passiert.«

Vor allem im Nahen Osten bedeutet das, den Blick vermehrt auf die »Feuchtkugeltemperatur« zu richten – die Gradzahl, die das Thermometer anzeigt, wenn man ein nasses Tuch um die Messkugel legt, um Schweiß und Feuchtigkeit zu simulieren. Eine Feuchtkugeltemperatur von über 35 Grad bedeutet, dass der menschliche Körper nicht mehr länger eigenständig für Abkühlung sorgen kann (das entspricht einer normalen, also »Trockenkugeltemperatur« von über 50 Grad). Solche Temperaturen können innerhalb weniger Stunden tödlich sein, selbst für gesunde Menschen. Die pakistanische Stadt Jacobabad erreichte die Feuchtkugelschwelle zum ersten Mal im Juni 1987, dann erneut im Juni 2005, im Juni 2010 und im Juli 2012. Mittlerweile wird der Schwellenwert fast jedes Jahr überschritten, 2022 bereits im Mai.[21] Südlich der Grenze kam die Megacity Delhi im gleichen Jahr mit 49 Grad zumindest sehr nah dran. In heißen Regionen könnten Feuchtkugelwarnungen demnächst zum Alltag gehören. Bis Mitte des Jahrhunderts wird das Mississippi-Tal einem Bericht des Nachrichtenportals *ProPublica* zufolge jedes Jahr Dutzende solcher Tage erleben.[22]

# 3 WIE DER WESTEN VERLOREN GING

Es hat etwas verstörend Schönes, vor meinem Hotelzimmerfenster in Las Vegas zu stehen und die Sonne von Nevada golden schimmernd hinter dem Trump-Tower aufgehen zu sehen. Mit ihr kommen auch die rostroten Hügel rundherum zum Vorschein, schweigende Beobachter der bizarren Stadt, die innerhalb eines geologischen Wimpernschlags zu ihren Füßen entstanden ist. Ich erhebe anerkennend meine sehr britische Tasse Tee. Worauf genau, weiß ich nicht, aber die Szene musste irgendwie gewürdigt werden.

Als der Tee getrunken ist, holt mich ein Wasserverschwendungskontrolleur der Southern Nevada Water Authority (Wasserbehörde von Süd-Nevada, SNWA) ab, den ich heute begleiten will. Vor dem Hotel fährt ein Auto mit einem blau-weiß blinkenden Licht auf dem Dach vor. Durch das Emblem »Water Patrol« und mit den Worten »Wir schützen und bewahren« auf der Seite sieht es allerdings aus wie ein Mittelding zwischen einem New Yorker Polizeiwagen und *Paw Patrol*. Die Tür geht auf und Cameron Donnarumma steigt aus, ein Mittzwanziger in schicker blauer Uniform samt Dienstmarke, der schon in Las Vegas geboren wurde. Er sagt, dass der Zweck der Patrouillen hauptsächlich darin bestehe, den Leuten zu zeigen, dass Kontrollen stattfinden, und stimmt mir zu, dass die polizeiähnliche Aufmachung »definitiv auffällt; sie ist kein bisschen dezent«. Trotz der nicht ganz ernst gemeinten Effekthascherei ist seine Aufgabe aber von großer Bedeutung. Las Vegas kann es sich nicht leisten, Wasser zu verschwenden. Die Bewohner müssen sich an strikte Regeln halten: Den Garten an anderen als den zugewiesenen Wochentagen zu bewässern oder Wasser vom Grundstück laufen zu lassen, sind strafbare Vergehen, auf die ein Bußgeld steht. Donnarumma ist ein Frontkämpfer in Nevadas Krieg gegen die Wasserverschwendung.

Kaum sind wir losgefahren, entdecken wir im Vorort Summerlin im Nordwesten von Vegas in der Einfahrt einer Wohnungsgesellschaft einen ersten Verstoß. Die grüne Rasenfläche wird zu stark mit einem Sprenger beregnet und das Wasser läuft auf die Straße. Donnarumma springt aus dem Wagen und beginnt sofort, den Vorfall fotografisch zu dokumentieren. »Dass überschüssiges Wasser abläuft, kommt ziemlich häufig vor«, sagt er und schüttelt den Kopf. Sobald das Wasser in die Kanalisation oder die Straße hinab läuft, verdunstet es und ist verloren. »Deshalb ist es so wichtig, diese Art von Verstößen genau zu dokumentieren.« Beim ersten Mal belässt die Behörde es bei einer Verwarnung, aber Wiederholungstäter müssen 80 Dollar Bußgeld zahlen. Der Betrag verdoppelt sich bei jedem weiteren Verstoß, bis auf maximal 1300 Dollar. Donnarumma und sein Team überwachen die Straßen rund um die Uhr. »Meine Schicht hat heute Morgen um halb vier angefangen«, erzählt er. Jährlich kommen etwa 17 000 Meldungen zusammen, von denen rund 10 Prozent ein Bußgeld nach sich ziehen.

Wir fahren langsam ein paar Blocks weiter. Eine Pfütze am Ende einer Straße lockt Tauben an, die fröhlich daraus trinken. Pfützen dürfte es hier nicht geben. Es hat seit drei Monaten nicht geregnet. Auf der Suche nach der Wasserquelle entdecken wir ein Haus mit einer Palme, die per Tröpfchenbewässerung versorgt wird – allerdings hat sich die Auslaufdüse gelöst, sodass dort eine Art kleiner Springbrunnen entstanden ist. Donnarumma hinterlässt einen Türanhänger an der Garage, auf dem zu lesen ist: »Bitte kein Wasser verschwenden. ES IST GESETZLICH VERBOTEN!« (So steht es da, samt Großbuchstaben.) Außerdem markiert er den schuldhaften Rasensprenger mit einer kleinen gelben Flagge. »Die meisten Menschen reagieren ziemlich gelassen«, sagt er. »Solches Verhalten wird bestraft, doch unser wichtigstes Ziel ist Aufklärung. […]

[Manchmal] melden wir Verstöße und ein, zwei Monate später ist der Rasen weg. Es wirkt also motivierend.« Nur damit keine Missverständnisse aufkommen: Es ist gut, wenn der Rasen verschwindet. Gras ist erstaunlicherweise die am stärksten bewässerte Pflanzenart in den gesamten USA. Das Wasser, das von den Rasenflächen der Nation aufgesogen wird, würde ausreichen, um den Bedarf von 2 Millionen amerikanischen Haushalten zu decken, sagt Dr. Newsha Ajami, Spezialistin für städtische Wasserwirtschaft beim »Wasser im Westen«-Programm der Stanford University. Ihr zufolge »verschließen viele Menschen die Augen davor, wie viel Wasser in den USA außerhalb des Hauses verbraucht wird und wie unnötig das eigentlich ist«. Doch die grünen Flächen sind nur schwer loszuwerden, wie sich zeigt. Die SNWA hat es bereits mit einer ganzen Reihe von freiwilligen Maßnahmen und Anreizprogrammen versucht, mit mäßigem Erfolg. Deshalb ist man seit 2007 auf verbindliche Vorgaben umgestiegen: Neue Bauvorschriften verbieten Rasen im Vorgarten, hinter dem Haus darf er maximal 50 Prozent der Fläche bedecken. Neben der Peitsche gab es aber auch ein Zuckerbrot: Für jeden Quadratfuß (93 $cm^2$) Rasen, der entfernt wurde, erhielten Privathaushalte und Unternehmen 3 Dollar. Das wirkte. Selbst die extrem einflussreichen Wohnungsgesellschaften, deren Immobilien sich mit vielen sorgsam gepflegten Rasenflächen schmückten, mussten sich fügen. Auf meiner Tour mit Donnarumma kann ich in vielleicht jedem zehnten Vorgarten überhaupt Rasen entdecken (alles angelegt, bevor die Regelung von 2007 in Kraft trat). Die meisten Menschen sind auf den »Wüsten-Look« umgestiegen – eine Kombination aus Kies, Felsbrocken, Kakteen und niedrig wachsenden Bäumen. Beth Moore, die als Koordinatorin für Öffentlichkeitsarbeit der SNWA ebenfalls auf der Tour dabei ist, erklärt: »Der Badewannenring rund um Lake Mead spricht eine deutliche Sprache. Ich glaube, dass die Menschen das erkennen und verstehen, dass die Wassersituation hier ziemlich ernst ist. Wir leben in der Wüste und müssen unserem Wasser mehr Wertschätzung entgegenbringen als anderswo.«

Doch bis diese Einsicht wirklich zu jedem durchgedrungen ist, dauert es seine Zeit. Wenn die Amerikaner ihr Wasser so effizient nutzen würden wie die Europäer, erzählt Newsha Ajami mir später, würden die Einsparungen ausreichen, um damit 4 Millionen Haushalte zu versorgen – doppelt so viele wie durch das Entfernen sämtlicher Rasenflächen. Der Pro-Kopf-Wasserverbrauch liegt in den USA »weit, weit über dem aller anderen Industrieländer«.

In der EU beläuft er sich aktuell auf 120 Liter pro Person pro Tag; in den USA sind es etwa 380 Liter.[1] »Das liegt zum Teil am Lebensstil in den Vororten«, sagt Ajami, »mit großen Außenbereichen, die wir uns wegen des hohen Wasserverbrauchs nicht länger leisten können.«

◆

Wer auch nur das geringste bisschen Zeit mit Wasserexperten im Westen der USA verbringt, erfährt bald, wer wie viel bekam nach dem Bau des Hoover-Damms in den Colorado River 1935, durch den der Lake Mead – der größte Stausee der USA – entstand. Von da an galten in den westlichen Bundesstaaten in Sachen Wasserversorgung unterschiedliche Bedingungen. Seit dem Colorado-River-Abkommen, das 1922 von den sieben Staaten im Einzugsgebiet des gleichnamigen Flusses geschlossen wurde, steht die eine Hälfte des Wassers den Bundesstaaten am oberen Teil (9,25 Kubikkilometer für Wyoming, Colorado, New Mexico und Utah) und die andere Hälfte denen am unteren Teil (Arizona, Nevada und Kalifornien) zu. Als Gesamtmenge (18,5 Kubikkilometer) hatte man die durchschnittliche Durchflussmenge des Flusses des vorausgegangenen Jahrzehnts zugrunde gelegt, die allerdings, wie sich herausstellte, übermäßig hoch ausgefallen war. Über Jahrhunderte ermittelte Daten ergeben einen tatsächlichen Durchschnittswert von eher 16 Kubikkilometern. Das bedeutet, dass von Anfang an zu viel Wasser aus dem Fluss entnommen wurde.* Die genauere Aufteilung wurde im Boulder Canyon Project Act (1928) und im Upper Colorado River Basin Compact (1948) festgelegt: Kalifornien sollte jährlich 5,4 Kubikkilometer erhalten, Arizona 3,5 Kubikkilometer und das kleine, dünn besiedelte Nevada nur 370 Millionen Kubikmeter. Der Kongress gab 1948 nicht vor, ob die Aufteilung prozentual oder nach *acre-feet* (dem US-amerikanischen Standardmaß für große Volumen; 1 *acre-foot* entspricht etwa 1233 Kubikmetern) geschehen solle. Die Staaten am oberen Teil des Colorado River entschieden sich für Prozentangaben: 51,75 Prozent für Colorado, 23 Prozent für Utah, 14 Prozent für Wyoming und 11,25 Prozent für New Mexico. Rückblickend war das der deutlich klügere Ansatz als die spezifischen Angaben der stromabwärts gelegenen Staaten. Wie David Owen in seinem Buch *Where the Water Goes: Life and Death along the Colorado River* schreibt: »Wasser zu verteilen, das nicht existiert, führt später zu deutlich weniger Problemen, wenn man dabei keine konkreten Mengen nennt.«[2]

Das Problem von Nevada – und der SNWA – ist, dass der staubige kleine Wüstenstaat mittlerweile zwei der am schnellsten wachsenden Städte der USA beherbergt: Ferguson und Las Vegas. Im Las Vegas Valley leben heute mehr als 2 Millionen Menschen, und hinzu kommen (vor COVID-19) über 41 Millionen Besucher, die sich die Nachbauten von Paris, New York und Venedig anschauen wollen. Das Einzige, womit in der *Sin City* nicht verschwenderisch umgegangen wird, ist Wasser. Die 370 Millionen Kubikmeter, die Nevada laut Vertrag zustehen, reichen nicht weit. Selbst der berühmte Springbrunnen vor dem Bellagio-Hotel am Las Vegas Strip bezieht sein Wasser nicht aus dem schwer angeschlagenen Lake Mead,

* Es ist unklar, inwieweit das bereits vorab bekannt war und einfach ignoriert wurde. 1916, sechs Jahre vor Unterzeichnung des Abkommens, sagte Eugene Clyde LaRue, ein junger Hydrologe der US Geological Survey vor dem US-Kongress aus, dass der Colorado River zur Bewässerung im Becken nicht ausreichen werde.

sondern aus einem Brunnen, der salzhaltiges, nicht trinkbares Wasser aus dem Boden unter der Stadt hinaufpumpt. Deshalb musste die trockenste Stadt im trockensten Bundesstaat der USA von Anfang an lernen, mit möglichst wenig Wasser zurechtzukommen.

Der Name »Las Vegas« ist spanisch für »die Auen«. Eine natürliche Quelle machte den Ort einst zu einem willkommenen Haltepunkt für Dampflokomotiven, die hier ihre Wassertanks auffüllten. Daraus ging irgendwann eine Stadt hervor, wie sie sich niemand hätte ausmalen können, und das Grundwasservorkommen wurde gnadenlos und bis zum letzten Tropfen leer gepumpt. Doch die SNWA hält den Ort der einstigen Quelle bis heute in Ehren. 2007 entstand dort eine Art Touristenattraktion namens Springs Preserve, zu der auch das Nevada-Museum gehört. Der Parkplatz ist mit Sonnenkollektoren überdacht und der historische Ort selbst – ein halber Quadratkilometer, auf dem sich renaturierte Lebensräume mit archäologischen Fundstellen mischen – liegt größtenteils im Schatten von Mesquitebäumen. Wer will, kann sich für einen Gärtnerkurs mit dem Titel »Kluger Umgang mit Wasser« anmelden. Im Vergleich zu den Casinos und dem Las Vegas Strip hält sich das Gedränge hier allerdings sehr in Grenzen.

Ich werde von Bruno Bowles empfangen, einem täuschend jung aussehenden, langhaarigen Ranger (in Wahrheit geht er bald in Rente). Nur einen kurzen Fußweg vom Besucherzentrum entfernt erhebt sich ein kleiner Hügel, der geschmackvoll mit Wüstengewächsen bepflanzt ist. »Das ist eines der coolsten Dinge, die wir hier haben«, strahlt Bowles. »Ein sogenannter Quellhügel. Hier entstand Las Vegas. Ende des 19., Anfang des 20. Jahrhunderts gab es eine Zugverbindung zwischen Salt Lake City und Los Angeles. William Clark und sein Bruder kauften etwas Land und sämtliche Wasserrechte hier, um einen Bahnhof zu errichten. Ungefähr ab den Zwanzigerjahren fing man in Las Vegas an, das Grundwasser an die Oberfläche zu pumpen.« Da der Boden an dieser Stelle stets feucht war, hätte sich über die Jahrhunderte, in denen immer wieder trockener Wüstenstaub an der feuchten Erde kleben blieb, ein Hügel gebildet. »Es gibt mehrere Quellhügel dieser Größe hier im Tal. Wir haben Werkzeuge aus Stein und Tonscherben gefunden, was uns verrät, dass die indigene Bevölkerung schon vor 6 000 oder sogar 8 000 Jahren hier lebte. [...] Die Quelle war immer schon wichtig für die Menschen im Tal. Sie war ein Treffpunkt.« Wie ironisch, dass sie im modernen Las Vegas zu den ruhigsten, einsamsten Orten zählt. Denn ohne diesen kleinen Erdhügel gäbe es die Stadt gar nicht. Die ursprüngliche Quelle versiegte 1962. Bowles deutet auf eine verrostete Metallkonstruktion in einiger Entfernung und sagt: »Sehen Sie diesen Bohrturm? Dort haben sie so viel Wasser aus der Erde gepumpt, dass der Boden abgesunken ist.« Das Wasser des Lake Mead rettete die Stadt und ermöglichte ihr Wachstum.

Von Springs Preserve aus mache ich mich auf den Weg zum Hauptsitz der SNWA, um Colby Pellegrino zu treffen, die stellvertretende Ressourcenmanagerin der Wasserbehörde und des Wasserbezirks Las Vegas Valley. Die Region leidet seit 2001 an einer Megadürre, das Grundwasser ist hier gar kein Thema mehr. Es geht nur noch um den Lake Mead – und auch der schwindet dahin. Pellegrino sagt, dass der Stausee bei Ausbruch der Dürre voll gewesen sei. »Natürlich wurden in den ersten Jahren viele Negativrekorde gebrochen, Füllstände und -mengen, die wir nicht vorausgesagt hatten, mehrere trockene Jahre in Folge. Aber auch nach vier Jahren sagt noch niemand: ›Oh, das wird wohl eine zwanzigjährige Dürre.‹« Ihr zufolge erkannte man um das Jahr 2015, dass die Dinge dieses Mal fundamental anders gelagert waren; da erst dämmerte ihnen die Erkenntnis, dass sich der See nicht mehr erholen würde. Pellegrino vergleicht die Entwicklung mit einem langsam dahinrollenden Güterzug: »Es wird sehr schwer, in letzter Minute die Bremse zu ziehen.« Dabei haben Pellegrino und die SNWA schon mehr als viele andere getan, um den Zug zum Halten zu bringen: Seit 2002 ist die Bevölkerung in der Region um 750 000 Menschen gewachsen, der

Wasserverbrauch aus dem Colorado River jedoch um 23 Prozent gesunken. »Das ist nicht einfach so passiert«, betont sie und verweist auf die harte Arbeit hinter den Kulissen. Aber es reicht nicht.

Im Jahr 1983, als Pellegrino geboren wurde, lebten in Las Vegas 300 000 Menschen; heute sind es 2,3 Millionen. Ihr Geburtsjahr war auch das letzte, in dem der Lake Mead kurz vor dem Überlaufen stand und die beiden Schussrinnen zur Hochwasserentlastung links und rechts des Hoover-Damms noch wichtige Bestandteile der Infrastruktur waren und nicht die anekdotischen Randnotizen bei Touristenführungen, wie es heute der Fall ist. Als Pellegrino ein Kind war, wurden die Staumauern des Glen Canyon Dam und des Lake Mead mit Sperrholzplatten erhöht. »Das Wasser konnte nicht schnell genug abgelassen werden, man hatte Angst, dass die Staumauern überspült würden, also hielt man das Wasser mit Holzkonstruktionen zurück.« Glaubt sie, dass sie noch einmal einen vollen Stausee erleben wird? »Wenn man diese Dürre als Indikator nimmt, 20 Jahre in Folge mit unterdurchschnittlichen Niederschlägen und kein Ende in Sicht – dann glaube ich, dass ein phänomenales Hochwasser nötig wäre oder ein ganzes Jahrzehnt überaus regenreicher Jahre, um wieder dorthin zu kommen. Wir können bei unseren Planungen aber nicht durch die rosarote Brille schauen.« Die Leute, die sagen, dass es immer schon Dürren gegeben hätte oder dass sie sich an noch schlimmere Zeiten erinnern können, dürfen wir getrost ignorieren. Denn das ist schlicht falsch. Forschungen haben ergeben, dass die Jahre 2000 bis 2021 die trockenste 22-Jahr-Spanne im Südwesten der USA seit mindestens dem Jahr 800 darstellen.[3]

Der lokale Niederschlag ist nur ein kleines Puzzleteil des Gesamtbildes. Wichtiger ist, wie sich der Schnee in den Bergen von Colorado verhält, an der Quelle des Flusses. »Letztes Jahr lagen die Niederschläge bei 89 Prozent der Durchschnittsmenge, aber der Wasserabfluss erreichte nur 32 Prozent«, sagt Pellegrino. »Das hat eine ganze Reihe von Gründen, die jedoch nicht verschwinden, wenn das Klima wärmer wird. Der Boden ist unheimlich trocken, daher fangen wir mit einem saugfähigeren Schwamm an, als es normalerweise der Fall wäre. Der Schnee schmilzt früher, was bedeutet, dass die Pflanzen früher zu wachsen beginnen. Das wiederum hat zur Folge, dass die Wassernutzer, vor allem die Landwirtschaft, früher mehr Wasser einsetzen. Doch der Punkt, der gern übersehen wird, ist die verstärkte Aufnahmefähigkeit der Atmosphäre: Je wärmer die Luft ist, desto mehr Feuchtigkeit bindet sie. […] Also liegen wir bei höheren Temperaturen schon zu Beginn des Spiels drei zu null hinten.« Ein weiterer wichtiger Faktor sei die Sublimation, sagt sie, denn die erhöhte Sonneneinstrahlung bewirke, dass mehr Wasser vom festen in den gasförmigen Zustand übergeht, ohne je flüssig gewesen zu sein. Flussgebiete, die auf Schmelzwasser angewiesen sind, wie beim Colorado River der Fall, sind besonders anfällig für Sublimation; der entscheidende »kalter Gebirgsbach«-Zustand wird einfach übersprungen. Laut Steven R. Fassnacht, Professor für Schnee-Hydrologie an der Colorado State University, bedeutet das: »Es kann sich mehr Schnee in Luft auflösen, als Schmelzwasser in die Flüsse fließt.«[4]

Darüber hinaus gibt es auch einen Zusammenhang mit den stetig zunehmenden Waldbränden in Kalifornien. Dr. Andrew Schwartz, wissenschaftlicher Leiter am Central Sierra Snow Lab der University of California in Berkeley, schreibt: »Großflächige Brände, wie wir sie in den letzten Jahren in der Sierra Nevada und in den Rocky Mountains erlebt haben, wirken sich darauf aus, wie der Schnee schmilzt […] Der Verlust des Blätterdachs durch die Flammen kann zu höheren Windgeschwindigkeiten und Temperaturen führen, was mehr Verdunstung und weniger Schmelzwasser in den Stauseen zur Folge hat.« Es gebe nichts schönzureden, sagt er: »Was unsere Wasserreserven im Westen angeht, stehen wir mit dem Rücken zur Wand.«[5]

Obwohl der Zug immer weiter auf den Abgrund zurollt – der Füllstand des Lake Mead beträgt heute 325 Meter –, weigert sich Pellegrino, schon an den Zeitpunkt zu denken, an dem der *Deadpool*-Punkt erreicht ist (273 Meter). Dann würden weder die Bundesstaaten am unteren Teil des Flusses noch Mexiko weiter mit Wasser versorgt und Los Angeles erhielte keinen Strom mehr aus Wasserkraft. »Ohne die Zusammenarbeit und die Absprachen rund um den Fluss wäre *Deadpool* meiner Meinung nach eine reale Gefahr«, sagt sie. »Aber wir haben Vereinbarungen, die dafür sorgen, dass der Pegel nicht unter 1020 Fuß [311 Meter] fällt. Auf diesem Wert, diesen 1020 Fuß, basiert der Dürre-Notfallplan […] Der tritt jetzt in Kraft.«

Dieser Dürre-Notfallplan, an dessen Aushandlung im Jahr 2008 unter anderem Pellegrino beteiligt war, sieht klar definierte Entnahmebeschränkungen vor, sobald der Stausee bestimmte Pegelstände unterschreitet. 2021, kurz vor unserem Treffen, war der erste Schwellenwert (328 Meter) erreicht, wodurch automatisch und verpflichtend die Stufe 1 aktiviert wurde. Ab Januar 2022 erhielt Nevada 25,9 Millionen Kubikmeter Wasser weniger als zuvor (vgl. Tabelle 1). Die Wassermenge, die Arizona über den Central-Arizona-Project-Kanal aus dem Colorado River entnehmen durfte, wurde um etwa 18 Prozent oder 631,5 Millionen Kubikmeter gekürzt. Erstaunlicherweise muss Kalifornien, das mehr Wasser nutzt als alle anderen Bundesstaaten am unteren Teil des Colorado River, aufgrund seines »Vorrangstatus« erst ab Stufe 2b (bei einem Füllstand von 319 Metern) Beschneidungen hinnehmen (das mag rechtens sein, fühlt sich aber moralisch nicht richtig an und ist praktisch falsch).

Der Dürre-Notfallplan hat spürbare Auswirkungen, vor allem auf die Landwirte von Arizona. Doch ein Abkommen, demzufolge Kalifornien bis zum Eintreten von Stufe 2b untätig bleiben darf, ist zu lasch. Wann wird endlich richtig auf die Bremse getreten? Das ist auch in Nevada nicht der Fall – dort ist man ohnehin sehr auf Wassereffizienz bedacht und kann den vorgeschriebenen Verzicht auf 25,9 Millionen Kubikmeter problemlos verkraften. Pellegrino bestätigt, dass der Bundesstaat dank der Einsparungsbemühungen ohnehin 29,6 Millionen Kubikmeter weniger verbraucht, als ihm zustehen. Dort hat der Dürre-Notfallplan also kaum Auswirkungen, man kann im Grunde weitermachen wie gehabt.* Und Nevada hat ein Ass im Ärmel – sollte der See den *Deadpool*-Punkt erreichen und Kalifornien seine 5,43 Kubikkilometer über Nacht verlieren, hätte das keine Auswirkungen auf die bescheidene Menge, die Nevada zusteht.

**Tabelle I. Dürre-Notfallplan für den Unterlauf – Beschränkungen der Wasserkontingente aus dem Lake Mead[6]**

| | Arizona | Nevada | Kalifornien | Mexiko |
|---|---|---|---|---|
| Ursprünglich zugestandene Menge gemäß dem Boulder Canyon Project Act von 1928 und dem Mexico Treaty von 1944 | 2,8 Millionen ac-ft/ 3,45 km³ | 300 000 ac-ft/370 Millionen m³ | 4,4 Millionen ac-ft/ 5,43 km³ | 1,5 Millionen ac-ft/ 1,85 km³ |
| Stufe 0: Füllstand unter 332 m (in Kraft getreten im Januar 2020) | 192 000 ac-ft/237 Millionen m³ | 8 000 ac-ft/ 9 Millionen m³ | 0 ac-ft/ 0 m³ | 41 000 ac-ft/ 50 Millionen m³ |
| Stufe 1: Füllstand unter 328 m (erreicht im August 2021) | 512 000 ac-ft/631,5 Millionen m³ | 21 000 ac-ft/25,9 Millionen m³ | 0 ac-ft/ 0 m³ | 80 000 ac-ft/98 Millionen m³ |
| Stufe 2: Füllstand unter 320 m (erreicht im Juni 2022) | 592 000 ac-ft/730 Millionen m³ | 25 000 ac-ft/30 Millionen m³ | 0 ac-ft/ 0 m³ | 104 000 ac-ft/128 Millionen m³ |
| Stufe 2b: Füllstand unter 319 m (erreicht im Sommer 2022) | 640 000 ac-ft/789 Millionen m³ | 27 000 ac-ft/33 Millionen m³ | 200 000 ac-ft/247 Millionen m³ | 146 000 ac-ft/180 Millionen m³ |

* Doch dafür sind Pellegrino und ihr Team natürlich viel zu professionell. Dennoch lässt sich festhalten, dass die Verpflichtungen, die sich aus dem Plan ergeben, letztendlich nichts bedeuten, wenn das Wasser weiter schwindet.

| | | | | |
|---|---|---|---|---|
| Stufe 3: Füllstand unter 312 m (voraussichtlich erreicht 2023/24*) | 720 000 ac-ft/888 Millionen $m^3$ | 30 000 ac-ft/370 Millionen $m^3$ | 350 000 ac-ft/432 Millionen $m^3$ | 275 000 ac-ft/ 339 Millionen $m^3$ |
| Verbliebenes Kontingent abzüglich der Beschränkungen in Stufe 3 | 2,08 Millionen ac-ft/2,56 $km^3$ (−25 Prozent der ursprünglichen Menge) | 270 000 ac-ft/333 Millionen $m^3$ (−10 Prozent der ursprünglichen Menge) | 4,05 Millionen ac-ft/ 5 $km^3$ (−8 Prozent der ursprünglichen Menge) | 1,23 Millionen ac-ft/1,52 $km^3$ (−18 Prozent der ursprünglichen Menge) |

- Zehn-Jahres-Durchschnitt der Zuflussmenge in den Lake Powell (2001–2009), der im Grunde als Nachfüllbecken für den Lake Mead dient: 9 $km^3$ (7,313 Millionen ac-ft)[7]
- Wassermenge, die jährlich vom Lake Powell in den Lake Mead fließt (2022) = 9,23 $km^3$ (7,48 Millionen ac-ft)
- Gesamtwasserentnahme aus dem Colorado River in Stufe 3: 9,4 $km^3$ (7,625 Millionen ac-ft)[8]

Bis 2015 verfügte die SNWA über zwei Entnahmerohre, über die Wasser aus dem See nach Nevada befördert wurde. Deren Öffnungen befanden sich 320 und 305 Meter über dem Grund des Sees. Auch wenn sich Pellegrino weigert, öffentlich zu erwägen, was das Erreichen des *Deadpool*-Punktes für Nevada bedeuten würde, legen die Taten der SNWA doch nahe, dass man sich darüber nicht nur Gedanken macht, sondern bereits Vorkehrungen getroffen hat. 2015 entstand ein drittes Rohr – nicht nur unterhalb der *Deadpool*-Schwelle (273 Meter), sondern ganz unten auf dem Grund des Sees, wo das Wasser hineinströmen könnte wie durch den Abfluss einer

* Als ich diese Tabelle im Jahr 2021 zusammenstellte, hieß es noch, dass Stufe 3 erst 2025/26 greifen würde. Im Sommer 2022 ging man dann davon aus, dass der Grenzwert schon zwei Jahre früher erreicht sein würde. »Und ja«, schrieb Joanna Allhands auf dem Nachrichtenportal *AZ Cent*ral, »das ist so beängstigend, wie es klingt.«

Badewanne, wenn nötig bis zum letzten Tropfen. Das war keine Kleinigkeit, keine provisorische Absicherung, sondern ein aufwendiges Bauprojekt, für das man auf einer Strecke von 4,7 Kilometern ein Rohr mit einem Durchmesser von 6,1 Meter verlegte und dazu noch ein drittes Pumpwerk errichtete, für insgesamt 1,47 Milliarden Dollar. Viele Menschen hätten bezweifelt, ob und wann sich das auszahlen würde, gibt Pellegrino zu. »In fünf Jahren? In zehn? Und ich sagte: Die Rendite beträgt 90 Prozent der Wasserversorgung oder nichts.« Denn genauso lauteten die Berechnungen. Pellegrino bezeichnet das Projekt als »die bisher größte Klima-Anpassungsmaßnahme der USA«.

Einige Monate nach meinem Besuch, im April 2022, fiel der Wasserspiegel bis unter den Zulauf des ersten Rohres, sodass der klaffende Stahlschlund nun frei lag und nutzlos Richtung Sonne zeigte. Plötzlich wirkte Nevadas Investition in ein drittes Entnahmerohr ziemlich klug. »Wir erleben hier eine beispiellose Krise«, erklärte eine ziemlich aufgelöste Sprecherin des Metropolitan Water District of Southern California, der Wasserbehörde von Südkalifornien, dem Nachrichtensender CNN. »Wir haben nicht genügend Wasser, um den Alltagsbedarf der 6 Millionen Menschen in unserem Verantwortungsbereich zu stillen.« Bronson Mack von der SNWA gab deutlich gelassener bekannt, dass Nevada »keinerlei Auswirkungen« verspüre, da man zum ersten Mal das dritte Rohr in Betrieb genommen habe. »Für unsere Verbraucher hat sich nichts geändert.«[9]

Obwohl der Wasserstand des Sees immer weiter absinkt, war Pellegrino im Dezember immer noch davon überzeugt, dass es nicht zum Schlimmsten kommen würde: »Die Vorstellung, dass die Regierung in Washington nicht eingreifen und etwas unternehmen würde, bevor Mexiko, Arizona und Kalifornien der Hahn zugedreht wird […] das halte ich für abwegig«, meinte sie zu mir. »Das Ministerium hat in diesem System große Handlungsspielräume, vor allem wenn es um die Gesundheit und Sicherheit der Menschen und um gefährdete Arten geht. Das sieht man bei anderen Flusssystemen überall im Westen, aus denen das State Water Project in Kalifornien dieses Jahr gar kein Wasser beziehen konnte. In Teilen des Klamath-Beckens dürfen die vertraglichen Nutzer dieses Jahr gar kein Wasser entnehmen, null. [...] Ich bin mir sicher, das Ministerium würde nie zulassen, dass Lake Mead den *Deadpool*-Punkt erreicht.« Ich bin immer wieder überrascht, wenn Amerikaner über ihre Minister sprechen wie Menschen aus anderen Ländern über Gott. Als würde sich die Natur den staatlichen Behörden und der Rechtsordnung im Zweifelsfall schon fügen. Eines muss ich aber zugeben: Wenn das irgendwo möglich scheint, dann im Westen der Vereinigten Staaten, der hydrologisch am stärksten erschlossenen Region der Erde, wo selbst mächtige Flüsse durch eine Vielzahl von Sperrwerken gezähmt werden und sich die Bewässerungskanäle über Hunderte Kilometer durch die trockene Wüste schlängeln. Bisher haben die großen Wasserbauprojekte hier noch in jeder Ära Wunder bewirkt, zuletzt das dritte Entnahmerohr von Nevada im Jahr 2015, und das überaus tatkräftige Bureau of Reclamation, die für die Wasserversorgung zuständige Behörde, hat buchstäblich Berge versetzt. Doch jetzt ist der Pegelstand der beiden gewaltigsten Projekte von allen, Lake Mead und Lake Powell, in denen all diese Kanäle und Rohre ihren Anfang nehmen, auf 34 bzw. 29 Prozent gesunken.* Mehr als 40 Millionen Menschen sind von diesem Wasser abhängig. Und die beiden Seen trocknen aus. Ich frage mich, was das Ministerium angesichts dieser Umstände noch ausrichten kann.

Ein Wasser-Insider informiert mich darüber, dass der Metropolitan Water District of Southern California – zuständig für die Bezirke Los Angeles, Orange County, San Diego, Riverside, San Bernardino

---

* Das waren die Wasserstände während meines Aufenthalts vor Ort im Januar 2023. Während meiner Arbeit an diesem Buch, im Oktober 2022, liegen sie bereits bei 28 und 22 Prozent. (Für aktuelle Informationen vgl. http://lakemead.water-data.com)

und Ventura – sich bereits damit befasst, wie man »sicherstellt, dass genügend Wasser für ›gesundheits- und sicherheitsrelevante‹ Zwecke bereitsteht, für Toilettenspülungen und die sanitäre Grundversorgung. […] Landwirtschaftliche Nutzer haben keine Chance. Kommunale Nutzer, die über eine alternative Wasserquelle verfügen, werden wohl bald vom Netz abgeschnitten.« Kurz gesagt: Wenn der See austrocknet, bleibt nur noch das Wasser, das sich im Erdboden befindet oder durch Entsalzungs- und Aufbereitungsanlagen nutzbar gemacht werden kann. Das ist die Zukunft, auf die der Westen angesichts der Kombination aus Megadürre und dauerhaft verändertem Klima zusteuert. Der Wasserstand im Lake Powell ist allein in den drei Jahren vor 2022 um 30 Meter gesunken. Es fehlen nur noch 10 Meter, bis die Wasserkraftanlage im Glen-Canyon-Damm betroffen ist. Das ist keine Frage des Ob, sondern des Wann. Und das Wann könnte sich in Monaten statt in Jahren bemessen.

Der Dürre-Notfallplan erscheint daher wie ein Pflaster, wo eine Notfalltriage nötig wäre. Die ursprüngliche, seit Jahrzehnten betriebene Überentnahme – die jeweils 9,25 Kubikkilometer, die sowohl den Bundesstaaten am oberen als auch denen am unteren Flusslauf zustehen, obwohl es so viel Wasser nicht einmal in den Vordürrejahren gab – findet darin kaum Erwähnung. Dass man erst 2021, bei einem Wasserstand von unter 30 Prozent, anfängt, die Kontingente langsam auf die Mengen anzupassen, die schon seit der optimistischen Aufteilung 1928 hätten gelten müssen, ist derart wahnsinnig, dass es schwer zu erklären ist. Man verteilt Kuchen, der gar nicht da ist; Happen aus purem Nichts. Das muss selbst Pellegrino eingestehen, obwohl sie durchaus stolz ist auf ihren hart erkämpften Plan. Die Überentnahme fiel in den 1960er-Jahren auf, sagt sie. Die zwei Jahrzehnte nach 1906, die bei der Verteilung als Orientierungswert dienten, zählten zu den niederschlagreichsten seit Beginn der Aufzeichnungen und vermutlich der letzten 1500 Jahre. »Manchmal sind wir so sehr mit den politischen Aushandlungen beschäftigt, dass wir die einfachsten Dynamiken außer Acht lassen, wie die, auf die Sie gerade hingewiesen haben: Wenn der Stausee schrumpft, überschreitet der Verbrauch den Zufluss. [...] Sie wären überrascht, wie viele Menschen das vergessen. Aber ja, wir haben ein Überentnahmeproblem. Und der Klimawandel verschärft das noch.«

Ich versuche es noch einmal: Warum existieren diese Kontingente dann heute noch? Und warum schränken die Bundesstaaten am unteren Teil des Flusses sich nicht stärker ein? »Dafür gibt es eine Reihe von Gründen ...«, sagt Pellegrino und schaltet erneut vom Nüchterne-Wissenschaft-Modus in den Politik-Modus. Erstens, sagt sie, sei man bis in die frühen 2000er davon ausgegangen, dass der Staat das Flusssystem »erweitern« würde, dass es »eine Art groß angelegtes Wasserversorgungsprojekt« geben würde, vielleicht »eine Querverbindung zu einem anderen Flusssystem, eine Entsalzungsanlage oder sonst irgendetwas, das für einen Ausgleich sorgen könnte«. Doch das sei nie passiert. »Derart große Wasserprojekte gibt es schon seit vielen, vielen Jahren nicht mehr.« Das ergibt Sinn, zieht man in Betracht, dass der Lake Mead im Jahr 2000 nahezu randvoll war. Der zweite Grund hingegen entbehrt jeglicher Logik, er dreht sich nur um den politischen Prozess und den Glauben an die eigene Nation. »Ist es die Mühe wert, sieben Bundesstaaten, sieben bundesstaatliche Gesetzgeber, sieben Gouverneure und sowohl das Repräsentantenhaus und den Senat als auch den Präsidenten dazu zu bringen, sich auf neue Zahlen zu einigen?«, fragt sie. Bevor ich rufen kann: »Ja, natürlich!«, beantwortet sie ihre – offensichtlich rhetorische – Frage schon selbst: »Wahrscheinlich nicht, solange wir uns alle zumindest darauf einigen können, wie wir die Wasservorräte verwalten.« Ihr zufolge kommt die Frage nach einer Neuverhandlung des Abkommens immer wieder auf, stelle aber »juristisch eine enorme Herausforderung« dar. In der Zwischenzeit schrumpft der Lake Mead still und leise vor sich hin, dem Ministerium und allen »Flussgesetzen« zum Trotz. Wenn er schließlich so weit ausgetrocknet ist, dass nur noch eine rissige braune Fläche übrig ist, sollte jemand ein Schild errichten: »Hier ruht Lake Mead. Er stellte juristisch eine enorme Herausforderung dar.«

Ich besichtige den Stausee gleich am nächsten Tag zusammen mit dem National Parks Service (NPS). Justin Pattison, der stellvertretende Regionalchef des NPS, ist so nett und zeigt mir die Gegend, die ein beliebtes Ziel für Bootsbesitzer und Wanderer darstellt. Seine freundliche, aber feste Stimme, seine Uniform und seine Dienstmarke verströmen einen beruhigenden Charme. Pattison ist ein Mensch, dem man im Krisenfall vertraut. Und es *ist* ein Krisenfall. Die Mitarbeiter des NPS sind von Natur aus nomadisch veranlagt; Pattison ist erst seit März 2020 am Lake Mead tätig. Ich frage mich, ob er wohl schon lange genug hier ist, um Veränderungen zu bemerken, aber er stellt schnell klar: »Allein im Verlauf des letzten Jahres hat sich die Situation drastisch gewandelt.« Laut den Grafiken, die er mir zeigt, belief sich der Wasserstand Anfang 2021 noch auf rund 364 Meter und liegt jetzt bei 355 Metern – er ist innerhalb eines Kalenderjahres um neun Meter gesunken.* Sein Kollege Dave Alberg ergänzt, dass der Pegel im vergangenen Jahrzehnt jährlich um im Schnitt 3,6 Meter gesunken sei, aber »das beschleunigt sich in einem Tempo, das wohl niemand von uns vorausgesehen hat«. Anfang 2020 wurde langsam deutlich, dass der Rückgang unumkehrbar ist. »In dieser Region kommen im Jahr üblicherweise etwa 4 bis 5 Zentimeter Regen vom Himmel. Das ist nicht viel. Aber selbst, wenn es einen ganzen Tag lang schüttet, hat das keine großen Auswirkungen auf den Lake Mead. Wichtig ist, was weiter flussaufwärts passiert, in Colorado, Wyoming, Utah und den Schneegebieten.« Er wiederholt die unschönen Zahlen zum Thema Schneedecke und Zuflussmenge, die schon Pellegrino genannt hat. »Selbst in Jahren, in denen es viel Schnee gibt, nimmt die Menge des für den Fluss verfügbaren Wassers rapide ab«, sagt er.

---

* Im Juni 2022 sollten es nur noch 318 Meter sein – noch einmal 37 Meter weniger als zum Zeitpunkt meines Gesprächs mit Pattison im Dezember 2021, wodurch die Einschränkungen der Stufe 2 schneller fällig wurden als erwartet.

Es ist wohltuend, Staatsangestellte so offen reden zu hören, obwohl uns die Trump-Jahre mit ihrer »Niemand erwähnt den Klimawandel«-Doktrin noch frisch in Erinnerung sind. »Natürlich wird das alles maßgeblich vom Klimawandel befeuert«, bestätigt Pattison sachlich. Und als er erklärt, dass die höheren Temperaturen im gesamten Flussgebiet mehr Verdunstung erzeugen – sowohl die Luft als auch der extrem trockene Boden nehmen mehr Feuchtigkeit auf –, klingt er erneut genau wie Pellegrino. In der Kombination bewirken diese beiden Dinge »im Grunde eine Verringerung des Basisabflusses in das Colorado-River-System«. Am 15. jedes Monats veröffentlicht das Bureau of Reclamation eine 24-Monats-Modellierung zum Wasserstand in den Stauseen. Wenn dieser, wie im Augenblick erwartet, weiterhin um 4,6 Meter pro Jahr sinkt (womöglich eine eher konservative Schätzung, zieht man den aktuellen Rückgang um 9 Meter in Betracht), würde der See irgendwann im Jahr 2029 den *Deadpool*-Punkt erreichen, ab dem der Colorado River in Nevada endet. Jeden Monat, sagt Alberg, »geben die Modelle einen niedrigeren Wasserstand aus«. In die jüngsten Berechnungen sind die Einschränkungen der Stufen 1, 2 und 3 bereits einkalkuliert, wodurch deutlich wird, dass sie nicht ausreichen, um den Verlust auch nur abzubremsen, geschweige denn ihn aufzuhalten oder ihm entgegenzuwirken.

Trotz der schonungslosen Aussagen, die ich im Büro des NPS zu hören bekomme, inmitten von Wassersportaufnahmen, die den tiefblauen See in goldenen, noch gar nicht so lange zurückliegenden Zeiten zeigen, bin ich nicht auf seinen Anblick vorbereitet. Der Badewannenring verschlägt mir den Atem, genauso wie die traurigen, bloßliegenden Entnahmetürme und die 3 Millionen Dollar teure Straße, die in Hemenway Harbor im Nichts endet. Als Nächstes fahren wir nach Boulder Beach, »stark frequentiert vom nicht auf Bootstouren ausgerichteten Publikum« (so umschreibt der NPS die Leute, die Campingstühle und einen Sixpack Bier im Gepäck haben). Da hier jeder mit dem Auto kommt, hat der NPS entlang des Seeufers »Bermen« errichtet – kniehohe Trockenmauern –, damit die Wagen nicht zu nah ans Wasser heranfahren und im Sediment stecken bleiben. Doch durch das immer weiter zurückweichende Wasser wachsen die Strandflächen, und Pattison und sein Team müssen ständig neue Mauern anlegen. Pattison hält auf halber Höhe des Strandes und deutet auf die Berme, bei deren Bau er bei seiner Ankunft nur 18 Monate zuvor mitgeholfen hat. Der eigentliche See ist immer noch Hunderte Meter entfernt und zwischen uns und dem Wasser ragen zwei weitere Schutzmauern auf – die hintere ist ziemlich lückenhaft und wirkt eher symbolisch. Ich fotografiere Pattison neben seiner Berme und kann kaum glauben, was ich sehe. Von hier aus befindet sich der See auf halbem Weg zum Horizont. In zwei Jahren wird er mit ihm verschmolzen sein.

Wir fahren weiter nach Boulder Harbor, einen Ort, für den die Google-Bildersuche ähnlich traumhafte Familienurlaubsmotive anzeigt, wie sie an den Wänden des NPS-Büros hängen. Nicht wenige Bootsbesitzer aus Las Vegas bekommen glänzende Augen, wenn sie von Boulder Harbor erzählen – im Präsens: Zu Glanzzeiten (und die sind noch nicht lange her) konnte man in weniger als einer Stunde mit dem Boot auf dem Anhänger aus Vegas herkommen und es zu Wasser lassen. Wir nähern uns dem Ort auf einem autobahnbreiten Stück Asphalt – genau wie in Hemenway, nur dass die Straße hier tatsächlich (so gerade) bis zum Wasser reicht. Doch Boote sind nirgendwo zu sehen, niemand lässt eines zu Wasser. Denn es gibt keinen Hafen. Zwei harmlos aussehende Inseln, die einst die breite, einladende Einfahrt zum Anleger bildeten, sind eine permanente Verbindung zueinander eingegangen, sodass das Hafenbecken nun einen vom Rest des Sees abgeschnittenen Teich bildet. An einem Betonpoller lehnt ein kleines »Geschlossen«-Schild – als hätte es das gebraucht. Die mobilen Toiletten, die einst von den Bootsfahrern genutzt wurden, stehen jetzt trocken in der Wüste herum. Hoch oben am Hang ragt ein mit Flatterband abgesperrtes Besucherzentrum der NPS auf, das auf die Abrissbirne wartet. Vor zehn Jahren befand es sich direkt am Wasser.

Auf der trübsinnigen Fahrt zurück nach Boulder City unterhalten wir uns über die Themen Familie und Zukunft. Pattisons Frau arbeitet an einem anderen Standort des NPS, wird aber bald hierher wechseln. Die beiden sind auf der Suche nach einem Haus. »Ein Pool ist für mich ein Muss«, sagt er. Selbst wenn er mit Wasser aus dem Lake Mead gefüllt ist?, frage ich. Justin lacht, meine Ironie ist ihm nicht entgangen, meint dann aber nachdenklich: »Ja. Ich habe es wohl auch auf ein Stück vom Colorado River abgesehen.«

◆

Im benachbarten Arizona geht man deutlich weniger sparsam mit Wasser um als in Nevada. Die Nabelschnur, die den Bundesstaat mit dem Colorado River verbindet, der Central-Arizona-Project-Kanal (CAP), nährt ihn wie einen Fötus im Mutterleib. Doch diese Verbindung könnte bald gekappt werden und dann fiele Arizona in die harte Realität des Wüstenlebens zurück.

Laut dem ursprünglichen Boulder Canyon Act erhält Arizona fast zehnmal so viel Wasser wie Nevada. Das große Problem war immer schon der Transport. Nach jahrzehntelangem Hin und Her – der auf Naturschutz ausgerichtete Präsident Jimmy Carter versuchte sogar, das Projekt ganz zu stoppen – ließ die Bundesregierung den CAP, einen breiten Kanal, durch Hunderte Kilometer Wüste bauen, um die beiden größten Städte, Phoenix und Tucson, mit Wasser zu versorgen. Letztere bildet den Endpunkt, bis hierher reicht der Kanal seit 1993. Anders als Las Vegas gönnt sich Phoenix einen Luxus, der selbst Pharaonen vor Neid erblassen lassen würde. »Wir haben uns in unterschiedliche Richtungen entwickelt«, erklärt Marco Velotta aus der Stadtverwaltung von Las Vegas trocken. »Ich finde das ziemlich amüsant, weil der Stamm der Hohokam über Jahrtausende in der Umgebung des heutigen Phoenix überlebt hat.« Heute hingegen ist es denkbar, dass Phoenix in nicht einmal einem Jahrhundert aufgeblüht ist und wieder untergeht. Velotta zufolge gibt es Bestrebungen, »schnell möglichst viel Geld mit der Erschließung von Land und dem Häuserbau zu verdienen. Über die Folgen macht sich kaum jemand Gedanken.« Er wundert sich über die vielen 100 künstlichen Seen und Springbrunnen, die in Phoenix zu sehen sind. »Klar, der CAP und das Salt River Project [ein weiterer zum Kanal umgewandelter Fluss] sind Wunderwerke der Ingenieurskunst [...], aber mit einer dunklen Kehrseite.«

In Phoenix bekomme ich diese dunkle Seite mit eigenen Augen zu sehen. Lynda Person vom Arizona Sustainable Water Network (Netzwerk für nachhaltiges Wasser Arizona) und ihr Mann John, ein Hydrologe, holen mich am Sky-Harbor-Flughafen ab. Lynda hat einen Kommentar in der *Arizona Capitol Times* veröffentlicht, in dem sie der Regierung des Bundesstaats vorwirft, sie würde vor den Problemen der Wasserversorgung »komplett die Augen verschließen«. Sie schrieb: »Flüsse trocknen aus, die Wasservorräte schrumpfen oder verschwinden ganz [...] Die Flüsse von Arizona sind zu lange als Ressource betrachtet worden, die es zu zähmen, auszubeuten und als Wachstumsmotor zu nutzen gilt.« In einem weiteren Artikel erklärte sie: »In jüngerer Zeit haben sich mehrere Milchbauernkonzerne und Landwirtschaftsbetriebe in Arizona angesiedelt, wo sie Alfalfa anbauen und Milchkühe halten können, ohne sich Gedanken über Regulierungen oder Einschränkungen des Wasserverbrauchs machen zu müssen« – die Agrarwirtschaft ist für 80 Prozent des Wasserverbrauchs in Arizona verantwortlich – »was zum Versiegen von Quellen, Bächen und Flüssen führt, mit massiven Auswirkungen auf den Lebensraum an den Ufern im gesamten Bundesstaat.«[10] Um uns das persönlich anzuschauen, müssen wir gar nicht weit fahren. Der Salt River – oder das, was davon übrig ist – verläuft ganz in der Nähe des Flughafens. Er führt kein bisschen Wasser mehr, sondern besteht nur noch aus einem großen, trockenen Flussbett. »Das hier war einmal ein breiter Strom mit Bibern,

Pappeln und einem Wald, der vielen Tieren als Lebensraum diente«, klagt Lynda. Fotos, die vor 100 Jahren entstanden, belegen das. Es gab sogar eine kleine Fähre über den Fluss. Jetzt braucht es ein starkes Hochwasser, damit hier überhaupt etwas fließt. Lynda und John erinnern sich, dass dies zum letzten Mal im Januar 1993 der Fall war, vor fast 30 Jahren. Als ich ein paar Aufnahmen von der heutigen Situation mache, kommt ein Mann vorbei und fragt, was ich da fotografiere. Meine Erläuterung überrascht ihn: »Hier gab es früher Wasser?«

»Jenseits der Granite-Reef-Talsperre wird das hier nicht mehr als Fluss bezeichnet«, erklärt Lynda. Inoffiziellen Zahlen zufolge sind insgesamt 2700 Kilometer an Flüssen verloren gegangen und die, die noch existieren, werden nicht gut geschützt. Weder dem San Pedro River noch dem Verde River geht es gut, beide gelten als gefährdet. Lynda deutet auf den einstigen Salt River, der jetzt nur noch aus Steinen, gelbem Gras und dem einen oder anderen kniehohen Kreosotbusch besteht. »Irgendwann sieht das alles so aus.« Ironischerweise war das Wissen, wie man nachhaltig mit der Natur umgeht, hier bereits vor langer Zeit vorhanden. Die Hohokam-Völker, die einst am Salt River lebten, bauten in dieser Gegend Kanäle, bewässerten ihre Äcker und bewohnten ein Gebiet, das größer war als das heutige Phoenix. Dass der Fluss austrocknete, ist der Überentnahme durch weiße Siedler zu Beginn des 20. Jahrhunderts zu verdanken, und dem Roosevelt-Damm (einem Prototyp des Hoover-Damms), der 1911 im oberen Teil des Flusses entstand. Nach dem kurzen und unverzeihlichen Aufbegehren des Flusses im Jahr 1993 errichtete die Stadt Phoenix zwei weitere Stauwehre im Stadtzentrum, um den Strom endgültig zu zähmen. Doch da ein bisschen Wasser für Freizeitsportler und aus ästhetischen Gründen weiterhin erwünscht war, wurde ein 3 Kilometer langer Abschnitt des Flusses einfach auf beiden Seiten mit Dämmen begrenzt und wieder aufgefüllt – allerdings nicht mit Wasser aus dem Salt River, sondern aus dem CAP-Kanal. Das Konstrukt ist heute als Tempe Town Lake bekannt und im Grunde wenig mehr als eine teure Sehenswürdigkeit, gefüllt mit wertvollem Wasser aus dem angeschlagenen Colorado River und dem Lake Mead Hunderte Kilometer weit weg. Es dauerte über einen Monat, bis das 89 Hektar große Becken voll war.[11]

Dass Arizona überhaupt an den Original-Abkommen – dem Colorado River Compact von 1922 und dem Boulder Canyon Project Act von 1928 – beteiligt war, stand nicht von Anfang an fest. Das Gebiet war erst 1912 als Bundesstaat Nummer 48 anerkannt worden. Verglichen mit den spärlichen 370 Millionen Kubikmetern für Nevada und der Tatsache, dass Mexiko ganz leer ausging (auf die 1,85 Kubikkilometer, die das Land später erhielt, einigte man sich erst 1944 nachträglich im Mexican Water Treaty), waren die 3,45 Kubikkilometer, die Arizona zugesprochen bekam, überaus großzügig; man setzte auf ein Florieren des Staates.* Daraus wurde eine sich selbst erfüllende Prophezeiung: Wer einem Wüstenstaat Wasser gibt, wird ihn aufblühen sehen. Doch um sich das wertvolle, über weite Strecken gepumpte Wasser aus dem CAP-Kanal (der bis heute der größte Energiefresser des Bundesstaates ist) leisten zu können, waren die Landwirte von Arizona auf bis zu 90 Prozent Subventionen angewiesen. In seinem Buch *Where the Water Goes* zitiert David Owen Grady Gammage, den ehemaligen Vorsitzenden des CAP-Vorstands, mit folgenden Worten: »Letzten Endes

---

* In einem 1928 veröffentlichten Bericht der Colorado-River-Kommission aus Arizona heißt es: »Eine der Fragen, die eine Besiedelung des Colorado River so kontrovers macht, ist die Bedrohung durch Mexiko. Amerikanische Millionäre besitzen über 400 000 Hektar Land in Mexiko, das mit Wasser aus dem Colorado River bewirtschaftet werden kann. Wird dieses Land bewässert, BLEIBEN 400 000 HEKTAR LAND IN ARIZONA WÜSTE.« (Die Großbuchstaben stehen so im Original.) Der weitere Text enthält die Forderung an den Kongress, Mexiko deutlich zu machen, dass weder »der Staat noch seine Bürger« ein gesetzliches Anrecht auf ein »Fortbestehen« des Colorado jenseits der Grenze zur USA hätten. (»The Colorado River Question«, Colorado River Commission of Arizona, 1928, http://www.riversimulator.org/Resources/Controversy/ColoradoRiverQuestionShallNaturalResourcesCreateLocalOrDistantDevelopment.pdf)

handelten wir mit den Landwirten den Kompromiss aus [...], dass wir ihnen das Wasser aus dem Colorado River für einen Preis überlassen würden, der weit – sehr weit – unter den Transportkosten lag, und die Kommunen würden die Differenz übernehmen.«[12]

Daraufhin wurde der CAP-Kanal gebaut: 541 Kilometer lang, 7,3 bis 26 Meter breit und 5 Meter tief, mit drei Tunneln, die durch das Gebirge getrieben werden mussten, und 15 Pumpwerken, um die rund 1,9 Billionen Liter Wasser bergauf zu befördern.[13] Die Bauarbeiten begannen 1973 und dauerten bis 1993; die Kosten beliefen sich auf mehr als 4 Milliarden Dollar. Als der Kanal endlich bis nach Tucson reichte, wollte man ihn dort nicht einmal. Lynda Person war damals an einem Wassergutachten beteiligt: »1993 begann Tucson, Wasser aus dem CAP zu beziehen; man schloss das CAP-Rohr einfach an das lokale Leitungssystem an und speiste das Wasser ein«, erinnert sie sich. Das führte unweigerlich zu Problemen mit der chemischen Zusammensetzung; nachdem jahrelang nur Grundwasser durch die Rohre geflossen war, war das neue Wasser nun säurehaltiger und »zerfraß die Rohrwände«. Zum großen Ärger der Bewohner von Tucson kam das Wasser plötzlich braun aus dem Hahn. Die Lösung bestand darin, das CAP-Wasser unter die Erde zu leiten und damit die Grundwasserkörper anzureichern, bevor man die Mischung wieder aus dem Boden pumpte. (Laut David Owen schlucken die 15 Pumpwerke unterwegs ebenso viel Energie, wie es kosten würde, dieselbe Menge Wasser zum Kochen zu bringen.[14] Da fällt ein weiterer Pumpvorgang wohl auch nicht mehr ins Gewicht.)

Als wir auf einer Wüstenstraße kurz hinter der Stadtgrenze von Phoenix den CAP-Kanal passieren, halten wir kurz an, damit ich ein paar Bilder machen kann. Meine Gedanken wandern sofort zum König-Abdallah-Kanal in Jordanien zurück, den ich so begeistert fotografiert habe – ein weiteres zentralisiertes, in Beton gegossenes Kanalsystem, das eine Wüstenregion mit Wasser versorgt. Mir fällt auf, dass der CAP-Kanal fast doppelt so breit ist wie der König-Abdallah-Kanal. Doch anders als in Jordanien, wo jeder Tropfen

Wasser dringend gebraucht wird, hat man den CAP-Kanal größer gebaut, als notwendig gewesen wäre, und nutzt ihn, um Exportware anzubauen und städtische Seen aufzufüllen, zugunsten von Landwirten, die sich das Wasser nicht leisten können, und Stadtbewohnern, denen der Geschmack nicht zusagt. Wie Cody Friesen, Professor an der Arizona State University, mir aus seinem Büro mit Blick auf den Kanal hinaus erzählt: »Sie standen da eben an einem bemerkenswerten Ort, wo eine Riesenmenge Wasser durchfließt – was allen Naturgesetzen zufolge nicht so sein sollte.« Damit könnte es allerdings auch bald vorbei sein. Der Notfallplan sieht vor, die Wassermenge im Kanal um ein Viertel zu reduzieren, und sollte der *Deadpool*-Punkt erreicht werden, bliebe er ganz leer.

Die Sprecherin des Kanalbetreiberunternehmens, DeEtte Person (nicht mit Lynda verwandt), äußert sich ungewohnt offen für eine PR-Frau. Der CAP-Kanal, sagt sie, »wird grundsätzlich weniger Wasser aus dem Colorado River erhalten. Das ist wie bei einem Bankkonto: Wenn uns das Gehalt gekürzt wird, können wir nicht mehr so viel aufs Konto einzahlen.« Als Erstes werden das die landwirtschaftlichen Nutzer zu spüren bekommen, da sie im Gegenzug für die staatlichen Zuschüsse nachrangige Wasserrechte akzeptiert haben. Durch eine überraschende Wendung der Geschichte halten die indigenen Stämme jedoch vorrangige Wasserrechte. Genau genommen stehen den Reservaten der Native Americans in Arizona von staatlicher Seite 382 Millionen Kubikmeter Wasser aus dem CAP-Kanal zu, mehr, als der gesamte Bundesstaat Nevada erhält – und dieser Anspruch hat Vorrang vor allen städtischen und landwirtschaftlichen Bedarfen.

Und was wird aus dem landwirtschaftlich genutzten Wasser? Mark Silverstein, der am National Surface Water Survey (Nationale Studie zum Oberflächenwasser) mitgewirkt hat, schreibt im *The Nevada Independent*, dass allein die Baumwollproduktion in Arizona »jährlich mindestens 200 000 ac-ft [rund 247 Millionen Kubikmeter] Wasser aus dem Colorado River (und vermutlich noch deutlich mehr) verbraucht, nur um in der Wüste Baumwolle anzupflanzen.«[15] Eine einzige Anbaupflanze verschlingt mehr als zwei Drittel der Wassermenge, die ganz Nevada zusteht. Die für Tierfutter verwendete Nutzpflanze Alfalfa wird in Arizona in noch größerem Umfang angebaut als Baumwolle, hauptsächlich für den Export. Ich frage Justin Conley vom CAP-Betreiberunternehmen, was diese Landwirtschaftsbetriebe tun werden, wenn sie kein Wasser mehr aus dem Kanal erhalten. »Das ist eine gute Frage [...] Vor dem Kanal war man hier auf das Grundwasser angewiesen, das war einer der Hauptgründe dafür, dass der CAP-Kanal überhaupt genehmigt wurde. Wahrscheinlich greifen sie dann wieder auf Grundwasser zurück.« Übermäßiger Grundwasserverbrauch ist also gleichzeitig die Vergangenheit und die Zukunft von Arizona. Menschen mit einem guten Gedächtnis erinnern sich noch an die Auswirkungen des unregulierten Grundwasserverbrauchs im Staat: Zwischen 1953 und 1968 wurden jährlich 5,5 bis 6,15 Kubikkilometer Grundwasser aus dem Boden gepumpt, obwohl nur 1,85 Kubikkilometer nachflossen. Dementsprechend sank der Grundwasserspiegel in einigen Gebieten um mehr als 38 Meter und viele Brunnen trockneten aus.[16]

◆

Die Tour, die ich mit Lynda und John unternehme, unterscheidet sich stark von der durch Las Vegas. Zwar fahren wir ebenfalls durch einen Mittelschichtsvorort, doch hier teilen sich die Anwohner die Rechte an einem Grundwasserbrunnen, auf den sie über gesonderte Wasserhähne in jedem einzelnen Garten zugreifen. In großen Gärten gibt es sogar zwei. Alle zwei Wochen kommt der »Wassermann« und dreht sie für etwa eine Stunde lang auf, sodass die Beete und Rasenflächen mit Tausenden Litern Wasser buchstäblich überflutet werden. In Vegas ruft eine nasse Einfahrt Cameron Donnarumma und seine Kollegen auf den Plan; in Phoenix strömt das überschüssige Wasser in Massen über die Bürgersteige, die Straßen hinab und in die Gullys. Von behutsamer Wüstenbepflanzung kann hier keine Rede sein, stattdessen werfen Zitrusbäume, Eukalyptus und Pinien ihre Schatten über sattgrüne Rasenflächen. Niemand weiß, wie viel Wasser verbraucht und verschwendet wird, weil die Brunnen nicht mit Zählern versehen sind. »Uns ist klar, dass das widersprüchlich ist«, meint ein freundlicher Hausbesitzer zu mir. »Aber schauen Sie doch, wie schön die Gärten sind.« Das Wasser erzeugt keine direkten Kosten. Die Bewohner zahlen eine monatliche Gebühr in Höhe von 83 Dollar an die Wohnungsgesellschaft und die Gartenbewässerung durch Flutung ist Teil des Pakets.

In Arizona ist der übermäßige Verbrauch von Grundwasser ein mindestens ebenso großes Problem wie die Überentnahme von Oberflächenwasser – das zeigt das CAP-Kanal-große Pflaster, das auf die Wunde durch die verlorenen Flüsse geklebt wurde. Lynda berichtet, dass der Bundesstaat 1980 eine Reihe von Gesetzen erlassen habe, die den Zugriff auf das Grundwasser beschränken sollten, indem bestimmte Bezirke zu »aktiv Grundwasser-regulierten Bereichen« (AMAs) erklärt wurden. Doch leider zeigten diese Gesetze aufgrund von Schlupflöchern und mangelnder Durchsetzung kaum Wirkung. Die regelmäßige Flutung von Privatgärten im AMA in Phoenix zeigt nur eines dieser Schlupflöcher (die Wasserrechte gehören hier traditionell den Wohnungsgesellschaften). Alle fünf AMAs (Prescott, Phoenix, Pinal, Tucson und Santa Cruz) unterliegen dem Grundwasserkodex von 1980, und laut der Homepage des Wasserministeriums von Arizona führt jeder von ihnen »seine Programme auf eine auf diese Ziele abgestimmte Weise« durch, »ohne dabei jedoch den einzigartigen Charakter der einzelnen AMAs und ihrer Wassernutzer aus den Augen zu verlieren«. Parallel dazu wurden im Groundwater Management Act* von 1980 auch Bereiche

* Dieses Gesetz geht übrigens nicht auf eine plötzliche Erleuchtung zurück, sondern entstand aus einer Zwangslage heraus. 1979 drohte die Carter-Regierung damit, den Bau des CAP-Kanals einzustellen, wenn Arizona keine strengeren Gesetze zur Grundwasserentnahme erließ.

festgelegt, in denen die Bewässerung nicht ausgeweitet werden durfte (Irrigation Non-Expansion Areas, INAs): »Man sollte meinen, dass hier keine neuen Bewässerungsflächen hinzukommen können, oder?«, lacht Lynda. »In Wahrheit heißt es nur, dass man eine Reihe von Dingen beachten muss, was den Ausbau ein bisschen verlangsamt.« Die meisten Bereiche sind allerdings weder AMAs noch INAs. »Dort kann man frei lospumpen.« Es gibt nur drei INAs, die flächenmäßig einen Bruchteil des Bundesstaats ausmachen. Und selbst innerhalb dieser Gebiete sind Brunnen mit einer Pumpkapazität von weniger als 132 Litern pro Minute von den Beschränkungen ausgenommen.[17] Landwirtschaftliche Betriebe mit Pumpen, die diese Grenze überschreiten, müssen ihren Wasserverbrauch nur melden, ihn aber nicht reduzieren. Schlupflöcher sind keine Ausnahmen, sondern die Regel. Das Informationsportal *Circle of Blue* fasst die Auswirkungen des CAP-Kanals und des Gesetzes von 1980 so zusammen: »Als Arizona die Versorgung mit Grund- und Oberflächenwasser mehr als sichergestellt hatte, raste der Bundesstaat in Sachen Wirtschaftswachstum, Häuserbau und neuen Arbeitsplätzen an die Spitze der USA. Im Jahr 2000 hatte Arizona 4,8 Millionen Einwohner, 70 Prozent mehr als 1980. In den vergangenen zwei Jahrzehnten sind weitere 2,3 Millionen hinzugekommen.«[18] Doch wenn der Grundwasserspiegel 1980 rasant fiel und nur durch das Wasser aus dem CAP-Kanal stabilisiert werden konnte, was passiert dann mit der auf das Dreifache angewachsenen Bevölkerung, wenn der Kanal leer bleibt?

Bereits 2003 meldete die Behörde US Geological Survey, dass der Wasserstand in den Grundwasserleitern im zentralen und südlichen Teil von Arizona durch die Entnahme um 92 bis 153 Meter gesunken sei.[19] 2013 stellte man dann fest, dass der Basisabfluss des Verde River rund um Camp Verde, einer Stadt 80 Kilometer nördlich von Phoenix, im Zeitraum zwischen 1910 und 2005 um jährlich 12 Millionen Kubikmeter zurückgegangen war.[20] Und das war, bevor die Einschränkungen des Notfallplans 2022 griffen und viele

Landwirte und Bauunternehmer wieder auf das Grundwasser angewiesen waren.

Später begleiten mich Lynda und John nach Pinal County, damit ich mir die Auswirkungen selbst anschauen kann. Auf dem Weg dorthin überqueren wir den Verde River, der genauso tot ist wie der einst mächtige Salt River. Aber wir sind nicht wegen der Flüsse hier. Zwischen den Büschen und Sträuchern ziehen sich riesige Risse durch die Landschaft, weil die leer gepumpten Grundwasserleiter unter der Erdoberfläche einbrechen. Die Geologin Lynda und der Hydrologe John wissen, wo wir suchen müssen. Ich weiß nicht recht, was mich erwartet – vielleicht ein paar Risse am Straßenrand, auf die wir mit dem Finger zeigen und dabei den Kopf schütteln können. Hinter einem verlassenen Industriegebiet in der Nähe von Apache Junction finden wir die gesuchte Stelle. Sie ist durch eine gelbe Barriere mit der Aufschrift »Straße gesperrt« und einen Stapel Holzkisten markiert. Links befindet sich ein Autofriedhof voll mit Pick-ups und Bussen aus den Sechzigerjahren, die ohne Hoffnung auf Erlösung vor sich hin rosten. Rechts erstreckt sich eine mit Sträuchern bewachsene Wüstenlandschaft. Dort entdecke ich jetzt einen gezackten Spalt in der Erde, der geradewegs auf die Absperrung zuzulaufen scheint und aussieht, als habe sich ein Blitz horizontal in den Boden gebohrt. Der Riss ist gewaltig, an einigen Stellen bis zu 3 Meter tief, aber nur selten mehr als 1 Meter breit. Er zieht sich über rund 1 Kilometer, mit vielen kleinen, zweigartigen Verästelungen. Wir stehen mit offenem Mund da und fotografieren uns gegenseitig neben diesem Mini-Grand Canyon, von dem außer uns niemand weiß. Eine Grundwasserkarte, die das Kyl-Zentrum für Wasserwirtschaft online gestellt hat, bestätigt uns, dass der nächstgelegene Brunnen tatsächlich langsam und stetig austrocknet; der Grundwasserspiegel ist zwischen 1978 und 2020 um 30,2 Meter gesunken.[21] Wenn Grundwasserleiter lange genug ungesättigt sind, brechen die entsprechenden Bereiche unter dem Gewicht der darüberliegenden Erde ein, wie ein Topfkuchen unter einem

Ziegelstein. Die gewaltigen Risse in der Erde sind die direkte Folge davon.

Auf der nächsten Stelle, die wir in der Nähe von Queen Creek im San Tan Valley aufspüren, wird gerade gebaut. Auch hier entdecken wir lange, dünne Risse, dieses Mal zwei, die parallel verlaufen, aber tiefer sind, an einigen Stellen ganze 4–5 Meter. Hier ziehen sie sich nicht hinter einem halb verfallenen, vergessenen Industriegelände durch die Landschaft, sondern ganz nahe am viel befahrenen, vierspurigen West Hunt Highway. Wir folgen ihnen bis zur Straße und stellen fest, dass man sie dort mit einem Haufen loser Steine abgedeckt hat. Etwas weiter steht ein Werbeschild für Neubauten. Ich mache ein Foto von John, wie er nur wenige Meter vom vorbeirauschenden Verkehr entfernt auf die Stelle zeigt. Auf der anderen Seite der Straße entstehen gerade Hunderte neue Häuser. Auf den Satellitenbildern bei Google Maps, die vor Baubeginn aufgenommen wurden, sind auf dieser Seite ähnlich große Risse zu erkennen. Gerüchten zufolge hat man sie einfach »zugespachtelt«. Neben den noch sichtbaren Spalten auf unserer Seite der Straße stehen schon Bagger, Kipplader und Bulldozer bereit. Auch hier zeigt ein Blick auf die Karte des Kyl-Zentrums, dass der Brunnen, der dem Queen-Creek-Baugebiet am nächsten ist, rot gekennzeichnet ist, was einen sinkenden Wasserstand markiert – minus 12,2 Meter zwischen 2015 und 2020.[22] Was diese vom Menschen verursachte Achterbahnfahrt des Grundwasserspiegels auf der Oberfläche anrichtet, zeigen die Risse. Ich frage mich, ob die künftigen Eigenheimbesitzer wohl informiert werden – aber ich glaube, ich kenne die Antwort. Später stoße ich auf einen Zeitungsartikel, in dem sich ein Hauseigentümer im nahe gelegenen Cochise County darüber beschwert, dass der Wasserspiegel in seinem Brunnen jährlich um anderthalb Meter fällt und die Bodenabsenkung zwei Highways und ein Stück Weideland entzweigerissen hat. »Überall im ganzen County klafft der Boden auf«, erklärte er gegenüber *Circle of Blue*. »Da gerät man schon ins Grübeln: ›Was machen wir eigentlich, wenn so ein Riss in unserer Einfahrt auftaucht?‹ Natürlich überlegen wir umzuziehen. Aber wer würde unser Haus kaufen?«[23]

Wir steigen auf einen Hügel hinter einer Kirche, um einen Blick auf das von ihm angesprochene Areal zu werfen. Von dort oben können wir die Risse in der Erde, die bedrohte Straße und die Baugrundstücke auf dem gefährdeten Untergrund sehen. Es macht den Eindruck, als wären sämtliche Außenbezirke von Phoenix ein einziges Baugebiet. Überall entsteht die gleiche Art von Haus – Einfamilienbauten mit einem großen energetischen Fußabdruck, die alle an die Versorgungsnetze angeschlossen werden wollen, ohne zu wissen, woher Wasser und Strom in Zukunft kommen sollen oder wie teuer beides werden könnte. Ich stehe in der Wüstensonne und versuche, den Anblick in mir aufzunehmen. Lynda zeigt mir einen kleinen, blühenden Kaktus. Ich werde bald nach Hause fliegen, um dort Weihnachten zu feiern.

# 4 BODENVERLUSTE

Der Iran ist ein noch wahrscheinlicherer Schauplatz für den nächsten *Day Zero* als die USA. Temperaturen von über 50 Grad (also oberhalb der »Feuchtkugel«-Schwelle) haben das Land schon jetzt in eine Wasserkrise gestürzt. Der iranische Wetterdienst meldete, dass der Zeitraum von Oktober 2020 bis Juni 2021 der trockenste seit 53 Jahren gewesen sei. Vom 15. Juli 2021 an fanden in Dutzenden von Städten und Dörfern in der Provinz Chuzestan, in der mehrheitlich ethnische Araber leben, jeden Abend Proteste gegen den mangelhaften Zugang zu Trinkwasser statt. Dabei kamen drei Demonstranten ums Leben.

Der Iran ist ein Land, das schwer zu bereisen ist, mit oder ohne Pandemie. Um trotzdem authentisch berichten zu können, beauftrage ich den in Teheran lebenden unabhängigen Journalisten und Fotografen Rastynn Radvar damit, für mich zu recherchieren. Bei unserem ersten Gespräch im August 2021 erzählt er mir: »Während der letzten zehn Jahre der Erderwärmung war es im Iran jedes Jahr heißer als im Jahr davor.« Rastynn hat sich auf Reportagen über die Wasserkrise spezialisiert. Er ist ein junger, sympathischer Mann, der schnell und begeistert erzählt. Seine Mitteilungsfreude geht auch darauf zurück, dass die Informationen im Iran unterdrückt werden. Er versichert mir aber, dass ihm nichts passieren werde. »Das ist eben mein Job«, sagt er lächelnd. Im vorausgegangenen Monat hatte Human Rights Watch ein zunehmend gewalttätiges Vorgehen der iranischen Regimekräfte gegenüber den Wasserdemonstranten registriert, bis hin zum Einsatz von scharfer Munition.[1] Doch er redet mir aus, einfach über die Wasserversorgung von Teheran zu schreiben: In der

Stadt seien die Probleme nicht sonderlich groß, weil dort die Politiker und Funktionäre leben. Wenn wir etwas mit mehr Substanz wollen, sollten wir ein anderes Ziel als Teheran ins Auge fassen. Rastynn schlägt die Provinz Yazd vor.

Yazd liegt, wie ich später feststelle, 600 Kilometer und eine mindestens sechsstündige Fahrt von Teheran entfernt. Als wir uns das nächste Mal hören, befindet sich Rastynn gerade in der Provinz Fars – noch weiter von Teheran entfernt –, auf dem Rückweg von einem anderen Auftrag am Persischen Golf. Die Transkripte seiner ersten Interviews hatte er mir bereits geschickt, und ich will ihn zu seinem Aufenthalt in Yazd befragen. »Yazd ist das Zentrum der Ziegelproduktion«, erzählt er und fügt hinzu, dass es dort viele Fabriken gibt – »keine sehr großen Fabriken, aber dafür eben viele«. Was jedoch besonders große Auswirkungen habe, seien die Minen, um Eisenerz, Sand und Ähnliches abzubauen. »Und das mitten im Nichts. Drum herum ist nur Wüste, aber es gibt viele Maschinen und Minen und … *Tornados* aus Sand.« Früher stand in den Bergdörfern ausreichend Wasser zur Verfügung, aber »seit die Minen da sind, trocknet das Wasser selbst in den Bergen aus«. Im Iran herrscht überall Wassermangel, sogar in der verhältnismäßig grünen Provinz Fars, die nah am Meer liegt. »Aber in Yazd war das ganz anders. Dort war es eine Katastrophe. So viele verlassene Dörfer.«

Als erste Station in Yazd hatte Rastynn Ardakan ausgesucht, da die Probleme, mit denen die Leute in der Gegend zu kämpfen haben, dort deutlicher auszumachen seien als in der Stadt Yazd selbst. Auf der Suche nach einem passenden kleinen Dorf hatte er angehalten und einen alten Mann angesprochen, der zu Fuß auf der Wüstenstraße unterwegs war. »Es war total verrückt, dass er da lief. Ich hätte es keine fünf Minuten draußen ausgehalten; es war, als würde die Sonne direkt über dem Kopf stehen!«* Der Mann, Hossein, war

* Ich fragte Rastynn, wie heiß es wohl war. »Ich weiß es nicht genau, irgendwas über 40 Grad. Wo ich jetzt gerade bin, sind es 43 Grad, und es ist deutlich kühler als da auf der Straße.«

ein Kleinbauer, der darauf hoffte, dass ihn jemand zurück ins Dorf fuhr. »Ich erzählte ihm, warum wir hier waren, und wir brachten ihn ins Dorf. Er nahm uns dann mit zu seinem Hof. Und wir unterhielten uns.«

Hosseins Dorf heißt Toot. Vor 15 Jahren, während der letzten Volkszählung, lebten dort noch fast 80 Familien, doch heute ist es so gut wie ausgestorben. In einem Video, das Rastynn mir schickt, wirkt es wie eine Geisterstadt – man sieht und hört weder Menschen noch Tiere, nur die stummen weißen Fassaden der Häuser, die sich vor der Sonne wegducken, und im Hintergrund die Marslandschaft der roten Berge, an deren Hängen und zu deren Füßen offensichtlich nichts wächst. In Toot gibt es Elektrizität, aber kein fließendes Wasser. Jeder Haushalt verfügt über einen Tank oder eine Pumpe und bezieht sein Wasser von Lieferanten aus Ardakan. Hossein ist einer der wenigen verbliebenen Bauern, doch sein Feld ist auf die Größe eines Schrebergartens geschrumpft. Er lebt von dem, was er anbaut, und hat kaum etwas übrig, um es auf dem Markt zu verkaufen. Mit Rastynn unterhält er sich auf Farsi: »Jedes Jahr regnet und schneit es weniger als in den Jahren zuvor. Unsere Region ist schon seit ewigen Zeiten eine Wüste, der Regenmangel ist nichts Neues für die Leute hier. Und trotzdem sind die Veränderungen deutlich sicht- und spürbar.«

In dieser Gegend stammt das Wasser für die Landwirtschaft normalerweise vor allem aus natürlichen Quellen, sagt Hossein. Das Dorf verfügt über einen funktionsfähigen *Ab anbar*, eine traditionelle Zisterne, die vermutlich Hunderte Jahre alt ist. Sie befindet sich größtenteils unter der Erde, schließt aber mit einer weißen, spitz zulaufenden Kuppel ab. Hossein sagt, dass die Bauern Reservoirs anlegten, um Quell- oder Regenwasser aufzufangen, und »jedes Dorf hat einen unterirdischen Wasserspeicher. Aber durch den Betrieb der Minen rund um das Dorf und die Stadt sind viele der Quellen versiegt […] Haupteigentümer dieser Gruben und Minen ist der Staat und für die Bauern und Bewohner von trockenen

Regionen wie der Provinz Yazd bringt der Abbau in den Bergen und in der Wüste große Probleme mit sich.« Hossein zeigt Rastynn das Wasserreservoir, ein quadratisches Betonbecken, das aussieht wie ein städtisches Planschbecken und in dem das Wasser nur wenige Zentimeter hoch steht. Aus einem Rohr auf Bodenhöhe kommt ein dünnes Rinnsal, kaum mehr als ein paar Tropfen.

»Das war total interessant«, freut sich Rastynn hinterher. »Wasser zu speichern, ist Teil ihrer Kultur. Sie begreifen seinen Wert, weil sie nicht sonderlich viel davon haben.« Doch es ist eindeutig zu erkennen, dass diese Lebensweise langsam ausstirbt. Mit den Grundwasservorräten werden auch die kleinen Gemüsebeete verschwinden. Hossein zufolge wurde hier früher auch Viehwirtschaft betrieben – vor 20 Jahren habe es »500 Ziegen und Schafe im Dorf« gegeben, aber heute »ist kein einziger Vierbeiner mehr da«. Die Viehhaltung lohnt sich nicht mehr, und die Bauern sind nicht in der Lage, den Durst der Tiere zu stillen. »Landwirtschaft ist hier etwas für die alten Leute«, sagt Hossein, der 64 ist, aber deutlich älter aussieht. »Von den Jungen hat niemand Interesse daran. [...] Das Dorf ist still und ohne Leben, das macht mich sehr traurig. Ich bin ein Kind dieses Stückes Land und kann es nicht einfach verkaufen oder aufgeben und in die Stadt ziehen.« Die Landbevölkerung schrumpfe jeden Tag, sagt er. Einst sei die Region berühmt für ihre Pistazien und Granatäpfel gewesen, mit großen, grünen Plantagen, die über Grundwassergräben bewässert wurden. Heute kann Hossein nur noch Rüben und Koriander anbauen, oder – wenn er Glück hat – vielleicht einmal Auberginen und Tomaten, und das Wasser reicht nur, um die Pflanzen zweimal pro Woche zu gießen. Interessanterweise gibt es in Ardakan einen Wassermarkt, auf dem Bauern die kläglichen Überreste ihrer Wasserrechte verkaufen können. Die wohlhabenderen Landwirte erstehen diese Rechte für ihre Felder, während die Verkäufer entweder ihr Land verlieren oder ihre Produktivität verringern. Zumindest werde das Wasser genutzt, sagt Hossein: Einige große Pistazienanbauer würden sich auf diese Weise am Leben halten. Die größten Vorwürfe macht Hossein der Ziegelindustrie und dem Bergbau, die ihren Besitzern Gewinne einbrächten, aber einen Großteil des verfügbaren Wassers verbrauchten und dabei für viel Verschmutzung sorgten, erklärt er betrübt. »Das Wasser, das aus dem Zayandeh-Fluss und der Provinz Isfahan hierherkommt, geht ausschließlich an die Fabriken. [...] Aber der Staat denkt nur an die einträglicheren Arbeitsplätze, die ihm viel Geld einbringen. [...] Der Rest wird ignoriert.«

In Ardakan selbst spricht Rastynn mit Kobra, einer Lehrerin Mitte 40, die vor Kurzem hergezogen ist, um ihren Töchtern eine bessere Zukunft zu bieten. Der Zugang zu Wasser war einer der Hauptgründe für den Wohnortwechsel – wie Hossein berichtet hat, verlassen viele Menschen ihre Dörfer, um in die Städte zu ziehen. Dennoch, sagt Kobra, gelte in Städten wie Ardakan, Meybod, Yazd, Ashkzar und Taft: »Gutes Wasser gibt es nicht in jedem Viertel und viele Menschen nutzen Wasserfilter, bevor sie das Wasser aus dem Hahn trinken. [...] Es kommt vor, dass es zwei- bis dreimal pro Woche abgeschaltet wird. Meistens wird das vorher angekündigt, damit man sich darauf einstellen kann, aber hin und wieder passiert es auch ohne Vorwarnung.« Rastynn schickt mir ein Foto von dem Wasserhahn in Kobras Küche, der von schwarzem Klebeband zusammengehalten wird und aus dem nur ein dünnes Rinnsal kommt, obwohl er voll aufgedreht ist. »Der Wasserdruck ist so gering, dass ich es dir zeigen wollte«, sagt er. »Kannst du dir das vorstellen? Und trotzdem war sie mit der Situation hier, verglichen mit der im Dorf, total glücklich.«

Kobra hätte nie damit gerechnet, das Dorf ihres Vaters auf der Suche nach Wasser verlassen zu müssen. Ihrer Meinung nach ist es nicht unwahrscheinlich, »dass die Bewohner von Städten wie Ardakan und Yazd ebenfalls eines Tages in wasserreichere Provinzen umsiedeln müssen«. Sie klingt erneut wie Hossein, als sie sagt, dass die Dürre viele Bauern und Viehbesitzer in der Region arbeitslos gemacht habe und dass die Fabriken die Probleme verschärften.

»Meine Cousins waren gezwungen, ihr Land für einen geringen Preis zu verkaufen und in die Stadt zu ziehen, und nachdem sie ihre Landwirtschaft aufgeben mussten, arbeiten sie jetzt in einer Ziegelfabrik. Doch diese Fabriken verbrauchen viel Wasser, und wenn sich die Dürrekrise verschlimmert, könnte dieser wichtige Wirtschaftszweig in Yazd dichtmachen und sie würden erneut ihre Jobs verlieren.« Das ist ein trauriger, sich zuspitzender, unvermeidlicher Niedergang, der von allen Beteiligten immer nur weiter beschleunigt statt abgebremst wird.

Ich frage Rastynn, wie es sich für ihn als Iraner anfühlt, diese Orte zu besuchen. »Damit hätte ich nicht gerechnet«, gibt er zu. Obwohl er schon von vielen verschiedenen Orten aus über die Wasserkrise berichtet hat, erscheinen ihm die Probleme hier doch besonders gravierend. »Das ist etwas ganz anderes als das, was ich in Belutschistan gesehen habe. [...] Es war so traurig, das in den Dörfern zu erleben, aber auch in Städten wie Ardakan ... [...] Ich weiß, so ist unser Job; es hilft, nicht zu sensibel zu sein, aber deprimierend ist es trotzdem. Jetzt schäme ich mich für die Menge an Wasser, die mir zur Verfügung steht, dabei liegt das noch nicht einmal in meiner Hand.« Er erzählt mir, dass die Menschen in Teheran nur sehr wenig vom Leben der Menschen in den anderen Provinzen mitbekommen. Es gebe ein iranisches Sprichwort, das laute: »Solange der Hund nicht sie beißt, sind ihnen die Wunden anderer egal.« Ich weiß nicht warum, aber das treibt mir die Tränen in die Augen. Er hat recht – in unserem Beruf ist es nicht gut, sensibel zu sein.

## Bollwerke aus Beton

Seit der Islamischen Revolution 1979 sind im Iran mehr als 600 Talsperren entstanden; Wasserkraft ist heute ein bedeutender Faktor für die Wirtschaft des Landes. Dennoch berichtet die *Times*: »Experten zufolge verlieren Stauseen in derart heißen und trockenen

Regionen so viel Wasser durch Verdunstung – im Iran sind es 2 Milliarden Kubikmeter Wasser monatlich –, dass sie zu einem Teil des Problems geworden sind.«[2] Seit Beginn des 20. Jahrhunderts fußt die Wasserwirtschaft der Welt hauptsächlich auf einem Material: Beton. Wir haben unsere Überflutungsflächen mit Beton verbaut, unsere Flüsse aufgestaut und das Wasser durch Kanäle geleitet. Was wir an technischer Effizienz gewonnen haben, haben wir an Nachhaltigkeit verloren. Die World Commission on Dams (Weltkommission für Staudämme) kam in ihrem wegweisenden Bericht aus dem Jahr 2000, der auf 947 Eingaben aus mehr als 80 Ländern basiert, zu dem Schluss, dass die Megastaudämme des 20. Jahrhunderts nicht auf der Grundlage solider wissenschaftlicher oder wirtschaftlicher Erkenntnisse entstanden sind: »In zu vielen Fällen wurde ein inakzeptabler und häufig unnötiger Preis dafür bezahlt«, ist dort zu lesen, »vor allem aus gesellschaftlicher und umweltpolitischer Sicht, von Menschen, die umgesiedelt wurden, von den Kommunen stromabwärts, von den Steuerzahlern und von der Natur.«[3]

Von den 1930er- bis in die 1970er-Jahre sei der Bau großer Stauanlagen mit Weiterentwicklung und wirtschaftlichem Fortschritt gleichgesetzt worden. Die Talsperren galten als Symbol der Moderne; ihre Zahl stieg drastisch an. In den Siebzigerjahren wurden weltweit jeden Tag im Schnitt zwei bis drei große Staudammprojekte in Auftrag gegeben. Obwohl manche Menschen davon profitierten, waren die Auswirkungen für die meisten negativ: »Globale Schätzungen zum Ausmaß der Folgen haben ergeben, dass rund 40 bis 80 Millionen Menschen den Talsperren weichen mussten, während 60 Prozent der Flüsse weltweit aufgestaut und umgeleitet wurden. [...] Inwiefern die großen Anlagen die angestrebten Ziele zur Wasserspeicherung und Stromerzeugung – und die damit verbundenen gesellschaftlichen Vorteile – erfüllen, ist sehr unterschiedlich, wobei ein beträchtlicher Teil hinter den Erwartungen zurückbleibt.« Das gelte insbesondere in Bezug auf »die Verarmung und das Leiden von

Millionen von Menschen« stromabwärts.[4] Mindestens 20 Prozent aller Süßwasserfischarten seien aufgrund der Stauanlagen aus dem 20. Jahrhundert ausgestorben, obwohl 1 Milliarde Menschen in ihrer Ernährung auf die Proteine aus Flussfischen angewiesen seien. Doch selbst wenn man über die 80 Millionen entwurzelten Menschen und den Verlust von einem Fünftel der Süßwasserfischarten hinwegsieht, stellt sich die Frage, ob die Pläne in Bezug auf die Wasserspeicherung aufgegangen sind. Auch hier lautet die Antwort Nein. Die Verfasser des Berichts schätzten, dass 0,5 bis 1 Prozent des Stauvolumens der bestehenden Talsperren jedes Jahr der Sedimentierung zum Opfer fallen, was bedeutet, dass zwischen 2025 und 2050 ein Viertel der existierenden Füllkapazität verloren gehen wird.[5] 10 Prozent der im Jahr 2000 begutachteten Projekte hatten bereits damals die Hälfte ihres Speichervolumens eingebüßt. Außerdem galt jede zweite Stauanlage als wirtschaftlich unprofitabel.

Bevor Dr. Newsha Ajami ihre Stelle beim »Wasser im Westen«-Programm der Stanford University antrat, arbeitete die studierte Bauingenieurin an großen Staudammprojekten im Iran mit. Sie erzählt mir, dass sich ihr Interesse irgendwann von den rein technischen Fragen auf die politischen und gesellschaftlichen Aspekte des Wassers ausgedehnt habe. »Das Traurigste an der ganzen Geschichte ist, dass in diesem Bereich immer noch die Ingenieure dominieren, die denken: ›Um unsere Probleme zu lösen, müssen wir das nächste große Ding bauen.‹ Deshalb haben wir die Probleme doch überhaupt – es gibt kein *nächstes großes Ding.*« Sagt die Bauingenieurin. Die an großen Talsperren mitgearbeitet hat. Im Iran. »In unseren Metropolen haben die meisten Leute keine Vorstellung davon, wo ihr Wasser herkommt«, beklagt sich Ajami. Und genauso wenig wissen sie, wo es hinfließt oder was mit ihm passiert. »Diese Abkopplung ist ein Riesenproblem, weil die Menschen nicht einmal wissen, wofür sie bezahlen.«

Der auf Gewässerschutz spezialisierte Biologe John Waldman hat

Staudämme als »Blutgerinnsel in unserem Wassersystem« bezeichnet, weil sie so »gewaltige Schäden« anrichten. Wenn das stimmt, gab es niemals ein größeres Gerinnsel als die Drei-Schluchten-Talsperre in China. Durch die 2012 fertiggestellte Anlage wurden weite Teile der namensgebenden drei Schluchten – Qutang, Wu und Xiling – überschwemmt, wodurch ein enormes Wasserreservoir entstand, das sich über eine Länge von 2250 Kilometern von Shanghai am Ostchinesischen Meer bis zur im Inland gelegenen Stadt Chongqing erstreckt. Das Wasserkraftwerk erbringt eine Leistung von 22,5 Gigawatt, was es zum größten Energieerzeuger der Welt macht. Ich weiß noch, wie mir ein Funktionär der Kommunistischen Partei in Peking im Rahmen der Recherchen zu meinem letzten Buch sagte, ich solle mich »nicht von den Zahlen beeindrucken lassen, wenn es um China geht«. In China sei einfach alles viel größer als anderswo. Aber es ist schwierig, nicht überwältigt zu sein, wenn man hört, dass China in den drei Jahren zwischen 2011 und 2013 mehr Beton gegossen hat als die USA im gesamten 20. Jahrhundert.[6] Ein Großteil davon wurde für Talsperren verwendet.

Im Sommer 2020 erlebten Dutzende Millionen Menschen in China sturzbachartige Regengüsse, Überschwemmungen und Erdrutsche. Es war die schlimmste Hochwasserkatastrophe seit Jahrzehnten, die mehr als 37 Millionen Menschen in Mitleidenschaft zog und 141 Tote und Vermisste zur Folge hatte. Die Zeitung *South China Morning Post* berichtete: »Fachleute bezweifeln, ob die riesigen Talsperren Überschwemmungen im weiteren Flusslauf effektiv entgegenwirken können […] Laut einem Geologen aus Sichuan könnte die Staumauer Überflutungen im Oberlauf zum Teil verhindern, hat aber wenig Auswirkungen auf die Situation im mittleren und unteren Teil des Jangtse.« Dem Hydroklimatologen Peter Gleick zufolge war eine der Lehren aus der Drei-Schluchten-Talsperre, dass »keine Stauanlage – egal, wie groß – die schlimmsten Überschwemmungen verhindern kann«.[7] Wenn selbst dieses 24 Milliarden Dollar teure Bauwerk, das als »Chinas größtes Projekt zum Hochwasserschutz« gilt, nicht vor Hochwasser schützen kann, wofür sind solche Talsperren dann gut? Viele bewirken nichts. Laut dem National Inventory of Dams, der US-amerikanischen Staudamm- und Talsperrenerfassung, sind nur noch 7 Prozent der Wasserkraftwerke in Staudämmen und -mauern in Betrieb. Der Flussforscher und Naturschützer Brian Richter schreibt sehr treffend auf Twitter: »Eine neue Talsperre zu bauen, weil es an Wasser mangelt, ist wie ein neues Konto zu eröffnen, weil man nicht genug Geld hat.«

Viele Talsperren »sorgen sogar für einen Wasserverlust«, sagt Maggie White, Leiterin der Abteilung für internationale Politik am SIWI. Der Hauptgrund sei Verdunstung, aber zudem seien viele Stauanlagen sehr alt und hätten Lecks, sagt sie. Um Katastrophen zu verhindern, müssten sie saniert und richtig gewartet werden. »Die großen Anlagen mit den Wasserkraftwerken haben das Ende ihrer Lebensdauer erreicht.«

In Pakistan müssten zwei der größten Talsperren der Welt – der Tarbela- und der Mangla-Staudamm – für viel Geld überholt werden, um die Probleme mit der Sedimentierung zu beheben und dem Kapazitätsverlust entgegenzuwirken. In Indien sagt Vaibhav Chaturvedi vom Rat für Energie, Umwelt und Wasser (CEEW) in Delhi: »So langsam setzt sich die Erkenntnis durch, dass die Kosten von Staudämmen immer weiter steigen, sie ihr Versprechen aber nicht halten.« Trotzdem stürzen sich Politiker und Investoren weiter auf neue Megaprojekte. In Südasien sollen 30 Flüsse, rund 3000 Reservoirs und 9600 Kanalkilometer durch das National River Linking Project (NRLP) zu einem riesigen Wassernetz verbunden werden. Kangkanika Neog, eine ehemalige Wasserberaterin des CEEW, bezeichnet das als eine schlechte Idee, »hydrologisch wie ökologisch [...]. Und auch wirtschaftlich; es verlangt enorme Investitionen.« Ein ganz Indien umfassendes Projekt, um Wasser aus den potenziell zu viel Wasser führenden Himalaya-Flüssen in die wasserarmen Regionen im Westen zu transferieren, wirkt auf den ersten Blick verlockend, wird aber, wie alle Megaprojekte, mehr kosten und weniger einbringen als erwartet. Der CEEW warnt in einem Bericht vor den Gefahren des NRLP: »Diese großflächige Vernetzung kann Umweltschäden, Verdunstungsverluste, Verluste von Lebensraum Wasser, Vernässung, Versalzung und die Umwandlung ausgedehnter Landbereiche in Stauseen und ein Geflecht aus unbefestigten, offenen Kanälen sowie die massive Umsiedlung von Menschen nach sich ziehen.« Darüber hinaus kommt der Bericht zu dem Schluss, dass der Preis des Wassers sich letztendlich auf etwa 6 Cent pro Kubikmeter belaufen dürfte – ein Drittel mehr als die 4 Cent, die bei der Wiederaufbereitung von Abwasser anfallen. Dabei kann die Aufbereitung ohne Weiteres überall durchgeführt werden, direkt vor Ort, mit deutlich geringeren Kosten für die Umwelt. Im Augenblick werden nur 8 der 27 Milliarden Kubikmeter Abwasser, die in Indien jährlich anfallen, gereinigt und wiederverwendet. Doch für Politiker sei es leichter, ein Megaprojekt abzusegnen, so Neog, als mit Tausenden lokalen Ämtern zusammenzuarbeiten, um Kläranlagen zu bauen, oder mit 1 Million Bauern über Wassersparmaßnahmen zu verhandeln.

Das ist bis heute so. Am 20. Februar 2022 weihte der äthiopische Ministerpräsident Abiy Ahmed (ein Friedensnobelpreisträger, dem mittlerweile Kriegsverbrechen vorgeworfen werden[8]) die Grand-Ethiopian-Renaissance-Talsperre mit dem größten Wasserkraftwerk Afrikas ein. Das Bauwerk überragt sogar die Cheops-Pyramide in Giseh und ist sechsmal höher als der Akosombo-Damm in Ghana. Bis der Stausee gefüllt ist, werden vier bis sieben Jahre vergehen. Ägypten behauptet, durch das Projekt 110 Milliarden Kubikmeter Wasser einzubüßen, und bezeichnet es als existenzielle Bedrohung.[9] Zugleich fechten der Iran und der Irak einen regionalen Konflikt über den Talsperrenbau aus – im Iran sind in den vergangenen drei Jahrzehnten mindestens 600 Staudämme entstanden, die zum Teil dafür sorgen, dass Flüsse kein Wasser mehr über die Grenze transportieren.[10] Sedimentierung und Verdunstung sorgen dafür, dass es in diesem Konflikt nur Verlierer gibt. Im 2015 veröffentlichten Bericht der Arbeitsgruppe Nachhaltige Wasserwirtschaft des Internationalen Ressourcenrates der UN heißt es:

*Die Reaktion der nationalen Politik auf die zunehmende Wasserknappheit konzentriert sich im Durchschnitt vor allem auf die Ausweitung der verfügbaren Menge durch beträchtliche Investitionen in die technische Infrastruktur, beispielsweise in den Bau von großen Talsperren, Kanälen, Aquädukten, Wasserleitungen und Stauseen. Mit wenigen Ausnahmen […] übersteigt die Wassermenge, die durch die Verdunstung aus Stauseen verloren geht, die Gesamtmenge dessen, was in der Industrie und in Privathaushalten verbraucht wird.*[11]

Der Lake Powell, der Stausee hinter dem Glen-Canyon-Damm im Colorado River, verliert aufgrund seiner Wüstenlage und der großen Oberfläche jährlich im Schnitt 1 Kubikkilometer Wasser durch Verdunstung und Versickerung – das entspricht 6 Prozent des jährlichen Abflusses des Colorado River, mehr als dem dreifachen Anteil Nevadas und genügend Wasser, um die gesamte Stadt Los Angeles zu versorgen.[12] »Talsperren stauen nicht nur das Wasser der Flüsse, sondern behindern auch den Weitertransport von Sedimenten, die sich daraufhin in den Stauseen ablagern«, ist im Bericht der UN-Arbeitsgruppe zu lesen. Das beschleunige den Verfall der Anlagen. Insgesamt müsse die Fokussierung auf das Errichten von Talsperren durch »neue Ideen und Praktiken zu alternativen Arten der Wasserspeicherung [und] naturbasierte Lösungen« ersetzt werden.

Damit sich Grundwasserleiter wieder mit Regenwasser auffüllen, sind zusammenhängende, gesunde Flusssysteme notwendig. Man muss sich nur vor Augen führen, wie Kalifornien vor 100 Jahren aussah, bevor das Bureau of Reclamations dem Betonwahn verfiel. Der 2015 erschienene Bericht des Sonoma Resource Conservation

District (einer Art Ressourcenschutz-Beirat) beschreibt das sehr reizvoll: »Die vielfältigen Lebensräume, darunter Mammutbäume, Eichenwälder, Savannen, Uferbereiche, Dünenlandschaften und Feuchtgebiete, waren absolut unberührt. Flüsse und Bäche, die Regenwasser aufnahmen und weiterleiteten, schlängelten sich unbegradigt aus dem Hochland bis zum Pazifik und in die Bucht von San Pablo. Intakte Feuchtgebiete dienten als natürliche Filteranlagen und Ausweichflächen bei Überschwemmungen. Unter diesen noch unerschlossenen Bedingungen drangen ganze 50 Prozent des Regenwassers ins Erdreich ein und reicherten die Grundwasservorräte an, was zu durchgängig wasserführenden Flüssen und einem nachhaltigen Ökosystem beitrug.«[13] Wasserspeicherung, Grundwasserkreislauf und Hochwasserschutz funktionierten also deutlich besser, als die Natur noch nicht den grauen Betonbauten des 20. Jahrhunderts hatte weichen müssen.

## Der Mast des Joe Poland

In seinen Vorträgen und Vorlesungen zeigt Jay Famiglietti gern eine Grafik mit dem Titel »Kumulativer Grundwasserrückgang im kalifornischen Central Valley 1962–2014«. Der Graph fällt immer weiter ab. Es gibt ein paar Ausschläge nach oben, etwa in den niederschlagsreichen Phasen 1978 bis 1985 oder 1993 bis 1998, aber sie erreichen niemals den Ausgangswert. Zwischen 1962 und 2014 hat Kalifornien insgesamt 90 Kubikkilometer Grundwasser verloren. Die »Dürre« von 2011 bis 2015 war keine Ausnahmeerscheinung. Sie war Teil eines hundertjährigen Trends.

Jay, der damals an der University of California in Irvine tätig war, fand es bedrückend, diese Entwicklung mitanzusehen. »Ich hatte die Datenlage seit 2002 verfolgt. Als ich einen Artikel über die erste Phase der Dürre zwischen 2006 und 2010 schrieb, wusste ich genau, was da ablief, dass schlecht mit dem Grundwasser gewirtschaftet

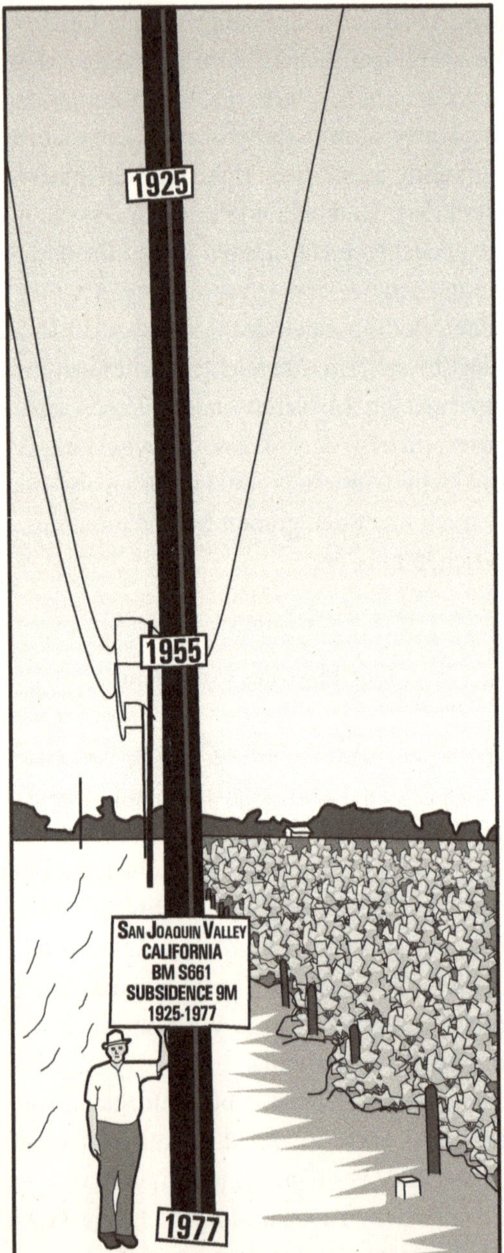
1925
1955
San Joaquin Valley
California
BM S661
Subsidence 9M
1925-1977
1977

wurde, dass es verschwand und die Leute nicht begriffen, dass unsere Vorräte endlich sind.« Dieser Umstand trieb Jay in die Wissenschaftskommunikation – einfach nur wissenschaftliche Arbeiten zu veröffentlichen, »reichte nicht mehr aus«. Die Medien und die Politik waren »auf dem Laufenden [...] Die Leute hatten verstanden, was los war.« Jay zufolge bestand eine der größten Veränderungen in seinem damaligen Wohnort, dem südkalifornischen Pasadena, darin, dass auf einmal niemand mehr den Rasen wässerte. Doch als die Dürre offiziell für überstanden erklärt wurde und der Regen zurückkehrte, »jubelten alle und liefen los, um den Rasensprenger anzustellen und das Auto zu waschen«. Mit dem Regen kam für ihn das Ende seiner Zeitungskommentare, Fernsehauftritte* und Vortragsanfragen.

In Wahrheit hatte die Dürre weder einen eindeutigen Anfang noch ein klar definiertes Ende: Das Jahr 2015 stellte nur eine kleine Spitze im stetigen Abwärtstrend dar. Das hatte der Hydrologe Joseph Poland vom US Geological Survey schon in den 1940er-Jahren erkannt, als der Boden im fruchtbaren San-Joaquin-Tal in Kalifornien absackte. Der Grund dafür war, dass man hier zur Bewässerung der Anbauflächen zu schnell zu viel Grundwasser hinaufgepumpt hatte. Um das zu beweisen, stellte Poland 1955 einen Telegrafenmast auf, an dem abzulesen war, auf welcher Höhe sich der Boden noch 1925 befunden hatte. 1977 kehrte er als alter Mann erneut zurück, um die gleiche Übung zu wiederholen und sich neben dem Masten fotografieren zu lassen, der 9 Meter über seinem Kopf aufragte – jeder Meter ein Stück verlorene Höhe. Jay zeigt dieses Foto gern in seinen

* Der absolute Höhepunkt war sein Auftritt in *Real Time with Bill Maher* gewesen, wo ein sichtbar amüsierter Jay von einem begeisterten Publikum gefeiert wird. Er schaffte es sogar, eine Grafik aus seinem Artikel von 2015 unterzubringen, um den Grundwasserrückgang in Kalifornien zu zeigen. »Früher waren die Werte grün, jetzt sind sie rot«, bemerkt Bill in süffisantem Tonfall. »Nun ja, Doc, ich bin kein Wissenschaftler, aber rot ist schlecht.« (Abrufbar unter: https://www.youtube.com/watch?v=qztALfK4OGs)

**Abb. 2** Rückgang des Grundwasserbestandes im kalifornischen Central Valley 1962-2021

Jährlicher kumulativer Grundwasserverlust im Central Valley, Kalifornien, ermittelt durch das Central Valley Hydrologic Model (CVHM) des United States Geological Survey ab 1962 und die Satellitenmessungen der GRACE-FO-Mission ab 2003.

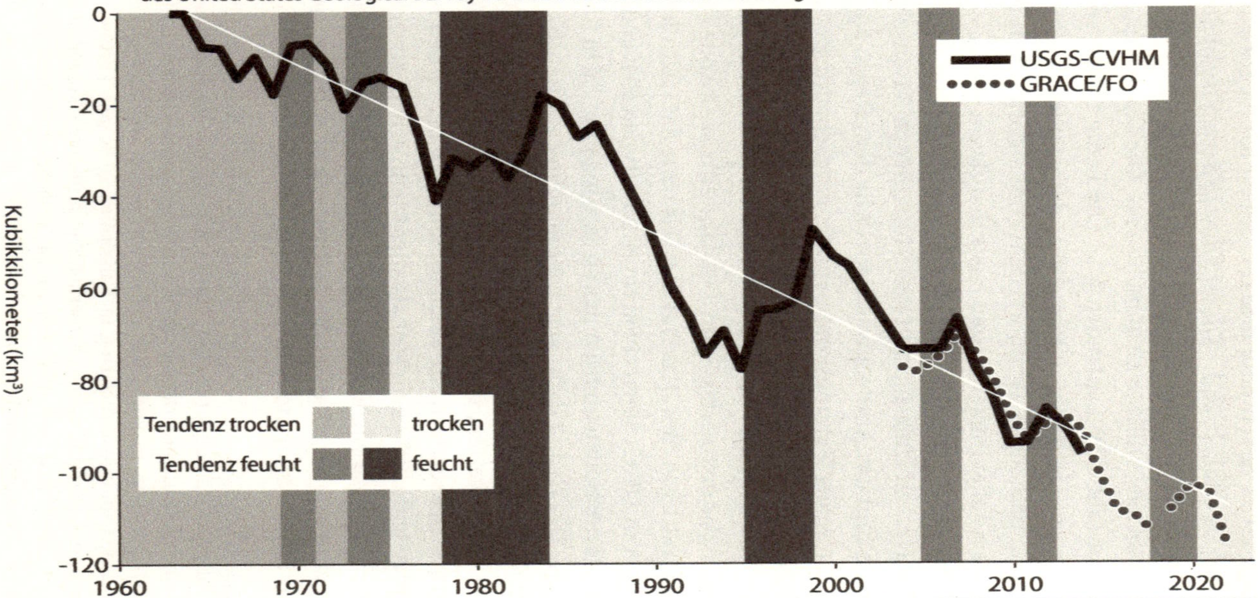


*Quelle: P.-W. Liu, J. S. Famiglietti, A. J. Purdy, K. H. Kim, A. L McEvoy, J. T. Reager, R. Bindlish, D. N. Wiese, C. H. David und M. Rodell (2022): Groundwater Depletion in California's Central Valley Accelerates During Megadrought, Nature Communications (in Prüfung).*

Vorträgen, weil sich 1977 in seiner Grafik noch so weit links befindet. Damals hatte der Grundwasserverlust noch bei rund 30 Kubikkilometern gelegen – 2015 waren es 73 Kubikkilometer. Um zu zeigen, wie weit der Grund heute abgesunken ist, bräuchte man mehrere Telegrafenmasten. »Dieses Speichervolumen ist für immer verloren«, sagt Jay. »Der Porenwasserdruck stützt den Grundwasserleiter und hält die Mineralien getrennt; ohne das Wasser klumpen sie zusammen und werden zu Gestein.«

In Kalifornien ist der Grundwasserbestand seit 1962 jährlich im Schnitt um 1,7 Kubikkilometer geschrumpft (vgl. Abb. 2). Zwischen 2003 und 2010 war der Verlust, wie Jays Team herausfand, auf 4,4 Kubikkilometer pro Jahr angewachsen – das entspricht zweimal dem Chiemsee.[14] Die Menschen verkennen das Ausmaß des Problems, meint Jay. »Wenn man Los Angeles über den Interstate 5 verlässt und den Blick durch das Tal schweifen lässt, versteht man sofort, wo das ganze Wasser hingeht [...] Es ist völlig wahnsinnig. Anbauflächen überall, so weit das Auge reicht. Und kein Fluss weit und breit.« Insgesamt gingen in den USA zwischen 1900 und 2008 1000 Kubikkilometer Grundwasser verloren, etwa das Doppelte des Lake Erie, des dreizehntgrößten Sees der Welt.[15]

Ursprünglich war die Nutzung von Grundwasser durch den relativ schweren Zugang beschränkt: Man benötigte mit Hand gegrabene Brunnen, natürliche Quellen oder – später – Western-Windmühlen. Doch die Einführung von Tiefbohrgeräten und maschinenbetriebenen Pumpen in den 1970er-Jahren ermöglichte eine rasante Erhöhung des Verbrauchs. Jetzt stand das Grundwasser plötzlich von zwei Seiten unter Beschuss: Während die Nachschublinie – über Flüsse, Bäche und Überflutungsflächen – durch Talsperren behindert wurde, fraßen sich von oben die Bohrer in die Erde, um das Wasser direkt aus den Erdschichten hinaufzubefördern. Die Grundwasserexpertin Debra Perrone von der University of California in Santa Barbara erklärt, dass überall dort, wo das Problem des sinkenden Grundwasserspiegels unbekämpft bleibt, Brunnen austrocknen –

»eines der deutlichsten Anzeichen der Wasserknappheit«, sagt sie.[16] Durch die Analyse von Daten, die über Jahrzehnte an fast 12 Millionen Brunnen überall in den USA erhoben wurden, ermittelten Perrone und ihr Kollege Scott Jasechko, dass etwa 120 Millionen Amerikaner die Grundwasserbrunnen als Trinkwasserquelle nutzen und dass bereits 70 Prozent dieser Brunnen vertieft werden mussten, weil der Wasserspiegel abgesunken war. In der Region rund um den Tulare Lake in Kalifornien weisen 89 Prozent der Brunnen »einen Rückgang des Wasserstandes« auf.[17] 2021 erweiterten die Forscher die Studie auf die ganze Welt und nahmen sich 39 Millionen Brunnen in 40 Ländern vor, mit dem Ergebnis, dass buchstäblich Millionen von Brunnen auszutrocknen drohen, wenn das Grundwasser nur um wenige Meter weiter sinkt.[18]

Aus dem Memphis-Sands-Aquifer, einer wichtigen Wasserquelle für Mississippi, Tennessee, Arkansas und Louisiana, werden täglich Hunderte Millionen Liter Wasser zu viel entnommen. Ein Großteil des Ogallala-Aquifers – aus dem rund ein Drittel des Grundwassers stammt, das die Amerikaner zur Bewässerung nutzen – könnte sich bis Ende des Jahrhunderts in Stein verwandelt haben und damit verloren sein, wenn die Pumpen so weiterlaufen. Ganz ähnlich sieht es in vielen Teilen der Welt aus. Mehr als 2 Milliarden Menschen und 40 Prozent der weltweiten Agrarproduktion stützen sich auf einen nicht nachhaltigen Umgang mit Grundwasser.[19] Der Distrikt Gurugram in Nordindien ist zu 77 Prozent ländlich und landwirtschaftlich geprägt, ohne dass es dort einen ganzjährig wasserführenden Fluss gäbe. Laut der lokalen Wasserhilfsorganisation Gurujal wird nur für 10 Prozent der Landwirtschaft dort Regenwasser genutzt, während 98,7 Prozent des zur Bewässerung genutzten Wassers aus Brunnen stammen. Darunter wäre das Grundwassersystem fast zusammengebrochen, da die Überentnahme bei 308 Prozent lag und der Grundwasserspiegel jährlich um bis zu 5 Meter sank. Die Anzahl der Gewässer in dem Distrikt ging zwischen 1994 und 2019 von 644 auf 124 zurück; es trockneten reihenweise Seen und Tempelbecken aus.[20]

## Das verlorene Wasser von La Mancha

In der spanischen Hauptstadt Madrid, erzählt mir Nuria Hernández-Mora, hat es gerade einen extrem seltenen Wintereinbruch gegeben. Die schwersten Schneefälle seit 50 Jahren brachten in der Stadt, die nicht an Schnee gewöhnt ist, alles zum Erliegen. Das sei kurzfristig schlecht gewesen, meint Nuria, langfristig aber gut für die Grundwasserbestände. Sie arbeitet als leitende Wasserwirtschaftsexpertin bei der Fundación Nueva Cultura del Agua (Stiftung Neue Wasserkultur, FNCA) und ist als Beraterin für das spanische Umweltministerium tätig. Ihr Fachartikel »Zuckerbrot und Peitsche: Der Umgang mit der Überentnahme von Grundwasser in La Mancha, Spanien« erzählt die faszinierende Geschichte eines einstigen Feuchtgebiets, das früher einmal ein UNESCO-Biosphärenreservat war. Ich schreibe »einstig«, weil die Region in jeder Hinsicht und bis auf den letzten Tropfen ausgesaugt wurde.

Das Ökosystem La Mancha – ein 400 000 Hektar großes Feuchtgebiet – wurde 1981 von der UNESCO als Biosphärenreservat anerkannt. Es umschließt Las Tablas de Daimiel, einen Nationalpark von internationaler Bedeutung, der sein Wasser aus dem Grundwasserkörper namens La Mancha Occidental bezieht. Nuria beschreibt dieses Areal als ein »flaches Feuchtgebiet, entstanden aus der Verbindung zwischen Grund- und Oberflächenwasser«. »Unter der Graslandschaft«, erklärt sie, »befinden sich etwa 5 500 Quadratkilometer Grundwasservorkommen. Doch der Bestand wurde stark überstrapaziert; die Verbindung zwischen dem Grundwasserkörper und dem Wasser war zerstört. Als ich 1993 zum ersten Mal vor Ort war, hatte man dort schon 15 Jahre lang intensive Landwirtschaft betrieben und der Grundwasserspiegel war gesunken. Der Nationalpark selbst war ausgetrocknet.« Anfänglich reagierten die Behörden, indem sie den Fluss, der das Feuchtgebiet speiste, ausbaggerten und ihn im Grunde in einen Zulieferkanal verwandelten. Doch das, sagt Hernández-Mora, »zerstörte das Ökosystem des

Feuchtgebiets. Der Grundwasserspiegel sank weiter.« Daraufhin wurden andere Bereiche ausgebaggert, bis von dem extrem artenreichen Gebiet kaum noch etwas übrig war. Laut Hernández-Mora wandten sich einige spanische Umweltschutzverbände 2010 mit der Forderung an die UNESCO, La Mancha von der Liste der Biosphärenreservate zu nehmen, da es sich nicht länger um ein bestehendes Feuchtgebiet handle. Sie selbst verweist auf die Definition des US Army Corps of Engineers (einer Abteilung des amerikanischen Militärs, die Bauprojekte durchführt), der zufolge ein Feuchtgebiet aus drei Komponenten bestehe: Wasser, Boden und Vegetation. Nimmt eines davon Schaden, hat man es nicht mehr mit einem Feuchtgebiet zu tun.

Das Ökosystem La Mancha sollte eigentlich ein Hunderte Quadratkilometer großes Geflecht aus Seen, Flussauen und den flachen Tümpeln der Tablas sein. In den letzten 30 Jahren hat Hernández-Mora es nur einmal so erlebt – um das Jahr 2011, nach zwei Jahren mit überdurchschnittlichem Niederschlag. Ihre Forschungen haben ergeben, dass zwischen 1989 und 1995 durch den unkontrollierten Ausbau der Landwirtschaft rund um das Feuchtgebiet (Humedales de la Mancha, wie es auf Spanisch heißt) jährlich 650 Megaliter Grundwasser entnommen wurden, während nur 230 Megaliter nachkamen.[21] Dieser »Goldrausch«, wie sie es bezeichnet, sei durch eine Reihe von Faktoren bedingt gewesen. Zum einen waren seit den 1970er-Jahren Unterwassermotorpumpen viel leichter erhältlich, sodass jeder Bauer für recht wenig Geld Wasser aus dem Boden pumpen konnte. Zum Zweiten gab es durch die Zunahme des hydrogeologischen Wissens nun auch in Spanien detaillierte Grundwasserkarten. Und zum Dritten sorgte die Angst vor von Moskitos übertragenen Krankheiten dafür, dass das Ausbaggern und Austrocknen von Feuchtgebieten politisch erwünscht war und von der Öffentlichkeit begrüßt wurde. »Dass Bauern Pumpen installierten und Feuchtgebiete in bewässerte Anbauflächen verwandelten, galt als positiv […] und Bewässerungslandwirtschaft bringt deutlich mehr Gewinne ein als regenwassergespeiste Landwirtschaft.« Als Spanien 1986 der Europäischen Wirtschaftsgemeinschaft beitrat, stiegen die Subventionen für den Bewässerungsanbau auf das Drei- oder sogar Vierfache. Noch schlimmer war, dass das Grundwasser aufgrund von uralten Wassergesetzen aus dem Jahr 1879, als die Erfindung der elektrischen Pumpe noch weit in der Zukunft lag, kostenlos war.

2001, als der »Goldrausch« schon in vollem Gange war, saugten 40000 Brunnen Wasser zur Bewässerung von 133000 Hektar Anbaufläche aus dem Grundwasserkörper. 2009 waren von den Hunderttausenden Hektar des UNESCO-Biosphärenreservats nur noch 15 übrig. Der Torf war so trocken, dass er in Brand geriet. Das Ökosystem war kollabiert.

Die Zerstörung des Feuchtgebiets von La Mancha führt uns vor Augen, dass sich Grundwasser und Oberflächenwasser nicht getrennt betrachten lassen, sondern in einem engen, komplexen Zusammenhang stehen. Conor Linstead, Süßwasserspezialist beim britischen Ableger von WWF, spricht ebenfalls von einer »ganz direkten Verbindung zwischen dem Grundwasserspiegel und dem Oberflächenwasser. […] Flüsse speisen sich in höherem oder geringerem Maße aus Grundwasser. Wer also die Grundwasserbestände überstrapaziert, beraubt die Flüsse und damit deren Ökosysteme ihres Zustroms und das zu einem kritischen Zeitpunkt im Jahr – in der trockenen Phase. […] Wenn wir die Grundwasserleiter leer pumpen und sich dort kein neues Vorkommen bilden kann, bricht das System zusammen.« So kommt es zu den Absenkungen, die im kalifornischen Central Valley oder in Mexiko-Stadt zu beobachten sind. Im Oktober 2021 veröffentlichte die Hilfsorganisation International Rivers einen offenen Brief, unterschrieben von mehr als 570 Fachleuten, Wissenschaftlern, Ingenieuren, Forschern und Praktikern aus 97 Ländern, in dem sie die Vereinten Nationen und ihre Delegationen beim 26. Weltklimagipfel in Glasgow zum Handeln aufriefen: »Feuchtgebiete verschwinden dreimal so schnell wie Wälder.

Seit 1900 haben wir bereits 64 Prozent der Feuchtgebiete verloren [...], weil wir die Querverbindungen kappen, die die Funktionalität der Ökosysteme gewährleisten.« Die Entwicklung, schrieben sie, »beschleunigt sich«.[22]

## Fossilienjäger

Dr. Jennifer McIntosh, Professorin für Hydrologie und Atmosphärenwissenschaften an der University of Arizona, ist eine international renommierte Grundwasserexpertin, die vor allem für ihre Forschungen zum Thema »fossiles Wasser« bekannt ist – Grundwasser, das aus anderen geologischen Zeitaltern übrig geblieben ist und keine Verbindung zum aktuellen Wasserkreislauf hat. Es gibt eine Vielzahl von Methoden, um das Alter von Wasser zu bestimmen. Wasser, das in den 1950er-Jahren oder später entstand, ist leicht am darin vorhandenen Tritium zu erkennen. »Die Atomwaffentests ab den Fünfzigerjahren haben Tritium freigesetzt, [...] das ins Regenwasser gelangte und sich als Niederschlag auf der ganzen Erde verbreitete.« Daneben gibt es noch weitere sogenannte *Tracer*, die auf ein junges Alter verweisen, etwa FCKW. Bei älterem Wasser »ist die gängigste Vorgehensweise die Radiokarbonmethode bzw. die C-14-Datierung. Sie wird auch bei alten Knochen oder archäologischen Funden angewandt.« Diese Methode funktioniert bei allem, was bis zu 50 000 Jahre alt ist. Bei noch älterem Wasser misst man die Radioaktivität des Gesteins, das Helium-4 ins Grundwasser abgibt. Das älteste Wasser, das je entdeckt wurde, ist rund 1 Milliarde Jahre alt, berichtet McIntosh. Üblicherweise ist derart altes Wasser äußerst salzhaltig – entweder, weil sich salziges Gestein darin aufgelöst hat oder weil es einst aus dem Meer stammte –, mit vielen Mineralien durchsetzt und höchstwahrscheinlich radioaktiv, weshalb man es nicht trinken wollen würde. Wasser, das sich in 10 Kilometern Tiefe befindet, weit außer Reichweite aller kommerziell erhältlichen Bohrvorrichtungen, wäre Millionen bis Milliarden Jahre alt.

Besonders interessant ist allerdings der Zeitraum vor 12 000 bis 14 000 Jahren: Damals war das Eis der letzten Eiszeit gerade geschmolzen und hatte große Mengen relativ klaren Gletscherwassers zurückgelassen. Doch der Zugriff auf dieses 12 000 Jahre alte Grundwasser weist eine Parallele zur Ölförderung auf: Was weg ist, ist weg. Deshalb bezeichnet man es als fossiles Wasser. Zu den berühmten Beispielen zählt der Disi-Aquifer, den sich Jordanien und Saudi-Arabien teilen (vgl. S.27f.). Das fossile Wasser aus dem 20 000 Jahre alten Wadi-as-Sirhan-Becken hingegen hat Saudi-Arabien schon aufgebraucht, im Rahmen des relativ kurz anhaltenden Booms der Kreisberegnungslandwirtschaft, der 2016 abrupt endete (vgl. S. 221f.). Der Nubischer-Sandstein-Aquifer unter der Sahara ist dagegen sowohl der größte bekannte fossile Grundwasserleiter als auch das größte Süßwasservorkommen der Erde – er erstreckt sich über fast 2 Millionen Quadratkilometer. Das Wasser ist während der Feuchtphase Afrikas vor 15 000 bis 5 000 Jahren als Regen gefallen. Obwohl das Vorkommen absolut nicht erneuerbar ist, baute der ehemalige libysche Staatschef Gaddafi seine staatliche Wasserstrategie darauf auf und bezog über das sogenannte »Great Man-Made River Project« (Projekt »Großer vom Menschen geschaffener Fluss«) zwischenzeitlich 70 Prozent des Süßwasserbedarfs des Landes aus dem Vorkommen.

Wie McIntosh betont, darf aus der Tatsache, dass nur fossiles Wasser nicht wiedergewonnen werden kann, nicht abgeleitet werden, dass es in Ordnung wäre, die jüngeren, in geringerer Tiefe befindlichen und durch Niederschlag wieder auffüllbaren Bestände übermäßig zu beanspruchen. »Wir pumpen überall mehr Grundwasser aus dem Boden, als sich neu bilden kann, sodass der natürliche Nachfluss kaum ins Gewicht fällt«, sagt sie. Damit bringt sie die Wassergeschichte Englands auf den Punkt (wie wir in Kapitel 6 sehen werden). In Wahrheit, sagt McIntosh, »ist es schwierig, überhaupt einen Grundwasserkörper zu finden, der als erneuerbar, als nachhaltig bezeichnet werden könnte, weil er sich schnell genug wieder auffüllt, um die Mengen, die wir entnehmen, ausgleichen zu können.« Die Grundwasserentnahme, auch von fossilem Wasser, erfolge in derartigen Mengen, dass es sogar zum Anstieg des Meeresspiegels beitrage, erklärt sie: »Wir pumpen Grundwasser aus der Erde, verbrauchen es und spülen es durch unsere Toiletten in die Kläranlagen, von wo aus es schließlich in den Ozean gelangt.« Insgesamt gingen etwa 2 Prozent des durch den Menschen bedingten Anstiegs des Meeresspiegels auf unsere Grundwasserentnahme zurück, so McIntosh.

## Das sterbende Tote Meer

Das Tote Meer, das salzhaltige Gewässer zwischen Israel und Jordanien, ist seit den 1960er-Jahren um ein Drittel geschrumpft. Derart langsam fortschreitende ökologische Zerstörungen leiden darunter, dass die Menschheit nicht über ein generationsübergreifendes Gedächtnis verfügt. Mit jeder neuen Generation wird der Reset-Knopf gedrückt, junge Menschen sehen die Natur, wie sie sich in dem Augenblick darbietet, und speichern diese Momentaufnahme als Normalzustand ab. Auf dieses Phänomen stieß ich auch, als ich den Fluss Windrush in England besichtigte und mich darüber freute, dort einen Schwarm aus 20 oder 30 Großen Eintagsfliegen zu entdecken. Eine von ihnen landete sogar auf meiner Schulter. Als ich später Ash Smith, einem lokalen Umweltaktivisten, davon erzähle, schaut er mich nur ungläubig an. Die Schlupfzeit dieser Fliegen sollte eigentlich ein großes Ereignis im Jahresablauf sein; es gibt Geschichten aus dem 19. Jahrhundert, in denen so viele dieser Insekten durch die Luft schwirrten, dass man kaum noch etwas sehen konnte – aus der Entfernung wirkte es, als sei der Fluss in dichten Nebel gehüllt. In abgelegenen Regionen Frankreichs ist das immer noch so. Der Schwarm aus 20 oder 30 Exemplaren, den ich als ein Anzeichen einer gesunden Natur gewertet hatte, hätte die Generation meiner Urgroßeltern ziemlich nervös gemacht.

Am Ufer des Toten Meeres liefern die Touristenhotels unwillentlich einen deutlichen Hinweis darauf, wie weit der Wasserspiegel schon gesunken ist. Sie müssen die Treppen, auf denen ihre Gäste zum Meer hinuntergelangen, jedes Jahr um ein paar Stufen verlängern. Als die Hotels gebaut wurden, dürften die meisten direkt am Ufer gestanden haben. Jetzt sind Hunderte Stufen zu überwinden. Einige Anlagen haben sogar Swimmingpools angelegt, die mit Wasser aus dem Toten Meer gefüllt sind, um ihren Gästen den beschwerlichen Abstieg zu ersparen (das gleiche opulente Gefühl, aber abgeschirmt von der Realität). Am südlichen Ende des Sees, wo das Wasser in riesige Verdunstungsanlagen geleitet wird, um Kali und andere Mineralien zu gewinnen*, ist das Ufer von Kratern überzogen. Auf der israelischen Seite sind ganze Straßenabschnitte verschwunden, Dörfer liegen verlassen da. Wo sich das Tote Meer zurückzieht, trocknet das zuvor von Wasser bedeckte Land aus, auch die dicke, unterirdische Salzschicht. Wenn es dann im Winter regnet, dringt das Süßwasser in die Erde ein und wäscht das Salz hinaus, was zu Bodeneinbrüchen führt. Bisher sind mehr als 7 000 derartiger Löcher entdeckt worden, manche sind mehrere Meter tief.[23]

Der See selbst büßt jedes Jahr 1 Meter an Tiefe ein. Einst floss das Wasser aus dem Jordan nach, doch der ist hier mittlerweile nur noch ein Rinnsal, da die jeweiligen Parteien ihren ursprünglich vereinbarten Anteil aus einem vom Regen gespeisten Fluss entnehmen,

* Das israelische Unternehmen Dead Sea Works und die in Jordanien ansässige Arab Potash Company extrahieren auf ihren jeweiligen Seiten des Toten Meeres Kali und andere Salze aus dem Wasser, indem sie jährlich rund 600 Millionen Kubikmeter aus dem nördlichen Teil des Gewässers in Verdunstungsteiche pumpen. Pro Jahr gehen dadurch etwa 300 Millionen Kubikmeter Wasser verloren, was für ungefähr 40 Prozent des Rückgangs verantwortlich ist.

der so nicht länger existiert. Verglichen mit den vom Klimawandel beeinträchtigten 2020er-Jahren waren die Niederschläge in den 1960er- und den 1990er-Jahren reichlich und verlässlich. Während der Jordan vor 50 Jahren 1,4 Kubikkilometer Wasser führte, das vollständig ins Tote Meer floss, ist es heute mit viel Glück noch ein Zehntel dieser Menge.[24]

Ich treffe am späten Abend am Toten Meer ein, zusammen mit meinen Begleitern Nasser und Yana von EcoPeace Middle East. Der Sonnenuntergang färbt das Ufer tiefrot. Da uns nur noch wenige Minuten vom Tagesende trennen und wir kein Hotel haben, in das wir uns zurückziehen könnten, fahren wir auf einen fast leeren Parkplatz am Straßenrand. Das Wasser liegt weit unter uns, aber ich kann der Versuchung nicht widerstehen. Ich will einmal kurz hin, sage ich und mache mich an den Abstieg zum schlammigen Ufer. Etwa alle 10 Meter geht es eine natürliche, 60 bis 90 Zentimeter hohe Stufe hinab – Zeugnisse des früheren Wasserstandes. In der Nähe des Wassers sehe ich eine Reihe zusammengezimmerter Konstrukte; eine unternehmerisch veranlagte Familie hat hier für die sparsamer veranlagten Touristen wie mich, die sich kein Hotelzimmer mit »Strandlage« leisten wollen, mit Planen abgedeckte Metallgestänge aufgestellt. Ein etwa acht Jahre alter Junge läuft hinter mir her und will mir eine Flasche Wasser verkaufen. Der berühmte Schlamm und die Felsen sind von weggeworfenen Plastikflaschen übersät, so weit das Auge reicht. Näher am Wasser wird der Untergrund so matschig, dass ich fast einen Schuh verloren hätte, aber ich gebe nicht auf, bis ich die Hände in den See tauchen kann. Als ich es tue, fühlt es sich seltsam an – das Salz und die Mineralstoffe verwandeln das Wasser in eine dicke, ölige Suppe. Der Schlamm wirkt ebenfalls eigenartig und ich fühle mich an eine alte Folge der Serie *Outer Limits* erinnert, in der die Reisenden an den Meeren weit entfernter Planeten landen. Auch die Stille hier unten ist unheimlich. Das Wasser liegt völlig ruhig und friedlich da. Mit dem Blick auf das Westjordanland am anderen Ufer gerichtet und dem Plastikmüll hinter dem Rücken lassen sich die Konflikte in der Region leicht verdrängen. Auch die Probleme des Toten Meeres treten in den Hintergrund. Aus dieser Perspektive wirkt es riesig, viel zu groß, um wirklich bedroht zu sein. Doch als ich mich umdrehe, wieder hinaufstapfe und dabei die vielen früheren Uferlinien des einstmals deutlich gewaltigeren Gewässers passiere, wird deutlich, dass der Tag der Abrechnung irgendwann kommt.

Ich kraxele das Ufer hinauf, während die Sonne Richtung Horizont sinkt. Nasser und Yana schlagen vor, dass wir eine Hotelbar in der Nähe ansteuern, um uns die letzten Minuten des Sonnenuntergangs anzuschauen. Wir setzen uns in den Außenbereich, wo wir von einem Tisch in der Ecke aus so gerade noch freie Sicht auf die Sonne haben. Ich werfe einen Blick auf die Speisekarte und entdecke, dass die Hotelbar den Namen »The Rovers Return« trägt – eine Anspielung auf den gleichnamigen Pub aus der britischen Fernsehserie *Coronation Street*. Ich sitze in Jordanien, mit Blick auf das israelische Ufer, trinke einen Schluck von meinem Bier und werde – unerwartet und ein bisschen enttäuschend – an Manchester erinnert. Als wir den roten Feuerball hinter den Hügeln verschwinden sehen, kommentiert Nasser sarkastisch: »War ja klar – in Israel scheint noch die Sonne.«

# 5 DIE NEUE VERSCHMUTZUNG

## Mr. McCarthy und der Anwohnerverband von New Legon

New Legon, im Osten der ghanaischen Hauptstadt Accra gelegen, ist kein Slum, ganz und gar nicht. Der Ansiedlung fehlt es vielleicht an Infrastruktur, aber sie ist sehr beliebt bei Menschen mit Pioniergeist, die nach einem Stück Land suchen, auf dem sie sich ein Zuhause bauen können. Neben notdürftig hergerichteten Hütten aus Schiffscontainern und halb fertigen Häusern aus grauen Schalsteinen ragen vereinzelt moderne Prachtbauten hinter hohen Sicherheitszäunen auf. Irgendwo dazwischen angesiedelt ist das Haus des Trendsetters Charles Tetteh McCarthy. Vor sieben Jahren, als er den einladenden, weiß verputzten Bungalow mit dem blauen Blechdach errichtete, war er einer der ersten hier; heute ist er Vorsitzender des rund 200 Mitglieder starken Anwohnerverbandes. Und ganz oben auf der Agenda bei den Zusammenkünften steht das Thema Wasser. Wasser ist hier schwer zugänglich und von schlechter Qualität. Daher setzt sich der Verband für einen offiziellen Anschluss an das Leitungsnetz der Ghana Water Company ein.

Ich hatte mir Mr. McCarthy als einen beflissenen Mittsechziger in einem grauen Anzug vorgestellt. Beim Alter lag ich ungefähr richtig, aber der Mann vor mir trägt weite Shorts mit Leopardenfellmuster und ein landestypisches, bunt bedrucktes Hemd. Statt in ein Büro führt er uns in sein kleines Musikstudio, wo zwei sichtbar abgenutzte Casio-Keyboards vor einem Computer mit Lautsprechern stehen und Gitarren an den Wänden hängen. Bevor sich Accra bis hierher ausdehnte und Mr. McCarthy (der sich auf Ghanaisch

»MaCatty« ausspricht) herzog, war New Legon ein Feuchtgebiet. Obwohl man Entwässerungsgräben aushob und die Straßen erhöhte, liegt die Ansiedlung Mr. McCarthy zufolge immer noch auf dem Weg, den das Wasser aus den Bergen Richtung Meer nimmt. Bei Regen wird alles überschwemmt. Überall steht Wasser. Nach unserer Ankunft setzt sich Mr. McCarthy hin und leert eine große Schale dickflüssigen grünen »Tee« – eine Kräutermischung, um Malaria vorzubeugen, wie er sagt.

Ohne Anschluss an die Wasserversorgung fängt Mr. McCarthy das vom Dach laufende Regenwasser in einem Zweitausend-Liter-Tank auf. Solche Tanks sind neben den meisten Gebäuden in Accra zu finden, doch ich habe bisher noch niemanden gesehen, der ihn für Regenwasser nutzt, statt ihn für viel Geld von privaten Wasserlieferanten befüllen zu lassen. »Wenn es zweimal regnet, ist der Tank voll«, sagt Mr. McCarthy lächelnd. Geht ihm das Regenwasser aus, kauft er Nachschub, aber was die Qualität angeht, steht er dem angelieferten Wasser skeptischer gegenüber als dem Regenwasser von seinem Dach: »Bei dem Wasser wissen wir nicht, woher es stammt. Also trinken wir es nicht, sondern nutzen es nur zum Waschen und vielleicht für die Toilette«, sagt er. Mr. McCarthy verfügt über den recht ungewöhnlichen Luxus eines WCs und das in einem Gebiet ohne Kanalisation. Er erzählt mir, dass er versucht habe, sich einen eigenen Grundwasserbrunnen zu graben, aber nach 21 Metern aufgegeben* und das Loch stattdessen in eine Grubenlatrine umgewandelt habe, indem er ein Häuschen aus Beton darüber errichtete. Das, was im Loch landet, wird nicht entleert, sondern langsam biologisch abgebaut – und der flüssige Anteil sickert in die Erde ein und landet irgendwann im Grundwasser.

Es gibt in der Siedlung durchaus einige Brunnen, die mit Diesel-

* Als ich mich später bei einem Behördenvertreter erkundige, wie tief man in New Legon bohren müsste, um auf Wasser zu stoßen, lautet die Antwort: über 100 Meter.

pumpen laufen, aber das Grundwasser liegt tief unter der Erde, was sowohl den Brunnenbau als auch das Hochpumpen zu einer teuren Angelegenheit macht, und ist zudem salzig. Kleidung, die in diesem Wasser gewaschen wird, hat hinterher weiße Salzränder. Wenn Mr. McCarthys Regenwassertank voll ist, kann er damit den Haushaltsbedarf für zwei Wochen abdecken. Er selbst trinkt das Regenwasser auch, doch seine Familie – zu der auch seine im Haus lebenden erwachsenen Kinder und Enkelkinder zählen – zieht die »Säckchen« der Wasserverkäufer vor. Das sind versiegelte, einen halben Liter fassende Plastikbeutel, die auf der Straße einzeln und sonst in Dreißigerpacks erhältlich sind. Mr. McCarthy zeigt mir einen. Auf dem Etikett steht »Voltic« (der Schriftzug erinnert stark an die bekannte Marke Volvic), doch darunter ist ein beruhigender Verweis auf die Herkunft des Wassers zu lesen: »Aufbereitetes Trinkwasser. Produziert in Ghana durch die Voltic (GH) Ltd.«*

Abgesehen vom Regenwasser ist Wasser hier immer teuer. Ein Halbliterbeutel Trinkwasser kostet je nach Verkäufer 3 bis 6 Cedi (42 bis 84 Cent)** – vergleichbar mit dem Preis von Mineralwasser in England oder den USA, wo die Löhne ein Vielfaches betragen. 250 Liter nicht trinkbares Wasser aus dem Tankwagen kosten 500 Cedi (70 Euro), also 2 Cedi (28 Cent) pro Liter. Laut einem Angebot, das Mr. McCarthy vor einigen Jahren einholte, belaufen sich die Kosten für das Bohren und Befestigen eines Brunnens auf 7000 Cedi (980 Euro), was ihn dazu bewog, selbst den Schacht zu graben, der jetzt als Toilette dient. Seiner Aussage nach mussten aber sogar diejenigen, die einen solchen Brunnen haben, feststellen, dass sie »in der Regenzeit Wasser haben, in der Trockenzeit aber nicht«.

---

* Als ich mir später eine große Flasche Voltic kaufe, sehe ich, dass das Unternehmen und die Marke zu Coca-Cola gehören.

** Diese Preise galten zum Zeitpunkt meines Aufenthalts in Ghana im September 2021.

Mr. McCarthy und der Anwohnerverband von New Legon ersuchen die GWC, ihr Wohngebiet an das Leitungssystem anzuschließen, aber die Anwohner müssten das Verlegen der Rohre finanzieren und eine Anschlussgebühr pro Haushalt entrichten, zusätzlich zu den monatlichen Wasserkosten. »Die Wasserunternehmen waren schon hier, um sich anzuschauen, mit was für Problemen wir zu kämpfen haben. Aber die Entscheidung steht noch aus«, sagt Mr. McCarthy. Er rechnet damit, dass die Kosten »enorm« wären: deutlich teurer als Grundwasserbrunnen, aber dafür wäre die Wasserqualität auch besser.

Familie McCarthy wohnte früher in East Legon, einem etablierteren Teil der Stadt mit Anschluss an das Versorgungsnetz. Trotzdem kam nur »zweimal in der Woche« Wasser aus dem Hahn, was bedeutete, dass man Eimer, gelbe Ein-Liter-Kanister oder – falls man es sich leisten konnte – einen Wassertank damit befüllen musste. Über die lokalen Fernseh- und Radiosender wird bekannt gegeben, in welchem Stadtgebiet zu welcher Zeit Wasser fließt – doch manchmal wird es unangekündigt abgestellt (das Gleiche gilt für den Strom). Wenn die Wasserversorgung so unzuverlässig ist, unterscheidet sich das Leben mit Anschluss gar nicht so stark von einem ohne – dann ist man genauso davon abhängig, wie groß der Vorrat ist, den man anlegen kann. Mr. McCarthy möchte auf einen Tank mit etwa 4500 Litern aufstocken. Er erzählt mir, dass es in dem kleinen Dorf, in dem er aufgewachsen ist, 80 Kilometer landeinwärts, einen gemeinsamen Regenwassertank für alle Bewohner gegeben habe, aus Beton und so groß, dass es für die gesamte Trockenzeit reichte. Heute würden viele Dörfer das Regenwasser einfach vergeuden, weil es nicht mehr als »modern« gelte, es zu verwenden, beklagt er. »Sie lassen es einfach versickern – warum? Zu meiner Zeit waren wir stolz darauf, es aufzufangen. Wenn Besuch kam, bot man es zum Trinken an, weil die Alternative das Wasser aus dem Fluss war.« Dennoch ist Mr. McCarthy nicht der Einzige, der diese Praxis beibehalten hat. Auf unserem Spaziergang durch die

Siedlung – ich gerate im Schlamm mehrmals ins Rutschen und beäuge aus Angst vor Moskitos jede Pfütze mit Misstrauen – sehen wir mehrere Häuser mit Regenrinnen, die in kleine oder große Tanks münden. Am beeindruckendsten ist George »Mack« Ameyakis halb in die Erde eingelassenes Betonbecken, das rund 2 Quadratmeter groß und mit Metallplatten abgedeckt ist. Darauf liegt frisch gewaschene Kleidung zum Trocknen. George, ein Mann in den Dreißigern und Vater von kleinen Kindern, erklärt mir, dass seine Familie mit einer Füllung zwei Monate auskäme. Auch er findet es seltsam, dass sich nicht jeder so einen Behälter aufstellt, zieht man die Kosten und die zweifelhafte Qualität der Alternativen in Betracht. Sein Nachbar habe einen Brunnen und eine Dieselpumpe, berichtet er; deutlich teurer, aber weniger nutzbares Wasser. Die »moderneren« Mittelklassebehausungen haben so gut wie alle Wassertanks auf dem Dach, wo sie ausschließlich aus Tankwagen befüllt werden können.

Das Hauptproblem der Siedlung ist die Verschmutzung. New Legon, erbaut in der »Niederung«, wie Mr. McCarthy es ausdrückt, wird regelmäßig überflutet. Früher habe es ein Gesetz gegeben – vielleicht auch noch heute –, laut dem niemand näher als 15 Meter an einem Fluss oder einer Lagune bauen darf. »Wenn man irgendwo einen 50 Fuß breiten Streifen aus Bäumen sah, wusste man, dass dort ein Fluss verlief«, sagt er. Doch wenn die Vorschrift noch existiert, wird sie weitgehend ignoriert, die Bäume sind schon lange gefällt und wurden durch Betonfundamente ersetzt, selbst in Feuchtgebieten wie New Legon. George und Mr. McCarthy zeigen auf mehrere Häuser in ihrer Nachbarschaft, die zu nah am Fluss stehen. Ein Haus, dessen Fundament bis an die Grenze zum schlammigen Uferbereich reicht, ist durch die Feuchtigkeit bereits halb abgesackt und steht schief. Der daneben verlaufende Fluss dient im Grunde als offene Kloake, aber immerhin als eine schnell fließende. Nicht weit entfernt angelt Georges jüngster Sohn kleine Buntbarsche.

Wenn es nachts regnet, schlafen die direkten Anwohner der Lagune häufig auf den Dächern, sagt Mr. McCarthy, da sie damit rechnen müssen, dass das Erdgeschoss überschwemmt wird. Bei ihm selbst, der bei seinem Haus die vorschriftsmäßigen 15 Meter Abstand eingehalten hat, sei das nicht nötig. »Ich hatte Erdkundeunterricht in der Schule«, sagt er. »Wir fällen sämtliche Bäume, um das Holz zu exportieren, und wundern uns dann, warum die Flüsse austrocknen? Die Bäume füttern die Wolken, alles ist miteinander verbunden. Aber sie sagen, das läge nur am Klimawandel und wir könnten nichts tun …« Die verbliebenen Flüsse werden ihm zufolge für den illegalen Bergbau umgeleitet, der hier *Galamsey* heißt. »Leute wie Sie und ich sind da völlig machtlos. Dahinter stecken die Behörden.«

Als wir zu Mr. McCarthys Haus zurückkehren, greift er, der in erster Linie Musiker ist, zur Gitarre. Wir seien beim Thema eines seiner Songs angelangt, sagt er. Mit seiner Einwilligung filme ich ihn mit meinem Handy. Das Lied ist beschwingt und fröhlich; man kann kaum still sitzen bleiben. Mr. McCarthys unermüdliches Lächeln wirkt ansteckend. Aber der Text ist ernst:

*Alle heulen über den Klimawandel, dabei*
*verursachen sie ihn selbst.*
*Staatenlenker rufen nach Lösungen, doch*
*sie belügen uns und verursachen ihn selbst.*
*Europäische Politiker heulen über den Klimawandel, doch*
*sie zerstören unsere Wälder für Baugrund.*
*Die [ghanaischen] Politiker diskutieren über Lösungen, doch*
*sie finanzieren die Ausrüstung der Galamsey-Trupps.*

*Ich sage, alle heulen über den Klimawandel, dabei*
*verursachen sie ihn selbst.*

*Sie heulen, buuu-huuu-hu*
*Sie heulen, buuu-huuu-hu!*

*Sie heulen, doch zugleich*
*verschmutzen sie unsere Gewässer.*
*Sie heulen über das Trinkwasser, doch*
*sie leiten Bergbaurückstände in unsere Flüsse*
*und heulen darüber, dass die Flüsse austrocknen.*
*Sie ziehen überall Häuser hoch, doch dann*
*heulen sie wegen der Überschwemmungen.*

*Ich sage, alle heulen über den Klimawandel, dabei*
*verursachen sie ihn selbst.*

*Sie heulen, buuu-huuu-hu*
*Sie heulen, buuu-huuu-hu!*

Er schließt mit einem Lachen und einem breiten Grinsen, den Blick fest auf mich gerichtet, und ich kann nicht anders, als mich von seiner Energie und dem genialen Song mitreißen zu lassen und ebenfalls über das ganze Gesicht zu strahlen. Gleichzeitig bemerke ich, dass mir Tränen in den Augen stehen. Buuu-huuu-hu.

## Trübe Wasser

Wie Mr. McCarthys Geschichte zeigt, ist ausreichend Wasser das eine; ausreichend trinkbares Süßwasser aber etwas ganz anderes. Wasserverschmutzung ist die andere Seite der Wasserknappheitsmedaille. Maggie White vom SIWI bezeichnet sie als »ein noch größeres Problem als die Wassermenge. Wie viel Wasser grundsätzlich auf der Erde verfügbar ist, hat sich seit Anbeginn der Zeiten nicht geändert. Geändert hat sich nur, wo es sich befindet. Aber sobald wir das Wasser verschmutzt haben, wird die Qualität zum Problem. Je mehr natürlich vorkommendes Wasser wir verunreinigen, desto stärker schaden wir uns selbst.« Sie verweist auf das Arsen, das in vielen Grundwasserkörpern gefunden wurde, auf die Verschmutzung durch Industrie und Landwirtschaft und auf die vielleicht verbreitetste Form von verunreinigtem Wasser überhaupt: unbehandeltes Abwasser. »Immer noch wandern 80 Prozent unseres Abwassers zurück in die Natur, ohne aufbereitet zu werden«, berichtet sie. »Wir leiten es einfach in die Natur ein, verseuchen unser Grundwasser und zerstören die Ökosysteme, unsere Filter für die Neubildung von Grundwasser und die Gewährleistung der Wasserqualität.«

Jay Famiglietti gibt zu, dass Wasserqualitätsforschung und Wassermengenforschung häufig »zwei getrennte Bereiche« seien, aber wenn man sie zusammenbringt und »die Landkarte der verschmutzten Gewässer und die Landkarte der Wasserknappheit übereinanderlegt, ergibt sich ein unglaublich düsteres Bild«. Kurz und knapp: Ein verunreinigter Grundwasserleiter ist genauso nutzlos wie ein leer gepumpter.

Einige Schadstoffe sind natürlichen Ursprungs. Arsen beispielsweise ist in trockenen und halbtrockenen Gebieten weitverbreitet; besonders problematisch ist die Lage in Bangladesch und im indischen Westbengalen, wo Millionen Menschen über ihre Brunnen mit Arsen vergiftetes Grundwasser zu sich nehmen. An manchen Orten, etwa in Argentinien und im Norden Chiles, gelangt durch den Bergbau weiteres Arsen in die Gewässer. Häufig wird das Element durch Fluoride begleitet, die in höheren Konzentrationen in Zentralasien, im Nahen Osten und Afrika auftreten, aber ganz besonders in Argentinien, Australien, Mexiko und Russland. Schätzungen zufolge kommen rund 200 Millionen Menschen in 25 Ländern über ihr Trinkwasser mit Fluoriden in Kontakt, davon 66 Millionen allein in Indien.[1] Zu viel Fluorid kann bei Menschen zu Zahn- oder Skelettfluorose führen und Knochen und Gelenke schädigen. Auch Schwermetalle wie Blei, Aluminium, Kupfer, Kadmium und Zink können ins Trinkwasser gelangen, meist durch alte und rostzerfressene Rohrleitungen. Eines der unrühmlichsten Beispiele dafür ist die Stadt Flint im amerikanischen Bundesstaat Michigan, die ihr Trinkwasser ab 2014 nicht mehr aus dem Lake Huron, sondern aus dem Flint River bezog, ohne sich vorab darüber Gedanken zu machen, dass der veränderte pH-Wert unvermeidlich zu Schäden am Leitungsnetz führen würde: Das saurere Flusswasser zersetzte die alten Bleirohre, sodass die Bewohner der Stadt über das Wasser potenziell tödlichen Mengen Blei ausgesetzt waren.

Ein noch größeres Problem ist das Abwasser. Fäkalien, die direkt oder durch Lecks in den Rohren in die Natur gelangen, sowie ungeklärtes Verbrauchswasser sind die weltweit größte Ursache von verschmutztem Grund- und Oberflächenwasser. Laut einem Bericht der Weltbank von 2019 fließen global gesehen 80 Prozent des Abwassers – in einigen Entwicklungsländern mehr als 95 Prozent – unaufbereitet in die Umwelt.[2] Selbst wenn die Exkremente nicht in Grubenlatrinen landen, sondern im WC hinuntergespült werden, strömt das Wasser teilweise direkt in Flüsse und Bäche. Am Ganges in Indien leiten etwa 30 größere und 70 kleinere Städte sowie Tausende Dörfer täglich 6 Milliarden Liter unbehandeltes Abwasser in den Fluss ein – es ist die größte Verschmutzungsursache in einer Region, in der die Liste der Anwärter auf diesen Titel lang ist. 2017 ergab eine Untersuchung der indischen Behörden, dass der biochemische Sauerstoffbedarf (BOD, ein Standardparameter für die Wasserverschmutzung, der angibt, wie viel Sauerstoff die im Wasser vorhandenen Bakterien verbrauchen) in allen Städten im oberen Gangesbecken über dem gesetzlichen Grenzwert lag und die Anzahl der Kolibakterien (ein Hinweis auf vorhandene Krankheitserreger) ein Hundertfaches des Erlaubten betrug.[3] Die Weltbank hat herausgefunden, dass das BIP-Wachstum in Gebieten flussabwärts einer Stelle, an der der BOD-Wert des Oberflächenwassers im »stark verschmutzten Bereich« liegt (über 8 Milligramm pro Liter), aufgrund von Krankheiten um ein Drittel niedriger ausfällt. Allein die Cholera, eine Durchfallerkrankung, die mit durch Fäkalien verunreinigtem Wasser in Verbindung gebracht wird, infiziert jährlich bis zu

4 Millionen Menschen, von denen Schätzungen zufolge 21 000 bis 143 000 sterben.[4]

Wir wissen seit Jahrhunderten, dass menschliche Ausscheidungen ein Gesundheitsrisiko darstellen. Doch woraus diese bestehen, hat sich im Verlauf der Zeit geändert. Das Wasserlabor der Duke University spricht von einem »Cocktail aus Verschmutzungsstoffen, darunter hormonaktive Substanzen, Schwermetalle, Pharmazeutika und Pathogene«.[5] Laut der FAO, der Ernährungs- und Landwirtschaftsorganisation der Vereinten Nationen, gelangen mehr als die Hälfte der 3 928 Kubikkilometer Süßwasser, die jährlich weltweit entnommen werden – insgesamt 2 212 Kubikkilometer –, als städtisches, landwirtschaftliches oder industrielles Abwasser (einschließlich Kühlwasser aus Kraftwerken) wieder zurück in die Natur: »Die Zusammensetzung und der Aufbereitungsgrad dieses ›Abwassers‹ – und somit die Gefahren, die es für die Gesundheit von Mensch und Umwelt bedeutet – variieren.«[6] Und das gilt bei Weitem nicht nur für Länder mit niedrigem und mittlerem Einkommen. In den Hafen von New York werden jährlich rund 10 200 Kubikmeter unbehandeltes Abwasser eingeleitet.

◆

An der Wand des Büros von Dr. Hans Sanderson, einem leitenden Wissenschaftler an der Universität Aarhus in Dänemark, hängen zwei vergilbte Poster: Eines zeigt Gartenvögel, das andere Salzwasserfische. Für ihn als begeisterten Naturschützer sei es das, »worum es geht«, sagt er. Früher habe er Tagebuch darüber geführt, wann die Zugvögel eintrafen: »Jetzt kommen sie jedes Jahr früher«, sagt er, ein Mann mit dichtem, einst blondem, jetzt weißem Haarschopf und dick umrandeter Brille im skandinavischen Design. Hauptberuflich ist der Amateurvogelkundler einer der renommiertesten Umweltchemiker und Toxikologen der Welt. Wenn die WHO einen Experten für Wasserqualität zurate ziehen möchte, meldet sie sich bei Hans (was regelmäßig vorkommt, unter anderem für den Grundlagenbericht »Pharmazeutika im Trinkwasser«[7]). Und auch als das Weiße Haus eine Task Force zur Einschätzung der Risiken durch Pharmazeutika einrichtete, rief man Hans an – als einzigen Nicht-Amerikaner im Team. »Lassen Sie mich Ihnen eine kurze Einführung in die Regulierung von Chemikalien im Wasser geben«, sagt er nun zu mir, und ich mache es mir bequem und höre zu.

Vor 1981 durfte man in Europa jede chemische Substanz verkaufen, ohne über mögliche Umweltrisiken aufklären zu müssen. Das änderte sich im September 1981 mit der Einführung der ersten entsprechenden Gesetze. Doch die mehr als 100 000 Chemikalien, die bereits im Umlauf waren, blieben weiter ungeprüft (dieser Bestandsschutz wird in der Pharmaindustrie als »grandfathering« bezeichnet); nur Chemikalien, die nach der Gesetzeseinführung herausgebracht wurden, unterlagen der neuen Regelung. »Das bedeutete, dass man sämtliche der alten Substanzen in jedem beliebigen Produkt nehmen und vermarkten konnte, wie man wollte, ohne dass jemand Fragen stellte.« Laut Sanderson hieß das im Grunde, dass sich die europäische Chemiebranche nach 1981 kaum noch weiterentwickelte – »Warum sollte jemand eine neue Chemikalie produzieren, zu der er Daten liefern musste?« Die Hersteller lehnten sich zurück und verwendeten nur die alten, unregulierten Substanzen. Erst 2001, volle 20 Jahre später, ging die EU in ihrer REACH-Verordnung gegen dieses Schlupfloch vor: Von da an mussten Daten zu *allen* Verbindungen vorgelegt werden, auch zu den alten, um zu beweisen, dass sie keine negativen Auswirkungen auf die Umwelt hatten. Heute strebe die EU im Rahmen des Green Deals eine Nachhaltigkeitsstrategie an, die »fragt, was wir über Chemikalien wissen müssen, um die Umwelt zu schützen«, erklärt Sanderson. Seiner Ansicht nach zielten die bisherigen, »sehr unausgegorenen Bewertungen« eher auf die Marktregulierung ab als auf den Umweltschutz. Erst jetzt stellen wir uns die Frage, wie ein Wasserqualitätstest eigentlich aussehen muss, »um die Auswirkungen eines Stoffes auf ein Ökosystem zu ermitteln«.

Allein im Laufe meines Lebens haben wir uns also von einer gesetzesfreien Zone für sämtliche von der Industrie und in Privathaushalten eingesetzten Chemikalien und Wasserschadstoffen über milde Vorgaben bis hin zur heutigen Situation bewegt, in der die ökologischen Auswirkungen von Alltagschemikalien, die in unsere Gewässer gelangen, endlich genauer unter die Lupe genommen werden – in der EU, nicht in Großbritannien. Daher ist es wenig verwunderlich, dass chemisch betrachtet aktuell kein einziger englischer Fluss als gesund gilt.

»Das ist eine globale Tendenz«, fährt Sanderson fort. »Kanada hat die Domestic Substances List, die ›Liste der einheimischen Substanzen‹, und in den USA wird das Gesetz zur Klassifizierung von giftigen Stoffen (Toxic Substances Classification Act, TSCA) überarbeitet. Korea und China verfolgen einen ähnlichen Ansatz wie die REACH-Verordnung. Und zugrunde liegt immer das Recht der Verbraucher auf Information.« Das ist paradoxerweise sowohl beruhigend als auch besorgniserregend. Beruhigend, weil die Welt (oder zumindest ein Teil von ihr) sich dieser Sache endlich annimmt, aber besorgniserregend in Hinsicht auf die Menge an Chemikalien, die über Jahrzehnte in die Natur gelangt ist, wo sie zu einem großen Teil weiter ins Grundwasser eingesickert ist und sich im Sediment von Stauseen festgesetzt hat. Das bisherige Desinteresse staatlicher Stellen ist ein großes Problem. Alle Lebewesen, auch wir Menschen, verfügen über Rezeptoren, die auf chemische Stoffe in der Umgebung reagieren. Arzneimittel, die darauf ausgelegt sind, bestimmte chemische Prozesse im Körper auszulösen, haben daher unvorhersehbare Auswirkungen auf Pflanzen und Tiere, wenn man sie in die Gewässer einleitet. Sanderson nennt als Beispiel ein cholesterinsenkendes Medikament, dessen Wirkungsweise in der Leber dem entspricht, was sich in Pflanzen abspielt, wenn sie im Verlauf der Photosynthese Chloroplasten und Chlorophyll ausbilden. »Doch natürlich könnten diese Substanzen in Fischen, Daphnien*, Algen und anderen Nichtzielorganismen mit ähnlichen Rezeptorsystemen und Leitungsbahnen, wie wir sie haben, etwas bewirken, das wir vorher nicht absehen können.«

Mithilfe seiner Studenten nahm sich Sanderson den gesamten Martindale-Index vor – die von der Pharmaceutical Press veröffentlichte »Medikamentenbibel«, in der sämtliche der über 6 000 weltweit verfügbaren Medikamente und Arzneimittel aufgeführt sind – und testete die Substanzen auf ihre Schädlichkeit, eine nach der anderen. »Zu dem Zeitpunkt wusste niemand so richtig, wie schädlich diese Verbindungen ganz generell waren.« Die Toxizität, sagt Sanderson, wird daran bemessen, »ob die Zellmembran durchdrungen wird. Der Schaden entsteht in der Zelle. Was außerhalb der Zelle bleibt, ist per Definition nicht schädlich.« Als er sich durch den Index arbeitete, stellte Sanderson fest, dass diese Betrachtungsweise nicht immer zielführend war. Einige pharmazeutische Produkte, etwa Pestizide, Insektizide und Schädlingsbekämpfungsmittel, sind bewusst auf eine toxische Wirkung ausgelegt. Sie sollen ja genau das Gegenteil dessen bewirken, was wir uns für unsere Süßwassersysteme wünschen, daher ziehen sie, wenn sie in Flüsse und Grundwasserkörper gelangen, unvermeidlich Umweltschäden nach sich. Bei der Risikoeinschätzung für die Umwelt geht es Sanderson zufolge nicht unbedingt um einzelne Organismen, sondern um die Funktionsfähigkeit des gesamten Ökosystems. »Bei Menschen hingegen interessieren uns stets die einzelnen Organismen und Individuen.« Allein darauf waren die Tests ausgerichtet und dementsprechend verschlechterte sich die Wasserqualität.

---

* Ich musste nachschlagen, was Daphnien sind: kleine Krebstiere, die wie Miniatur-Garnelen aussehen – und sich in der Wasserqualitätsforschung großer Beliebtheit erfreuen, weil sie sehr sensibel auf Veränderungen der chemischen Zusammensetzung des Wassers reagieren und innerhalb weniger Tage geschlechtsreif sind.

Für die Medizin und die Pharmaindustrie ist es kein Problem, dass 90 bis 92 Prozent gängiger Medikamente wie Paracetamol über den Urin ausgeschieden werden.[8] Doch das bedeutet, dass diese Substanzen in unsere Abwasserkanäle und Gewässer gelangen. Einige von ihnen seien gut abbaubar oder sehr absorptionsfähig und würden durch normale Kläranlagen herausgefiltert, sagt Sanderson. Doch für andere – »Tausende verschiedenen Verbindungen« wie einige Medikamente zur Behandlung von Epilepsie und Krebs – gelte das nicht. »Die überwältigende Mehrheit unserer heutigen Kläranlagen ist nicht auf diese Substanzen ausgelegt«, warnt er. »Sie sind so konstruiert, dass sie Nährstoffe und in gewissem Ausmaß auch Krankheitserreger entfernen, durch Sandfilter, Ausfällung etc. Aber auf die Mikroverschmutzer zielen sie bisher nicht ab.« Viele handelsübliche Medikamente sind zudem überaus beständig. Der Wirkstoff Diclofenac (Voltaren) beispielsweise, der weltweit als nicht-steroidales Mittel gegen Entzündungen angewendet wird, ist bekannt für seine geringe biologische Abbaubarkeit und seine hohe Widerstandsfähigkeit gegenüber Aufbereitungsmethoden, was dazu führt, dass er sich in Flüssen und Sedimenten ansammelt.[9] Sanderson ergänzt, dass viele Städte, selbst ganze Länder, überhaupt keine Kläranlagen hätten, sodass gar kein »Netz« besteht, das die Stoffe abfangen könnte. Und die Systeme, die es gibt, sind zum Teil in die Jahre gekommen und ineffizient. Eine Studie, die 2016 im Puget Sound im US-Bundesstaat Washington durchgeführt wurde, wies im Wasser, das aus Kläranlagen in die umliegenden Gewässer eingeleitet wurde, 25 Schadstoffe nach. Interessanterweise entdeckt man viele dieser Substanzen im Gewebe von Fischen – ein Anzeichen für eine starke Bioakkumulation im Verlauf der Nahrungskette, an deren Spitze wir stehen.[10] In der Zusammenfassung der Studie hieß es: »Von den Hunderten Chemikalien, die im Ökosystem des Puget Sounds vorhanden sein dürften, wird aktuell nur ein Bruchteil überwacht oder reguliert, und es gibt kaum oder keine Informationen darüber, wie umweltschädlich die überwältigende Mehrheit dieser Verbindungen ist. [...] Es ist möglich, dass jeden Tag eine substanzielle Menge potenziell schädlicher Chemikalien in die Flüsse und nahe gelegenen Meeresgewässer eingeleitet wird.«[11] Und da ging es nur um *aufbereitetes* Wasser.

Die Wasserknappheit in Pakistan wird durch die Wasserverschmutzung enorm verschärft. »Hier wird das Abwasser nicht behandelt«, erklärt mir Maheen Malik von der AWS. »Die Stadt Lahore beispielsweise verfügt über keine einzige kommunale Kläranlage.« Abwasser wird entweder direkt in den Fluss Ravi eingeleitet oder durch die unterschiedlich wirksamen Abwasserreinigungsvorrichtungen der Industrieanlagen geschickt, von wo aus es in nicht aufbereiteten Kanälen landet, was »eine Verdünnung, aber sonst nichts« bewirkt. Die Abwasserkanäle waren einst als Regenüberlauf gedacht, erzählt Malik: »Sie sind umgerüstet worden, aber nicht abgedichtet, sodass das Abwasser ins Grundwasser eindringt.« In Lahore wird das Grundwasser zum Trinken verwendet. »Die Wasserqualität hat sich aufgrund dieser Sickerproblematik in den vergangenen Jahren extrem verschlechtert«, sagt Malik. Wie in weiten Teilen Indiens ist auch das Grundwasser von Lahore stark arsenhaltig und es ist umstritten, ob das auf die Industrie oder auf die geologischen Gegebenheiten der Region zurückzuführen ist.

Die Textil- und Bekleidungsindustrie ist ein wichtiger Faktor für das pakistanische Bruttoinlandsprodukt und beschäftigt rund 40 Prozent der einheimischen Arbeitnehmer, trägt aber auch stark zur Wasserverschmutzung bei. Im Punjab und im Sindh, sagt Malik, sei es nicht ungewöhnlich, dass ganze Flussabschnitte rot, gelb oder pink leuchteten: »Ein Teil der Färbemittel landet direkt im Wasser.« Fortschrittliche Betriebe behandeln ihr Abwasser zwar, doch das ändert nichts daran, dass es weiterhin mit Resten von Färbemitteln in die Natur gelangt, und andere Fabriken unternehmen gar nichts. Laut der Umweltorganisation WWF wird nur 1 Prozent des erzeugten Abwassers in Pakistan geklärt, Vorschriften zur Entsorgung und Aufbereitung gibt es nicht.[12]

In Neuseeland hingegen geht die Wasserverschmutzung hauptsächlich von den landwirtschaftlichen Tätigkeiten der weißen Siedler aus, die die ursprüngliche Landschaft hier stark geprägt haben. »Unsere Gewässer befinden sich in der Krise«, erklärt die neuseeländische Naturschutzorganisation Forest & Bird: Beängstigende 90 Prozent der Feuchtgebiete des Landes seien für die Landwirtschaft und zur Baulanderschließung trockengelegt worden, während 74 Prozent der Süßwasserfische vom Aussterben bedroht seien. »Die Anzahl der Milchkühe ist landesweit in den letzten zwei Jahrzehnten um 69 Prozent gestiegen, in einigen Regionen sogar um 500 Prozent. [...] Unsere Flüsse, Seen und Bäche werden verschmutzt, und wir entnehmen zu viel Wasser.« Insbesondere die großen Mengen an Viehdung sorgen dafür, dass Flüsse und »beliebte Badestellen aufgrund der hohen bakteriellen Belastung und durch Algenblüten« zunehmend gesundheitsgefährdend sind.[13]

◆

Den Großteil unseres Wissens über die Algenblüte verdanken wir den Forschungen einer einzigen Frau: Professor Nancy Rabalais. Anfang der 1980er-Jahre war sie die einzige Wissenschaftlerin, die neben dem Leiter Don Boesch am neu gegründeten Louisiana Universities Marine Consortium (Gemeinschaft der Meeresuniversitäten von Louisiana, LUMCON) tätig war. Dort untersuchte sie die wachsenden, extrem sauerstoffarmen »Totzonen« im Golf von Mexiko. Mithilfe von zwei Assistenten und einem kleinen Forschungsstipendium der National Oceanic and Atmospheric Administration (Nationale Behörde für Ozeanografie und Atmosphärenforschung) machte sie sich daran, den Sauerstoffgehalt des Golfes zu kartieren. Im Sommer 1985 fuhren sie einmal im Monat auf einem kleinen Boot hinaus und entnahmen Wasserproben. Dabei stießen sie auf ein viele Meilen großes, zusammenhängendes Gebiet mit geringem Sauerstoffgehalt. Im folgenden Jahr entdeckten sie zwei solcher

Zonen in den Mündungsarmen des Mississippi. 1993 hatte sich die Fläche der »Totzone« im Meer verdoppelt. In den 2010er-Jahren kam kaum noch eine Privatjacht auf die Idee, im roten, toten Abschnitt der Küste von Louisiana vor Anker zu gehen.

Mit den gewaltigen Mengen an Süßwasser aus dem Mississippi gelangen auch Nährstoffe, die durch die Landwirtschaft in den Fluss eingetragen werden, ins Meer und lösen dort gigantische Algenblüten aus, die das Wasser rot färben. Tote Algen sammeln sich am Meeresgrund und werden von Bakterien zersetzt, die dabei den gesamten Sauerstoff verbrauchen. Die Totzone mit sauerstofffreiem Wasser haben Rabalais und ihr Team ausgemessen – sie erstreckt sich über mehr als 20 000 Quadratkilometer (zum Vergleich: das Tote Meer ist 605 Quadratkilometer groß). Doch das Ganze ist kein natürliches Phänomen. Bei den Nährstoffen, die die Algenblüte verursachen, handelt es sich um Stickstoff- und Phosphorverbindungen aus Düngemitteln und tierischen Exkrementen.

Seit Beginn des Projekts ist Rabalais fast jedes Jahr mit dem LUMCON-Forschungsschiff *Pelican* über die Mississippi-Mündung aufs Meer hinausgefahren. Nachts sieht man von Bord aus »Krabben, Garnelen und Aale, die eigentlich am Meeresgrund leben, aber nun an die Oberfläche gezwungen werden, weil es unten nicht genügend Sauerstoff gibt«. Oben werden sie von Möwen gefressen.

Die Stickstoffwerte haben sich laut Rabalais seit den 1950er-Jahren verdreifacht. Untersuchungen des Sedimentkerns ergaben, dass die Marker für einen geringen Sauerstoffgehalt erst seit den Siebzigerjahren auftreten. Was die Wende bewirkte, waren günstige und leicht zugängliche Düngemittel, deren großzügige Anwendung dafür sorgte, dass Stickstoff- und Phosphorverbindungen in gelöster Form ins Grundwasser und in die Flüsse eingetragen wurden. Der Zusammenhang zwischen Ursache und Wirkung ist so direkt, dass Rabalais heute mithilfe einer Analyse der Nährstoffdichte in der Flussmündung im Mai mit achtzigprozentiger Genauigkeit voraussagen kann, wie groß die Totzone im Golf von Mexiko im entsprechenden

Jahr ausfällt. Die größte Ausdehnung, die sie je gemessen hat, waren 22 720 Quadratkilometer im Jahr 2017. Die pflichtbewusste Lokalpresse berichtet jedes Jahr über ihre Befunde, doch Rabalais kann keine substanziellen Änderungen in der landwirtschaftlichen Praxis feststellen. Stattdessen werden »kleine« Totzonen, etwa die 5 480 Quadratkilometer im Jahr 2020, als Sieg vermeldet (»die drittkleinste, die je gemessen wurde!«, feierte die Nachrichtenagentur *Associated Press*).[14] Anfangs, sagt Rabalais, sei es schwer gewesen, die Öffentlichkeit überhaupt davon zu überzeugen, dass ein Problem vorliegt und dass dies mit der Landwirtschaft zusammenhängt – die uralte Krux der Umweltschützer. Nun, da der Sachverhalt akzeptiert ist, hofft sie auf Veränderung. Man könne, ähnlich wie beim $CO_2$-Fußabdruck, von einem Stickstoff-Fußabdruck sprechen: »Es geht um Landwirtschaft, um Fleischkonsum – die Menschen haben es in der Hand.« Eine global angelegte Studie zu den Totzonen weltweit (die schon über ein Jahrzehnt alt ist und deshalb vermutlich zu niedrige Zahlen enthält) zählte 405 solcher Zonen mit einer Fläche von insgesamt 245 000 Quadratkilometern, größer als Großbritannien[15], während die Weltbank herausgefunden hat, dass »mehr als die Hälfte aller stickstoffhaltigen Düngemittel ins Wasser abfließt«.[16]

Auch in Binnengewässern kommt es zunehmend zu düngemittelbedingten Algenblüten. 2011 verursachten die Phosphat- und Nitrateinträge der nahe gelegenen Landwirtschaftsbetriebe eine massive, durch Cyanobakterien ausgelöste Blüte auf dem Lake Erie, dem viertgrößten der nordamerikanischen Großen Seen. Besonders unangenehm war, dass es sich bei dem Bakterium um Microcystis handelte. Microcystis bilden blau-grüne Zellen und produzieren Neurotoxine und Hepatotoxine, die zu Übelkeit, Erbrechen und potenziellen Leberschäden führen und für Tiere und sämtliche Wasserlebewesen tödlich sein können. Außerdem sind die Bakterien nur schwer mit konventionellen Mitteln zu bekämpfen. Die Anwohner konnten das Wasser noch nicht einmal abkochen – das hätte die

Giftigkeit nur erhöht.[17] Der Lake Erie ist die primäre Wasserquelle für mehr als 12 Millionen Menschen in Kanada und den USA. Die Microcystis-Blüte ist mittlerweile ein alljährliches Ereignis, das sogar aus dem All zu sehen ist.[18] 2014 wurden in Toledo, Ohio, deshalb 400 000 Menschen von der Wasserversorgung abgeschnitten. Im Oktober 2021 erstreckte sich die Algenblüte Berichten zufolge über eine Fläche von 1 373 Quadratkilometer, und der Umweltrat von Michigan warf der Regierung des Bundesstaats »Politikversagen« vor, da sie »keine echte Verringerung der Wasserverschmutzung durch landwirtschaftliche Abwässer« erreiche. »Wir brauchen effektive Strategien, um die schädlichen Auswirkungen der nicht nachhaltigen landwirtschaftlichen Praktiken auf unser Süßwasser einzudämmen.«[19] [20]

Was die Süßwasserverschmutzung angeht, stellt die Landwirtschaft wohl eine größere Gefahr dar als menschliche Ausscheidungen und greift die Wassersysteme an vielen Fronten an. Obwohl Mineraldünger schon seit dem 19. Jahrhundert als Ergänzung zu natürlichen Nährstoffen eingesetzt wird, ist die Menge in den letzten Jahrzehnten drastisch angestiegen. Laut der FAO wird heute weltweit zehnmal mehr Mineraldünger verwendet als in den 1960er-Jahren, obwohl die Grüne Revolution damals bereits voll im Gange war. In einem Bericht aus dem Jahr 2018 schreibt die Behörde: »Die Mobilisierung von Nährstoffen hat möglicherweise bereits Schwellenwerte überschritten, die plötzliche Umweltveränderungen in Systemen von kontinentaler bis hin zu planetarer Bedeutung auslösen können, einschließlich der Verschmutzung von Grund- und Oberflächenwasser«. In der Nordchinesischen Ebene beispielsweise soll der Einsatz von nitrat- und phosphathaltigen Düngemitteln 66 bis 135 Prozent über dem liegen, was die Pflanzen aufnehmen können. »Dieser exzessive Gebrauch von Düngemitteln ist ein direkter Verursacher schwerer Umweltschäden, die sich bereits in vielen der Flüsse und Seen Chinas bemerkbar machen.«[21]

Das sieht auch die Weltbank so, sie schreibt: »Möglicherweise hat die Welt die sicheren planetaren Grenzen für Stickstoff bereits überschritten« und hält ihn sogar für »die größte Externalität der Welt, noch vor $CO_2$«. Ein besonders beunruhigender Abschnitt im Bericht von 2019 besagt, dass »der Eintrag von Düngemitteln und die Freisetzung von Nitrat im Wasser so große Gefahren mit sich bringt, dass es die Anzahl entwicklungsgehemmter Kinder um 11 bis 19 Prozent erhöhen und das Einkommen im späteren Leben um 1 bis 2 Prozent verringern könnte«. Das bedeute, dass »der Schaden durch die Düngemittel für die menschliche Gesundheit mindestens ebenso groß ist wie ihr Nutzen für die Landwirtschaft«.[22] Eine Untersuchung von 2022 erhob den Vorwurf, dass die agrochemische Verschmutzung mit Nitraten Kinder in Nebraska das Leben koste, da dort zwischen 1999 und 2018 fast 2 000 Kinder an Krebs erkrankt waren – mehr als überall sonst im Land.[23] Forschern an der medizinischen Fakultät der University of Nebraska war ein Zusammenhang zwischen dieser enormen Zahl und den Wassereinzugsgebieten mit erhöhten Werten für nitrathaltige Düngemittel oder Unkrautvernichter aufgefallen.

Auch Tierdung enthält viel Nitrat und Phosphat. Die FAO meldet: »Die Gesamtzahl der Nutztiere hat sich zwischen 1970 und 2011 von 7,3 Milliarden Stück auf 24,2 Milliarden Stück verdreifacht.«[24] »Stück« scheint der FAO-Ausdruck für ein lebendiges, fühlendes Tier zu sein – und angesichts der Tatsache, dass es etwa 8 Milliarden »Stück« Mensch auf der Erde gibt, kann man sich das Ausmaß der Kotfluten gut vorstellen. Die Viehhaltung ist für 70 Prozent der landwirtschaftlichen Flächennutzung verantwortlich und beansprucht 30 Prozent der Erdoberfläche. Die globale Milchproduktion hat sich seit 1981 verdoppelt. Auch Aquafarming und Fischzucht haben zur Folge, dass Ausscheidungen (plus überschüssiges Futter und Medikamente) in die Gewässer gelangen; beim Aquafarming stieg der Ertrag zwischen 2006 und 2014 von 47 auf 74 Millionen Tonnen.[25] In Großbritannien ist es die industrielle Hühnerzucht, die zur Wasserverschmutzung beiträgt. In Dänemark gilt die Massenproduktion von Schweinefleisch »als erhebliche Verschmutzungsquelle«, sagt Hans Sanderson, »sowohl auf den Höfen, aber über die Abwasserkanäle auch für die Flüsse und Bäche«. Die Exkremente aus der Massentierhaltung trügen stärker zur Eutrophierung bei als die Pestizide, sagt er, zumindest in der EU.

Weitere Hochburgen der Schweinezucht sind Ostchina, Brasilien und der Nordosten der USA, vor allem Iowa und Minnesota. 2017 veröffentlichte das Onlineportal *Environmental Health News* eine Artikelserie mit dem Titel »Peak Pig« (in etwa: Das Schwein auf dem Höhepunkt). Dort war zu lesen, dass es in Iowa mehr als 6300 Schweinefarmen gab, die meisten mit mehr als 1000 Schweinen (Verzeihung, Stück), und dass dort jährlich mehr als 35 Milliarden Liter Flüssigdünger – »voller fäkaler Kolibakterien, Stickstoff und Phosphaten« – auf die Felder ausgebracht würden.[26] Ungefähr 300000 Bewohner von Iowa beziehen ihr Wasser aus privaten Brunnen; eine Studie der University of Iowa ergab, dass das Wasser in der Hälfte dieser Brunnen erhöhte Nitratwerte und in 43 Prozent Kolibakterien aufwies, ein Indikator für Fäkalkontamination. In einer weiteren Studie wurde ein Schweinemastbetrieb auf MSRA untersucht, einen Bakterienstamm, der für seine Antibiotikaresistenz bekannt ist, mit dem Ergebnis, dass die Keime in der Hälfte der 200 getesteten Tiere und in neun der 20 Arbeiter gefunden wurden.

Die Antibiotikaresistenz nimmt weltweit zu. Gesunde Masttiere erhalten schon seit vielen Jahren täglich Antibiotika, nicht um Krankheiten zu behandeln, sondern um ihr Wachstum anzuregen. 1997 verbot die EU das Medikament Avoparcin und 1999 vier weitere, nachdem es in Schweden schon 1986 ein ähnliches Gesetz gegeben hatte. Doch das hatte, wie so häufig, ungewollte negative Folgen: Laut Sanderson bewirkte das Verbot, dass nun Alternativen zum Einsatz kamen, namentlich »Antibiotika, die beim Menschen angewendet werden, etwa Tetracycline«. Tiere mit den gleichen

Medikamenten vollzupumpen, die auch wir nehmen – dazu noch in deutlich größeren Mengen –, und dann ihre Ausscheidungen in unsere Wassersysteme einzuleiten, bietet Bakterien den perfekten Nährboden, um eine Immunität zu entwickeln. »Damit gehen wir tagtäglich ein enormes Risiko ein«, sagt Sanderson düster. »Wir sprechen bereits seit Jahrzehnten darüber, aber das Problem wurde immer wieder von anderen, angeblich wichtigeren Themen überlagert. Aber irgendwann gehen uns die Antibiotika aus, und dann kehren wir in eine Welt ohne sie zurück. Dabei sterben jetzt schon so viele Menschen – in Europa rund 25 000 Personen – an vermeidbaren Infektionen, weil wir nicht [mehr] über wirksame Antibiotika verfügen. Und diese Zahl wird steigen.«

### Schwimmendes Plastik

In Südwest-Uganda fällt es Nirere Sadrach schwer, sich vor dem tosenden Stauwehr verständlich zu machen, als sein Freund auf dem Handy auf den Aufnahmeknopf drückt. »Wir dokumentieren das Ausmaß des Plastikmülls im Ruizi-Fluss«, ruft er und zeigt hinter sich, wo Hunderte, wenn nicht Tausende Plastikflaschen auf dem schnell fließenden Wasser treiben. »Wie ihr sehen könnt, werden unsere Flüsse von Plastik überflutet und die Unternehmen und der Staat tun kaum etwas dagegen.« Er beendet das Video mit den Worten: »Wir möchten, dass die Verpackungshersteller mehr tun, um der Plastikverschmutzung ein Ende zu setzen.«

Ein paar Tage später erzählt mir Nirere am Telefon: »Ich lebe [seit meiner Kindheit] mit den Auswirkungen des Klimakollapses und damit, dass die Umwelt jeden Tag ein Stück weiter zerstört wird.« Er studierte Nachhaltige Wirtschaft und arbeitete ehrenamtlich für eine lokale Klima-NGO, als er sich 2018 der von Greta Thunberg ins Leben gerufenen Fridays-for-Future-Bewegung anschloss. 2019 rief er die #EndPlasticPollution-Kampagne ins Leben, um gegen das zu kämpfen, was er für eines der größten Umweltprobleme Ugandas hält. Plastikmüll in Flüssen ist ein deprimierend langwieriges Problem. Nirere hat schon an vielen Orten derartige Videos aufgenommen, auch am Victoriasee, dem größten Binnengewässer Afrikas. Der Ruizi fließt durch zehn Distrikte und zwei Großstädte, durch geschützte Nationalparks und landwirtschaftlich genutzte Bereiche: »wichtige Orte für unser Land, für das Ökosystem unseres Landes [...] Daher hat die Plastikverschmutzung verheerende Auswirkungen.«

Als Nirere die Organisation »End Plastic Pollution Uganda« (Beendet die Plastikverschmutzung in Uganda) gründete, bestand sein Ziel darin, die Plastikhersteller stärker zur Verantwortung zu ziehen. Einer der schockierenderen Beiträge auf seinem Blog endplastic pollutionow.blogspot.com zeigt den Victoriasee: »Der Plastikmüll im Victoriasee zerfällt zu Mikroplastik, das bereits in Fischen wie dem Victoriabarsch (Empuuta) und dem Tilapia (Engege) gefunden wurde [...] In Ufernähe gleicht das Wasser einer grünen Plastiksuppe.« Laut Nirere ist es unbrauchbar. In der Stadt sei »die Wasserqualität wirklich sehr, sehr schlecht. [...] Man kann es nicht trinken, man kann es nicht nutzen«, weil über den Nationalkanal auch das Abwasser im See lande.

Mehr als 250 Millionen Menschen in sieben Ländern beziehen ihr Wasser aus dem Victoriasee. Doch das Problem mit dem Plastikmüll sei »außer Kontrolle« geraten. Jedes Jahr führen Nirere und über 150 Plastiksammler eine »Erhebung« durch und ermitteln, welche Flaschen vorherrschen. Ihre (inoffiziellen) Top 5 sind: 1. Coca-Cola, 2. Pepsi, 3. Mukwano Industries, 4. Unilever, 5. Fanta. Die Botschaft von End Plastic Pollution ist simpel: »Die Konzerne sollten aufhören, die Schuld den Menschen und den Verbrauchern in die Schuhe zu schieben – sie müssen ihr Produktdesign oder ihre Verkaufsform ändern.« Anderenfalls sollte die ugandische Regierung entsprechende Gesetze erlassen, wie es der Nachbar Kenia bereits getan hat – dort sind Einwegplastikverpackungen in bestimmten

Schutzzonen seit Juni 2020 verboten.* »Gerade in Uganda gelten für diese Unternehmen andere Maßstäbe«, erklärt mir Nirere. »Hier bei uns verhalten sie sich ganz anders als bei Ihnen in Ihrem Land.«

Ein Großteil des Problems ist das Fehlen einer öffentlichen Wasserversorgung. Wie ich bereits in Ghana erlebt habe, ist Wasser in Plastikflaschen häufig die einzig verlässliche Quelle für sauberes Trinkwasser. Diese Lieferketten erreichen deutlich mehr Menschen als die Rohre der Wasserversorger. »Das ist sehr effektiv; die Firmen produzieren eine Flasche für nur 500 Uganda-Schilling«, sagt Nirere – das entspricht zum Zeitpunkt, an dem ich das Buch schreibe, etwa 13 Cent.

Sobald irgendwo Plastik im Wasser schwimmt, findet sich dort auch Mikroplastik, üblicherweise definiert als Plastikteilchen von einer Größe unter 5 Millimetern. Das meiste davon entsteht, wenn Plastikmüll im Wasser in immer kleinere Bestandteile zerfällt. Eine nicht unbedeutende Menge stammt aber auch aus unserer Kleidung: Eine vor Kurzem veröffentliche Studie ergab, dass eine Waschmaschinenladung von 6 Kilogramm mehr als 700 000 Mikrofasern freisetzen kann, von denen die meisten im Abwasser landen.[27] Mikroplastik findet sich heute überall auf der Welt – man hat es schon am Nordpol und am Südpol nachgewiesen[28] –, aber auch in unserem Trinkwasser. 2017 wurde in einer global angelegten Untersuchung des Leitungswassers in 83 Prozent der entnommenen Halbliterproben Mikroplastik gefunden; die Anzahl der durchschnittlich registrierten

* Nur zwei Monate später, im August 2020, kam ans Tageslicht, dass ein Lobbyverband der Öl- und Chemiekonzerne, darunter Shell, Exxon, Total, DuPont und Dow, die Trump-Regierung dazu gedrängt hatte, ein Handelsabkommen zwischen den USA und Kenia dazu zu nutzen, die Plastik- und Chemieindustrie in Afrika auszubauen, was Anlass zur Befürchtung bot, dass das Verbot ausgehebelt und Kenia zur »Müllkippe für Plastikmüll« werden könnte. (Emma Howard, »Oil-backed trade group is lobbying the Trump administration to push plastics across Africa«)

Partikel pro Probe reichte von 4,8 in den USA bis zu 1,9 in Europa. Ein Jahr später wurde die gleiche Studie mit abgefülltem Wasser aus neun Ländern durchgeführt. Obwohl das Flaschenwasser häufig als das gesündere, teurere »Premiumprodukt« verkauft wird, enthielt es im Schnitt 161,5 Mikroplastikpartikel pro 500 Milliliter – dreißig- bis achtzigmal so viel wie normales Leitungswasser.[29]

Hans Sanderson hat gerade eine Studie über Mikroplastik und Polymere für Cefic, den Verband der Europäischen Chemischen Industrie, und den US-Konzern P&G abgeschlossen. Ihm bereitet das Mikroplastik allerdings deutlich weniger Sorgen als viele andere Umweltgefahren, weil die Partikel zu groß sind, um die menschliche Zellmembran zu durchdringen und sie deshalb laut Definition nicht als toxisch gelten. Nanoplastik hingegen, also Teile, die kleiner sind als 100 Nanometer (0,0001 Millimeter), *könnten* in die Zellen gelangen, doch das ist noch nicht eingehend untersucht; welcher Anteil des Mikroplastiks zu Nanoplastik zerfällt, ist unbekannt. Sanderson vergleicht den mechanischen Vorgang gern mit dem Falten von Papier – man kann jedes Blatt höchstens siebenmal falten, dann wird es unmöglich. Vielleicht kann auch das Material einiger Plastikverpackungen nur in eine bestimmte Anzahl von Teilen zerbrechen, sodass es nie in den Nanobereich vorstößt. Was aber durchaus vorkommt, ist, dass Mikroplastik andere Verschmutzungsstoffe wie Brandhemmer oder Färbemittel auf der Oberfläche bindet und deshalb schädlich für uns ist. In diesem Zusammenhang, so Sanderson, seien es aber die Begleitbestandteile, über die wir uns Sorgen machen müssten, nicht das reaktionsträge Plastik selbst. Doch träge oder nicht, wenn die Menge groß genug ist, kann Mikroplastik trotzdem »Kiemen verkleben, Verdauungstrakte verstopfen. [...] Und das Gleiche haben wir auch bei den von uns untersuchten Polymeren beobachtet; auch sie können mechanische Auswirkungen auf Organismen haben.«

Trotzdem ist Sanderson der Meinung, dass rund um das Thema Plastik eine Menge »Panikmache« betrieben werde: »Wir brauchen

Plastik, ohne Plastik können wir unsere Nahrungsmittel nicht konservieren und die Produktion würde zusammenbrechen.« Wie beim Abwasser käme es darauf an, wie wir mit dem Abfall umgingen. »Wir Menschen scheiden es wahrscheinlich einfach ohne Weiteres aus. Und auch bei den meisten anderen Organismen läuft es durch, ohne Probleme zu bereiten.« Doch ganz gesichert sei das noch nicht, muss Sanderson zugeben. Obwohl Mikroplastik für sich gesehen reaktionsträge und ungiftig sein mag, könnten die vielen kleinen scharfkantigen Partikel, die unseren Körper passieren, Entzündungen in den Organen verursachen – und Entzündungen führen zu Krankheiten und Krebsgeschwüren. Eine chinesische Studie von 2021 ergab, dass Menschen mit chronisch-entzündlichen Darmerkrankungen 50 Prozent mehr Mikroplastik in ihren Exkrementen aufweisen. Die Plastikart, die am häufigsten in den Stuhlproben gefunden wurde, war PET, das unter anderem bei der Herstellung von Wasserflaschen Verwendung findet.[30]

Was Sanderson vor allem sagen will, ist, dass Mikroplastik, so besorgniserregend es auch ist, nur die Spitze des Wasserverschmutzungseisbergs darstellt. Als in Südafrika Ende der 1990er-Jahre beispielsweise reihenweise Goldminen aufgegeben wurden, liefen viele von ihnen voll Wasser, was saure Abflüsse zur Folge hatte, ein schwerwiegendes Umwelt-Problem. Mark Dent von der AWS im südafrikanischen Pietermaritzburg erklärt: »Wir haben es hier mit Dolomitgestein zu tun, das porös und voller Wasser ist. Durch den Abbau wurden das Salz und das Gestein freigelegt, und wenn Salz mit Sauerstoff, Schwefeldioxid und Wasser in Kontakt kommt, bildet sich Schwefelsäure. Sobald die Minen volllaufen, wird die Säure aus Hunderten Kilometern Tunneln in die Quellen und Flüsse gespült. […] Dabei landen eine Menge Metalle und andere Dinge in den Sedimenten.« Laut dem Ministerium für Landwirtschaft und ländliche Entwicklung der Provinz Gauteng haben sich die toxischen und radioaktiven Abflüsse aus den Minen auf einem Gebiet von 321 Quadratkilometern verteilt.[31] Eine einzige geschlossene

Mine in der Nähe von Krugersdorp sonderte Berichten zufolge täglich 15 Millionen Liter saures Grubenwasser ab.[32] 2019 verzeichnete man rund 6000 verfallene und herrenlose Minen im Land.[33] Die sauren Abflüsse – häufig *Acid Mine Drainage* genannt – sind ein weltweites Problem, von Patagonien bis nach Papua-Neuguinea.[34] Gleichzeitig war die Verschmutzung der Flüsse durch den Kleinbergbau und illegale Abbaumethoden – *Galamsey* – eines der größten Wasserprobleme, auf die ich in Ghana stieß, da das gefährliche, im offenen Tagebau ausgeführte Goldschürfen per Hand einen ständigen Wasserfluss voraussetzt, um die Goldpartikel vom Schlamm zu trennen, und das trübe Abwasser, häufig verunreinigt durch Diesel aus den Generatoren, wieder in die Flüsse zurückströmt.

Eine seltener thematisierte Form der Wasserverschmutzung ist Hitze. »Man benötigt viel Wasser, um Atomkraftwerke und andere Kraftwerke zu kühlen«, sagt Maggie White vom SIWI. Anschließend fließt dieses Wasser zurück in die Natur. Sie führt das Beispiel des französischen Energiekonzerns EDF an, der während einer ausgeprägten Hitzewelle Anfang der 2010er-Jahre gezwungen war, seine Atomkraftwerke herunterzufahren, »weil das Wasser nicht wieder in den Fluss eingeleitet werden durfte – es hätte das Ökosystem aus dem Gleichgewicht gebracht«. Das Gleiche ereignete sich 2018 und 2019 und scheint sich jetzt zu einem alljährlichen Bestandteil des französischen Sommers entwickelt zu haben. Der aufgrund von ausbleibendem Regen niedrige Wasserstand der Rhône schränkte im September 2020 auch die Leistung des von EDF betriebenen Kernkraftwerkes Saint-Alban ein.*

Doch der vielleicht berüchtigtste Wasserverschmutzer sind die per- und polyfluorierten Alkylverbindungen, abgekürzt PFAS, zu denen PFOS (Perfluoroctansulfonat) und PFOA (Perfluoroctansäure) gehören. Diese Verbindungen, die auch unter der Bezeichnung »ewige

---

* Einige Anlagen werden allerdings luftgekühlt – eine Technik, die in einer wassereffizienteren Zukunft sicherlich ausgebaut werden muss.

Chemikalien« geläufig sind, erfreuen sich deshalb so großer Bekanntheit, weil 2019 ein Film mit Mark Ruffalo darüber gedreht wurde (*Vergiftete Wahrheit*). PFAS, hergestellt von den Konzernen 3M und DuPont, sind synthetische Polymere, die so wasserbeständig und unzerstörbar sind, dass sie als Hauptbestandteil von Teflon, Feuerlöschschaum und bestimmten Anti-Flecken-Mitteln dienten. Fast jeder von uns dürfte ein PFAS-haltiges Produkt in seinem Haushalt haben. Das Problem ist (ähnlich wie bei FCKW, noch so ein Teufelszeug aus dem Hause DuPont), dass sich diese Substanzen nicht zersetzen und in hohen Dosen Missbildungen bei Embryos, Schilddrüsenerkrankungen und Krebs hervorrufen. Es gibt Belege dafür, dass 3M bereits in den 1970er-Jahren wusste, dass sich PFAS im Blut anreichert, und bei seinen eigenen Experimenten mit Ratten und Affen zu dem Schluss kam, dass diese Verbindungen als giftig einzustufen seien.[35] Trotzdem ließ man die Substanzen bis Mai 2000 auf dem Markt. DuPont machte auch danach noch weiter. Auf der Homepage des Unternehmens heißt es: »Im Jahr 2002 begann DuPont, PFOA für den eigenen Gebrauch herzustellen, um die Kunden mit wichtigen Gerätschaften weiter wie gewohnt beliefern zu können.« Erst 2015 willigte man ein, die Verwendung von PFOA gemäß den Vorgaben der Umweltschutzbehörde auslaufen zu lassen.[36]

Dass die Langlebigkeit von PFAS in Wasser überhaupt auffiel, sagt Hans Sanderson, hätten wir auch einem Großbrand in der Nähe des Pearson-Flughafens in Toronto zu verdanken. Dort wurde ein Teil des PFOS-haltigen Feuerlöschschaums in den nahe gelegenen Etobicoke Creek gespült, und Scott Mayberry von der University of Toronto entwickelte Analysemethoden, um die Substanz im Wasser nachzuweisen. Sanderson, der mit Mayberry zusammenarbeitete, schrieb seine Doktorarbeit über PFOS, als 3M die Verbindung noch herstellte. Das öffentliche Interesse ebbte ab, als der Konzern und später auch DuPont einwilligten, die Produktion einzustellen, doch es brandete erneut auf, als PFOS überall auf der Welt im Trinkwasser gefunden wurde. »Auch in Dänemark, in meinem örtlichen Leitungswasser«, bestätigt Sanderson. »Ich weiß, dass ich PFOS und PFOA getrunken habe. [...] Würde ich Ihnen und mir etwas Blut abnehmen, würden wir diese Verbindungen dort finden.« Die Frage lautet: »Ist das bedenklich oder nicht? Was bedeutet es? Es bedeutet, dass wir ein erhöhtes Risiko haben. Und genau darum geht es in der Umwelttoxikologie und der Humantoxikologie: Risiken abzuschätzen und Risiken hinzunehmen.« Es ist unmöglich, sämtliche Gefahren auszuräumen, also legen Umwelt- und Humantoxikologen einen gesundheitsverträglichen Grenzwert für akzeptable Verunreinigungswerte im Wasser fest. Im Dezember 2018 gab das kanadische Gesundheitsministerium eine Richtlinie heraus, laut der Trinkwasser maximal 200 Nanogramm PFOA und 600 Nanogramm PFOS pro Liter enthalten darf. Die amerikanische EPA hingegen setzt die Grenze deutlich niedriger an, bei nur 70 Nanogramm pro Liter für beide Substanzen[37] (es handelt sich allerdings nur um eine Empfehlung, nicht um eine gesetzliche Vorgabe, und mehrere Bundesstaaten ignorieren den Wert). In England und Wales rät die zuständige Behörde, das Drinking Water Inspectorate (DWI), zu einem Grenzwert von 10 Nanogramm pro Liter für PFOS und PFOA. Die Entscheidung basiert nicht auf rein wissenschaftlichen Erkenntnissen – ansonsten würden alle Länder den gleichen Wert vorschreiben. Letztendlich sei es »ein ethischer, politischer und wirtschaftlicher Abwägungsprozess«, gesteht Sanderson. Wenn er selbst sein Glas fülle, gelte: »Ich weiß, dass die Konzentration extrem gering ist, deshalb mache ich mir eigentlich keine Sorgen.«

Dass die Verwendung von PFOS und PFOA mittlerweile reguliert wird, liegt daran, dass die Substanzen so bekannt sind (der Dank dafür gilt Mark Ruffalo, oder eher dem realen, engagierten Anwalt, den er verkörpert: Rob Bilott). Doch leider existieren noch etwa 4000 weitere PFA-Verbindungen – sie entstehen üblicherweise, indem man einfach ein Fluor-Atom ergänzt oder wegnimmt. Für sie gibt es in England weder Tests noch Grenzwerte. Dänemark, vielleicht der Klassenprimus in dieser Hinsicht, reguliert immerhin zwölf davon. Gleichzeitig sind die PFAS nicht die einzigen relevanten Substanzen. In den USA werden jedes Jahr 1000 neue Chemikalien angemeldet. Ich frage Sanderson, ob Wasserqualitätsexperten und Gesundheitsbehörden der Entwicklung immerzu hinterherlaufen. Ist es wahrscheinlich, dass etwas so Schädliches wie PFOA schon auf dem Markt ist, wir es aber einfach noch nicht wissen? »Wir hoffen, die bestehenden Systeme verhindern, dass neue Verbindungen wie PFOS und PFOA aufkommen«, sagt er. »Aber das ist schwer zu beurteilen. Es gibt viele Millionen von Verbindungen, die verwendet werden könnten; wir verzeichnen ein exponentielles Wachstum bei der Entwicklung neuer Chemikalien. Jährlich nimmt jeder von uns das Äquivalent eines halben Kilos roher Chemikalien zu sich.« Was ihm Sorgen bereitet, ist unter anderem, dass ein Großteil der Produktion in Entwicklungsländer abgewandert ist, wo man deutlich weniger gut kontrolliert, was hergestellt wird, in die Umwelt gelangt und potenziell gesundheitsgefährdend ist. Ähnliches schreibt auch die Weltbank: »Eine stetig wachsende Bandbreite von Risiken im Blick zu behalten, ist selbst in Ländern mit beträchtlichen Mitteln schwierig und in Entwicklungsländern geradezu unmöglich.«[38]

Da Sanderson besser als jeder andere weiß, was sich wirklich in unserem Trinkwasser befindet und wie man es am besten reinigt, stelle ich ihm zum Abschluss unseres Gesprächs noch die Frage, welches Wasser er trinkt. Hat er eine bevorzugte Marke Flaschenwasser, einen Lieblingswasserfilter, ein Untertisch-Filtersystem oder sogar eine Umkehrosmoseanlage? »Einfach Leitungswasser«, sagt er, ohne zu zögern. Er müsse aber dazusagen, »dass das Leitungswasser in Dänemark hervorragend ist«.

# 6 DIE PROBLEME IN ENGLAND

An einem trübseligen, grauen Tag Anfang Oktober fahre ich um neun Uhr morgens auf einen großen, fast leeren Parkplatz. Es ist niemand hier, bis auf einen Bootsenthusiasten und einen Mann, der jetzt aus seinem Auto steigt und eine Neonjacke überstreift. Das muss Duncan Gibbons aus der Presseabteilung des Wasserversorgungsunternehmens Thames Water sein, also steige auch ich aus. Ich bin hier, um mir das Farmoor-Reservoir in South Oxfordshire anzuschauen, das mit einem Umfang von 8 Kilometern und einem Fassungsvermögen von 14 Milliarden Litern (14 Millionen Kubikmetern) zu den größten von Thames Water zählt. Aus diesem Stausee stammt das Wasser, das in meinem Haus, rund 42 Kilometer entfernt, aus der Leitung kommt. Ich will nachvollziehen, wie es von der Quelle in den Hahn und über das Abwassersystem wieder zurück in die Natur gelangt, und dabei auf die Wasserprobleme Englands eingehen. Denn kurioserweise schafft es das gute, alte England, viele der weltweiten Wasserprobleme auf sich zu vereinen – Knappheit, Überentnahme, Verschmutzung, Unterfinanzierung, staatliches sowie regulatorisches Versagen, Umweltzerstörung und unternehmerisches Fehlverhalten –, alles innerhalb der Grenzen dieses kleinen Landes tief im Westen Europas, in dem ich zufälligerweise lebe.

Will Lawrence, der junge Manager des Standorts Farmoor, kommt im Stil eines Rugbyspielers, der das Feld betritt, auf uns zu und begrüßt uns. Wir wechseln ein paar Sätze über das Wetter (es ist trostlos, da sind wir uns einig) und marschieren los. Das Reservoir ist eine wenig ansprechende Betonschüssel, graue Ingenieurskunst in ihrer brutalistischsten Form, doch die Zeit, die seit seinem Bau 1976 vergangen ist, konnte den Eindruck etwas abmildern – mittlerweile stehen rundherum hochgewachsene Bäume. Gespeist wird das Reservoir aus der angrenzenden Themse. Sollte sie jemals trockenfallen (was noch nie passiert ist), würden die 14 Millionen Kubikmeter für drei Wochen reichen. Das ist einerseits eine Menge und gleichzeitig bedenklich wenig.

Man sollte meinen, dass ein Stausee direkt neben einem Fluss optimal geeignet wäre, bei Unwettern und schweren Regenfällen überschüssiges Wasser aufzunehmen. Doch gerade dann wird, wie Will mir erklärt, der Zulauf geschlossen: »Generell sind schwere Regenfälle nicht gut für uns, weil sie das Wasser aufwühlen – wir wollen kein schlammiges, trübes Wasser anpumpen, das durch die von den Feldern abgelaufenen Pestizide viel Nitrat und Ammoniak enthält.« Eine Überwachungsanlage am Zulauf schickt alle zehn Sekunden aktualisierte Daten hinauf. Die Trübung, erklärt Will, bemisst sich aus der Menge der Feststoffteilchen im Wasser – also wie viele Partikel darin schwimmen. Sie wird ermittelt, indem man einen Lichtstrahl auf die Flüssigkeit richtet. Die durch den Fluss ins Reservoir gelangten Nährstoffe lösen im Sommer, wenn sich der Beton aufheizt, manchmal Algenblüten aus. Will bezeichnet diese Zeit als »Krypto-Saison«, aufgrund der vielen Kryptosporidien, Durchfall verursachenden Parasiten, die bei der Aufbereitung eliminiert werden müssen. Die Qualität des zufließenden Wassers bestimmt darüber, wie stark und wie ausgiebig es behandelt werden muss.

Der Einlaufturm, der aus Beton besteht und von Moos und Flechten bewachsen ist, wirkt wie eine Kulisse aus einem dystopischen Film der 1970er-Jahre. Durch ihn gelangen täglich etwa 60 Millionen Liter ins Reservoir, stetig und gleichmäßig, weshalb das Ganze merkwürdig geräuschlos abläuft – ohne Luftblasen, die ein Rauschen verursachen könnten. Draußen zeigt Will auf einen nahe gelegenen Hügel mit einer verdächtig flachen Kuppe: »Das ist der Beacon Hill, ein weiteres Reservoir, das rund 14 Millionen Liter fasst. Stellen Sie sich einen großen Kasten aus Beton vor, der absolut dicht ist. Wir pumpen das Trinkwasser über unser Hebewerk aus der Aufbereitungsanlage hinauf, sodass die Schwerkraft es auf ein möglichst großes Gebiet verteilen kann.« Der Beacon Hill dient also als eine Art überdimensionaler Wasserturm, der auf Schwerkraft setzt, um Druck zu erzeugen, und auf Pumpstationen, die das Wasser weitertransportieren. So gelangt es ganz am Ende seines Weges auch in mein Haus.

Wenn man ein paar Schritte am abschüssigen, grasbewachsenen Ufer des Stausees entlanggeht, kommt man zur Aufbereitungsanlage selbst, einem weitläufigen Industriegelände voller Chemikalientanks und riesigen Rohren, wo sich roter Backstein mit cremefarbenen Tönen abwechselt. Im Besucherzentrum ist ein ausgehöhlter Baumstamm ausgestellt – eine Wasserleitung aus dem 17. Jahrhundert. (»Deshalb heißen die Hauptleitungen bei uns bis heute ›trunk mains‹«, erklärt Will.) Dann führt er mich Gebäude für Gebäude durch den Aufbereitungsprozess. Ich schaue in lärmende, dreckige, grüne Klärbecken, Flotationsbecken und Sandfilteranlagen und befühle Aktivkohlekügelchen (zu den Schritten im Einzelnen siehe Darstellung S. 173ff.). Im Kontrollraum ganz oben, mit Blick über den See, treffe ich den Wasseringenieur Dave, der mir erklärt, dass sie hier pro Tag im Schnitt 150 Millionen Liter Wasser aus der Themse entnehmen – mal 300 mal null, aber Letzteres sei die absolute Ausnahme. Selbst im Hochsommer hat Thames Water das Recht, Wasser abzuschöpfen, auch wenn die Umweltbehörde die Entnahmemenge auf ein Maximum von 60 Millionen Liter begrenzen kann – was, soweit Dave sich erinnern kann, das letzte Mal für ein paar Wochen im Jahr 2012 der Fall war.* Am meisten Kopfschmerzen bereitet ihnen hier die Trübung, nicht die Trockenheit. Der Trübungswert,

---

* Ich höre im Verlauf meiner Recherchen mehr als einmal, dass London im Jahr 2012 nur knapp an einem *Day Zero* vorbeigeschrappt ist – ein Brancheninsider sagte sogar, dass »die Notbrunnen nur noch wenige Tage entfernt« gewesen seien, als ein regnerischer Sommer die Stadt wie durch ein Wunder kurz vor den Olympischen Spielen erlöste.

der aktuell auf dem Monitor angezeigt wird, beträgt 11,7 NTU (nephelometrischer Trübungswert), sollte er den Grenzwert von 20 überschreiten, müsste Dave den Zulauf vom Fluss wahrscheinlich schließen. Der Nitratgehalt des Wassers liegt augenblicklich bei 8,1 ppm (Teilchen pro Million). »Ab 10 ppm wird es bedenklich«, sagt Dave. Bei Ammoniak sieht es anders aus, es gefährdet den Desinfektionsprozess; daher wird die Entnahme hier schon ab einem Wert von 0,3 ppm ausgesetzt. Auf Daves Bildschirm werden aktuell 0,14 ppm angezeigt. Das Ammoniak stammt nicht nur von den lokalen Landwirtschaftsbetrieben, sondern auch aus dem Frostschutzmittel, das die Royal Airforce auf ihrem nahe gelegenen Luftwaffenstützpunkt verwendet – was zeigt, dass jede Chemikalie, die an der freien Luft eingesetzt wird, irgendwann den Weg zurück in unser Wassersystem findet. Eine echte Plage sind Dave zufolge die Pestizide – Phosphorsäureester, deren Einsatz mittlerweile zum Teil verboten ist –, obwohl sie durch die Behandlung mit Ozon zersetzt werden könnten. Ich frage, ob sie das Wasser auch auf Medikamentenrückstände und pharmazeutische Produkte untersuchen und diese herausfiltern. Da schaltet sich Will ein: »Darauf wird bei uns nicht aktiv geprüft. Das ist eine Frage, die Sie besser an unsere Abwasser-Kollegen richten.«*

Die große Überraschung ist für mich, wie sehr wir – England, die Kunden von Thames Water und die Anteilseigner des Wasserversorgers – auf Infrastrukturprojekte bauen, die größtenteils aus den 1960er- und 1970er-Jahren stammen. Unser Wasser ist billig dank der Investitionen früherer Generationen und Regierungen. Will stimmt mir zu: »Unsere Arbeit besteht darin, zu bewahren, was wir übernommen haben, und das Beste daraus zu machen.« Doch mittlerweile kann die alte Infrastruktur kaum noch mit der modernen Nachfrage mithalten.

Was die Nord-Süd-Schere Englands angeht, sind die Rollen für gewöhnlich klar verteilt, weil der von London dominierte Süden

* Spoiler: Das habe ich gemacht – tun sie nicht.

einen Großteil des Geldes und die meisten Talente anlockt. Beim Wasser ist es jedoch andersherum. Der Norden bekommt nicht nur deutlich mehr Niederschläge ab, sondern verfügt auch über mehr Speichervolumen. Dr. Peter Melville-Shreeve von der Exeter University teilt mir mit, dass man beim Bau des Kielder Water in Northumberland – des größten künstlich angelegten Sees Europas, der 200 Quadratkilometer Wasser fasst – davon ausgegangen sei, »dass die industrielle Nutzung in Zukunft zunimmt«. In den 1960er-Jahren überstieg der Wasserbedarf hier im industriellen Kernland das Angebot, da vor allem British Steel enorm viel davon schluckte und durch die höhere Beschäftigungsquote gleichzeitig auch der Haushaltsverbrauch stieg. Als das Stahlunternehmen im Rahmen der Industriereformen durch Margaret Thatcher in den Achtzigern reprivatisiert wurde, war es mit der Branche und dem hohen Wasserbedarf vorbei. Heute sei Kielder Water »nur noch ein teures Fleckchen Erde zum Wandern«, sagt Peter, »aber gekauft und bezahlt hat den See eine frühere Generation von Wasserbauingenieuren und Wasserrechnungen«.

### Wie mein Wasser aufbereitet wird – die Wasseraufbereitungsanlage Farmoor

Entnahme von 200 Millionen Litern Wasser aus der Themse am Tag meines Besuchs, unter minutengenauer Überwachung des Verschmutzungs- und Trübungsgrades; der Zulauf kann bei Bedarf umgehend geschlossen oder gedrosselt werden.

↓

Im Farmoor-Reservoir kommt das Wasser zur Ruhe und kann sich setzen, was im Grunde einer ersten Behandlungsstufe entspricht, da dort Feststoffe zu Boden sinken.

↓

Über die Ablaufrohre, die sich auf der dem Zulauf gegenüberliegenden Seeseite befinden, werden täglich 60 Millionen Liter aus dem Reservoir hinausgepumpt und in die Aufbereitungsanlage befördert.

↓

Durch die Zugabe von Schwefelsäure wird der pH-Wert des Wassers zugunsten eines besseren Flockungsprozesses von 7,6 auf 7,4 gesenkt.

↓

Das Wasser wird mit Ozonbläschen versetzt, um Verunreinigungen wie Pestizide aufzuspalten. (Das Ozon wird vor Ort produziert, mithilfe von flüssigem Sauerstoff und Kammern, in denen dieser unter Hochspannung – 9000 Volt – Ozon bildet.)

↓

Zusatz von Polyaluminiumchlorid, um den Schwefelsäuregehalt zu reduzieren, damit der Flockungsprozess in einer weniger sauren Umgebung ablaufen kann.

↓

Klärvorgang im Flockungsbecken: Millionen von Luftbläschen binden die Verunreinigungen an das Flockungsmittel, sodass sich auf der Wasseroberfläche ein schlammartiger Schaum absetzt, während das nun geklärte Wasser unten ablaufen kann. (Der überaus nitrathaltige Schlamm kann in der Landwirtschaft eingesetzt werden.)

↓

Schwerkraftfilter: Das Wasser wird durch Sand- und Anthrazitschichten geleitet.

↓

Aktivkohlefilter: Das Wasser wird durch Aktivkohlegranulatschichten geleitet.

↓

Zugabe von Orthophosphorsäure, um Bleireste aus teilweise in Privathäusern noch vorhandenen Bleirohren zu entfernen.

↓

Zugabe von Ätznatron (Natriumhydroxid), bis wieder ein pH-Wert von 7,6 erreicht ist – das beugt einer Reaktion des Wassers mit den Metallrohren im Wasserleitungsnetz vor.

↓

Desinfektion mithilfe von Chlorgas (etwa 1,45 Milligramm pro Liter/0,7 ppm), um die verbliebenen Viren und Bakterien abzutöten.

↓

Das Wasser wird mit einer Geschwindigkeit von etwa 1000 Litern pro Sekunde bzw. 86 Millionen Litern pro Tag (schwankt zwischen 800 und 1200 Litern pro Sekunde, je nach jahreszeitlich bedingtem Bedarf) in das Speicherbecken im Beacon Hill hinaufgepumpt.

↓

Das Speicherbecken und die Pumpstation Beacon Hill machen sich die erhöhte Lage zunutze, indem das Wasser von dort aus mithilfe der Schwerkraft auf die Pumpwerke der Region verteilt wird – und schließlich zu meinem Haus gelangt.

## Mangelverwaltung

Die Jahresversammlung der Nichtregierungsorganisation Waterwise am 19. März 2019 galt in der Branche eigentlich als ziemlich unbedeutendes Ereignis, sollte es aber in die überregionalen Nachrichten schaffen. Sir James Bevan, der Chef der Umweltbehörde Environment Agency, wich kurzerhand von seinem vorbereiteten Redemanuskript ab. So wurde aus einem gewohnt zahmen Grußwort eine Ansprache, die als die »Schlund des Todes«-Rede bekannt wurde. Während das Publikum vor lauter Unbehagen auf den Stühlen hin und her rutschte und eine Handvoll Fachjournalisten plötzlich aufwachten, sagte er: »Der Schlund des Todes ist der Punkt, an dem wir, wenn wir nicht aktiv etwas unternehmen, nicht mehr über ausreichend Wasser verfügen, um unseren Bedarf zu decken. [...] Weite Teile des Landes werden 2050 unter ausgeprägtem Wassermangel leiden, vor allem im Südosten, wo ein Großteil der britischen Bevölkerung lebt.« Das Wasserentnahmesystem, das seine Behörde beaufsichtigt, »wurde vor mehr als 50 Jahren entworfen, für eine Welt, in der es weniger Umweltschutz, einen geringeren Wasserbedarf und kein Bewusstsein für den Klimawandel gab«. Genauso wichtig wie eine neue Infrastruktur sei ein Verhaltenswandel: »Wasserverschwendung muss gesellschaftlich ebenso verpönt sein, wie einem Baby Rauch ins Gesicht zu blasen.« Das Fachpublikum wusste nicht recht, ob es ihn anfeuern oder in Tränen ausbrechen sollte.*

Am 9. Juli 2020 erklärte das für die Prüfung der öffentlichen Ausgaben in Großbritannien zuständige Public Accounts Committee, dass alle für die Wasserversorgung verantwortlichen Stellen – das Ministerium für Umwelt, Landwirtschaft und Ernährung (DEFRA), die Wasserregulierungsbehörde (OFWAT) und Bevans Umweltbehörde (EA) – ihre Pflichten hätten »schleifen lassen« und nun dringend aktiv werden müssten, um eine verlässliche Wasserversorgung zu garantieren. Die Vorsitzende des Ausschusses, die Parlamentsabgeordnete Meg Hillier, sagte: »Man kann sich in diesem Land nur schwer vorstellen, den Wasserhahn aufzudrehen, ohne dass ausreichend sauberes Trinkwasser herauskommt – aber genau darauf

* »Ich war der nächste Redner bei dieser Veranstaltung«, erzählt mir Andrew Tucker von Thames Water ein Jahr später. »Ich saß in der ersten Reihe, als er Dinge wie ›Schlund des Todes‹ und ›einem Baby Rauch ins Gesicht blasen‹ sagte. Ich weiß noch, wie wir dachten: ›Wow, das ist garantiert nicht mit der Presseabteilung abgesprochen!‹«

laufen wir nun zu. […] Das DEFRA hätte führen und die Wasserversorgungsunternehmen hätten handeln müssen, aber beide Seiten haben versagt.«[1]

Im Juni 2021 warnte die Vorsitzende der EA, Emma Howard-Boyd, dass die sommerlichen Niederschläge bis 2070 um 47 Prozent zurückgehen könnten. Laut der »Nationalen Richtlinie für Wasserressourcen«, die ihre Behörde herausgibt, ist es möglich, dass sich die in England verfügbare Wassermenge bis 2050 um 10 bis 15 Prozent verringert; die Flüsse könnten im Sommer 50 bis 80 Prozent weniger Wasser führen und wären »unfähig, den Bedarf von Menschen, Wirtschaft und Landwirtschaft zu decken«[2]. Im Jahr 2050 wird England *täglich* 4 Milliarden Liter Wasser mehr brauchen, ausgehend von einem heutigen Bedarf von 14 Milliarden Litern – ein Anstieg um 29 Prozent bei weniger Wasser und weniger Regen. Dieser zusätzliche Bedarf entspräche umgerechnet 11,6 Farmoors – und dennoch ist in England seit Farmoor im Jahr 1976 kein größeres Staubecken mehr gebaut worden.

Ohne entschiedenes Handeln wird der Gesamtbedarf das Angebot laut Vorhersagen des britischen Rechnungshofes (National Audit Office, NAO) spätestens 2034 überschreiten.[3] Trotzdem entnehmen die Wasserwerke ohnehin schon zu viel Wasser, was zu Umweltschäden und dem Austrocknen von Flüssen führt, unter anderem der international einzigartigen *Chalk Streams* im Südosten des Landes. Bis 2045 ist eine *Verringerung* des Verbrauchs um 480 Millionen Liter am Tag notwendig, nur um die bereits erfolgende Grundwasserentnahme auf ein nachhaltiges Niveau zu senken. Irgendetwas (oder irgendjemand) muss sich bewegen, ansonsten sieht sich Großbritannien keine zehn Jahre nach dem Erscheinen dieses Buches einem *Day Zero* gegenüber.

Ein Teil des Problems ist der englische Sonderweg, das staatliche Monopol privaten Wasserunternehmen überlassen zu haben. Vor 1989 war die Wasserversorgung in öffentlicher Hand, wie es sonst überall bis heute der Fall ist. Doch dem setzte Margaret Thatcher ein

Ende. 1989 lagerten die zehn Versorgungsanstalten, die England und Wales bis dahin mit Wasser versorgt hatten, ihre Wirtschaftsgüter und Mitarbeiter in private Unternehmen aus und brachten diese an die Londoner Börse. Heute ist fast jeder Haushalt in England und Wales Kunde eines dieser zehn Wasser- und Abwasserunternehmen oder eines der 13 reinen Wasserlieferanten. Jede dieser Firmen verfügt über ein eigenes, geografisch abgestecktes Reich, ohne Wettbewerb, aber gewinnorientiert; man ist verpflichtet, einen Vertrag beim regionalen Versorger abzuschließen. Gleichzeitig entfielen durch das Wassergesetz von 1989 die zuvor gültigen Obergrenzen für Kredite, die die Wasserunternehmen aufnehmen, und die Dividenden, die sie auszahlen durften.[4] Um trotzdem die Interessen der Kunden und der Umwelt zu wahren, wurden die Betriebe mit der Privatisierung unter eine behördliche Kontrolle gestellt, in erster Linie durch die EA, die Trinkwasseraufsichtsbehörde (DWI) und OFWAT. Da es keinen Wettbewerb gibt, legt OFWAT fest, für wie viel Geld die Unternehmen ihr Wasser in England und Wales verkaufen dürfen. Und um sicherzustellen, dass sie dieses Geld nicht einfach einstreichen und die übernommene Infrastruktur verfallen lassen, müssen die Wasserversorger alle fünf Jahre einen Bericht zur Verwaltung der Wasserressourcen (WRMP) einreichen, indem sie ihre Investitionsvorhaben für die folgenden 25 Jahre darlegen. Dennoch wird eine Menge Geld einfach abgeschöpft. Eine Studie, die 2017 an der University of Greenwich durchgeführt wurde, ergab, dass die Anteilseigner der Wasserversorgungsunternehmen seit der Privatisierung eine Gesamtsumme von 56 Milliarden Pfund verdient hatten – einige der CEOs bezogen Jahresgehälter in Höhe von 2 Millionen Pfund.[5]

2018 forderte der Oppositionsführer Jeremy Corbyn, die Wasserunternehmen wieder zu verstaatlichen. Selbst der amtierende DEFRA-Minister, der konservative Parlamentsabgeordnete Michael Gove, warf den Wasserunternehmen vor (von Angesicht zu Angesicht, auf einer Konferenz des Wirtschaftsverbands Water UK), »das

System zugunsten wohlhabender Manager und Eigentümer auszunutzen, zulasten der Verbraucher und der Umwelt«. Sie würden sich »der Überprüfung entziehen, sich hinter komplexen Finanzstrukturen verstecken, Steuerzahlungen vermeiden, ohnehin schon begüterte Menschen belohnen, die Preise höher ansetzen als nötig« und hätten »viel zu lange zu wenig gegen Lecks, Verschmutzung und andere Probleme unternommen«.* Der Blick auf die Finanzen ergab, dass die neun größten Wasserbetriebe zwischen 2007 und 2016 mehr als 18,1 Milliarden Pfund an ihre Anteilseigner ausgezahlt hatten, was 95 Prozent der Gewinne entsprach. Gove fügte hinzu, dass die Unternehmen »offensichtlich genauso viel Wert auf munter sprudelnde Profite wie auf munter sprudelndes Wasser legten«.[6]

Selbst die *Financial Times*, traditionell eine Befürworterin der Privatisierung, stellte fest, dass der Investitionsaufwand der zehn größten Wassermonopolisten seit der Privatisierung um 15 Prozent gesunken war, von 5,7 Milliarden auf 4,8 Milliarden Pfund im Jahr. »Im gleichen Zeitraum nahmen die Unternehmen – die vom Staat keine Schulden, sondern stattdessen noch 1,5 Milliarden Pfund mitbekommen hatten – Kredite in Höhe von 53 Milliarden Pfund auf, was 2000 Pfund pro Haushalt entspricht. Ein Großteil davon ist nicht in Investitionen geflossen, sondern in die 72 Milliarden Pfund für Dividenden.«[7] Der auf den Bereich Infrastruktur spezialisierte australische Großinvestor Macquarie, in dessen Besitz sich Thames Water von 2007 bis 2017 befand, hinterließ das Unternehmen mit einem Schuldenberg von 2 Milliarden Pfund, während er den Investoren

* Andrew Tucker von Thames Water wehrt sich gegen diese Vorwürfe: »Wir erreichen jeden Tag unser Ziel. Die Menschen können an jedem einzelnen Tag ihren Wasserhahn aufdrehen und erhalten reinstes Trinkwasser. Aber dafür dankt uns niemand; stattdessen fallen die Medien über uns her, wenn irgendwo ein Rohr kaputtgeht, auch wenn dieses Rohr zuvor 120 Jahre lang gehalten hat.« Im Jahr 2020 betrug der Wasserverlust bei Thames Water im Durchschnitt 22 200 Liter pro Leitungskilometer, mehr als doppelt so viel wie beim Zweitplatzierten in dieser Liste.

einer Analyse zufolge jährlich eine Dividende von im Schnitt 15,5 bis 19 Prozent zahlte.[8] Die britischen Zeitungen warfen dem Konzern vor, seine Unternehmen ausbluten zu lassen.[9] *

Das Wasserunternehmen Thames Water lohnt allein schon aufgrund seiner Dimension, es sich einmal genauer anzuschauen. Ihm gehören die größte Kläranlage Europas in Beckton und darüber hinaus auch die größte Grundwasserpumpanlage. Es beliefert täglich 9 Millionen Kunden mit 2,6 Milliarden Liter Trinkwasser und übernimmt die Abwasserentsorgung für 14 Millionen Kunden. Steve Tuck, der Leiter der Abteilung für Wasserentnahme, gestand mir gegenüber in einem Interview für die BBC 2019, dass das aktuelle System »ein wenig von der Hand in den Mund« lebe. Der steigende Verbrauch der Bestandskunden habe in Kombination mit der wachsenden Bevölkerung und weniger Niederschlag »zu einer Verschärfung der Niedrigwasserproblematik« geführt, wie er es vorsichtig ausdrückte. Ein anderer Bracheninsider erzählt mir, dass in London nur Wasser für 90 Tage bereitstünde – »danach sitzt die Stadt auf dem Trockenen«. Etwa 75 Prozent des Wassers stammt aus Flüssen, vor allem aus der Themse, und die übrigen 25 Prozent aus Grundwasserleitern. Im Zuständigkeitsbereich von Thames Water werden ein Viertel des Wassers durch Industrie und Landwirtschaft und drei Viertel durch Privathaushalte verbraucht. Einer dieser Haushalte ist meiner.

Bevor ich anfing, für dieses Buch zu recherchieren, hielt ich mich für jemanden, der durchaus sparsam mit Wasser umgeht. Ich gieße die Pflanzen im Garten mit Regenwasser, dusche, statt ein Bad zu nehmen, und käme gar nicht auf die Idee, während des Zähneputzens das Wasser laufen zu lassen. Doch meine Wasserabrechnung

---

* Man sollte meinen, dass der Staat daraus gelernt hätte. Doch stattdessen genehmigte OFWAT im August 2021 die Übernahme von Southern Water für 1 Milliarde Pfund. Der neue Besitzer? Macquarie. (Jillian Ambrose, »Sink or swim: Macquarie plunges back into crisis-hit UK water industry«, *The Guardian*, 30. Januar 2022)

von Februar 2019 enthüllte mir eine unangenehme Wahrheit. Meine vierköpfige Familie verbrauchte so viel Wasser wie ein durchschnittlicher Sechs-Personen-Haushalt: etwa 233 Kubikmeter pro Jahr, was rund 160 Litern pro Person pro Tag entspricht, ein gutes Stück über dem ohnehin schon hohen britischen Durchschnitt von 143 Litern (das war der Wert im Februar 2019, heute sind es sogar 153 Liter). Mir war nicht einmal bewusst gewesen, dass wir einen Wasserzähler hatten, weil ich eine monatliche Pauschale bezahle, die trotz unseres hohen Verbrauchs recht niedrig ist – der Betrag liegt weit unter dem, was wir an andere Versorgungsunternehmen zahlen. Aber die kleine Infobox ganz unten auf der Abrechnung, in der unser Wasserverbrauch dem Durchschnitt gegenübergestellt wurde, war ein Anstoß in die richtige Richtung.

Andrew Tucker, der bei Thames Water für eine effiziente Wassernutzung zuständig ist, erklärt mir unverblümt, dass wir in London und im Südosten Englands »im Grunde gar nicht mehr genügend Wasser haben, um so weiterzumachen«. Es gibt keine neuen Wasserquellen, und dennoch »ziehen jedes Jahr 100 000 weitere Menschen hierher. […] Der steigende Wasserbedarf bedeutet ganz einfach, dass die Rechnung nicht mehr aufgeht.« Er gibt zu, dass es »das widersinnigste Geschäftsmodell der Welt« sei. Thames Water hat eine Monopolstellung: 100 Prozent der Verbraucher in dem Gebiet, für das das Unternehmen zuständig ist, sind Kunden dort und nutzen das »Produkt« (Wasser) jeden Tag. »Und trotzdem verwenden wir viel Zeit und Mühe darauf, unsere Kundschaft dazu zu bewegen, weniger von unserem Produkt zu verbrauchen.« Das liegt daran, dass sie ihren staatlich verordneten Auftrag, jeden, der in die Region zieht oder dort ein Haus baut, mit Wasser zu versorgen, eigentlich nur noch erfüllen können, wenn die Bestandskunden ihren Verbrauch reduzieren. »Die meisten unserer Kunden gehen recht sparsam mit der Ressource um«, sagt er, was mich ziemlich kleinlaut macht. Doch der Durchschnittswert von »grob 150 Litern pro Person pro Tag« wirkt ganz anders, »wenn man ihn genauer aufschlüsselt: Ein Großteil der Kunden bewegt sich rund um die Hundert-Liter-Marke. Der Graph hat einen langen Schwanz von Verbrauchern, die den Durchschnitt nach oben treiben.« Ebenso deutlich ist, dass so gut wie jeder seinen Wasserverbrauch unterschätzt. Eine Untersuchung von Water UK aus dem Jahr 2020 ergab, dass 46 Prozent aller Briten meinten, ihr Haushalt nutze täglich weniger als 20 Liter, obwohl es in Wahrheit eben 153 Liter pro Person sind.

Nach unserem Gespräch organisiert Tucker mir eine Verbrauchsüberprüfung. Im Spätsommer steht ein netter Schotte namens Andy vor meiner Tür, der zunächst einmal alle unsere Hähne zudreht und dann einen Blick auf unseren Wasserzähler wirft. »Sehen Sie, dass er sich immer weiterdreht? Das heißt, dass Sie irgendwo im Haus ein Leck haben.« Als wir uns auf die Suche machen, stellen wir fest, dass ein Klo undicht ist. Ein Drittel des Wasserverbrauchs gehe auf Lecks in den Häusern der Kunden zurück, erklärt Andy, nicht im Rohrleitungsnetz außerhalb. Obendrein stattet er uns mit einem wassersparenden Duschkopf aus, was bei meiner Frau und meinen Kindern später auf wenig Begeisterung stößt. Andys Überprüfung ergibt, dass mehr als die Hälfte unseres Wasserverbrauchs durch das Duschen entsteht, wodurch ihm zufolge – auch durch das Aufheizen des Wassers im Boiler – jährlich mehr $CO_2$ freigesetzt wird als durch unser Auto.

Den Verbrauch zu senken, sei das eine, meint Andrew Tucker in unserem Gespräch, aber »letztendlich müssen wir neue Quellen erschließen. Um die Wasserversorgung weiterhin zu gewährleisten, ist ein zweigleisiger Ansatz vonnöten.« »Sämtliche Wasserversorger in Großbritannien sind auf die Niederschläge im Winter angewiesen, um die Systeme aufzufüllen. [...] Ohne diesen Nachschub sinkt der Pegel unaufhaltsam, da unsere Speicherkapazitäten ziemlich gering sind.« Tucker ist Australier und erzählt, seine Freunde zu Hause fänden es ziemlich amüsant, dass England trotz seines Schlechtwetter-Images ein Wasserproblem habe. »Wir haben hier wirklich viele graue Tage. Aber grau ist nicht das Gleiche wie Regen. Selbst Nieselregen ist im Grunde kein Niederschlag. ›Oh, heute sind 0,25 Millimeter runtergekommen, es war den ganzen Tag über feucht.‹ Nun ja, 0,25 Millimeter bewirken einen Scheißdreck.« Ich lache und er stellt mir eine Quizfrage: »In welcher Hauptstadt eines australischen Bundesstaates gibt es durchschnittlich mehr Niederschlag als in London?« Ich tippe auf Sydney. Falsch. »In allen.«

Laut Tucker gibt es mehrere Gründe für die vergleichsweise geringen Speicherkapazitäten in England. Erstens »wird hier jeder Quadratzentimeter Land schon seit 1000 Jahren intensiv genutzt, sodass wenig Spielraum bleibt.« Zweitens ist der Südosten Englands ziemlich flach, es fehlen die Berge, um Talsperren zu bauen. Drittens haben wir es mit einer Bevölkerung zu tun, die unzureichend darüber aufgeklärt ist, wie man Wasser spart oder mit Dürren umgeht. Und außerdem sei das Wasser zu billig – oder würde zumindest nicht wertgeschätzt. Zum Zeitpunkt unserer Unterhaltung berechnet Thames Water 2,20 Pfund dafür, 1000 Liter Trinkwasser zur Verfügung zu stellen und es anschließend als Abwasser zu entsorgen. »Am Kiosk im Bahnhof zahlt man das Gleiche für *einen* Liter.« Aber ist es nicht so, dass nicht die Chefetage von Thames Water den Preis festlegt, sondern dass er von der Regulierungsbehörde OFWAT vorgegeben wird? »Ganz genau«, bestätigt Tucker. Doch die alte Infrastruktur verlange nach Investitionen, und diese würden »durch die oberste Priorität der Regulatoren, den Preis für die Endkunden niedrig zu halten«, behindert. Das sei alles gut und schön, sagt er, doch man müsse auf Ausgewogenheit achten. Stattdessen hätte OFWAT im Dezember 2019 angekündigt, dass die Wasserversorger den Preis in den fünf Jahren bis 2025 um 12 Prozent zu *senken* hätten.[10]

Tucker zufolge sind Aufklärung und kulturelles Bewusstsein deutlich wichtigere Faktoren für den sparsamen Umgang mit Wasser als der Preis. Sein Unternehmen setze sich für die Einführung von

Wasserbeschränkungen ein, wie in Australien, damit »es ein kulturelles Ding wird«. In England würden Versorgungsunternehmen, die in trockenen Phasen Vorschläge zum Wassersparen veröffentlichten, »von den Medien ans Kreuz genagelt«. Als ich anmerke, dass die Öffentlichkeit sich nach monatelangen Winterniederschlägen häufig vor allem frage: »Warum haben die das denn nicht irgendwo aufgefangen?«, gibt er zurück: »Wir haben keine Speicher. Das ist das Erste, was Sie der Öffentlichkeit klarmachen müssen: Wir können das Wasser nicht vorhalten. Seit 20 Jahren versuchen wir, einen Speicher zu bauen, aber man lässt uns nicht.«

## RAPID und das Abingdon-Reservoir

Thames Water geht davon aus, bis 2045 *täglich* 350 Millionen Liter Wasser zusätzlich auftreiben zu müssen. Der »Speicher«, den sich das Unternehmen seit 20 Jahren wünscht, ist das seit Langem geplante, aber bisher nie gebaute Abingdon-Reservoir. Der Stausee, für den Thames Water bereits 2006 die ersten Pläne vorgelegt hat, wäre in Südengland das erste große Projekt dieser Art seit dem Bau des Farmoor-Reservoirs 1976 und könnte den gesamten Mangel abdecken. Das Problem ist, wie Andrew Tucker erwähnt hat, dass es in der Region keine Täler gibt, die man fluten könnte. Der anvisierte Ort in der Nähe von Abingdon in Oxfordshire besteht aus ebenem, fruchtbaren Ackerland. Hier kann man nur in eine Richtung bauen – nach oben –, was einen rundum von Mauern umstandenen Stausee ergäbe. Und da Thames Water eine Füllkapazität von 150 Millionen Kubikmeter (das Zwölffache von Farmoor) anstrebt, würde man hier in neun Jahren Bauzeit mehr als 6 Quadratkilometer Land mit einer 30 Meter hohen Mauer umgeben. Das Ergebnis wäre das weltweit größte Staubecken dieser Art – nicht ein bloßer Fleck in der Landschaft, sondern eine völlig neue Landschaft. Das stößt naturgemäß auf den Widerstand der Anwohner.

Es dauerte nicht lange, bis eine Bürgerinitiative entstanden war, die GARD, »Group Against Reservoir Development« (Initiative gegen den Bau des Staubeckens). 2010 erklärte Brigadegeneral Nick Thompson, der damalige Vorsitzende von GARD: »Der Lärm, die Verschmutzung und die Behinderungen durch das Projekt würden die Lebensqualität vieler Menschen zunichtemachen. [...] Gemeinsam können wir das Vorhaben von Thames Water vereiteln.«[11] Und das gelang. 2010 gab ein Prüfkomitee einen 329 Seiten umfassenden Bericht heraus, der zu dem Schluss kam, dass das Abingdon-Reservoir nicht den staatlichen Vorgaben entspräche und die Sachlage ein Staubecken dieser Größenordnung nicht erfordere. Das hat Thames Water aber nicht davon abgehalten, das Vorhaben – mit minimalen Änderungen und Korrekturen – in jedem der seitdem veröffentlichten Fünf-Jahres-Pläne des Unternehmens aufzuführen. Mittlerweile, da das Projekt den Namen »South East Strategic Reservoir« trägt und Thames Water das Wasserversorgungsunternehmen Affinity Water mit ins Boot geholt hat, sieht es so aus, als könne der Bau endlich losgehen.

Ich treffe Derek Stork und John Broadbent, ihres Zeichens Vorsitzender und Vizevorsitzender von GARD, am Straßenrand hinter dem Dorf Steventon, nicht weit von Abingdon entfernt. Die beiden zeigen mir die weitläufige Ackerlandschaft, die durch den Stausee verloren gehen würde; der goldene Weizen zieht sich bis zum Horizont, hier und da durchbrochen von einsamen, uralten Eichen, die wie Totempfähle aus dem Getreide aufragen und über die Jahrhunderte viele Ernten und Generationen haben kommen und gehen sehen. All das, sagt Derek, ein Rentner aus Yorkshire, der gehofft hatte, den Rest seiner Tage in Ruhe und Frieden verbringen zu können, würde unter Wasser stehen, sollte das Reservoir gebaut werden. Der Plan sieht vor, nur 6 Meter in die Tiefe zu graben und 24 Meter nach oben zu bauen – weshalb wir von unserem Standort aus nicht über eine Wasserfläche, sondern auf eine steil aufragende Ufereinfassung schauen würden. Allein das Befüllen nähme drei

Jahre in Anspruch. »Das Wasser muss aus der Themse hochgepumpt werden«, erklärt Derek skeptisch. Dabei sind diese drei Jahre noch der Idealfall – sollte der Durchfluss der Themse den sogenannten »Finger-weg«-Wert unterschreiten, unterhalb dessen in Dürrezeiten kein Wasser entnommen werden darf (was laut Derek beispielsweise 1976 und 2012 eintrat), müssten die Pumpen pausieren. Das ist einer der Gründe für das Ausmaß des Stausees: Ist er einmal gefüllt, »reicht das Wasser für 500 Tage oder so« – bisher decken die Vorräte in der Region nur 90 Tage ab. Obwohl es ziemlich verrückt wirkt, Mauern zu bauen und das Wasser nach oben zu pumpen, ist dieser Teil von Oxfordshire doch für seinen lehmhaltigen Boden bekannt, und die Lehmschicht würde als Abdichtung nach unten dienen. In den Neunzigerjahren sei die Rede von einem Stausee gewesen, der nur ein Zehntel der Größe hätte, sagt Derek, aber die Pläne seien schnell explodiert. »Mittlerweile bin ich mir sicher, dass sie ihr Wasser an alle anderen im Südosten verkaufen wollen.« Mit »alle anderen« meint er die übrigen Wasserversorgungsunternehmen. Bisher operiert fast jedes von ihnen im Grunde ausschließlich innerhalb des eigenen Bereichs; so gut wie niemand kauft und verkauft Wasser über die Grenzen hinweg. Erlaubt wären derartige »Wassertransfers«, aber sie finden kaum statt – 2019 betrafen sie nur 4 Prozent des Wasserverbrauchs. Doch das muss sich ändern, wenn England die zukünftigen Dürren bewältigen will – da sind sich alle einig.

Derek und John zeigen mir einen weiteren Bereich, der überflutet werden würde. Er liegt 1,5 Kilometer entfernt, ganz in der Nähe des Dorfes Hanney. Wir parken an einer Hofzufahrt, die zwischen einem Weizenfeld und einem Feld voller Solarpaneele verläuft. John hält hier Bienen und deutet stolz auf seine zwei Stöcke, die fröhlich vor sich hin summen. Hier befänden wir uns in der Mitte des Reservoirs, sagt Derek. Um bis ans Ende zu gelangen, müssten wir noch einmal 1,5 Kilometer fahren. Nicht weit von uns ragt eine kleine Gruppe hoher, alter Bäume auf, deren Wipfel laut Derek unter der 24-Meter-Marke liegen. »Das hier ist kein ›Gebiet von besonderem wissenschaftlichem Wert‹«, sagt John, denn offiziell unter diesem Titel registrierte Gebiete stehen unter Naturschutz. »Dieser Ort ist sehr historisch, aber nicht einzigartig, deshalb können wir die ›Römische-Ruinen‹-Karte hier nicht spielen.« Derek weist hoffnungsvoll darauf hin, dass Alfred der Große aus der Nähe stamme – »vielleicht haben die Sachsen ja irgendetwas hinterlassen«. Die A34 und eine Bahnstrecke führen strategisch günstig am Areal vorbei, aber nicht hindurch, was es zum idealen Standort für das Großprojekt macht. Außerdem neigt die Gegend ohnehin zu Überschwemmungen und war bis zum Mittelalter Marschland. Die Ortschaften der Umgebung wurden bis ins 20. Jahrhundert hinein »Inseldörfer« genannt und bei einigen älteren Einheimischen hat sich der Name bis heute gehalten. Obwohl das ganz und gar nicht Dereks und Johns Absicht ist, erscheint mir der Ort langsam wie eine äußerst passende Wahl für ein Reservoir.

Unsere letzte Station ist Dereks Haus in einem beschaulichen Teil von Steventon. Wir setzen uns im Garten zwischen sorgsam aufeinander abgestimmten Kletterpflanzen an einen Tisch und unterhalten uns lange darüber, was es für die beiden und die übrigen Einheimischen heißen würde, neben einer der größten Baustellen Europas zu wohnen. Die Auseinandersetzung zwischen GARD und Thames Water dauert nun schon so lange, dass Derek und John kampfesmüde sind. Sie treten weiterhin leidenschaftlich und entschieden für ihren Standpunkt ein, geben aber zu, dass sie es leid seien, immer die gleichen Argumente vorzubringen und damit sowohl vor Gericht als auch im Parlament recht zu bekommen, nur damit Thames Water den Plan an einigen Stellen überarbeitet und ihn erneut vorlegt. Ich hatte damit gerechnet, auf zwei NIMBYs zu stoßen – Rentner, die zu viel Zeit haben und gewohnt sind, dass die Welt nach ihrer Pfeife tanzt –, doch in Wahrheit teilen sie viele meiner Sorgen hinsichtlich des Wassermangels im Südosten Englands. Sie haben erlebt, wie ihr kleines Dorf und die Nachbarorte aufgrund des Neubaubooms fast auf die doppelte Größe angewachsen sind, wollen aber verhindern, dass Thames Water mit seiner Holzhammerlösung durchkommt, obwohl es andere, weniger zerstörerische Optionen gäbe. »In einem normalen Jahr brauchen wir das Wasser aus dem Reservoir nur an 40, 50 Tagen«, argumentiert Derek. »Hier geht es um eine Reserve, die ohnehin nur selten angezapft werden müsste. Die meiste Zeit über reicht das bestehende System – die Themse samt Zuflüssen und die Londoner Speicherbecken – völlig aus.« Das ist weit entfernt vom »Aber doch bitte nicht in meinem Garten«-Verhalten von NIMBYs, sondern zielt darauf ab, dem englischen Missmanagement in Sachen Wasser nicht auch noch ein Denkmal zu setzen. Ich selbst bin unter dem Strich weiterhin der Meinung, dass ein Reservoir gebaut werden sollte, aber kein so großes. Überraschenderweise sehen Derek und John das genauso: Sie würden einen kleineren Stausee, vielleicht in der Größenordnung von Farmoor (einem Zwölftel der vorgeschlagenen Dimension), durchaus akzeptieren. Aber noch lieber wären ihnen ein Wassertransfer aus dem Severn in die Themse, aufbereitetes Abwasser, eine Abdichtung der Leitungen oder eine Entsalzungsanlage – alles Optionen, die ebenfalls zur Debatte stehen.

Das Schicksal von Derek und John, von GARD und dem South East Strategic Reservoir liegt jetzt in den Händen eines neu gegründeten staatlichen Gremiums namens RAPID. Als Reaktion auf eine ganze Reihe von unheilvollen Berichten und James Bevans »Schlund des Todes«-Rede gründete die britische Regierung 2019 die »Regulators' Alliance for Progressing Infrastructure Development« (Zusammenschluss der Regulierungsbehörden zur Förderung des Infrastrukturausbaus, RAPID). Da man erkannt hat, dass bis Mitte der 2030er-Jahre neue Quellen für umgerechnet mehr als 9 Millionen Menschen erschlossen werden müssen, die Wasserversorger die entsprechenden Investitionen aber verschleppten, besteht die Aufgabe von RAPID jetzt darin, rund 17 große Wasserinfrastrukturprojekte zu prüfen, zu bewilligen und den Bau durch öffentliche

Zuschüsse zu beschleunigen.* RAPID ist das Eingeständnis, dass die Privatisierung gescheitert ist; die ursprüngliche Theorie, dass durch den Verkauf mehr Investitionen in den alternden Wassersektor fließen würden, gilt als widerlegt. 30 Jahre danach verfällt die Infrastruktur weiter, während die Investoren die Gelder abschöpften – irgendjemand musste einschreiten, bevor kein Wasser mehr aus dem Hahn kommt. Und dieser Jemand war Paul Hickey, der Leiter von RAPID.

Die unheilvollen Berichte der jüngeren Vergangenheit kämen allesamt zum selben Schluss, erklärt Hickey mir 2021. »Wir müssen dafür sorgen, das Wasser besser als bisher durch das Land zu transportieren, und wir müssen neue strategische Quellen ausbauen und erschließen.« Er bezeichnet es ganz offen als »Enttäuschung«, dass sich die Wasserversorger dieser Aufgabe nicht selbst angenommen hätten. Jetzt springen also OFWAT und RAPID ein und kümmern sich mithilfe von Mitteln in Höhe von 469 Millionen Pfund darum, dass dies endlich passiert.[12] »Einige Projekte werden rausfallen, wenn wir unseren Prozess durchlaufen und ermittelt haben, welche Mischung uns am sinnvollsten erscheint«, sagt er. Doch wenn wir es mit einer Art Wasserinfrastruktur-Sonderausgabe von *X Factor* zu tun hätten, stünden diese Favoriten hoch im Kurs:

1. Das neue South-Lincolnshire-Reservoir der Wasserversorger Anglian Water und Affinity Water mit einem Fassungsvermögen von 50 Milliarden Litern, gespeist aus dem Fluss Witham und unterstützt durch einen Transfer aus dem Fluss Trent.[13]
2. Das neue Fens-Reservoir der Wasserversorger Anglian Water und Cambridge Water in East Anglia mit einem Fassungsvermögen

* Während die Ampel beim Abingdon-Reservoir immer noch auf Gelb steht, scheint es sehr wahrscheinlich, dass die Bauarbeiten 2025 beginnen werden. Thames Water hat bereits einen Großteil des betroffenen Ackerlandes aufgekauft.

von 50 Milliarden Litern, gespeist aus dem Fluss Ely Ouse, samt einer möglichen Renaturierung der umliegenden Feuchtgebiete.[14]

3. Die Nutzung des Grand-Union-Kanals, um täglich 50 bis 100 Millionen Liter aufbereitetes Abwasser von Minworth in den Midlands zum Wasserversorger Affinity Water in Nordwest-London zu transferieren.[15]
4. Die Wiederverwendung von gereinigtem Abwasser in London durch die Generalüberholung von vier Kläranlagen, die das behandelte Wasser in die Themse und den Lea einspeisen, einschließlich einer Rohrleitung, die täglich 300 Millionen Liter aufbereitetes Wasser von Beckton in das King-George-V.-Reservoir leitet.
5. Eine Querverbindung vom Severn zur Themse (Gemeinschaftsprojekt von Severn Trent Water und Thames Water), mit einem täglichen Transfervolumen von 250 bis 400 Millionen Litern Rohwasser.
6. Und einen letzten Versuch im Kampf um den Titel unternimmt das South East Strategic Reservoir bei Abingdon in verschiedenen Größenoptionen, angefangen bei anwohnerfreundlichen 75 Milliarden Litern bis hin zu den gigantischen, von GARD so gefürchteten 150 Milliarden Litern.[16]

Das 600-Millionen-Pfund-Projekt des Wasserversorgers Southern Water, der in der Nähe von Southampton eine Entsalzungsanlage für täglich 75 Millionen Liter Wasser hatte bauen wollen, fiel aufgrund der untragbaren Kosten und der zu erwartenden Umweltschäden frühzeitig aus dem Rennen.[17] Was alle Vorhaben in der engeren Wahl* verbindet, ist, dass Wasser über lange Strecken transportiert oder aufbereitet werden soll. Auf diese Weise will man die Wasser-

---

* In Wahrheit handelt es sich nicht um einen Wettbewerb; alle »Finalisten« können – und werden wahrscheinlich – eine Genehmigung erhalten.

versorger aus ihrer »So haben wir es immer schon gemacht«-Komfortzone hervorlocken. Das alte (und derzeitige) Modell, den Boden im eigenen Einzugsbereich leer zu pumpen und auf genügend Niederschlag im Winter zu hoffen, ist nicht mehr tragbar. »Dafür gibt es RAPID«, sagt Hickey. Er und seine Mitarbeiter überlegen auch, wie sich Projekte kombinieren lassen: »Abingdon könnte durch den Severn-Themse-Transfer ergänzt werden«, meint er – eine Lösung für das von GARD angesprochene Problem, dass die Themse womöglich zu wenig Wasser führt, um das Reservoir zu füllen. »Ein neues Fenland-Reservoir würde auch Cambridge Water nützen«, dem Wasserversorger, der im Augenblick »keine eigenen Stauseen hat und ausschließlich auf die Entnahme aus den berühmten Kreideflüssen angewiesen ist. [...] So könnten wir diese Problematik angehen.« Und das wäre dringend nötig. Denn der Zustand der Kreideflüsse ist ein nationaler Skandal, der allein auf die Überentnahme durch die Wasserversorger zurückzuführen ist.

## Feargal und die Kreideflüsse

An meinem Geburtstag im Juli 2020 ruft Feargal Sharkey bei mir an. Das ist ein tolles Geschenk. Denn obwohl er sich in seinem speziellen nordirischen Tonfall als »Vorsitzender von diesem Dings namens Amwell Magna Fishery, also dem ältesten Fliegenfischerclub im Vereinigten Königreich« vorstellt, ist er doch viel mehr als nur das. Er war der Frontmann der Punkband The Undertones und hat als solcher das Lieblingslied des legendären DJs John Peel gesungen. Und jetzt ist er irgendwie zu Englands oberstem Flussschützer geworden. Ohne dass der 4 Kilometer lange Abschnitt des Flusses Lea es hätte wissen können, war seine Rettung in dem Augenblick gesichert, in dem Feargal Sharkey zum ersten Mal seine Angelschnur dort auswarf. »So bin ich mit der EA, den Wasserversorgern und Themen wie Entnahme und Abwasser in Berührung gekommen, und die Sache hat mich nie wieder losgelassen!«, lacht er. Ende der Neunzigerjahre stellten seine Angelkollegen fest, dass der Pegelstand des Lea rasch sank, ohne ersichtlichen Zusammenhang mit dem Wetter oder einer Dürre. »Die EA zeigte sofort mit dem Finger auf Thames Water«, sagt Feargal, »denn das Unternehmen hatte eine Lizenz dafür, ungefähr anderthalb Kilometer oberhalb des Angelspots täglich 100 Millionen Liter Wasser direkt aus dem Fluss zu pumpen.« Nach einem Jahrzehnt juristischen Tauziehens, in dem die Wassermenge immer weiter schrumpfte, übernahm Sharkey den Vorsitz des Anglervereins und focht den Kampf nun höchstpersönlich aus. Gemeinsam arbeiteten die Mitglieder fast zwei Jahre lang daran, die EA und Thames Water vor Gericht zu bringen. Zu diesem Zeitpunkt, sagt er, hätte sich der Fluss bereits in ein stehendes Gewässer verwandelt; es sei kein Wasser mehr geflossen. Schließlich gelangte man zu einer außergerichtlichen Einigung und die Entnahme aus dem Flusseinzugsgebiet wurde stark eingeschränkt, um weitere Klagen zu verhindern. Sharkey zufolge ist der Fluss »jetzt in fantastisch guter Form«. Doch das war für ihn nur der Auftakt: »Wenn ein kleiner Angelverein die verdammte Environment Agency vor Gericht zerren musste, damit die Leute da das Richtige tun – was zum Teufel lief da dann wohl sonst noch so ab?«

Sharkey stellte fest, dass die Wasserversorger durchaus das Recht hatten, so große Mengen an Grundwasser aus dem Boden zu pumpen, dass viele der Flüsse im Südosten des Landes trockenfielen. Das geschah direkt vor den Augen der EA, eben jener Regulierungsbehörde, die eigentlich dagegen vorgehen sollte. Und es handelte sich nicht um irgendwelche Flüsse, sondern um die einzigartigen *Chalk Streams* – die Kreideflüsse.

Kreide findet sich überall in der Welt, aber nirgendwo so viel wie in Südostengland. Hier gibt es die berühmten Weißen Klippen von Dover, die Needles-Felseninseln vor der Isle of White und Hunderte Kilometer Grundwasserleiter dazwischen. Die weichere, weißere Spielart des Kalksteins besteht aus unzähligen Milliarden winzigen

Meeresfossilien, die sich in der Kreidezeit (daher deren Name) auf dem Meeresgrund abgelagert haben. Kreide ist überaus wasserdurchlässig und filtert dabei die organische Materie heraus, sodass kristallklares, mehr oder weniger direkt trinkbares Quellwasser übrig bleibt. Die Kreideflüsse speisen sich fast ausschließlich aus diesen Quellen, in ihren Betten funkeln gold-glitzernde Kiesel und im außergewöhnlich sauberen Wasser tummeln sich Fische und wirbellose Tiere, die sich dort enorm wohlfühlen. Die Biodiversität ist größer als in allen anderen Flüssen Englands. Daher gelten die geschätzt 246 Kreideflüsse als das »Äquivalent zum Great Barrier Reef […] ein ganz besonderes Naturerbe, das mit einer enormen Verantwortung verbunden ist«.[18] Es ist also schlicht skrupellos, ihre Quellen leer zu saugen.

Sharkey kam nach jahrelangen Recherchen und Kampagnen zu dem Schluss, dass der Vorgang auf »die politische Entscheidung für einen möglichst niedrigen Wasserpreis« zurückgehe. »Das – und die ziemlich unterirdischen Kontrollen und Vorgaben – hat uns diese Situation beschert.« Er sagt, dass dem Süden und Südosten Englands durch den Mangel an Investitionen fast das Trinkwasser ausgegangen wäre. »Das Wasser aus dem Kreideboden ist so gut wie nirgendwo sonst auf der Welt. Das ist für ein Wasserversorgungsunternehmen natürlich überaus verführerisch. Da es so rein ist, muss man es kaum behandeln, bevor man es an die Kunden liefern kann.«

Die Wasserversorger haben die Überentnahme jahrelang bestritten. Als ich 2018 im Auftrag der BBC den für die Entnahme zuständigen Manager von Thames Water interviewte, erklärte er: »Die Kreideflüsse werden ohnehin austrocknen, das ist Teil des natürlichen Prozesses.« Mit dieser Meinung steht er in der Branche keineswegs allein da. Doch Feargal meint: »Das ist Schwachsinn. Wenn man einen Blick ins Domesday Book [historisches Grundbuch von England aus dem 11. Jh.] wirft […] sieht man, dass es am Fluss Ver damals ungefähr 13 Wassermühlen gab. Wo ist das Wasser denn bitte hin?« Am Fluss Beane stand eine Getreidemühle, die im 19. Jahrhundert viermal ausgebaut wurde, um die Kapazität zu erhöhen. »Viermal!«, ruft Sharkey. »Verdammt, heute gibt es im Umkreis von Kilometern überhaupt keinen Tropfen Wasser mehr.«

Der Abschnitt des Lea, in dem Feargal und seine Kollegen angeln, war zwischenzeitlich in einem so schlechten Zustand, dass dort »im Schnitt an 36 Tagen im Jahr gar kein Wasser mehr floss«. Nachdem der Wasserversorger die Entnahme reduziert hatte, erwachte der Fluss wie von Zauberhand zu neuem Leben. Auf gaugemap.co.uk, einer von der EA betriebenen Webseite, gibt es eine Karte mit Daten zu sämtlichen Flusspegeln und Grundwasserspiegeln. Feargal weist mich auf den Grundwasserbrunnen Lilly Bottom in den Chiltern Hills hin (der Name klingt für Engländer ziemlich lustig »*bottom*« heißt übersetzt »Hintern«, aber die Situation ist es nicht). Im August 2019 war der Wasserstand auf ein Rekordtief gesunken, dank einer Kombination aus Überentnahme und drei relativ niederschlagsarmen Wintern. Der Wasserversorger Affinity Water habe trotzdem weiter Wasser aus dem Boden gepumpt, sagt Feargal; der Krisenplan für Dürren wurde einfach ignoriert, ohne dass die EA etwas unternommen hätte. Niemand erlegte dem Unternehmen Beschränkungen auf. »Dabei hatten damals bereits alle Kreideflüsse in Hertfordshire mehrere Kilometer eingebüßt.«

Ein weiteres Beispiel, das Feargal nennt, ist die »Finger-weg«-Mindestmenge im Unterlauf des Flusses Test: »Der Begriff sagt ja wohl ganz deutlich, dass diese Menge an Wasser zwingend notwendig ist, um das ökologische Gleichgewicht des Flusses zu erhalten.« Die Grenze liegt bei 355 Millionen Litern – wird sie unterschritten, »kann der Fluss versiegen«. Doch im Jahr 2018 setzte das Wasserunternehmen Southern Water bei der EA durch, diesen Wert um ein Drittel zu verringern. Die Details sind schwarz auf weiß nachzulesen: Man plane eine »Entnahme aus der Oberflächenquelle des Test, die zur Folge hätte, dass sich die Durchflussmenge auf 265 Millionen Liter pro Tag reduzieren und damit unter den von der Behörde ausgegebenen Mindestwert von 355 Millionen Litern pro Tag sinken würde«.[19] »Die EA hat das genehmigt«, sagt der immer noch wütende Sharkey. »Wir reden hier vom verdammt noch mal schönsten Kreidefluss der Erde, der das beste Ökosystem überhaupt haben sollte und für den es einen definierten Mindestdurchfluss gibt, und trotzdem erlaubt die EA Southern Water, diesen Wert um ein Drittel zu unterschreiten.«

Feargal zufolge liegt die Schuld aber nicht bei den Wasserversorgern. Die Ursünde war seiner Meinung nach die Privatisierung, die zur Profitmaximierung führte, und das schwache Auftreten des Staates in Sachen Regulierung und Umweltschutz. »Es gibt keinen Wettbewerb. Diese Leute betreiben staatlich garantierte Monopole.« In der Summe hätten die Wasserversorger Großbritanniens »rund 48 Milliarden Pfund Schulden in den Büchern stehen. [...] Gleichzeitig zahlen sie Dividenden in Höhe von um die 57 Milliarden Pfund aus.[20] Und das mit dem Wissen, der Einwilligung und unter Mitarbeit der Regulierungsbehörde OFWAT.«

Ein Instrument, dessen OFWAT sich tatsächlich bedient, ist der Preis, den die Unternehmen für ihr Wasser verlangen dürfen. Diesen hält die Behörde bewusst niedrig, was die Politiker erfreut, gleichzeitig aber – wie von Andrew Tucker angemerkt – die nötigen Investitionen in die Infrastruktur verhindert. »Verglichen mit ungefähr jedem anderen westlichen Land der Welt ist Wasser in England lächerlich billig«, behauptet Feargal. »Ich habe nicht einmal einen Wasserzähler. Ich könnte einfach den Hahn aufdrehen und Tausende Liter in den Abfluss laufen lassen, ohne dass es Zusatzkosten verursachen würde. Und da ich Kunde von Affinity Water bin, weiß ich, dass das Wasser aus einem Kreidefluss stammt.«*

◆

* 2017 hatten nur 51 Prozent der Haushalte in England einen Wasserzähler (immerhin 17 Prozent mehr als 1999). Laut DEFRA verbrauchen diese Kunden 12 bis 22 Prozent weniger Wasser als diejenigen, die eine Pauschale bezahlen.

Ich treffe Sharon Moat Ende September auf einem weiteren leeren Parkplatz, dieses Mal in der Nähe einiger Kleingärten im ländlichen Teil von Cambridgeshire, um mir mit ihr zusammen den Kreidefluss Ivel anzuschauen – oder das, was davon übrig ist. Sharon gründete 2020 sowohl die Initiative »RevIvel Association« (ein Wortspiel, das den Namen des Flusses mit dem englischen Wort »revival«, Wiederbelebung, kombiniert) als auch die »Chalk Aquifer Alliance« (Kreide-Aquifer-Allianz), um sich gegen die Überentnahme aus dem Grundwasserleiter durch die Wasserunternehmen und den daraus resultierenden Kollaps der Kreideflüsse zur Wehr zu setzen. Sie läuft und spricht sehr schnell. Ihr Wissen über den Ivel und ihre Begeisterung für Kreideflüsse im Allgemeinen sprudeln wie Quellwasser aus ihr hervor. Was gut ist, da der Ivel seine Quelle verloren hat. »Wir wollen, dass die Entnahme an den Durchfluss angepasst wird«, sagt Sharon, was nach einem ziemlich bescheidenen Ziel klingt. »Wenn die Durchflussmenge sinkt, müssen sie die Entnahme einstellen. Bisher haben sie noch nicht zugestimmt.« »Sie«, das ist in dieser Region Affinity Water. Sharon beklagt, dass die Bezeichnung »Environment Agency«, Umweltbehörde, irreführend sei: »Sie macht einfach nicht ihren Job.« Sie wirft der EA vor, sich auf oberflächliche Maßnahmen zu beschränken, statt das Grundproblem anzugehen – die Überentnahme.

Eine Informationstafel an der Ivel-Quelle will uns über deren Bedeutung für den Fluss und das Tierleben darin aufklären. Doch es ist kein Wasser zu sehen, nur wuchernde Pflanzen. Wir müssen ein Stück weit laufen, bis wir zumindest die Andeutung eines Gewässers entdecken, doch auch das ist laut Sharon nur ein Überbleibsel des Regens der vergangenen Nacht; ein paar Tage zuvor sei hier nichts gewesen. Wir passieren ein Schleusentor, das einst zu einer Mühle gehörte, doch heute würde das Wasser hier nicht einmal ein Hamsterrad antreiben. »Der Anblick ist einfach nur traurig«, seufzt Sharon. »Eigentlich ist das hier ein ganzjähriger Fluss, der früher für seine Forellen, seine Mühlen, für den Brunnenkresse-Anbau berühmt war. […] Jetzt führt er nur noch im Februar Wasser und ist ab Juni, Juli ausgetrocknet.« Auf unserer Wanderung treffen wir eine alte Frau, die eine Runde mit ihrem Hund dreht und sich daran erinnert, wie sie hier in den 1960er-Jahren mit ihrem Mann spazieren gegangen ist. »Was war das damals für ein reizender Fluss«, sagt sie. »Einfach wunderschön.« Ihr ebenfalls in die Jahre gekommener Jack-Russell-Terrier steht trübsinnig in einer grünen Pfütze, als würde auch er den Verlust betrauern. »Das Wasser war kristallklar. Wie Kreideflüsse eben sein sollten.«

Laut Sharon stammt das gesamte Trinkwasser in der Region East Anglia aus Brunnen, die in den Kreideboden gebohrt wurden. Der Grundwasserbrunnen, der unserer Route am nächsten liegt, befindet sich nur etwa 1 Kilometer entfernt in Baldock. Seit 1970 sei bei 47 Prozent der Tierarten in den Flüssen und Feuchtgebieten von Hertfordshire der Bestand »spürbar zurückgegangen«, meldet RevIvel, und 7 Prozent seien ganz ausgestorben.[21] Doch selbst wenn der Verlust des Riedgras-Motteneulchens oder des Dohlenkrebses nicht von allen betrauert wird, ist das auch aus der Perspektive der Wasserversorgung eine ziemlich schlechte Nachricht. Affinity Water sagt selbst, dass zwischen dem Bedarf und dem vom Unternehmen lieferbaren Angebot bis 2050 eine Lücke von rund 250 bis 410 Millionen Liter pro Tag klaffen werde. Das entspricht dem Wasserverbrauch von 2 bis 3 Millionen Kunden.[22] »Sie wissen, dass das nicht nachhaltig ist«, sagt Sharon, »dass ihr Geschäftsmodell nicht tragfähig ist, weil man sie für die Schäden zur Verantwortung ziehen wird. […] Irgendwann geht London das Wasser aus.«

An meiner nächsten Station – Bury St. Edmunds in Suffolk – fällt mir sofort ins Auge, dass der Fluss hier, der Lark, tatsächlich noch aussieht wie ein Fluss. Bei meiner Ankunft führt er Wasser, ist verhältnismäßig breit und weist Anzeichen eines Pflanzen- und Vogelbestandes auf. Aber er ist kein Kreidefluss mehr. Das Wasser ist trübe und die Strömung so gering, dass kaum eine Bewegung auszumachen ist. Er speist sich hauptsächlich aus den Gullys und Abflüssen der Stadt. Deren Ausdehnung hat der einst unberührten Flusslandschaft mit ihrer vielfältigen Flora und Fauna ein Ende bereitet. Das weltberühmte, »Gin-klare« Wasser ist heute ein Abwassergraben. Libby Ranzetta, die Vorsitzende der Bury Water Meadows Group, führt mich herum und macht mich mit dem ortsansässigen Flussaktivisten Glenn Smithson bekannt. Glenn lebt bereits seit seiner Geburt hier und ist früher nach der Schule mit seinen Freunden im Fluss schwimmen gegangen. Heute wäre das in dem flachen, stehenden Gewässer weder ratsam noch möglich.

Wir befinden uns hier im Zuständigkeitsbereich von Anglian Water, dem flächenmäßig wichtigsten Wasser- und Abwasserunternehmen Englands, das 20 Prozent des Landes beliefert. Außerdem beherbergt sein Gebiet die meisten Kreideflüsse. In Bury St. Edwards gibt es gleich zwei davon; die Stadt wurde im 11. Jahrhundert strategisch günstig am Zusammenfluss von Lark und Linnet gegründet. Zusammen mit Glenn und Libby laufe ich ein Stück am Ufer entlang, in der Nähe der uralten Abtei, wo die Landschaft ziemlich idyllisch wirkt. Doch das ist den ehrenamtlichen Helfern zu verdanken, die die Betonwände mit Haselnusszweigen und Kokosgewebe verkleidet haben, damit die Natur buchstäblich wieder Wurzeln schlagen kann. »Hier war alles total kaputt«, sagt Glenn. »Kaum noch Leben vorhanden.« Alle Flussaktivisten stehen ein und demselben Dilemma gegenüber: Ihre Bemühungen ermöglichen es der Natur, sich ein kleines Areal zurückzuerobern, wodurch die schlimmsten Umweltverbrechen übertüncht werden. Das große Übel hier ist die Tatsache, dass der Fluss durch die übermäßige Grundwasserentnahme durch Anglian Water nicht mehr richtig fließt. »Die Grundwasserkörper können nicht genug nachbilden«, sagt Glenn. Er setzt sich bereits seit fast zwei Jahrzehnten für die Flüsse in der Umgebung ein und erklärt, dass man echtes Wasser aus den Kreideschichten leicht erkennt, weil es gletscherblau aus dem Boden sprudelt, ganz anders als bei diesem »bewachsenen Graben«, wie er es ausdrückt. Hier ruht der Fluss

Lark, einst ein absolut unberührter Kreidefluss, heute ein bewachsener Graben.

Als Nächstes begeben wir uns zu einem Tesco-Supermarkt in der Stadt. Bei seinem Bau 1996 wurde der Überrest des Kreideflusses durch eine Betonrinne umgeleitet, die wie ein amerikanischer Regenwasserablauf aussieht – die einzige Biodiversität, die sich hier findet, sind eine Auswahl leerer Chipstüten. An dieser Stelle sei der Lark im 19. Jahrhundert schiffbar gewesen, höre ich, es habe sogar eine Anlegestelle für Kohlenfrachter gegeben. Ich bezweifle, dass die Kunden des Supermarkts den Fluss heute überhaupt als solchen erkennen, wenn sie hier vorbeikommen, ganz zu schweigen davon, dass er einmal ein Kreidefluss war. »Er ist nur deshalb noch nicht vollständig ausgetrocknet, weil sie ihn ausgebaggert und rund 2 Meter tiefer gelegt haben«, sagt Glenn, als wir in den Betongraben hinunterschauen. »Der Aushub wurde einfach auf den Feldern verteilt.« Dann zeigt mir Glenn die Quelle des Lark, die nur eine kurze Autofahrt entfernt liegt. Sie ist nicht, was sie sein sollte: Kein mineralstoffreiches, perfekt gefiltertes Wasser, das mit einer konstanten Temperatur von 10 Grad aus dem Kreideboden hervorsprudelt, nein, hier ragt nur ein Zulaufrohr der örtlichen Kläranlage hervor.

Vielleicht spüren Glenn und Libby, wie niedergeschlagen ich angesichts all dessen bin, denn als Letztes bringen sie mich zu einem renaturierten Abschnitt des Oberlaufs, der durch das Breckland verläuft, einer merkwürdigen, sandigen Heidelandschaft, die es so nur in East Anglia gibt. Hier fließt das Wasser schnell, lebhaft und klar dahin. Unter der Oberfläche schimmern Kieselsteine, und an manchen Stellen treibt Flutender Hahnenfuß im Wasser wie das lange Haar der Ophelia. Um die Büsche und Rohrkolbengewächse am Ufer flattern Schmetterlinge und Vögel. Glenn steckt schon seit einem Jahrzehnt viel Arbeit in diesen Abschnitt und zeigt ihn mir voller Stolz. So sollte ein Kreidefluss aussehen. Doch die Sache hat einen Haken. Wie der Nachbau eines im Krieg zerbombten Gebäudes, der nur ein Abglanz der vergangenen Pracht ist, oder eine historische Brücke, die Stein für Stein an eine andere Stelle versetzt wurde, ist auch das hier eine liebevolle Imitation. Der Fluss müsste eigentlich Hunderte Meter entfernt verlaufen, wurde aber vor langer Zeit von einem Bauern verlegt, weil es ihm so besser passte. Die glitzernden Kiesel sind mit dem Lastwagen angeliefert und von Glenn und anderen Ehrenämtlern verteilt worden. Und beim Wasser handelt es sich aller Wahrscheinlichkeit nach – auch wenn es nicht ganz klar ist – um das behandelte Produkt aus der Kläranlage.

Ein paar Monate später erfahre ich bei einem Online-Treffen der Chalk Aquifer Alliance von einem Plan, der die Kreideflüsse retten und das Entnahmeproblem lösen könnte. Charles Rangeley-Wilson ist ein Angler und Journalist, der zum Umweltaktivisten wurde. Seit den 2010er-Jahren konzentriert er sich in Sachen Flusssanierung vor allem auf das Schicksal der Kreideflüsse – unterstützt vom WWF, was zu der Zeit noch eine Seltenheit war. 2020 stellte er zusammen mit dem technischen Projektberater John Lawson das Konzept »Chalk Streams First« (Kreideflüsse zuerst) vor, aus dem später die »Chalk Stream Restoration Strategy« (Strategie zur Renaturierung der Kreideflüsse) hervorging, und zog damit die Aufmerksamkeit von RAPID und den Wasserunternehmen auf sich. Die Idee dahinter ist ganz einfach: Absoluter Entnahmestopp aus den Grundwasserbrunnen im oberen Bereich der Flüsse, damit Letztere sich vollständig erholen und wieder frei fließen können – stattdessen wird das Wasser aus dem unteren Teil des Einzugsgebiets gepumpt. Ich werde den Plan noch weiter ausführen, aber so viel hier in Kurzform.

Es handle sich, erzählt Rangeley-Wilson in seiner Zoom-Präsentation vor der Chalk Aquifer Alliance, »um eine einmalige Gelegenheit, die Wasserentnahme durch uns Menschen ganz neu auszurichten«. Ein Vierteljahrhundert lang habe es null Fortschritt gegeben, trotz zahlloser Berichte und Gutachten. »Kreideflüsse funktionieren so: Auf den Anhöhen regnet es, das Wasser sickert in den Boden ein und gelangt in den Grundwasserspeicher«, erklärt er. »Es besteht ein ganz klarer Zusammenhang zwischen der Höhe des Grundwasserspiegels, der gesättigten Zone und der Wassermenge, die aus den Quellen sprudelt. Je höher der Grundwasserspiegel, desto länger ist der Fluss und desto mehr Wasser fließt.« Es gäbe sogar eine mathematische Formel dafür, sagt er: Ein 10 Prozent höherer Grundwasserspiegel oberhalb der Talsohle entspräche 25 Prozent mehr Wasser im Fluss. Charles zeigt Graphen zu verschiedenen Flüssen, aus denen die Verbindung zwischen Grundwasserspiegel und Durchflussmenge ablesbar ist, selbst dort, wo der Abstand zwischen Brunnen und Fluss beträchtlich ist. Der Grundwasserkörper im Kreideboden müsse als eine übergreifende Einheit betrachtet werden, sagt er, nicht als eine Reihe einzelner Täler. Im Grunde habe man es mit einer Art unterirdischem See zu tun. Das ist eine schlechte Nachricht für die Wasserunternehmen, weil sie sich nicht aussuchen können, welchen Kreidefluss sie retten wollen – die Entnahme von Wasser aus der Erde hat negative Auswirkungen auf sie alle. Die gute Nachricht hingegen lautet, dass eine spürbar geringere Entnahme generell allen Flüssen zugutekommt.

Die in den Neunzigerjahren verbreitete Ansicht, dass es keine Belege für einen Zusammenhang zwischen der Grundwasserentnahme und den niedrigen Durchflussmengen gäbe, bezeichnet Rangeley-Wilson als »totalen Stuss«. Die UK Technical Advisory Group on Chalk Streams (Technische Berater für Kreideflüsse) legte in ihrer Reaktion auf die Wasserrahmenrichtlinie der EU fest, dass für einen guten ökologischen Status eine Mindestdurchflussmenge von 7,5 bis 20 Prozent gegeben sein müsse. Für den Fluss Ver beispielsweise würde das bedeuten, dass eine Entnahme von 3 bis 6 Millionen Litern pro Tag im akzeptablen Bereich läge, doch in der Realität waren es 2020 täglich 25 Millionen Liter. Ähnlich sieht es bei den übrigen Kreideflüssen aus. Rangeley-Wilson befürwortet eine völlig andere Vorgehensweise: Er will die Grundwasserentnahme durch Wasser ersetzen, das von außerhalb der Kreidetäler oder aus den flussabwärts gelegenen Teilen der Flüsse stammt. Alternativ erwähnt er das Abingdon-Reservoir und den Wassertransfer zwischen Severn und Themse, um die Grundwasserentnahme zu reduzieren. Die Lösung ist ihm zufolge schon im Problem enthalten: Sobald die Entnahme gestoppt würde, führten die Flüsse wieder mehr Wasser. Die Städte am oberen Flusslauf, die bisher auf Grundwasserbrunnen vor Ort setzen, könnten durch ein neues Netzwerk aus Rohren und Pumpwerken versorgt werden, etwa durch das von Affinity Water bereits geplante »Supply 2040«-System. Es wäre ein wichtiger Bestandteil einer ganzen Reihe von Zulieferoptionen, unter anderem mit Wasser aus einem zukünftigen Abingdon-Reservoir oder dem Severn-Themse-Transfer. Rangeley-Wilson fasst es in einem Satz zusammen: »Supply 2040 ist genau das, wonach wir die ganzen Jahre gesucht haben.« Mit dem System wäre es seiner Meinung nach möglich, »vollständig auf die Grundwasserentnahme aus den Kreideflüssen in den Chiltern Hills zu verzichten«.

Im September 2020 gab Affinity Water eine Pressemitteilung heraus, in der sich das Unternehmen dafür aussprach, »die aus Umweltgesichtspunkten nicht nachhaltige Wasserentnahme aus diesen wertvollen Flusseinzugsgebieten einzustellen und gemeinsam mit anderen Wasserversorgungsunternehmen, Branchenvertretern, Universitäten und Nichtregierungsorganisationen Alternativen für eine nachhaltige Wasserversorgung abseits der Kreideflüsse zu entwickeln«.[23] Das war zweifellos ein Schritt in die richtige Richtung und ein großer Sieg für die Aktivisten. Aber eine Verpflichtung mit einem konkreten Zeitplan war es nicht. Anfang 2021 erzählt mir Jake Rigg, der im Management von Affinity River sitzt: »Ja, vollkommen richtig, wir müssen unser Verhalten ändern. Der Vorschlag von Chalk Streams First ist ein überaus wichtiges Puzzleteil. Wir schauen uns das genau an.« Der Knackpunkt ist ihm zufolge, dass »niemand wirklich wisse«, was eigentlich passiert, wenn sie die Grundwasserförderung einstellen. Auch Paul Hickey von RAPID erklärt mir, er lege »großen Wert« darauf, Rangeley-Wilsons Plan »eingehend zu untersuchen«. Wenn eine derart einfache Idee funktioniert, »wäre das absolut genial«.

Im März 2022 erkundige ich mich bei Charles Rangeley-Wilson nach dem Stand der Dinge. Sein Konzept findet immer mehr Anklang. Offenbar hat Paul Hickey von RAPID Affinity Water angewiesen, eine ernsthafte Prüfung einzuleiten. »Chalk Streams First« ist nicht länger nur ein Wunschtraum einiger NGOs, sondern wird von einem ganzen Zusammenschluss von Interessenvertretern befürwortet (unter anderem den Wasserversorgern, OFWAT und der EA) und ist mittlerweile Teil der »Catchment Based Approach«-Initiative (Einzugsgebietsspezifischer Ansatz, CaBA). Die Wasserunternehmen »erwägen eine Verringerung der Entnahme«, sagt er. »Aber die Überlegung, das Wasser weiter unten abzuschöpfen, wird immer noch nicht als gleichberechtigte Idee neben strategischen Projekten wie dem Abingdon-Reservoir oder noch größeren Vorhaben betrachtet.« Seiner Meinung nach spielt Affinity Water herunter, was für »ein Potenzial« es birgt, die Entnahme aus dem kreidehaltigen Grundwasserleiter komplett einzustellen. Immerhin hat er die Wasserunternehmen dazu gebracht, seine Definition einer »nachhaltigen Grundwasserentnahme« in den Einzugsgebieten der Kreideflüsse zu unterschreiben – dafür dürfe nur so viel Wasser entnommen werden, dass »es die natürliche Durchflussmenge um maximal 10 Prozent reduziert«. Die Verhandlung darüber habe »die Hälfte der CaBA-Gesprächszeit in Anspruch genommen. [...] Es gab beträchtlichen Widerstand. Sie waren instinktiv dagegen.« Einige Wasserversorger seien allerdings fortschrittlicher als andere: »Thames Water war tatsächlich sehr offen für die Idee und hat dabei geholfen, zumindest in Hinblick auf die Definition einen Konsens zu erwirken.« Seiner Meinung nach hätte die praktische Umsetzung dieser Definition eine »enorme« Verringerung der Entnahmemenge zur Folge.

Wenn man die Entnahme aus den Brunnen im Einzugsgebiet des Colne so reduziert, dass die Durchflussmenge des Flusses um weniger als 10 Prozent sinken würde, bedeutet allein das den Berechnungen von CaBA zufolge eine Verringerung um 100 Millionen Liter täglich. Sollten Rangeley-Wilson und seine branchenübergreifende

Gruppe von Mitstreitern recht haben, dürften mindestens 80 Prozent davon flussabwärts wieder auftauchen. Und selbst wenn sie falsch liegen*, könnte der Grand-Union-Kanal zusätzlich 100 Millionen Liter behandeltes Wasser aus Birmingham herbeischaffen (die größte Kläranlage dort bereitet täglich 400 Millionen Liter auf). »Das Wasser wäre also durchaus verfügbar«, sagt Charles. »Und das sogar in relativ kurzer Zeit.«

## Blühende Algenlandschaften

Mitten im Sommer besichtige ich ein Schmuckstück der Cotswolds: Bourton-on-the-Water. Hier rauscht der Windrush unter pittoresken Fußgängerbrücken aus Stein und den Pubs am Ufer vorbei, bevor er sich mit einem koketten Schnörkel verbreitert und begeisterte Touristen und Ruderer anzieht. Ich treffe mich am Ortsrand mit dem ehemaligen Polizisten Ash Smith, bei gleißendem Sonnenschein in einer vor üppigem Grün geradezu schillernden Umgebung. Smiths Hund Archie, ein hervorragend erzogener Labradoodle, begleitet uns auf unserem Spaziergang. Wir befinden uns hier fernab der Kreideregion, obwohl es Ash zufolge »so etwas wie einen ›schlechten Fluss‹ gar nicht gibt«. Die Durchflussmenge ist hier kein Thema, die Tagesbesucher finden immer etwas, worin sie herumpaddeln können. Das Problem ist die Wasserverschmutzung – was mich überrascht, schließlich ist die Gegend ein wichtiger Touristenmagnet. Wie wir schon gesehen haben, ist die Wasserqualität die andere Seite der Wasserknappheits-Medaille. Und in dieser Hinsicht hat England wirklich eine traurige Geschichte zu erzählen.

---

* »Ich bin mir absolut sicher, dass es so ist, so sicher, wie dass morgen früh die Sonne aufgeht«, sagt Rangeley-Wilson zu mir. »Das ist simple Physik: Wenn man aufhört, Wasser aus dem Boden zu pumpen, verschwindet es nicht Richtung Erdkern. Ein Großteil tritt an anderer Stelle im Einzugsgebiet wieder an die Oberfläche.«

Ash ist nach seiner Pensionierung hierhergezogen, verbringt aber die meiste Zeit damit, sich im Rahmen seiner Umweltinitiative »Windrush Against Sewage Pollution« (Windrush gegen die Verschmutzung durch Abwasser«, WASP) mit Menschen wie mir zu unterhalten. 2015 entdeckte er, dass die örtliche Kläranlage, betrieben von Thames Water, illegalerweise unaufbereitetes Abwasser in den Fluss einleitete. Als guter Bürger und Flussliebhaber* meldete er das an die EA, die pflichtbewusst eine Untersuchung einleitete. »Falls man das so nennen kann«, sagt er. »Thames Water kam in internen Analysen zu dem Schluss, dass die Auswirkungen, die das jahrelang unbehandelt eingeleitete Abwasser auf die Umwelt hatte, ›gering‹ seien. Und die Environment Agency akzeptierte das, ohne nachzufragen, und unternahm nichts weiter.« Das brachte Ash auf die Palme und war vermutlich ein großer Fehler, da er dem Thema seitdem zusammen mit seinem Mitstreiter Peter Hammond und Journalistinnen wie Rachel Salvidge und Sandra Laville so viel Gehör verschafft hat, dass daraus ein nationaler Skandal erwuchs.

In die Schlagzeilen schaffte es die Geschichte im Jahr 2020: Allein im vorausgegangenen Jahr hatten englische Wasserunternehmen in mehr als 200 000 Fällen unbehandelte Abwässer in Flüsse eingeleitet, insgesamt über mehr als 1,5 Millionen Stunden hinweg.[24] Das war ein Schock, doch die Zahl war noch weit von der Realität entfernt. Vor 2015 war diese Form der Abwasserentsorgung – die sogenannte Mischwasserentlastung – nicht einmal überwacht worden.**

---

* Ash erzählt mir, dass er früher leidenschaftlicher Angler gewesen sei. Einmal sei er aber elf Tage am Stück unterwegs gewesen, bis er sich an Tag elf plötzlich bei dem Gedanken ertappte: »Hm, irgendwie ist das doch ziemlich langweilig«. Seitdem ist es mit dem Angeln vorbei.

** Das Mischwasserverfahren haben wir Sir Joseph Bazalgette zu verdanken. Sein Abwassersystem gilt zu Recht als Wunderwerk der viktorianischen Ingenieurskunst und bewahrte London davor, in Gestank zu versinken, indem das Abwasser vereinfacht gesagt ein Stück weit flussabwärts in die Themse eingeleitet wurde. Doch leider führte das dazu, dass Regen- und Abwasser in einem ein-

Mittlerweile hat die EA angeordnet, dass bis 2023 sämtliche Entlastungsüberlaufe so ausgerüstet sein müssen, dass sie aufzeichnen, wie oft und für wie lange sie genutzt werden. Wenn die Kläranlagen aufgrund von »außergewöhnlichen Umständen« (so heißt es bei der EA) überlastet sind – soll heißen: wenn es stark regnet –, leiten fast 18 000 Mischwasserüberläufe unbehandeltes Abwasser in die Gewässer ein. 2021, als rund 80 Prozent des Netzwerks mit Überwachungsgeräten ausgestattet waren, wurde dann das wahre Ausmaß des Skandals deutlich. Es war doppelt so schlimm wie erwartet. Die Wasserunternehmen hatten in jenem Jahr in mehr als 400 000 Fällen unbehandeltes Abwasser in die Flüsse und Küstengewässer fließen lassen, über mehr als 3 Millionen Stunden hinweg.[25] Die »außergewöhnlichen Umstände« traten außergewöhnlich häufig auf. Beim Blick auf die Daten, die jetzt öffentlich auf der Homepage der EA verfügbar waren, fand Ash zudem eine ganze Reihe von Beispielen dafür, dass Kläranlagen auch dann unbehandeltes Abwasser in die Flüsse gepumpt hatten, wenn es gar nicht regnete. Das kam überall vor, bei jedem Abwasserunternehmen. Einer der Übeltäter war Thames Water, wo 237 000 Stunden lang Abwässer in die Flüsse geströmt war, aber noch schlimmer war Severn Trent (559 000 Stunden) und ganz schlimm United Utilities (726 000 Stunden).*

Im Juli 2021 wurde Southern Water der Prozess gemacht, weil das Unternehmen innerhalb von fünf Jahren 51 Mal gegen Umweltauf-

---

zigen Kanal zusammenlaufen. Diese Fehlkonstruktion fiel bereits der Königlichen Kommission zur Abwasseraufbereitung und -entsorgung im Jahr 1915 auf, die anmerkte, dass die beiden Wasserarten eigentlich getrennt gehörten, es aber zu teuer sei, das ganze System herauszureißen und neu zu bauen. Bedauernswerterweise wurde das Mischwassersystem auch damals noch in ganz Großbritannien kopiert und ins britische Empire exportiert.

* Um die Liste zu vervollständigen, hier alle Abwasserunternehmen, von schlimm bis am schlimmsten: Anglian Water – 170 547 Stunden; Northumbrian – 178 229 Stunden; Southern Water – 197 213 Stunden; Wessex Water – 237 035 Stunden; South West Water – 375 370 Stunden; Yorkshire Water – 420 419 Stunden; Dŵr Cymru Welsh Water – in England 21 300 Stunden, in Wales 872 976 Stunden.

lagen verstoßen hatte, mit 8 400 ungesetzlichen und pflichtwidrigen »Entlastungsereignissen«, von denen 4 000 über eine Stunde andauerten.[26] Es musste eine Rekordstrafe von 90 Millionen Pfund zahlen (obwohl der Gewinn von Southern Water von 118,8 Millionen Pfund im Jahr 2019 auf 139,6 Millionen Pfund gestiegen war).[27] Einer der schlimmsten Einzelvorfälle, auf die Ash und Peter stießen, betraf die von Thames Water betriebene Mogden-Kläranlage in Südwestlondon, wo allein 2020 7 Milliarden Liter unbehandeltes Abwasser austraten – 2 Milliarden Liter davon (das ist die Menge, die in 16 olympiataugliche Schwimmbecken passt) innerhalb von nur 48 Stunden. All das sei illegal gewesen, aber in stillschweigendem Einvernehmen mit der Regulierungsbehörde passiert, behauptet Ash.

*Eigentlich* müsste die Wasserindustrie das Abwasser auf einen bestimmten Standard bringen, bevor sie es freisetzt, sagt Ash. »Das ist grundlegender Umweltschutz: Das Abwasser muss so behandelt werden, dass es den Berechnungen der EA zufolge keine Schäden in den Gewässern anrichtet.« Die entsprechenden Werte, die der Betriebsgenehmigung des jeweiligen Abwasserunternehmens zu entnehmen sind, umfassen die Konzentration an Schwebestoffen, den biochemischen Sauerstoffbedarf, den Ammonium-Gehalt und – bei Anlagen, die mehr als 10 000 Menschen versorgen – den Phosphatgehalt (Stickstoff steht bemerkenswerterweise nicht auf der Liste). Die Umweltverträglichkeit eines Unternehmens ergibt sich daraus, in welchem Maß es diese Werte einhält. »Thames Water hat die Vorgaben zu mehr als 99 Prozent erfüllt – wie übrigens alle Wasserversorger –, aber nur indem das Unternehmen große Mengen an unbehandeltem Abwasser unüberwacht« außerhalb des Genehmigungsprozesses entsorgt. Ash kennt Fotos von zwei direkt nebeneinander liegenden Entlastungsüberläufen, von denen einer mit einem Messgerät ausgestattet ist und der andere nicht. Er beschreibt mir, was darauf zu sehen ist: Aus dem einen träte aufbereitetes, den Vorgaben entsprechendes Wasser aus; aus dem anderen unbehandeltes

Abwasser. »An der einen Stelle werden die Werte gemessen und erfüllen den Standard, aus dem Rohr daneben kommt der Rest.«* Er klingt immer noch ungläubig, wenn er die Geschichte erzählt. »Das DEFRA lässt Gesetzesbrüche in riesigem Ausmaß zu«, lautet sein Vorwurf, »weil man den Unternehmen aus Prinzip den Profit nicht verhageln will.« Als das DEFRA noch »Umweltministerium« hieß und seine Abkürzung DOE (Department of Environment) lautete, kursierte der Witz, dass die Buchstaben für »Destroyer of Everything« (Zerstörer von allem) stünden. Ash spricht von »einem völligen Überwachungsversagen«.

Auf unserem Spaziergang am Windrush entlang ducken wir uns unter Brombeerranken und niedrigen Ästen hinweg. In einem Baum hängt ein Kabel, an dessen Ende ein Messgerät im Wasser baumelt. Hier ermittelt Ash den Sauerstoffgehalt und die Temperatur des Wassers. »Der gelöste Sauerstoff«, erklärt er, »ist ein guter Indikator für die allgemeine Wasserqualität.« Starke Ausschläge deuteten auf eine Eutrophierung durch zu viele Algen hin. Dann kommen wir zu einem bescheidenen, viktorianisch wirkenden Tonrohr, das aus dem Flussbett ragt und kurz über der Wasseroberfläche endet. Hier wachsen ungewöhnlich viele Wasserschwertlilien auf einem Fleck; sie laben sich an den Phosphor- und Stickstoffverbindungen, von denen es hier durch das eingeleitete Abwasser deutlich mehr gibt. Inzwischen kommt nichts mehr aus dem Rohr, aber Ash zeigt mir ein Video davon, wie dort »unbehandeltes Abwasser heraussprudelt und den ganzen Fluss zum Stinken bringt« und wie unter Wasser der sogenannte Abwasserpilz wächst – ein unangenehmes Bakterium, das braune, fellartige Fäden bildet, sich von unbehandeltem Abwasser ernährt und die Pflanzen erstickt (der Abwasserpilz benötige üblicherweise eine Woche durchgehenden Abwasserzufluss, um zu entstehen, sagt Ash). Dieses Rohr ist offiziell ein Regenüber-

* Dieses Bild und ein Vortrag von Ash findet sich im Vortragsarchiv der Chalk Aquifer Alliance unter chalkaquiferalliance.wordpress.com.

lauf, aber Ash sagt, dass es als Austrittsrohr der Mischwasserentlastung galt, bis die Überwachungspflicht in Kraft trat und eine ganze Reihe solcher Ausgänge eilig umdeklariert wurden.* So oder so handelt es sich um ein Rohr, das unbehandeltes Schmutzwasser in einen Fluss einleitet. »Man muss das System als völlig korrupt bezeichnen, statt auf Moral oder Umweltgerechtigkeit wird nur auf die Industrie geschaut«, sagt Ash. »Dabei müsste es gar nicht so sein.«

Bevor Paul Hickey zu RAPID kam, war er von 2017 bis 2020 stellvertretender Direktor für Wasserressourcen bei der Umweltbehörde EA und davor 15 Jahre als Verantwortlicher für Umweltstandards bei Anglian Water tätig. Er verteidigt die Regenüberläufe. »Es ist wichtig, sich vor Augen zu führen, warum es sie gibt«, erklärt er mir. »Bei heftigen Regengüssen steht die Kanalisation stark unter Druck, und wenn es kein Ventil gäbe, käme es irgendwann zu Überschwemmungen in den Privathaushalten. Deshalb nehmen die Überlaufsysteme Regen- und Oberflächenwasser auf. [...] Die Aufgabe ist, sie an den richtigen Stellen zu platzieren und sie nur in absoluten Ausnahmefällen zu nutzen.« Was, wie wir alle wissen, eindeutig nicht der Fall ist. »Nein, und daran müssen wir arbeiten«, stimmt Hickey zu. Da sind wir uns also einig. Dieser Meinung war Hickey vermutlich auch schon, als er für die EA arbeitete. Und trotzdem ist die Kacke in den Überläufen am Dampfen. Professor Kevan Martin, ein Bauingenieur, der seine Masterarbeit über Klärschlamm geschrieben hat, erklärt mir später: »Die Abwasseraufbereitung in Großbritannien ist mittelalterlich, sie ist erschütternd schlecht. Ich habe 20 Jahre lang in der Schweiz gearbeitet, und dort wird das Wasser so sauber aus den Kläranlagen in die Flüsse eingeleitet, dass man es

---

* Laut dem Regenentlastungsgutachten, das Water UK, EA, DEFRA und OFWAT im Jahr 2021 in Auftrag gaben, ist eine solche Umbenennung allerdings letztendlich wirkungslos: »Der Begriff ›Regenüberlauf‹ steht synonym für ›Mischwasserentlastung‹.«

trinken kann. Das, was aus den [britischen] Kläranlagen kommt, würde niemand auch nur in die Nähe seines Mundes lassen.«

Ich frage Ash, ob unsere Flüsse unser Abwassersystem *sind*, ohne dass es jemand zugeben will. »Die Flüsse werden als dritter Reinigungsschritt genutzt«, sagt er über das angeblich fertig geklärte Wasser. Und was ist mit dem unbehandelten Schmutzwasser? »Da gilt das auf jeden Fall – das können wir beweisen. Wir haben die Daten.« Aus dem nahe gelegenen Whitney-Klärwerk trat 2019 1300 Stunden und 2020 1600 Stunden lang Abwasser aus. In der Anlage in Didcot hat sich die Stundenzahl verdoppelt. »Das sind Bereiche mit vielen Neubauten«, sagt Ash. Er behauptet, dass die EA den Sachverhalt überhaupt nicht untersucht hätte, »wenn wir nicht im ganzen Land Alarm geschlagen hätten«. Einige Wasserunternehmen sagten aus, dass die Mischwasserentlastung nötig sei, weil über die Risse in den Rohren Grundwasser ins Abwassersystem eindringe, das irgendwo auch wieder austreten müsse. Doch derartige Entlastungen aufgrund von eindringendem Grundwasser seien »kein erlaubter Vorgang«, sagt Ash. »Das haben wir schriftlich, vom Ministerium selbst. Jetzt bereuen sie, dieses Argument jemals angeführt zu haben«, behauptet er. Aber »das DEFRA zwang die EA, nur einen kleinen Bruchteil der Übertritte zu verfolgen und die meisten zu ignorieren«. Wie um das zu bestätigen, veröffentlichten der *Guardian* und der *ENDS Report* im Januar 2022 ein geleaktes Dokument, in dem die EA ihre Mitarbeiter anweist, Untersuchungen zu geringfügigen Verschmutzungsvorfällen zu »unterbinden«, weil nicht genügend Geld zur Verfügung stände. Die Leitung der EA habe »der Regierung zu verstehen gegeben, dass jeder die Umwelt erhält, für die er bezahlt hat«.[28] Das wiederholte auch James Beevan in einer Rede im März 2022, in der er einräumte, dass »wir immer noch zu viel Verschmutzung durch Abwassereinleitung erleben«, gleichzeitig aber erklärte, dass die Behörde zwar »streng kontrollieren« müsse*,

* Ich kann quasi hören, wie Ash knurrt: »Oder überhaupt.«

dafür jedoch auch »die nötigen Befugnisse und Ressourcen« benötige.[29]

Wir kehren dem Fluss den Rücken, damit Ash mir eine Pflanzenkläranlage zeigen kann. Mit etwas gutem Willen ließe sich dies als eine natürliche Lösung betrachten, da hier Schilf als eine Art Filter eingesetzt wird, um das Abwasser zu reinigen, bevor es in den Windrush fließt. Für Ash hingegen ist der Name nur »eine freundliche Bezeichnung dafür, Schmutzwasser auf einem Feld zu verteilen und zu hoffen, dass alles gut läuft«. Hier strömt das unbehandelte Abwasser durch einen Betonkanal, auf dessen Metallgitterabdeckung wir nun stehen. Vor die vier Ausleitungsrohre, aus denen sich der Kanalinhalt in das angelegte Feuchtgebiet (oder den »Abwassersumpf«, je nach Standpunkt) ergießt, sind dicht gewebte Plastiknetze gespannt, die vorderste Front unseres Klärsystems. Rundherum liegen alte Netze voller verklebtem Dreck, Haaren, Feuchttüchern und Tampons. Ich bin überrascht, wie primitiv das alles wirkt. Wenn es hier, am Rand eines berühmten Touristenortes in den Cotswolds, schon so aussieht, wie ist es dann wohl an abgelegeneren Orten?

»Das zeigt, wie viele Bakterien, Hormone, Pharmazeutika und Chemikalien im Abwasser sind«, sagt Ash. Selbst das Wasser, das eine Klär- oder Aufbereitungsanlage durchläuft, wird seiner Meinung nach häufig nur unzureichend gereinigt. Ash zufolge sind sich viele Menschen nicht bewusst, dass die Regierung »die Umwelt der Wirtschaft geopfert« habe, wie er es formuliert. »Überall sonst würde man das als Gewinn aus kriminellen Aktivitäten bezeichnen.« (Wir sollten nicht vergessen, dass er früher Polizist war.) Es sei billiger, die Verschmutzung in Kauf zu nehmen, als dagegen vorzugehen. »Das ist eine bewusste Entscheidung, ermöglicht und begünstigt durch das DEFRA, die EA und OFWAT, nur um den Wasserpreis zu drücken.«

Das Thema beschäftigt nicht mehr nur Aktivisten wie Ash und Feargal Sharkey. Auch das vom Unterhaus eingesetzte Umweltprüfungskomitee zur Flusswasserqualität spricht in seinem vierten

Bericht aus dem Jahr 2021/22 eine deutliche Sprache: »Die Flüsse in England sind in einem desolaten Zustand«, heißt es dort unverblümt. »Ein ›Chemiecocktail‹ aus Fäkalien, Agrarabwässern und Plastik verschmutzt das Wasser in vielen Flüssen des Landes. Die Abwasserunternehmen scheinen regelmäßig unbehandeltes oder nur teilweise behandeltes Abwasser in die Flüsse einzuleiten, häufig entgegen den Konditionen ihrer Betriebsgenehmigungen, die ihnen dies offiziell nur unter außergewöhnlichen Umständen gestatten.«

Die Wasserrahmenrichtlinie der EU von 2003 forderte, dass bis 2015 sämtliche Flüsse ökologisch gesund zu sein hätten. 2014 zeichnete sich ab, dass England diese Vorgabe um Längen verfehlen würde; nur 17 Prozent der Flüsse erfüllten die Bedingungen. 2015 war dieser Wert auf 15 Prozent gesunken. Die Regierung beantragte einen Aufschub bis 2021 und später bis 2027. Durch den Brexit war klar, dass Großbritannien die EU 2020 ohnehin verlassen würde. 2021, dem Jahr, in dem die erste Verlängerung ausgelaufen wäre, waren aus den 15 Prozent 0 geworden: Kein einziger Fluss in England war mehr in einem ökologisch gesunden Allgemeinzustand.[30] Und hätte die Frist von 2027 noch Bestand, »könnte man auch das vergessen«, erklärt mir Feargal am Telefon. Der neue, auf 25 Jahre ausgelegte Umweltplan der Regierung verlange nur, dass 75 Prozent der Flüsse »in einem natürlichen Zustand« zu sein haben (was auch immer das sein mag), »sobald es praktisch zu realisieren ist«. Das bedeutet nichts anderes, als dass konkrete, zeitlich klar definierte Umweltvorschriften durch sinnentleerte Plattitüden ersetzt wurden.*

Obwohl sich das Baden in Naturgewässern bei den Briten immer größerer Beliebtheit erfreut, rät Feargal dazu, »es sich gründlich

* Letztendlich gab die britische Regierung dann doch eine konkrete Frist bekannt: Ende Dezember 2022 – der Zeitpunkt war zweifellos so gewählt, dass die Nachricht über die Weihnachtstage unterging – verkündete sie, dass die Vorgaben für 2027 nun im Jahr 2063 erreicht werden sollten.

zu überlegen, ob man zum Schwimmen in einen englischen Fluss steigen möchte«. 2020 ließ die Stadt Ilkley in Yorkshire einen von Schwimmfans favorisierten Abschnitt des Flusses Wharfe als offizielle Badestelle anerkennen, um so eine regelmäßige Überprüfung der Wasserqualität zu erwirken. Anders als die Tausenden glücklich Unwissenden, die sich hier jedes Jahr im Wasser tummeln, wissen die Aktivisten der Ilkley Clean River Group (Initiative für einen sauberen Fluss in Ilkley) sehr genau, was die Analysen offenbaren werden: nicht geeignet und verschmutzt. Feargal zufolge hat das Abwasserunternehmen Yorkshire Water 2019 zugegeben, in 196 Fällen Abwasser in den Wharfe eingeleitet zu haben, »direkt im Stadtzentrum von Ilkley«. Als das Wasser auf Kolibakterien getestet wurde, übertraf der Befund den Grenzwert für unbedenkliche Badegewässer um das 42 000-Fache.

Im Januar 2021 räumte das DEFRA in einer aufsehenerregenden Pressemeldung ein, dass »die Infrastruktur über die Jahrzehnte hinweg nicht mit der Wachstumsentwicklung Schritt gehalten« habe.[31] Den Vorsitz des Umweltprüfungskomitees hatten 2022 die Konservativen inne (als Regierungspartei) und sie stellten auch die Hälfte des sechzehnköpfigen Komitees. Trotzdem hätten die Formulierungen genauso gut aus der Feder von Greenpeace stammen können: »Das Abwassersystem ist überlastet und nicht in der Lage, dem zunehmenden Druck durch die Entwicklungen in der Wohnbebauung, den Auswirkungen der stärkeren Niederschläge und einem Übermaß an Plastik und anderen nicht biologisch abbaubaren Abfallprodukten, die das System verstopfen, standzuhalten. Die früheren sowie die aktuelle Regierung, die Wasserversorgungsunternehmen und die Regulierungsbehörden sehen offenbar keinen Anlass, etwas zu ändern, und beschränken sich auf die reine Verwaltung der präviktorianischen Praxis, Abwässer in Flüsse einzuleiten.«[32]

Bis eine detaillierte Karte der Abwasserzuflüsse auf einer Homepage des River Trust auftauchte (die sich übrigens jeder Einwohner von England und Wales dringend einmal anschauen sollte*), war sich niemand – womöglich nicht einmal die Abwasserunternehmen selbst – bewusst, welche landesweiten Ausmaße das Problem angenommen hatte. Doch statt es nun endlich direkt anzugehen, erklärt mir Feargal, schuf die EA ein neues Schlupfloch. Jetzt wird »ein durchgehendes Überlaufgeschehen von bis zu 50 Tagen Dauer als ein einziges Ereignis verzeichnet«. In Absprache mit den Wasserunternehmen leitet die EA nur dann eine Untersuchung ein, wenn es irgendwo mehr als 60 Überlaufereignisse innerhalb eines Jahres gibt. Wie Feargal anmerkt: »Es gibt verflucht noch mal gar nicht genügend Tage im Jahr, wenn sie 50 Tage als ein Ereignis zählen – so kommt man nie auf 60.« Und das ist noch nicht alles: Die Formulierung »außergewöhnliche Umstände« wurde in »aufgrund von Regen oder Schneeschmelze« geändert – es müssen nicht einmal schwere Regenfälle sein.

Auch von den Äckern landet eine ganze Menge Dreck in unseren Flüssen. Im Sommer 2021 zeigte der Aktivist und Journalist George Monbiot einen einstündigen Film namens *Rivercide* (Flussmord), in dem es um die Verschmutzung eines der größten Flüsse von England und Wales ging, des Wye.[33] Der Wye ist ein beliebtes Touristenziel, eine Art englische Dordogne, wo die Hobby-Kajakfahrer durch das Wasser gleiten und hin und wieder am Ufer anlegen, um sich in die Sonne zu legen oder baden zu gehen. Ich war 2020 mit meinem Vater dort gewesen und sogar im Fluss geschwommen. Trotz der vielen Touristen hat der Ort noch immer etwas Abgeschiedenes und Unberührtes an sich, als seien die dicht besiedelten urbanen Zentren des Südostens Millionen Kilometer entfernt (in Wahrheit sind es gerade einmal 80). In dem Film läuft der ziemlich sonnenverbrannte

* Triggerwarnung: Anschließend ist einem die Lust, je wieder in einem Fluss schwimmen zu gehen, gründlich vergangen. Ausnahmen scheint es unter den Flüssen und Bächen in England nicht zu geben: »Is My River Fit to Play In?« (Ist mein Fluss zum Planschen geeignet?), arcg.is/19LiCa.

George an einem Kiesstrand entlang und sagt in die Kamera: »Sie können sehen, dass hier etwas ganz gehörig schiefläuft. Noch vor wenigen Jahren waren die Steine ganz und gar sauber, doch jetzt« – er zeigt auf ein paar Exemplare dicht unter der Wasseroberfläche – »sind sie von grünem Schleim bedeckt. [...] Es sollte hier deutlich mehr Fische und viel mehr Insekten geben.« (Jetzt, wo er es sagt, erinnere ich mich an das glitschige Gefühl unter meinen Fußsohlen.) Ein einheimischer Umweltschützer erklärt ihm, dass allein zwischen 2019 und 2021 95 Prozent des Hahnenfußes – einer Wasserpflanze, die für das Ökosystem des Wye von entscheidender Bedeutung ist – verschwunden sei. »Es ist nichts mehr übrig.« Ausgelöst durch einen Überschuss an Nährstoffen – genauer gesagt Nitraten und Phosphaten –, erlebt der Fluss nun eine ständige Algenblüte. »Es ist, als müssten wir zusehen, wie ein geliebter Mensch an Krebs verstirbt«, sagt ein ortsansässiger Angelführer zu Monbiot. Hier ist die Landwirtschaft der größere Übeltäter als die Abwassereinleitung. In den Massentierbetrieben im Einzugsgebiet des Wye werden rund 20 Millionen Hühner gehalten. Deren Exkremente enthalten fünfmal so viel Phosphat wie die von Schafen oder Rindern. Einen Teil dieses Kots verteilen die Bauern als frei verfügbaren Dünger auf den Feldern; doch da die Pflanzen so viele Nährstoffe gar nicht aufnehmen können, sickert der Rest ins Grundwasser ein oder wird direkt in den Fluss gespült.

Ein Großteil des Stickstoffs in unseren Gewässern geht auf die Landwirtschaft zurück (70 Prozent), deutlich mehr als auf eingeleitetes Abwasser (25 bis 30 Prozent). Über die Hälfte der Fläche Englands gilt als nitratbelastet, da eine erhöhte Stickstoffkonzentration im Grundwasser und in den Flüssen festgestellt wurde. Die größte Phosphorquelle hingegen – Phosphor ist der wichtigste Faktor dafür, dass viele englische Gewässer nicht den Qualitätsstandards der Wasserrahmenrichtlinie genügen – ist immer noch das Abwasser.[34] Charles Rangeley-Wilson schreibt: »Sollte die P[hosphor]-Konzentration weiter steigen, wird sich das Ökosystem Fluss in eine von

Algen dominierte Pflanzengesellschaft verwandeln. Benthische Algen überziehen das Flussbett und [...] die Kiessohle, in der viele Insektenarten leben [...] Algen legen sich auf die Blätter und Stiele der Pflanzen höherer Ordnung und behindern somit die Photosynthese.« Irgendwann kommt ein Punkt, »an dem sich der Fluss in eine anoxische Suppe verwandelt und es so gut wie kein Leben mehr gibt«.[35] Genau das passiert mit dem Wye. Gleichzeitig erlebte der größte Süßwassersee Englands, der Windermere, das Prunkstück des Lake District, im Sommer 2022 eine Algenblüte, die den See in seiner ganzen Breite bedeckte.

## Die Kläranlage in Aktion

Ich wollte den ganzen Kreislauf sehen. Nach meinem Besuch am Farmoor-Reservoir, aus dem mein Wasser stammt, und den vielen Flüssen dazwischen wollte ich mir nun auch noch anschauen, wo mein Abwasser landet. Während des ersten harten Frostes im November, mit einer strahlenden, niedrig stehenden Sonne im Rücken machte ich mich von meinem Haus aus zu Fuß auf den Weg zur Kläranlage von Thames Water in Banbury.

An diesem kalten, klaren Morgen wirkt die große Anlage überraschend idyllisch; ganz langsam gibt der Nebel die runden Absetzbecken frei. Weitläufige, grasbewachsene Flächen glitzern in der frühen Morgensonne. »Manchmal sieht man hier sogar Wild«, erzählt mir Diana, die Leiterin der Anlage. Als Erstes führt sie mich zum Zulauf, der sich in einem großen Betonbecken befindet. Sämtliches Schmutzwasser, das in Banbury behandelt wird, gelangt durch ein senkrechtes Rohr hierher. Es ist nach oben hin offen, sodass die dunkelbraune Flüssigkeit in einer ebenmäßigen Pilzform nach unten strömt – die Anlage hat gewisse Ähnlichkeit (ich entschuldige mich für den unappetitlichen Vergleich) mit einem überdimensionierten Schokoladenbrunnen. Ein paar Meter weiter sehe ich einen kleineren, helleren Pilz. »Das ist der Zulauf aus Adderbury«, sagt Diana. Anscheinend ist es reiner Zufall, dass das Abwasser von dort heute weniger dunkel ist als das aus Banbury – es sei denn, die Bewohner von Adderbury verbergen irgendetwas. Sobald das Abwasser im Becken angekommen ist, fließt es über ein langsames Förderband aus Metall, das die gröbsten Feststoffe nach oben wegträgt. Während wir zusehen, tauchen Feuchttücher und Tampons aus der Brühe auf. Das Bemerkenswerteste, was Diana hier je entdeckt hat, war eine tote Katze. »Das war ziemlich traurig – ich mag Tiere«, sagt sie. Aber die einzige Konstante, immer und auf jedem Förderband zu finden, seien Maiskörner. »Unser Körper kann sie einfach nicht verdauen«, so Diana.

Als Nächstes fließt die Schokoladenmilch (jetzt maisfrei) in die großen, runden Vorklärbecken, die wir vermutlich alle vor Augen haben, wenn wir an eine Kläranlage denken. Hier rinnt das Wasser (»Nennen Sie es nicht ›Wasser‹, es ist weiterhin Abwasser«, korrigiert mich Diana ein ums andere Mal. »Vergessen Sie nicht, dass es immer noch verschmutzt ist.«) über den Beckenrand zum nächsten Schritt, während sich die Feststoffe als Klärschlamm am Boden absetzen. Ab hier gehen Abwasser und Klärschlamm getrennte Wege. Das Wasser landet nun im Belebungsbecken, in dem die verbliebenen Feststoffe durch Bläschen an die Oberfläche getrieben werden (hauptsächlich Wattebäusche, wenn ich es richtig sehe). Dann folgt die chemische Behandlung mit Eisenchlorid (eine der wenigen Chemikalien im gesamten Prozess, die einen unangenehmen Geruch erzeugen können), bevor die Flüssigkeit das Nachklärbecken und dann die abschließende Sandfilterung passiert. Von da aus gelangt das Wasser über einen offenen Ableiter in den Fluss Cherwell. Becky, die PR-Frau von Thames Water, die mir den Besuch vermittelt hat, erklärt mir, dass in einigen kleineren Anlagen die Sandfilterung ausgelassen und das Wasser direkt aus dem Nachklärbecken in den Fluss eingeleitet werde.

Der Ableiter (Diana will auch jetzt noch nicht von »Wasser«

sprechen, es handle sich um das »Endprodukt«) ist erstaunlich groß, wie ein schmaler Kanal. Laut einer digitalen Anzeige strömt das Wasser mit einer Geschwindigkeit von 2,09 Millionen Litern pro Tag hindurch. Außerdem sind dort Angaben zum Phosphor-, Kalium- und Ammoniakgehalt abzulesen, aber Diana bittet mich, diese Daten nicht zu notieren. Es entspräche alles dem EA-Standard, versichert sie mir. Dann schöpft sie mithilfe eines Testbechers an einer Metallstange etwas Wasser ab, damit ich es mir ansehen kann. Ich weigere mich, es zu trinken. »Ja, lieber nicht!«, sagt sie hastig – nur um dann zu ergänzen, dass sie sich, wenn sie die Wahl zwischen diesem Endprodukt und dem Rohwasser im Farmoor-Reservoir hätte, immer für dieses hier entscheiden würde.

Der Klärschlamm seinerseits wird aus dem Vorklärbecken in den Faulturm gebracht. Dort entsteht Methangas, das 50 Prozent der zum Betrieb der Anlage benötigten Energie liefert, während der Faulprozess die Feststoffe zersetzt, bevor die Masse erst eingedickt und dann zu Blöcken gepresst wird. Zu großen, dampfenden Stapeln aus Blöcken. Aus nächster Nähe betrachtet sehen sie überraschend hygienisch aus: sehr dunkle, fast schwarze, handtellergroße Klötze, wie dünne Scheiben Torf, dem sie biologisch gesehen vielleicht sogar ähnlich sind. Diese Blöcke werden an Landwirte verkauft, die sie auf die Felder ausbringen (nicht auf Felder, auf denen Lebensmittel zum direkten Verzehr durch den Menschen angebaut werden, aber auf solche, deren Erzeugnis für den indirekten Verzehr gedacht ist, etwa Tierfutter oder Weizen). Bei den Bauern sei das Produkt sehr beliebt, sagt Becky, und es gebe reichlich davon.* Ich frage, welche

---

* Der Landwirt Steven Lear aus Buckinghamshire erzählt mir später, dass auch er diese »Klärschlammblöcke« in der Vergangenheit eingesetzt habe. »Aber ich bin mir nicht sicher, ob ich es noch einmal tun würde. Seit ich mich ein bisschen damit beschäftigt habe, wie viel Mikroplastik und Chemieprodukte die Menschen im Klo runterspülen und so, habe ich in Hinblick auf die Bodengesundheit Bedenken.« Aber, fügt er hinzu, »der Phosphatgehalt ist sehr gut. Und es gibt viele Landwirte, die das Produkt nutzen.«

Kontrollen die Blöcke in Hinblick auf die Pharmazeutika und Antibiotika aus unserem Urin und Kot durchlaufen. »Gar keine«, antwortet Diana freiheraus. Und wie sieht es mit der Einleitung von unbehandeltem Abwasser in die Gewässer aus? Bevor ich hergekommen bin, habe ich *Is My River Fit to Play In?* aufgerufen und gesehen, dass der Regenwasserüberlauf der Kläranlage in Banbury 2019 insgesamt 33-mal im Einsatz war und ungefähr 298 Stunden lang Abwasser in den Cherwell eingeleitet hat. Als ich Diana danach frage, ob hier unbehandeltes Schmutzwasser in den Fluss gelangt, reagiert sie mit einem klaren Nein: »Das würde alles zunichtemachen, worum wir uns hier bemühen.« Becky erklärt, dass die Regenüberlaufbecken in Banbury immer ausreichen würden, egal, wie stark es regnet (und ich sehe sie während meines Rundgangs groß und leer daliegen). In anderen Thames-Water-Kläranlagen mit geringeren Kapazitäten, etwa in Whitney (wo es im Jahr 2020 97 Überlaufereignisse über insgesamt 1563 Stunden gab), dauert es jedoch nicht allzu lange, bis die Becken voll sind. Aber obwohl das Problem meistens den Wasserunternehmen angelastet wird, schiebt ein Insider von Thames Water den Schwarzen Peter im Gespräch mit mir eher OFWAT zu. Offenbar hat Thames Water die Überlaufbecken ausbauen wollen, um genau diese Situationen zu verhindern. Dies hätte OFWAT dann aber angeblich unterbunden, aus Angst vor steigenden Wasserrechnungen (es soll um einstellige Beträge im Jahr gegangen sein – nicht einmal 1 Pfund im Monat –, was viele Kunden wohl nicht einmal bemerkt hätten). In England bekommt man, was man bezahlt hat. Und wir bezahlen sehr wenig dafür, dass die Flüsse unser Abwasser davonspülen.

Da ich das Endprodukt auf dem letzten Abschnitt seiner Reise sehen will, studiere ich die Landkarte auf der Homepage des River Trust, um herauszufinden, wo es in den Cherwell mündet. Ich folge einem Fußpfad am Ableiter entlang und biege dann auf das Feld eines Bauern ab. Am Fluss angekommen, kann ich das Rauschen des Zulaufrohres hören, bevor ich es sehe. Auf dem Absperrgitter darüber sitzt ein Reiher – vermutlich mögen die Fische die Wärme des eintretenden Endprodukts. Hier treffe ich jetzt also erneut auf die 2,09 Millionen Liter pro Tag, jetzt ein gutes Stück weit von der Kläranlage entfernt. Der Cherwell ist kein großer Fluss, er verliert viel Wasser an die Industrie, Kanäle und Wehre – es ist einer dieser Flüsse, in denen der nächste halb versunkene Einkaufswagen nie weit entfernt ist. Durch den Zulauf steigert sich sein Volumen hier jedoch um etwa ein Drittel. Wenn das Wasser gut genug ist für den Fischreiher, sollten vielleicht auch wir uns damit zufriedengeben. Aber ich habe immer noch Dianas Worte im Kopf (»Wir nennen es nicht Wasser, sondern Endprodukt«), und auch die nicht vorhandene Untersuchung auf die Überreste moderner Medikamente, die wir ausscheiden, lässt mich nach den Gesprächen mit Ash und insbesondere mit Hans Sanderson nicht los. Durch die Behandlung in der Kläranlage ist das Wasser zwar von den Feststoffen befreit, aber alles andere rauscht weiter flussabwärts, strömt in die Themse und gelangt von dort aus erneut ins Farmoor-Reservoir. Dort schließt sich der Kreis; ich habe ihn in Gänze besichtigt. Irgendwann werde ich dieses Endprodukt wieder trinken, in der Toilette hinunterspülen und damit duschen.

# 7 WOHER KOMMT DER GRÜNE SPARGEL?

Vom Boden aus ist nicht einmal zu erkennen, dass das Feld rund ist. Ein langer, gerader Metallarm reicht von seinem Rand aus, wo ich stehe, bis zum Mittelpunkt 500 Meter von mir entfernt. An diesem Arm hängen in regelmäßigen Abständen Hunderte etwa 3 Meter lange Wasserschläuche, die nur 30 Zentimeter oberhalb der Pflanzen in Sprühdüsen enden. Wie ein gigantischer Zirkel hat sich die Anlage der Sisyphusarbeit verschrieben, jeden Tag einen perfekten Kreis zu zeichnen und dabei Wasser zu versprühen. Auf diesem Feld, in der Nähe des Gila-River-Reservats in Arizona, ist es Alfalfa, die bewässert wird. Menschen essen keine Alfalfa, aber Kühe schon.

Wer über die landwirtschaftlich geprägten Bundesstaaten im Inneren der USA fliegt, stellt schnell fest, dass Kornkreise in der Landschaft am Boden allgegenwärtig sind. Doch damit sind nicht die von Aliens erschaffenen gemeint – hier handelt es sich um eine Agrartechnik namens Pivot- oder Kreisberegnung. Dabei erstreckt sich ein einzelner, ferngesteuerter Bewässerungsarm vom Zentrum des Kreises bis zum Rand des Feldes, und aus jedem Schlauch gelangt exakt so viel Wasser auf die Pflanzen, dass die gesamte Fläche gleichmäßig beregnet wird. Das Feld, das ich mir anschaue, hat einen Durchmesser von etwa 1 Kilometer. Als ich den Ort auf Google Maps herauszoome, sehe ich, dass hier sieben solcher Felder beieinander liegen – eine für amerikanische Verhältnisse eher bescheidene Zahl. Jenseits der fruchtbaren grünen Kreise befindet sich nackter Sand, wodurch auf dem Satellitenbild der Eindruck entsteht, jemand hätte grüne Teller auf einem Strand verteilt. Immerhin sind wir hier in der Sonora-Wüste.

Nach Angaben der Firma Valley Irrigation, aus deren Produktion der Trägerarm vor mir stammt, ist Alfalfa eine der wichtigsten künstlich bewässerten Nutzpflanzen in Arizona. Einem Artikel in der Zeitschrift *American Dairymen* ist zu entnehmen, dass »Alfalfa mehr Wasser benötigt als die meisten anderen Anbaupflanzen in den USA«.[1] In Kalifornien werden jährlich zwischen 4,9 und 6,8 Kubikkilometer Wasser für den Alfalfaanbau verbraucht[2] – was bedeutet, dass diese Pflanze allein so viel Wasser verschluckt, wie der Bundesstaat aus dem Lake Mead erhält.* Ein einziger Trägerarm kann 52 bis 62 Hektar Land bewässern. Die versprühte Wassermenge hängt von den äußeren Bedingungen und der angebauten Frucht ab, doch die University of Tennessee gibt an, dass die meisten dieser Anlagen darauf ausgelegt seien, mit einer Fließgeschwindigkeit von 27 Litern pro Minute über 24 Stunden hinweg 1,88 Zentimeter pro Hektar auszubringen, was auf die Woche gerechnet gut 13 Zentimeter ergibt[3] – kaum weniger, als in Nevada *jährlich* an Regen niedergeht. Allein diese Zahl zeigt, wie wenig nachhaltig es ist, allein auf regenabhängige Grundwasserbestände zu bauen.

Im Fachmagazin *Smithsonian* schreibt der Landwirtschafts- und Umwelthistoriker Joe Anderson von der Mount Royal University: »Als die Bewässerer die Grenzen der Grundwasserbewässerung bemerkten, steckte die Region bereits tief in dem, was Historiker als Infrastrukturfalle bezeichnen: Der Erfolg der Kreisberegnung hatte alle Ansätze für alternative Anbaumethoden in diesen trockenen

---

* Ich beziehe mich in diesem Buch immer wieder auf die Wasserkontingente aus dem Lake Mead und dem Flusssystem des Colorado River, aber natürlich verfügt Kalifornien über eine Vielzahl an Wasserquellen. Laut einer Studie des Forschungsinstituts Pacific Institute beläuft sich der Wasserverbrauch in Kalifornien im Durchschnitt auf insgesamt ungefähr 53 Kubikkilometer pro Jahr, wobei 80 Prozent – 43 Kubikkilometer – auf die Landwirtschaft entfallen, zum großen Teil Grundwasser. (Heather Cooley, *Urban and Agricultural Water Use in California, 1960– 2015* (Oakland, CA: Pacific Institute, Juni 2020), https://pacinst.org/wp-content/uploads/2020/06/PI_Water_Use_Trends_June_2020.pdf)

Regionen verdrängt.« In den vergangenen Jahren ist deutlich geworden, wie sehr der Ogallala-Aquifer, der für den Mittleren Westen von enormer Bedeutung ist, unter der massiven Entnahme leidet. Anderson zufolge verlieren weite Teile des Grundwasserleiters aufgrund der Kreisberegnungslandwirtschaft mehr Wasser, als auf natürliche Weise nachkommt – zum Teil sinkt der Grundwasserspiegel um jährlich 30 Zentimeter. 2017 ergaben die letzten Daten des GRACE-FO-Satelliten der NASA, dass »ungefähr 30 Prozent des Wassers, das sich einst im Boden unter Kansas befand, bereits weg sind, und wenn es weitergeht wie bisher, werden innerhalb der nächsten 50 Jahre weitere 40 Prozent verschwinden. Trotzdem wird unaufhörlich Wasser aus dem Boden gepumpt.«[4] Eine 2019 an der Stanford University durchgeführte Untersuchung ergab, dass sich die Bewässerungslandwirtschaft nicht mehr lohnt, sobald der gesättigte Bereich eines Grundwasserleiters die Neun-Meter-Marke unterschreitet. »Unter den aktuellen landwirtschaftlichen und klimatischen Bedingungen dürfte der Anteil des [High Plains-]Aquifers, der unterhalb dieser Schwelle liegt, Vorhersagen zufolge zwischen 2012 und 2100 von 25 auf 40 Prozent steigen.«[5]

Weiter westlich, im kalifornischen Blythe, wächst auf mehr als der Hälfte der bewässerten Anbauflächen Alfalfa. Hier setzt man nicht auf die Beregnung mit Grundwasser, sondern auf die Überflutung durch den Colorado River. Und ein Großteil der Alfalfa wird an Kühe in Saudi-Arabien, nicht in Süd-Arizona verfüttert. Fondomonte Farms, ein Tochterbetrieb des in Saudi-Arabien ansässigen Unternehmens Almarai – des größten vertikal integrierten Milchproduktherstellers der Welt – schickt die Alfalfa nach King-Abdullah-City, wo sie zu Viehfutter verarbeitet wird und somit später Milch und Gebäckwaren hervorbringt. Auch in Saudi-Arabien wurde lange viel Kreisberegnungsanbau betrieben, bis dem Land das Wasser ausging. Das Wadi-as-Sirhan-Becken war einst mit Tausenden grünen Kreisen übersät, ähnlich wie die US-amerikanischen Great Plains heute. Der Boom begann erst in den 1980er-Jahren, doch schon in den

Neunzigern pumpten die Landwirte jedes Jahr im Schnitt 18,5 Kubikkilometer* mehrheitlich fossiles Wasser aus dem Boden. Vor dem Landwirtschaftsboom befanden sich unter der saudischen Wüste Schätzungen zufolge etwa 500 Kubikkilometer Wasser. Heute sind laut Experten vier Fünftel davon verloren.[6] Alarmiert durch den rasanten Verlust verkündete die saudische Regierung 2008, die Weizenproduktion von nun an zu reduzieren; 2016 wurde sie komplett eingestellt.[7] Um den Bedarf an Weizen und Milchprodukten weiter zu decken, wandte man sich an andere Länder, wo der verschwenderische Umgang mit Wasser noch nicht beschränkt war. 2014 erstanden Fondomonte und Almarai die ersten Anbauflächen in Arizona.[8] Professor Cody Friesen von der Arizona State University berichtet mir: »Seitdem haben die Saudis große Landflächen südlich von Tucson gekauft, um dort Alfalfa anzubauen.« Der Import von Alfalfa nach Saudi-Arabien sei im Grunde ein Wasserimport in komprimierter Form. 2015 dehnten die Saudis ihre Tätigkeiten über die Grenzen des Bundesstaates hinweg nach Blythe aus – eine landwirtschaftlich geprägte Stadt inmitten von riesigen Feldern, die über Kanäle mit Wasser aus dem Colorado River bewässert werden, gespeist aus dem stetig schrumpfenden Lake Mead.

In Blythe treffe ich mich mit Bart Fisher, Verwalter des Colorado River Board (Colorado-River-Vertretung) für Kalifornien und des Palo Verde Irrigation District (Bewässerungsverband Palo Verde), dessen Familie hier seit drei Generation Landwirtschaft betreibt.

---

* Zur Veranschaulichung, falls das schwer vorstellbar ist: Malen wir uns kurz einmal aus, wie sich ein Würfel aus Wasser mit einer Kantenlänge von 1 Kilometer um die Stadt legt, in der wir leben, ein gutes Stück höher als das höchste Gebäude der Welt. 18,5 Kubikkilometer Wasser – die Menge, die die saudischen Bauern jedes Jahr aus dem Grundwasserkörper entnahmen, ohne dass dieser das auch nur ansatzweise wieder ersetzen konnte – entsprechen nun aber eher einem Würfel, der fast bis auf die Flughöhe einer Passagiermaschine hinaufreicht. Diese Menge wurde buchstäblich innerhalb eines Jahres von Kühen und Menschen verzehrt und war damit unwiederbringlich verloren.

Sein Großvater, Wayne H. Fisher, war ein Gründungsmitglied des Verbands, nachdem er sein Ölvermögen in der Weltwirtschaftskrise verloren hatte und nach Blythe gekommen war, um dort als Landwirt noch einmal ganz von vorn anzufangen. Das sei damals nicht ungewöhnlich gewesen, erklärt mir Bart, als ich neben ihm in seinem Pick-up sitze. »Die ersten Landwirte in unserem Tal stammten alle aus Oklahoma, sie sind auf der Suche nach Wasser damals aus der *dust bowl* hierher geflohen.« Heute würden wir sie wohl als »Klimaflüchtlinge« bezeichnen. Der Geniestreich von Wayne H. Fisher bestand darin, über das neue Wiederaufbaugesetz Hilfsgelder für den Bewässerungsverband von Palo Verde zu beantragen: »Zu dem Zeitpunkt druckte die Bundesregierung ständig mehr Geld, um die Wirtschaft am Laufen zu halten und das Land vor dem Kollaps zu bewahren«, erklärt Bart, ein älterer Mann, der sich noch lebhaft daran erinnern kann, diese Geschichten schon als Kind gehört zu haben. So gelangte der Palo-Verde-Verband zu einer Menge Geld, einer Menge Land und letztendlich auch zu einer Menge Wasser.

Unsere erste Station ist die Talsperre des Verbands. Hier sieht es aus wie an jedem anderen großen Stausee auch – rundherum steht Schilf, und das Wasser erstreckt sich bis zum Horizont. Was dieses Reservoir besonders macht, ist, dass es sich dabei um Privateigentum handelt. Obwohl es 1957 vom Federal Bureau of Reclamation gebaut wurde, ging es bis 2007 vollständig in den Besitz des Verbands über. Am Ufer ist eine Plakette angebracht, gewidmet »den vielen Pionieren, die das Potenzial und den Wert unseres Tales erkannten«. Unter den Namen entdecke ich auch den von Barts Großvater. »Der einzige Zweck dieser Stauanlage besteht darin, das Wasser [des Colorado River] in unser Bewässerungssystem umzuleiten«, erklärt Bart. Das System ist ein Geflecht aus Kanälen, die anfangs so breit wie Flüsse sind und sich dann immer weiter in betongesäumte Gräben und Rinnen aufspalten, bevor sie an einzelnen Höfen und Feldern enden, wo das Wasser abgepumpt und auf die Pflanzen verteilt wird. Das mag wie eine extravagante, privilegierte Nutzung des wertvollen Wassers aus dem Colorado River wirken, steht aber im Einklang mit den staatlichen Strukturen. »Der Colorado River schlängelt sich vom Hoover-Damm bis nach Parker«, sagt Bart. »Dieses Wasser stammt aus dem Lake Havasu, der wiederum als Absetzbecken für den CAP-Kanal und Metropolitan dient« – damit ist das südkalifornische Wasserversorgungsunternehmen Metropolitan Water District of Southern California gemeint, das hier jeder einfach »Metropolitan« nennt. Bart zufolge werden am Staudamm sekündlich 22,6 bis 28,3 Kubikmeter Wasser aus dem Colorado River in die Bewässerungskanäle umgeleitet; eine bescheidene Menge, verglichen mit den 3,8 Kubikkilometern, die die Nutzer aus dem Imperial Valley ein Stück weiter stromabwärts jährlich entnehmen. Hier bekommt man einen sehr guten Eindruck davon, wie sich wirklich jeder seine Scheibe vom Fluss abschneidet. Satellitenbilder zeigen, dass der Colorado River über seinen gesamten weiteren Verlauf hinweg von grünen Anbauflächen umgeben ist; Kanäle und Felder säumen ihn, bis er die mexikanische Grenze überquert – ab da sieht es schlagartig anders aus. Es ist einfach kaum noch Wasser übrig. Der Tod eines Flusses, verursacht durch 1000 kleine Schnitte. Von einem Einmünden ins Meer kann keine Rede mehr sein, der Colorado River schafft es kaum bis nach Mexiko.

Bart selbst besitzt mehr als 4654 der 42290 Hektar im Zuständigkeitsbereich des Bewässerungsverbands. Ich frage ihn, ob er den massiven Export von hier angebauten Lebensmitteln mit dem Export von Wasser aus dem Colorado River gleichsetzt, woraufhin er darauf hinweist, dass das Wasser im Nahrungsmittelanbau mehrere Male verwendet wird – in seinem Fall fließen 0,37 der 0,62 Kubikkilometer, die er bezieht, wieder in den Fluss zurück, um stromabwärts zur Bewässerung weiterer Felder zu dienen, als Wasserdampf in die Atmosphäre einzutreten und als Regen auf Anbauflächen weiter im Osten niederzugehen. »Ja, wir exportieren Getreide nach Bangladesch. Ist das verwerflich? Eigentlich nicht. So ist das eben. Wird dafür wertvolles Wasser aus dem Westen verwendet? Ja, sicher.«

Dann fügt er hinzu: »Aber das ist eine Entwicklung, die nicht in unserer Hand liegt. Wir freuen uns über jeden neuen Markt und agieren immer innerhalb des Rahmens, den uns die staatlichen Abkommen vorgeben.« Bauern bauen an, solange es ihnen der Staat nicht untersagt – wie 2016 in Saudi-Arabien geschehen. Aber Lebensmittel und Tierfutter müssen irgendwo herkommen. Nicht mehr lange, und wir werden global ein ernstes Gespräch darüber zu führen haben, wo unsere Produkte angebaut werden und wer eigentlich über genügend Wasser dafür verfügt.

In Kalifornien gibt es schon erste Anzeichen für eine solche Debatte. Die Bauern des Palo-Verde-Bewässerungsverbands erhalten mittlerweile Geld dafür, ihre Felder brachliegen zu lassen, über ein 38 Millionen Dollar umfassendes, vom Bureau of Reclamation, Metropolitan und einigen Wasserbehörden in Arizona und Nevada finanziertes Programm – 2021 waren es 909 Dollar, 2022 dann 925 Dollar pro *acre* (das entspricht ungefähr 368 bzw. 374 Dollar pro Hektar). Theoretisch könnten dadurch 220 Milliarden Liter Wasser im Fluss verbleiben, die Metropolitan dann für andere – städtische – Zwecke zur Verfügung ständen. 2005 traf der Wasserversorger gemeinsam mit dem Palo-Verde-Verband eine auf 35 Jahre ausgelegte Vereinbarung, der zufolge maximal 29 Prozent der bewässerten Flächen im Tal brachliegen dürfen. Sobald die Tinte trocken war, sagt Bart, habe Metropolitan darauf gedrängt, diese 29 Prozent zu erreichen, sodass aus dem Maximum schnell die Norm wurde.

2015 erstand Metropolitan selbst 5140 Hektar Anbaufläche, wodurch das Unternehmen zum größten Landbesitzer im Einzugsbereich des Verbands aufstieg. Mitte 2021 besaß es schon 11 736 Hektar samt der dazugehörigen vorrangigen Wasserrechte. Wird das durstige Unternehmen die landwirtschaftliche Nutzung fortführen, wenn die Vereinbarung 2040 ausläuft, oder wird es die Wasserrechte anderweitig nutzen, zum Beispiel für die Wasserversorgung? Ein 2021 veröffentlichter Bericht des Metropolitan-Vorstands lässt die Absichten des Unternehmens deutlich erkennen: »[D]er Erwerb

von Land mit vorrangigen Wasserrechten ist eine potenzielle Strategie, um angesichts des im Wandel befindlichen Klimas eine zuverlässige und kosteneffektive Wasserversorgung zu gewährleisten«.[9]
»Der Großraum Los Angeles übt viel Macht aus: Dort leben 19 Millionen Menschen«, sagt Bart. »Es gibt viel Industrie und Fabriken und die Luft- und Raumfahrt. Wenn sie dort beschließen, uns das Wasser wegzunehmen, wie sollen wir sie davon abhalten?« Bisher gibt sich Metropolitan ganz freundlich und verpachtet das erstandene Land zurück an die Landwirte, wenn auch mit Vorgaben hinsichtlich der Fruchtarten und einer effizienten Wassernutzung. »Aber natürlich hat man dort keinerlei Interesse an den Anbauflächen an sich; es geht nur ums Wasser«, meint Bart. Sobald die Vereinbarung 2040 ausgelaufen ist, wird das Unternehmen seine Flächen brachliegen lassen, da ist er sich sicher.

Um mir zu zeigen, wie so eine Post-Agrar-Welt aussehen würde, fährt Bart mit mir nach Blythe. In der Hauptstraße stehen alle Läden leer, im Einkaufszentrum ist ein letztes Geschäft übrig geblieben. Das hängt nicht nur, aber unter anderem damit zusammen, dass ein Drittel weniger Anbauflächen in einer landwirtschaftlich geprägten Gegend eben auch bedeutet, dass ein Drittel der Arbeitsplätze wegfällt. Sollten irgendwann sämtliche Felder brachliegen, würden Städte wie Blythe von der Landkarte der USA verschwinden. »Das Leben ist ziemlich öde geworden hier in Blythe, die Läden und Geschäfte sind zu. […] Seit Metropolitan die Ackerflächen aufgekauft hat, ist es deutlich schlimmer geworden.« Nicht nur, dass der Wasserversorger die Bauern dafür bezahlt, ihre Anbauflächen nicht zu bewirtschaften – hinzukommt, dass die Dollar, die er als größter Landbesitzer im Tal selbst für brachliegende Felder einstreicht, nicht in der Region verbleiben: »Das ist nur eine Zahl in der Geschäftsbilanz«, sagt Bart, der schätzt, dass auf diese Weise jährlich 6 bis 7 Millionen Dollar aus der lokalen Wirtschaft abfließen. Vielleicht gibt es 2040 einfach keine Bauerngemeinschaft mehr, die sich beschweren könnte.

Als wir wieder draußen auf dem Feld stehen, erhält Bart einen Anruf von Dwayne, einem anderen Mitglied des Bewässerungsverbands. Dwayne kann kaum glauben, wie schlecht die Baumwollernte in diesem Jahr ausfällt. »Ja, verdammt schlecht. Es war einfach viel zu heiß«, antwortet Bart. Es sei deprimierend, meint Dwayne. »Und wie. *Shit*«, stimmt Bart zu. Dwayne erzählt, dass er sich mit einigen Bauern weiter im Westen unterhalten habe. »Sie meinten, dass sie im San-Joaquin-Tal früher oder später keine Tomaten mehr anbauen können. [...] Keiner weiß mehr, wie viel Wasser zur Verfügung stehen wird.« »Weißt du, wie es kommt, Dwayne?«, sagt Bart. »Im San-Joaquin-Tal breitet sich das Unkraut aus, die Landschaft verwandelt sich wieder in eine Wüste. Und inmitten der brachliegenden, überwucherten Felder stehen dann Bäume: Pistazienbäume, Mandelbäume – dafür werden sie den Rest Wasser verwenden.« »Ja, wenn man die Route 33 Richtung Firebaugh fährt, sieht man ja jetzt schon 80 000 Hektar brachliegen. Früher wurden die Flächen bewirtschaftet. Heute wächst da nichts mehr, nur Unkraut. Es gibt einen Hofladen und ein Wohnhaus und das war es dann.« »So sieht es bald überall aus«, antwortet Bart. »Auf der ganzen Strecke von Bakersfield vorbei an Paterson bis nach Stockton und ins Delta.« Bart ist kein Pessimist. Er ist pragmatisch veranlagt, ein Geschäftsmann. Ihm macht seine Arbeit Freude – später erzählt er mir, dass Metropolitan ihm ein millionenschweres Kaufangebot für sein Land gemacht, er aber abgelehnt habe. (»Und was *mache* ich dann?«, soll er dem Unternehmen geantwortet haben.) Obwohl ihm völlig klar ist, dass seine Dorfgemeinschaft und seine Lebensweise vor dem Aussterben stehen, wird er doch einen Teufel tun, zu deren Untergang beizutragen. Er wird bis zum bitteren Ende bleiben, zusammen mit seinen Freunden und Verwandten, mit Dwayne und den anderen Bauern, bis Metropolitan dort das gesamte Land brachliegen lässt. Ein Teil von mir hätte ihn am liebsten in den Arm genommen. Er erzählt mir von einer neuen Melonensorte aus Hami in China, die er neuerdings anbaut, und sie klingt so köstlich, dass ich am liebsten seinen gesamten Bestand aufgekauft hätte. Gleichzeitig weiß ich, dass das Ende einer Ära bevorsteht – der Ära, in der man seine Felder großzügig mit Wasser aus dem Colorado River bewässern konnte. Einer Ära des billigen Wassers.

Auch Evan Wiig, der bei der Community Alliance with Family Farmers (Kommunaler Verband landwirtschaftlicher Familienbetriebe, CAFF) für die Mitgliederverwaltung und Öffentlichkeitsarbeit zuständig ist, hält das Schreckensszenario von Bart und Dwayne für realistisch. Er glaubt sogar, dass es noch schlimmer kommt. Selbst für Nussbäume könnte es knapp werden. »In weiten Teilen des Central Valley, aus dem die Mandeln stammen, deuten die Vorhersagen darauf hin, dass hier aufgrund des Klimawandels in 20, 30 Jahren kein Mandelanbau mehr möglich sein wird. Im südlichen Teil des Tales könnte es schon in fünf oder zehn Jahren so weit sein. […] Dann lässt sich dort kein Gewinn mehr machen. Denn es geht schließlich nicht nur um die Wasserzuteilung; das Klima selbst verändert sich ja auch.« Selbst wenn die Pflanzen Temperaturen von 37 Grad oder längere Dürreperioden aushalten, brauchen sie häufig eine gewisse Zahl an »Kältestunden«, um zu wachsen. Der berühmte kühle Nebel im San-Joaquin-Tal, der bisher dafür gesorgt habe, sei mittlerweile verschwunden, sagt er. »Hier stehe ich nun also im Herzen des Weinbaugebiets Sonoma County, wo wir unsere Trauben in 20 Jahren nicht mehr anbauen können.« Fruchtarten und Trends unterliegen immer schon einem Wandel. Landwirte sind daran gewöhnt, sich an das Klima und Marktveränderungen anzupassen. Aber was bedeutet es, wenn Kalifornien, die Herkunftsregion von 90 Prozent der weltweit verkauften Mandeln, keine Mandeln mehr anbauen kann? Oder, um ein europäisches Beispiel zu nennen, wenn das Klima in der Champagne die Champagnerproduktion unmöglich macht?*

---

* Dominique Lelarge, dessen Familie unter dem Namen Lelarge-Pugeot bereits in siebter Generation Champagner herstellt, berichtete 2020 im Fachmagazin

Zurück in England steht ein Treffen mit dem Biobauern John Bishop auf seinem Hof Rushall Farm in Berkshire an. Ich fahre von der Autobahn auf die Schnellstraße und von der Schnellstraße auf die Landstraße, bis ich schließlich die klangvolle Scratchface Lane erreicht habe. In der sonnigen Pracht des späten Juli gleicht die Landschaft um mich herum einem Ölgemälde. Sanft ansteigende Hügel, dichte Hecken und uralte Eichen umrahmen Roggenfelder, Schafe auf grünen Weiden und einen plätschernden, kristallklaren Kreidefluss, den Pang, der das Tal in zwei Hälften teilt.

John betreibt auf seinen 429 Hektar ausschließlich ökologische Landwirtschaft. »Gefüttert« werden seine Felder mit Klee als Gründüngung; er hat seit dem Jahr 2000 keinen Kunstdünger mehr verwendet. Das hält er auch in Hinblick auf den Wasserverbrauch für sinnvoll. »Aus der Wasserperspektive heißt das, kein unnatürlich schnelles Wachstum zu fördern, indem man Nährstoffe zusetzt. […] Dadurch ist der Zeitraum länger, in dem man sich die Bodenfeuchtigkeit zunutze macht, das Wasser, das ohnehin in der Erde ist.« Das helfe während der extrem wichtigen drei Wochen im Juni, in denen sich die Weizenkörner mit Wasser vollsaugen – wenn die Pflanzen in diesen drei Wochen keines finden, fällt die Ernte mager aus. Und da die Landwirtschaft in England größtenteils regengespeist ist und kaum auf Bewässerung setzt, ist die Bodenfeuchtigkeit von entscheidender Bedeutung. Alles, was möglich ist, um sie zu erhalten oder ihr Schwinden zu verlangsamen, ist hilfreich. John ist seit 1976 Landwirt und sagt, heute sei es »wärmer und weniger vorhersehbar, wann es wie viel Regen gibt«. Kulturpflanzen wie Mais, die in Großbritannien noch vor 40 Jahren als nicht anbaufähig galten,

---

*Wine Enthusiast*, dass er mit der Ernte bereits einen ganzen Monat früher beginne als noch seine Großeltern. (Sarah E. Daniels, »Climate Change Is Rapidly Altering Wine As We Know It«, Wine Enthusiast, 3. Februar 2020)

sind heute weitverbreitet. John schreibt nebenbei für das örtliche Gemeindeblatt und schickt mir nach meinem Besuch ein paar seiner Artikel. In einem Text von Februar 2020 schrieb er: »Es ist erstaunlich, dass wir für diese Grundnahrungsmittel heute das Gleiche bezahlen wie vor 30 Jahren; genau genommen war der Weizenpreis im Jahr 1974 zwischenzeitlich sogar höher! Dabei ist leicht zu erkennen, dass sämtliche Kosten – für Kraftstoff, Traktoren und Maschinen sowie für Arbeitskräfte – enorm gestiegen sind. In der Regel besteht die Reaktion darin, dass die Landwirtschaftsbetriebe immer größer und industrieller werden.«[10]

Als wir auf den Pang zulaufen, auf einem Pfad, den es vermutlich schon seit Jahrhunderten gibt, frage ich John, welche Veränderungen das trockenere Klima der 2020er-Jahre verlangt. Er sagt, dass er und seine Frau im Studium in den Siebzigern Vorlesungen bei einigen der besten Agrarforscher der Welt belegt hätten. »Sie haben uns alles über das Klima, die Geschichte und den Aufbau von Pflanzen gelehrt. Es gab ein Forschungsinstitut für Tierkrankungen, ein Institut für Milchforschung, eine Forschungsstelle für Weideland; der Staat betrieb Testhöfe, wo neue Methoden ausprobiert wurden. Heute gibt es das alles nicht mehr. Daher sehe ich eine Generation von Landwirten heranwachsen, die nicht so flexibel auf die veränderten Bedingungen reagieren können.« Als ich mich später mit Steven Lear, einem jüngeren Bauern aus Buckinghamshire unterhalte, der auf seinen 1200 Hektar Rinder züchtet und Ackerbau betreibt, bestätigt er diese Aussage: »Ich habe mein ganzes Leben auf einem Bauernhof verbracht, bin auf die Universität gegangen und habe Agrarwissenschaften studiert – zu keinem Zeitpunkt hat mir irgendjemand etwas über Bodengesundheit beigebracht. Es ging immer nur um den agrochemischen Ansatz; nutzt möglichst viel Dünger, hieß es – so bringt man Pflanzen zum Wachsen.«

Guy Singh-Watson, Bauer und Gründer des Bio-Gemüsekisten-Unternehmens Riverford, schrieb im trockenen Sommer 2018: »Die einzige kommerziell tragfähige (und zugleich die ökologisch vorteilhafteste) Option besteht darin, in allen Tälern, deren Talsohle breit genug ist, mit Ton ausgekleidete Wasserreservoirs anzulegen, die sich im Winter füllen können. In ein Gut zu investieren, dessen Nutzen so unberechenbar ist, [...] ist ein kühner Schritt, aber vielleicht verändert der Klimawandel die Ausgangssituation.« Zwei Wochen später, als es immer noch nicht geregnet hatte, schrieb er: »Ist dies ein Vorbote des vorhergesagten Klimawandels? Womöglich ist es zu früh, das mit Gewissheit zu sagen – aber bis wir die Gewissheit erlangt haben, ist es zu spät.«[11]

Global betrachtet verbraucht die Landwirtschaft mit Abstand am meisten Wasser. Conor Linstead, Süßwasserspezialist bei WWF UK, erklärt mir, dass etwa 70 Prozent des weltweit entnommenen Wassers auf die Landwirtschaft entfallen, ein Großteil davon für Bewässerung. »Wenn man sich dann noch anschaut, welcher Teil der Wassermenge den Einzugsgebieten durch die Evapotranspiration [der Pflanzen] verloren geht, liegt die landwirtschaftliche Nutzung eher bei 90 Prozent [...] daher kann man das Thema Wasserknappheit vor allem in den trockenen Ländern gar nicht angehen, ohne den Blick auf die Landwirtschaft zu richten.« In Großbritannien werden nur 10 Prozent des Wassers zur Bewässerung eingesetzt, doch was viele nicht verstünden, sei, dass »es sich bei der Landwirtschaft um eine ›verbrauchende‹ Nutzung handle, bei der Wassernutzung im Haushalt hingegen nicht.« Das Wasser aus unseren Wasserhähnen gelangt zu großen Teilen irgendwann später erneut in die Flüsse; doch was in der Landwirtschaft zum Einsatz kommt, wird aus dem Fluss oder dem Grundwasser entnommen und kehrt nicht mehr zurück.*

In Nevada und Arizona, sagt Colby Pellegrino, würden etwa 80 Prozent des Wassers landwirtschaftlich genutzt. »Also bezieht sich alles, was wir auf kommunaler Ebene unternehmen, immer nur auf

---

* Außer es gibt Rücklaufkanäle, wie etwa in Blythe.

20 Prozent des Verbrauchs. Aber irgendwann sollte man dazu übergehen, mehr als nur diese 20 Prozent ins Visier zu nehmen.« In den USA sei Wasser für Landwirte praktisch umsonst, meint Newsha Ajami vom »Wasser im Westen«-Programm der Stanford University: Es gebe eine vorgefertigte Infrastruktur samt Aquädukten und Staudämmen, die eigens dafür da sei, den Farmen Wasser zu liefern. Einige Bauern »halten Wasserrechte und können einfach Wasser entnehmen, ohne dafür bezahlen zu müssen. [...] Wer über Land verfügt, kann einen Brunnen bohren und sich am Wasser bedienen.« Früher hätten Landwirte eine innere Verbindung zu Wasser und Trockenheit gehabt, sagt Ajami. »Sie bauten häufig einjährige Pflanzen an, um die Felder in Dürrejahren brachliegen lassen zu können und sie anschließend erneut zu bewirtschaften.« Heute sei eine Verschiebung weg von gewinnärmeren einjährigen hin zu gewinnträchtigeren mehrjährigen Pflanzen zu beobachten – doch die »benötigen immer Wasser, was auch passiert«; die Anbauflächen können per Definition nicht brachliegen. Damit einhergegangen sei ein kultureller Wandel; »an die Stelle von Familienbetrieben sind Agrarkonzerne getreten, die enorme Profite einfahren und willens und fähig sind, tiefere Brunnen zu bohren [...] Leute, die schnell viel Geld verdienen wollen und dann weiterziehen – was langfristig passiert, ist ihnen egal.« Sobald das Wasser aufgebraucht ist, wandern auch die Konzerne ab, in die nächste Region, die sie leer pumpen können.

Im indischen Punjab schrieb der ehemalige Wirtschaftsprofessor Gian Singh im Januar 2022 auf seinem Blog, dass am sinkenden Grundwasserspiegel vor allem die landwirtschaftliche Bewässerung schuld sei: »Im Punjab wird jedes Jahr mehr Grundwasser auf den Anbauflächen ausgebracht, als zur Verfügung steht, und es gibt einen klaren Zusammenhang zwischen der angebauten Frucht und dem Grundwasserspiegel. Zwei Getreidesorten – Weizen und Reis – nehmen mehr als drei Viertel der bewirtschafteten Flächen ein und sind die wichtigsten Verursacher unseres Grundwassermangels.«

Das sei vor allem auf den Anstieg bezahlbarer Pumpanlagen zurückzuführen. »1961 belief sich die Anzahl der Schlagbrunnen* im Punjab auf nur 7 445. Bis 2021 ist sie auf 1,5 Millionen gestiegen. […] Diese Vervielfachung, die sich aus dem Wasserbedarf der Reisfelder ergibt, hat zu einem stetigen Abfall des Grundwasserspiegels geführt.«[12]

Der in Delhi ansässige Think Tank CEEW fordert in seinem kürzlich erschienenen Bericht »Wachstum durch Wasserumverteilung«, dass der indische Landwirtschaftssektor umfassend reformiert werden müsse, wenn das Land seine Wasserkrise bewältigen wolle: »Indien verbraucht beim Anbau der wichtigsten Nutzpflanzen pro Einheit doppelt bis dreimal so viel Wasser wie China, Brasilien oder die USA. Parallel dazu steigt auch der Wasserbedarf in den anderen Sektoren rapide an, was zunehmend Konflikte in allen Regionen Indiens auslöst.« Die viel zu geringen Speicherkapazitäten, die sich zu 70 Prozent auf nur sechs Bundesstaaten verteilen, hätten zur Folge, dass viele Menschen auf das Grundwasser angewiesen seien. »Aufgrund von technischen Innovationen [und] Energiesubventionen ist das Abschöpfen von Grundwasser die deutlich attraktivere Option für die Bauern. Die steigende Entnahme […] wird die Belastung der indischen Grundwasserleiter zweifellos weiter erhöhen.«[13]

Kangkanika Neog, die als unabhängige Wasserberaterin in Assam tätig ist, erklärt mir, dass die Kanalsysteme, die aus der Zeit kurz nach der Unabhängigkeit stammen, durch ausbleibende Investitionen immer ineffizienter werden. Es gibt Hinweise auf einen Zusammenhang zwischen der zunehmenden Grundwasserentnahme und

---

* Schlagbrunnen bestehen aus einem häufig aus Edelstahl gefertigten Rohr, das in einen oberflächennahen Grundwasserleiter gerammt wird. Sie sind meist schmaler und reichen weniger tief als normale Brunnen, mit denen auch schwerer zugängliche Grundwasservorkommen erschlossen werden können. Für beide Arten werden Pumpen benötigt, um das Wasser an die Oberfläche zu befördern, ob nun Hand-, Diesel-, Elektro- oder Solarpumpen.

der sinkenden Nutzung von Kanalwasser über die Jahrzehnte hinweg. Die Menschen gingen dazu über, ihr eigenes Wasser zu nutzen, sagt Kangkanika, und die Schlagbrunnen und elektrischen Pumpen ermöglichten ihnen einen einfacheren Zugang zum Grundwasser. Anfangs war Energie noch teuer, was der Entnahme hätte Grenzen setzen sollen; doch dann führte der Staat während der Grünen Revolution in den Sechziger- und Siebzigerjahren Stromsubventionen für Landwirte ein, die daraufhin Unmengen von Wasser an die Oberfläche pumpten. Kangkanika sagt: »Das sorgte – in Kombination mit den Subventionen für Pestizide und Düngemittel – für eine Verschlechterung der Bodenqualität und einen sinkenden Grundwasserspiegel.« Heute ist er in weiten Teilen Indiens bedrohlich niedrig. Laut einer Analyse des CEEW wird Indien in Zukunft deutlich mehr Wasser benötigen – bis 2030 schon 41 und bis 2050 sogar 117 Milliarden Kubikmeter zusätzlich. Das sei nur möglich, wenn »das lokal zur Bewässerung eingesetzte Wasser umverteilt« würde – und zwar von den Anbauflächen in die Städte.

Dem CEEW zufolge haben die staatlich garantierten Mindestpreise für Grundnahrungsmittel wie Weizen und Reis eine »schiefe Anreizstruktur« zugunsten von wasserintensiven Nutzpflanzen erzeugt. Im Punjab beläuft sich die Regenmenge während des Monsuns nur auf 40 Prozent dessen, was in Westbengalen niedergeht, und trotzdem bauen die Landwirte dort – dank der staatlich garantierten Preise – Reis an, »hauptsächlich, indem sie während der Sommermonate, wenn die Verdunstungsrate hoch ist, Grundwasser einsetzen«. Das ist bei Weitem nicht nur in Indien so. Es gibt sehr viele Länder, die die falschen Wasserpraktiken fördern. In der EU steht die Gemeinsame Agrarpolitik schon lange in der Kritik, weil sie Anreize für eine ineffiziente Wassernutzung setzt. Ein 2021 erschienener Bericht des Europäischen Rechnungshofes, der sich genau mit diesem Thema befasst, trug das sogar im Titel: »GAP-Mittel fördern eher eine stärkere als eine effizientere Wassernutzung«. Im Bericht war zu lesen, dass »die Mitgliedstaaten EU-Mittel zur Förderung wasserintensiver Kulturen in Gebieten [verwenden], in denen Wasserstress herrscht«. Außerdem kamen die Verfasser zu dem Schluss, dass im Rahmen der GAP die Entwässerung von Torfflächen und Feuchtgebieten für Einkommensstützung infrage käme.[14]

Den womöglich schlimmsten Anreiz in Sachen Wassernutzung setzen aber die USA. Dort werden unzählige brachliegende Felder völlig sinnlos geflutet, weil die »Use it or lose it«-Regel gilt – wer sein Wasserrecht nicht ausschöpft, verliert es. Laut der Zeitschrift *Scientific American* gilt diese Bestimmung in weiten Teilen des Einzugsgebiets des Colorado River und dient »den Bauern, Viehzüchtern und Behörden, die über Wasserrechte verfügen, als wirkungsvoller Anreiz, mehr Wasser zu nutzen als notwendig. […] Es gibt kaum ein krasseres Beispiel dafür, wie die Verfehlungen und Gesetze des Menschen zum aktuellen Wassermangel im Westen der USA beitragen.«[15] Erst im Februar 2021 gestattete Arizona – der Bundesstaat, der wohl schon bald am meisten unter Wasserstress leiden wird – den Rechteinhabern, eine »zeitweilige Aussetzung« zu beantragen, um Wasser sparen zu können, ohne gleich den Anspruch darauf zu verlieren.[16]

Bei der Tröpfchenbewässerung wird das Wasser durch Schläuche geleitet, die im Boden oder zwischen den Pflanzen verlaufen, sodass es in kleinen Mengen direkt an die Wurzeln gelangt. Doch das ist keine flächendeckende Lösung für die Entwicklungsländer, weil bei der Installation einer solchen Anlage immense Kosten anfallen, ganz zu schweigen von der Wartung. Vaibhav Chaturvedi vom CEEW erzählt mir, dass man in Indien »schon seit 25 Jahren über die Tröpfchenbewässerung spricht«, das Verfahren aber auch mit staatlichen Subventionen nicht allgemein umsetzbar sei. Und selbst was die effiziente Wassernutzung angeht, ist diese Technik nicht so optimal, wie man vielleicht erwarten könnte. »Sehr effiziente Ansätze sind aus der Umweltperspektive nicht immer die besten«, sagt Conor Linstead von WWF, »was ein interessantes Paradoxon darstellt.« Es hat sogar einen eigenen Namen: das Jevons-Paradox. So bezeichnet man es, wenn eine technologische Weiterentwicklung die effiziente Nutzung einer Ressource ermöglicht, die gesunkenen Kosten dann aber die Nachfrage steigern und am Ende mehr von der Ressource verbraucht wird als zuvor. Linstead erläutert: »Die Forschungsliteratur zeigt deutlich, dass Landwirte, die von einer ineffizienten auf eine effiziente Bewässerung umstellen, tendenziell mehr Wasser nutzen, weil ihnen das ›eingesparte‹ Wasser weiterhin zur Verfügung steht – also vergrößern sie die Anbauflächen oder verdoppeln die Pflanzenanzahl. Daher ist die Tröpfchenbewässerung nicht das Allheilmittel, als das sie verkauft wird.« Die spanische Wasserpolitikexpertin Nuria Hernández-Mora bestätigt, dass sie diesen Effekt schon häufig im Rahmen von landwirtschaftlichen Modernisierungsprogrammen zur Bewässerung mit Oberflächenwasser beobachten konnte: »So lief es ein ums andere Mal.«

Bei der Tröpfchenbewässerung verbleibt das Wasser im Wurzelbereich und ist »verloren«. Anders ist es bei der auf den ersten Blick verschwenderisch wirkenden Bewässerung durch Überflutung, auch »Staubewässerung« genannt: Hier kann ein Teil des Wassers wieder zurück ins Grundwasser gelangen. »Die Staubewässerung ist sehr hilfreich für die Anreicherung der Grundwasserbestände«, sagt Dr. Helen Dahlke, Dozentin für integrierte Hydrologie an der University of California. »Einer meiner Kollegen hat ermittelt, dass wir den Grundwasserspiegel seit der Grünen Revolution in den 1950er- und 1960er-Jahren dadurch um 2 Fuß [60 Zentimeter] angehoben haben.« Für die Tröpfchenbewässerung hingegen wird klassischerweise Grundwasser entnommen, weil es sauber aus dem Boden kommt, während Oberflächenwasser stärker getrübt sein und die Düsen verstopfen kann.

Darüber hinaus bringt Tröpfchenbewässerung einen ausgeprägten Materialverbrauch mit sich. »Der neueste Trend in der Landwirtschaft besteht darin, massenweise einjährige Kulturpflanzen mithilfe unterirdischer Tröpfchenbewässerung anzubauen«, sagt Dahlke.

Diese Anlagen würden jedes Jahr neu verlegt, statt sie einfach im Boden zu belassen. Außerdem konnte die Landwirtschaft sich so neue Flächen erschließen, die bisher nicht bewirtschaftet wurden. »Das Versprechen, mithilfe der Tröpfchenbewässerung Wasser zu sparen, ist eine große Lüge«, fasst Dahlke zusammen. »Da wir Wasser sparen, nutzen wir es, um mehr anzubauen. Für die Lebensmittelproduktion ist das gut: Die gleiche Menge Wasser erzeugt mehr Nahrung. Doch für die Flüsse, Wassereinzugsgebiete und die Wasserversorgung wirft das wichtige Fragen auf. Eine davon lautet: Sollen wir lokale Wasserbestände aufbrauchen, um Exportlebensmittel anzubauen?

## Woher *kommt* denn jetzt der grüne Spargel?

Die britische Spargelzeit geht traditionell vom Georgstag am 23. April bis zur Sommersonnenwende am 21. Juni. Achteinhalb Wochen lang wächst das wundersame, mehrjährige Gemüse aus der Erde. Um möglichst perfekt zu gedeihen, braucht es einen kühlen, späten Frühling, der nicht zu feucht, aber auch nicht zu trocken ist. Die Stangen werden einzeln per Hand geerntet und sollten am besten innerhalb von zwei Tagen gegessen werden, da sie sonst ihren einzigartigen Geschmack verlieren. »Es liegt immer eine besondere Stimmung in der Luft, wenn der erste britische Spargel in die Läden kommt, weil das ein Signal für den Frühlingsanfang ist«, zitiert der *Guardian* Chris Ling, seines Zeichens Gemüseeinkäufer beim Einzelhandelsunternehmen Marks and Spencer, in einem der unzähligen Artikel, die jedes Jahr zum Auftakt der Spargelzeit erscheinen.

Trotzdem könnten die meisten Briten nicht sagen, wann die grünen Stangen hierzulande Saison haben. Das liegt daran, dass Spargel, wie die meisten Obst- und Gemüsesorten, das ganze Jahr über in den britischen Supermärkten liegt. Ein Großteil des Außer-Saison-Spargels, den wir hier essen, stammt aus Peru und wird in gekühlten

Behältnissen eingeflogen. Wie genau Peru zum wichtigsten Spargelland aufstieg, darüber kursieren ganz unterschiedliche Erklärungen. 2004 schrieb die *New York Times*, dass die USA den Anbau in den 1990er-Jahren im Rahmen ihres Kampfes gegen den Drogenschmuggel mit Subventionen unterstützt hätten, um Alternativen zur Kokainproduktion zu fördern.[17] Einer weniger US-zentrierten Erzählung zufolge wächst der Spargel schon seit den Fünfzigern in Peru, doch das heutige Ausmaß erreichte die Produktion erst durch veränderte Agrargesetze, ein 280 Kilometer langes Bewässerungsprojekt 1990 und ja, auch durch den Andean Trade Promotion and Drug Eradication Act (Andenabkommen zur Handelsförderung und Drogenbekämpfung) von 1991[18], der die Handelsbarrieren senkte und in den 2000er-Jahren eine ganze Reihe von Freihandelsabkommen anstieß.

Das Problem ist allerdings, dass der peruanische Spargel hauptsächlich im Ica-Tal angebaut wird, einem der trockensten Orte der Welt, wo pro Jahr nur 8 Millimeter Regen fallen. Der Fluss Ica wird über die Anbauflächen umgeleitet, und der Grundwasserspiegel fällt und fällt. Der Hilfsorganisation Sustainable Food Trust zufolge »trocknen die Brunnen [im Ica-Tal] aus und der Wasserpreis steigt ins Astronomische, sodass die Bauern gezwungen sind, ihr Land an die Spargelproduzenten zu verkaufen. Der Zugang zu Wasser ist stark rationiert, und dennoch kommt es vor, dass ein einziger großer Spargelbetrieb täglich so viel Wasser verbraucht wie die gesamte Stadt Ica.« Das Titelblatt eines 2010 veröffentlichten Berichts der Nichtregierungsorganisationen Progressio, CEPES und Water Witness International zeigte riesige, rechteckige grüne Felder mit bewässerten Nutzpflanzen inmitten des weißen Wüstensandes. Indigene Gemeinschaften, die hier mehr schlecht als recht von ihren Alpaka-, Schaf- und Lamaherden lebten, sollen durch den Wassermangel vertrieben worden sein. Im Bericht heißt es: Da die Entnahme »das nachkommende Wasser bei Weitem übersteigt, sinkt der Wasserspiegel im Tal immer weiter ab, meist zwischen

50 Zentimetern und 2 Metern pro Jahr, an manchen Stellen sogar um bis zu 8 Meter – damit handelt es sich höchstwahrscheinlich um das am schnellsten schrumpfende Grundwasservorkommen der Welt.«[19] Der Text enthielt sogar ein Zitat einer anonymen Quelle aus der Agrarindustrie, der dieses rasante Absinken ebenfalls Angst machte: »Wenn wir nicht schnell etwas unternehmen, stirbt das Tal.«

Es fällt leicht, einen Bericht abzutun, der bereits mehr als ein Jahrzehnt alt ist, daher stellt sich die Frage: Was ist seitdem passiert? 2015 gingen die Kleinbauern der Stadt Ocucaje gegen eines der größten Anbauunternehmen von Ica auf die Straße. Dieses Unternehmen, Agrícola La Venta, war 2007 in die Region gekommen und hatte die Wüste innerhalb weniger Jahre durch in Reih und Glied angeordnete Spargelpflanzen ersetzt. Die Zeitung *Desert Sun* berichtete 2015: »Viele Brunnen sind ausgetrocknet und Bauern mit wenig Land klagen darüber, dass die neu entstandenen Megafarmen ihr Wasser aufbrauchen.« Joselyn Guzmán, 21 Jahre alt, sagte der Zeitung: »Wir wollen nicht, dass man uns das Wasser nimmt, weil es unsere Lebensgrundlage darstellt.«[20] Agrícola La Venta versicherte, dass die wenigen Brunnen, die das Unternehmen besäße, keinesfalls derartige Auswirkungen hätten. Sprung in den Mai 2018, als die Onlinezeitung *Ojo Publico* berichtete, dass die Bauern von Ocucaje »ihr Land nun tatsächlich aufgrund des Wassermangels aufgeben. Der einzige Betrieb, der aktuell floriert, ist Agrícola La Venta, dem […] es gelang, in Rekordzeit 23 Brunnenlizenzen zu erhalten, obwohl die Region offiziell als Wasserkrisengebiet gilt.« Die Bewohner von Ocucaje mussten Wasser in Eimern auffangen, weil die Genehmigung ihres seit 1984 genutzten Brunnens ausgelaufen war, während die Agrarkonzerne Tag und Nacht Grundwasser aus dem Boden pumpten.[21] 2018 ließ die Investigativjournalistin Fabiola Torres Drohnen über die Region fliegen und entdeckte auf dem Land mehrerer Anbauunternehmen illegale Grundwasserbrunnen, die zum Teil unter grünen Matten versteckt waren. Statt die Unternehmen zur Rede zu stellen, erteilten die peruanischen Behörden ihnen rückwirkende Genehmigungen für die illegalen Brunnen.[22] Unterdessen konnte das Land den Spargelexport in die wichtigsten Käuferländer USA (dorthin gehen 75 Prozent), Spanien, Großbritannien und die Niederlande ausweiten.[23]

◆

Im November 2020 erhalte ich eine E-Mail von Carla Toranzo, in der sie mir mitteilt, dass wir unser Gespräch noch etwas verschieben müssten. Ihre Internetverbindung sei aufgrund von Stromausfällen gestört. Als wir dann über WhatsApp telefonieren, wird auch der Grund dafür offenbar. Am selben Morgen ist der peruanische Staatspräsident Martín Vizcarra durch einen »Putsch« – so nennen es die Zeitungen – seines Amtes enthoben worden. Die anschließenden Proteste und Demonstrationen schlugen in Straßenschlachten um. Vizcarra war der vierte Präsident, der innerhalb von fünf Jahren aus dem Amt gejagt wurde.* Carla erklärt mir, dass das politische Chaos, die Bürokratie und die Ohnmacht des öffentlichen Sektors allesamt die Wasserprobleme Perus entscheidend beeinflussten.

Die ausgebildete Bauingenieurin ist als Lateinamerika-Koordinatorin für die Alliance for Water Stewardship (AWS) tätig. Sie sitzt in Lima – nach Kairo die zweitgrößte Wüstenstadt der Welt – und ist sowohl Analystin als auch aktive Beraterin des Agrarbooms, dem Peru Arbeitsplätze, Reichtum und Wasserknappheit zu verdanken hat. »Peru hat große Probleme, was Wasser und die sanitäre Versorgung ganz allgemein angeht«, sagt sie. »Manche Menschen haben kein Wasser in ihrem Haus und damit auch keine Toilette. Ihre Abwässer

---

* Sein Nachfolger an jenem Tag, Manuel Merino, bildete eine Rechtsaußen-Regierung. Nur fünf Tage nach seiner Amtseinführung musste auch er aufgrund des Todes zweier Demonstranten den Platz räumen.

landen unbehandelt in der Natur.« Ihr zufolge richtet sich die Aufmerksamkeit vor allem auf die Wassermengen, die in der Landwirtschaft verbraucht werden, dabei gebe es auch strukturelle Probleme auf Staatsebene. Zudem müsse die Infrastruktur modernisiert werden. Doch es sei schwierig, private Unternehmen vom Einstieg in die öffentliche Wasserversorgung zu überzeugen. »Die Antwort lautet immer: ›Dafür ist der Staat zuständig‹«, sagt Toranzo. »Von außen betrachtet denkt man vielleicht: O Gott, [die Agrarindustrie] ist schrecklich, denen ist [das Schicksal der Menschen] völlig egal. Aber hier in Peru läuft die Wirtschaft größtenteils informell ab, die meisten Menschen zahlen keine Steuern, daher denken die Unternehmen: ›*Wir* zahlen Steuern, und ihr verlangt, dass wir *noch mehr* tun?!‹ Es ist nicht einfach, die Unternehmen an Bord zu holen.« Dennoch sagt auch sie, dass »der Grundwasserleiter [im Ica-Tal] in Gefahr ist, er schrumpft«. Das gehe aus den jüngsten Unterlagen der Nationalen Wasserbehörde Perus hervor. »Ich sage nicht, dass die Agrarindustrie sich richtig verhält, weil jeder weiß, dass sie sehr viele Brunnen hat, aber gleichzeitig gibt es auch eine Menge struktureller Probleme hier.«

Der südliche Nachbar, Chile, leidet an einer seit 15 Jahren andauernden Megadürre, und auch dort hat die Agrarindustrie den Wassermangel verschärft. Die Avocados aus der Provinz Petorca gehören zu den bekanntesten und problematischsten der Welt, meint Andrea Becerra, Verfasserin eines NRDC-Berichts über die Dürre in der Metropolregion Santiago.[24] »Wir haben hier riesige Avocado-Plantagen, und der Anbau ist extrem wasserintensiv, sodass die Anwohner kein fließendes Wasser mehr haben und auf Lieferungen in Tankwagen angewiesen sind«, erzählt sie. »Das hat der Industrie massenhaft Kritik eingebracht; Teile Europas haben den Import aus Petorca eingestellt.« Becerra hat Gerüchte gehört, die großen Plantagen stünden mit dem Verschwinden der Acueleo-Lagune in Zusammenhang – eines 12 Quadratkilometer großen Sees, der 2018 austrocknete. In solchen Fällen schöben die Konzerne die Schuld gern auf den Klimawandel. Aber »es ist nicht der Klimawandel. Schuld ist die Agrarindustrie. Also die Kombination, natürlich [...] Wir haben es mit einer Abwärtsspirale zu tun.« Chile hat 2018 etwa 245 000 Tonnen Avocados produziert, von denen die meisten nach Europa gingen, wo die Nachfrage jährlich um 4,6 Prozent steigt. Die Avocado-Industrie wächst eigenen Angaben zufolge sogar noch stärker, um 15 Prozent pro Jahr.[25] Das Wettrennen um das letzte bisschen Wasser hat begonnen. Becerra merkt an, dass dies kein Zufall sei – das Land zahle einen hohen Preis für die 1981 von Diktator Pinochet eingeführte Privatisierung der Wasserversorgung.

Für Avocados aus der Provinz Petorca verbraucht man 1200–2 000 Liter Wasser für die Produktion von einem Kilogramm Frucht. Das entspricht einem Wasserfußabdruck von etwa 273 Litern pro Frucht. Wer eine halbe Avocado wegwirft, weil sie im Kühlschrank braun geworden ist, vergeudet damit 136 Liter Wasser. Den Dorfbewohnern in Petorca hingegen steht täglich nur eine Ration von 50 Litern pro Person zu, die per Tankwagen angeliefert wird und für alle Bedürfnisse des Lebens ausreichen muss.

## Der globale Wasserfußabdruck

Das Konzept des »Wasserfußabdruckes« bzw. »virtuellen Wassers« ist leicht zu verstehen. Alles, was wir kaufen, hat in der Herstellung oder im Anbau Wasser verbraucht. Wenn wir Kaffee aus Kenia trinken, konsumieren wir damit Wasser aus der entsprechenden kenianischen Region; wenn wir ein T-Shirt aus ägyptischer Baumwolle tragen, tragen wir in gewissem Sinne Wasser aus Ägypten. Alles, von elektronischen Geräten über Möbel bis hin zu dem Papier, auf dem dieses Buch gedruckt ist, hat einen Wasserfußabdruck. Und wenn das Wasser aus einer wasserarmen Region stammt, sind die Lieferkette, das Einzelhandelsunternehmen und wir als Konsumenten am Import und Export von Wasser beteiligt.

Selbst in den Tagen des *Day Zero* hörte Kapstadt nicht auf, einige seiner wasserintensivsten Produkte zu exportieren. Die Region bildet das Herz der südafrikanischen Weinbaugebiete. 2016 gingen 428,5 Millionen Liter Wein nach Europa und in die USA. Um 1 Liter Wein zu erhalten, müssen die Reben mit rund 1000 Litern Wasser bewässert werden. Außerdem exportierte die Provinz Westkap 2017 Schätzungen zufolge 231000 Tonnen Zitrusfrüchte, vorwiegend Orangen. Der Wasserfußabdruck jeder einzelnen Frucht beträgt im Schnitt 80 Liter. Theoretisch gesehen hätte also jeder Bewohner Kapstadts, der ein Glas des vor Ort produzierten Weines trank oder eine in der Region geerntete Orange aß, die ihm zugestandene Tagesration von 50 Litern bereits überschritten – in der Praxis wird der Wasserfußabdruck aber natürlich weitestgehend ignoriert. Und das geht zulasten des lokalen Grundwasserspiegels.

Den Forschern Biswas und Tortajada zufolge ist die Schuld am »nicht nachhaltigen Pfad«, auf dem sich unser Wassermanagement befindet, ganz konkret unserem Wasserfußabdruck anzulasten: »Um 1 Kilogramm Reis zu produzieren, sind rund 2500 Liter Wasser nötig. Für ein Kilo Rindfleisch braucht man aber das Zehnfache. Deshalb steigt der Wasserbedarf stark an, sobald Menschen sich in ihrer Ernährung eher auf tierische Proteine verlagern, was die meisten Wasserplaner aber außer Acht lassen. [...] Je mehr Mittelschichtshaushalte es gibt, desto stärker steigt der Wasserbedarf der Nahrungsmittel.« Insbesondere Indien habe in dieser Hinsicht in den letzten 50 Jahren einen nicht nachhaltigen Pfad beschritten.[26]

Die Betrachtung des Wasserfußabdrucks deckt zudem eine unbequeme Wahrheit auf: Viele Länder sitzen *bereits jetzt* auf dem Trockenen. Wenn man den inländischen Wasserbedarf als die Menge an Wasser definiert, die nötig wäre, um genügend Nahrung für die Bevölkerung zu produzieren, sieht es düster aus.

Tony Allan vom King's College in London arbeitete zum ersten Mal in den 1960er-Jahren im Nahen Osten. Ihm fiel auf, dass die Region genau genommen nicht mehr ausreichend Wasser zur

Verfügung hatte, um ihren Nahrungsmittelbedarf zu stillen. Warum aber verhungerten die Menschen dort nicht? Warum fochten benachbarte Staaten keine »Wasserkriege« gegeneinander aus? Das liegt daran, schlussfolgerte Allan, dass der Welthandel den Export von Lebensmitteln aus niederschlagsreicheren Regionen in trockenere Länder ermöglicht. Bei einem Vortrag an der Amerikanischen Universität in Beirut 2016 erinnerte er sich: »Als ich anfing, die Region als Ganzes zu betrachten, stellte ich fest, dass Libyen bereits in den 1950er-Jahren das Wasser ausgegangen war, [...] aber spätestens ab 1972 galt das für alle Länder dort, in dem Sinn, dass dort nicht genügend Wasser verfügbar war, um ausreichend eigene Nahrungsmittel anzubauen. [...] Ab 1972 wurden zunehmend Lebensmittel importiert, Dinge wie Weizen oder Getreide oder Mehl, und ich verstand: Ah, wenn einem das Wasser ausgeht, muss man eben einfach Lebensmittel importieren!«[27] Daraufhin prägte Allan die Begriffe »latentes Wasser« und »virtuelles Wasser« für das Konzept des unsichtbaren Wassers, das rund um die Welt reist. Außerdem bemerkte er, dass der Lebensmittelimport Politikern erlaubte, das Ausmaß der heimischen Wasserkrise zu verbergen; Ernten können vertrocknen und Höfe aufgegeben werden, Flüsse können trockenfallen und verschwinden, aber solange die Supermarktregale voll sind, ist es allen egal – außer natürlich den Bauern und den Fischen, die aber beide im urbanen Raum eher wenig Gehör finden. »Die politischen Führungsfiguren stellten also fest, dass die Lösung darin bestand, Lebensmittel zu importieren [...] wirtschaftlich gesehen ganz einfach und vor allem ganz und gar unpolitisch«, sagte Allan.

Was die Supermarktregale angeht, hatten es die Menschen noch nie so gut wie im 21. Jahrhundert. Produkte, die früher nur für kurze Zeit erhältlich waren, stehen nun das ganze Jahr über zum Verkauf. 2008 veröffentlichte WWF, dass Großbritannien der sechstgrößte Importeur von virtuellem Wasser weltweit war. Nur 38 Prozent des Wassers, das die Produktion der dort konsumierten Lebensmittel und Waren verschlang, flossen tatsächlich in Großbritannien:

63,6 Milliarden Kubikmeter des jährlichen Wasserverbrauchs wurden ausgelagert – mehr als dreißigmal so viel Wasser, wie durch die Themse fließt. Das bedeutet, dass der durchschnittliche Brite nicht nur die 153 Liter verbraucht, die hier Tag für Tag aus dem Wasserhahn fließen, sondern durch den indirekten Konsum von virtuellem Wasser in importierten Produkten auf insgesamt 4 645 Liter täglich kommt.[28] So gesehen verfügt Großbritannien, genau wie Libyen, schon seit vielen Jahren nicht mehr über genügend Wasser, um den eigenen Bedarf zu decken.

Das Konzept des »Wasserfußabdrucks« geht auf eine Differenzierung des Konzepts des »virtuellen Wassers« zurück, die ein enger Kollege von Allan vornahm, der Niederländer Arjen Hoekstra. 2002 teilte Hoekstra Wasser in drei Kategorien ein: grünes Wasser (Regen), blaues Wasser (Flüsse und Seen) und graues Wasser (verschmutztes Wasser, das behandelt werden muss). Jede Handelsware hat einen grünen, einen blauen und einen grauen Fußabdruck, aus denen wir ihren Wert ableiten können – und genau das machte sich Hoekstra zur Lebensaufgabe.*

In seinem 2013 erschienenen Buch *The Water Footprint of Modern Consumer Society* schrieb Hoekstra: »Bis heute gilt Wasser hauptsächlich als lokale Ressource, die vorzugsweise auf der Ebene des Einzugsgebiets verwaltet werden soll. Dieser Ansatz verschleiert die Tatsache, dass viele Wasserprobleme mit dem Konsum anderswo zusammenhängen.« Genauer betrachtet, sagt er, sei schon die Vorstellung, »dass der Wasserbedarf eine lokale Größe ist und lokal gestillt werden muss, ein Irrglaube. Ein Großteil des weltweiten Wasserverbrauchs entfällt auf die Herstellung landwirtschaftlicher und industrieller Produkte, die regional oder international vertrieben werden.« So könne man beim Anblick einer Flasche Cola beispiels-

* Sowohl Hoekstra als auch Allan standen ganz weit oben auf meiner Wunschliste mit Gesprächspartnern für dieses Buch, doch Hoekstra kam 2019 tragischerweise auf einer Radtour ums Leben und Allan verstarb 2021.

weise vermuten, dass sich die gesamte Wassermenge, die verwendet wurde, in der Flasche befände, im Verhältnis eins zu eins. Hoekstra ging aber von einem Wasserfußabdruck zwischen 168 und 309 Litern aus, je nach Herkunft des Zuckers. Wenn dieser beispielsweise aus Andalusien stamme, »hat er dazu beigetragen, dass der Pegel des Flusses Guadalquivir absinkt und wichtige Feuchtgebiete austrocknen«. Und wie schlimm fiel der Fußabdruck aus, wenn man die Getränke eines ganzen Tages addierte? Hoekstras Beispielrechnung umfasste ein Glas Milch (Wasserfußabdruck 200 Liter), zwei Tassen schwarzen Kaffee (260 Liter), ein Glas Orangensaft (200 Liter), einen schwarzen Tee (30 Liter) und ein Glas Wein (200 Liter) – insgesamt rund 900 Liter allein für die Getränke eines einzigen Tages. Hoekstra zufolge werden bei einem Bad in der Badewanne meist um die 90 Liter verbraucht – wir trinken also 10 Badewannenfüllungen pro Tag. Man stelle sich nur vor, wie es sich anfühlen würde, die Badewanne zehnmal nacheinander volllaufen zu lassen und dann zuzusehen, wie das Wasser im Abfluss verschwindet.

Heute ist es Dr. Rick Hogeboom, wissenschaftlicher Mitarbeiter an der Universität Twente und Direktor des von Arjen Hoekstra gegründeten Water Footprint Network (Wasserfußabdruck-Netzwerk), der die Fackel des Wasserfußabdruckes weiterträgt. Er brachte seine Botschaft bei einem TED-Talk 2018 in einem auffällig gemusterten Hemd mit orangefarbenen Knöpfen einem ganz neuen Publikum nahe[29]. Die niederländischen Zuhörer nahmen überrascht zur Kenntnis, dass die durchschnittliche Ernährung eines normalen Fleischessers* einen Wasserfußabdruck von täglich 4300 Litern zur Folge hat, während es bei Vegetariern nur 2700 Liter am Tag sind – 40 Prozent weniger. Das liege daran, dass »die Tiere, die wir

* Kleine Bemerkung am Rande: Der traditionelle holländische Snack »Frikandel« – für den »mehrere Sorten Fleisch« zu einer langen Wurst gepresst werden – erfreut sich so großer Beliebtheit, dass in den Niederlanden mehr als 600 Millionen Frikandellen pro Jahr produziert werden, 37 pro Person.

verzehren, mit riesigen Mengen Soja und Mais gefüttert werden, deren Anbau sehr viel Wasser benötigt. Wenn wir in unserer immer ressourcenärmeren Welt Schwierigkeiten haben, die stetig wachsende Bevölkerung satt zu bekommen, ist es dann fair, 2000 Liter Wasser für ein Steak aufzuwenden?«* Insgesamt mache das Wasser aus der Leitung, das wir zu Hause verbrauchen – fürs Duschen, Baden, Kochen und Putzen – nur 1 Prozent unseres tatsächlichen Wasserfußabdruckes aus.

Im Gespräch äußert sich Rick etwas differenzierter als in seinem TED-Talk. Er räumt ein, dass Akademiker stets darum ringen, ihre Botschaft so simpel zu formulieren, dass sie auch für ein allgemeines Publikum verständlich ist, und gleichzeitig der Komplexität der Wissenschaft Genüge zu tun. In Wahrheit laute die Antwort auf die Frage, ob der Wasserfußabdruck eines Produkts »gut« oder »schlecht« sei, fast immer: »Kommt drauf an«. Was ist beispielsweise das Problem am Rindfleisch? »Kommt drauf an«, grinst Rick. »Wenn Sie Ihren Rindfleisch-Burger durch ein Gericht aus iranischen Pistazien ersetzen, haben diese Nüsse wahrscheinlich einen größeren Fußabdruck als, sagen wir mal, irische Weiderinder.« Anderes Beispiel: Baumwolle. Ich trage ein Baumwoll-T-Shirt, das als Bioware gekennzeichnet ist; ich bemühe mich, möglichst Bio-Produkte zu kaufen, damit ich weiß, dass dafür kein Boden verseucht wird und keine bestäubenden Insekten sterben – aber ist es auch aus der Wasserperspektive »besser«? »Kommt drauf an«, lacht Rick. »Wir haben Studien mit ein paar großen Baumwolltextilproduzenten durchgeführt und das Ergebnis hängt stark vom Anbauunternehmen und dessen Umgang mit Wasser ab. Generell lässt sich sagen, dass der graue Wasserfußabdruck bei Bioprodukten niedriger liegt, aber das geht oft auf Kosten des Ertrags, weil nicht alle Düngemittel verwendet werden dürfen.« Unter dem Strich sei Bio »eine gute Bewegung«, meint Rick, »aber ich bin mir nicht sicher, ob sie ausreicht, um die Probleme zu lösen.«

* Oder das entsprechende Äquivalent für Frikandellen.

Rick hält es für eine berechtigte Frage, ob es klug ist, endliche Ressourcen dafür zu nutzen, um beispielsweise »Spargel in der Wüste anzubauen, damit man ihn dann in reiche Länder exportieren kann«. Aber da gerate man schnell »in philosophische Diskussionen über die Souveränität der Staaten. Im Grunde ist es wohl das Gleiche wie beim Abholzen des Amazonas. Warum sollten wir uns darum scheren, was die demokratisch gewählte Regierung Brasiliens treibt?« Aber wir tun es und die moralische – und umweltschädliche – Dimension scheint klar zu sein. Rick sagt, dass die Niederlande ein wasserreiches Land seien, der weltweit zweitgrößte Exporteur von Agrarerzeugnissen, wenn man nach dem Volumen geht – hauptsächlich Fleisch, Eier und Milchprodukte. »Das ist völlig verrückt für ein so kleines Land. [...] Damit ließen sich so viele andere Länder ernähren, die dann nicht ihre eigenen, knappen Wasservorkommen anzapfen müssten. [...] Wir könnten mit Sicherheit ein paar Maisfelder opfern, um dort Spargel anzubauen und Peru zu entlasten.« Doch das sei rein auf der Umweltebene gedacht. »Wenn man sich die soziale oder wirtschaftliche Seite anschaut, die Arbeitsplätze, sieht es ganz anders aus. Doch wenn das System nicht auf Nachhaltigkeit ausgelegt ist, wird Peru irgendwann das Wasser ausgehen und dann verlieren die Menschen ihre Jobs sowieso. Wir werden sehen.«

TEIL ZWEI

# AUF ZU NEUEN UFERN

# 8 DIE RÜCKZAHLUNG DER SCHULDEN

Anfang Mai steht Bauer James Alexander in der Mitte eines Weizenfeldes im ländlichen Oxfordshire und hält eine weiße Baumwollunterhose hoch, während ich Fotos mache. James – ein großer, bärtiger junger Mann – scheint peinlich berührt von der absurden Szene. Dann bin ich dran. Ich reiche ihm mein Handy, er reicht mir das Stück Stoff, und ich stelle mich in Position, allerdings ohne mich so richtig für einen Gesichtsausdruck entscheiden zu können. Dann gräbt James ein Loch. Wir beerdigen die Unterhose, notieren die GPS-Daten der Stelle und hämmern eine rote Markierungsstange in die Erde. In einer Plastiktüte in James' Allradfahrzeug liegen zwei weitere weiße XXL-Unterhosen bereit, die wir in anderen Feldern vergraben wollen. Als wir weiterfahren, meiden wir den Blickkontakt.

Alles begann im Jahr 2017. Plötzlich tauchten in den sozialen Medien und in den Zeitschriften der Bauernverbände Landwirte auf, die mit übergroßen weißen Baumwollunterhosen auf ihren Feldern posierten, unter Überschriften wie: »Bauern in Cornwall sind aufgerufen, ihre Unterhosen zu begraben.«[1] Es gab stets ein »Vorher«-Bild, auf dem das Wäschestück strahlend weiß war, und ein zwei Monate später aufgenommenes »Nachher«-Bild, auf dem nur noch klägliche braune Stofffetzen zu sehen waren. Das Vorgehen fand Nachahmer und wurde stolz unter dem Hashtag #SoilYourUndies in den sozialen Medien präsentiert. Der Natural Resources Conservation Service Oregon (Behörde zum Schutz der natürlichen Ressourcen in Oregon) schrieb damals: »In den ländlichen Regionen von Oregon löst sich die Unterwäsche in ihre Bestandteile auf – zur großen Freude der Bauern.«[2] Der Aufruf, den die Californian

Farmers Guild (Kalifornischer Bauernverband) 2017 gestartet hatte, bestand darin, eine zu 100 Prozent aus Baumwolle bestehende Unterhose in einem Feld zu vergraben und sie zwei Monate später wieder hervorzuholen; ist der Boden gesund, dürfte bis auf den Gummizug nichts mehr übrig sein, weil die Mikroben alles zersetzt haben. »Baumwolle ist eine organische Substanz, die genauso natürlich abbaubar ist wie alles andere, was wir auf den Kompost geben«, kommentierte Evan Wiig, der damalige Vorsitzende des Verbands und Initiator der Aktion, gegenüber dem *Daily Telegraph*. »Wenn man Baumwolle an einer Stelle vergräbt, wo der Boden vor Leben nur so wimmelt, beginnt für diese Wesen ein Festmahl.« Im Boden von Feldern, auf denen mit reichlich Pestiziden besprühte Monokulturen wachsen, bleibt die Unterhose erschreckend unversehrt.

Ich wollte dieses Experiment im Lehmboden von Oxfordshire wiederholen, und meine Wahl fiel auf James, weil er ein in mehr als nur einer Hinsicht ungewöhnlicher Landwirt ist. Er praktiziert alle drei Ackerbaumethoden – konventionellen Anbau, Bioanbau und »Direktsaat«. Das ermöglichte es, die »Vergrab-deine-Unterhose«-Aktion in allen drei Feldtypen durchzuführen. Als Vertragsbauer besitzt James nur die Maschinen, aber kein Land, und bewirtschaftet die Felder anderer Leute für sie. Daher ist er genauestens mit den Abläufen, Vor- und Nachteilen der drei Methoden vertraut. Er kümmert sich um ein paar 100 Hektar in einem Umkreis von nicht einmal 6 Kilometern, die sich von der Bodenbeschaffenheit, dem Flusseinzugsgebiet und den geografischen Bedingungen her exakt gleichen und daher eine Art natürliches Experiment darstellen: den direkten Vergleich moderner Anbaumethoden. Sein persönlicher Favorit ist nach jahrelanger Erfahrung die Direktsaat, sowohl in Bezug auf die Ertragsmenge als auch, was die möglichst effiziente Wassernutzung angeht.

Direktsaat bedeutet: kein Pflügen. Die Erde wird nicht bearbeitet und liegt niemals brach – irgendetwas wächst immer auf den Feldern, entweder eine Nutzpflanze, die dann geerntet wird – zwischen den verbleibenden Stoppeln wachsen die grünen Triebe der nächsten Ernte –, oder eine Zwischenfrucht wie Klee, als »Gründüngung«, um den Stickstoff auf natürliche Weise im Boden zu binden. So wird kein Kunstdünger gebraucht, aber noch wichtiger ist, dass der Boden, das Wasser und der Grundwasserleiter unter der Erde ein miteinander verbundenes System bilden, wie in der Natur vorgesehen.

Für die Direktsaat sind kaum Gerätschaften nötig. Der Verzicht auf den Pflug ist eine enorme Ersparnis für den Bauern. Man braucht allerdings eine sogenannte »Drillmaschine«, die sich hinter den Traktor spannen lässt und den Boden mit schmalen, scharfkantigen Scheiben, die kleinen Kreissägen ähneln, aufschneidet, bevor das Saatgut durch ein dünnes Rohr in den Spalt gespuckt und dieser wieder geschlossen wird, wenn die Maschine weiterfährt. Der Ablauf sieht so aus: Im Winter wächst eine Zwischenfrucht auf dem Feld, die anschließend abgemäht und zerkleinert werden muss, bevor mit der Drillmaschine die Saat ausgebracht werden kann. Im Sommer oder Herbst wird geerntet und dann geht das Ganze von vorn los. Die Nährstoffe und die organische Substanz im Boden können sich immer weiter anreichern. Das nennt sich »regenerative Landwirtschaft« – statt dem Boden sämtliche Nährstoffe zu entziehen und die Erde in einem zunehmend schlechten Zustand zurückzulassen, bekommt der Boden, was er braucht, um die Qualität Jahr für Jahr zu steigern. Aus der Wasserperspektive könnte sich das als Wundermittel erweisen.

Als ich James anrief und ihm von dem Unterhosen-Plan erzählte, war noch Winter. Ich hatte kurz zuvor auf einer regnerischen Fahrt durch die Landschaft von Oxfordshire erlebt, wie sich die Straßen in schlammige Bäche verwandelten, weil die obere Schicht der lehmroten Felder auf den Asphalt gespült wurde. James erzählte mir, dass er am gleichen Vormittag auf seinem Feld gewesen sei und nicht einmal schlammige Stiefel bekommen hätte: »Über manche meiner

Felder können Sie in Ihren besten Schuhen laufen, ohne dass sie schmutzig würden – unser Boden ist so durchlässig, dass das Wasser einfach verschwindet.« Das wollte ich mit eigenen Augen sehen.

◆

Wenn unsere Wassersysteme einem Bankkonto glichen, wären wir alle so weit im Minus, dass die Bank kurz vor dem Zusammenbruch stünde. Aber es ist noch nicht zu spät, um die Schulden zurückzuzahlen. Dabei geht es nicht darum, »Mutter Natur glücklich zu machen«, sondern darum, unser Überleben zu sichern. Und als Erstes müssen wir dafür sorgen, dass sich unsere Grundwasserleiter erholen.

Evan Wiig lebt in Santa Rosa, ungefähr eine Stunde nördlich von San Francisco. Der ehemalige Landwirt setzt sich heute im Auftrag der Community Alliance with Family Farmers (CAFF) für regenerative Landwirtschaft ein. Seit er 2012 in den Westen ging, um auf einer Weiderinderfarm zu arbeiten, hat er hier nur Dürre erlebt. Auf einer 486 Hektar großen Farm in den Bergen von Marin County »ist man voll und ganz auf Regen angewiesen«, sagt Evan. »Man kann nicht einfach rausgehen und die Berghänge gießen.« Als die Trockenheit zu einem ernsthaften Problem wurde, experimentierten sie mit dem »Biomimikry«-Ansatz und ließen das Vieh konzentriert auf kleinen Flecken Weide grasen, bevor sie mit ihm weiterzogen. »Man muss sich nur anschauen, wie sich Pflanzenfresser in freier Wildbahn verhalten«, erklärt er. »Die sind natürlich nicht auf einer Parzelle eingesperrt. Aber die Herde verteilt sich auch nicht auf der Fläche, sondern bildet einen eng zusammenstehenden Pulk, der über ein großes Areal an Land zieht.« Wiig spricht von einer symbiotischen Entwicklung zwischen Savanne und Wiederkäuern: »Die Tiere grasen eine Fläche ab, lockern sie mit ihren Hufen auf, düngen sie und ziehen dann weiter, bevor sie Gefahr laufen, dieses Stück Land zu zerstören. […] Ein Jahr später wächst dort wieder frisches und gesundes Gras, das alles hat, was es braucht.« Auf seiner Rinderfarm bemühten sie sich, dieses Verhalten so gut wie möglich nachzuahmen, um nicht auf Grundwasser, große Mengen Wasser aus Stauseen und importiertes Futter angewiesen zu sein.

Auch bei der Direktsaat handle es sich um eine Form der Biomimikry, erklärt Evan. Der Grundgedanke dieser Form der regenerativen Landwirtschaft bestehe darin, den Boden möglichst wenig zu bearbeiten. Ein Feld zu pflügen gleiche »einem Tornado«, der sämtliche Verbindungen zwischen »den Pilzen, Fadenwürmern, Regenwürmern und dem ganzen Rest des Ökosystems im Erdreich« kappt. »Je intakter diese Verbindungen bleiben, desto besser ist das Wasserhaltevermögen des Bodens.« Gesunde Erde gleicht einem Schwamm aus kreuz und quer verlaufenden Wurzeln, Wurmlöchern und Mykorrhiza-Pilzen, die allesamt Feuchtigkeit speichern und Nährstoffe sowie Kohlendioxid binden. »Wenn man im Wald oder in der Prärie unterwegs ist, stellt man fest, dass der Boden dort nur minimal aufgewühlt wird. [...] Niemand fährt mit einem riesigen Traktor durch den Wald, um die Erde einen halben Meter tief umzupflügen. Stattdessen findet man dort intakte Ökosysteme und lange Wurzeln.« Und darunter gesunde, gesättigte Grundwasserleiter. Ohne die weiche, schwammige Wurzelstruktur würde sich die Humusschicht in krümelige, tote Erde verwandeln, was Erosion und Wasserabfluss zur Folge hätte.

All das klingt in der Theorie absolut schlüssig, aber wie lässt es sich praktisch belegen? Indem man die Landwirte auffordert, Baumwollunterhosen in der Erde zu vergraben, um zu prüfen, wo sie am schnellsten verrotten. »2017 haben wir ein albernes, kleines Video gedreht und es auf YouTube und Facebook und so veröffentlicht, um andere Bauern zum Nachahmen anzuregen.« Das Video war ein durchschlagender Erfolg, #SoilMyUndies ging viral, und bevor er sich besann, erhielt Evan Anrufe von internationalen Medien. »Auch in England gab es Landwirte, die mitgemacht haben – ich hatte sogar eine Anfrage von der BBC!«, ruft er, immer noch ziemlich überrascht angesichts seiner 15 Minuten Ruhm.

Heute sei die Direktsaat auf dem Weg, Teil des »Mainstream-Diskurses« zu werden, meint Wiig. Als Beto O'Rourke sich 2019 auf die Präsidentschaftskandidatur der amerikanischen Demokraten bewarb, erwähnte er die Begriffe »Gründüngung«, »Direktsaat« und »regenerative Landwirtschaft« in einer live übertragenen Fernsehdebatte – vier Jahre zuvor waren sie Wiig zufolge nur Fachleuten geläufig gewesen. Aber die Begrifflichkeiten sind weniger wichtig als das letztendliche Ziel. Regenerative Landwirtschaft kann sowohl den Düngemittel- als auch den Wasserbedarf reduzieren, wodurch den Bauern weniger Kosten entstehen. Wenn Wiig sich mit eher den Republikanern zuneigenden Menschen, dem Bauernverband San Joaquin Farm Bureau oder konventionellen Mandelproduzenten unterhält, meidet er Themen wie den Klimawandel oder regenerative Landwirtschaft und spricht stattdessen über Einsparmöglichkeiten.

Auf James Alexanders Feldern in England sieht die Situation etwas anders aus. In Großbritannien ist die Landwirtschaft fast vollständig regengespeist, aber die Niederschläge werden immer unzuverlässiger. James stammt aus einer Bauernfamilie, die schon seit Generationen hier lebt. »Es gibt keine Jahreszeiten mehr«, klagt er. »Seit drei Jahren ist es immer nur trocken oder feucht. Im Winter wird es ein wenig kälter, aber nicht so wie früher. [...] Die vergangenen beiden Winter zählen zu den niederschlagsreichsten seit Beginn der Aufzeichnungen, doch der gesamte Regen ist innerhalb von sechs Wochen gefallen.« Ich bin im Mai bei ihm, und er fragt spöttisch: »Können Sie sich noch an so etwas wie April-Schauer erinnern? Dieses Jahr sind im ganzen Monat nur 2 Millimeter runtergekommen.« Deshalb bevorzugt er mittlerweile die Direktsaat. Als er anlässlich meines Besuchs einen Spaten in ein konventionell bewirtschaftetes Feld rammt, bezeichnet er den krümeligen rot-braunen Block, der zum Vorschein kommt, als »traurigen Boden«, als eine Art Standmedium, vor allem dazu geeignet, die Pflanzen aufrecht zu halten: Es braucht viele Liter Pestizide und Dünger, damit hier irgendetwas wächst. Der Humus wird durch die schweren Maschinen zusammengedrückt und verdichtet sich zu einer harten Zwischenschicht, was zur Folge hat, dass sich die Straßen bei jedem Regenschauer in schlammige Rinnsale verwandeln.

Auf dem Weg zum Biofeld, das rund 3 Kilometer entfernt liegt, deutet er auf die Landschaft vor dem Autofenster. »Alles, was Sie hier sehen, ist bio. Bio-Sommerweizen, Bio-Hafer, sogar Bio-Schafe.« Am Feld angekommen, erstreckt sich vor uns der gleiche grüne, kniehohe Winterweizen, doch hier ist er niedriger und das Unkraut sichtlich höher – Wildblumen (die aus Bauernperspektive trotzdem Unkraut sind) wie Mohn, Kornblumen und Löwenzahn. Das Ganze ist hübsch anzusehen, und ich kann nicht anders, als den Anblick zu bewundern, aber das Getreide selbst wächst unregelmäßiger. Es konkurriert mit den anderen Pflanzen um die Nährstoffe. »Ich darf hier kein Unkrautvernichtungsmittel ausbringen«, bedauert James. Das Biofeld wird jedes Jahr 15–20 Zentimeter tief umgepflügt, zum Teil gerade *weil* keine Herbizide erlaubt sind – irgendwie muss das Unkraut schließlich bekämpft werden. Auf diese Weise verzichtet James zwar auf Chemikalien, verbraucht aber durch das zusätzliche Pflügen viermal so viel Diesel wie auf den anderen Feldern. »Der ökologische Fußabdruck ist ziemlich übel«, sagt er. Als wir Richtung Feldmitte stapfen, versinken unsere Stiefel tief in der puddingweichen Erde. »Es ist kein schlechter Boden«, sagt James, »aber er nimmt nicht so viel Wasser auf. Ihm fehlen die Luftkammern, die durch die Wurzelstrukturen entstehen. Es fließt mehr Regen ab.« Angesichts des sich wandelnden Wasserkreislaufs mit längeren Trockenperioden und heftigeren Regengüssen ist das genau das, was man nicht will. James nimmt eine Handvoll Erde und zeigt mir einen dunklen Klumpen, der aus dem Rot hervorsticht. »Das ist der Kompost, den wir letztes Jahr auf dem Feld verteilt haben. Auf den Bio- und auf den konventionellen Feldern bringen wir ihn aus und pflügen ihn unter, aber man findet trotzdem drei oder vier Jahre später noch schwarze Brocken, weil es einfach nicht genügend Lebewesen gibt, um sie zu zersetzen. Das, was wir auf die Direktsaatfelder streuen, wird von den Würmern und so aufgefressen.«

Auf dem Direktsaatfeld, wo die Stiefel niemals schmutzig werden, ist die Erde das Gegenteil von verdichtet. Hier könne man mit einem schweren Traktor drüberfahren, und die Pflanzen würden sich direkt im Anschluss wieder aufrichten, als sei nichts passiert, sagt James. Diese Kraft und Struktur hat der Boden den seit vielen Jahren ungestörten Wurzelsystemen und Mikropilzen zu verdanken. Es ist keine optische Täuschung – das Direktsaatfeld ist deutlich üppiger und grüner als die beiden anderen, obwohl die Bepflanzung exakt die gleiche ist. »Das ist *mein* Feld«, erklärt James stolz. »Alle kommen her, um es sich anzuschauen. Egal, was ich hier anpflanze, es wächst gut. Der Boden ist wahrscheinlich seit 20 oder 25 Jahren nicht mehr umgepflügt worden.« Es ist nur wenig frei liegende Erde zu sehen – am Fuß des Weizens wachsen kurzes Gras, Moos und Klee. Ich habe ein schlechtes Gewissen, weil ich James dazu bringe, eine Unterhose in seinem seit 20 Jahren unberührten Boden zu vergraben, aber wir tun es trotzdem. Verglichen mit dem braunen Pudding der gepflügten Felder ist es hier deutlich anstrengender, ein Loch auszuheben. Erneut nimmt James ein wenig Erde in die Hand, die dieses Mal aber voller Wurzeln und von einer weißen, schimmelähnlichen Substanz durchsetzt ist – »das Myzel«, sagt er, Teil der Pilze, die eine so wichtige Rolle in der natürlichen Bodenstruktur spielen. »Hier ist pure Biologie am Werk.«

Wir denken beim Wort Pilz meist an Champignons und Fliegenpilze, aber das ist nur der Fruchtkörper, unterirdisch zieht sich ein ganzer Baum aus Myzelfäden durch den Boden, der diese Fruchtkörper hervorbringt. Er breitet sich auf der Suche nach Nahrung und Wasser immer weiter in der nicht gepflügten Erde aus. Merlin Sheldrake erklärt in seinem Buch *Verwobenes Leben* ausführlich, wie sich dieses Myzel mit den Pflanzenwurzeln zur Mykorrhiza verbindet: eine Symbiose aus Pflanze und Pilz, über die Nährstoffe, Zucker und Wasser ausgetauscht werden. Die Pflanze stellt über die

Photosynthese organische Moleküle und Zucker her und verfüttert diese an den Pilz, während der Pilz seinerseits die Pflanze mit Wasser und Nährstoffen wie Phosphor versorgt. Die fadenförmigen Ausläufer des Myzels sind viel dünner als Pflanzenwurzeln und können deshalb in feuchte Bereiche vordringen, an die die Pflanze nicht herankäme – eine äußerst praktische Partnerschaft in trockenen Zeiten oder an wasserarmen Orten. Einige Pflanzen sind vollständig von der Mykorrhiza abhängig. Die *Voyria tenella*, eine zarte, in den Regenwäldern Süd- und Mittelamerikas beheimatete Pflanze mit blauen Blüten, ist so sehr auf ihre Pilzpartner angewiesen, dass ihre Wurzeln allein kaum Wasser oder Nährstoffe aufnehmen könnten.[3] Ganz so extrem ist es bei Nutzpflanzen nicht, aber auch sie sind in der Lage, sich diese Symbiose zunutze zu machen, wenn wir die Natur nachahmen und der Mykorrhiza Zeit geben, sich zu bilden. Studien zufolge kann das Myzel 80 Prozent des Stickstoffbedarfs und bis zu 100 Prozent des Phosphorbedarfs der Pflanzen abdecken und sie in Dürrezeiten mit Wasser versorgen. Deshalb ist Waldboden so dicht bewachsen. Und aus dem gleichen Grund können Pflanzen, die im unbearbeiteten Boden eines Direktsaatfeldes wachsen, Feuchtigkeit und Nährstoffe länger binden.

Steven Lear, der als Bauer in Buckinghamshire 1200 Hektar Weide- und Ackerland bewirtschaftet, erklärt mir, dass er seine Felder vor sieben Jahren »über Nacht« von der Pflugmethode auf die Direktsaat umgestellt habe und auf Gründüngung setze, um die Bodenqualität zu verbessern. Da ungefähr 25 Prozent der gesamten Landfläche Englands aus Ackerland bestehen, betrachtet er die Direktsaatmethode als Schlüssel zu einer nachhaltigen Wasserperspektive für das Land. Er führt Testreihen durch, um herauszufinden, wie schnell das Wasser in den Boden eindringt, statt einfach nur auf der Oberfläche zu stehen, »und unsere Versickerungsleistung ist massiv gestiegen, seit wir auf Direktsaat umgestellt haben. Die ganzen Wurmlöcher, die bestehen bleiben, die vielen Wurzeln, die über die Jahre gewachsen sind, die Mikroben, die den Boden verklumpen lassen – die Pilze erzeugen eine Substanz namens Glomalin, die Bodenpartikel zu kleinen Klümpchen verklebt. Erde dieser Art kann viel mehr Wasser aufnehmen.«

Die Zwischenfrucht muss allerdings vernichtet werden, bevor man die Saat ausbringen kann, denn sonst konkurrieren die beiden Pflanzenarten um die Nährstoffe. Idealerweise geht man mit einer Messerwalze über die Pflanzen und lässt die extremeren Jahreszeiten – Hitze oder Frost – den Rest erledigen. Doch in eher gemäßigten, feuchten Zonen wie England »ist es damit nicht getan«, sagt Steven. Er tötet die Zwischenfrucht mit Glyphosat ab, bevor er die neue Saat setzt. Seiner Meinung nach besteht die Zukunft nicht darin, entweder viele Chemikalien zu nutzen oder gar keine, sondern darin, mit weniger Chemikalien den gleichen Ertrag zu erzielen. »Im Bioanbau müssen wir pflügen, wodurch die Bodengesundheit zerstört und das Kohlendioxid wieder freigesetzt wird. Das Beste wäre wahrscheinlich eine Mischung aus beidem.«* Noch besser ist es aber, Tiere die Arbeit machen zu lassen: Eine Schafherde kann die Zwischenfrucht abfressen und dabei den Stickstoffgehalt des Bodens über die Ausscheidungen weiter erhöhen. »In der Natur funktioniert nichts ohne Tiere, oder?« Das ist eine völlig offensichtliche Tatsache, bei der es sich aber dennoch lohnt, sie zweimal zu lesen, so weit haben sich unsere modernen Landwirtschaftsmethoden von den Abläufen der Natur entfernt. »Die Pflanzen, die dort wachsen, sind dafür gedacht, gefressen zu werden. Das ist das große Ziel, die

---

* Im Dezember 2017 versprach der französische Präsident Emmanuel Macron, dass sein Land innerhalb von drei Jahren komplett auf den Einsatz von Glyphosat verzichten werde. Doch die französische Agentur für Nahrungsmittelsicherheit, Umweltschutz und Arbeitsschutz (ANSES) weiß um die Vorteile der Direktsaat; in ihren Vorgaben von 2020 war zu lesen: »Der Einsatz von Glyphosat bei Nutzpflanzen ist verboten, […] wenn der Boden zwischen den Anbauphasen gepflügt wird.« Das schuf nicht nur ein Schlupfloch für die Direktsaat, sondern kann sogar als Anreiz verstanden werden.

Zwischenfrucht abgrasen zu lassen, damit die Tiere die pflanzliche Materie wieder ins System zurücktragen können.«

So langsam dringen die Vorteile der Direktsaat und der Gründüngung auch zu den Wasserversorgern durch. Studien der Iowa State University haben ergeben, dass die Versickerungsleistung bei der Direktsaatmethode im Vergleich zum konventionellen Anbau mehr als doppelt so hoch ist – eine Steigerung von 66 auf 144 Millimeter pro Stunde.[4] Das entspricht, um noch einmal auf die Kontometapher zurückzukommen, einer massiven Einzahlung. Daher ist es wenig überraschend, dass die Wasserunternehmen bereit sind, (echtes) Geld dafür auf den Tisch zu legen. An der Südküste Englands entlohnt Southern Water die Landwirte jetzt dafür, dass sie im Winter eine Zwischenfrucht anpflanzen, statt die umgepflügte Erde brachliegen zu lassen – was nichts anderes ist als ein finanzieller Anreiz zur Direktsaat. Damit soll nicht nur eine Anreicherung des Grundwassers bezweckt werden, sondern auch, dass weniger Nitrat aus der konventionellen Landwirtschaft ins Grundwasser und in die Flüsse gespült wird. Robin Kelly von Southern Water erklärt mir: »Die Nitratkonzentration in vielen unserer Grundwasserquellen ist hoch und steigt immer weiter; das ist der Trend, den wir im Blick haben und dem wir entgegenwirken wollen. Es gibt klare Erkenntnisse dazu, dass eine durchgängige Gründecke im Winter dafür von Vorteil ist.« Im ersten Jahr nach Beginn des Programms bot man einigen Bauern in der Nähe von Brighton für jeden Hektar, den sie im Winter mit einer Zwischenfrucht bepflanzten, 35 Pfund an. Die Rechnung ist ganz einfach, für die Wasserversorger ist es teurer, das Wasser aufzubereiten, als die Landwirte dafür zu bezahlen, es gar nicht erst zu verschmutzen.

Seit dem ersten Testlauf im Jahr 2018 setzt Southern Water die Zahlungen zielgerichteter ein. Außerdem hat man die Beträge erhöht. Das Unternehmen hat »vorrangige Einzugsgebiete« für die Grundwasseranreicherung ausgemacht, und eine im Frühling gesäte Zwischenfrucht kann den Feldbesitzern bis zu 280 Pfund pro Hektar einbringen, während es bei der Bepflanzung mit einer speziellen

Mischung aus Hülsenfrüchten, Kräutern und Gras sogar 400 Pfund pro Hektar sind – kaum weniger, als die Bauern für einige klassische Nutzpflanzen bekämen. »Die ermittelte Rangfolge spiegelt wider, wie schnell ein Absinken der Nitratwerte am Entnahmepunkt erreichbar ist«, sagt Kelly. »Southern Water betrachtet das Management der Einzugsgebiete mittlerweile als eine nachhaltige Option, die sich parallel zu technischen Lösungen verfolgen lässt oder diese sogar ersetzen kann.« Mit Letzterem meint er Talsperren und Rohrleitungen. Es ist verwunderlich – und erhellend –, dass private Wasserunternehmen nun die geschäftliche Entscheidung treffen, Landwirte zu bezahlen. Kelly arbeitet jetzt seit drei Jahren mit den Bauern zusammen; seine Schlussfolgerung lautet: »Gar nicht oder minimal bearbeitete Anbauflächen können zur Verbesserung der Boden- und Wasserqualität beitragen – das verringert die Erosion, den Wasserablauf und das Auslaugen der Böden.« Bleibt nur noch die Frage nach der Verwendung von Unkrautvernichtungsmitteln. Laut Kelly laufen Studien dazu, »ob durch den Einsatz von Lebendmulch und eine mechanische Unkrautbekämpfung auch ein Bio-Direktsaatsystem möglich ist«.

Auch das Wasserunternehmen Severn Trent Water, das in den Midlands und Nordwales aktiv ist, vergibt Zuschüsse an Landwirte, die Maßnahmen zur Verbesserung der Wasserqualität ergreifen, und hat in den fünf Jahren bis 2021 »über 1500 Zahlungen in Höhe von insgesamt mehr als 5 Millionen Pfund getätigt, obwohl eigentlich 74 Millionen Pfund in die Kläranlagen hätten fließen müssen«.[5] Im Anschluss hat das Unternehmen das »Farming for Water«-Programm (Landwirtschaft für das Wasser) ins Leben gerufen, das auf vorrangige Grundwasseranreicherungs- und Flussverschmutzungszonen in 44 Einzugsgebieten mit rund 432 000 Hektar Land ausgerichtet ist, was zwei Drittel aller Bauern in der Region einschließt. Im Nachhaltigkeitsplan für 2021 ist zu lesen: »So können wir den Beitrag der Landwirtschaft zur Phosphatkonzentration in unseren Flussläufen um 66 Prozent verringern.«[6]

Insgesamt nehmen die landwirtschaftlichen Anbauflächen deutlich mehr Raum ein, als ein Wasserunternehmen je besitzen oder verwalten könnte. Jake Rigg vom Wasserversorger Affinity Water im Osten Englands berichtet, dass sie sogar mit einem Agrarforschungsinstitut zusammenarbeiten, um zu ermitteln, wie viel Grundwasser durch die Direktsaatmethode hinzugewonnen werden kann. »Dort hieß es: ›Es geht um ein zusätzliches Wasservolumen in der Größenordnung des Abingdon-Reservoirs.‹« Mir entfährt ein überraschtes Quieken. Eine solche Menge würde den Wassermangel in England im Grunde beheben. Sämtliche Probleme aus Kapitel 6 ließen sich allein durch regenerative Landwirtschaft lösen. Die Arbeit von RAPID, der jahrzehntelange Bau von riesigen Betonkonstruktionen, der uns bevorsteht ... all das würde sich durch einen Wechsel der Anbautechnik über Nacht (oder zumindest über den Winter) erübrigen? »Eine Umstellung der Landnutzung kann eine sehr, sehr wirksame Form des Umweltmanagements sein, weil wir den Niederschlag viel effektiver nutzen würden«, sagt Rigg. »Wir führen viele Gespräche mit dem DEFRA und OFWAT und fragen: ›Könnt ihr die Subventionen für die Bauern nicht so umstrukturieren [dass sie die Direktsaat fördern]?‹« Sandra Postel, die 2021 den Stockholm Water Prize erhielt, richtete den Blick auf die globale Ebene: »In unseren Böden befindet sich achtmal so viel Wasser wie in allen Flüssen der Welt zusammen, und trotzdem behandeln wir diese Ressource selten wie ein Wasservorkommen. Wenn wir die Bodengesundheit verbessern, hat das eine Vielzahl von Vorteilen – höhere Erträge, weniger chemische Düngemittel, mehr in der Erde gebundenes Kohlendioxid und ein besseres Wasserhaltevermögen. Ein einfacher Schritt besteht darin, Anreize für ein früheres Ausbringen der Gründüngung zu schaffen. [...] In den USA findet auf vielleicht 6 Prozent aller Felder eine Gründüngung statt. In Maryland beispielsweise sind es aber eher 29 Prozent, weil dieser Ansatz dort finanziell gefördert wird.«[7] Der Stockholm Water Prize ist die höchste Auszeichnung der Branche – Postel verficht hier also nicht irgendeine abwegige Hippie-Position. Das ist jetzt die vorherrschende Meinung: Wenn wir eine Zukunft wollen, in der wir genug Wasser haben, brauchen wir gesunde Böden und regenerative Landwirtschaft.

◆

Der in Ohio ansässige Landwirt John Kempf ist einer der führenden Verfechter der regenerativen Landwirtschaft. Dass er ein bäuerlich geprägtes Leben führen würde, war für ihn als Mitglied der Glaubensgemeinschaft der Amischen schon immer klar; heute ist er ein anerkannter Experte für Agrarwissenschaft und Bodenkunde. Anders als allgemein angenommen, erklärt er, würden die liberaleren Gruppen der Amischen auf ihren Feldern durchaus Chemikalien und moderne Maschinen einsetzen. Kempf lernte die regenerative Landwirtschaft kennen, als die Ernte seiner Familie in den Jahren 2002 bis 2004 immer schlechter ausfiel, unabhängig davon, wie viele Pestizide, Fungizide und Insektizide sie versprühten. Irgendwann war der Ertrag der Hauptfrucht um 70 Prozent gesunken. Die Erleuchtung kam ihm, als die Familie ein angrenzendes Feld übernahm, auf dem bisher immer nur Vieh gestanden hatte und das deshalb niemals mit Chemikalien in Kontakt gekommen war. Kempf bepflanzte beide Felder mit Melonen, doch während die Blätter auf der einen Seite zu 80 Prozent von Mehltau befallen wurden, blieb die andere komplett verschont. »Die Linie verlief klar und deutlich in der Mitte, dort, wo zuvor die Feldgrenze gewesen war«, erinnert er sich. Ironischerweise litt genau die Seite unter Mehltau, die bisher großzügig mit Chemikalien bedacht worden war, um eben solche Krankheiten zu verhindern. Nach eingehender Lektüre und vielen Gesprächen mit Agrarwissenschaftlern kam Kempf zu dem Schluss, dass der gute Zustand der neuen Anbaufläche nicht nur auf die fehlenden Chemikalien zurückzuführen war, sondern auch darauf, dass das Feld nie umgepflügt worden war – der Boden war so lange unbearbeitet geblieben, dass die Erde massenweise Bakterien, Mikropilze und Feuchtigkeit enthielt. »Mittlerweile bin ich der Ansicht, dass die Direktsaat für einen Großteil der bewirtschafteten Flächen absolut notwendig ist«, sagt er. »Wir haben die Böden mit unseren landwirtschaftlichen Methoden 70 Jahre lang kaputt gemacht. Die immer schwereren und größeren Maschinen und Traktoren haben die Erde durch ihr Gewicht stetig weiter verdichtet, bis in 30, 40, 50 Zentimeter Tiefe.« Diese Verdichtung ist eine der größten Gefahren für den Grundwasserspiegel, weil dadurch eine harte, undurchlässige Schicht entsteht, sodass das Wasser statt zu versickern in Flüsse oder Rücklaufkanäle abläuft und dabei auch die Nährstoffe fortspült.

Ein Gast in Johns Podcast *Regenerative Agriculture*, Dr. Jerry Hatfield vom Forschungsinstitut des amerikanischen Landwirtschaftsministeriums (USDA-ARS), erläuterte: »Ich erkläre den Produzenten immer, dass es nicht darauf ankommt, wie viel Regen sie in ihrem Niederschlagsmesser finden – wichtig ist, wie viel Regen in die Erde gelangt. Wenn wir es schaffen, die Bodenkrume zu schützen, kann viel Wasser eindringen. […] Diese oberste Bodenschicht ist das Eingangstor.« Als Beispiel nannte Hatfield »1,50 Meter hohe Maispflanzen Mitte August im Mittleren Westen. Diese Pflanzen kommen nur etwa acht Tage ohne Wasser aus, bevor sie Schaden nehmen. Das ist nicht viel.« Auf Direktsaatfeldern hingegen halte die gleiche Maispflanze »13 Tage ohne Wasser aus. Es ist fünf Tage länger Wasser verfügbar, und die Pflanze kann optimal weiterwachsen, ohne zu leiden.« Das kann einen riesigen Unterschied für den Ertrag bedeuten und hat auch große Auswirkungen auf den Bewässerungsbedarf.

Kempf ist fest davon überzeugt, dass Ertrag und Einsparmöglichkeiten schon bald dafür sorgen werden, dass die regenerative Landwirtschaft zur Norm wird. Landwirte arbeiten mit knappen Gewinnspannen, und dies stellt eine Möglichkeit dar, sie zu vergrößern. Gleichzeitig führt er mir vor Augen, dass die Entscheidung, auf eine andere Anbaumethode umzustellen, nicht immer in der Hand des jeweiligen Bauern liegt – es ist ein klassisches Beispiel dafür, warum *jeder* Fortschritt in Sachen Umweltschutz so schwer ist. »Viele Landwirte müssen für das Saatgut einen Betriebsmittelkredit aufnehmen«, erklärt er mir. »Um diesen Kredit zu gewähren, verlangt die Bank eine Ernteversicherung. Doch diese Versicherung erhält der Bauer nur, wenn er den Empfehlungen der Kontrolleure und der zertifizierten Schädlingsberater folgt, die ihm genau vorschreiben, welche Chemikalien er einzusetzen hat. Das ist eine unheilige Allianz, wenn man so will – das System hält die Landwirte gefangen.«

Der California Sustainable Groundwater Management Act (SGMA, ausgesprochen »Sigma«), das kalifornische Gesetz zum nachhaltigen Umgang mit Grundwasser, das der damalige Gouverneur Jerry Brown im September 2014 unterzeichnete, war ein Versuch, diesen Bereich im *Golden State* auf ganz neue Beine zu stellen. Das Grundwasser sei auch vorher schon gesetzlich geschützt gewesen, sagt Dr. Helen Dahlke von der University of California in Davis, »aber die Vorgaben waren nicht sonderlich konkret. Es hieß nur, dass jeder Landeigentümer zu gleichen Teilen Anspruch auf Wasser aus dem darunterliegenden Grundwasserkörper habe.« Ohne Berechnungen und Kontrollen war umstritten, was »zu gleichen Teilen« denn nun bedeutete.

SGMA entstand durch »eine Kombination aus politischem Willen und umweltbedingter Notwendigkeit«, sagt Newsha Ajami, die eng mit den für die Gesetzesvorlage verantwortlichen Personen zusammengearbeitet hat. »Die Dürre machte uns schwer zu schaffen, und alle litten, aber der Gouverneur war bereit, sein politisches Kapital einzusetzen, um das Gesetz durchzudrücken – und das war entscheidend.« Laut SGMA müssen die 127 Grundwassereinzugsgebiete mit hoher oder mittlerer Priorität (auf die etwa 96 Prozent der Grundwassernutzung im Staat und 88 Prozent der Bevölkerung entfallen) Pläne vorlegen – die sogenannten *groundwater sustainability plans*, GSPs –, wie sie innerhalb von 20 Jahren ab Inkrafttreten eine nachhaltige Entnahme erreichen wollen. Für die

Umsetzung dieser Pläne soll die jeweilige Grundwasser-Nachhaltigkeitsbehörde (GSA) zuständig sein. SGMA greift nicht in die Wasserrechte der Landeigentümer ein und gibt auch keine feste Definition für den Begriff »nachhaltig« vor; das Gesetz legt nur fest, was *nicht* nachhaltig ist (in einer Liste mit sechs »unerwünschten Resultaten«). Im ersten Schritt ging es laut Ajami darum herauszufinden, wie viele Brunnen es gibt und welche so viel Wasser aus dem Boden pumpen, dass sie trockenzufallen drohen, um anschließend zu überlegen, wie man sie auf eine nachhaltige Entnahme umrüsten könnte. Vor Einführung des SGMA lagen dem Bundesstaat nicht einmal Daten zur Anzahl der Brunnen vor, ganz zu schweigen davon, wie viel Wasser dort jeweils gefördert wurde. Daran hat sich bis 2022 nichts geändert. Wohnhäuser müssen bis 2025 mit einem Wasserzähler ausgestattet sein. Selbst in den Regionen, in denen kritische Mengen Grundwasser entnommen werden, haben die GSAs bis 2040 Zeit, um nachhaltig zu werden. Auf der Homepage von CalMatters war im August 2021 (aktualisiert im Januar 2022) zu lesen: »Sieben Jahre später hat sich für die Kalifornier, die auf Trinkwasserbrunnen angewiesen sind, wenig geändert: Die übermäßige Entnahme des Grundwassers geht ungehindert weiter. Es gibt kaum Mengenbeschränkungen und, wenn überhaupt, nur wenige Schutzvorschriften. […] Trotz des Gesetzes werden Berechnungen zufolge allein in diesem Jahr 2700 Brunnen im Staat trockenfallen, und sollte die Dürre weitergehen, folgen nächstes Jahr weitere 1000.«[8] Auf die ganze Region gerechnet, belief sich die Überentnahme in den Jahren 2003 bis 2017 auf 2969 Gigaliter pro Jahr – was eine Steigerung, keinen Rückgang gegenüber dem 30-jährigen Mittel von 2220 Gigalitern bedeutet. Landwirte mit Wasserrechten dürfen im Grunde weiterhin beliebig viel Wasser pumpen, solange sie nachweisen können, es für einen »angemessenen (nicht verschwenderischen) und dienlichen Nutzen« einzusetzen. Der Anbau von Nutzpflanzen gilt für gewöhnlich als dienlich. Gleichzeitig gelte, so der juristische Recherchedienst *Bloomberg Law*: »Pumpbeschränkungen oder Pumpvorgaben, die die Last des Grundwassermanagements nicht gerecht und in Übereinstimmung mit den Wasserrechten aufteilen, können eine Klage nach sich ziehen […] und den Plan unwirksam machen.«[9]

Jay Famiglietti war Mitglied im Wasserausschuss des Staates Kalifornien, als SGMA verabschiedet wurde.[10] Das Gesetz sah vor, dass sich jede der über 150 GSAs ihren »Nachhaltigkeitsplan vom Wasserausschuss genehmigen lassen muss«, sagt Jay, um die Glaubwürdigkeit des Vorhabens zu gewährleisten. Doch: »Die Kriterien sind sehr vage, im Grunde heißt es nur: ›darf keinen Schaden anrichten‹ – keine übermäßige Beanspruchung der Grundwasserleiter, keine zu schwerwiegenden Auswirkungen auf die Flüsse.« Seiner Meinung nach hängt alles davon ab, was mit »nachhaltig« gemeint ist und wer das entscheidet. »Um nichts anderes geht es. Davon hängt die Zukunft Kaliforniens ab.« Die klassische Definition von Nachhaltigkeit laute: »Man nutzt nicht mehr, als nachkommt, oder? Aber so läuft es nicht in Kalifornien.« Ich frage ihn, wo das Ganze enden wird. »Irgendwann ist der Tennisball am Ende der Treppe angekommen. Das war es dann.« Hieße das dann kein Nahrungsmittelanbau, kein Wein, kein Wasser aus der Leitung? »Genau das. Vielleicht fällt uns ja irgendwann noch eine geniale Lösung ein. Vielleicht werden wir einfach supereffizient. Vielleicht lagern wir einen Teil der Landwirtschaft aus. Aber im Grunde ist es doch eine ganz einfache Rechnung, oder? Es gibt eine bestimmte Menge Wasser, wir nutzen jedes Jahr deutlich mehr, als nachkommt, daher ist das Wasser irgendwann weg.«

Im semiariden Klima Kaliforniens sind die Grundwasserleiter auf die winterlichen Niederschläge angewiesen, um sich zu regenerieren. Da sich der Wasserkreislauf aber im Wandel befindet und es immer mehr Dürren und Überschwemmungen geben wird, braucht die Natur Unterstützung. Es kann sein, dass sich die Grundwasserentnahme durch SGMA irgendwann stabilisiert, aber selbst wenn der Bedarf sinkt – und das ist ein großes Wenn, wie wir gesehen haben –, fehlt es an zuverlässigen Niederschlagsmengen, um die Bestände wieder aufzufüllen. Deshalb wage ich eine kühne Prognose, die sich aber auf die eingebrochenen Grundwasserleiter unter Joe Polands Mast stützt: Ohne eine künstliche Anreicherung des Grundwassers wird das Wassersystem in Kalifornien nicht überleben. Diese Vorgehensweise ist in der Wasserbranche als »Managed Aquifer Recharge« (Kontrollierte Anreicherung von Grundwasserleitern, MAR) bekannt. Und es gibt Möglichkeiten, Grundwasserleiter über Ackerflächen mit mehr als nur Regenwasser aufzufüllen.

Dr. Helen Dahlkes Arbeit ist deshalb so interessant, weil sie einen natürlichen Wasserüberschuss (Winterhochwasser) mit dem Wasserbedarf der Landwirtschaft (dem bei Weitem durstigsten Wasserverbraucher im Bundesstaat) und der weltweit vielleicht detailliertesten wissenschaftlichen Karte der unterirdischen Grundwasserleiter zusammenbringt. Wie wir bereits gesehen haben, ist die Wassersituation in Kalifornien überaus angespannt – doch ein Wert fällt aus dem Rahmen: Im Winter verfügt der Staat über *zu viel* Wasser. Wie Dahlke in einem ihrer Artikel schreibt: »Im Winter ist der Wasserbedarf des Agrarsektors verhältnismäßig gering«, weil – es tut mir leid, falls das zu offensichtlich ist – zu dieser Zeit keine Nutzpflanzen wachsen. »Wenn starke Niederschläge angesagt sind, was in den kommenden Jahrzehnten infolge des Klimawandels immer häufiger eintreten wird, lassen die Stauseen und Reservoirs oft zur Sicherheit vorab Wasser ab.« Zusammengefasst sagt sie, »gibt es im Winter und in niederschlagsreichen Jahren offenbar einen derartigen Überfluss an Oberflächenwasser, das weite Teile des Central Valleys von Überschwemmungen bedroht sind, doch dieses Wasser könnte […] aufgefangen werden.« Es kommt nicht allzu häufig vor, dass man die Wörter »Kalifornien« und »Überfluss an Oberflächenwasser« in einem Satz liest. Auch in diesem Buch war das bisher noch nicht der Fall.

»Wir haben einen Weinberg geflutet, um so das Grundwasser

anzureichern«, erklärt Dahlke. Die Vorgabe des SGMA-Gesetzes, die Grundwassereinzugsgebiete innerhalb von 20 Jahren ins Gleichgewicht zu bringen, ließe sich genau genommen nämlich auf zwei verschiedenen Wegen erfüllen. »Erstens, wir bauen weniger an, oder zweitens, wir treiben mehr Wasser auf.« Helens Vorschlag sorgt für mehr Wasser *und* ermöglicht es, Anbau zu betreiben. »In Sachen Wasser setzen wir auf die sogenannten ›Starkregenereignisse‹: enorm viel Niederschlag innerhalb kurzer Zeit, der Überschwemmungen auslöst und die Flusspegel stark ansteigen lässt.« Eigentlich ist in Kalifornien jeder Tropfen Wasser aufgrund der detaillierten rechtlichen Vorgaben der Wasserrechtesystems genau zugeteilt (das System verteilt sogar mehr Wasser, als da ist), doch das gilt nicht für Hochwasser. Das ist die einzige $H_2O$-Quelle, auf die niemand juristischen Anspruch hat.

Dahlkes Anreicherungsprojekt leitet aktiv Wasser aus dem im Winter stark anschwellenden Cosumnes River auf Anbauflächen um: »Wir pumpen das Wasser bei hohem Wasserstand aus dem Fluss und fluten damit den Weinberg«, erklärt sie. Beim ersten Durchlauf sog der Boden das Wasser – 7274 Liter pro Minute – begierig auf. Es bildeten sich kaum Pfützen, das Wasser lief durch bis in den durstigen Grundwasserleiter. Helens Forschungen ergaben, dass bis zu 90 Prozent dort ankommen, die anderen 10 Prozent fallen der »Evapotranspiration« zum Opfer – anders formuliert: Sie werden von den Pflanzen aufgenommen. Das sind 90 Prozent im Grundwasserleiter statt 100 Prozent in der San Francisco Bay (in die das ablaufende Wasser zudem noch Nährstoffe eintragen würde, was Algenblüten auslöst). Im Nutzpflanzenanbau ist Helen Staubewässerung lieber als Tröpfchenbewässerung, weil das bedeutet, dass die nötige Infrastruktur für ihren Ansatz zur Anreicherung des Grundwassers bereits vorhanden ist.

»Die Idee wäre, das in ganz Kalifornien zu machen«, sagt sie. Insgesamt fallen im Central Valley mehr als 197 Kubikkilometer überschüssiges Wasser an, was Helen zufolge »ungefähr dem 1,3-Fachen des Lake Tahoe« entspricht. Ihre Aussage ist unmissverständlich: »Damit könnte man mehrere Städte über Jahrzehnte versorgen.« Jahrzehnte. Den Grundwasserverlust wieder auszugleichen, wie SGMA verlangt, wird ebenfalls Jahrzehnte dauern, aber Dahlkes Ansatz eröffnet eine Möglichkeit, das zu schaffen. Bisher steht dem noch die regionale Wasserbürokratie im Weg; Dahlke muss von den Wassergremien und Bewässerungsverbänden zeitweilige Oberflächenwasserrechte erlangen und die Vorgaben des kalifornischen Umweltschutzgesetzes und der Fisch- und Wildtierbehörde einhalten. Doch sie hofft, mit ihren Pilotprojekten den Weg zu ebnen. Je mehr Landwirte ihrem Beispiel folgen, desto weniger sackt der Boden ab, desto weniger Kapazität geht in den Grundwasserleitern verloren und – am wichtigsten – desto mehr Wasser kann in den trockenen Phasen entnommen werden. Es ist eine Win-win-Situation. Eine Studie aus dem Jahr 2020 ergab, dass Hochwasser, das auf diese Weise in den Boden eingeleitet wird, im kalifornischen Central Valley etwa 22 Prozent des verlorenen Grundwassers ausgleichen und das Durchflussvolumen in 52 bis 73 Prozent der Flüsse steigern kann.[11] Ähnliches ist in der indischen Provinz Uttar Pradesh zu beobachten: Als man hier in der Regenzeit das Hochwasser des Ganges abschöpfte und es (mit einer Durchflussmenge von 234 Kubikmetern pro Sekunde) auf die Felder umleitete, um so das Grundwasser anzureichern, brachte das die Wende hinsichtlich des sinkenden Wasserspiegels – zehn Jahre später musste man nicht mehr 12 Meter, sondern nur noch 6,5 Meter tief graben, um auf Wasser zu stoßen, wodurch die Pumpkosten sanken und die Produktivität der Landwirtschaft stieg.[12]

Im Augenblick wird in den Grundwasseranreicherungsgebieten in Kalifornien nicht darüber informiert, wenn ein Stausee vorsorglich Wasser ablässt, um Platz für Niederschläge zu schaffen. Dahlke hofft, dass sich das in Zukunft ändert. »Das Gesetz muss angepasst werden«, sagt sie. Im Winter kommt es ständig zu Hochwasserentlastungen, auch wenn das nicht immer eine kluge Entscheidung ist.

Dahlke erinnert sich an ein solches Ereignis an einer Talsperre im Russian River im Dezember: »Sie haben den Stausee komplett entleert und das gesamte Wasser in den Ozean fließen lassen, nur um dann im Sommer mit leeren Händen dazustehen. Das waren die einzigen heftigen Niederschläge in jenem Jahr. [...] Aber sie waren gesetzlich dazu verpflichtet. Sie ließen rund 85 Millionen Kubikmeter Wasser ab, das sie später gut hätten gebrauchen können.« Aufgrund des Klimawandels forderten viele Landwirte immer mehr Stauseen, sagt sie. Aber neue Anlagen könnten es in puncto Volumen und Kosten nicht mit den natürlichen Speichern unter der Erde aufnehmen. »Wir haben viermal mehr Raum [in den Grundwasserleitern] als in sämtlichen oberirdischen Reservoirs zusammen.« Zusätzlich befände sich der andere große Wasserspeicher – die Schneedecke – gerade »in Auflösung«. Wissenschaftler gehen heute davon aus, dass Colorado bis 2080 rund 50 bis 60 Prozent seiner Schneedecke – und damit der Hauptquelle des Colorado River – einbüßen könnte.[13]

Damit die gezielte Anreicherung des Grundwassers über die Anbauflächen funktioniert, bedarf es staatlicher Planungen und – in den USA gleicht schon der Gedanke daran einem Frevel – gewisser Einschnitte in die privaten Wasserrechte: »Die Flächen mit der direktesten Verbindung zum Grundwasserleiter, die sich für die Anreicherung anbieten, müssen geschützt werden. Man muss sicherstellen, dass in diesen Gebieten keine düngemittelhungrigen Pflanzen angebaut werden.« Um das zu erreichen, ist ein Subventionsprogramm nötig.* Dafür haben Dahlke und ihre Kollegen von der Universität in Davis schon einmal einen Onlineindex und eine interaktive Landkarte von Kalifornien angelegt, auf der sie 1,5 Millionen Hektar

---

* Überraschenderweise tut sich hier besonders die viel gescholtene (auch von mir, in Kapitel 7) Alfalfa hervor. Sie braucht keinen stickstoffhaltigen Dünger, um zu wachsen. Auch Weinberge eignen sich gut. Mandeln, Tomaten und Mais hingegen stehen auf Helens schwarzer Liste, weil sie zu stark gedüngt werden müssen.

Anbaufläche markiert haben, die sich aufgrund ihrer Bodenbeschaffenheit, der Bewirtschaftungsform, der Topografie und anderen Faktoren am besten für die Grundwasseranreicherung eignen. Insgesamt haben sie fast 3 000 Zonen mit einer Gesamtfläche von 372 Quadratkilometern ausgemacht, an denen die Überschwemmung passender Anbauflächen den Gemeinden mehr Grundwasser einbringen würde – ein Großteil davon Weinberge, bei denen Dahlke bereits bewiesen hat, dass ihre Methode funktioniert, ohne dass es den Reben schadet.[14]

Das Anreichern des Grundwassers ist für die langfristige Wassersicherheit in Kalifornien von entscheidender Bedeutung, ebenso wie für viele andere trockene Regionen der Welt. Dem im Weg steht nicht die Wissenschaft, sondern die Einstellung in den Köpfen. Grundwasserleiter sind keine sauberen, mit Beton ausgekleideten, vom Menschen konstruierten Systeme. Sie sind nicht einmal sichtbar. Das macht sie für Ingenieure so schwer zu berechnen und für Politiker so schwer zu bewerben. Sie speichern das Wasser nicht »an einem klar und deutlich definierten Ort«, gesteht Dahlke. »Grundwasser ist ständig in Bewegung; es ist nicht statisch und bleibt nicht dort, wo es versickert. Es richtet sich nach dem Gefälle. Wenn dein Nachbar etwas davon an die Oberfläche pumpt, läuft es in seine Richtung nach. Außerdem gelangt ein Teil davon in die Flüsse.« Das, schiebt sie schnell hinterher, sei jedoch gut so. »Einige Flüsse sind schon seit 50 Jahren von den Grundwasserleitern abgeschnitten.« Die Ablehnung gegenüber der Grundwasseranreicherung sei »eigentlich nur Sturheit«, sagt sie. Aufseiten der Landwirte »handelt es sich zum Teil um konservative Vorstellungen davon, wie das System zu funktionieren hat: Flussaufwärts gibt es einen Stausee, und sie haben ein Anrecht auf eine gewisse Menge Oberflächenwasser – wie viel, steht auf dem Lizenzschein.« Grundwasser lässt sich nicht exakt berechnen – aber das Speichervolumen ist potenziell viel größer.

Auf der anderen Seite des Atlantiks sitzt Niels Hartog –

»Mr. MAR«.* Er ist leitender Forscher und Geohydrologe am KWR-Wasserforschungsinstitut in Nieuwegein, Utrecht, dessen große Glasfronten das angenehme Gefühl vermitteln, über einem künstlich angelegten Feuchtgebiet zu schweben. Niels hat bereits 71 Fachartikel über die kontrollierte Anreicherung von Grundwasserleitern (*managed aquifer recharge*, MAR) verfasst und schickt mir zwei davon vorab zum Lesen. Als ihm während seines Geologiestudiums *Cadillac Desert* in die Hände fiel, Marc Reisners Klassiker über das fehlgeleitete Wassermanagement im Westen der USA, sei das »ein regelrechtes Aha-Erlebnis gewesen. [...] Das Buch hat mir eine ganz neue Perspektive auf die Wasserknappheit und den Umgang damit aufgezeigt«, sagt Niels. Ich frage, ob er sich als Niederländer von Natur aus zu diesem Thema hingezogen fühlt, weil Wasser die Geschichte seines Landes so sehr geprägt hat. »Die Niederlande sind hauptsächlich dafür bekannt, dass wir damit kämpfen, das Wasser draußen zu halten«, lacht er. »Jetzt müssen wir es drinnen halten!«

Als »kontrollierte Anreicherung von Grundwasserleitern« bezeichnet man alle vom Menschen ausgehenden Bemühungen, die Grundwasserbestände zu erneuern und aufzustocken. Dafür gibt es eine ganze Reihe von Methoden, von Dahlkes Überflutungstechnik über die Filterung durch Sanddünen bis hin zu umgedrehten Brunnen, über die Wasser zurück in die entsprechenden Bodenschichten gepumpt wird. Einige Länder griffen mit beiden Händen nach diesen Technologien, als sie zu Beginn des 20. Jahrhunderts aufkamen, während andere bis heute kaum etwas unternehmen. Hartog und seine Kollegen haben 2013 eine Liste mit sämtlichen der 224 MAR-Projekten in Europa erstellt und dabei ermittelt, dass sich die meisten davon in Deutschland befinden (64), gefolgt von den Niederlanden (41) und Frankreich (21). Keines dieser Länder leidet unter verstärktem Wassermangel, und ihr Engagement in Bezug auf MAR erklärt zum Teil, warum das so ist. Die ganz in der Nähe befindlichen,

* Seine Bezeichnung, nicht meine.

durchaus unter Wasserstress stehenden Länder Belgien und Großbritannien beispielsweise verfügen über jeweils nur eine großflächige MAR-Anlage.[15] Und das, obwohl das erste bekannte europäische MAR-Projekt im Jahr 1810 im schottischen Glasgow durchgeführt wurde, wie Niels mir berichtet. Die Niederlande kopierten die schottische Technik Ende des 19. Jahrhunderts, in Reaktion auf die Cholera- und Typhusepidemien. Die von Kanälen durchzogene Stadt Amsterdam »hatte eine Menge Probleme« mit durch Wasser übertragenen Krankheiten, bis man dort feststellte, dass das Wasser unterhalb der nahe gelegenen Sanddünen relativ sauber war. Man begann, es in die Stadt zu pumpen, der Bedarf stieg, und schon bald waren die Bestände unter den Dünen aufgebraucht. Also bestand der nächste Schritt laut Hartog darin, den Grundwasserleiter unter den Dünen künstlich wieder anzureichern, mit Wasser, das man aus dem Rhein umleitete – eines der frühesten Beispiele für ein MAR-Projekt, das der Trinkwasserversorgung einer Stadt diente. Heute bezieht Amsterdam fast 60 Prozent des Trinkwassers aus derartigen Anlagen, zu denen die Sanddünen und mehr als 40 Anreicherungsteiche zählen.[16]

»Statt Wasserspeicher zu bauen, werden die genutzt, die unterirdisch bereits da sind – so einfach ist die Geschichte«, erklärt Niels. »Und es geht auch nichts durch Verdunstung verloren.« Die Verdunstungsverluste von Stauseen sollten nicht unterschätzt werden – der Lake Mead verliert jedes Jahr mehr Wasser, als die Stadt Las Vegas verbraucht. Wird das Wasser unter der Erde gespeichert, fernab der Sonne, ist das kein Problem. Da es heute nicht mehr so regelmäßig und verlässlich regnet und schneit, brauchen die Grundwasserleiter menschliche Unterstützung. Anders als Stauseen und Flüsse, die in Dürrezeiten trocken fallen, stehen die unterirdischen Wasservorräte, wenn sie zuverlässig angereichert werden, immer zur Verfügung. Auch der Nitratgehalt könne auf natürliche Weise reduziert werden, sagt Niels. »Unter der Erde ist genügend Raum, Zeit und Reaktivität vorhanden.« Er ergänzt allerdings, dass verunreinigte

Bodenschichten auch für eine Verschlechterung der Wasserqualität sorgen können – noch ein Grund mehr, den Prozess künstlich zu steuern und an den richtigen Stellen durchzuführen.

Obwohl die Niederlande die meisten MAR-Projekte pro Kopf betreiben, hat sich wohl keine Stadt diesem Thema so sehr verschrieben wie Berlin. Dort decken mindestens acht aktive Grundwasseranreicherungsanlagen 67 Prozent des Gesamtwasserbedarfs der Hauptstadt.[17] Berlin setzt hauptsächlich Sickerbecken ein, die mit Wasser aus der Havel und dem Tegeler See sowie geklärtem Abwasser befüllt werden – von dort aus gelangt das Wasser ins Grundwasser und wird durch nahe gelegene Förderbrunnen wieder an die Oberfläche gepumpt. Niels glaubt nicht, dass Berlin besondere geologische Bedingungen mitbringt; jede Stadt mit Grundwasserleitern, Flüssen und Kläranlagen könne diesem Beispiel folgen. Ironischerweise befindet sich das größte MAR-System der Welt in Abu Dhabi und wird genutzt, um entsalztes Wasser in den Boden einzuleiten. Diese Anlage existiere aber eher aus Gründen der nationalen Sicherheit, erklärt mir Niels – unterirdisches Wasser lässt sich schwerer bombardieren und steht auch dann noch zur Verfügung, wenn die Infrastruktur oberhalb der Erdoberfläche zusammengebrochen ist. Es klingt wie eine historische Absurdität, dass Länder mit großen Ölvorkommen so verrückte Dinge tun können, wie etwa enorme Mengen Meerwasser zu entsalzen und sie unterirdisch zu speichern. Niels erzählt mir, dass bereits weitere Länder aus der Region Kontakt mit ihm aufgenommen und ihr Interesse bekundet hätten.

Bei der größten MAR-Anlage in Großbritannien, dem North London Artificial Recharge Scheme (Programm zur künstlichen Anreicherung Nordlondon, NLARS) von Thames Water, scheint der Umweltaspekt des Ganzen verkannt worden zu sein. Anstelle von überschüssigem Regenwasser wird hier aufbereitetes Leitungswasser zurück in die Kreide- und Liegendsandschichten gepumpt. Technisch gesehen handelt es sich um eine kontrollierte Grundwasseranreicherung, aber ohne die Vorteile der natürlichen Filterung oder der Nutzung von anderenfalls verlorenem Wasser. Wasserknappheit habe zwei Facetten, sagt Niels: Quantität und Qualität. Wasser bewusst wieder zurückzuführen, könne den Wasserspiegel stabilisieren, doch die strenge Gesetzeslage zur Wasserqualität schränke den Einsatz von MAR-Techniken in einigen Ländern ein. Dem stimmt der Grundwasserverantwortliche von Thames Water, Mike Jones, zu. Das NLARS zielt darauf ab, die Speicherkapazitäten zu nutzen, die durch die jahrzehntelange Überentnahme frei geworden sind. Von den 48 Brunnen in der Region, die Wasser an die Oberfläche befördern, seien nun 30 in der Lage, Wasser in den Boden zurückzupumpen. Aber bis auf Thames Water tut dies fast niemand in Großbritannien, da laut den britischen Vorschriften zur Wasserqualitätssicherung nur vollständig behandeltes Leitungswasser ins Grundwasser eingeleitet werden darf. »Wir parken es dort und pumpen es in Trockenperioden wieder hoch – es ist eine strategisch genutzte Speicherstätte, die nicht durchgehend in Gebrauch ist.« Und dann kann das Wasser nicht einmal direkt wiederverwendet werden – zuvor fließt es erneut in die Rohwasserreservoirs im Lea Valley, um noch einmal aufbereitet zu werden.

Die Ironie – oder das Heuchlerische – des Ganzen besteht darin, dass in Großbritannien jeden Tag behandeltes und sogar unbehandeltes Abwasser in die Flüsse eingeleitet wird. Warum gelten die Vorschriften nur für das Grundwasser? Natürlich darf kein verunreinigtes Wasser in den Boden gepumpt werden – aber zumindest behandeltes Abwasser könnte doch durch einen Sandfilter oder durch Sickerbecken dem Grundwasser zugeführt und dort gelagert werden, oder? Auch »unbeabsichtigte Grundwasseranreicherung ist nichts Ungewöhnliches«, sagt Niels. »Wenn man sich die chemische Zusammensetzung der Flüsse anschaut, findet man dort deutliche Spuren von behandeltem Abwasser. Einige kleinere Bäche bestehen zu 100 Prozent daraus.« Das hatte ich bei den Kreideflüssen erlebt. »Über die stromabwärts gelegenen Uferbereiche sickert ohnehin Wasser [ins Grundwasser] ein, ohne dass man es mitbekommt. Das Gleiche gilt für Lecks im Wasserleitungsnetz. Auch wenn wir es nicht wollen – es passiert.« Es wäre doch so viel sinnvoller, den Prozess zu steuern und gezielt die Grundwasserleiter aufzufüllen, die es am meisten brauchen.

Um die Wasserkrise der Welt zu lösen, sollten wir die Grundwasserleiter anreichern, wo immer es geht. Laut dem Weltwasserbericht der Vereinten Nationen von 2022 hat sich die Anwendung von MAR in den vergangenen 60 Jahren verzehnfacht, »aber es besteht weiterhin viel Spielraum nach oben; möglich wäre wahrscheinlich ein Ausbau von aktuell 10 $km^3$/Jahr auf 100 $km^3$/Jahr.« Dem im Weg steht Niels' Meinung nach das Bild, das die Öffentlichkeit von MAR hat – oder eben nicht: »Lange Zeit über war MAR die Lieblingslösung der Hydrogeologen – aus ihrer und aus der Umweltperspektive ist die Sache klar.« Aber Politiker ließen sich gern neben funkelnagelneuen Staumauern oder Entsalzungsanlagen fotografieren. Optisch habe der Untergrund nicht viel zu bieten, sagt Niels. Außerdem bestünden einige Ungewissheiten, etwa rund um die Frage, wie viel Grundwasser in Flüsse und Bäche »austritt«. »Dabei ist das nur gut!«, lacht er. »Ich finde, das sollte ruhig Teil der positiven Botschaft rund um MAR sein – dass wir die Wassersysteme renaturieren können.«

In ihrer Extremform haben riesige MAR-Anlagen allerdings nur sehr wenig mit Renaturierung zu tun. In Phoenix fährt mich DeEtte Person, die PR-Chefin des Central Arizona Project, in einem mit einem Firmenlogo versehenen Pick-up zur Agua-Fria-Anreicherungsanlage. Das Ganze sieht aus wie ein ausgetrockneter Stausee: Insgesamt 15 Hektar, aufgeteilt in acht Becken, die jeweils 1 bis 2 Meter tief und durch eine Einlassrinne verbunden sind. Statt direkt mit dem CAP-Kanal verbunden zu sein, verläuft die Rinne über 6,4 Kilometer durch den Fluss Agua Fria – wenn es den Fluss denn noch gäbe. Das ausgetrocknete Flussbett führt nur dann Wasser, wenn es gezielt aus dem CAP hier hindurchgeleitet wird. Das nennt sich »Wasserbanking«.

Die Anlage wurde 2002 eröffnet und kann jährlich 37 Milliarden Liter Wasser aufnehmen. Die größte der sechs Anreicherungsstationen im CAP-System, die Superstition-Mountains-Anlage, bringt es auf 69,7 Milliarden Liter. Der Anreicherungstechniker Justin Conley von CAP, der vor Ort zu uns stößt, erklärt mir den typischen Ablauf: Alle zwei Wochen wird die Anlage über fünf Tage mit Wasser aus dem CAP-Kanal geflutet. Eine Woche voll, eine Woche leer. Rund 10 Prozent der 1,85 Kubikkilometer Wasser, die durch den Kanal fließen, landen in Anlagen wie dieser. Phil Pagels, der Leiter der Abteilung für Grundwasseranreicherung, erklärt: »Die Kunden haben ein Anrecht auf das Wasser, und wir können es über diese Vorrichtungen für sie anlegen.« Im Grunde wie bei einer echten Bank. »Sie bekommen dann ein Grundwasserguthaben ausgestellt. Wir haben mehrere Areale in Arizona, in denen es für Kunden möglich ist, Wasser einzulagern und das Guthaben entweder noch im gleichen Jahr zu nutzen oder es für die Zukunft aufzusparen. Man kann also über die Jahre immer mehr Guthaben ansammeln und irgendwann die gesamte Menge aus der Erde pumpen lassen.« Der größte Kunde des Systems ist die Stadt Peoria, die es für die Wasserversorgung der Einwohner nutzt. Das Unternehmen CAP weiß sehr genau, wie viel Wasser es aus dem Kanal abzweigt und in die Becken einleitet, und damit auch, wie viel – abzüglich eines gewissen Anteils, der durch Verdunstung verloren geht – anschließend in den Boden eingespeist wird.

In Arizona steht CAP nicht nur für den Kanal, sondern auch für ein Unternehmen, das ein jährliches Budget von 321 Millionen Dollar verwaltet, fast 500 Mitarbeiter hat und mehr als 50 Städte sowie 141 639 Hektar Anbaufläche und elf indigene Stämme mit Wasser versorgt.[18] Die sechs unterirdischen Anreicherungsanlagen, in denen insgesamt 370 Millionen Kubikmeter Wasser gespeichert sind (was genau dem jährlichen Kontingent von Nevada entspricht, wie aufmerksame Leser bemerkt haben werden), sind dafür von zentraler Bedeutung. In Arizona entstand diese Form der Grundwasseranreicherung in Reaktion auf das 1980 verabschiedete Gesetz zum Grundwassermanagement, das die Regionen rund um Phoenix, Tucson und Prescott dazu verpflichtete, bis 2025 genauso viel Wasser wieder ins Grundwasser einzuspeisen, wie entnommen wurde. Außerdem mussten Bauunternehmen von nun an nachweisen, dass die Wasserversorgung für Neubauten für mindestens 100 Jahre gesichert war. Da sich diese Forderung – wie zu erwarten war – als schwer erfüllbar erwies, ermöglicht der Central Arizona Groundwater Replenishment District (Grundwasseranreicherungsverband von Zentral-Arizona) seit 1993, das Wasser durch CAP zu »hinterlegen«: Die Bauunternehmen konnten Grundwasser aus der Erde pumpen, wo auch immer sie sich befanden, solange die gleiche Menge in Anreicherungsstationen wie am Agua Fria »nachgefüllt« wurde. Dass unterhalb des Baugrundstückes womöglich gar kein Wasser vorhanden war oder das Wasser zur Anreicherung aus dem Colorado River und damit aus einem anderen Bundesstaat stammte, spielte keine Rolle.[19]

Durch die Dimensionen des CAP zählen die Anreicherungsanlagen in Arizona zu den größten der Welt. Ich bat darum, die größte von allen besichtigen zu dürfen, die Tonopah Desert Recharge, aber CAP reagierte abwehrend. Später erfuhr ich, dass diese Anlage stillgelegt wurde und seit Jahren kein Wasser mehr gesehen hat. Das ist ein Vorbote dessen, was bevorsteht.

Zum Zeitpunkt meines Besuchs laufen die Anreicherungsanlagen des CAP bereits auf weniger als halber Kapazität und leiten jährlich in der Summe nur 154 Millionen Kubikmeter ins Grundwasser ein. Als die sieben im Einzugsgebiet des Colorado River befindlichen Bundesstaaten den Dürrenotfallplan unterzeichneten, willigten sie damit ein, je nach Füllstand des Lake Mead verschiedene Einschränkungen des Entnahmekontingents hinzunehmen, und die im Januar 2020 in Kraft getretene Stufe Null bedeutete für Arizona, das CAP-Volumen um 236 Millionen Kubikmeter (vgl. Tabelle 1, S. 89) pro Jahr zu reduzieren. Da das zur Anreicherung des

Grundwassers verwendete Wasser als »überschüssiges Wasser« zählt, stehen die MAR-Anlagen auf der Streichliste ganz oben. Seit dem 6. August 2021 gilt Stufe 1; seitdem muss Arizona auf 631,5 Millionen Kubikmeter verzichten, fast 20 Prozent des Gesamtkontingents. Phil, Justin und ihr Team befürchten mittlerweile das Schlimmste für die Anlagen. »Hier in Phoenix erleben wir beträchtliche Kürzungen«, sagt Phil, den Blick auf die trockenen Sickerbecken gerichtet. Heute beschränkt sich die Nutzung der Anlagen auf das, worauf das Konzept ursprünglich ausgelegt war: Sie nehmen überschüssige Niederschläge auf, wenn es in Arizona ein- bis zweimal im Jahr stark regnet. Schon bald wird man den Bauunternehmen keine Guthaben mehr ausstellen können. Und trotzdem gab es, als ich vor Ort war, keinerlei Anzeichen dafür, dass der Bauboom nachlässt; eher im Gegenteil. Hier wird die Gunst der Stunde blind genutzt, ohne Rücksicht auf Verluste.

Bei unserer nächsten Station ist es gut möglich, dass ich einer der letzten Besucher überhaupt bin. Wir machen uns in zwei CAP-Fahrzeugen auf den Weg, um das »Ablassventil« zu besichtigen – die Stelle, an der sich das Wasser aus dem CAP-Kanal in das trockene Flussbett des Agua Fria ergießt, das zu den Sickerbecken führt. Während wir über eine steinige Piste durch die Wüste rumpeln, erheben sich vereinzelt hohe Saguaro-Kakteen wie verlorene Statuen in der Landschaft und drei offenbar wilde Esel beäugen uns mit starrem Blick. Schließlich halten wir an einer mit Stacheldraht umzäunten Anlage, die hauptsächlich aus einem leeren, rechteckigen Betonbecken besteht. An einem Ende des Beckens ragen ein Dutzend klobige, ebenfalls aus Beton gefertigte Klötze auf, ähnlich einer Hochwasserschutzanlage am Strand. Phil ruft jemanden an und gibt Bescheid, dass es losgehen könne. Dann ertönt zehn Sekunden lang ein Alarm, bevor ich ein lautes Rumpeln im Untergrund vernehme. »Wir haben die Anlage jetzt für Sie eingeschaltet«, sagt Phil, »und lassen sie jetzt etwa eine Stunde lang mit 150 cfs laufen.« Cfs sind Kubikfuß pro Sekunde – 1 Kubikfuß entspricht gut 28 Litern. »Sie haben sie extra für mich eingeschaltet?«, frage ich überrascht. »So ist es«, grinst Phil.

Als das Wasser angeschossen kommt, erkenne ich den Sinn und Zweck der Betonklötze: Sie nehmen ihm die Wucht. 150 Kubikfuß sind enorm viel Wasser. Auf die Stunde gerechnet strömen hier 15,4 Millionen Liter ein. Ich habe mich an diese Zahlen gewöhnt, ohne mir die Mengen vor Augen zu führen. Jetzt mehr als ein Dutzend Millionen Liter aus einem Tunnel in das Betonbecken sprudeln zu sehen – gewaltig, tosend, unaufhaltsam –, zählt zu den im buchstäblichen Sinne Ehrfurcht gebietendsten Anblicken, die ich je gesehen habe. Alle 3,9 Minuten fließt eine weitere Million Liter an mir vorbei – genug, um mehr als 14 500-mal zu duschen. Ich sehe sämtliche Duschen meines Lebens in weniger als fünf Minuten an mir vorbeiströmen. Nachdem das Wasser gegen die Betonklötze gebrandet ist (Phil nennt sie »Energieableiter«), läuft es über ein Wehr in das Bett des einst ganz naturbelassenen und heute leblosen Agua Fria. Nun erlebe ich, wie dieser tote Fluss zombieähnlich zum Leben erwacht. Für ein paar Minuten verwandelt er sich in einen gut gefüllten, rauschenden Wasserlauf. Schon bald wird der CAP-Kanal aufgrund der Mangelsituation und der drastischen Beschränkungen nur noch Nutzer mit vorrangigen Rechten beliefern, und dann kann es sein, dass dieses Ingenieurskunstwerk dem Fluss und dem Grundwasserleiter kein weiteres Leben mehr einhauchen wird.

Auch in anderen Regionen im amerikanischen Westen gibt es Bestrebungen, das Grundwasser anzureichern. »Im Central Valley haben wir sieben ›Grundwasser-Banken‹, etwa in Leakey Acres und Fresno«, erzählt Helen Dahlke. »Viele Bezirke verfügen über Anreicherungsbecken oder andere Einrichtungen, in die sie im Winter überschüssiges Wasser einleiten können. Aber das reicht nicht aus, um die Lücke zu schließen.« Um mehr solcher Anlagen zu bauen, sagt sie, »müsste man sich dazu durchringen, mehr Land zu kaufen, was im Central Valley ziemlich teuer ist, und es dem Anbau zu entziehen, um dort Sickerbecken zu errichten – der Kaufpreis liegt bei gut 12000 Dollar pro Hektar Land, und ein gutes Sickerbecken nimmt 40 bis 60 Hektar in Anspruch. [...] Deshalb ist es meiner Meinung nach sinnvoller, die Lücke durch die Überflutung von Anbauflächen zu schließen.« Das erinnert mich an Jake Riggs' Aussage, dass eine komplette Umstellung der Landwirtschaft Ostenglands auf das regenerative Modell das Grundwasser »über den Daumen gepeilt« um so viel Wasser anreichern würde, wie in das größte Reservoir Englands passt.

Dabei muss die Anreicherung gar nicht unbedingt im großen Stil betrieben werden. Om Prakash Sharma, der indische Direktor der kleinen, englisch-indischen Wasserhilfsorganisation WaterHarvest, berichtet mir vom *Chauka*-System, bei dem eine Reihe von 23 Zentimeter tiefen, quadratischen Gruben ausgehoben und mit 60 Zentimeter hohen Wällen umgeben wird. Das dient dazu, die Felder der Kleinbauern während des Monsuns vor Überschwemmung zu schützen, das Oberflächenwasser zu sammeln und den darunterliegenden Grundwasserleiter anzureichern. Wenn die erste Grube voll ist, fließt das überschüssige Wasser in die nächste und so weiter – im Grunde eine Miniaturversion der Anlage am Agua Fria. Om erzählt mir auch von den Grundwasseranreicherungsdämmen im Aravalligebirge, das zu den ältesten der Welt zählt. Dort hat man kleine Dämme – oder »Anicuts« – aus Steinen oder Beton quer durch die Bäche gebaut, die sich zu bestimmten Zeiten über die steilen Abhänge ergießen. Wenn diese Bäche während des Monsuns anschwellen, dringt das hinter den Dämmen aufgestaute Wasser in den Boden ein und reichert das Grundwasser an. »Wir haben hier einige Dörfer, in denen dank dieser Maßnahme jetzt drei Ernten pro Jahr möglich sind. [...] Früher waren 80 Brunnen in vier Dörfern ausgetrocknet, heute ist es kein einziger mehr.«

Während einige Städte – wie Phoenix oder Berlin – über große MAR-Anlagen verfügen, gibt es parallel dazu auch einen dezentralen Ansatz, dessen Wirkung genauso wie die Direktsaat und die Anreicherung durch Überflutung von Anbauflächen in der Summe sogar noch größer sein könnte. Die Rede ist von den sogenannten *Sustainable urban drainage systems* (nachhaltige städtische Entwässerungssysteme, SuDS). Stellen wir uns eine Wiese im Regen vor: Der Boden nimmt das Wasser auf. Stellen wir uns nun eine Asphaltfläche der gleichen Größe vor: Der Regen trifft auf die harte Oberfläche, bildet Pfützen oder fließt zu den Seiten ab. Das ist im Grunde das, worauf unsere bebaute Welt hinausläuft: Sie leitet das Regenwasser in Gullys und Flüsse und von dort aus ins Meer, ohne Kontakt zu den Grundwasserleitern. SuDS hingegen sind darauf ausgelegt, die städtische Bebauung durchlässiger zu machen, indem Asphaltflächen durch Versickerungsmulden ersetzt, Dächer begrünt und Parkplätze mit wasserdurchlässigen Bodenbelägen ausgestattet werden.* Das Konzept dahinter lautet, den Regenwasserabfluss in der Natur nachzubilden. SuDS wirken auch den Problemen der Mischwasserentlastung entgegen. So begann beispielsweise Enfield, ein Stadtteil im Norden Londons, aus Beton bestehende Vorrichtungen zur Verkehrsberuhigung durch Grünflächen zu ersetzen, damit das Wasser, das von den Straßen ablief, nicht länger ins Abwassersystem floss. Schon fünf Grasflächen reichten aus, um den Regenwasserabfluss von 1000 Quadratmetern Straße abzufangen.[20] Das Wasser strömt nicht mehr in die Abwasserkanäle, die Flüsse werden nicht verschmutzt und der Grundwasserleiter unterhalb von Enfield reichert sich an.

Wenn man eine ganze Stadt mit SuDS-Maßnahmen ausstattet, erhält man eine »Schwammstadt«. So lautet der Name einer chinesischen Initiative, die in Reaktion auf die zunehmend zerstörerischen Dürren und Überschwemmungen ins Leben gerufen wurde. Präsident Xi Jinping erklärte, dass Städte »wie Schwämme agieren«

---

* In Großbritannien gibt es ein sage und schreibe 968 Seiten dickes *SuDS-Handbuch*, herausgegeben vom Forschungs- und Informationsverband der Baubranche, in dem sämtliche verfügbaren Methoden aufgeführt sind. Die allermeisten von ihnen lassen sich zusammenfassen zu: »Ersetzen Sie hartes Zeug durch grünes Zeug.«

sollten und dass die Regierung zu diesem Zweck zwischen 2015 und 2017 insgesamt 16 Pilotstädten 20,7 Milliarden Yuan (rund 2,8 Milliarden Euro) zur Verfügung stellen werde. Das Ziel besteht darin, das Hin und Her zwischen den gegensätzlichen Naturkatastrophen zu durchbrechen, indem man schwere Niederschläge auffängt und sie langsam ins Grundwasser, in die Flüsse und Stauseen überführt. Mithilfe von Maßnahmen wie begrünten Dachflächen, Feuchtgebieten, Parks, wasserdurchlässigen Bodenbelägen und unterirdischen Zisternen sollen 70 Prozent des Regenwassers in vier Fünfteln der chinesischen Ballungsräume aufgefangen, wiederverwendet oder in die Grundwasser führenden Schichten eingeleitet werden.[21] Junyan Liu von Greenpeace International in Peking erzählt mir, dass die ersten Erfolge nicht lange auf sich warten ließen. Der Tai Hu, einer der größten Süßwasserseen Chinas, an dessen Ufer die Städte Suzhou, Wuxi und Yixing liegen, »war früher von lauter Beton eingesäumt, und wenn es Überschwemmungen oder schwere Regenfälle gab, konnte der Boden nichts aufnehmen«, sagt Junyan. »Jetzt wurden die Betonflächen entfernt und mehrere Feuchtgebiete angelegt – das hilft sehr.«

Mittlerweile nehmen in China mehr als 30 »Schwammstädte« am Programm teil. Für jede gilt, dass bis 2030 beeindruckende 80 Prozent der Stadtfläche SuDS-Maßnahmen enthalten müssen, die 70 bis 90 Prozent der Niederschläge aufnehmen können. In Wuhan beispielsweise bedecken die 400 Projekte, die bereits bestehen, 38,5 Quadratkilometer; es gibt Stadtgärten, Pflanzenkläranlagen, Parks, Regenwasserpumpen, sanierte Wasserkanäle und künstliche Seen, die alle darauf ausgelegt sind, große Wassermengen aufzunehmen.[22] Man hofft, dass die Schwammstadt-Initiative für eine bessere Wasserversorgung, die Regeneration erschöpfter Grundwasservorkommen und weniger Überschwemmungsereignisse sorgen wird – Letztere haben sich seit 2008 verdoppelt.[23] Laut der University of Leeds war die Umrüstung von Wuhan zur Schwammstadt 600 Millionen Dollar günstiger, als das zentralisierte Entwässerungssystem der

Stadt zu sanieren – und darüber hinaus ist das neue Modell effektiver. Zu den willkommensten Nebenwirkungen zählen »eine verbesserte Luftqualität, positive Auswirkungen auf die Biodiversität und Bestandserhaltung und auf die Gesundheit und Lebensqualität der Menschen sowie eine Steigerung des Bodenwertes.« Die Temperaturen im neuen Jangtse-Strandpark beispielsweise liegen zum Teil 3 Grad unter denen in der Stadt, was zu einer Verdoppelung des Grundstückspreises in der näheren Umgebung führte.[24]

In Indien verfolgt man den chinesischen Ansatz mit großem Interesse. Alpana Jain vom TNC fordert in Delhi, SuDS in die Stadtplanung zu integrieren. Da der Grundwasserspiegel hier jährlich um 4 Meter sinkt, ist die Stadt im Zugzwang.[25] Auch Chennai setzt mit dem »Stadt der 1000 Becken«-Programm auf einen Politikwandel, weg von rein technischen Lösungen hin zu einem nachhaltigen Grundwassermanagement mithilfe von SuDS und Grünflächen. Ziel des Projektes ist es, die Speicherkapazitäten der Stadt auf 200 bis 250 Millionen Liter pro Tag zu steigern[26], um so die Wasserversorgung zu gewährleisten und einen weiteren *Day Zero* zu verhindern. Da in Chennai durch Niederschläge mehr Wasser vom Himmel kommt, als die Stadt im Jahr verbraucht, sollte es möglich sein, den Bedarf zu stillen – wenn man dieses Wasser irgendwie auffangen kann. Zu diesem Zweck setzt man nun die historischen, stufenförmigen Tempelbecken in Stand, die diese Aufgabe früher, zu Zeiten einer deutlich kleineren Bevölkerung, übernommen hatten. Gleichzeitig entsteht ein Netz aus Versickerungsmulden in der Stadt. Pflanzenkläranlagen sollen zuvor gesammeltes Abwasser reinigen und ebenfalls zur Anreicherung des Grundwassers beitragen. Die Vision, die Chennai vorschwebt, ist ein miteinander verbundenes grün-blaues Geflecht aus Wasserläufen, Flüssen, Seen, Teichen, Parklandschaften, Feuchtgebieten und traditionellen Stufenbrunnen.[27] Die Stadt will die erste Feuchtgebietsmetropole werden, die auf dem Wissen darum aufbaut, wie das einstige Sumpfgebiet funktionierte und woher das Wasser auch heute wieder stammen muss.

Alpana Jain zufolge besteht der große Unterschied zwischen Indiens Ansätzen und Chinas Schwammstadt-Initiative darin, dass Indien von der Entwicklung her heute dort ist, wo China vor 20 Jahren stand. »Wenn China damals in Erwägung gezogen hätte, die Natur in die Stadtplanung einzubeziehen, wäre das Land gar nicht in die [bedrohliche Wasser-]Lage gekommen, in der es jetzt ist.« Man könne viel aus den Schwammstädten lernen, sagt Jain, aber die Kosten wären bedeutend niedriger ausgefallen, hätte man den Ansatz schon zu einem früheren Zeitpunkt der Entwicklung verfolgt. Indien versuche, heute schon so zu bauen, wie es in den kommenden 20 Jahren nötig sein werde.

Wer glaubt, dass das Konzept der Schwammstadt nur schwer auf Nordamerika zu übertragen ist, muss sich nur Seattle vor Augen führen. 2013 verabschiedete die Stadt den Beschluss, mithilfe von »grüner Niederschlagsinfrastruktur« (damals gab es Begriffe wie »Schwammstadt« und »SuDS« noch nicht, aber genau das ist hier gemeint) bis 2020 jährlich 1500 Millionen und bis 2025 2600 Millionen Liter ablaufendes Regenwasser aufzufangen. Die Hintergründe dieser Entscheidung sind im ersten Bericht zu lesen:

> *Bevor Seattle zur Stadt heranwuchs, lief hier nur sehr wenig Regenwasser von den Flächen ab. Stattdessen nahm der immergrüne Wald, der einen Großteil der Region rund um den Puget Sound bedeckte, das Wasser auf, sodass es wieder verdunsten oder im Boden versickern konnte, durch die Pflanzen und Bodenschichten gefiltert wurde und das Grundwasser anreicherte, das unsere lachsreichen Flüsse speist. Mit der Entstehung der Stadt wurde dieses schwammartige Waldsystem durch weitgehend versiegelte Flächen wie Straßen, Gebäude, Gehwege und Parkplätze ersetzt; die Ableitung des Regenwassers übernahm ein unterirdisch verlegtes Rohrsystem.*[28]

2021 lag Seattle – die Schwammstadt, die nicht so heißt – voll im Plan: 1,5 Milliarden Liter Ablaufwasser flossen in die »grüne Niederschlagsinfrastruktur«, zu der unter anderem 758 »Regengärten« gehörten, von denen die meisten die Grundwasserleiter anreicherten und knapp die Hälfte das Wasser filterten, um es dann zur Wiederverwendung in Zisternen einzuleiten. Die Mittelstreifen vieler Straßen wurden begrünt, auf manchen entstanden sogar künstliche Gewässer mit Wasserpflanzen. Eines der schönsten Beispiele für eine grüne Umgestaltung durch die Stadtbevölkerung selbst ist die ehemalige Tankstelle, die in das von den United Indians of All Tribes betriebene Labateyah Youth Home mit einem üppigen Regengarten und einem 22 000 Liter fassenden Regenwassertank umgewandelt wurde.[29]

Andere Städte bemühen sich darum, bestehende Infrastruktur zu nutzen, um den Niederschlag in die Erde zu leiten. Der Ablaufkanal von Los Angeles – berühmt aus zahlreichen Filmen wie *Terminator 2* – ist so konzipiert, dass ablaufendes Regenwasser ins Meer geleitet wird, könnte aber eines Tages so umgebaut werden, dass er das Wasser auffängt und in Grundwasseranreicherungsanlagen überführt – was allerdings kein einfaches Vorhaben wird, warnt Newsha Ajami. Regenwasser muss umgehend im Boden versickern können, damit es keine Schadstoffe aufnimmt, die anschließend entfernt werden müssen. Dafür seien mehr Versickerungsflächen nötig, sagt Ajami. Grundsätzlich zieht es immer hohe Kosten nach sich, Wasser in verschmutzte Kanäle zu leiten; SuDS und Grünflächen sind deutlich zielführender.

Es sei denn, man findet eine Möglichkeit, beide Ansätze zu verbinden. In Singapur nimmt das zentral gelegene Marina-Reservoir das ablaufende Regenwasser aus den Gullys der Stadt auf. Durch seine Lage im äquatorialen Niederschlagsgürtel bekommt Singapur viel Regen ab – im Durchschnitt mehr als 2300 Millimeter pro Jahr –, und anders als in Indien mit seinem Monsun kann es hier fast jederzeit regnen. Würden nicht so viele Menschen auf so wenig

Raum leben, hätte die Stadt gar kein Wasserproblem. Professor Hu Jiangyong vom Centre for Water Research (Zentrum für Wasserforschung) in Singapur erklärt mir, dass sie und ihre Kollegen ein der Natur nachempfundenes »Rückhaltesystem« ersonnen haben, das dazu beitragen könne, das Regenwasser stromaufwärts zu reinigen und es dann stromabwärts in ein Reservoir einzuleiten. Das geschieht mithilfe eines Wassergartens, der an das Reservoir angrenzt und mit unterirdischen Abflussrohren unter den Pflanzen ausgestattet ist. Wenn das Regenwasser von den Straßen in dieses System fließt, »werden der Schmutz sowie die Nährstoffe wie Stickstoff und Phosphor von der Erde hinausgefiltert, während das halb geklärte Wasser durch die Rohre unter dem Garten ins Reservoir strömt. Der Stickstoff und der Phosphor fördern das Pflanzenwachstum.« Was super klingt, wären da nicht das ganze Mikroplastik, das Öl und der Reifenabrieb. »All das wird durch die Erde hinausgefiltert«, antwortet Hu. »Diese Substanzen dringen nicht durch. Also bleiben Staub, Mikroplastik und sämtliche andere Verschmutzungspartikel im Boden hängen; das Wasser ist sauber, wenn es ins System gelangt.«

◆

Im englischen Hochsommer kehre ich zu James Alexander nach Oxfordshire zurück, um die Unterhosen auszugraben. Es ist Zeit, das Resultat zu begutachten. Der wadenhohe grüne Weizen ist mittlerweile hüfthoch und goldgelb. Wie alle Landwirte zu dieser Jahreszeit ist auch James in höchster Alarmbereitschaft – sobald das Getreide so weit ist und das Wetter mehrere Tage lang trocken bleibt, wird er mit der Ernte beginnen. Die Gerste ist bereits eingebracht, aber es sei ein mageres Jahr gewesen, knurrt er.* Das, was ich bereits überall in der Welt gehört habe – dass die trockenen Phasen länger

* Ich habe allerdings auch noch nie gehört – und das sage ich, der ich selbst Bauern in der Familie habe –, dass ein Landwirt von einem guten Jahr gesprochen hätte.

andauern, der Regen dann aber umso heftiger ausfällt –, ist mittlerweile auch für James zur Realität geworden. »Wenn es einmal regnet, schüttet es, und dann ist es wieder einen Monat lang trocken. Es gibt einfach keinen verlässlichen Rhythmus mehr.«

James erwartet, dass die künstliche Bewässerung in Zukunft eine deutlich größere Rolle in der britischen Landwirtschaft spielen wird. »Vielleicht sollten wir jetzt ein großes Speicherbecken bauen«, sagt er. Das ist teuer, könnte sich aber durch die höheren Verdienstmöglichkeiten, die ein bewässertes Feld bietet, auszahlen. Die Technik »läuft heutzutage ganz über Apps. Also ja, womöglich ist die Zeit bald reif.« Doch das ändert nichts daran, dass das Wasser irgendwoher kommen muss, und da die Flüsse und Grundwasservorkommen in England bereits übermäßig beansprucht sind, gibt es für die Landwirte wenig Spielraum. Daher hält James es für sinnvoller, auf Direktsaat umzustellen, die weniger Wasser pro Pflanze benötigt.

Am konventionell bewirtschafteten Feld angekommen, laufen wir zu der Stelle, die wir mit der roten Stange markiert haben, und graben die Unterhose aus. Sie ist zerknittert, schmutzig und hat ein paar Löcher, aber wenn man sie wäscht, könnte man sie vermutlich noch anziehen (ich habe schon kaputtere Wäsche getragen). Es macht den Eindruck, als hätte der Boden sie einfach für uns verwahrt. James hält das gute Stück mit spitzen Fingern hoch, während ich ein Foto mache. Dann fahren wir zum Biofeld, wo an vielen Stellen unerwünschter Flughafer über den Weizen hinausragt und der Mohn leuchtend rote Tupfer malt. Das ertragsärmere Feld ist nicht so dicht bewachsen, sodass unsere Stange leichter zu finden ist. James setzt den Spaten an und gräbt die Unterhose aus. Sie bietet einen ganz anderen Anblick als die aus dem unterirdischen Kleiderschrank des konventionellen Feldes – sie ist eindeutig nicht mehr zu tragen; Würmer und Bakterien haben sie zerfressen und durchlöchert. Dafür ist sie erstaunlich sauber, eher staubig als dreckig. Ich halte sie in die Kamera, während der Wind an den Fetzen zerrt. Als

Letztes begeben wir uns zum Direktsaatfeld. Der Weizen hier macht weiterhin den besten Eindruck. Die Ähren sind praller gefüllt, die Pflanzen wachsen dichter und das ganze Feld strahlt golden in der Sonne wie ein landwirtschaftliches Eldorado. Die Unterhose, die James hier aus dem Boden holt, ist in einem wirklich erbärmlichen Zustand. Am auffälligsten ist, wie schmutzig sie ist: In den Löchern klebt dunkle Erde, man erkennt die weißen Spuren der Mikropilze und sogar einige violette Flecken, die vielleicht auf Fadenwürmer oder Protozoen zurückzuführen sind. Ein Tausendfüßler fällt aus dem Baumwollstoff und huscht davon. In diesem Boden wimmelt es offensichtlich vor Leben. Außerdem hat die Erde, ein dichter Schwamm, der seit zwei Jahrzehnten nicht mehr gepflügt worden ist, genügend Feuchtigkeit gespeichert, dass die Pflanzen trotz der aktuellen Trockenphase – auch dank der Mikropilze – ungehindert weiterwachsen können. »Oh ja«, sagt James mit einem zufriedenen Blick auf sein goldenes Feld, »ich glaube, hier fangen wir mit der Ernte an.«

# 9 NEUE WASSERQUELLEN

Inmitten eines Feldes aus staubigen ozeanblauen Solarmodulen – mehr als 20 Reihen aus jeweils 15 Paneelen, die sich durch die ansonsten vollkommen stille Wüste ziehen – vernehme ich ein seltsames Geräusch. Ein deutlich hörbares Surren. Tom, der Chef der Anlage, der mich herumführt, zeigt auf den Fuß eines der Module: »Sehen Sie die Öffnung dort? Dahinter befinden sich drei Ventilatoren, die Luft ansaugen.« Denn diese Anlage erzeugt keine Energie – sie erzeugt Wasser.

Als ich genauer hinschaue, erkenne ich, dass die Fläche der 1,2 mal 2,4 Meter großen »Hydropanels«, die von einer Firma namens Source in Scottsdale, Arizona, hergestellt werden, aus drei Teilen besteht: links und rechts zwei Solarthermieflächen, in der Mitte ein Streifen Fotovoltaik. Dieser mittlere Bereich ist nur dazu da, die 80-Watt-Ventilatoren anzutreiben, damit die Konstruktion unabhängig vom Stromnetz funktioniert. Der Mechanismus bestehe darin, erklärt Tom, »dass wir das Innere so stark wie möglich aufheizen, damit die Luft, die von draußen eingesogen wird, definitiv kälter ist als die innen drin. So kommt es zur Kondensation.« Selbst in der trockenen Wüstenluft von Arizona schafft es jedes Modul, der Luft täglich mindestens 2 bis 4 Liter Wasser zu entziehen (und wenn das hier, bei rund 30 Prozent Luftfeuchtigkeit, klappt, dürfte es so gut wie überall funktionieren.) Bei 250 Paneelen ergibt das in der Summe etwa 1 Kubikmeter Wasser pro Tag bzw. 30 Kubikmeter pro Monat. In feuchten, tropischen Umgebungen ist auch das Dreifache möglich – das wäre genug, um täglich einen Wassertank zu füllen. Anschließend wird das Wasser im Inneren des Paneels mit Mineralstoffen versetzt (reines $H_2O$ ist für den Körper schädlich und wirkt korrosiv auf das Rohrleitungssystem) und in ein 30 Liter fassendes, eingebautes Gefäß geleitet, wo es als Trinkwasser bereitsteht oder in ein größeres Behältnis oder einen Tankwagen umgefüllt werden kann. Die Mineralstoffkartuschen müssen alle fünf Jahre ausgetauscht werden. Doch abgesehen davon (und dem gelegentlichen Abstauben) läuft die Anlage von allein. Um wirklich sicherzugehen, sind die Module, wo auch immer in der Welt sie sich befinden, digital (über WLAN, Satellit oder »eine SIM-Card für 1 Dollar«) mit der Geschäftszentrale in Scottsdale verbunden und übermitteln aktuelle Daten zur Leistung.

Mein erstes Gespräch mit Cody Friesen, dem Gründer von Source, fand 2018 im Auftrag der BBC statt. Damals galt die Technologie als vielversprechend, war mit 5 000 bis 6 500 Dollar pro Modul aber hauptsächlich etwas für Wohlhabende mit einem Haus oder Hof fernab der Zivilisation. Doch es gab Anzeichen für eine potenzielle Neuausrichtung. Kurz zuvor war der Hurricane Maria über Puerto Rico hinweggezogen, und die Firma Source (die damals noch Zero Mass Water hieß) hatte ihre Hilfe angeboten – in Form von Hydropanels für eine Feuerwache, damit die Feuerwehrleute vor Ort bleiben konnten. Einer von ihnen sagte zu Friesen: »Sobald das Militär geht […], ist dies das einzige Trinkwasser, das uns bleibt.« Weitere Abnehmer waren Schulen in Mexiko und ein Waisenhaus im Libanon. »Mein Lieblingsprojekt befindet sich in Kenia«, meint Tom, als wir drei Jahre später in der Wüste Arizonas stehen. »An einer Mädchenschule. Die Schülerinnen müssten eigentlich jeden Tag zwei Stunden zu Fuß zum Brunnen laufen, um Wasser zu holen. Jetzt stehen dort mehr als 40 Hydropanels auf dem Schulgelände, sodass die Mädchen vor Ort bleiben, lernen und ihr Leben leben können.«

In der Geschäftszentrale erklärt mir Cody Friesen, was ihn antreibt: Er möchte gern viel Geld verdienen, das gibt er freimütig zu –

aber auch Menschen Zugang zu Wasser verschaffen. Er glaubt, dass die zentralisierte Infrastruktur als Grundmodell vor dem Aus steht. Und das ist schwer zu bestreiten, wenn man von seinem Büro im sechsten Stock aus auf den CAP-Kanal hinabschaut. »Nichts geht über Wasser in einem See«, sagt er. »Aber die Vorrichtungen, die nötig sind, um es in die Leitungen, über Hügel hinweg und bis ins Haus zu pumpen, kostet enorm viel Geld.« Ich muss an den Volta-See in Ghana denken – so viel Wasser, doch es fehlt an Strom und der nötigen Infrastruktur, um es zu den Menschen zu bringen. Wenn man nun aber eine Ressource anzapfen kann, die kostenlos und überall im Überfluss vorhanden ist, nämlich Sonnenlicht, könnte dieses Wasser irgendwann billiger sein als das vom lokalen Wasserversorger, vor allem, wenn die Anlage immer effizienter wird.« Seiner Ansicht nach könnten die Hydropanels von Source eine ähnliche Entwicklung durchlaufen wie Fotovoltaik-Anlagen, deren Kosten laut der Internationalen Organisation für Erneuerbare Energien im Jahrzehnt vor 2020 um 85 Prozent gesunken sind, weshalb sie heute billiger sind als Kohle.

Luft enthält immer Wasserdampf, ob nun in der Wüste von Arizona oder in feuchtwarmen Städten – weltweit sind das Schätzungen zufolge 12 900 Kubikkilometer Wasser. Dieses Wasser herauszuziehen ist kein neues Konzept – viele Menschen haben einen Luftentfeuchter zu Hause, der genau das tut, und es gibt mehrere Unternehmen, die über diese Methode Trinkwasser gewinnen wollen. Solche Geräte funktionieren durch die Erschaffung eines künstlichen Taupunktes. Das ist vergleichbar mit den Tropfen, die sich im Sommer auf der Außenseite eines Glases mit einem kalten Getränk bilden – der Taupunkt ist die Temperatur, bei der der Wasserdampf in der Luft auf einer Oberfläche kondensiert (vom gasförmigen in den flüssigen Zustand übergeht). In der Natur geschieht das häufig nachts, wenn es sich abkühlt, aber wenn man die Luft künstlich aufheizt und/oder eine kalte Oberfläche bereitstellt, erzeugt man einen künstlichen Taupunkt. Luftentfeuchter sind im Grunde umgekehrte

Kühlschränke. Doch der Ansatz, den Friesen entwickelt hat, besteht darin, die Luft vorab zu erhitzen und die Feuchtigkeit mithilfe eines »Trockenmittels« aufzunehmen, statt eine (energieintensive) kalte Oberfläche zu nutzen. Er erklärt: »Trockenmittel entziehen der Luft auch bei extrem geringer Luftfeuchtigkeit von bis zu 5 Prozent das Wasser. Ein Beispiel dafür ist Zucker – wenn man vergisst, die Dose mit dem Deckel zu verschließen, verklumpt er. Zucker ist ein natürliches Trockenmittel, aber er braucht Zeit. Stellen Sie sich jetzt eine künstlich erzeugte Substanz vor, die das sehr viel schneller schafft.« Die Zusammensetzung dieser Substanz, die Friesen in seinem Labor an der Arizona State University entwickelt hat, ist sein Geschäftsgeheimnis, aber er verrät, dass sie Lithiumchlorid und »organische Ionen« enthält. Die Aufgabe der Solarmodule besteht darin, »den Taupunkt im Inneren hochzutreiben. Beim Duschen beispielsweise wird der Taupunkt so weit erhöht, dass die Luftfeuchtigkeit auf dem Spiegel kondensiert.«

Friesen glaubt, dass die auf Trockenmitteln basierende Wasser-aus-der-Luft-Technologie der kühlschrankähnlichen Methode überlegen ist, weil Letztere »eine relativ hohe Luftfeuchtigkeit voraussetzt. Man braucht enorm viel Energie, um Wasser aus der Luft zu ziehen. Und das Wasser ist nicht sauber, es muss erst noch behandelt werden.« Das Trockenmittel hingegen nimmt die Wassermoleküle auf, während die Hitze den Wasserdampf parallel wieder hinaustreibt. »Es ist eine Art doppelter Destillationsprozess.« 2018 erzeugten die Module Wasser für etwa 16 Cent pro Liter; die Vorstellung eines ganzen Hydropanel-Parks war nicht mehr als ein Traum. Als ich Ende 2021 erneut in Scottsdale bin, beträgt der Preis nur noch 4 Cent pro Liter und der Anlagenpark ist Realität geworden; ich stehe mittendrin. Friesen denkt jetzt in noch viel größeren Dimensionen. Der Klimawandel ist aus seiner Perspektive ein »massiver Marktdisruptor«. Was durch den Klimawandel immer weiter zunehmen wird, ist, wie wir in Kapitel 2 gesehen haben, der Wasserdampf in der Luft. Im Mitte Dezember leicht trüben Sonnenlicht erklärt mir Friesen, dass sein Unternehmen nun in Zusammenarbeit mit den Kommunen in ländliche Regionen vordringe, die nicht an das Leitungsnetz angeschlossen sind und in denen es billiger ist, die Häuser mit Source-Modulen auszustatten, als ihnen das Wasser per Tankwagen zu liefern. Ich frage ihn, ob er sich vorstellen kann, dass das auf diese Weise gewonnene Wasser irgendwann einmal günstig genug ist, um es für die Klospülung zu benutzen. »Auf jeden Fall«, sagt er selbstbewusst. Er vergleicht seine Methode mit der Entsalzung – im Nahen Osten wird dadurch gewonnenes Wasser trotz der enormen finanziellen und energetischen Kosten nicht nur als Trinkwasser und in Sanitäranlagen eingesetzt, sondern auch, um damit Springbrunnen zu füllen.

Beim Wasser ist es meist nicht die Erschließung, sondern der Transport zu den Verbrauchern, der die größten Kosten verursacht. In Ghana gibt es den größten Stausee der Welt und trotzdem haben dort viele Menschen keinen Trinkwasseranschluss. Plastikflaschen und -beutel füllen die Lücke, die das Versagen der kommunalen Wasserversorger reißt. Dieses Wasser ist ohnehin teuer. »Das Wasser im Westen der Vereinigten Staaten ist billig, weil man hier von der Infrastruktur aus 150 Jahren profitiert«, sagt Friesen. »Das teuerste Wasser der Welt ist das Wasser, das Frauen und Mädchen jeden Tag über lange Strecken nach Hause tragen, obwohl es nicht einmal trinkbar ist. Dort geht so viel Zeit für Bildung verloren, [aufgrund von Laufwegen und von] durch Wasser übertragene Krankheiten …« Weltweit liege der durchschnittliche Preis für 1 Liter Wasser aus der Flasche bei 55 Cent, und 95 Prozent der Flaschen würden in Entwicklungsländern verkauft. Flaschenwasser als »schlecht« zu betrachten sei privilegiert, meint Friesen; die meisten Menschen, die es kaufen, hätten keine andere Wahl. »Es wird hauptsächlich als Trinkwasser verwendet. Die Verpackung ist ein Garant für Sterilität.« Dies ist auch der Grund dafür, warum Source jetzt mit Abfüllunternehmen zusammenarbeitet (allerdings nur mit Glas- und Mehrwegflaschen). Eine dieser Partnerschaften in Saudi-Arabien zielt darauf ab, das Wasser, das in einem großen Hydropanel-Park gewonnen wird, direkt vor Ort in Flaschen zu füllen – rund 300 000 pro Jahr. Dafür wird kein Grundwasser entnommen, kein Meerwasser entsalzt und auch kein See leergeschöpft – selbst ein Stromanschluss ist verzichtbar.

Ich solle mir einmal vor Augen führen, was der Bau der Hoover-Talsperre heute kosten würde, sagt Friesen – das Projekt wäre nicht nur unmöglich durchzusetzen, sondern gar nicht wünschenswert. Für ihn sind Lake Mead und Lake Powell »verlorene Vermögenswerte«, die fernab der großen Städte halb ausgetrocknet hoch oben in den Bergen liegen. Source sei gegründet worden, um »das Konzept von Wasser als extrahierter Ressource zu durchbrechen«, sagt er. »In Oregon gibt es eine Stadt, Warm Springs, deren 5 000 Einwohner ungefähr das Sechsfache der erlaubten Arsenkonzentration in ihrem Grundwasser hatten. Also haben wir einen Vertrag mit der Stadt abgeschlossen und dort 800 Module installiert.« In Kapstadt hat der städtische Wasserversorger 500 Module in einem Slum aufstellen lassen. Diese Beispiele erlauben einen Blick in eine alternative Zukunft. Schließen wir die stetig wachsenden informellen Siedlungen an das bestehende Leitungssystem an? Oder verhelfen wir ihnen zu einer besseren Versorgung abseits der Leitungen? Das sind Fragen, die wir klären müssen.

## Neues Wasser

Ein weiterer Weg, Wasser zu gewinnen, besteht darin, Abwasser zu Trinkwasser aufzubereiten. Das passiert häufiger, als man meint. Sämtliche Kläranlagen der Welt sind darauf ausgelegt, unser Schmutzwasser so zu behandeln, dass das Endprodukt (wenn alles nach Plan läuft, siehe Kapitel 5) wieder in die Flüsse eingeleitet und weiter stromabwärts in Trinkwasseraufbereitungsanlagen gepumpt werden kann. Aber aus der Fäkalienbrühe wieder kristallklares, direkt trinkbares Wasser zu machen – das ist etwas ganz anderes. »Das Leben schreibt immer wieder unwahrscheinliche Geschichten«, bemerkt Kishore Mahbubani in seinem Vorwort zum Fachbuch *The Singapore Water Story*. »Und neben den unwahrscheinlichen Geschichten gibt es auch die an Wunder grenzenden, fast schon unmöglichen Geschichten. In diese Kategorie gehört die Wassergeschichte von Singapur.«

Als Sir Stamford Raffles* 1819 in Singapur an Land ging, reichte das Wasser aus den Flüssen und den handgebohrten Brunnen aus, um die wenigen 100 Bewohner der Insel zu versorgen. Doch da die Ansiedlung in rasantem Tempo zu einem bedeutenden Hafen des britischen Empire aufstieg, war das Brunnenwasser durch die enorm gestiegene Bevölkerung und die Verschmutzung bald ungenießbar. Der Singapore River (der nur 2,95 Kilometer lang ist) wiederum wurde durch die Schweine- und Hühnerfarmen verseucht. Als Singapur 1965 unabhängig wurde, war es um die Wasserversorgung ziemlich schlecht bestellt. Da die drei Stauseen nicht einmal 20 Prozent des Wasserbedarfs deckten und das wenige verfügbare Grundwasser mit Schadstoffen belastet war, unterlag der Wasserverbrauch ab 1961 strengen Beschränkungen. Am 19. August 1961 war kein Tropfen mehr da[1] – Singapur erlebte also schon einen *Day Zero*, lange bevor Kapstadt den Begriff erfand, und bezog nun fast die Hälfte seines Wassers aus Malaysia (übrigens bis heute**[2]). Doch am Tag, an dem Singapur unabhängig wurde, erklärte der malaiische Premierminister dem britischen Hochkommissar, dass sein Land die Wasserlieferung umgehend einstellen werde, »sollten die außenpolitischen Bestrebungen Singapurs den Interessen Malaysias zuwider-

* Kleine Anekdote am Rande: Raffles gründete nicht nur das moderne Singapur, sondern auch den Londoner Zoo.

** Das Land importiert mehr als 50 Prozent seines Rohwassers aus Malaysia, basierend auf einem Vertrag, der noch bis 2061 läuft – daher sind Erklärungen, in denen Singapur als »erster wasserautarker Staat der Welt« bezeichnet wird, nur halb wahr.

laufen«. Daher stand die Suche nach unabhängigen Wasserquellen von Anfang an ganz oben auf der Prioritätenliste der jungen Nation: »Das war schwere Erpressung«, erklärte der erste Premierminister Lee Kuan Yew später.[3]

In den drei Jahrzehnten zwischen 1963 und 1993 wuchs die Einwohnerzahl von 1,8 auf 3,3 Millionen, was den Wasserbedarf des zunehmend wohlhabenden Stadtstaats weiter in die Höhe trieb, und hinzu kam, dass der Pro-Kopf-Verbrauch auf mehr als das Doppelte stieg – von 75 auf 173 Liter. In den Neunzigerjahren erlebte die Stadt zudem einen Boom der wasserintensiven Halbleiterindustrie. Neue Stauseen entstanden, aber die Nachfrage war stets höher als das Angebot. Erstaunlicherweise waren im Singapore Water Master Plan von 1972 bereits Mittel für »unkonventionelle Wasserquellen« wie die Wiederverwendung von behandeltem Abwasser vorgesehen, obwohl die entsprechenden Technologien damals noch gar nicht in größerem Ausmaß verfügbar waren. 1974 versuchte man sich pflichtbewusst an der Aufbereitung, doch die Membranfilter verstopften schnell, sodass die Anlage nach nur 14 Monaten wieder geschlossen wurde.[4] Das tat dem Ehrgeiz aber keinen Abbruch, und in den Nullerjahren war die Technik schließlich weit genug entwickelt, um einen weiteren Versuch zu starten. Das Projekt sollte unter der Bezeichnung »NEWater« bekannt werden.

Professor Hu Jiangyong vom Centre for Water Research in Singapur war von Anfang an aktiv an diesem Projekt beteiligt. Sie wurde in Peking geboren und kam 1996 nach Singapur, als »die Wasserindustrie im Vergleich zu heute nicht sonderlich aktiv war«. Es gab einige kleinere Rückgewinnungssysteme in der Fischzucht, aber das war es dann auch. 1999 gab der Staat ein Forschungsprojekt für die Aufbereitung von Haushaltsabwasser zu Trinkwasser in Auftrag. Drei Jahre lang entwickelte Hu zusammen mit 50 Kollegen ein Konzept, wie sich erreichen ließe, was noch nie zuvor in dieser Dimension umgesetzt worden war. Da Wassersicherheit in Singapur als Bestandteil der nationalen Sicherheit gilt, machte auch die Politik Druck. 2002 waren die Forschungen abgeschlossen und schon 2003 nahm Singapur die erste NEWater-Anlage in Betrieb. »Im Vergleich zu den neueren Anlagen ist sie ziemlich klein«, sagt Hu, »aber sie war die erste.«

NEWater – das »neue Wasser« – war trinkbar, musste aber auch schmecken, weshalb der Verkaufsstart von einer groß angelegten Werbe- und Informationskampagne begleitet wurde. Es gab Filmaufnahmen von Premierminister Goh Chok Tong, der beim Tennis zwischen den Sätzen flaschenweise NEWater trank und dabei fröhlich verkündete: »Es ist gut für die Gesundheit.« Bei der Parade zum Unabhängigkeitstag 2002 erhielt jeder der 55000 Zuschauer im vollbesetzten Nationalstadion im Stadtteil Kallang eine Flasche kaltes NEWater. In einem Dokumentarfilm von 2018 bezeichnet Harry Seah, der stellvertretende Vorsitzende der nationalen Wasserbehörde PUB, jenen Tag als »unsere Chance, es zu schaffen – unsere Chance, die Bevölkerung zu überzeugen«. Ein Mitarbeiter der Behörde hatte den Tankwagen mit dem NEWater höchstpersönlich zur Abfüllfabrik gefahren und den gesamten Prozess überwacht, um alle Eventualitäten auszuschließen.[5] Letztendlich tranken die Leute das Wasser nicht nur – und wer hätte das nach mehreren Stunden in der feuchtwarmen Außenluft nicht getan –, sondern entwickelten sogar eine Art Nationalstolz auf diese wahrhaft unabhängige neue Wasserquelle.

Der technologische Durchbruch, der NEWater nach dem gescheiterten Versuch von 1974 nun möglich machte, war »Mikrofiltration plus Umkehrosmose plus Desinfizierung durch UV-Strahlen«, erklärt Hu. In den Siebzigerjahren hatten die für die Umkehrosmose nötigen Filter schlicht noch nicht zur Verfügung gestanden. Auch in anderen Ländern, darunter die USA und Israel, fand diese Technik ab den 2000er-Jahren immer mehr Verbreitung. 2011 waren bereits fünf große NEWater-Aufbereitungsanlagen in Betrieb, die 30 Prozent des Wasserbedarfs von Singapur abdeckten; bis 2060 sollen es 50 Prozent sein. Dafür war auch eine vollständige Umgestaltung der von den Briten installierten Mischkanalisation nötig. Heute fließt das Abwasser aus den Toiletten über eigene Rohre direkt in die

Kläranlage, während sämtliches Regen- und Ablaufwasser in getrennten Abflüssen gesammelt und von dort aus in Flüsse, Reservoirs oder Sickerbecken eingeleitet wird.

Zusammen mit NEWater habe sich auch die Technologie entwickelt, erzählt Hu; mittlerweile nutze man Membranbelebungsreaktoren, um die Filtration mit biologischen Prozessen zu kombinieren. Hu und ihr Kollege Say-Leong Ong stellten fest, dass auf diese Weise unter anderem Östrogen entfernt werden kann, das zum Teil durch die Antibabypille ins Toilettenabwasser gelangt – eine wichtige Entdeckung, da Forschungen ergeben haben, dass ein Teil der Fische und Frösche aufgrund des durch Medikamente und Viehhaltung hohen Östrogengehalts im Flusswasser ihr Geschlecht ändern. »Das Gute ist, dass die Umkehrosmose mehr als 99 Prozent dieser Verbindungen eliminiert«, sagt Hu. »Anschließend sehen wir keine Probleme mehr.« Das Gleiche gelte für Mikroplastik. Das Trinkwasser, das aus Abwasser entstand, ist »sauberer« und enthält weniger Verunreinigungen als normales Wasser aus der Leitung.

Womöglich ließe sich durch die Aufbereitung von Abwasser die Wasserknappheit in vielen Ländern der Welt bekämpfen. Laut einem Bericht des CEEW könnte Indien, sollte das Land bis 2030 100 Prozent seines Abwassers klären, damit den gesamten industriellen Wasserbedarf von 27 Milliarden Kubikmetern im Jahr decken – heute werden dort nur 8 Milliarden Kubikmeter aufbereitet. Eine der Verfasserinnen des Berichts, Kangkanika Neog, erklärt mir: »Die Regierung in Delhi strebt an, die Abwasserwiederaufbereitung in den nächsten Jahren um 40 Prozent zu steigern. Eine meiner Studien identifizierte dies als die deutlich günstigere Option – vor allem für die Industrie.« Momentan zahlt diese 65 Rupien pro Kiloliter Süßwasser, doch durch die Abwasseraufbereitung könnte der Preis auf 18 bis 20 Rupien sinken. Neog sieht allerdings noch »keine konzertierten Bemühungen in diese Richtung«. Einige indische Städte klären bis zu 60 Prozent des Abwassers und leiten es anschließend in Flüsse und Feuchtgebiete ein. Doch dort, wo Neog wohnt, in

Guwahati im Bundesstaat Assam, »wird nur 0,1 Prozent des anfallenden Abwassers in einem zentralisierten System gereinigt. Das Potenzial ist also da, aber der Weg ist noch weit.«

Auch in Peru gilt aufbereitetes Abwasser immer mehr als Alternative zum Grundwasser und könnte zur Versöhnung zwischen den Agrarkonzernen und der Bevölkerung führen. Carla Toranzo von der AWS erzählt mir von Lima aus, dass das Agrarunternehmen Sun Fruits eine Abwasseraufbereitungsanlage in San José de Los Molinos instandgesetzt habe, weil das örtliche Grundwasser durch die Einleitung von täglich rund 1 000 Kubikmetern unbehandeltem Abwasser verschmutzt war (und das bei einer Einwohnerzahl von nur 7 000 Menschen). Durch die Wiedereröffnung der stillgelegten Anlage stünde Sun Fruits (laut Angaben des Unternehmens) genügend Wasser zur Verfügung, um 30 Hektar Avocadobäume zu bewässern *und* die Einheimischen mit 365 000 Kubikmetern Wasser pro Jahr zu versorgen. Die Sanierung war im Juli 2019 abgeschlossen und ein Jahr später begann man mit der Bewässerung der Anbauflächen. Es ist ziemlich ungewöhnlich, dass ein Privatunternehmen eine halbe Million Dollar in die öffentliche Infrastruktur steckt, zugunsten der Stadt, des Grundwassers und des Geschäfts.[6] »Das ist genau der Ansatz, den wir brauchen«, sagt Toranzo, »weil es leider offensichtlich ist, dass der Staat es nicht allein schafft – sei es auf kommunaler, regionaler oder nationaler Ebene.« Derartige Lösungen, sagt sie, »können als Beitrag zur Kreislaufwirtschaft verstanden werden«. Doch natürlich müsse man bedenken, dass die Wiederaufbereitungsanlage in Los Molinos schon vorhanden gewesen sei – das ist in vielen Orten nicht der Fall. Diese Lücken müssten von staatlicher Seite geschlossen werden, sagt sie, aber Sun Fruits habe »einen Weg aufgezeigt, den andere kopieren können«.

Ein weiteres kopierfähiges Kreislaufmodell der Abwassernutzung findet sich im Las Vegas Valley. Hier bilden die Berge einen natürlichen Kessel, an dessen tiefster Stelle sich der Lake Mead befindet (früher floss dort natürlich der ungehinderte Colorado River). In ihrem SNWA-Büro erklärt mir Colby Pellegrino: »Wer irgendetwas von Abwasserplanung versteht, setzt alles daran, dass die Ausscheidungen hangabwärts fließen.« In den 1990er-Jahren erschuf die SNWA im Flussbett eines ausgetrockneten Zuflusses zum Colorado River den »Las Vegas Wash«: einen innerstädtischen Fluss, in den die Kläranlagen das behandelte Endprodukt einleiten können, damit die Süßwasservegetation und das Sonnenlicht es auf dem 17,7 Kilometer langen Weg zum Lake Mead weiter filtern und reinigen. Im Stausee angekommen, pumpt die SNWA es als Trinkwasser wieder heraus – ein fast komplett geschlossener Kreislauf. In der Folge ist es der SNWA ziemlich egal, wie lange die Leute duschen (da das Wasser ohnehin im Wash landet); stattdessen achtet sie sehr genau darauf, wie ausgiebig sie ihre Gärten bewässern (das zählt als »konsumtive Nutzung« – Wasser, das unwiederbringlich verloren ist). »Wir entnehmen dem Stausee etwa 370 Millionen Kubikmeter Wasser, von denen 200 Millionen über den Wash zurückfließen«, sagt Pellegrino. Der Zufluss über den Wash macht heute rund 2 Prozent des Lake Mead aus. Außerdem dient das Flussbett als Regenüberlaufbecken, sollten in Las Vegas doch einmal mehr als die üblichen 100 Millimeter Regen im Jahr niedergehen.

Ich besichtige den Wash zusammen mit Bronson Mack, der bei der SNWA für Öffentlichkeitsarbeit zuständig ist. Als wir auf dem Weg dorthin an einer Wohnanlage in Henderson vorbeifahren, entdeckt Bronson einen großen Zierteich, den er zum ersten Mal sieht. »Das kann doch nicht wahr sein«, murmelt er. »Das ist Wasser aus dem Colorado River.« Jenseits der Stadtgrenze wachsen im Grunde nur noch Kreosotbüsche auf dem trockenen, rostbraunen Sand, bis wir auf einen Streifen üppigen Grüns zusteuern: der Las Vegas Wash. Manche Menschen empfänden das »vom Klo zum Wasserhahn«-Konzept als »ekelig«, räumt Bronson ein.* Deshalb führt er seine

* Obwohl Abwasser in Wahrheit an vielen Orten wiederverwertet wird, ohne dass man es an die große Glocke hängt. Es ist üblich, dass Abwasser geklärt, in Flüsse

Besucher gern hierher, damit sie sich den Wash mit eigenen Augen anschauen können. Früher befand sich hier ein natürliches Feuchtgebiet, das durch den Fluss gespeist wurde, bis dieser aufgrund der Überentnahme aus dem Grundwasserleiter trockenfiel. Vor 20 Jahren wurde dann eine »Pflanzenkläranlage« angelegt. Invasive Arten wie die Sommer-Tamariske wurden entfernt und durch einheimisches Schilf ersetzt. Bronson parkt den Wagen, und wir stapfen zu Fuß durch die Pflanzen*, bis wir an ein Wehr aus Beton kommen. Ich hatte ein schmales Flüsschen oder einen Bach erwartet, aber der Wash ist beeindruckende 30 Meter breit. Direkt unterhalb des Wehrs liegen einige Trittsteine im Wasser, die als Erosionsschutz über die gesamte Breite verteilt wurden, uns aber zugleich ermöglichen, bis in die Mitte des Flusses zu laufen. Der stechende Geruch erinnert mich an die Ausleitungsrohre der Kläranlage in Banbury – das Abwasser ist bereits behandelt, aber »noch kein Wasser«, wie man mir damals so nachdrücklich eingebläut hatte. »Es hat in letzter Zeit nicht geregnet«, sagt Bronson, als sei diese Erklärung hier draußen in der Wüste notwendig. »Daher ist das, was hier fließt, zu 100 Prozent behandeltes Abwasser. Vor zehn Stunden war es noch voller Fäkalien.« Gut möglich, dass hier gerade das an mir vorbeiströmt, was ich am Morgen die Toilette hinuntergespült habe – vermischt mit den 830 000 Kubikmetern Wasser, die hier täglich durchfließen. Doch die Flüssigkeit vor mir ist klar, nur minimal grünlich verfärbt, und oben auf dem Wehr schwimmen, ziemlich genau auf meiner Kopfhöhe, fröhlich einige Enten und Blesshühner herum und suchen im Schilf nach Fischen. Beobachtungen haben ergeben, dass mehrere gefährdete Vogelarten hierher zurückgekehrt sind.

---

eingeleitet, in Reservoirs aufgestaut, aufbereitet und dann ins Wasserleitungssystem eingespeist wird.

* »Hier sind die Leichen vergraben«, scherzt Bronson, nur um dann hinzuzufügen: »Haben Sie den Film *Casino* gesehen?« Mir wird klar, dass es vielleicht doch mehr als nur ein Witz ist.

Auch die typischen Feuchtgebietspflanzen breiten sich wieder aus. Für einen beträchtlichen Teil der Flora und Fauna ist dieses »Noch-kein-Wasser«-Wasser genug. Was ich hier sehe, ist (anders als das Feld in den Cotswolds, wo das Abwasser im Grunde einfach auf die Pflanzen gekippt wurde) keine grün angepinselte Kanalisation, sondern die größte, beeindruckendste natürliche Lösung, die ich auf all meinen Reisen zu Gesicht bekommen habe. Und das in Las Vegas, wo ich niemals damit gerechnet hätte. »Ganz klar, ohne den Wash müssten wir uns entweder eine andere Wasserquelle erschließen oder die Stadt würde deutlich schrumpfen«, gesteht Bronson über das Tosen des Wehres hinweg ein.

Zurück im Büro erzählt mir Colby Pellegrino, dass Kalifornien das Erfolgsmodell des Wash nun nachbauen wolle und dafür eine Partnerschaft mit der SNWA eingegangen sei. Anders als in Las Vegas strömt in der deutlich größeren Stadt Los Angeles ein Großteil des behandelten Wassers – Milliarden Liter – in den Pazifik. Das geplante »Regional Recycled Water Program« (Regionales Wasser-Recycling-Programm) soll dafür sorgen, dass drei bis 3,7 Millionen Kubikmeter wieder in die Stauseen zurückfließen. Das 2017 von Gouverneur Jerry Brown unterzeichnete Gesetz verpflichtete das State Water Resources Control Board (Kontrollgremium für die staatlichen Wasserressourcen) zudem, bis Ende 2023 Kriterien dafür festzulegen, wie das aufbereitete Abwasser direkt als Trinkwasser wiederverwendet werden kann. Der Bürgermeister von Los Angeles, Eric Garcetti, kündigte in seinem 2019 veröffentlichten Green New Deal an, bis 2035 das gesamte Abwasser der Stadt erneut in den Kreislauf einzuspeisen. Diese politischen Vorhaben sind erste Schritte in die richtige Richtung: Ohne Wasser-Recycling gibt es keine wassersichere Zukunft. Während ich dieses Buch schreibe, macht wiederaufbereitetes Wasser nur 2 Prozent des in Los Angeles genutzten Wassers aus.[7]

In San Diego hingegen schaut man eher nach Singapur und auf die NEWater-Anlagen. Das ganz ähnlich benannte »Pure Water«

wird das größte Infrastrukturprojekt der Stadtgeschichte, das nach seiner Fertigstellung im Jahr 2025 genügend Abwasser in Trinkwasser umwandeln soll, um damit ein Viertel des Wasserbedarfs der Stadt zu decken. 2035 sollen es dann schon 40 Prozent sein. Für dieses Vorhaben (das sich aufgrund von Gerichtsverfahren bereits um mehrere Jahre verzögert hat) sind eine Abwasserreinigungsanlage für 356 Millionen Dollar, neue Rohrleitungen für 123 Millionen Dollar und eine Pumpstation für 110 Millionen Dollar notwendig, wodurch sich die Kosten insgesamt auf über eine halbe Milliarde Dollar belaufen.[8]

Abwasser trinkbar zu machen, kostet viel Geld. Doch es so zu behandeln, dass es in der Landwirtschaft verwendet werden kann, ist einfacher. Bei meinem Besuch im Jordangraben konnte ich erleben, wie Abwasser dort als neue Wasserquelle diente. Das Nachbarland Israel ist in dieser Hinsicht bisher Weltmeister und bereitet 90 Prozent seines Wassers auf, von denen 85 Prozent anschließend in die Landwirtschaft fließen.* Spanien, Schätzungen zufolge die Nummer zwei der Welt, führt 20 Prozent des Abwassers einer neuen Nutzung zu, 71 Prozent davon in der Landwirtschaft. Jordanien hingegen liegt weit zurück. Doch es gibt eine funkelnde, übel riechende Oase in der Wüste: die schmucklose Tal-Al-Mantah-Kläranlage. Als eine von zwei kleinen Kläranlagen im Jordangraben ist Tal Al-Mantah für rund 800 000 Menschen zuständig und auf täglich 400 Kubikmeter Abwasser ausgelegt. Eshak Al-Guza von EcoPeace führt mich herum. »Vorsicht!«, warnt er, als wir ein riesiges Abwasserbecken passieren. »Das ist ziemlich tief! Da zieht Sie niemand

* Bauern mögen behandeltes Abwasser, weil es viel Stickstoff, Kalium und Phosphor enthält – Elemente, die sie normalerweise zusätzliches Geld kosten. Laut der Weltbank sind die Landwirte in Pakistan bereit, für Abwasser mehr als doppelt so viel Geld zu bezahlen wie für reguläres Bewässerungswasser. Ein weiterer Vorteil ist, dass Abwasser das ganze Jahr über erhältlich ist, auch in Trockenperioden. (Richard Damania, Sébastien Desbureaux et al, *Quality Unknown: The Invisible Water Crisis*. World Bank Group, 2019)

wieder raus.« Im Gegensatz zur Kläranlage bei mir zu Hause stammt der Strom hier aus einer Fotovoltaikanlage, die mit Unterstützung der deutschen Hilfsorganisation GIZ installiert worden ist. Außerdem wird das Abwasser hier (im Anschluss an die üblichen Absetz- und Belebungsverfahren) mit UV-Licht bestrahlt, anders als in den meisten Kläranlagen in England – was Eshak ziemlich überrascht, als ich ihm davon erzähle. Das Endprodukt ist geklärtes, wiederverwendbares Wasser. Doch wie beim Karameh-Stausee gilt auch hier, dass die Bemühungen aktuell größtenteils vergebens sind. Wir schauen zu, wie das Wasser nutzlos aus dem Ausleitungsrohr einen sandigen Felshügel hinabfließt, wo es von ein paar dankbaren Graspflanzen aufgesogen wird und der Rest in der Sonne verdunstet. »Wir *müssen* dieses Wasser auffangen und es nutzen«, erklärt Eshak mit Nachdruck: 400 Kubikmeter Wasser pro Tag sind in einer trockenen Region wie dieser überaus kostbar. Ohne diese Anlage würde das Abwasser aus Tausenden Jauchegruben im Tal einfach im Boden versickern und sowohl das Grundwasser als auch die lokalen Wadis, die vorübergehend Wasser führenden Flüsse, verunreinigen. Doch das sorgfältig gereinigte Wasser einfach ungenutzt davonfließen zu sehen, während die nahe gelegenen Höfe nicht in der Lage sind, ihre Anbauflächen zu bewässern, lässt mich wieder den mittlerweile vertrauten Klumpen im Magen spüren.

»Wir brauchen dringend eine neue Wasserquelle in Jordanien, und das hier ist eine gute Möglichkeit«, sagt der stets positiv gestimmte Eshak. Er hat schon erlebt, dass es funktionieren kann, da er früher für die deutlich größere As-Samra-Kläranlage in der Nähe der Stadt Zarqa tätig war. Dort werden seiner Aussage nach täglich 400 000 Kubikmeter Abwasser behandelt, von denen jährlich 202 Millionen Kubikmeter anschließend landwirtschaftlich genutzt werden: »Das ist eine beachtliche Menge. Es zeigt, was möglich ist.« Später erklärt mir Seine Exzellenz Saad Saleh Abu Hammour, dass 80 Prozent der Nutzpflanzen im Zarqa-Tal mittlerweile zumindest teilweise mit dem aufbereiteten Abwasser aus As-Samra bewässert würden. Aber die Anlage wurde 2008 mit Mitteln der amerikanischen Entwicklungsbehörde USAID gebaut und hat 97,9 Millionen Dollar gekostet. Für viele wasserarme Länder wie Jordanien ist es schwer genug, sich *eine* solche Anlage zu leisten; zwei oder drei sind unvorstellbar. Daher drängt sich die Möglichkeit, die kleineren Anlagen wie Tal Al-Mantah mit Rohren zur Wiederverwendung auszurüsten, eigentlich geradezu auf.

Als Nächstes will mir Eshak eine deutlich kleinere, vom Leitungsnetz unabhängige Lösung zeigen, deshalb fahren wir zurück zur Hauptstraße des Tals und folgen ihr nach Norden, in Richtung der syrischen Grenze und dem EcoPark, einer Anlage von EcoPeace. Sie erstreckt sich auf 44,5 Hektar einer einstmals trockenen und ungenutzten (ungewollten) Landfläche, die die für den Jordangraben zuständige Behörde der Organisation 2002 geschenkt hat. Diese eröffnete den EcoPark 2004, um ihre Vorschläge für eine Renaturierung des Tals vorzuführen – neu gepflanzte Bäume und einheimische Pflanzen spendeten Schatten und banden Wasser. Heute sind die Bäume deutlich gewachsen, und ein zu neuem Leben erwachter Bach sprudelt durch die Landschaft, vorbei an einem Besucherzentrum und mehreren Öko-Lodges für Touristen. Die Temperatur im Tal beträgt über 40 Grad, doch das Blätterdach hier senkt sie um 7 Grad, sodass wir uns zum Essen bequem nach draußen setzen können.

Nach einer traditionellen Mahlzeit, bestehend aus Reis, gefüllten Weinblättern, Hähnchen-Makluba und der allgegenwärtigen Shatta-Chilisoße, will Eshak mir unbedingt die Wasseraufbereitungsanlage zeigen. Jede Lodge und jedes Verwaltungsgebäude verfügt über getrennte, farblich markierte Abflussrohre für Grauwasser und Fäkalien. Die Grauwasserrohre, durch die vor allem das Abwasser aus den Duschen und Waschbecken fließt, führen zu zwei rund 1,5 Meter großen Plastiktanks.* Der eine ist mit Brocken porösen Vulkan-

* Ehre, wem Ehre gebührt: Diese Tanks konnten dank einer Spende der Coca-Cola-Stiftung aufgestellt werden.

gesteins aus der Umgebung gefüllt (um mir zu zeigen, wie verbreitet diese Steine hier sind, sucht Eshak den Boden ab und hat kurz darauf einen gefunden), die sich mithilfe einer elektrischen Pumpe im Wasser auf und ab bewegen und damit sowohl einen biologischen als auch einen mechanischen Reinigungsprozess bewirken.* Anschließend rinnt das Wasser durch einen Filter in einen weiteren Tank darunter und wird über Bewässerungsschläuche auf die Pflanzen und Bäume im Park verteilt. Eshak ist so offensichtlich begeistert von dem System, dass ich ihn neben seiner geliebten Anlage fotografiere. Dann zuckt er mit den Schultern und sagt, dass vom Leitungsnetz unabhängige Grauwassersysteme ziemlich einfach zu konstruieren seien. »Letzte Woche haben wir in den Häusern in der Umgebung 101 kleinere Anlagen aus Plastikfässern installiert [...] Wir zeigen den Leuten, wie es funktioniert, und hoffen, dass es sich herumspricht. Hier wird gehandelt statt geredet.«

Wahrhaft stolz ist Eshak aber auf das, was mit den Fäkalien passiert. Was in Toiletten hinuntergespült wird, ist, wie ich bei meinen Kläranlagenbesuchen gelernt habe, nicht leicht aufzubereiten. Ganz am Ende des Tals, weit genug entfernt, dass wir uns für den Weg dorthin wieder ins Auto setzen müssen, münden die Fäkalienrohre in ein geschlossenes Klärbecken, hinter dem sich eine Reihe mit Plastik abgedichtete, von Rohrkolben umstandene Teiche befinden. Auf Eshaks Instagram-Bildern des vergangenen Jahres waren die Pflanzen nur kniehoch, aber jetzt ragen die höchsten 3,70 Meter auf – Phosphor und Stickstoff aus den menschlichen Ausscheidungen haben sie in die Höhe schießen lassen. Anschließend fließt das Wasser in drei andere Teiche weiter, wo es durch weitere Klär- und Aufbereitungsprozesse (unter anderem durch Algen) gereinigt wird – im letzten der Teiche entdecke ich einige Kaulquappen. Ganz am

* Die Klärung von Abwasser durch Kieselsteine geht bereits auf den englischen Apotheker Edward Frankland in den Siebzigerjahren des 19. Jahrhunderts zurück.

Ende fließt es in das Tal hinab und speist ein Feuchtgebiet, das bis vor einiger Zeit so gut wie ausgetrocknet war, da es hier keine Flüsse mehr gab, das sich jetzt aber aufgrund der unerwarteten neuen Wasserquelle wieder erholt. Im Jordangraben fällt es angesichts des halbleeren Toten Meeres, des kläglichen Jordan-Rinnsals und des versalzenen Karameh-Stausees schwer, dem Menschen irgendetwas anderes als einen schädlichen Einfluss auf die Natur zu bescheinigen, aber der EcoPark stellt einen Hoffnungsschimmer dar. Ein erster Anhaltspunkt dafür, dass menschliches Eingreifen in der richtigen Form auch in dieser extrem trockenen Umgebung etwas Gutes bewirken kann.

## Entsalzung – die große Hoffnung

Und dennoch: »Entsalzungsanlagen sind Jordaniens letzte Hoffnung.« Das sagte Dr. Raya Al-Masri, eine jordanische Wissenschaftlerin vom Zentrum für Umwelt und Nachhaltigkeit an der Surrey University, vor meiner Reise nach Jordanien zu mir. »Egal, welchen Wasserexperten man dort fragt, alle sind sich einig.« Ich frage mehrere. Und Al-Masri hat recht.

Jordaniens Pläne für eine erste große Entsalzungsanlage erwuchsen aus der Asche des gescheiterten »Zweimeereskanals« zwischen dem Toten und dem Roten Meer (*Red Sea-Dead Sea Conveyance*, RSDSC). Jordanien verfügt nur über ein sehr kurzes Stück Küste ganz im Süden des Landes, wo die Stadt Akaba an einen Seitenarm des Roten Meeres grenzt. Sämtliche Großstädte, einschließlich Amman, befinden sich hingegen im Norden des Landes. Durch den RSDSC sollte das Unvorstellbare möglich werden: regionale Zusammenarbeit. Jordanien wollte eine große Entsalzungsanlage in Akaba bauen, das Wasser aber auf dem kurzen Weg über die Grenze nach Israel befördern, während Israel die gleiche Menge an Wasser aus dem See Genezareth weiter oben im Norden an die großen Städte

Jordaniens geliefert hätte. Der Clou war, dass die beiden Länder gemeinsam eine Rohrleitung bauen wollten, um die hochkonzentrierte Salzlake, die bei der Entsalzung anfällt (ein großes Problem für die Branche, wie wir noch sehen werden) direkt ins Tote Meer einzuleiten, wodurch der Wasserspiegel dort wieder ansteigen und die lokalen Umwelt- und Tourismusprobleme lindern würde. Das Projekt, dessen Start für 2018 vorgesehen war, umfasste sogar ein Wasserkraftwerk, das sich die 425 Meter Höhenunterschied zwischen dem Roten und dem Toten Meer zunutze machen wollte. Jordanien, Israel und die Palästinensische Autonomiebehörde gaben als die drei Nutznießer des Vorhabens gemeinsam eine Machbarkeitsstudie bei der Weltbank in Auftrag. Das Umweltgutachten ergab unter anderem, dass das Projekt »die einzigartige chemische Zusammensetzung des Toten Meeres verändern« könne.[9] Doch das war nicht der Grund dafür, dass es scheiterte. Letzten Endes blieb das Unvorstellbare – die regionale Zusammenarbeit – eben doch unmöglich; die Gespräche zwischen den drei Parteien wurden abgebrochen. »Das Thema ist durch«, bestätigt mir Abu Hammour unmissverständlich zwischen Feigen und Telefongesprächen, »das Projekt existiert nicht mehr.« Er saß ein Jahrzehnt lang dem RSDSC-Komitee vor. »Sie haben es immer weiter hinausgezögert und gesagt, dass die Israelis nicht einverstanden sind.« Ich habe gehört, dass die Umsetzung zu teuer gewesen wäre, aber Abu Hammour widerspricht umgehend. Nein, das Problem sei die Uneinigkeit der Parteien gewesen. Ihm zufolge hätte der RSDSC den zusätzlichen Vorteil mit sich gebracht, »zumindest das Schrumpfen des Toten Meeres aufzuhalten«. Aber das sei jetzt vom Tisch. Mark Zeitoun von der University of East Anglia war aufseiten der Palästinenser an den Verhandlungen beteiligt und erzählt mir später, dass Jordanien sehr für den RSDSC gekämpft habe, »Israel hingegen weniger. Dort war man ziemlich passiv.«

Stattdessen beschloss Jordanien, die Entsalzungsanlage in Akaba allein zu bauen, die vollen Kosten zu übernehmen, das Wasser für sich zu behalten und das Tote Meer seinem Schicksal zu überlassen. Der Bau soll 2027/28 abgeschlossen sein.[10] Das mittlerweile 1,8 Milliarden Dollar teure Projekt, das 300 Millionen Kubikmeter Wasser im Jahr erzeugen soll,[11] wird also ohne die übrigen Vorzüge des RSDSC fortgeführt. Ohne das angestrebte Tauschgeschäft muss das Wasser Hunderte Kilometer bergauf transportiert werden, bis nach Amman und in die anderen Städte im Norden. Die Salzlake wird einfach ins Meer eingeleitet. Insgesamt gewinnt Jordanien nun weniger Wasser durch die Anlage, und das bei höheren Kosten. Doch politisch ist es so deutlich einfacher, weil die Zusammenarbeit mit Israel wegfällt, dem verhassten Nachbarn, der regelmäßig Bomben auf das palästinensische Brudervolk abwirft,* sodass das Projekt als uneingeschränkt patriotischer Erfolg gefeiert werden kann (auch wenn als Name offenbar ohne jede Ironie weiterhin die Bezeichnung benutzt wird, die Ben-Gurion geprägt hat – »National Water Carrier«, also »Nationale Wasserrohrleitung«). Um den Auftrag, der Ende 2022 vergeben werden sollte, konkurrierten fünf internationale Unternehmen, zwei von ihnen mit Sitz in Saudi-Arabien. Abu Hammour war von Anfang an in die Kostenanalyse eingebunden. »Anfangs liegen die Kosten pro Kubikmeter Wasser, der bei den Kunden ankommt, bei 3 Dollar. Das ist für die Regierung nicht tragbar.«** Außerdem »beträgt die Bauzeit von jetzt an sieben Jahre […] Was sollen wir in der Zwischenzeit machen? Für die kommenden drei Jahre ist eine Dürre vorausgesagt.« Ich äußere die Vermutung, dass Jordanien gezwungen sein wird, Israel mehr Wasser aus dem See Genezareth abzukaufen – genau das, was das Land durch den

* So lautet eine in Jordanien weitverbreitete Ansicht, nicht meine eigene. Aber »Brudervolk« ist zumindest faktisch gesehen zutreffend: Mehr als die Hälfte der jordanischen Bevölkerung hat palästinensische Wurzeln, darunter auch die Königin, Rania Al-Yasin.

** Das Gleiche sagt auch Gidon Bromberg zu mir und fügt hinzu: »Die Bevölkerung zahlt 50 Cent. Wenn die [jordanische] Regierung pro Kubikmeter 2,50 Dollar zuschießen muss, dauert es nicht lange, bis sie bankrott ist.«

RSDSC deutlich einfacher und billiger hätte haben können. Doch selbst Israel mit seinem Überschuss an entsalztem Wasser kann es sich Abu Hammour zufolge nicht leisten, endlos viel Wasser zu verkaufen. »Die einzige Lösung für uns als jordanisches Volk besteht darin, auf Entsalzung zu setzen«, sagt er voller Nachdruck, obwohl ihm bewusst ist, dass das aufgrund der immensen Kosten ein Widerspruch in sich ist. »Jordanien als Land«, erklärt er, hat keine »Seen mehr, wir haben keine Flüsse, wir haben gar nichts.« Die regionalen Dürren seien »ein alljährliches Ereignis. [...] Der Klimawandel setzt uns allen zu. Vor allem im Nahen Osten. Daher: keine anderen Lösungen mehr, nur noch Entsalzung.«

In Israel hat die Entsalzung die Wasserprobleme auf jeden Fall gelöst, und das erst vor überraschend kurzer Zeit. Am 3. August 2000 bewilligte die israelische Regierung den Bau der ersten großen Meerwasserentsalzungsanlage an der Südküste des Landes. Die Anlage, die auf dem Prinzip der Umkehrosmose basiert, erzeugt 50 Millionen Kubikmeter Süßwasser im Jahr. Gut zwei Jahrzehnte später, 2022, betreibt das staatliche Wasserversorgungsunternehmen Mekorot bereits 31 Entsalzungsanlagen, die knapp 1 Million Kubikmeter Wasser täglich liefern und damit 85 bis 90 Prozent des kommunalen und industriellen Wasserverbrauchs decken.[12] »Die früheren Technologien produzierten Wasser für zwei Dollar pro Kubikmeter«, sagt Gidon Bromberg. »Bei der jüngsten Anlage, Sorek 2, sind es nur 44 Cent.« Außerdem ist eine Umstellung auf Vorwärtsosmose im Gespräch, was die Kosten noch weiter senken könnte.

Die Entsalzung ist eine der großen Erfolgsgeschichten der modernen Trinkwassergewinnung. 2017 wurde der Wert des weltweiten Entsalzungsmarktes auf 15,5 Milliarden Dollar geschätzt, bis 2025 dürfte er sich verdoppelt haben. Doch über eines sollten wir uns im Klaren sein: Entsalzung ist keine Patentlösung. In mancher Hinsicht sind die Anlagen vergleichbar mit Atomkraftwerken: Sie sind sehr teuer, erzeugen ein Abfallprodukt, das sich nur schwer entsorgen lässt, und müssen für gewöhnlich in Küstennähe stehen. Dafür liefern sie aber stetig und verlässlich ihr Produkt, sodass die Versorgungsunternehmen und Kunden auf sie zählen können, bei Regen und bei Sonnenschein.

Über Jahrhunderte hinweg wurde Meerwasser entsalzt, indem man es erhitzte und den Dampf einfing – die sogenannte thermische Entsalzung.* Schon etwa 200 n. Chr. erwähnte Alexander von Aphrodisias, dass manche Seemänner Wasser gewannen, indem sie Meerwasser kochten und den Dampf mit Schwämmen auffingen.[13] Doch in großem Stil angewandt, verschlingt diese Methode sehr viel Energie.** Erst mit der Entwicklung der für die Umkehrosmose nötigen ultrafeinen Membranen in den 1990er-Jahren – den gleichen, die auch die umfassende Wiederaufbereitung von Abwasser und Singapurs NEWater-Initiative ermöglichten – wurde die Entsalzung zu einer Option für die kommunale Trinkwasserversorgung. Bei der natürlichen Osmose strömen die Wassermoleküle aus einer Flüssigkeit mit wenigen gelösten Substanzen in eine Flüssigkeit mit mehr gelösten Stoffen, um einen Ausgleich zu erzeugen und diese zu verdünnen. Doch bei der Umkehrosmose wird das dichtere, salzigere Wasser durch eine Membran in Richtung der weniger salzigen Lösung gepresst – das Gegenteil des natürlichen Prozesses. Deshalb setzt dieses Verfahren einen sehr hohen Druck voraus. Um das entstehende Süßwasser trinkbar zu machen, wird es anschließend für gewöhnlich mit UV-Strahlen und/oder Chlor sterilisiert und mit Mineralstoffen versetzt. All das verbraucht viel Strom, zudem müssen die Membranen regelmäßig ausgetauscht werden.

---

* Im Grunde entsteht natürlich unser gesamtes Süßwasser auf diese Weise – Meerwasser verdunstet und kondensiert in der Luft, sodass sich Wolken bilden.

** Obwohl ich, während ich dies schreibe, an David Owens erschreckende Aussage denken muss, dass die Energie, die in Arizona für das Pumpen des CAP-Wassers aufgewendet wird, auch ausreichen würde, um die gleiche Menge Wasser zum Kochen zu bringen – soviel dazu.

Im Rahmen eines Artikels, den ich 2018 schrieb, erklärte mir der Leiter der Abteilung für Wasserwirtschaft bei der Weltbank: »Entsalzung ist im Durchschnitt fünf- bis siebenmal teurer. Der energetische Fußabdruck ist enorm und anschließend muss das Salz irgendwo hin. Wenn man sich Luftaufnahmen der Küstengebiete vor Kuwait und Dubai anschaut [Länder, die stark auf Entsalzung setzen], sieht man, was das in den Ökosystemen des Meeres anrichtet.« Angesichts der momentanen – finanziellen und ökologischen – Kosten »steht diese Lösung nur wirklich reichen Orten zur Verfügung, hauptsächlich Städten«, sagte er. Daher befinden sich die meisten Entsalzungsanlagen in einkommensstarken Ländern, die größten beispielsweise in Saudi-Arabien, Australien, Israel und den Vereinigten Arabischen Emiraten. Doch langsam holen andere Länder auf – auch aus Verzweiflung. 2018 waren weltweit 16 000 Entsalzungsanlagen in Betrieb, nur zwei Jahre später, 2020, bereits 22 000. Die Welt verwettet ihren gesamten Einsatz auf die Entsalzung. Einige kleine Inselstaaten, wie die Bahamas, die Malediven und Malta, decken bereits ihren gesamten kommunalen Wasserbedarf aus solchen Anlagen. In Saudi-Arabien, wo eine der größten Anlagen der Welt in Ras al-Khair 1,4 Millionen Kubikmeter Süßwasser am Tag erzeugt, sind es 50 Prozent. Leon Awerbuch, ehemaliger Vorsitzender des Internationalen Entsalzungsverbandes, hat prophezeit, dass »die Mega-Entsalzungsanlagen der Zukunft größer sein werden als die in Ras al-Khair. Japan prüft bereits Megatonnen-Projekte, und Saudi-Arabien plant eine Anlage für 1,5 Millionen Kubikmeter.« Auch in China, Indien und Abu Dhabi denkt man in ähnlichen Dimensionen.[14]

Doch bei den meisten Entsalzungsverfahren entstehen pro Liter Trinkwasser anderthalb Liter Salzlake. Diese ist für gewöhnlich doppelt so salzig wie Meerwasser und weist oft einen hohen Chlor- und Kupfergehalt auf, wird aber trotzdem einfach wieder ins Meer eingeleitet. Das hat Folgen. Loïc Fauchon, der Vorsitzende des Weltwasserrates, erklärte dem Thinktank Chatham House 2019, dass die

Temperatur des Persischen Golfes »um die 30 Grad« gelegen habe, als die ersten Entsalzungsanlagen entstanden, »wohingegen das Wasser heute bis zu 40 Grad warm sein kann. Dieser Anstieg, der auf die Entsalzungsanlagen zurückzuführen ist, hat Auswirkungen auf die Biodiversität. Wir beobachten beispielsweise, dass es weniger Fische gibt, dafür aber zunehmend mehr Riesenquallen – einige Entsalzungsanlagen in Saudi-Arabien setzen sogar Schredder gegen sie ein.«[15] Saudi-Arabien erzeugt mittlerweile 22 Prozent der weltweit anfallenden Salzlake.[16] Ein internationales Forschungsteam, dem auch saudische Wissenschaftler angehörten, sagte 2021 über den Persischen Golf, er sei »eher ein Salzsee als ein normales Meer«.[17] Da mehrere der größten Entsalzungsanlagen der Welt ihre Produktionsrückstände in den Golf einleiten, ist dessen Salzgehalt heute »25 Prozent höher als der von durchschnittlichem Meerwasser«. Berechnungen legen nahe, dass die Länder in der Golfregion ihre Entsalzungskapazitäten aufgrund des Bevölkerungswachstums und der begrenzten Grundwasserbestände bis 2030 verdoppeln werden. Doch die Verfasser des Berichts warnen: »Sollte das Problem der Salzentsorgung nicht gelöst werden, wird das verwendete Meerwasser zu salzhaltig sein, als dass sich die Entsalzung noch lohnen würde.«

Der steigende Salzgehalt bedeutet also nicht nur eine Katastrophe für das Ökosystem, sondern auch explodierende Kosten. Je salziger das Wasser, desto schwerer ist es zu entsalzen. Erinnern wir uns an den jordanischen Karameh-Stausee – dort hatte man eine Entsalzungsanlage gebaut, um das Gesicht zu wahren, sie aber nie in Betrieb nehmen können, da das Wasser zu salzhaltig war. Das ist es, was – in ganz anderen Dimensionen – auch im Persischen Golf und in Teilen des Mittelmeeres droht, und vielleicht sogar vor der Westküste der USA. »Das hält kein Ozean 50 Jahre lang aus«, erklärte Susan Jordan, leitende Direktorin des California Coastal Protection Networks (Küstenschutznetzwerk von Kalifornien) gegenüber der *Washington Post*.[18]

Momentan zuckt die Branche im Grunde nur mit den Schultern und behauptet, das sei alles kein Problem.* Ein Unternehmen, das technische Komponenten für Entsalzungsanlagen produziert, rät auf seiner Homepage ganz offen: »In den meisten Fällen ist es am einfachsten, den salzhaltigen Konzentratteil [...] mittels eines Ausfallrohres zurück ins Meer zu leiten. Die Salzlakenkonzentration schwankt zwischen 50 und 75 g/l und hat eine höhere Dichte als Meerwasser, deshalb fällt das Konzentrat neben dem Ausgang des Ausfallrohrs auf den Meeresboden (Fahneneffekt), das Konzentrat bildet eine salzige Schicht, die negative Auswirkungen auf die Flora und Fauna des Meeres [haben kann]. Dies wirkt sich auch auf die menschlichen Aktivitäten aus. [...] Um den Fahneneffekt zu verhindern, sollte das Ausfallrohr in einer starken Meeresströmung enden, um das Konzentrat mit Seewasser zu durchmischen.« Sollte das nicht funktionieren, könne man das Konzentrat auch mit »natürliche[m] Frischwasser« aus einem nahe gelegenen Fluss verdünnen – was aber ja im Widerspruch zum ursprünglichen Grund für die Entsalzung steht.[19]

Die Entsorgung der Salzlake sei etwas, worüber wir auf internationaler Ebene »nicht genug sprechen«, meint Maggie White vom SIWI mir gegenüber. Sie erinnert sich daran, dass ein Minister von den Malediven einst bei einem Klimagipfel für den Einsatz von Entsalzungsanlagen für die Tourismusbranche geworben habe, woraufhin sie ihn fragte, wie sein Staat die anfallende Lake entsorge. »Er sagte: ›Ach, die kippen wir zurück ins Meer.‹ Also habe ich gefragt: ›Machen Sie sich denn keine Sorgen, dass das den pH-Wert des Meeres verändern könne?‹ Seine Antwort: ›Im Augenblick ist das kein Problem.‹«

2019 erzeugten Entsalzungsanlagen weltweit in der Summe bereits jährlich 51,8 Kubikkilometer des extrem salzhaltigen Konzentrats,

* Das ist nicht nur die generelle Stimmung, sondern auch die konkrete Reaktion, die ich von einem Anlagenleiter erhielt, mit dem ich sprach.

genug, um ganz Florida mit 30 Zentimetern Lake zu bedecken.[20] Parallel zum »Peak Oil«, dem Ölfördermaximum, warnen Wissenschaftler jetzt bereits vor einem »Peak Salt«, einem Punkt, ab dem die Entsalzung wirtschaftlich unrentabel wird. Die Welt könnte und sollte aus dem zunehmenden Salzgehalt des Persischen Golfs lernen. Stattdessen erlebt die Entsalzung ein fast exponentielles Wachstum. In Europa begegnete man den Anlagen lange nur im Süden, doch heute investieren auch Länder wie Belgien und die Niederlande in die Entsalzung. Thames Water baute 2010 eine Entsalzungsanlage in die Themse-Mündung, als Beitrag zur Wasserversorgung Londons.* In Kalifornien gab es 2022 zwölf Entsalzungsanlagen, zehn weitere waren in Planung. Doch immerhin ist der US-Bundesstaat bemüht, das Salzlakeproblem anzugehen, und ergänzte die bestehenden Vorschriften zur Wasserqualitätskontrolle 2016 um eine Klausel zur Entsalzung, die strengere Vorgaben hinsichtlich der Entsorgung der Salzlake umfasste und »Maßnahmen zur Schadensbegrenzung« verlangte, mit dem Ziel, »eine Minimierung des Ansaugens und Sterbens von Meereslebewesen aller Art« zu gewährleisten.[21] Wild entschlossene Verfechter der Entsalzung klagen, dass diese Klausel »den Vormarsch in Richtung einer entsalzten Zukunft verlangsamt«, doch Ökologen und Wirtschaftswissenschaftlern zufolge ist genau das wünschenswert. »Die Entsalzung sollte ein letztes Mittel sein«, sagte Newsha Ajami. »Es gibt zahllose Schwachstellen im System, die [zuerst] bekämpft werden können, um potenziell mehr Wasser zu erschließen.«

Israel hingegen entsalzt mittlerweile so viel Meerwasser, dass der National Water Carrier kein Wasser mehr aus dem See Genezareth ansaugen muss. Stattdessen soll die Fließrichtung des Kanals umgedreht werden: Dann würde er mit entsalztem Wasser gespeist und

* Obwohl sie bisher kaum lief – die Anlage ist eine 250 Millionen Pfund teure Fehlinvestition in einer Region, die dringend eine Überholung der Kläranlagen, neue Reservoirs und eine Sanierung des Leitungsnetzes benötigt.

dieses in den See befördern. »Israel investiert 1 Milliarde Schekel [270 Millionen Euro], um als erstes Land der Welt entsalztes Wasser zurück in die Natur einzuleiten«, sagt Gidon Bromberg. »Anfangs sollen pro Jahr 120 Millionen Kubikmeter, später 300 Millionen Kubikmeter Wasser [in den See Genezareth] gepumpt werden. Dabei geht es nicht nur darum, ihn aufzufüllen; es soll auch zumindest die Möglichkeit bestehen, mehr Wasser an Jordanien zu verkaufen, für den König-Abdallah-Kanal.« Obwohl Bromberg einräumt, dass die Salzlake »das Mittelmeer in ein Totes Meer zu verwandeln droht«, hält er »den gewaltigen Energieverbrauch« für das größere Umweltproblem. Die israelischen Entsalzungsanlagen werden mit fossiler Energie betrieben. 2018 stellte der israelische Wissenschaftler und Politiker Alon Tal in einem Fachartikel eine einfache Rechnung auf: »Pro Tag 1 000 Kubikmeter Wasser (1Million Liter) zu entsalzen, verschlingt grob überschlagen 10 000 Tonnen Öl im Jahr […] Das bedeutet, dass die Entsalzung von 1000 Kubikmetern Meerwasser potenziell 6,7 Tonnen $CO_2$ [pro Tag] freisetzt.«[22] Bis 2050 will Israel die ohnehin schon immensen Entsalzungskapazitäten *verdreifachen*. Aber: »Israel investiert nicht in dem Ausmaß in erneuerbare Energien, wie es notwendig wäre. Im Pariser Vertrag haben wir 30 Prozent zugesagt«, gibt Bromberg zu bedenken. Zum Zeitpunkt unseres Gesprächs steckt der Anteil der erneuerbaren Energien am Energiemix des Landes bei »unter 9 Prozent« fest. Tal fordert in seinem Aufsatz, dass der »ökologische Fußabdruck der Meerwasserentsalzungsanlagen nicht länger ignoriert werden darf.« Im Grunde werde für die Entsalzung genau das verbrannt, was die Anlagen überhaupt erst nötig mache – fossile Brennstoffe, die den Klimawandel antreiben und die Wasserkrise verschärfen. Das erzeugt eine globale Abwärtsspirale. Der Weltklimarat nennt Entsalzung in einem Bericht eine »Fehlanpassung« an die Herausforderungen des Klimawandels.[23]

Die Verfechter berufen sich immer wieder auf neue, alle Hoffnungen erfüllende technische Durchbrüche, die angeblich kurz bevorstehen. Die Europäische Kommission spricht über »mikrobielle Entsalzungszellen«, die Meerwasser mit einem geringen, nachhaltigen Energieverbrauch entsalzen könnten, mit Prototypen auf der spanischen Insel Teneriffa.[24] Eine weitere Hoffnung ist das erste wellenbetriebene Entsalzungssystem »Wave2O«, das vollständig losgelöst von der Energieversorgung funktionieren soll. Oder die gerade in Saudi-Arabien entstehende »Smart City« NEOM, wo bis 2025 Meerwasser mithilfe von Parabolspiegeln erhitzt und auf diese Weise stündlich 30 000 Kubikmeter Süßwasser gewonnen werden sollen, für 34 Cent pro Kubikmeter.[25] Oder das Projekt »Floating WINDdesal« im Nahen Osten, das fast ausschließlich mit Windenergie betrieben wird.[26] Doch obwohl es gute Gründe gibt, diese Vorhaben mit Interesse zu verfolgen, bedeuten sie doch nur einen Tropfen im zunehmend salzhaltigen Ozean der rund 22 000 Entsalzungsanlagen, die zur Zeit im Bau oder in der Planung sind. Die meisten von ihnen gleichen der, die ich in Teshie, einem Ort in Ghana, besichtige.

## Teshie: Das Allheilmittel, das sein Ziel verfehlt

Das »Teshie Desalination Project« (Teshie-Entsalzungsprojekt) wurde im Februar 2015 von der spanischen Unternehmensgruppe Befesa im Auftrag der Ghana Water Company gebaut, um den Wassermangel in der Metropolregion Accra zu bekämpfen. Da die Anlage von Anfang an unter großen Problemen litt, wurde sie ab 2017 für drei Jahre stillgelegt. Doch als die COVID-19-Pandemie den Wasserbedarf durch die Notwendigkeit des vermehrten Händewaschens in die Höhe trieb, wurden Forderungen laut, die Anlage wieder in Betrieb zu nehmen, was Ende 2020 dann auch geschah. Um herauszufinden, ob das die örtlichen Probleme gelöst hat, schlägt mein Kontaktmann Komi Vedomey ein Gespräch mit dem Ortsvorsteher vor. Wir treffen ihn in einer dunklen Bar namens Happy Days. Über der

Tür hängt ein altes, auf dem Kopf stehendes Guinness-Schild, und die Wände bestehen aus mehr schlecht als recht zusammengezimmerten Holzbrettern, vielleicht aus alten Paletten. Der Ortsvorsteher Jonathan Adjei Adjetey ist jung und berichtet mir ganz freundlich von den unzähligen Wasserproblemen, von denen sein Bezirk heimgesucht wird. In seiner Kindheit, sagt er, »sind wir mehr als 1 Kilometer bis zum nächsten Brunnen gelaufen, mit Eimern und zum Teil Kanistern auf dem Kopf. Es war nicht üblich, sich tagsüber zu waschen.« Das klingt nach längst vergangenen Zeiten auf dem Land, aber Teshie befindet sich ganz in der Nähe von Accra, und Adjetey ist noch keine 40 Jahre alt. Im Jahr 2000 sei der Ort an die öffentliche Wasserversorgung angeschlossen worden – doch selbst da sei nur an drei Tagen in der Woche Wasser aus dem Hahn gekommen. Der Bau der Entsalzungsanlage 2015 versprach einen großen Sprung, sie sollte Wasser rund um die Uhr liefern. Doch dieser Sprung stellte sich als kaum merklicher Hüpfer hinaus. »Wir haben mit Problemen zu kämpfen«, sagt Adjetey. »Die Kosten sind hoch, daher fließt das Wasser nur vielleicht drei Tage. Den Rest der Zeit kommt es aus dem [Reservoir].« Wann es aus welcher Quelle stammt, sei leicht zu erkennen, da das Wasser aus dem Kpong-Reservoir stark gechlort sei, klagt er, während das Wasser aus der Entsalzungsanlage salzig schmecken könne. Was die dreijährige Schließung der Anlage betrifft, erklärt er: »Wenn Sie dort nachfragen, wird man Ihnen sagen, dass es technische Probleme gab, aber ich sage Ihnen, dass es eigentlich an den Produktionskosten lag.«

Die Ghana Water Company (GWC) konnte sich die Betriebskosten entweder nicht leisten oder sie nicht an die Kunden weitergeben. Seit die Anlage 2020 wieder in Betrieb ist, schwanken die Rechnungsbeträge laut Adjetey stark. Jeder Haushalt, der sein Wasser von dort bezieht, sei mit einem Zähler ausgestattet und müsse deshalb eigentlich nur den eigenen Verbrauch zahlen, doch er kennt Leute, die monatlich 1000 Cedi (140 Euro – weit mehr als die 25 bis 40 Pfund, die ich in unserem dreistöckigen Haus in England berappen muss) zahlen, und glaubt, dass der Durchschnitt bei ungefähr 300 Cedi (42 Euro – immer noch über meinem üblichen Monatsbetrag) liegt. Das ist mehr als nur Klatsch und Tratsch – zu Adjeteys Aufgaben zählt es, finanziell Not leidende Ortsbewohner zu unterstützen. Doch auch ihm sind die Hände gebunden. »Ich kann mich nicht gegen die GWC auflehnen«, sagt er. »Dann kappen sie uns die Leitung.«

Technisch gesehen stellt die Entsalzung vielleicht eine Möglichkeit dar, wasserarme Regionen mit sauberem Wasser zu versorgen, aber in der Realität sieht es in ärmeren Ländern laut Adjetey so aus, dass »die Kosten sehr hoch sind und für die Bevölkerung eine große Belastung bedeuten – sie muss mehr bezahlen.« Auch der in Accra ansässige Richard Matey sagt, dass die Kosten der Entsalzung an die Verbraucher weitergegeben würden – und dass das Wasser qualitativ schlechter sei. (»Es ist ungefähr so, wie wenn man hungrig ist und seit längerer Zeit nichts gegessen hat, dann aber eine Mahlzeit vorgesetzt bekommt, die nur halb fertig und halb durch ist, für die man am Ende aber eine fette Rechnung erhält!«, witzelt er.) Adjetey erzählt, dass die Leute, die derartige Summen nicht bezahlen können, häufig Wasser aus den Rohren abzwacken oder aus schmutzigen Bächen entnehmen. »Wir haben jetzt mehr Fälle von Typhus in unserer Gemeinde«, sagt er. »Und viele Cholera-Erkrankungen. Und wir reden hier von Accra! Wenn es hier schon so ist, wie sieht die Lage dann auf dem Land aus?« Er beschreibt Teshie als einen Ort »mit einem ordentlichen Lebensstandard«, obwohl auch hier echte Armut zu finden ist. »Doch in den traditionelleren Gebieten müssen die Leute monatelang mit 10 Cedi [1,40 Euro] auskommen. Wie sollen sie davon Wasser kaufen?« Hin und wieder füllen der Staat oder NGOs Wassertanks kostenlos auf, aber darauf ist kein Verlass. Was die Entsalzungsanlage selbst angeht, ist das Vertrauen der Gemeinde gering. »Zum Trinken benutzen wir das Wasser normalerweise nicht«, sagt Adjetey. »Dafür kaufen wir abgepacktes Wasser.«

Vier Tage später darf ich die Entsalzungsanlage in Teshie nach einigem Ringen mit der GWC schließlich besichtigen. Die Situation ist, wie ich herausfinde, in mehr als einer Hinsicht politisch komplex. Auf den hohen Mauern und über den schweren, undurchdringlichen Metalltoren verläuft Stacheldraht. Die Anlage wird immer noch vom spanischen Unternehmen Befesa betrieben, und der Standortleiter, Francisco Galindo Medrano, wirkt sehr gestresst und schwitzt stark. Ihm passt es offensichtlich gar nicht, dass die Presse hier herumschnüffelt; wenn es nach ihm gegangen wäre, hätte mein Besuch niemals stattgefunden. Aber er ist zuvorkommend genug, mich durch die gesamte Anlage zu führen, und erlaubt mir zu meiner Überraschung, Fotos zu machen. Obwohl »hochmodern« ein häufig bemühtes Wort ist und dies bei Weitem nicht die größte Entsalzungsanlage der Welt ist, ist das, was ich zu sehen bekomme, für eine 2015 entstandene Anlage mittlerer Größenordnung *tatsächlich* ziemlich imposant, und Medrano hat seinen Laden gut im Griff. Die Anlage ist sauberer und gepflegter als alle anderen Infrastruktureinrichtungen, die ich bisher in Accra und Umgebung gesehen habe (vielleicht mit Ausnahme der Außenbereiche der seltsam allgegenwärtigen Shell-Tankstellen).

Zu Beginn des Rundgangs rattert Medrano eine Reihe von Zahlen und Fakten herunter, die er mir, wie er versichert, später per Mail zuschicken will (was dann aber trotz mehrmaliger Nachfrage meinerseits doch nie geschieht). Ich erfahre, dass die Anlage 150 Millionen Dollar gekostet hat und dass Befesa mit dem Bau das Anrecht erlangt hat, sie 25 Jahre lang zu betreiben, bevor sie in den Besitz der GWC übergeht.* Sie ist in der Lage, täglich 60 000 Kubikmeter Wasser zu produzieren (obwohl es üblicherweise eher 40 000 bis 50 000

---

* Dieses Modell ist als »DBOT-Vertrag« bekannt, wobei die Abkürzung für »design, build, operate and transfer« steht – das Unternehmen plant, baut, betreibt, wartet und besitzt die Anlage, bevor es sie dem Vertragspartner überlässt. Die MIGA, der Teil der Weltbank, der Investoren gegen Risiken absichert, förderte das Projekt mit einer Investitionsgarantie in Höhe von 179 Millionen Dollar.

sind, wie ich erfahre) und beliefert rund eine halbe Million Menschen im Osten von Accra. Der Betrieb schluckt 13 Megawatt an Strom. (»Viel zu viel für Solaranlagen«, wehrt Medrano ab, als ich mich vorsichtig erkundige, ob in diesem nahe am Äquator gelegenen Staat mit zuverlässigem Sonnenschein nicht auch eine erneuerbare Energiequelle zur Option stünde.) Draußen führt eine Betonmole mit dem Zuleitungsrohr darauf 500 Meter weit ins Meer hinaus, wo sie pro Stunde 7000 bis 8000 Kubikmeter Meerwasser ansaugt. Etwas abseits davon endet das – nicht sichtbare – Ausfallrohr, das die Salzlake etwa 300 Meter von der Küste entfernt wieder ins Meer pumpt; die Position sei »exakt so berechnet«, dass das Konzentrat direkt von der Strömung verdünnt werde, sagt Medrano. Er behauptet, dass die einheimischen Fischer mit Vorliebe dort in der Nähe ihre Netze auswerfen würden. An der Öffnung des Zuleitungsrohres kann ich beobachten, wie das Wasser hineinrauscht; ein Feststofffilter fängt vor allem Plastiktüten ab. Ganz in der Nähe ragen stolz zwei weiße Kohlendioxidtürme in die Höhe, so hoch wie dreistöckige Gebäude. Das $CO_2$ wird dem Wasser während des Aufbereitungsprozesses zur Bildung von Kohlensäure zugesetzt.

Im Inneren der Anlage sind die Pumpen und die Umkehrosmose-Module zu laut, um etwas zu verstehen, aber das scheint Medrano egal zu sein. Die riesigen Röhren, die in Grün, Orange, Blau und Rosa daherkommen, geben mir das Gefühl, in Willy Wonkas Schokoladenfabrik zu stehen. Als wir wieder draußen sind – ich kann kaum mit Medrano mithalten –, bekomme ich den Rekarbonisierungsprozess gezeigt, wo dem Wasser zerstoßener Kalzit hinzugefügt wird. (»Den müssen wir aus Spanien importieren«, sagt Medrano, aber es ist schwer zu erkennen, ob das eine Kritik ist oder nicht.) Anschließend folgt eine dreifache Überprüfung der Wasserqualität – vor Ort, durch die GWC und durch ein unabhängiges Labor. Ich frage, warum die Bewohner von Teshie sich über den salzigen Geschmack des Wassers beklagen, was Medrano zu verwirren scheint. »Das Wasser enthält kein Salz. Null. Probieren Sie selbst.« Er fordert mich auf, den Testhahn am Ende der Anlage aufzudrehen und einen Schluck zu trinken. Und tatsächlich: Ich kann kein Salz ausmachen, das Wasser ist beruhigend geschmacklos. Adjatey hatte gemeint, dass leicht chloriges Wasser aus dem Reservoir stammen müsse, aber in Wahrheit kam es wahrscheinlich von hier: Übermäßig reines Wasser aus den Umkehrosmose-Modulen kann den Rohrleitungen schaden, weshalb ihm 0,23 Milligramm Chlor pro Liter zugesetzt werden.

Auf dem allerletzten Rohr, das einen Durchschnitt von fast 1 Meter hat und tiefblau gestrichen ist, klebt ein bemerkenswert winziger Aufkleber mit der Aufschrift »Trinkwasser« und einem Pfeil, der nach draußen deutet. Jenseits dieses sehr bescheidenen Ausgangsschildes liefert die einzige Entsalzungsanlage Ghanas ihr sorgfältig aufbereitetes Wasser an einen kleinen Winkel der Metropolregion Accra.

Etwas, worüber sowohl Befesa als auch die GWC gar nicht gern reden, ist Geld, und sämtliche meiner Fragen zu diesem Thema werden abgeblockt. Doch ein ghanaischer Radiosender, *Citi FM*, hatte im Oktober 2017[27] herausgefunden, dass die GWC für das Wasser aus der Entsalzungsanlage rund 6,5 Cedi (91 Cent) pro Kubikmeter bezahlte, es dann aber nur für den gesetzlich festgesetzten Preis von 1,5 Cedi (21 Cent) pro Kubikmeter an die Bewohner Accras verkaufen konnte. Zu den monatlichen Betriebskosten von GWC zählte unter anderem eine Stromrechnung in Höhe von schätzungsweise 1,5 Millionen Cedi (210 000 Euro). »Die GWC ist aktuell nicht in der Lage, ihren ebenfalls finanziell angeschlagenen Stromversorger Electricity Company of Ghana zu bezahlen«, meldete *Citi FM*. In dem Bericht hieß es, dass die GWC mit der Entsalzungsanlage monatlich 6 Millionen Cedi (rund 850 000 Euro) Verlust mache. Nur zwei Monate nach dieser Enthüllung, im Januar 2018, wurde die Anlage »aufgrund von technischen Problemen« geschlossen[28] – nun ja, 850 000 Euro Verlust pro Monat dürften als technisches Problem durchgehen. Die Wiedereröffnung fand erst Ende 2020 statt, als es durch die Pandemie unvertretbar wurde, auf das Wasser zu verzichten. Damals kündigte der ghanaische Präsident Akufo-Addo zudem an, den Bürgern des Landes drei Monate lang die Wasserrechnung zu erlassen – großzügig, aber Salz in den Wunden der Buchhalter von GWC.

Bei meinem Besuch im September 2021 ist die Pandemie noch hochaktuell, und der Staat bemüht sich weiterhin, die Bürger finanziell zu entlasten. Doch langfristig könnte sich entsalztes Wasser wie schon in den drei Jahren vor 2020 einfach als zu teuer herausstellen, sodass Medrano und seine spanischen Kollegen wieder nach Hause geschickt werden. Doch selbst dann müsste die GWC womöglich weiterhin tief in die Tasche greifen. Dem Online-Nachrichtenportal *Graphic* zufolge ist der Wasserversorger laut Vertrag dazu verpflichtet, Befesa über einen Zeitraum von 25 Jahren hinweg monatlich 1,4 Millionen Cedi (200 000 Euro) zu zahlen, unabhängig davon, ob die Entsalzungsanlage in Betrieb ist oder nicht. Es handle sich, so *Graphic*, um »einen finanziellen Mühlstein […] um den Hals der Ghana Water Company Ltd[29]«. Und somit auch um den Hals der Bevölkerung.

Als ich einige Tage später bei meinem Besuch am Kpong-Reservoir auf die Entsalzungsanlage zu sprechen komme, zieht Yaw Adjei, der Manager der dortigen GWC-Aufbereitungsanlage, scharf die Luft ein. Dann nimmt er die Frage vorweg, die ich eigentlich stellen wollte: »Brauchen wir diese Anlage?« Ich gebe zu bedenken, dass die Bewohner von Teshie, die zuvor keinen direkten Zugang zu Wasser hatten, vermutlich mit Ja antworten würden. »Aber worum geht es denn? Darum, eine Entsalzungsanlage zu betreiben, oder darum, Zugang zu Wasser zu haben?« Um den Zugang zu Wasser, sage ich. »Gut. Dann brauchen wir die Anlage nicht. Wir haben genug Wasser hier.« Dem kann ich schwer widersprechen, da unser Gespräch nur wenige Kilometer vom größten Stausee der Welt entfernt stattfindet. Yaw plädiert dafür, zunächst einmal die normalen Aufbereitungsanlagen auszubauen – eine zweite Anlage am Kpong sei schon seit Jahren im Gespräch, aber die Pläne würden nicht umgesetzt. Wenn das nicht reiche, könne man immer noch in Erwägung ziehen, Meerwasser zu entsalzen. Er spricht es nicht aus, aber für ihn ist die Entsalzung das letzte Mittel – und so sollte es angesichts der immensen finanziellen, ökologischen und energetischen Kosten auch sein. Ich überlege, ob der Bau durch ein spanisches Unternehmen, das die Anlage dann auch 25 Jahre lang betreibt, wohl ein guter Deal gewesen sei. »Ja, gut für sie«, lacht Yaw. »Wenn sie das Geld, das in die Anlage geflossen ist, stattdessen hier [am Stausee] investiert hätten, hätte [Accra] deutlich stärker davon profitiert.« Die Membranen für die Umkehrosmose »sind teuer«, sagt er. »Sie müssen regelmäßig ausgetauscht werden. [...] Aber die Sandfilter hier ...« Er deutet auf die Becken draußen. »Die gibt es seit 1995. Und es funktioniert einwandfrei.«

Aus dem Kpong-Stausee und der Aufbereitungsanlage, die Yaw Adjei leitet, gehen täglich 138 000 Kubikmeter behandeltes Wasser hervor, mehr als das Dreifache dessen, was die Entsalzungsanlage in Teshie produziert. In der Summe erzeugen die fünf Anlagen des Akosombo-Systems 345 000 Kubikmeter Wasser pro Tag, achtmal so viel wie in Teshie. Die Produktionskosten belaufen sich Adjei zufolge auf 1,86 Cedi (26 Cent) pro Kubikmeter. Als ich mich bei der GWC nach den Zahlen zur Entsalzungsanlage erkundige, erfahre ich, dass in Teshie pro Kubikmeter 8,78 Cedi (1,23 Euro) anfallen – fast das Fünffache. Man weist mich allerdings darauf hin, dass die Kosten des aufbereiteten Wassers aus dem Kpong-Stausee durch den Transport nach Accra auf bis zu 4,14 Cedi (58 Cent) stiegen – aber das ist immer noch weniger als die Hälfte dessen, was das entsalzte Meerwasser kostet, und gleichzeitig ist das Aufbereitungsverfahren deutlich weniger energieintensiv und umweltschädlich.

Manche hoffen jedoch auf ein anderes Allheilmittel – Tiefseebohrungen, um uns die enormen Süßwasserbestände der Grundwasserleitern unter dem Meeresboden zu erschließen. Wie bei allen technisch anspruchsvollen Lösungen leuchten die Vorteile umgehend ein: Die Unterwasservorkommen galten lange als »ultimative Wasserressource«, deren Existenz nur theoretisch diskutiert wurde, bis man Mitte der 1970er-Jahre vor der Nordostküste der USA tatsächlich auf solche Bestände stieß. Ein Artikel, der 2013 unter dem Titel »Offshore-Grundwasserreserven als globales Phänomen« in der Fachzeitschrift *Nature* erschien, weckte neues Interesse an dieser Ressource, vor allem angesichts der immer extremeren Dürre in Kalifornien. Die Autoren beriefen sich auf »überwältigende Belege dafür, dass überall auf der Welt gewaltige meteorische Grundwasservorkommen unter dem Meeresgrund zu finden sind«. Neben dem Artikel prangte eine Weltkarte, auf der große Flächen neben fast jedem Kontinent markiert waren, unter anderem vor den Küsten Floridas, Surinams, Südafrikas, dem Niger-Delta, der australischen Stadt Perth und im Ostchinesischen Meer.[30] Obwohl im Text stand, dass »Offshore-Grundwasser nicht die Antwort auf die globale Wasserkrise« sei, hieß es dort auch, die Vorkommen hätten »einen strategischen Wert, der anerkannt und gegen andere Optionen abgewogen werden« müsse. Das kann niemand besser beurteilen als die Grundwasserexpertin Dr. Jennifer McIntosh von der University of Arizona: »Es stimmt, dass sich unter dem Meer weitläufige Grundwasservorkommen befinden, sowohl vor der Ostküste der USA als auch vor Südafrika«, erklärt sie mir. Der Grundwasserleiter unter dem Kontinentalschelf im Nordosten der USA beispielsweise dürfte vom Süßwasservolumen her vergleichbar sein mit dem Lake Ontario. »Aber um an dieses Wasser heranzukommen, ist eine Reihe von Umwelthürden zu überwinden. Es ist genau wie beim Öl und beim Gas; man muss Offshore-Bohrungen durchführen, um die

Ressource anzuzapfen.« Die Kosten für Förderung und Transport wären schwindelerregend und das fossile Wasser enthielte mit ziemlicher Sicherheit Schwermetalle und müsste erst aufbereitet werden. Ganz zu schweigen davon, dass die Vorkommen wie bei Öl und Gas endlich sind: Sobald man die Ressource verbraucht hat, ist sie weg. Es handelt sich also wieder einmal um eine kurzfristige Lösung statt um einen nachhaltigen Ansatz.

Auch in der Nähe der Britischen Inseln gibt es solche Grundwasserleiter; sie sind während der vergangenen Eiszeit entstanden. Doch obwohl Thames Water, wie in Kapitel 6 beschrieben, verzweifelt auf der Suche nach neuen Wasserquellen ist, erklärt mir Mike Jones, der Grundwasserexperte des Unternehmens, dass die Offshore-Vorkommen keine Option darstellten. »Das ist eine eher theoretische Überlegung«, keine praktische, sagt er. Ich frage ihn, ob sich das mit der Zeit, wenn der Wassermangel immer eklatanter würde, ändern könne. Selbst dann »sagt mir mein Bauchgefühl: nein, eher nicht«, meint er. »In dem Fall würden wir eher auf mehr Entsalzungsanlagen oder mehr Wiederaufbereitung setzen, irgendetwas, das von der Infrastruktur her leichter zu bewerkstelligen ist als Bohrinseln mit Wasserleitungen zur Küste.« Denn eine Welt, die erneut auf Rohstoffabbau, den Verbrauch einer nicht erneuerbaren Ressource, setzen würde und nichts aus den Fehlern der Vergangenheit gelernt hätte – das wären düstere Aussichten.

Ein düsteres Szenario, das bereits in die Realität umgesetzt wird, ist die »Wolkenimpfung«. Dabei handelt es sich um eine Form der Wetterbeeinflussung, bei der man mit einem Flugzeug über die Wolken fliegt (oder Kanonen am Boden platziert), um diese mit Chemikalien zu besprühen, üblicherweise mit Silberiodid oder Kaliumchlorid. Die Moleküle dienen als Kondensationskerne, an denen sich die Wassertropfen anlagern und verfrüht als Regen zu Boden fallen. Die ersten Wolkenimpfungsexperimente hatten 1946 die amerikanischen Forscher Vincent Schaefer und Bernard Vonnegut (der Bruder des Schriftstellers Kurt) durchgeführt. Laut einem 2016 im Fachmagazin *Chemical & Engineering News* veröffentlichten Artikel führen mehr als 50 Länder weltweit Wolkenimpfungen durch. Im Rahmen der Abu Dhabi Sustainability Week (Nachhaltigkeitswoche Abu Dhabi) 2018 tauschten sich Experten drei Tage lang über »regenfördernde Techniken« aus, ein Euphemismus für Wolkenimpfung, um am Ende zu entscheiden, welcher der 201 Bewerber aus 68 Ländern eine Prämie von 5 Millionen Dollar für das drohnengestützte Wolkenimpfen erhielt.[31] Die Methode ist ein wichtiger Bestandteil des Klimaanpassungsplans der Vereinigten Arabischen Emirate. Der Staat »impft« bereits seit den 1990er-Jahren; 2017 führte er jährlich 242 derartige Projekte durch. »Wir konzentrieren unsere Bemühungen auf sich auftürmende Quellwolken, weil diese hier in den Vereinigten Emiraten typischerweise Regen bringen«, erklärte der staatliche Wetterdienst dem Nachrichtenportal *The National.* »Basierend auf unseren bisherigen Erfahrungen gehen wir davon aus, dass sich der Niederschlag durch das Impfen bei klarer Luft um 30 bis 35 Prozent und bei getrübter [staubiger] Atmosphäre um 10 bis 15 Prozent steigern lässt.«[32] (Der Unterschied erklärt sich dadurch, dass es in staubiger Luft von vornherein viele Partikel gibt, an die sich die Wassermoleküle anlagern können.)

Auch die chinesische Regierung ist seit Langem ein großer Fan der Wolkenimpfung. Sie nutzt sie, um der Landwirtschaft zu helfen, Hagelstürme zu verhindern und sogar um bei kulturellen Veranstaltungen wie den Olympischen Spielen 2008 für gutes Wetter zu sorgen.*[33] Zwischen 2012 und 2017 gab China mehr als 1,34 Milliarden Dollar für Maßnahmen zur Wetterbeeinflussung aus.[34] 2020 ließ das Land verlauten, die Wolkenimpfung drastisch auszuweiten, auf ein Gebiet von 5,5 Millionen Quadratkilometern – mehr als das

* Bei einem Ereignis von Weltrang wie den Olympischen Spielen ist ein solches Eingreifen allerdings deutlich gerechtfertigter als bei der Hochzeit von Prinz William und Kate im Jahr 2011, wo Gerüchten zufolge zum gleichen Mittel gegriffen wurde. Eine britische Firma bot diese Dienstleistung auch für jedes andere glückliche Paar an, zum königlichen Preis von 100 000 Pfund.

Anderthalbfache der Fläche Indiens. Dabei geht es nicht nur darum, mehr Niederschläge zu erzeugen, sondern auch darum, Extremwetterereignisse abzuwenden, indem man den Regen früher und auf einer größeren Fläche niedergehen lässt, um ihm die Wucht zu nehmen. Der Staatsrat gab bekannt, China werde »bis 2025 über ein hochentwickeltes System zur Wetterbeeinflussung verfügen«, für das man »hinsichtlich der Handhabung, der Technologien und der Wirkung bis 2035 Weltklasseniveau« anstrebe.[35]

Häufig sind Wolkenimpfungen dazu gedacht, Schneefall auszulösen, um die Schneedecke zu füttern, auf die so viele Stauseen angewiesen sind. Forscher der University of Colorado Boulder zeigten 2020, dass Wolkenimpfungen »Schneefall großflächig verstärken« können. Es gelang ihnen, mithilfe eines Flugzeuges in den Bergen von Idaho eine Zunahme des gefrorenen Niederschlags um 0,05 bis 0,3 Millimeter* zu erreichen.[36] Das Wyoming Weather Modification Pilot Project (Pilotprojekt zur Wetterbeeinflussung) ergab in einer Studie zwischen 2008 bis 2013, dass Wolkenimpfungen den jährlichen Niederschlag nur um 1,5 Prozent beeinflussen konnten – was angesichts der natürlichen Schwankungen »keinen Widerspruch zur Nullhypothese, dass Wolkenimpfungen keinen Effekt hätten«, darstellte.[37] Außerdem kamen die Forscher zu dem Schluss, dass sich die meisten Wolken nicht für eine Impfung anboten. Damit es klappt, müssten die Bedingungen genau richtig sein. Lange Rede, kurzer Sinn: Das Wolkenimpfen ist viel Aufwand mit sehr wenig Nutzen.

Doch selbst wenn es funktionieren würde – wäre es dann ethisch vertretbar? Der offensichtliche Nachteil besteht darin, dass Regen, der in einer Region erzwungen wird, dort ausbleibt, wo er eigentlich niedergegangen wäre. In großen Ländern wie den USA, China oder Indien könnte das bedeuten, einen Bundesstaat oder eine Provinz zu begünstigen und die Dürre anderswo zu verschärfen. Ähnlich

* Bei dieser Zahl muss ich allerdings an Andrew Tuckers Aussage denken: »0,25 Millimeter bewirken einen Scheißdreck.«

sind die Effekte über Staatsgrenzen hinweg. Aparna Roy, Leiterin des Bereichs Klimawandel und Energie am Centre for New Economic Diplomacy (Zentrum für neue Wirtschaftsdiplomatie), schreibt: »Spekulationen zufolge könnte China die Wetterbeeinflussungstechnologien als strategische Waffe gegen Indien einsetzen, um das dortige Wetter durcheinanderzubringen und Dürren und Überschwemmungen auszulösen.«[38] China wäre historisch gesehen nicht der erste Staat, der zu einem solchen Mittel greift: Die Amerikaner taten im Vietnamkrieg im Rahmen der Operation Popeye das Gleiche. In einem 2017 vom Institut für Geographie der National Taiwan University veröffentlichten Artikel heißt es darüber hinaus, dass »Aktivitäten zur Wetterbeeinflussung Vorwürfe des ›Regendiebstahls‹ zwischen benachbarten Staaten nach sich ziehen könnten«, während sie gleichzeitig »moralische Fragen hinsichtlich staatlicher Eingriffe in natürliche Vorgänge, einer gerechten Aufteilung von Ressourcen und Vorgaben zu einer optimalen, Schäden minimierenden Beeinflussung aufwerfen«. Außerdem kann das Ganze gehörig schiefgehen. Die taiwanesischen Verfasser erwähnen einen Schneesturm, der sich im November 2009 aufgrund einer Wolkenimpfung in China ereignete und Schäden in Höhe von über 50 Millionen Yuan (knapp 7 Millionen Euro) sowie 40 Todesopfer zur Folge hatte. In North Dakota haben bereits Landwirte gegen die Wolkenimpfung protestiert, weil sie ihre Situation verschlechtere, statt sie zu verbessern.[39] Ein Bauer behauptete bei einer Bürgerversammlung, dass sich ein sehnlich erwartetes Unwetter, das eine lange Dürre beendet hätte, durch die Impfung aufgelöst hätte, und rief: »Sie haben den Regen zerstört, bevor er etwas bewirken konnte, und dafür noch drei Flugzeuge eingesetzt!«[40]

Trotzdem scheint es, als würde das Wolkenimpfen in den USA weiter zunehmen, weil die Verzweiflung in den wasserarmen Bundesstaaten wächst. Rick Ledbetter vom Roosevelt Soil & Water Conservation District (Boden- und Wasserschutzverband Roosevelt) in New Mexico hat bereits ein entsprechendes Pilotprojekt durchgeführt und 2021 dem *Guardian* gegenüber erklärt: »Ich glaube, dass uns in Zukunft keine andere Wahl bleibt, als uns mit der Wetterbeeinflussung zu befassen.« Er sei »hoffnungsvoll, was die finanzielle Unterstützung angeht«[41]. In Wyoming ist das Wolkenimpfen bereits Teil des offiziellen Plans zur Bekämpfung von Dürren, und man kann davon ausgehen, dass andere Bundesstaaten diesem Beispiel folgen werden. Viele verstehen die Studie der University of Colorado Boulder als Beleg für den Erfolg der Methode. Dabei hat die Autorin der Studie, Katja Friedrich, wiederholt zur Vorsicht aufgerufen. In einem von vielen Interviews erklärte sie dem *Discover Magazine*: »Wir können die Dürre nicht einfach durch das Impfen von Wolken lindern. […] Um das zu schaffen, müssen wir uns mit einer ganzen Reihe anderer Themen auseinandersetzen.«[42] Doch wie so häufig werden die Warnungen der Wissenschaft wohl auch in diesem Fall einfach ignoriert werden.

# 10 SCHWERE ENTSCHEIDUNGEN, KLUGE LÖSUNGEN

Im Jahr 2020 blickte das Murray-Darling-Becken in Australien auf die trockensten drei Jahre seit Beginn der Aufzeichnungen zurück; sie waren noch schlimmer gewesen als die »Millenniumsdürre«, von der es sich gerade erholt hatte. Im März hatten Flächenbrände weltweit für Entsetzen gesorgt; sie hatten mehr Wald zerstört als je zuvor und die halbe Welt in Rauch gehüllt. Doch parallel dazu loderten viel kleinere, öffentlich deutlich weniger wahrgenommene Feuer. Zornige Bauern zündeten stapelweise Kopien des Murray-Darling-Becken-Planes an – denn dieser Plan gestand ihnen ihrer Meinung nach viel zu wenig Wasser zu, um damit Landwirtschaft zu betreiben und Flammeninfernos wie dem aktuellen vorzubeugen. Ich spreche Anfang 2021 mit Phillip Glyde, dem CEO der für das Murray-Darling-Becken zuständigen Behörde (Murray-Darling Basin Authority, MDBA). Er sitzt in seinem Büro in Canberra, aber vielleicht wäre auch ein Bunker angemessen, so gewaltig ist der politische Beschuss, unter dem er steht. Er kann die Wut nachvollziehen, denn »das ist die Generation, die für die Reform bezahlt. Das raubt auch mir nachts den Schlaf. Wasser ist eine natürliche Ressource und im Staatsbesitz. Daher sind es die Regierungen, die [dieses Problem] in den letzten 100 Jahren verursacht haben, indem sie viel mehr Wasser freigegeben haben, als uns zur Verfügung stand. Und der Klimawandel reduziert die Bestände noch weiter. […] Jetzt muss diese Generation die Familienbetriebe verkaufen. Das erzeugt viel Leid.«

Das Murray-Darling-Becken ist so groß wie Deutschland und Frankreich zusammen und erstreckt sich über drei der fünf australischen Festland-Bundesstaaten. Hier erwirtschaften 9500 Farmen jährlich mehr als 8,6 Milliarden australische Dollar mit künstlich bewässerten Nutzpflanzen, was etwa der Hälfte der bewässerten Landwirtschaft des Landes entspricht. 90 Prozent des Regens verdunsten, ein kleiner Teil versickert in der Erde und nur ein Bruchteil speist die Flüsse und Bäche. Erst als es zur Katastrophe kam, wurde deutlich, wie wichtig die Erhaltung der sogenannten »Restwassermenge«* ist: 2010 versiegte der mächtige Murray River bereits, bevor er das Meer erreichte, und das Mündungsgebiet trocknete aus. Der *Sydney Morning Herald* sprach von einer »Tragödie« mit »abgestorbenen Wäldern aus Rotem Eukalyptus, Black-Box-Eukalyptus und Coolibah-Bäumen« und hatte bereits einen Schuldigen ausgemacht: »die notorisch verschwenderische Verteilung des Wassers aus dem Murray-Darling-Becken durch die übereifrigen staatlichen Wasserbehörden.[1] Mithilfe von Steuergeldern wurden so viele Talsperren errichtet, dass sie 130 Prozent der durchschnittlichen Durchflussmenge des gesamten Flusssystems hätten aufstauen können.« Doch natürlich hatte der Murray keine 130 Prozent zu geben. Einfach mehr Staudämme zu bauen, hieß es weiter im *Herald*, »erzeugt nicht mehr Wasser, genauso wenig wie das Eröffnen eines weiteren Kontos mehr Geld erzeugt«. Der Blick auf die übermäßige Bewässerung ließ auch die Dürren in einem neuen Licht erscheinen – waren sie nicht nur klimawandelbedingt, sondern direkt menschengemacht? Darüber hinaus boten die toten Wälder des durch die Landwirtschaft leer geschöpften Murray River den nächsten Buschfeuern noch mehr Nahrung.

Als Premierminister John Howard 2007 den National Water Act (Nationales Wassergesetz) verabschiedete, erklärte er, dass »der bis-

---

* Damit ist einfach das Wasser gemeint, das im Ökosystem des Flusses verbleiben darf und nicht entnommen wird.

herige Umgang mit den Wasserressourcen des Beckens nicht mehr zeitgemäß« sei. Teil dieses Gesetzes war die Gründung der MDBA, die ein Konzept für die Zukunft aufstellen sollte. Der daraus entstandene Basin Plan (Beckenplan) von 2012 zielte darauf ab, das gesamte Becken als ein zusammenhängendes, nachhaltiges System zu betrachten. Ein entscheidender Punkt war, dass die Wassermenge, die jährlich aus dem Becken entnommen werden konnte, ohne dass die Flüsse, Seen und 30 000 Feuchtgebiete (darunter 16 von »nationaler Bedeutung«) Schaden nahmen, der Überprüfung durch unabhängige Wissenschaftler unterlag. 2012 unterschrieben die australischen Bundesstaaten diesen Plan, um die ökologische Katastrophe abzuwenden. So sollten unter Aufsicht der australischen Regierung und der von Phillip Glyde geleiteten MDBA jährlich mindestens 2 750 Gigaliter Wasser (enorme 2,75 Kubikkilometer) für die Umwelt zurückgewonnen und dann geschützt werden. Das breit angelegte Reformpaket umfasste stark erhöhte Wasserpreise, die Einführung eines Wasserhandels und die Einleitung von 20 Prozent des bisher zur Bewässerung genutzten Wassers in die Flüsse, um die »Restwassermenge« zu steigern.

Diese 20 Prozent ließen sich nur durch den staatlichen Rückkauf von Wasseransprüchen über das Wasserhandelssystem erreichen, was bei der Bevölkerung schnell auf Widerstand stieß, da dafür landwirtschaftliche Betriebe und Arbeitsplätze geopfert werden mussten. Laut den Zahlen der MDBA sank die allgemeine Wasserentnahme seit Inkrafttreten des Beckenplans von 14 011 Gigalitern auf 10 621 Gigaliter – das heißt, dass über einen Zeitraum von sechs Jahren hinweg jährlich mehr als 3 000 Gigaliter (3 Kubikkilometer) eingespart wurden. In einer Rede 2019 erklärte Glyde, diese Zahlen zeigten, dass der Plan aufgehe: »Meiner Meinung nach bewirkt der Beckenplan, dass wir auf die aktuelle Dürre deutlich besser vorbereitet sind, als wir es bei der Millenniumsdürre oder irgendeiner anderen großen Dürre in der Geschichte dieses Landes waren.«[2]

Aufgrund einer speziellen Eigenart des Plans liegt das vor allem an einem Menschen. In Sachen Wasser ist der »Commonwealth Environmental Water Holder« (der staatliche Umweltwasserzuständige) womöglich die mächtigste Person der Welt. Dieses Amt entstand durch das Wassergesetz, erklärt mir Glyde, und der Inhaber bestimmt über die Verwendung der mehr als 2000 Gigaliter, die die Regierung den Landwirten in Form von Wasseransprüchen abgekauft hat, um sie im Sinne der Umwelt zu nutzen. Obwohl die MDBA die wissenschaftlichen Daten und die Umweltziele liefert und die Behörde des Wasserzuständigen ungefähr 100 Mitarbeiter beschäftigt, ist es letztendlich doch er allein, der über die Zuteilung entscheidet (welche Feuchtgebiete werden mit Wasser geflutet, welche müssen verzichten) – so ist es im Gesetz vorgesehen, »damit er unabhängig von der Regierung ist. Es ist eine seltsame Regelung«, gesteht Glyde mit der typischen australischen Untertreibung, auf dem Wasserzuständigen laste »beängstigend viel Verantwortung«. Aber es funktioniert.

Seit die Entnahme um ein Fünftel reduziert wurde, erreicht der Murray wieder zuverlässig das Meer. Das ist ein »wirklich, wirklich großer Erfolg« mit positiven Auswirkungen auf die Umwelt über den gesamten Verlauf des Flusses hinweg, sagt Glyde. »Er strömt durch Feuchtgebiete und bringt Nährstoffe ins Wasser, für die Pflanzen und Insekten, die Fische, die Vögel.« Der neu eingeführte Wasserhandel wird auch für den Kauf und Verkauf von Wasserrechten unter den Bewässerern genutzt. Theoretisch soll das System den Anbau von Nutzpflanzen in wasserreicheren Gebieten fördern und ihn in trockenen Regionen erschweren. »In vielen Ländern der Welt sind Wasser und Land untrennbar miteinander verbunden; wer mehr Wasser für seinen landwirtschaftlichen Betrieb will, muss die Felder des Nachbarn kaufen«, erklärt Glyde. »Aber das [australische] Wassergesetz sieht vor, dass es besser ist, das Wasser zum maximalen Nutzen einzusetzen. Auf diese Weise kauft der Bauer, der mit 1 Megaliter den höchsten Ertrag erzielen kann, dem Bauern, dessen Ertrag am niedrigsten liegt, das Wasser ab.«

Dennoch könnten die schmerzhaften Einschränkungen, die der Plan mit sich bringt, seine Umsetzung gefährden. Wie Glyde es formuliert: Wenn man über einen langen Zeitraum hinweg zu viel Wasser entnommen hat, hat das, was die Menschen als »normal« empfinden, wenig mit der Realität zu tun. Wasser zu sparen und Dürren abzuwenden wird immer ein höchst politisches Thema sein; ein Tauziehen zwischen kurzfristiger Entlastung und langfristiger Nachhaltigkeit. Die Marktsignale, die Landwirte dazu bewegen sollen, das Wasser möglichst effizient einzusetzen, da jeder vergeudete Tropfen Geld kostet, bewirken eine Tendenz hin zu höherwertigen Nutzpflanzen wie Nüssen und Trauben. Das führt laut Glyde zu Spannungen zwischen den Branchen, da die Reis- und Baumwollerzeuger aus dem Wassermarkt gedrängt würden. »Wir produzieren hier in diesem Land viele Milchprodukte, von denen die meisten in Form von Käse oder Milchpulver ins Ausland exportiert werden. Das Gleiche gilt für den Reisanbau [...] Die großen Arbeitgeber sitzen in der verarbeitenden Industrie. Daher ist die Angst in der Reis- und Milchproduktbranche groß, dass der Wassermarkt ihnen den Zugang zu ihrem Ausgangsprodukt beschränkt.« Da auf dem Wassermarkt jährlich Zertifikate im Wert von 2 bis 3 Milliarden australischen Dollar gehandelt werden, lockt er auch ausländische Investoren und Spekulanten an. Im Februar 2021 wurde bei einer Untersuchung des Wassermarktes »Handelsverhalten, das die Integrität des Marktes untergraben können, etwa Marktmanipulation« aufgedeckt und festgestellt, dass »die günstigen Gelegenheiten vor allem von professionellen Tradern und großen Agrarkonzernen erkannt und genutzt werden, da diese über die nötige Zeit und das Wissen verfügen, den Markt zu analysieren und zu überblicken.«*, [3] Interessanterweise stiegen gerade eine Reihe Pensionsfonds und

* Die Untersuchung ergab auch, dass einige Landwirte sich eine Rückkehr zum früheren System wünschten, bei dem die Wasserrechte an die Landrechte geknüpft waren – dabei hatte dieses System die Probleme verursacht.

multinationale Konzerne ein und kauften Anbauflächen auf, sagt Glyde. »Als ich noch im Landwirtschaftsministerium gearbeitet habe, wählte Ferrero Rocher Australien für den Anbau von Haselnüssen aus. Dafür mussten die Sträucher zehn Jahre in Quarantäne. Da fragt man sich schon: Warum tut ein Unternehmen das? Das ist doch ein riesiges Investment. Aber ich glaube … ich möchte gern glauben, dass die Sicherheit des australischen Wassermarktes und unser Umgang mit dem Wasser im Becken von vielen Ländern außerhalb Australiens positiv bewertet werden – zumindest dort.« Er lacht.

Ironischerweise hat der Erfolg des Beckenplans, des Wasserhandels und der Rückeinspeisung in die Umwelt so viele ausländische Investoren angelockt, dass es den einheimischen Familienbetrieben schadet. Das macht das Ganze politisch so brisant und erzeugt das, was Glyde als »gesellschaftliche Verwerfungen« bezeichnet. »Ich befasse mich seit 40 Jahren mit dem Management von natürlichen Ressourcen, aber kein Thema ist so kontrovers wie das Wasser«, sagt er trocken. Die nächste Überprüfung des Beckenplans steht 2025 an, und das Einzige, worüber sich alle einig sind, ist laut Glyde, dass niemand eine Rückkehr zum alten System möchte – dass es so nicht weitergehen konnte, ist allen bewusst. »Wir versuchen, 100 Jahre Überentnahme wiedergutzumachen«, sagt er. Die Schwierigkeit besteht darin, dass jeder die Veränderung am liebsten beim anderen sehen möchte. »Warum soll gerade ich, meine Kommune, meine Branche, mein Feuchtgebiet darunter leiden?«

Weniger als ein Jahr nach unserem Gespräch nahm Phillip Glyde erst eine lange Auszeit und kündigte dann an, in Rente zu gehen.[4] Der Nationale Bewässerungsrat, mit dem er immer wieder über Kreuz lag, erklärte, dass man ihm »für seine Dienste im Rahmen des überaus schwierigen Wasserreformprozesses« danke, und schob hinterher, dass »Wasserpolitik und Flussmanagement komplex sind und jeder eine Meinung dazu hat«.[5] Der jüngste Streitpunkt waren die letzten 450 Gigaliter gewesen, die noch ausstanden, um das im Plan vorgesehene Ziel von 3200 Gigalitern zusätzlicher Restwassermenge bis 2024 zu erreichen. Die Konservativen und die National Party drängten auf eine Fristverlängerung, auch wenn dafür das Gesetz geändert werden musste. Die Grünen und die Labour-Partei wollten am ursprünglichen Plan festhalten, räumten aber ein, dass das nur durch weitere Zwangsrückkäufe von den Landwirten möglich wäre – solche hatte es zuletzt 2018 gegeben.[6] Am 1. April 2022 wurde der Nachfolger von Phillip Glyde verkündet, auch wenn es einige vermutlich für einen Aprilscherz hielten: Die Position sollte an Andrew McConville gehen, einen Öl- und Gaslobbyisten und ehemaligen Chef der Australian Petroleum Production and Exploration Association (Australischer Verband für Ölförderung und -erschließung).[7] Die *Herald Sun* titelte: »Nationals übertragen ihren ›Öl-Kumpels‹ die Verantwortung für den Murray River«.[8]

## Die Jal-Jeevan-Mission

Am indischen Unabhängigkeitstag 2019 stand Premierminister Narendra Modi auf den Stufen des Roten Forts in Delhi und verkündete ein überaus ehrgeiziges Ziel: Innerhalb von nur fünf Jahren, bis zum Unabhängigkeitstag 2024, sollten sämtliche Haushalte im Land an das Wasserleitungsnetz angeschlossen sein und täglich mindestens 55 Liter pro Person daraus beziehen können. Das schien unmöglich. Zum Zeitpunkt der Rede mussten laut dem Jal-Shakti-Wasserministerium noch 83 Prozent der Menschen auf dem Land (161 Millionen Haushalte, in einem Land mit 1,3 Milliarden Einwohnern) ohne Wasseranschluss auskommen. Sie alle innerhalb von fünf Jahren ins Netz zu holen, war ein irrwitziges Vorhaben. Aber Modi hatte mit der Swachh-Bharat-Mission (Mission Sauberes Indien) zwischen 2014 und 2019 bereits etwas ähnlich Ehrgeiziges vollbracht – damals hatte er 60 Millionen Inder mit Toiletten ausgestattet, damit diese ihre Notdurft nicht mehr im Freien verrichten mussten.* Letztendlich entstanden mehr als 100 Millionen Toiletten, wodurch 567489 Dörfer »sauber« wurden.[9] Statt 39 Prozent hatten nun 99,3 Prozent der Inder Zugang zu einer Toilette, ohne dass der vorgesehene Zeitrahmen oder das Budget überschritten worden wären. Jetzt sollte sich Indien also ein noch gewaltigeres Ziel setzen: die Jal-Jeevan-Mission (JJM).**

Zu den Frontkämpfern dieser Mission gehören Menschen wie Shivani Sharma, Projektmanagerin bei der Women + Water Alliance (Frauen-und-Wasser-Allianz) in Bhopal. Sharma ist für 600 Dörfer in zwei der 52 Distrikte von Madhya Pradesh zuständig. Wenn sie das am weitesten entfernt gelegene aufsucht, ist sie von ihrem Büro aus acht Stunden im Auto unterwegs. Die wichtigste Wasserquelle ist in diesem Bundesstaat nicht das Grundwasser, sondern der Monsun. »Wenn es genügend Niederschläge gibt, haben wir kaum Wasserstress«, erklärt Shivani. »2019 beispielsweise hat es viel geregnet, fast 1400 Millimeter. Wenn das der Fall ist, mangelt es uns nicht an Wasser, weil wir viele Stauseen haben.« Doch die Regenfälle sind aufgrund des sich verändernden Wasserkreislaufs immer weniger zuverlässig. Seit 2019 ist Shivanis Arbeit für die Women + Water Alliance (finanziert zum Teil durch USAID und das Unternehmen Gap Inc.) mehr oder weniger vollständig in die JJM integriert worden. Statt die vielen 100 Nichtregierungsorganisationen, die auf die Wasserversorgung im ländlichen Indien spezialisiert sind, zu ignorieren oder zu ersetzen, beschloss die Modi-Regierung, mit den effektiveren von ihnen zusammenzuarbeiten und sie in das Projekt ein-

* Modi sagte: »Es gab zwei Dinge, die Mahatma Gandhi besonders am Herzen lagen – Indiens Unabhängigkeit und die sanitäre Versorgung. Doch wenn er hätte wählen müssen, sagte er, wäre ihm die sanitäre Versorgung noch wichtiger gewesen.«

** *Jal Jeevan* bedeutet »Wasser ist Leben«. Passenderweise heißt der Klimawandel auf Hindi *Jal Vayu Parivartan*, was sich aus *jal* (Wasser), *vayu* (Luft) und *parivartan* (Veränderung) zusammensetzt und somit Wasser als Kernbestandteil des Klimawandels anerkennt.

zugliedern. Shivani nennt das Ziel der JJM »sehr ehrgeizig« – ein Wort, das buchstäblich jeder Inder verwendet, den ich dazu befrage. »Also helfen wir mit.«

Bisher erfolgt die Wasserversorgung in Madhya Pradesh für gewöhnlich über per Hand gegrabene Brunnen und Becken oder das Wasser stammt aus oberirdischen Tanks, die über Grundwasserpumpen befüllt werden. Der Druck, schnelle Ergebnisse zu liefern, sorgte in manchen Fällen dafür, dass man sich zuerst die Dörfer mit bereits bestehender Infrastruktur vornahm. Dennoch ist der Erfolg der JJM bereits jetzt nicht zu leugnen – die Mission hat erreicht, woran bisher noch jede indische Regierung gescheitert ist, und das mit maximaler Transparenz. Jeder kann sich in das Online-Dashboard auf ejalshakti.gov.in einloggen und sich die interaktive Karte mit den bisherigen Fortschritten anschauen, aufgeschlüsselt nach Bundesstaat, Distrikt oder sogar nach einzelnen Dörfern. Als ich im März 2021 mit Shivani sprach, waren in Madhya Pradesh laut dieser Karte 28 Prozent der Haushalte an das Wasserleitungsnetz angeschlossen, eine Steigerung um 17 Prozentpunkte oder 2 Millionen Haushalte seit dem Start der JJM 2019. Mitte 2022, liegt der Bundesstaat bei 40,2 Prozent, was exakt 3 562 561 Haushalte mehr sind als vor Beginn der Mission. Ein Distrikt, Burhanpur, ist bereits zu 100 Prozent angeschlossen, und in einem anderen, Indore, fehlt nicht mehr viel (84,2 Prozent, bei einem Ausgangswert von 16 Prozent). Shivanis Team behält zudem im Blick, wo es wie vorangeht: »Die Regierung schickt den Auftrag, es folgt eine Ausschreibung, dann kommt ein Privatunternehmen ins Spiel, erhält den Zuschlag und fängt an zu bauen. Natürlich beobachten wir hin und wieder Verzögerungen […] aber insgesamt gehen die Arbeiten gut voran.«

Derart hochtrabende, riesige Vorhaben sind nichts Neues in Indien. Es gab bereits den »Fünfjahresplan Nummer eins« von 1951, das »Schneller Wasserzugang auf dem Land«-Programm von 1972/1973 und das »Nationale Programm für Trinkwasser auf dem Land« 2009.

Doch die JJM sei anders, sagen viele Menschen. »Dieses Mal läuft alles koordiniert ab«, sagt Shivani. »Die verschiedenen Ministerien ziehen an einem Strang.« Bis 2024 klappe es vielleicht nicht, meint Shivani, aber es sei gut, die Umsetzung so schnell wie möglich anzustreben. »Denn kein Wasser zu haben, ist in der Theorie deutlich einfacher als im praktischen Erleben. Ich bin in Dörfern gewesen, wo mittags um eins eine lange Schlange in der sengenden Hitze am Brunnen anstand. Das ist erbärmlich.« Und das meint sie im wahren, mitfühlenden Sinne des Wortes. Vielleicht ist das Ziel der JJM zu hoch gegriffen oder der Zeitraum zu kurz. Doch diese Vorgehensweise ist das Gegenteil des ewigen Hinauszögerns, des Aussitzens, des Beteuerns, dass einfach nichts zu machen sei. Als ich dies schreibe, ist der anvisierte Zeitraum halb um und der Anteil der Haushalte mit Anschluss an das Wasserleitungsnetz bereits von 16,75 Prozent auf fast die Hälfte (49 Prozent) gestiegen – das Ziel rückt mit jedem Tag näher.

Großes Kopfzerbrechen bereitet allerdings die Frage, woher das Wasser eigentlich kommen soll. Es ist eine Sache, Rohre und Wasserhähne zu installieren, aber eine ganz andere, dafür zu sorgen, dass auch genügend Wasser hindurchfließt. Om Prakash Sharma von WaterHarvest India (einer weiteren der Hunderte kleiner Wasser-NGOs, die an der Mission mitwirken), der in Uidapur im Bundesstaat Rajasthan sitzt, hält die Mission für realisierbar. »Unser Premierminister ist sehr gut darin, Ziele auszugeben, die uns antreiben, über uns hinauszuwachsen«, sagt er taktvoll. Aber »wir wissen, dass nicht genügend Wasser zur Verfügung steht. Die Ressourcen trocknen aus.« Die JJM könne nur aufgehen, sagt er, wenn damit auch eine Wiederanreicherung des Grundwassers, eine Aufbereitung des Abwassers sowie ein Aufruf zum Wassersparen und zum gemeinschaftlichen Engagement verbunden wären. »Selbst wenn man sich auf Rajasthan beschränkt, wirkt es unmöglich«, meint Om. »In der Gebirgsregion ist der Anschluss schwierig, und in der Thar-Wüste sind die Wege zu den abgeschiedenen Häusern sehr weit.«

Für abgelegene Gemeinden sei es besser, auf dezentrale Lösungen zu setzen. Aber Om ist innerlich zerrissen. »Ich will es positiv sehen«, sagt er. »Versuchen wir es.« Die Zusammenarbeit mit der Regierung beschreibt er nach seinen Erfahrungen bei der Swachh-Bharat-Mission als »Ritt auf dem Tiger«. Damals war das Problem das Gleiche – es wurden viele Toiletten installiert, aber es fehlte Wasser, um die Ausscheidungen hinunterzuspülen und sich die Hände zu waschen. Dennoch hätten beide Missionen unbestreitbar einen Fortschritt bewirkt, sagt Om – die Erkenntnis, dass Sauberkeit, Wasser und sanitäre Versorgung ein Menschenrecht und eine nationale Aufgabe seien. Ich frage, ob man die Formulierung »Anschluss ans Wasserleitungsnetz« bei der JJM nicht besser durch »Anschluss an die Wasserversorgung« ersetzen sollte, um unabhängige Lösungen und Regenwassertanks einzubeziehen. »Da bin ich ganz Ihrer Meinung«, sagt Om. »›Leitungen‹ könnte auch auf Rohre zur Anreicherung des Grundwassers ausgedehnt werden.« Auch Shivani würde dem Gewässerschutz und der Abwasseraufbereitung gern mehr Platz einräumen. Sie sagt, dass es bereits Bildungsangebote rund um Wasserverschwendung und Wassermangel gäbe. Vielen Menschen seien diese Themen nicht unbekannt: »Sie haben bereits erlebt, dass die Wasserquellen eines Dorfes austrocknen und die Bewohner umziehen müssen.« Die kommunikative Herausforderung bestehe darin, Menschen, die nie viel besessen haben, davon zu überzeugen, als knappes Gut zu behandeln, was da so reichlich aus dem Wasserhahn sprudelt. In den 600 Dörfern, in denen Shivani tätig ist, »gibt es durchaus ein Abwassermanagement«. Normalerweise fließe das Abwasser, das beim Waschen der Kleidung und beim Spülen anfällt, in den Abfluss vor jedem Haus, der zu einem großen Sammelbecken führt. Shivani und ihr Team bemühen sich jetzt darum, diese Sammelbecken mit Röhricht zu bepflanzen, um eine Art Naturfilter zu erzeugen und das Wasser anschließend aufbereiten, abpumpen und für die Landwirtschaft nutzen zu können. Im Moment sei es schwierig, derartige Projekte finanziert zu bekommen, aber »die

Regierung wird es irgendwann tun müssen«, glaubt sie, weil es keine andere Option gibt. Im ersten Jahr habe sich die JJM »größtenteils auf Wasserleitungen und die Wasserqualität konzentriert«, doch mit der Zeit soll der Fokus – zumindest in den Dörfern in Madhya Pradesh, wo Shivani arbeitet – auf das Abwasser verlagert werden. Das scheint eine schlüssige, natürliche Vorgehensweise zu sein – doch ohne engagierte Fachleute wie Shivani und Om, die solche Möglichkeiten durchspielen und für sie werben, wäre all das nicht möglich.

In Delhi hilft Raina Singh vom Climate Centre for Cities (Klimazentrum für Städte), das innerhalb des National Institute of Urban Affairs (Nationalinstitut für urbane Angelegenheiten) angesiedelt ist, die Jal-Javeen-Mission auch im städtischen Raum umzusetzen. »Der Plan ist ziemlich ehrgeizig«, wiederholt auch sie, was alle betonen. »Eine der Botschaften, die wir hier vermitteln wollen, lautet vermutlich, dass man die Wasserversorgung nicht getrennt von allem anderen betrachten kann; wir brauchen einen integrierten Ansatz. Wir können nicht über eine Rund-um-die-Uhr-Wasserversorgung in den Städten sprechen, ohne uns zugleich mit dem Schutz und der Wiederbelebung von Gewässern, Grundwasseranreicherung und der Einrichtung grüner Zonen zu befassen […] Das fehlt mir bisher.«

## Leihen statt schenken

Als Gary White zusammen mit Matt Damon (ja, *dem* Matt Damon) die Organisation Water.org gründete, bestand sein großer Plan darin, Menschen in den ärmsten Ländern nicht mithilfe von Wohltätigkeit, sondern über Mikrokredite zu helfen. Die Organisation, deren Hauptsitz sich in Kansas im US-Bundesstaat Missouri befindet, richtet ihre Tätigkeit fast ausschließlich auf den globalen Süden aus. Auf der Webseite ist zu lesen, dass sie »in Armut lebenden

Menschen Zugang zu Mitteln für die private Wasser- und Sanitärversorgung« verschafft. Unter den dort genannten Beispielen ist Grace aus Kenia, die »mithilfe eines kleinen, bezahlbaren Kredits von einem Water.org-Partner einen Wassertank auf ihrem Hof aufstellen konnte. [...] Grace ist [jetzt] in der Lage, ihre Hühner zu füttern, Nahrungsmittel im Garten anzubauen und das Wasser zum Kochen, Baden und Wäschewaschen zu nutzen.« In unserem Gespräch erklärt mir Gary: »Ich habe Menschen getroffen, insbesondere Frauen, die sich Geld bei Kredithaien geliehen hatten und 125 Prozent Zinsen zahlten, um ihr Haus mit einer Toilette auszustatten. [...] Wir haben im Grunde nichts anderes getan, als Kredite für die Wasser- und Sanitärversorgung in den Fokus der Mikrofinanzinstitute zu rücken.«

Als wir uns 2020 per Video-Call unterhalten, haben wir beide die typische »Lockdown-Frisur«. Normalerweise ist Gary glatt rasiert und hat kurz geschnittenes Haar, aber jetzt sind seine Wangen mit Stoppeln bedeckt und auf seinem Kopf wuchert eine wilde Mähne. Auch meine Haare, die schon in guten Zeiten schwer zu bändigen sind, genießen eine ganz neue Freiheit. Ich schiebe meinen Pony beiseite und frage Gary, wie es dazu kam (womit ich sein Engagement für die Wasserversorgung meine, nicht seine Frisur). Gary lacht und sagt: »Nach dem Ingenieursstudium stellte ich fest, dass sich sämtliche Lösungsansätze immer um die Finanzierung drehen!« So etwas habe ich aus dem Mund eines Ingenieurs noch nie gehört. Bricht man die Ideen für die Bereiche Wasser und sanitäre Versorgung herunter, gehe es »aus Sicht der NGOs vornehmlich darum, Geld für mehr Brunnenbau aufzutreiben. [...] Aber wenn man sich das Ausmaß des Problems anschaut, bringt das so wenig, dass man es auch gleich lassen kann.« Mitgründer Matt Damon erklärte gegenüber *TIME100*: »Gary und ich waren in Äthiopien und haben uns diesen schönen, hochmodernen Brunnen angeguckt, den eine indische NGO finanziert und gebaut hatte [...] Doch er stand da nur rum und verstaubte, weil er technisch so empfindlich war, dass etwas kaputt gegangen war und niemand im Dorf es reparieren konnte. […] Als Jim Kim noch Chef der Weltbank war, sagte er zu uns: ›Ich kann 85 Prozent der Menschen erreichen – aber an die letzten 15 Prozent kommt man nur sehr schwer heran.‹«[10]

Gary geht davon aus, dass die Wasserinfrastruktur für die 2 bis 3 Milliarden Menschen ohne angemessene Versorgung 1 bis 2 Billionen Dollar verschlingen würde, plus noch einmal deutlich mehr an Wartungskosten. Die Realität sieht, wie ich in Ghana erlebt habe, so aus, dass Wasser für die Ärmsten am teuersten ist. Die Menschen zahlen eine Menge für sauberes Wasser – und wissen es deshalb sehr zu schätzen. Statt dem entgegenzuwirken, kümmern sich Gary White und Water.org darum, günstige Kredite zu vermitteln, die sich leichter zurückzahlen lassen (das Gegenteil dessen, was die Kredithaie machen). So kann das Geld wiederverwendet werden. Im Gegenzug weckt diese Vorgehensweise das Interesse der Kapitalmärkte und der auf Sozialprojekte ausgerichteten Investoren, die mit ihrem Geld etwas Gutes bewirken und idealerweise auch ein paar Zinsen einnehmen wollen (auch unter dem Begriff »ESG-Anlage« bekannt). White erlebte seinen persönlichen »Aha!«-Moment, als er verstand, dass er diese Wall-Street-Investoren mit Menschen zusammenbringen konnte, die 5 Dollar am Tag verdienen. »Wir erkannten das Potenzial, das darin steckt, wenn Hunderte Millionen Menschen ohne Geld Zugriff auf eine Finanzierung erhalten, sodass sie ihre Investitionen tätigen können, aber zu deutlich besseren und vor allem viel regulierteren Bedingungen.« Der Fonds erwirtschaftet eine Rendite von etwa 8 bis 11 Prozent, womit er im Bereich von Branchenriesen wie Pensionsfonds und Versicherungsunternehmen liegt. Es ist wie bei der JJM – plötzlich wirken die 1 bis 2 Billionen erreichbar.

Diese Form des Investierens »am Fuß der Einkommenspyramide« steht schon seit einigen Jahren im Fokus der großen Anleger. In Fachzeitschriften wie der *Harvard Business Review* tauchen regelmäßig Artikel auf, die »die mehr als 4 Milliarden Menschen, die einzeln betrachtet weniger als 1500 Dollar im Jahr verdienen«, ins Visier nehmen. Dort ist zu lesen, wie »Wertschöpfungsketten [...] umgestaltet werden müssen, um Käufer mit wenig Geld zu erreichen«. Bei derartigen Überlegungen, wie sich mit Armut Gewinne machen lassen, stellen sich liberalen Umweltschützern wie mir häufig die Nackenhaare auf. Zu oft wird das Leben armer Menschen auf herabwürdigende, zum Teil sogar raffgierige Schlagworte wie »unerschlossene Märkte« oder »die letzte Grenze« reduziert. Und dennoch stecken Millionen Menschen zwischen Prampram und Rajasthan tatsächlich in einem Teufelskreis fest, in dem sie zu viel Geld für Wasser bezahlen. Auch wenn 8 bis 11 Prozent Zinsen, verdient durch die Ärmsten der Armen, ausbeuterisch wirken, sind sie trotzdem ein wahres Gottesgeschenk für diejenigen, die vorher 125 Prozent Zinsen gezahlt oder die Hälfte ihres Lohns für Wasser in Plastikkanistern ausgegeben haben. Günstige Kredite machen Wasser für mehr Menschen bezahlbar, was wiederum einen Markt dafür schafft, Rohrleitungen zu verkaufen, zu verlegen und zu warten. »Die informelle Wirtschaft existiert bereits«, sagt White. »Das Geld ist im System, es wird nur auf ineffiziente Weise bewegt.« Der Wassermarkt werde von den Mikrofinanzinstituten (MFIs) häufig übersehen. »Sie haben nicht erkannt, dass Menschen durch den verlässlichen Zugang zu Wasser praktisch über Nacht enorm viel einsparen. Wenn diese Menschen bisher monatlich 50 Dollar an einen Wasserverkäufer mit einem Tankwagen gezahlt haben und jetzt nur noch 5 Dollar für die Kreditrate [für den eigenen Wasseranschluss] aufbringen müssen, [...] haben sie plötzlich viel mehr Geld in der Tasche.«

Anders als die Kredithaie vergeben MFIs nur Kredite, die sich auch bedienen lassen, mit Ausfallabsicherungen für diejenigen, die es doch nicht schaffen. 99 Prozent der über Water.org vermittelten Darlehen werden zurückgezahlt, und das Geld erreicht (zum Zeitpunkt meines Gesprächs mit Gary) jedes Quartal 2 Millionen Menschen – 8 Millionen im Jahr. Garys Ansatz ist kein Ersatz und auch keine Konkurrenz für klassische Wohltätigkeitsorganisationen. »Es gibt buchstäblich 1000 – wahrscheinlich sogar noch viel mehr – NGOs zum Thema Wasser, von den Branchenriesen wie WaterAid bis hin zur örtlichen Kirchengemeinde«, sagt er. Man trete niemandem auf die Füße, wenn man einen anderen Weg zum gleichen Ziel beschreite. Dennoch ist er fest davon überzeugt, dass seine Lösung die bessere ist. Wirtschaftlich betrachtet handle es sich um einen »nachfrageorientierten Ansatz«. Angebotsorientierte Ansätze bauen Grubenlatrinen für alle; Projekte wie seines zielen darauf ab, jedem eine Latrine zu verschaffen, der sich eine solche wünscht. Um mir den Unterschied zu verdeutlichen, erzählt er mir von einem Besuch in einem Dorf in Honduras, wo viele Menschen drei Grubenlatrinen in ihren Häusern hatten: »In einer lagerten sie Getreide, in der zweiten bewahrten sie ihr Werkzeug auf und die dritte nutzten sie tatsächlich als Toilette. Ich fragte: ›Warum habt ihr drei Latrinen?‹ Und sie sagten: ›Weil hier drei verschiedenen NGOs vorbeigekommen sind und Latrinen gebaut haben. Wir haben jedes Mal Ja gesagt.‹«

Anfangs ebnete Water.org nur den Weg für MFIs, die dann die Kredite vergaben, aber mittlerweile stellt die Organisation zunehmend Gelder aus wohltätigen Quellen bereit, da »der Zugang zu günstigem Kapital ein beständiges Expansionshindernis ist, vor allem in Indien«. Außerdem investiert die Organisation selbst in Wasser- und andere Versorgungsunternehmen. »Die Grundversorger sind notorisch unterfinanziert«, sagt Gary. »Ihnen fehlt das nötige Kapital, um die Infrastruktur auch in die ärmsten Viertel hinein auszubauen.« In diesem Bereich spielt der Skaleneffekt eine große Rolle. Es ist deutlich einfacher und billiger, wenn ein Versorgungsunternehmen eine ganze Straße an das Wasserleitungsnetz anschließt, als jedem einzelnen Haushalt einen Kredit zu vermitteln. »Genau das hören wir aus Lima in Peru, wo wir eines unserer erfolgreichsten Unternehmensinvestments betreiben«, sagt Gary. Die Versorger bewegen sich nur, wenn es eine »kritische Menge« an Interessenten in einem Viertel gibt. Water.org verschafft ihnen Zugang zu etwas günstigerem Kapital, unter der Voraussetzung, dass sie alle Haushalte an das Leitungsnetz anschließen, auch diejenigen, die normalerweise leer ausgehen würden – so entsteht, was Gary als »Segenskreis des Kapitals« bezeichnet. Und damit hat er Erfolg: Zum Zeitpunkt unseres Gesprächs hat Water.org bereits Mikrokredite in Höhe von insgesamt mehr als 2,6 Milliarden Dollar vergeben.

Irgendwann muss sich die Organisation vielleicht auch die Riesen im Raum vornehmen: Stauseen und Kanäle. Wenn man Hilfsorganisationen fragt, was sie in Bezug auf die nationale Infrastruktur ausrichten können, verweisen sie – zu Recht – auf die Zuständigkeit der jeweiligen Staaten. Fragt man jedoch Gary White, zeigt er sich gesprächsbereit. »Kurz gefasst lautet die Antwort, […] das Problem muss unbedingt gelöst werden, weil der Klimawandel es nur verschärfen wird; der Wasserstress nimmt zu. Wir können diesen Bereich der Infrastruktur nicht einfach ignorieren.« Er macht aber auch darauf aufmerksam, dass Wasserstress oft durch ungleichen Wasserverbrauch bedingt ist – einige Nutzer entnehmen Tausende Liter pro Tag, andere gehen leer aus. Wenn man die Wassereffizienz der Landwirtschaft nur um 2 Prozent steigern könnte, wären täglich Dutzende Liter für alle da.

Die Mikrokredite von Water.org spielen auch bei der Jal-Jeevan-Mission eine Rolle. Indien verlangt von den inländischen Banken, 40 Prozent ihres Kapitals in »vorrangigen Sektoren« zu vergeben; 2019 setzte sich Water.org zusammen mit der Reserve Bank of India dafür ein, Wasser und die sanitäre Versorgung als einen solchen »vorrangigen Sektor« einzustufen. Das bewirkte eine enorme Finanzspritze. »Es war ein echter Durchbruch«, sagt Gary. »Vorher galt: Wenn die Banken in den vorrangigen Sektoren schon die Obergrenze erreicht hatten, vergaben sie keine Kredite mehr für Wasser.« Die »Liquiditätserweiterung« könnte letztendlich zum Gelingen der JJM beitragen. Die indische Regierung ist sich laut Gary darüber im Klaren, wie teuer es ist, Wasserleitungen in jeden Haushalt zu verlegen. »Da ist es von großem Vorteil, mehr Kapital zur Verfügung zu haben.« Sollte die JJM von Erfolg gekrönt und 100 Prozent der indischen Bevölkerung bis 2024 an die Wasserversorgung angeschlossen sein, ist dann auch die Mission von Water.org in Indien erfüllt? Nein, lautet Garys klare und kurze Antwort. Seiner Meinung nach ist der Zugang zu Wasser kein Endziel, es handle sich eher um eine Stufe in der Hierarchie der Bedürfnisse. Wenn ein Haushalt an die Wasserversorgung angeschlossen ist, braucht er als Nächstes eine Grubenlatrine, dann einen Betonboden, damit die Füße nicht schmutzig werden, dann einen Waschbereich. »Wir versuchen, einen dauerhaften Kapitalmarkt rund um das Thema Wasser und sanitäre Versorgung aufzubauen, damit die Menschen nicht einfach nur einen Kredit erhalten und dann war es das, sondern die Wasser-und-Sanitär-Leiter immer weiter hinaufsteigen können.« (Das ist übrigens eine Leiter, auf der wir uns alle befinden, ob wir uns nun einen Wassertank für das Dach, eine schönere Toilette oder eine Kreislaufdusche von IKEA wünschen.*)

Während das Wasser für die Armen zu teuer ist, ist es für den Rest der Welt zu billig, meint Torgny Holmgren vom Stockholm International Water Institute (SIWI). »Den wahren Wert des Wassers erkennt man erst an dem Tag, an dem man keines mehr hat – dann ist es plötzlich unendlich wertvoll«, sagt er. »Aber dieser Wert fließt nicht in die Preisgestaltung ein, und das wirkt sich darauf aus, wie viel Geld die Banken und der Finanzsektor bereitstellen.« Anders formuliert: Wenn das Wasser billig ist, signalisiert der Markt, dass es kein Problem gäbe und somit nichts, in das es sich zu investieren lohne. In Pakistan beispielsweise müsste der Wasserpreis dringend steigen, aber das sei kulturell sehr schwer zu vermitteln, sagt Maheen Malik von der AWS in Lahore. »Einige Menschen sagen, dass wir ein Anrecht darauf haben. Sobald ein Minister den Wasserpreis anheben will, bricht ein Sturm der Entrüstung los. Der niedrige

* Mehr dazu später.

Wasserpreis ist ein enormes Problem, weil wir Wasser nicht so wertschätzen, wie wir es tun sollten.« Dazu gehöre auch, dass Getränkekonzerne große Mengen an Grundwasser entnähmen, ohne dafür zu bezahlen, und dieses Wasser dann in Plastikflaschen gewinnträchtig verkauften. In dieser Hinsicht steht Pakistan keineswegs allein da.

Auch in England ist das Wasser billig. Einer Einschätzung der auf effiziente Wassernutzung spezialisierten Organisation Waterwise ergab, dass »der niedrige Wasserpreis ein Hindernis [für das Wassersparen] ist. […] Er bietet Hauskäufern und Bauunternehmern wenig bis keinen Anreiz, sparsame und auf Wiederverwendung ausgelegte Systeme und Geräte zu installieren. Im Vergleich zu dem, was durch Energieeffizienz und den Emissionshandel eingespart werden kann, ist das Einsparpotenzial über die Wasserrechnung sehr gering.«[11] Regenwassernutzungsanlagen und die Aufbereitung von Abwasser sind uninteressant, wenn der Wasserpreis so niedrig liegt. Feargal Sharkey ist zu dem Schluss gekommen, dass das landesweite Wasserproblem nur über massive Investitionen in die Infrastruktur gelöst werden kann, was aber einen höheren Wasserpreis nach sich ziehen würde. Er fragt, warum es dabei eigentlich kein Stufenmodell gibt: »Wer auf den allgemeinen Zugang zu Wasser pocht, kann das gern tun«, sagt er. »Sagt doch einfach: ›Wir sind der Meinung,* dass Sie mit 100 Litern Wasser am Tag auskommen sollten, daher erhält jeder Haushalt pro Person täglich 100 Liter für einen niedrigen Festpreis. Wer dann noch seinen Scheiß-Pool befüllen will, bitte sehr … aber das kostet dann eben 75 000.«

Im Kampf gegen Wasserknappheit und Wasserstress »ist ein höherer Wasserpreis unverzichtbar«, stimmt auch Rick Hogeboom vom Water Footprint Network in den Niederlanden zu. »Ich glaube, dass es immer einen Teil der Bevölkerung geben wird, dem einfach

---

* Ebenso wie die Weltgesundheitsorganisation (WHO).

alles egal ist und der sich anders nicht zu einer Änderung seines Verhaltens oder seiner Ernährung bewegen lässt.«

In Ländern wie Israel oder Singapur, die dafür bekannt sind, ihre Wasserprobleme trotz verhältnismäßig geringer Vorkommen in den Griff bekommen zu haben, zahlen die Verbraucher einen entsprechenden Preis dafür. »In Israel ist Wasser sehr teuer«, sagt Gidon Bromberg von EcoPeace. »Der Wasserverbrauch ist niedrig und das liegt am Preis.« Das funktioniert aufgrund eines Systems, das von Feargal bis hin zur Weltbank viele Befürworter hat: die abgestufte Preisstruktur. »Die erste Verbrauchseinheit ist sehr günstig, aber darüber hinaus wird das Wasser extrem teuer«, fasst Bromberg zusammen. Seth Siegel schreibt in seinem 2015 erschienenen Buch *Let There Be Water: Israel's Solution for a Water-Starved World* (Es werde Wasser: Israels Lösung für eine nach Wasser darbende Welt), dass die israelische Wasserbehörde den entsprechenden Entschluss 2008 getroffen habe.[12] Von da an wurde für Wasser der »wahre« Preis fällig und die Rechnungen stiegen um 40 Prozent. »Das gab natürlich einen großen Aufschrei«, schreibt Siegel. »Wenn ein Bürgermeister wollte, dass die Parkanlagen in seiner Stadt jede Nacht bewässert wurden, konnte er das tun, musste die Kosten dafür aber aus dem kommunalen Haushalt bestreiten. Kostenloses Wasser gab es nicht mehr.« Ähnliches galt auch für die Landwirte: Sie konnten so viel Wasser beziehen, wie sie wollten, mussten dafür aber den Selbstkostenpreis bezahlen.* Früher hatten sie zu Dürrezeiten Beschränkungen hinnehmen müssen; jetzt konnten sie beliebig viel Wasser nutzen, solange sie dafür bezahlten. Das führte umgehend zu einem effizienteren Einsatz und zur Verbreitung der Tröpfchenbewässerung: »Die Einführung des realen Preises für landwirt-

* Normalerweise ist der »Selbstkostenpreis« günstiger als der normale Preis, da sämtliche Steuern und Gewinne wegfallen. Doch da Wasser überall auf der Welt stark subventioniert wird, liegt der Selbstkostenpreis hier deutlich über dem, was normalerweise auf der Rechnung steht.

schaftliche Betriebe und Privathaushalte ließ den Verbrauch sofort sinken. […] Die Bauern brauchten keine mehrjährige Übergangsphase, in der der Preis langsam stieg, um auf neue Nutzpflanzen umzustellen. Sie veränderten ihr Bewässerungsverhalten in der ersten Anbausaison nach Ankündigung der neuen Preispolitik.« Auch die Privatverbraucher »fanden Mittel und Wege, fast doppelt so viel Wasser zu sparen«. Wie sich herausstellte, »war der Preis der effektivste Anreiz überhaupt«, so Siegel.*

Singapur setzt schon seit 50 Jahren auf einen hohen Wasserpreis, um die Verbraucher zur Sparsamkeit anzuhalten. In ihrem Buch *The Singapore Water Story* von 2013 schreiben die Verfasser Tortajada, Joshi und Biswas, dass »die Wassertarife [1973] angepasst und auf ein Blocktarifsystem umgestellt wurden, um die Einnahmen [der Wasserversorgungsunternehmen] zu steigern und Verschwendung entgegenzuwirken.« Jetzt wird auf der Grundlage von 25-Kubikmeter-Blöcken abgerechnet und das Wasser wird mit jedem Block deutlich teurer. Im Jahr der Einführung ging der Wasserverbrauch um 6,1 Prozent zurück. 1991 kam noch eine Wasserschutzsteuer hinzu, die auf den Privatverbrauch jenseits von 20 Kubikmetern fällig wird. Professor Hu Jiangyong vom Centre for Water Research erzählt mir, dass die Preise 2020 »noch einmal um 30 Prozent erhöht wurden. […] Das hat Auswirkungen auf das Verhalten, vor allem der Industrie, wo jetzt viel Wasser wiederaufbereitet wird. Die Unternehmen sehen die Vorteile, die das mit sich bringt; sie sparen dadurch viel Geld. Und auch die Privatnutzer verwenden vermehrt wassersparende Geräte.« Großverbraucher können weiterhin ungehindert die Hähne aufdrehen, bescheren den Wasserversorgern damit aber zusätzliche Einnahmen, die diese in den dringend

* Newsha Ajami von der Stanford University in Kalifornien hingegen erzählt mir: »Ich lebe in einem Haus mit vier Personen und wir zahlen monatlich etwa 80 bis 100 Dollar für Wasser *und* Abwasser. Meine Handyrechnung beträgt rund 100 Dollar im Monat, für ein einziges Handy. Das zeigt, welch einen geringen Wert wir dem Wasser [hier] beimessen.«

notwendigen Ausbau der Infrastruktur stecken können. Das Stufenmodell bedeutet, dass gleichzeitig mehr Wasser und mehr Geld im Umlauf sind.*

## Große Konzerne und der Umgang mit Wasser

Doch der Wert des Wassers lässt sich natürlich nicht über den Preis allein festlegen. Die international tätige Alliance for Water Stewardship bemüht sich darum, eine Art Fairtrade-System für Wasser zu erschaffen. Sie hilft Unternehmen dabei, Schritt für Schritt verantwortungsbewusster mit Wasser umzugehen und sich das auch auf die Fahnen zu schreiben. Dafür setzt sie zwei Hebel an – den wirtschaftlichen (wer Wasser spart, spart Geld) und den moralischen (wer Wasser spart, handelt vorbildlich).

»Wir sind eine Gruppe von Organisationen, die sich für die nachhaltige Nutzung von Süßwasser einsetzen«, erklärt Adrian Sym, der CEO von AWS. »Wir haben ein freiwilliges Standardsystem geschaffen, das großen Wasserverbrauchern über marktbasierte Mechanismen zu einem besseren Umgang mit Wasser verhilft.« Das Grundkonzept lautet, dass jedes Unternehmen, egal, wie groß, die gleichen fünf Schritte befolgen kann: 1. Den eigenen Wasserverbrauch ermitteln und analysieren; 2. einen verpflichtenden Plan aufstellen; 3. diesen Plan umsetzen; 4. die Umsetzung evaluieren und 5. den Prozess

* Allerdings warnt die UN im Weltwasserbericht 2021 mit dem Titel »Wasser bewerten und wertschätzen« davor, die Grundversorgung in extrem wasserarmen Regionen zu großzügig zu bemessen. In Kapstadt 2018 hatten die Wasserversorger 2018 »mit einem komplexen Blocktarifsystem zu kämpfen, das es nicht schaffte, den Kunden über den Preis ein klares Zeichen hinsichtlich des unmittelbar drohenden *Day Zero* zu senden und sie so zum Wassersparen aufzurufen. […] Den meisten Kunden in Kapstadt signalisierte der Preis, dass Wasser günstig und reichlich vorhanden sei.« Daraus habe man gelernt, heißt es weiter, dass »die Kosten des bereitgestellten Wassers« in Zeiten extremer Knappheit entsprechend steigen müssten.

offen zu kommunizieren. Jeder Schritt umfasst detaillierte Unterpunkte mit Mindestvorgaben und »weiterreichenden« Kennzahlen. Ziel ist eine stetige Verbesserung. Im Grunde handelt es sich um eine Verbrauchsüberprüfung, einschließlich der Lieferketten und der öffentlichen Akteure, mit »besonderem Augenmerk auf traditionell benachteiligte und möglicherweise seltener gehörte Gruppen wie indigene Gemeinschaften, Frauen, Kinder und Senioren«. Die Funktionsweise ist die gleiche wie bei Fairtrade International (wo Adrian bezeichnenderweise tätig war, bevor er die Leitung der AWS übernahm): »Mithilfe eines freiwilligen Mechanismus soll die Lücke zwischen Nachhaltigkeit und den gesetzlichen Regelungen oder Vorgaben geschlossen werden. Die Gesetze definieren oft nur Mindestansprüche und werden häufig schlecht durchgesetzt. Nachhaltigkeit braucht, allgemein gesprochen, viel mehr als das. Systeme wie unseres wollen diese Kluft überbrücken.«

Die AWS arbeitet mit Spargelbetrieben im peruanischen Ica-Tal zusammen, der überaus trockenen Region, die wir in Kapitel 7 besucht haben und in der nur 8 Millimeter Regen im Jahr fallen, was aber nichts daran ändert, dass dort sehr durstige Exportprodukte angebaut werden, mit üblen Folgen für die lokale Bevölkerung. 2020 verpflichteten sich sechs große Produzenten im Ica-Tal, den AWS-Standard einzuhalten. Kurz darauf unterzeichnete AWS gemeinsam mit SUNASS, der peruanischen Behörde für Wasser und sanitäre Versorgung, eine Absichtserklärung, laut der der AWS-Standard in der ganzen Gemeinde Pueblo Nuevo gelten soll – ein Novum für eine kommunale Behörde. »Pueblo Nuevo ist von großer Bedeutung«, erklärt Carla Toranzo von der AWS in Peru. »SUNASS hat eine hydrologische Untersuchung durchführen lassen, der zufolge [der Ort] wichtig für die Anreicherung des Grundwasserleiters ist. Jetzt soll dort die Lücke zwischen der Wasserversorgung und der sanitären Versorgung geschlossen werden.« Das könnte Maßnahmen zur Wiederaufforstung, Abwasseraufbereitung und Grundwasseranreicherung umfassen. Man wolle erreichen, sagt Toranzo, »dass der öffentliche *und* der private Sektor in der Region am gleichen Strang ziehen«. Das wäre das erste Mal.

Die Pakistan-Koordinatorin von AWS, Maheen Malik, freut sich bei unserem Gespräch darüber, dass sie nur wenige Monate zuvor der ersten Textilfabrik des Landes zu einer AWS-Zertifizierung verholfen hat. »Sie haben überall Wasserzähler eingebaut und ein computergesteuertes SCADA-System* installiert, um sich den Überblick über die nötigen Daten zu verschaffen. Außerdem waschen sie die Jeans jetzt anders, stehen im Austausch mit der einheimischen Bevölkerung und wollen eine Regenwassernutzungsanlage für die Fabrik errichten.« Bei den anschließenden AWS-Veranstaltungen wurde der Betrieb der übrigen Textilindustrie in Pakistan und im Ausland als Vorbild präsentiert. »Interessanterweise haben die anderen Unternehmen das als Aufforderung verstanden und wollen jetzt nachziehen«, sagt Malik. »Es reicht ihnen aber nicht, das gleiche Zertifikat zu erhalten; sie wollen noch eins draufsetzen. Der Wettbewerb ist also eine starke Triebkraft des Ganzen, was auch gut ist.« Internationale Kunden und Druck auf die Lieferketten hätten »enormen Einfluss«. Und das beginne beim Endkunden, der seine Macht Malik zufolge nicht unterschätzen sollte. Sie war vor Kurzem auf einer von Levi's organisierten Nachhaltigkeitskonferenz für kleine Lieferanten, wo unter anderem eine Verringerung des Wasserverbrauchs um 40 Prozent als Ziel ausgegeben wurde. »Die Aussage von Levi's lautete im Grunde: Wenn diese Ziele erreicht werden, kommt das Geschäft zustande; aber Lieferanten, die diese Vorgaben nicht erfüllen, können einpacken. Es gibt also eine Menge Druck aus dem internationalen Markt, der sich auf das Verhalten dieser Betriebe auswirkt«, sagt sie. Wenn wir die Kleidungshersteller zu einem besseren Umgang mit Wasser drängen – egal, ob wir die Standards von AWS, der »Partnership for Cleaner Textile« (Partner-

* SCADA steht für »Supervisory Control und Data Acquisition«. Dieses System zur Steuerung und Überwachung von technischen Daten wird in der industriellen Fertigung häufig eingesetzt.

schaft für saubere Textilien, PaCT), der »Better Cotton Initiative« (Initiative bessere Baumwolle) oder andere ansetzen –, hat das einen Effekt auf die Geschäftspraktiken in den Produktionsländern.

Auch das Water Funds Network (Wasserfondsnetzwerk), das 2014 von der Naturschutzorganisation The Nature Conservancy (TNC) gegründet wurde, ist ein Versuch, den privaten und den öffentlichen Sektor zur Zusammenarbeit zu bewegen – in diesem Fall geht es um die Renaturierung eines Flusseinzugsgebiets. Verbraucher, die stromabwärts leben, haben ein konkretes Interesse an dem Vorhaben, aber das Gleiche gilt auch für Versorgungsbetriebe, private Stiftungen und Spender. Der Upper Tana-Nairobi Water Fund (Wasserfonds für den oberen Tana und Nairobi) in Kenia beispielsweise sorgte dafür, dass neue Bäume angepflanzt, Uferschutzzonen eingerichtet und Bauern im Anlegen von Terrassenfeldern unterwiesen wurden, um den Wasserverbrauch zu senken. Louise Stafford, die den Water-Fund-Ableger für den Großraum Kapstadt leitet, erklärte: »Wir brauchen öffentlich-private Partnerschaften, weil das Problem so groß ist, dass der Staat allein nicht über die nötigen Ressourcen verfügt – es gibt eine Menge konkurrierender Prioritäten. Die Privatwirtschaft ist vom Wasser abhängig; man denke nur an die großen Abfüllunternehmen oder an die Landwirtschaft – ohne Wasser gibt es für sie kein Geschäft. Daher liegt es im Interesse der großen Wasserverbraucher, das Ruder herumzureißen. Doch gleichzeitig ist es nicht die Verantwortung der Wirtschaft, diesen Kurs über lange Zeit hinweg beizubehalten – dafür ist der Staat zuständig.« Der Water Fund Kapstadt finanziert sich die ersten sechs Jahre über aus Mitteln der Wirtschaft und kooperiert mit den städtischen Behörden und der nationalen Regierung. 2021 gab es weltweit 43 dieser Initiativen, vor allem im Globalen Süden, und 35 weitere waren im Aufbau.[13]

Was dafür spricht, mit der Wirtschaft zusammenzuarbeiten, statt gegen sie ins Feld zu ziehen, macht auch Conor Linstead von WWF UK noch einmal deutlich: »Unternehmen sind wichtige Steuerzahler und haben häufig einen guten Draht zur Regierung«, sagt er. »Wenn wir uns gemeinsam mit der Wirtschaft für eine gerechtere Wasseraufteilung einsetzen, die auch die Bedürfnisse der Umwelt widerspiegelt, ist es viel wahrscheinlicher, dass wir etwas erreichen.« Daher arbeitet der WWF im Nationalpark Doñana, einem spanischen Feuchtgebiet, mit den großen Einzelhandelsunternehmen und Anbaubetrieben zusammen (und übt gleichzeitig Druck auf diese aus), um so Einfluss auf den Umgang mit den Wasserressourcen zu nehmen. Der Nationalpark ist ein wichtiger Zwischenhalt für Zugvögel auf dem Weg zwischen Europa und Afrika. Aber gleichzeitig werden dort in großem Umfang bewässerungsintensive Beeren angebaut, die viel Grundwasser verbrauchen, mit spürbaren Auswirkungen auf das Feuchtgebiet. Diese Beeren werden auch in britischen Supermarktketten zum Verkauf angeboten, und »es gibt eine ganze Reihe von Initiativen, die sich bemühen, Einfluss auf den Wasserverbrauch durch die Landwirtschaft zu nehmen«, sagt Linstead. Dennoch leidet die Region weiterhin unter übermäßiger Wasserentnahme. Immer wieder werden illegale Brunnen entdeckt, auch in der geschützten Zone, aber es ist schwer, die Verantwortlichen aufzuspüren: »Sie machen sich mitten in der Nacht mit dem Traktor auf den Weg, rammen ein Rohr in den Boden und legen einen Schlauch zu ihren Feldern kilometerweit entfernt. Das macht es sehr schwierig, die Schuldigen auszumachen.«

Im Jahr 2022, ein Jahr nach unserem Gespräch, schaffte es die Region Doñana erneut in die Schlagzeilen, als die andalusische Regionalregierung beschloss, die illegalen Brunnen zu genehmigen und damit praktisch eine Generalamnestie für rund 1900 Hektar Land in direkter Nachbarschaft des Nationalparks auszusprechen. Geld ist Macht und die Beerenfarmen schaffen Arbeitsplätze und stärken das BIP. Die spanische Ministerin für ökologischen Wandel, Teresa Ribera, forderte die Andalusier auf, den Plan fallen zu lassen, und warnte vor hohen Strafen durch die EU, wenn das bereits angeschlagene Naturschutzgebiet weiteren Schaden nähme. Doch der andalusische Ministerpräsident Juan Moreno Bonilla ließ sie abblitzen: »Der Park ist kein Aquarium, das nur dazu da ist, von Besuchern angeschaut zu werden. Er muss auch einen Beitrag zur regionalen Wirtschaft leisten.«[14] 2014 hatten sich alle Parteien auf einen Plan für eine nachhaltige Bodennutzung geeinigt, doch der wurde nie umgesetzt. Am 22. März 2022, dem Weltwassertag, schrieben mehrere Unternehmen, darunter einige der größten Einzelhandelsketten Europas (Aldi, Asda, Coop, Edeka, Lidl, Migros, Sainsbury's und Tesco), gemeinsam mit dem WWF in einem offenen Brief an Moreno Bonilla: »Wir möchten, dass die Region sowohl in gesellschaftlicher als auch in ökologischer Hinsicht floriert.« Die Unterzeichner äußerten ihre Bedenken darüber, dass die angestrebte Amnestie für die illegale Wasserentnahme »auf lange Sicht den nachhaltigen Umgang mit den Wasserressourcen« ebenso gefährde wie »den Ruf und die langfristige Entwicklung der Region«, und riefen erneut zu einer Umsetzung des Plans von 2014 auf. Ähnliche Briefe hatte es schon 2014 und 2019 gegeben. Linstead zufolge zeigt dies einen verantwortungsbewussten Umgang mit den Wasserressourcen. Aber gleichzeitig stellt sich die Frage: Wann reichen scharf formulierte Briefe nicht mehr aus? Die Handelsketten kaufen die Produkte aus Doñana weiterhin, obwohl sie genau wissen, dass die Vereinbarungen zur Landnutzung nicht umgesetzt werden. Gegen Ende des Sommers 2022 war der Viñuela-Stausee in der Nähe von Malaga auf fast 10 Prozent seines maximalen Volumens geschrumpft, und die Kommune musste die Hälfte des Wassers, das in Entsalzungsanlagen gewonnen wurde, auf die Anbauflächen umleiten, um die Ernte zu retten[15] – ein teures Pflaster, das da auf die klaffende Wunde geklebt wurde.

Als Großkonzerne wie Coca-Cola, Heineken und Unilever erste Analysen vom Water Footprint Network anforderten, sagte Rick Hogeboom zu mir: »Was viele von ihnen am meisten überraschte, ist, dass – vor allem im Getränkebereich – ein Großteil des Wassers, über 90 Prozent, in der Lieferkette verbraucht werden.« Diese

Analysen waren als Auftakt zu einem Veränderungsprozess gedacht, wie Schritt 1 der AWS – analysieren und verstehen. Doch ein Jahrzehnt später steht Schritt 2 immer noch aus, obwohl Hogeboom weiterhin eng mit vielen multinationalen Konzernen zusammenarbeitet. »Bisher habe ich das Gefühl, dass die Unternehmen keinerlei Verantwortung für den Wasserverbrauch in den Lieferketten übernehmen wollen. [...] Ich hätte mir nach den ersten Berichten von 2007 deutlich mehr Tatkraft gewünscht.« Er hat den Eindruck, dass der Prozess ins Stocken kam, als das Ausmaß des Problems deutlich wurde.

## Aufklärung durch Labels

Es gibt auch andere Wege, Unternehmen zu vorbildlichem Verhalten zu ermutigen (oder zu drängen). Eine Möglichkeit sind Wasser-Labels, die auf den Waren kleben und die Endkunden informieren, wie wasserintensiv der Anbau oder die Produktion sind. 2009 ließ die finnische Firma Raisio als erstes Unternehmen überhaupt freiwillig den Wasserfußabdruck auf die Produktverpackungen drucken. Auf der Haferflockenbox war zu lesen, dass pro 100 Gramm 101 Liter Wasser verbraucht worden waren, davon 99,3 Prozent beim Anbau des Hafers, 0,57 Prozent bei der Verarbeitung und 0,16 Prozent für die Verpackung. Man könnte meinen, dass Arjen Hoekstra, der Erfinder des Wasserfußabdrucks, das befürwortet hätte, aber er schrieb kurze Zeit später über die Raisio-Verpackung: »Die Aufschrift selbst liefert keine Informationen darüber, ob der Fußabdruck nun gut oder schlecht ist und kann daher nicht als Grundlage für eine bewusste Konsumentscheidung dienen.« Der Aufdruck half nicht weiter, wenn man Äpfel beispielsweise mit Orangen vergleichen wollte (oder Haferflocken mit Haferflocken aus einem anderen Wassereinzugsgebiet). Dennoch glaubt Hoekstras Nachfolger, Rick Hogeboom, dass Wasser-Labels »ein Schritt in die richtige

Richtung sind. Denn jetzt tappen wir als Konsumenten völlig im Dunkeln.« Ich frage ihn, wie sein Label aussehen würde, wenn die niederländische Regierung ihn morgen damit beauftragen würde, eines zu konzipieren. Da es sich dabei um ein durchaus realistisches Szenario handelt, hat er sich offensichtlich schon einige Gedanken darüber gemacht. »Auf dem Label müsste stehen: ›Dies ist der Wasserfußabdruck, und das ist der nicht nachhaltige Anteil daran.‹ Also: Dieser Schokoriegel hat 1000 Liter verschluckt, von denen 600 nicht nachhaltig waren (das würde in Rot gedruckt), 400 hingegen schon (diese Zahl wäre grün). Ich glaube, das wäre eine Sprache, die sowohl die politischen Entscheider als auch die Konsumenten verstehen – sie wollen keine differenzierte Auflistung; sie wollen wissen, was ›gut‹ ist und was ›schlecht‹. Um zu entscheiden, was als ›nachhaltig‹ gilt, könnte man Richtwerte wie die der AWS heranziehen.«

Am sinnvollsten sind Wasser-Labels für Haushaltsgeräte und Armaturen: für Wasserhähne, Duschköpfe und Waschmaschinen. In den USA gibt es das WaterSense-Label der Umweltbehörde EPA für Toiletten, Duschköpfe, Rasensprenger und sogar für neue Wohnhäuser. Die mit einem Label versehenen Produkte verbrauchen üblicherweise 20 bis 30 Prozent weniger Wasser als der Marktdurchschnitt. Sie sollen nicht nur umweltbewusste Kunden ansprechen, sondern auch sparsame, weshalb 22 Bundesstaaten Prämien für den Kauf zahlen. In der Stadt Brighton in Colorado gilt das schon seit 2016, die Einwohner erhalten beispielsweise 125 Dollar für eine Wasser sparende Waschmaschine und 100 Dollar für eine Toilette, die beim Abziehen nur 4,2 Liter verbraucht.*

Als meine Bosch-Spülmaschine, die ich schon vom Vorbesitzer des Hauses übernommen hatte, 2020 den Geist aufgab, hielt ich Ausschau nach dem wassersparendsten Ersatz, den ich finden konnte.

---

* In Singapur ist ein ähnlicher Wert – 3,5 bis 4,5 Liter – schon seit über 20 Jahren vorgeschrieben.

Da es in England kein derartiges Label gibt, war das nicht ganz einfach. Viele Hersteller informieren auf ihren Homepages nicht darüber, wie viel Wasser ein Gerät verbraucht, und wenn doch, sind die Angaben häufig nicht vergleichbar (einige geben den Verbrauch »pro Jahr« an, was ziemlich sinnlos ist, wenn man nicht genauestens Buch darüber führt, wie oft die Spülmaschine zum Einsatz kommt). Nach langem Suchen fand ich zu meiner Überraschung heraus, dass die Bosch SD6P1B im Öko-Modus nur 6,5 Liter pro Durchlauf verbraucht. Da der Wasserhahn meiner Spüle auf 12 Liter pro Minute kommt, zieht der dreistündige Spülvorgang der voll beladenen Maschine also weniger Wasser, als in 40 Sekunden aus dem Hahn strömt.* Ich rief bei Bosch an, um die Daten meines alten Modells in Erfahrung zu bringen. Die Antwort lautete: »Aufgrund des Alters Ihres bisherigen Geräts« – das übrigens kaum mehr als zehn Jahre betragen haben dürfte – »liegen uns keine Daten zum jährlichen Wasserverbrauch vor.« Anders formuliert: Sie haben es nie überprüft. Wassersparen war selbst in den 2000er-Jahren noch kein Thema. Andrew Tucker, der bei Thames Water für den Bereich Wassereffizienz zuständig ist, bestätigte, dass das »absolut die Norm [ist]. Was uns hier in Großbritannien im Vergleich zu anderen Orten auf der Welt am meisten fehlt, ist eine verpflichtende Kennzeichnung des Wasserverbrauchs. Was Energie angeht, gibt es in Europa die Effizienzklassenskala von A bis G, aber für Wasser fehlt so etwas. So schaffen wir keinen Anreiz, weder für die Produktentwickler noch für die Käufer. Wir arbeiten sehr, sehr intensiv daran, dass die Regierung so etwas einführt.« Tucker, der sein gesamtes Berufsleben damit verbringt, die Wirksamkeit von Wassersparmaßnahmen zu

---

* Ich habe mich mit mehreren Wassersparfachleuten unterhalten, die diese überraschende Tatsache allesamt bekräftigen – moderne Spülmaschinen verbrauchen deutlich weniger Wasser als das Spülen per Hand. Selbst einige der verschwenderischeren Modelle, die ich sah, brachten es nur auf 10 bis 14 Liter pro Durchlauf, was immer noch kaum mehr ist, als in einer Minute aus dem Hahn kommt.

überprüfen, glaubt, dass »ein Wasser-Label das Einzige wäre, was Einfluss auf jedes Gerät in jedem Haushalt und jedem Unternehmen hätte. [...] Das lässt sich nur so erreichen.«

2019 veröffentlichte der Energy Saving Trust im Auftrag von Waterwise einen Bericht zu einer langfristigen Senkung des Wasserbedarfs in Großbritannien, in dem es hieß, dass ein verpflichtendes Wasser-Label auf »Armaturen, Geräten und anderem Inventar, das den Wasserverbrauch auf ähnliche Weise einordnet, wie es beim Energieverbrauch der Fall ist«, den Pro-Kopf-Verbrauch innerhalb von zehn Jahren um 6,3 Liter und in 25 Jahren um 31,4 Liter reduzieren könnte. Das Kennzeichnungssystem WELS, das in Australien seit 2005 Verwendung findet, umfasst eine Bewertung von bis zu sechs Sternen und gibt den Wasserverbrauch pro Durchlauf (bei Wasch- und Spülmaschinen) bzw. pro Minute (bei Duschen und Wasserhähnen) an. Eine unabhängige Untersuchung kam zu dem Schluss, dass der Pro-Kopf-Verbrauch dadurch um täglich 20 Liter gesunken ist, wodurch Australien bis 2030 rund 204 Milliarden Liter Wasser einspart (also knapp die Hälfte der noch ausstehenden Wassermenge, die laut Murray-Darling-Beckenplan in das Flusssystem eingespeist werden muss).

## Smarte Lösungen

Aber warum sollten wir uns mit dem Mindestmaß zufriedengeben? Wie weit können wir den Wasserverbrauch senken, wenn wir es wirklich auf die Spitze treiben? Im Bericht des Energy Saving Trust war zu lesen, dass »High-Tech-Lösungen wie wasserlose Toiletten, die Integration von ›smarten‹ Geräten, innovative Preistarife und ›Pay-per-Use‹-Angebote« die Reduktion des täglichen Verbrauchs auf nur 49 Liter pro Person ermöglichen würden (immerhin weniger als die striktesten Beschränkungen während des *Day Zero* in Kapstadt). 2020 versuchte eine Reihe von Unternehmen, angeführt von Procter & Gamble, genau das umzusetzen. Sie nannten sich die »50L Home Coalition« (50-Liter-Haus-Bündnis) und schrieben sich auf die Fahnen, urbane Haushalte so auszustatten, dass man dort mit 50 Litern Wasser am Tag auskommt. Momentan laufen Pilotprojekte in Los Angeles, Peking, Mexiko-City und Delhi. Frantz Beznik, ein leitender Mitarbeiter von Procter & Gamble, berichtet mir, dass »die Idee auf Kapstadt« zurückgehe. Statt einen geringen Wasserverbrauch als Einschränkung zu betrachten, strebt er an, »Nachhaltigkeit unwiderstehlich zu machen« (ich weiß, das klingt nach Marketing-Sprache, aber lassen wir uns davon nicht abschrecken). Die Herausforderung bestehe darin, dafür zu sorgen, dass 50 Liter wie »Wasser in Hülle und Fülle« wirkten; es gehe um einen Sinneswandel weg von »50 Liter, weil es nicht anders geht« hin zu »50 Liter, die sich anfühlen wie 500«. Dafür setzt das Bündnis vor allem auf Aufbereitung und Wiederverwendung – das haushaltsinterne System entnimmt jeden Tag nur eine kleine Menge Wasser aus der Wasserleitung, nutzt sie aber immer und immer wieder, ohne dass es dem Verbraucher auffällt.

Das führt uns – wie bei Wasserkreisläufen so häufig der Fall – zurück in die Niederlande. Das holländische Start-up Hydraloop hat ein Wasser-Recycling-System ersonnen, das Haushaltsabwasser auffängt, es reinigt und dann wieder in die hausinternen Leitungen einspeist. Das Unternehmen behauptet, den Wasserverbrauch eines Privathaushalts so um 75 000 Liter pro Jahr senken zu können. Das dazugehörige Gerät ist etwa so groß wie eine Kühl-Gefrier-Kombination und kann in der Garage oder einem Hauswirtschaftsraum aufgestellt werden. Hydraloop verwendet keine Filter, sondern setzt bei der Behandlung des Wassers auf Sedimentation, UV-Strahlen und einen aeroben Bioreaktor. Einmal aufbereitet kann das Wasser für die Toilettenspülung, die Waschmaschine und zu anderen Nicht-Trinkwasser-Zwecken verwendet werden. Ein Kunde, David Mertens, der mit seinen zwei Kindern zusammen im belgischen Grimbergen lebt, erklärt, dass sein Wasserverbrauch (in Kombination mit der in Flandern obligatorischen Regenwasserzisterne) auf nur noch 13 Liter pro Person pro Tag gesunken sei.[16]

Ein weiteres Produkt, das mittlerweile auf dem Markt ist, sind Kreislaufduschen. Während klassische Duschen über 12 Liter Wasser pro Minute verbrauchen und auch aus einem von der EPA mit dem WaterSense-Label zertifizierten Duschkopf noch 7,5 Liter pro Minute strömen, senkt der Flow Loop – ein Produkt einer dänischen Firma, das in Partnerschaft mit IKEA entstand – den Verbrauch auf nur 1 bis 2 Liter pro Minute. Das System bildet einen Kreislauf, in dem die immer gleichen 16 Liter acht Minuten lang eine Runde nach der anderen durchlaufen. Statt dass das warme Wasser durch den Abfluss verschwindet, fängt Flow Loop es auf und pumpt es – gereinigt durch einen Filter und ein UV-System – wieder nach oben in den Duschkopf, sauber und zur Wiederverwendung bereit. Das entspricht Bezniks Vision davon, mit wenig Wasser ein Gefühl der Fülle zu erzeugen. Während der WaterSense-zertifizierte 7,5-Liter-Duschkopf nicht anders funktioniert als der Sparduschkopf, den ich in meinem eigenen Bad angebracht habe, und den Duschgenuss beträchtlich mindert, unterscheidet sich das Gefühl beim Flow-Loop-System nicht von dem einer 12-Liter-Dusche.

Das klügste Gerät von allen dürfte allerdings der smarte Wasserzähler sein. Ich selbst habe nur die »dumme« Ausführung, verbunden mit einer genauso dummen Onlineübersicht, der ich meinen vierteljährlichen Verbrauch entnehmen kann – ich habe keine Ahnung, in welchen Stunden, an welchen Tagen oder auch nur in welchen Wochen oder Monaten ich mehr oder weniger Wasser nutze. Smarte Wasserzähler zeigen den Verbrauch minutengenau an, was zum Wassersparen anregt und Lecks aufdeckt, sobald sie entstanden sind. In Großbritannien haben erste Testläufe ergeben, dass sie den Verbrauch um 7 Prozent senken; insgesamt könnten laut einer Studie von Water UK hierzulande auf diese Weise täglich 368 bis 482 Millionen Liter pro Tag eingespart werden – mehr als durch den von RAPID geplanten Transfer über den Grand-Union-Kanal, die geplante Entsalzungsanlage in Southampton und die Wiederverwendung von gereinigtem Abwasser in London zusammen.

Andrew Tucker war federführend für die Einführung des smarten Wasserzählers von Thames Water in London verantwortlich; innerhalb von acht Jahren sollten so viele Kunden wie möglich mit den neuen Geräten ausgestattet werden. Innerhalb von vier Jahren habe man mehr als 400 000 Stück installieren können, sagt er. Während »dumme« Zähler alle sechs bis zwölf Monate manuell abgelesen werden müssen, »gehen nun täglich mehr als 10 Millionen Werte bei uns ein«. Diese Datenflut »verändere alles. Bei dummen Zählern bemerkt man beispielsweise häufig erst beim Eintreffen der Wasserrechnung, dass man ein Leck auf dem Grundstück hat, doch mit einem smarten Gerät fällt dem Wasserversorger innerhalb von 24 Stunden auf, dass etwas nicht stimmt, und er kann dem Kunden Optionen zur Behebung des Problems vorschlagen. Die Geräte liefern uns viel mehr Informationen und damit die Macht, schneller und proaktiv gegen Wasserverluste vorzugehen.« Auf diese Weise habe man bereits überraschend viele dauerhafte Lecks in Haushalten aufgespürt: »In ungefähr einem von zehn Haushalten, also 10 Prozent, steht der Wasserzähler niemals still. Das heißt nicht, dass hier Wasser verbraucht würde, das kostbare Gut geht einfach verloren« – sei es durch kaputte Toiletten oder tropfende Wasserhähne. In Indien gibt es ein ähnliches Projekt: Hier wurde das »Smarter Homes WaterOn«-Gerät – eine Kombination aus einem smarten Wasserzähler und einem automatisierten Leck-Präventions-System – bereits in Tausenden Wohnblöcken installiert und senkt den Wasserverbrauch Berichten zufolge um durchschnittlich 35 Prozent.

Die klügste Lösung bestünde aber vielleicht darin, die Wasser- und die Energiekrise kombiniert zu bekämpfen. Indien begann 2012 damit, im Bundesstaat Gujarat Kanäle mit Schatten spendenden Solarpaneelen zu überdachen, was zum einen die Verdunstung reduziert und zum anderen Energie erzeugt. Das auf ein Megawatt ausgelegte Pilotprojekt wurde vom damaligen Regierungschef des

Bundesstaats, einem Mann namens Narendra Modi, eingeweiht. Die Fotovoltaikanlagen bedecken einen 750 Meter langen Abschnitt des Narmada-Stichkanals, was jährlich 9 Millionen Liter Wasser vor der Verdunstung bewahrte. Würde man dieses Modell auf nur 10 Prozent des Kanalnetzwerks in Gujarat ausweiten, könnten die Anlagen 2200 Megawatt Energie erzeugen und gleichzeitig 20 Milliarden Liter Wasser im System halten. Hinzu kommt, dass Land in Indien teuer ist, weshalb es von Vorteil ist, dass dafür keine zusätzlichen Flächen erworben werden müssen. 2019 gab die Regionalregierung grünes Licht dafür, das Projekt auf einen 40 Kilometer langen Abschnitt des Narmada-Hauptkanals auszudehnen, was 100 Megawatt Strom generiert – genauso viel wie das Gaskraftwerk des Distrikts Sipahijala im Bundesstaat Tripura.[17] Außerdem ist der Algenwuchs im Schatten deutlich geringer, während das Wasser die Solarmodule kühlt und ihre Leistungsfähigkeit um 2,5 bis 5 Prozent steigert.[18, 19] Das Modell macht Schule: In Kalifornien stattet das »Projekt Nexus«, eine öffentlich-privat-wissenschaftliche Partnerschaft unter Beteiligung der University of California, gerade den ersten amerikanischen Kanal mit Solarpaneelen aus. Das 20-Millionen-Dollar-Vorhaben, das 2024 abgeschlossen sein soll, wird nur wenige Kilometer umfassen. Aber die Universität geht davon aus, durch dieses Pilotprojekt zeigen zu können, dass sich mit Fotovoltaikanlagen auf allen kalifornischen Kanälen (6440 Kilometer) jährlich 227 Milliarden Liter Wasser einsparen ließen, was in etwa dem Verbrauch von mehr als 2 Millionen Menschen entspricht. Zusätzlich würden 13 Gigawattstunden Strom erzeugt (mehr als das Sechsfache der Kraftwerksleistung im Hoover-Damm).

Auch Stauseen bieten sich für die Abdeckung mit Solarmodulen an. Die größte schwimmende Fotovoltaikanlage befindet sich – natürlich – in China: Auf der Oberfläche eines Reservoirs nahe der Stadt Huainan wurden 2017 rund 166 000 Module zu Wasser gelassen, die insgesamt 40 Megawatt erzeugen. Die Weltbank schätzte in einem Bericht aus dem Jahr 2018, dass schwimmende Solarpaneele auf von

Menschen angelegten Stauseen mehr als 400 Gigawattstunden Strom hervorbringen könnten. Dann würde die Fotovoltaik auf den Seen mehr Energie liefern als die Kraftwerke in den Talsperren selbst. Wären beispielsweise nur 6 Prozent des Lake Mead mit Solarmodulen bedeckt, ließen sich dort theoretisch 3400 Megawatt Strom gewinnen – weit mehr als die 2074 Megawatt, die in der Hoover-Talsperre durch Wasserkraft erzeugt werden. In Afrika würde es ausreichen, nur 1 Prozent der riesigen Stauseen mit schwimmenden Modulen zu versehen, um das Doppelte der Gesamtleistung der dortigen Wasserkraftwerke zu erhalten. Statt darüber zu streiten, wie sinnvoll es ist, Anbauflächen durch Fotovoltaikanlagen zu ersetzen, sollten wir lieber unsere Stauseen und Kanäle damit bebauen, um den Wasserverlust zu verringern und den Energiegewinn zu steigern.

# II EINFACHERE LÖSUNGEN

Chloe Whipple war schwer ausfindig zu machen. 2016 hatte sie ihr Soloprogramm *Life on Water* (in etwa: Von Wasser leben) im englischen Exeter aufgeführt, aber als ich fünf Jahre später mit ihr Kontakt aufnehme, betreibt sie eine vegane Pizzeria. »Ich habe eine ziemlich neue Richtung eingeschlagen«, gibt sie, die in London zeitgenössisches Schauspiel studiert hat, freimütig zu, »aber so bleibt es spannend.« *Life on Water* war ein eindringliches Stück, das beschreibt, wie sie ein Jahr lang nur 15 Liter Wasser am Tag verbrauchte. Die 50-Liter-Rationen, die in Kapstadt kurz vor dem *Day Zero* erlaubt waren, wären für Chloe purer Luxus gewesen. Sie hatte im Rahmen eines Projekts, das lokale Künstler mit Wissenschaftlern zusammenbrachte, von Dr. Peter Melville-Shreeve, dem Wasserexperten von der Exeter University, erfahren, dass jeder Brite im Schnitt 150 Liter Wasser pro Tag verbrauchte. Das erschien Chloe unvorstellbar viel, und so kam sie zusammen mit dem Regisseur ihres Theaters auf die Idee, den eigenen Verbrauch zu reduzieren – vielleicht auf die Hälfte? Oder auf noch weniger? »15 Liter schienen uns extrem genug, um die Aufgabe wirklich schwierig zu gestalten und das Bewusstsein zu schärfen«, erzählt sie. Ein Jahr später stand sie mit ihren drei Fünf-Liter-Kanistern, einem Messbecher und einem Plastikeimer auf der Bühne des Bike Shed Theatre und berichtete über ihre Erfahrungen.

Ich erkundige mich, wie oft sie sich in jenem Jahr darüber ärgerte, aufs Geratewohl gerade diese Menge ausgewählt zu haben und nicht mehr. »Eigentlich nie«, sagt sie. An den meisten Tagen verbrauchte sie sogar noch weniger als diese 15 Liter, eher 8 oder 9, um genügend

Wasser fürs Wäschewaschen am Wochenende aufzusparen. Anfangs habe sie ihre Kleidung mit der Hand gewaschen, nach ein paar Monaten aber entschieden, dass ihre Waschmaschine, die im Öko-Modus 43,5 Liter pro Waschgang benötigte, mehr Wäsche reinigen konnte als sie per Hand. Darüber hinaus ging in der ersten Zeit eine Menge Wasser für die Toilettenspülung drauf, bis sie dank einer finanziellen Zuwendung einen 200-Liter-Regenwassertank an ihre Toilette anschließen konnte. Aufgefangenes Regenwasser zählte nicht.

Außerdem recycelte Chloe ihr Geschirrspülwasser, »und ich habe immer einen Eimer mit unter die Dusche genommen, um das Wasser weiterverwenden zu können. [...] Es ist wirklich spannend, wie oft man Wasser doppelt nutzen kann, statt einfach den Hahn aufzudrehen und es dann abfließen zu lassen.« Trotzdem duschte sie nur alle drei Tage höchstens drei Minuten lang, wobei auch der niedrige Wasserdruck in ihrer Zweizimmerwohnung half. (»Hätte ich eine dieser Power-Duschen gehabt, hätte ich mich wahrscheinlich auf eine Minute beschränken müssen!«, sagt sie.)

Die 15-Liter-Vorgabe galt auch für Aktivitäten außerhalb ihrer vier Wände. »Ich habe mich immer daran gehalten, bei der Arbeit, zu Hause, bei Freunden, wenn ich ausgegangen bin, im Urlaub, überall. Das hatte einige interessante Unterhaltungen zur Folge, vor allem bei der Arbeit, weil wir in dem Jahr mit einem Stück getourt sind.« Beispielsweise konnte sie keine Toilettenspülung betätigen, wenn sie außer Haus unterwegs war, weil sie nicht wusste, wie viel Wasser dabei verbraucht wurde; also ging sie vor oder nach Freunden aufs Klo, um deren Spülung »mitzunutzen«. »Ich musste in unseren Gesprächen ein paar Tabus brechen«, gesteht sie. Eine weitere Herausforderung war ihre Regelblutung. Sie benutzte eine Menstruationstasse und brauchte genügend Wasser, um sie zu reinigen. »Ich habe in der Zeit oft darüber nachgedacht, wie es wohl ist, als Mädchen eine Schule zu besuchen – hierzulande, aber auch in anderen Ländern –, in der die hygienischen Zustände auf den Toiletten zu wünschen übriglassen. Was das mit dem Selbstwertgefühl oder mit dem Zugang zu einer umfassenden Bildung macht«, sagt sie. »Wasser strömt auf so vielfältigen Wegen durch unser Leben, es wirkt sich auf alle möglichen Aspekte aus.«

Als Chloe sich im Verlauf des Jahres immer intensiver mit dem Thema Wasser auseinandersetzte, wurde aus dem Quell der Beschränkungen irgendwann ein Quell der Fülle: 15 Liter am Tag waren nicht viel, aber erstaunlich machbar. Damit hatte sie bewiesen, dass 50 Liter in der Tat eine ganze Menge waren – und 150 Liter, der britische Durchschnitt, unnötig verschwenderisch. Ihrer Meinung nach sollten wir nicht immer gleich davon ausgehen, alles aufgeben zu müssen, sondern »unser Verhalten ein kleines bisschen verändern«. Vielleicht brauchen wir gar nicht so viel, wie wir meinen. Außerdem habe das Projekt ihr eine neue Einstellung zum Regen vermittelt. In Großbritannien »regnet es unendlich viel«, sagt sie, obwohl sie an der verhältnismäßig trockenen Südküste lebt. »Klar, es ist immer häufiger zu trocken. Aber trotzdem könnten wir sehr viel Wasser auffangen und speichern.« Was sie nach ihren Gesprächen mit Peter Melville-Shreeve frustriert zurückließ, war das fehlende Bemühen um technische Lösungen in diesem Bereich. »Es gibt buchstäblich niemanden, der langfristige Entscheidungen trifft; es ist alles so kurzsichtig.« In Großbritannien, sagt sie, »sind wir genervt, wenn es regnet«. Dabei »sollten wir jubeln. Mein Verhältnis zum Regen hat sich definitiv verändert. Regen ist gut.«

Man sollte also meinen, Chloes Botschaft bestünde darin, dass sich jeder von uns um einen geringeren Wasserverbrauch bemühen sollte. Das auch. Aber ihre Hauptaussage ist eine andere: »Ich habe häufig das Gefühl, dass uns als Individuen der Eindruck vermittelt wird, es sei an uns, unser Verhalten auf den Kopf zu stellen und uns all das zu kaufen, was wir für ein autarkes Leben brauchen – kauft dies, kauft das. Als wäre es allein unsere Verantwortung. […] Dabei ist das Problem doch eigentlich auf einer anderen Ebene angesiedelt.« Die Verschwendung innerhalb des Systems, die Verschmutzung der Flüsse, die unterirdischen Lecks in den Rohrleitungen, die Bauvorschriften, die es erlauben, wasserineffiziente Häuser zu bauen – all das passiert, bevor wir den Wasserhahn aufdrehen. Die Verluste, die 150 Liter pro Tag, sind im System vorgesehen. Zwar fand Chloe *auch* heraus, dass wir als Individuen unser Verhalten in einigen Punkten verändern können, doch dabei ging es meist um die Regenwassernutzung und die Wiederverwendung von Abwasser, also um Dinge, die in die Versorgungsmodelle der Wasserunternehmen und unsere Baugewohnheiten einfließen können und sollten. In Belgien beispielsweise ziehen Hausbauer nicht *in Erwägung*, eine Regenwasserzisterne zu installieren – dort ist es Pflicht. »Ja, individuelle Verhaltensweisen sind sehr, sehr wichtig«, sagt Chloe. »Aber groß angelegte, systemische Veränderungen sind das Puzzleteil, das fehlt.« Denken wir nur an den Mann, der in seinem Haus ein HydraLoop-System installiert hat und jetzt nur noch 13 Liter an einem Tag verbraucht – das sind 2 Liter weniger, als Chloe sich zugestanden hat, ohne die Widrigkeiten, mit denen sie zu kämpfen hatte.

Als ich mich mit Chloes wissenschaftlichem Partner unterhalte, Dr. Peter Melville-Shreeve, hat er gerade seine Anteile an dem von ihm gegründeten Regenwassernutzungsunternehmen verkauft und lehrt nun wieder in Vollzeit an der Exeter University. Allein daraus lässt sich eine Menge ablesen. Melville-Shreeve ist fest davon überzeugt, dass man in Südengland Regenwasser auffangen muss, um die Wasserversorgung dauerhaft zu gewährleisten. Doch als er versuchte, eine entsprechende Anlage zu verkaufen, die sich nachträglich in Privathäuser einbauen ließ, war einfach kein Markt dafür da. Meine Kellertoilette beispielsweise bietet sich für so ein System an: Sie verfügt aufgrund eines etwas merkwürdigen Anbaus, der schon vor unserer Zeit entstand, über einen außen liegenden Spülkasten. Ich habe dort draußen an der Wand einen 110 Liter fassenden Regenwasserbehälter montiert, in der Hoffnung, ihn später irgendwie mit der Toilette verbinden zu können und so Trinkwasser zu sparen. Da die Toilette pro Spülung 7 Liter verbraucht und etwa fünfmal am Tag benutzt wird, könnten wir auf diese Weise 35 Liter Wasser sparen (in den Sommermonaten, wenn der Regen ausbleibt, vielleicht etwas weniger), insgesamt bis zu 10 000 Liter pro Jahr. Doch die drei auf Regenwassernutzung spezialisierten Firmen, die ich anfrage, erklären meinen Plan allesamt für unmöglich – ein solches System gebe es nicht. Wenn ich den ganzen Garten aufreißen und darunter einen mehrere 1 000 Liter fassenden Tank samt Pumpanlage vergraben wolle, gerne, und man könne mir auch eine kleine Regentonne schicken, um Wasser zum Blumengießen aufzufangen. Aber dazwischen gebe es nichts.

Bei einem der Unternehmen, die ich kontaktiere, RainWater Harvesting Ltd., gerate ich an Ian, der mir meine Fragen bereitwillig per E-Mail beantwortet. Ihm zufolge ergeben sich bei der Aufbewahrung von kleinen Mengen Wasser in oberirdischen Behältnissen zwei Probleme: Erstens könne das Wasser im Winter einfrieren, und zweitens – »noch wichtiger« – bestehe die Gefahr, dass es sich im Sommer aufheize, »wodurch sich die Bakterien vermehren [...] So holen Sie sich Legionellen ins Haus.« Als ich noch einmal nachfrage, wie wahrscheinlich das sei, antwortet er: »Leider werden im Wasser befindliche Bakterien beim Betätigen der Toilettenspülung in die Luft eingetragen, daher ist das durchaus ein Problem.«* Ich frage Ian, ob er vermehrt Anfragen von Hausbesitzern wie mir erhält, die sich Sorgen um unsere Wasserbestände machen. Steigt die Nachfrage? Nein, sagt er. »Die überwältigende Mehrheit der Systeme, die wir verkaufen, wird in Neubauten installiert, und bedauerlicherweise scheinen sich die Behörden nicht näher mit der Nutzung von Regenwasser zu beschäftigen – die Bauunternehmen statten ein Haus mit einer Zweihundert-Liter-Tonne aus und geben das dann

* Das ist jetzt drei Jahre her, und das Wasser in meinem Behältnis an der Wand ist noch nie eingefroren, bleibt im Sommer aber schön kühl.

als Regenwasseranlage aus, ohne dass die Behörden dem widersprechen würden. Dabei ist das Unsinn, das bringt überhaupt nichts.« Seiner Meinung nach »sind die meisten Haushalte völlig blind dafür, dass wir auf einen Wassermangel zusteuern«. Kaum jemand rüste nach, weil das »mit hohen Kosten verbunden« sei. Das sagt jemand, der eine Spezialfirma für Regenwassernutzung leitet. Da ist es wenig verwunderlich, dass Peter wieder in die Forschung zurückgekehrt ist.

Er bestätigt mir, dass die fehlende Bereitschaft zur Umrüstung typisch für Großbritannien sei. Als ich ihn mit dem Risiko einer Legionellenerkrankung konfrontiere, fragt er: »Wie häufig haben Sie bisher gesehen, dass jemand den Kopf in die Schüssel hält, wenn er die Spülung betätigt?« Um nicht despektierlich zu wirken, fügt er hinzu: »Wenn Sie in dieser Hinsicht Bedenken haben, bringen Sie einfach einen UV-Filter an.« Das größte Vertriebshindernis, sagt er, seien weiterhin die »Trägheit« der Wasserversorger und der lokalen Behörden sowie »der niedrige Wasserpreis«.

Doch auch das setzt einen Systemwandel voraus. Der bisher gültige einheitliche Wasserpreis bedeutet, dass Person A, die direkt neben dem Reservoir lebt, genau das Gleiche bezahlt wie Person B, die 80 Kilometer entfernt wohnt, weshalb das Wasser mit viel Energieaufwand zu ihr gepumpt werden muss, unter hohen Verlusten durch die Lecks in den Leitungen. Obwohl es nur fair ist, dass die beiden das Gleiche bezahlen, stellt sich aus Sicht des Wasserversorgers die Frage, warum man Person B nicht ergänzend mit einem Regenwassersystem ausstattet. Die Kehrseite der Medaille ist das Abwasser. In weiten Teilen Englands strömt der Regen bei starken Niederschlägen in die Kanalisation und damit ins Mischsystem, von wo aus er im besten Fall in die Regenüberlaufbecken der Kläranlagen gelangt, aber häufig (wie in Kapitel 6 gesehen) mit Abwasser vermischt die Flüsse verschmutzt. Wenn allerdings sämtliche Häuser – wie in Belgien – über eine Regenwasserzisterne verfügten, könnte mehr Wasser auf Privatgrundstücken gespeichert werden, statt in die Kanalisation abzufließen, und dann über Tage und Wochen hinweg über Toiletten und Waschmaschinen aufgebraucht werden. Laut Peter geben Wasserversorger in Gegenden, in denen der Druck auf das Mischsystem enorm ist, »10 oder sogar 30 Millionen Pfund« für den Ausbau der Kläranlagen aus. Mit diesem Geld ließe sich auch ein dezentrales Programm zur Nachrüstung mit Regenwasseranlagen finanzieren. »Natürlich hat es Vorteile, Wasser zu sparen, aber für das Allgemeinwohl bringt es mehr, überschüssiges Regenwasser in Zisternen aufzufangen.« Das kommt eher den lokalen Behörden und Wasserversorgern zugute als dem einzelnen Haushalt, doch augenblicklich scheint keine der beiden Instanzen bereit zu sein, die Rechnung zu zahlen.

Nachdem Peter sich jahrelang an diesem Thema die Zähne ausgebissen hat, ist ihm nur zu bewusst, *warum* die Wasserversorger das nicht tun. »Vereinfacht gesagt gilt, dass in Baugebieten immer die Hälfte der versiegelten Flächen aus Straßen und Parkplätzen besteht und die andere Hälfte aus Hausdächern. Wenn man Regenwassergewinnungsanlagen installiert, kann man die Verluste durch abfließendes Regenwasser halbieren, indem man das, was vom Dach läuft, einfängt. [...] Nun stellt sich die Frage: Ist es günstiger, das Regenwasser von den Straßen abzuschöpfen oder von den Dächern? Was die Straßen angeht, kann das Abwasserunternehmen eine teure Anlage an einem Ort errichten, über den es die Kontrolle hat. Es ist nicht schwer, einen Investitionsplan aufzustellen, der das als gutes Konzept präsentiert. Wenn ich aber das Wasser von den Dächern in Regentonnen oder unterirdische Zisternen leite, wird das Gut dezentral, verteilt und von der Gemeinschaft verwaltet, fernab meiner Kontrolle.« Das macht es aus technischer und wirtschaftlicher Sicht kompliziert – und Ingenieure und Buchhalter mögen es nicht gern kompliziert.

Es gibt aber noch einen dritten Weg. Zwischen 2018 und 2020 stellte der Wasserversorger South Water West Peter die nötigen Mittel zur Verfügung, um 100 Grundstücke auf St. Mary's, einer der Scilly-Inseln, nach seinem Konzept auszustatten. In einer einjährigen Testphase sollte überprüft werden, wie groß der Nutzen ist, wenn man das Regenwasser von den Hausdächern in Tanks sammelt, die 600 bis 1000 Liter fassen. Die Tanks waren mit dem Internet verbunden, sodass die Daten über Peters patentiertes System in Echtzeit ausgewertet werden konnten. Waren die Tanks voll, strömte das nachfolgende Regenwasser in die Kanalisation, und wenn sie in Trockenperioden leer waren, lief automatisch Wasser aus der Wasserleitung nach, sodass die beteiligten Haushalte nie einen Unterschied in der Versorgung bemerkten (dieses Prinzip nennt Peter »einbauen und vergessen«). Das System war sogar in der Lage, die Tanks bei bevorstehenden schweren Regengüssen präventiv zu entleeren, um die Kanalisation zu entlasten. Auf diese Weise konnten pro Haus bemerkenswerte 54 Liter pro Tag eingespart werden (20 000 Liter pro Jahr), wie sich durch die minutengenaue Dokumentation belegen ließ – die Vorteile für die Abwasser- und Regenwasserentlastung mal ganz außer Acht gelassen. Da es sich bei den Scilly-Inseln um kleine Eilande mit beschränktem Wasservorkommen handelt, liebäugelt man hier immer wieder mit Entsalzungsanlagen. Peter bewies, dass auch das Wasser, das kostenlos vom Himmel fällt, die Lücke zwischen Angebot und Nachfrage füllen könnte und darüber hinaus noch weitere Vorteile bietet.[1] Nach unzähligen Debatten unter den Wasserversorgern und ganzen Konferenzen zur Frage, wie sich der Pro-Kopf-Verbrauch senken ließe, stellte sich also heraus, dass sich die Lösung die ganze Zeit über auf den Dächern befunden hatte. Der Testlauf galt als Erfolg, aber das Projekt wurde trotzdem eingestellt und verstaubt heute vermutlich irgendwo auf einem Schreibtisch in der South-West-Water-Zentrale. Das Interesse an Entsalzungsanlagen ist jedoch nach wie vor groß – man schaue sich nur das unglückselige 600-Millionen-Pfund-Projekt von Southern Water an, das in Fawley täglich 75 Millionen Liter Wasser hätte produzieren sollen.[2] Würde man alle Dächer mit Peters System ausrüsten, erhielte man eine ähnliche Menge zu deutlich geringeren Kosten.

Regenwassernutzungsanlagen und Regenrückhaltebecken müssen Teil des Kampfes gegen die Wasserkrise sein. Noch größere Einsparungen lassen sich erzielen, wenn diese Ansätze mit smarter Technik verbunden werden. Ein weiteres Projekt, an dem Peter beteiligt war, sorgte dafür, dass auf dem Campus der Exeter University heute mehr als 100 Toiletten des Unternehmens Propelair stehen. Diese Toiletten, die neben dem Wasserkasten auch einen Lufttank enthalten und mit einem luftdicht abschließenden Klodeckel ausgestattet sind, ähneln von der Funktionsweise her Flugzeugtoiletten und verbrauchen pro Spülung nur 1,5 Liter Wasser, also deutlich weniger als die 7 bis 10 Liter, die bei einer handelsüblichen Toilette anfallen, oder sogar die 4,2 Liter der mit dem amerikanischen WaterSense-Label ausgezeichneten Modelle. Ich stelle Peter die »Was würden Sie tun, wenn Sie die Macht hätten«-Frage: Was würde er tun, um solche Neuerungen landesweit durchzusetzen, statt Pilotprojekte an einzelnen Universitäten durchzuführen? Er sagt, wenn es an ihm wäre, dafür zu sorgen, dass jeder Bürger nur noch 100 Liter Wasser pro Tag verbrauche, würde er jedes Haus mit der passenden Regenwasseranlage und einer Propelair-Toilette ausstatten und die 1,5-Liter-Toilette für alle Haushalte zur Pflicht machen. Mehr nicht, sagt er. »Zack, fertig. Die Leute können sich gern eine gute Dusche gönnen, sogar eine Waschmaschine. Aber mit ein bisschen Technik ist es nicht schwer, mit 100 Litern auszukommen.« Peter zufolge scheitern die Luftdrucktoiletten und Regenwasseranlagen bisher vor allem an der geringen Verbreitung. »Wenn wir den Skaleneffekt nutzen und die Produkte nicht nur an die Vorreiter, sondern pro Jahr an 10 000 oder 50 000 Kunden verkaufen, bricht der Preis ein. Sobald es ein politisches Umdenken gibt, werden die Investoren uns das Geld hinterherwerfen, um genau das zu erreichen.« Anders formuliert: Wenn die Bauvorschriften und die Gesetze es verlangen, passiert es auch.

Im Moment beschränkt sich der Markt aber auf die ökologisch bewussten Vorreiter. Unter dem Birley-Campus der Metropolitan University in Manchester, wo es jeden Monat an durchschnittlich zwölf Tagen regnet, befindet sich ein 20 000 Liter fassender Wassertank. Das Regenwasser fließt in die Spülkästen der Toiletten – ohne dass es bisher auch nur einen einzigen Fall von Legionellen gegeben hätte –, was die Wasserrechnung der Universität um 60 Prozent reduziert hat. In Buckinghamshire versorgt Steven Lear seine mehr als 400 Rinder mit aufgefangenem Regenwasser. »Ich halte es für falsch, Kühen gechlortes Wasser zu geben«, sagt er so überzeugt, dass ich mich frage, ob wir selbst es eigentlich trinken sollten. Bei ihm fließt das Regenwasser von den Stalldächern in unterirdische Zisternen, wo es gefiltert und mit UV-Strahlen behandelt wird. »Das funktioniert hervorragend. Und ich spare um die 9 000 Pfund an Wasserkosten.«

Wenn wir nach Deutschland schauen, stellen wir fest, dass dort deutlich mehr Regenwasser aufgefangen und verwendet wird als in Großbritannien. Die meisten Einfamilien- und Mietshäuser sind mit entsprechenden Zisternen ausgestattet, und jedes Jahr werden rund 75 000 weitere Regenwasseranlagen installiert. Das geht auf Gesetze aus den Jahren 1989 bis 2011 zurück, die eine Kombination aus Gebühren für in die Kanalisation eingeleitetes Regenwasser sowie Steuererleichterungen vorsehen. Eine deutsche Studie aus dem Jahr 2013 ermittelte ein »erhebliches Einsparpotenzial«, wenn Regenwasser für Zwecke genutzt wurde, die kein Trinkwasser erfordern, etwa in Toiletten und Waschmaschinen. So könnten Haushalte Hunderte Euro im Jahr sparen und etwa 54 Liter weniger Trinkwasser pro Person pro Tag verbrauchen (das ist genau die Summe, die auch Peters Test auf St. Mary's ergeben hatte)[3]. In Belgien sorgt die Zisternenpflicht dafür, dass der Verbrauch hier bei nur rund 100 Litern pro Kopf pro Tag liegt, ein Wert, nach dem sich die britischen Wasserversorger die Finger lecken. Marijke Huysmans erklärt: »Die Toilettenspülung läuft mit Regenwasser, nicht mit

Trinkwasser. Wir verwenden es sogar zum Wäschewaschen, das funktioniert einwandfrei. Hier in Belgien ist das absolut üblich.« Es sei, wie sie sagt, »eine ziemlich einfache und billige Lösung, ohne jeden Nachteil. Aus diesem Grund ist unsere Wasserrechnung viel niedriger.«

In Australien verfügen 26 Prozent der Grundstücke über einen Regenwassertank. In ländlichen Regionen beziehen fast alle Haushalte einen Großteil ihres Wassers daraus. In den Tanks kann das Regenwasser monatelang gespeichert werden, und in den meisten ist ein Sandfilter eingebaut, um es zu reinigen. Auch in einigen Städten ist die Regenwassernutzung weit verbreitet, in Melbourne findet man derartige Anlagen in mehr als 30 Prozent der Wohnhäuser. Laut Schätzungen des Regenwassernutzungsverbands von Australien (ja, den gibt es, was allein schon ein deutlicher Hinweis ist) nutzen die Australier jährlich 274 Milliarden Liter Regenwasser, was mehr als 10 Prozent des kommunalen Wasserverbrauchs entspricht und rund 540 Millionen australische Dollar spart. Im Gegensatz dazu kostete allein der Bau der größten Entsalzungsanlage des Kontinents, der Wonthaggi-Anlage in Victoria, ohne Betriebskosten 3,5 Milliarden Dollar – und das, obwohl die Anlage »nur« 150 Milliarden Liter im Jahr erzeugt.

Die Bürgermeisterin von Mexiko-Stadt, Claudia Sheinbaum, rief im Jahr 2019 das *Cosecha de Lluvia*-Programm (deutsch: »Regenernte«) ins Leben, um die Regenwassernutzung in Privathaushalten zu fördern. Dafür seien große Summen bereitgestellt worden, sagt die Umweltanwältin Anaid Velasco. »Das hat Früchte getragen, vor allem in Vierteln wie Iztapalapa, wo die Menschen keinen Zugang zum Wasserleitungsnetz haben.« Die Umweltbehörde der Stadt meldete im Januar 2022: »Zwischen 2019 und 2021 haben wir 31 239 Anlagen installiert, von denen fast 150 000 Menschen profitieren, wodurch weniger Mittel für den Neukauf von Rohren ausgegeben werden mussten [und] die Zeit besser genutzt werden konnte, weil die Familien nun nicht mehr von Wasserlieferanten abhängig sind.« Die Anlagen wurden zu 50 bis 100 Prozent durch Zuschüsse finanziert, mit dem Hinweis, dass das Wasser zum Säubern von Innenhöfen, Badezimmern, Kleidung und sogar – etwas überraschend – zur »persönlichen Hygiene, etwa zum Baden, Händewaschen und Geschirrspülen« verwendet werden solle.[4]

Bedenken hinsichtlich der Sauberkeit von Regenwasser sind ein Privileg des Westens. In vielen Ländern gilt dieses Wasser als sicherste Quelle überhaupt, weil es noch gar nicht verschmutzt werden konnte. Nirere Sadrach von End Plastic Pollution in Uganda erzählt mir: »In Uganda hat buchstäblich jeder einen Regenwassertank auf dem Dach oder ein Behältnis, um es aufzufangen. Dieses Wasser kann man für fast alles im Haushalt verwenden.« Es sei Premiumwasser, nichts, was man im Klo runterspüle oder womit man Pflanzen gieße, sagt er. »Wir sind damit aufgewachsen, Wasser vom Dach zu holen; wir fühlen uns am wohlsten, […] wenn das Wasser vom Dach kommt. Einfach gut!«, seufzt er.

Doch die Aufbewahrung ist und bleibt ein Problem. Arme Menschen können sich keine großen Tanks leisten – und erst recht keine sterilen. Deshalb hilft die Wohltätigkeitsorganisation Nuevas Esperanzas (Neue Hoffnung) Dorfgemeinschaften im Vulkangebirge von Nicaragua, Regenwassertanks aus Ferrozement herzustellen. Dafür wird Maschendraht zu einer Art Jurtenform gebogen und dann per Hand Zement aufgebracht. Der Prozess erfordert keine besonderen Fähigkeiten und die Materialien lassen sich transportieren. Die so entstandenen Tanks sind aufgrund ihrer geschlossenen Form darauf ausgelegt, Regenwasser einzulassen und zu speichern, aber Moskitos fernzuhalten. Laut der Hilfsorganisation halten sie 30 Jahre oder länger und fassen bis zu 40 000 Liter. Für eine der Dorfgemeinschaften im Norden Nicaraguas war der nächste Brunnen früher anderthalb Stunden auf dem Pferderücken entfernt; jetzt können die Bewohner einfach den Hahn aufdrehen.[5]

Im indischen Rajasthan leitet Om Prakash Sharma schon seit dem Jahr 2000 die kleine englisch-indische Wasserhilfsorganisation WaterHarvest. Er habe in den vergangenen 30 Jahren gelernt, dass Verbesserungen der Wasserinfrastruktur meist kleinflächig und lokal verwaltet sein müssten, um Erfolg zu haben. Als WaterHarvest gegründet wurde, hieß die Organisation noch Wells for India (Brunnen für Indien) und konzentrierte sich auf den Brunnenbau in den ländlichen Regionen des Bundessstaates. Doch da der Grundwasserspiegel durch die vermehrte Entnahme sank, mussten sie immer tiefer bohren. Irgendwann erkannten sie, dass sie nicht nur gegen das Problem ankämpften, sondern selbst dazu beitrugen. Es wäre viel effektiver, Regenwasser zu nutzen und das Grundwasser anzureichern. Heute baut WaterHarvest *Taankas**, um Regenwasser aufzufangen und es zu speichern, damit es das ganze Jahr über zur Verfügung steht. Diese Betonzisternen werden entweder aus Dachrinnen oder aus abschüssigen Rinnen im Boden gespeist. Sie ähneln den jurteartigen Bauten in Nicaragua, werden aber in den Boden eingelassen, nur das Dach ragt heraus. Bisher hat WaterHarvest 1700 *Taankas* gebaut, die sich größtenteils in Dorfzentren befinden und während der Monsunzeit jeweils rund 20 000 Liter Wasser aufnahmen, was ausreicht, um jeden Dorfbewohner mit 8 bis 10 Litern am Tag zu versorgen. Die *Taankas* werden so gut abgedichtet wie möglich und lassen kein Sonnenlicht ein, um biologisches Wachstum zu verhindern. Eine gewisse bakterielle Verunreinigung sei nicht zu vermeiden, sagt Om. Aber verglichen mit den anderen lokal verfügbaren Wasserquellen sei die Qualität deutlich überlegen. Das Grundwasser in der Thar-Region ist für gewöhnlich »sehr salzhaltig, mit sehr hohem Fluoridgehalt«. »Deshalb beziehen die Menschen ihr Wasser [bevorzugt] oberirdisch. *Taankas* sind seit 500, 600 Jahren in Gebrauch – wir haben sie nur um moderne Hilfsmittel wie Beton ergänzt. Und es

* Das Wort »Tank« geht tatsächlich auf das Hindi-Wort »*taanka*« zurück.

gibt sie nicht nur in der Wüste, man kann sie auch in Bergregionen bauen.«

Darüber hinaus ist Rajasthan auch für seine *Beris* bekannt – größere, vasenförmige Tanks, die vor allem in Gebieten mit Lehm- oder Gipsboden verbreitet sind, der betonartige Rinnen bildet. *Beris* können bis zu 500 000 Liter fassen.[6] Insgesamt hat Om allein in Rajasthan 45 verschiedene traditionelle Regenwasserauffangmethoden dokumentiert. Viele von ihnen hätten in jüngerer Zeit eine Wiederauferstehung durch Rajendra Singh erlebt, den »Wassermann von Indien« – ebenfalls ein Partner von WaterHarvest, der sich für lokale Lösungen starkmacht. Neben der Jal-Jeevan-Mission gab es das Jal-Shakti-Abhiyan-Vorhaben (»Den Regen fangen«), dem Narendra Modi am Weltwassertag 2021 neuen Auftrieb verlieh, als er deutlich machte: »Je besser Indien mit dem Regenwasser umgeht, desto geringer ist unsere Abhängigkeit vom Grundwasser […] Um das Land vor einer Wasserkrise zu bewahren, sind rasche Fortschritte in diese Richtung notwendig.«[7] Shinvani Sharma in Madhya Pradesh erzählt mir, dass sich die Regierung seither darum bemühe, auf jedem Verwaltungsgebäude in den Dörfern eine Regenwasseranlage zu installieren.

Nicht dass es dazu unbedingt Dächer bräuchte. Einige Städte haben riesige unterirdische Regenwasserzisternen angelegt. In Pakistan kommt es jedes Jahr während des Monsuns zu Überschwemmungen, während in den restlichen zehn Monaten Wassermangel herrscht. Um beide Probleme anzugehen, hat die Stadt Lahore 2020 ein erstes unterirdisches Regenwasserdepot gebaut, um das Wasser speichern zu können. Das Monsoon Underground Water Reservoir (unterirdisches Monsunreservoir) hat rund 150 Millionen Rupien (1,9 Millionen Euro) gekostet und fasst 6,37 Millionen Liter Regenwasser, wobei die nahe gelegene Parkanlage Bagh-e-Jinnah als Filter genutzt wird. Die Wasserbehörde, berichtet das pakistanische Nachrichtenportal *Gulf News*, »will das System an mehreren anderen Stellen in der Stadt nachbauen. […] Ein Großteil des Wassers wird genutzt, um die Gärten und Parks der Stadt zu bewässern. Außerdem trägt das Projekt dazu bei, die unverzichtbaren Grundwasserbestände anzureichern.«[8] Die Stadt hat sogar einen Tennisplatz über der Zisternenanlage angelegt und noch ein zusätzliches Sportangebot geschaffen.[9]

Mumbai will jährlich 3 Milliarden Rupien (37 Millionen Euro) investieren, um die Stadt gegen den Klimawandel zu schützen. In diesem Zusammenhang sollen drei Regenwasserzisternen gebaut werden, die insgesamt mehr als 26 Millionen Liter Wasser fassen. Unter den öffentlichen Parkanlagen von Melbourne in Australien befinden sich Hohlräume, die bis zu 230 000 Liter Regenwasser zugleich aufnehmen können, gefiltert durch das Gras und die Pflanzen darüber, um es dann in den Yarra River und in nahe gelegene Speicherbecken einzuspeisen. Insgesamt fängt das System die Niederschläge eines 34 Hektar großen Gebiets auf, jedes Jahr 47 Millionen Liter – und das für nur 1,6 Millionen australische Dollar (gut 1 Million Euro).[10] Berlin legte 1998 eine Regenwasserzisterne unter dem Potsdamer Platz an, die 3,5 Millionen Liter fasst. Doch das größte derartige Bauwerk der Welt befindet sich in der japanischen Hauptstadt Tokio. Bis zur Fertigstellung des G-Cans Project waren 17 Jahre und 2 Milliarden Dollar nötig, doch die Anlage ist darauf ausgelegt, selbst einer Zweihundertjahresflut zu widerstehen. In der Bevölkerung wird sie aufgrund der 59 Säulen, die 20 Meter hoch sind und das 177 Meter lange Gewölbe von innen stützen, »der Tempel« genannt. Sollte das Fassungsvermögen je ausgeschöpft werden, was unwahrscheinlich erscheint, befänden sich dort unten mehr als 250 Millionen Liter Wasser.[11]

Das Oströmische Reich hat bereits im 6. Jahrhundert einen noch beeindruckenderen – und kunstvolleren – Wasserspeicher als die G-Cans von Tokio hervorgebracht. Die *Cisterna Basilica* war die größte einer ganzen Reihe derartiger Gewölbe im Untergrund von Konstantinopel (heute Istanbul). Sie diente der Wasserversorgung der Stadt und war groß genug, dass die Stadt auch lang anhaltenden Belagerungen widerstehen konnte.[12] Sogar ein Filtersystem gab es. Die Zisterne, deren Decke von 336 korinthischen Säulen mit kunstvoll verzierten Kapitellen gestützt wird, ist 138 Meter lang, 65 Meter breit und 9 Meter hoch, was ein Fassungsvermögen von überwältigenden 800 Millionen Litern ergibt – größer als die modernen Anlagen in Melbourne, Mumbai und Lahore zusammen. Das Bauwerk ist bis heute erhalten und steht ganz oben auf meiner »Unbedingt besichtigen«-Liste.

Die Idee, Regenwasser in unterirdischen Gewölben zu speichern, ist so alt wie die Menschheit selbst. Die berühmte rote Felsenstadt Petra in Jordanien wurde von den Nabatäern in den Stein geschlagen – einer antiken arabischen Kultur, die zwischen 400 v. Chr. und 106 n. Chr. herrschte und sich ganz offenbar gut mit Wasserbau auskannte. Auch wenn die meisten Touristen dem keine große Aufmerksamkeit schenken, lassen sich in der engen Felsschlucht des Siq, wo die Vorfreude auf das gleich um die Ecke befindliche »Schatzhaus« bereits groß ist, regalähnliche Rillen in den Felswänden ausmachen, die sich auf Hüfthöhe den Gang entlangziehen. Dort befanden sich einst abgedichtete und unter Druck gesetzte Rohrleitungen, durch die sowohl heißes als auch kaltes Wasser floss: Tonrohre für kaltes Wasser, Bleirohre für heißes. Überreste dieser Rohre lassen sich im Jordanischen Nationalmuseum in Amman betrachten. Wasserfilter fingen Kalkrückstände ab.

Der Name der Nabatäer leitet sich einigen Historikern zufolge vom arabischen Wort *nabat* ab, das »Wasser entnehmen« bedeutet.

Angesichts der Wasserknappheit in der Region damals wie heute könnte man durchaus argumentieren, dass sich die Nabatäer besser als wir damit auskannten, wie man mit wenig Wasser auskam. Petra, das bei den Nabatäern Raqmu hieß, verfügte über acht natürliche Quellen und mehr als 20 kleine Staudämme. Durch Letztere und eine Reihe von Kanälen wurde das Regenwasser so umgeleitet, dass die Stadt vor Überschwemmungen geschützt war – ein System, das bis heute funktioniert, wie sich zuletzt 2019 zeigte. Die Kanäle führten in unterirdische Kammern, in denen genug Wasser gespeichert werden konnte, um die Stadt monatelang zu versorgen. Einige der größeren Aushöhlungen hatten gewölbte Steindächer, die von Säulen gestützt wurden, ganz ähnlich wie die 600 Jahre später entstandene *Cisterna Basilica*. Viele der Zisternen in dieser Region werden bis heute von einheimischen Beduinen genutzt. Im Dorf Al-Humayma befindet sich ein offenes, nabatäisches Speicherbecken, das aussieht wie ein kleines, rechteckiges Schwimmbecken und immer noch in Gebrauch ist.

Das Wasser in Petra kam nicht nur der dortigen Bevölkerung von rund 20 000 Menschen zugute; es diente auch der landwirtschaftlichen Bewässerung und der Versorgung der vorbeiziehenden Handelskarawanen. Bisher haben Archäologen in Raqmu/Petra mehr als 200 unterirdische Wasserspeicher entdeckt, deren Fassungsvermögen in der Summe etwa 40 Millionen Liter betrug, genug für 100 000 Personen. Über Aquädukte wurde Wasser aus weiter entfernten Quellen und überschüssiges Regenwasser von Berghängen in die Stadt transportiert. Die nabatäischen Bauern praktizierten die Staubewässerung, wie Bart Fisher und der Bewässerungsverband Palo Verde. Die Kanäle fügten sich gekonnt in die Landschaft ein, während die Rohre in der Stadt ein genau berechnetes Gefälle aufwiesen – die Leitung in der Wand des Siq, an der ich entlanggelaufen war, war um 2 Grad geneigt, sodass das Wasser mit einer Durchflussrate von 23 Litern pro Minute austrat (doppelt so viel, wie aus dem Wasserhahn in meiner Küche kommt).[13] Laut dem

Nationalmuseum legen die Komplexität und der Umfang des Wasserversorgungssystems nahe, dass es unter herrschaftlicher Kontrolle stand. Ein Stück Papyrus, das 1995 restauriert wurde, dokumentiert eine rechtliche Auseinandersetzung zwischen zwei nabatäischen Nachbarn, die sich über die Wassermenge stritten, die vom gemeinsamen Dach floss: Stephanos hatte einen Anbau errichtet und erhob deshalb Anspruch auf mehr Wasser, doch das sah Theodoros nicht ein. Regenwasser war es wert, den Nachbarn zu verklagen.

Derartige Systeme zur Nutzung des Oberflächenwassers schauten bereits damals auf eine lange Tradition zurück. Die berühmte Mescha-Stele, ein 1 Meter hoher Stein aus glatt poliertem schwarzem Basalt mit einer 34 Zeilen langen Inschrift darauf, stammt Forschungen zufolge aus dem Jahr 840 v. Chr. Diese Inschrift, die im Namen von König Mescha von Moab (heute Jordanien) verfasst ist, gewährt einen interessanten Einblick in den damaligen Umgang mit den Wasserressourcen:

> *(21) […] Ich baute Qerichō, die Mauer um die Parkanlagen und die Mauer*
> *(22) um den Tempelberg. Ich baute ihre Tore, ich baute ihre Türme.*
> *(23) Ich baute den Königspalast; ich schuf die Staumauer des Beckens für die Quelle inmitten*
> *(24) der Stadt. Zisternen freilich gab es nicht der Stadt, (nämlich) in Qerichō. Ich befahl aber der ganzen Bevölkerung: Macht euch*
> *(25) (selbst) jeder eine Zisterne in seinem Haus.*

Erstaunlicherweise ging sowohl dem nabatäischen als auch dem moabitischen Wassersystem noch ein weiteres voraus, das noch einmal 3000 Jahre älter war. Die bronzezeitliche Ansiedlung Jawa im Norden Jordaniens, nahe der heutigen Grenze zu Syrien, verfügte über ein ausgeklügeltes System, um die Niederschläge des Winters in Reservoirs einzuspeisen. Dafür hatte man eine Reihe von Umleitungsdämmen errichtet, von denen aus das überschüssige Regenwasser durch mit Steinen ausgekleidete Kanäle in Speicherbecken floss. Diese 5 000 Jahre alte Konstruktion zählt zu den ältesten heute bekannten Systemen für die Nutzung von Regenwasser.

Warum berichte ich hier von antiken Wasserbaumethoden? Ganz einfach: Weil wir daraus eine Menge lernen können. Viele vorneuzeitliche Kulturen lebten in Regionen, die wir heute als wasserarm bezeichnen, seien es die arabischen Wüstenstädte oder die Hohokam in der Sonora-Wüste. Die modernen Techniken aus dem 19. bis 21. Jahrhundert brachten wundervolle (und für Bauunternehmen und Politiker ziemlich profitable) Kurzzeitlösungen hervor, hinterließen aber eine tickende Zeitbombe langfristiger Probleme für zukünftige Generationen, vor allem, wie wir gesehen haben, in Form von versandenden Talsperren und leer gepumpten Grundwasserleitern.

König Mescha herrschte vor fast 3 000 Jahren über ein Reich mit einer fortschrittlichen Wasserversorgung. Die in Jawa angewandten Techniken ermöglichten der Wüstenstadt eine etwa 1 500 Jahre anhaltende Blütezeit. Das nabatäische System funktioniert auch 2 000 Jahre später noch; die Zisternen und Hochwasserschutzanlagen sind bis heute in Gebrauch. Der König-Abdallah-Kanal hingegen, die Lebensader der schon jetzt prekären Wasserversorgung Jordaniens, ist gerade einmal 60 Jahre alt.

Die Glen-Canyon-Talsperre könnte ihren 100. Geburtstag nicht mehr erleben, weil die Forderungen, sie abzureißen, immer lauter werden. Es fällt schwer, sich unsere modernen Wasserversorgungssysteme – und die unzulängliche Regenwassernutzung – anzuschauen, ohne sich zu fragen, was da eigentlich schiefgelaufen ist.

Auf einer Informationstafel im Jordanischen Nationalmuseum lese ich, dass die Jordanier heute im Durchschnitt 90 Liter Wasser pro Person pro Tag verbrauchen. Das sei im Vergleich zu den Nachbarstaaten sehr wenig: 652 Liter in den Vereinigten Arabischen

Emiraten, 570 Liter in Bahrein und 438 Liter in Kuwait. Man ist sichtlich stolz darauf, der effizienteste Wassernutzer der Region zu sein (sogar effizienter als die benachbarte »Wassersupermacht« Israel). Gleichzeitig schwingt darin auch eine Rechtfertigung mit: An der Wasserkrise in Jordanien, scheinen die Zahlen zu sagen, ist nicht die Bevölkerung schuld. Und doch wird der allgegenwärtige Wassertank – der in Amman auf jedem Flachdach zu entdecken ist und etwa 3100 Liter fasst – entweder aus der Leitung oder per Tankwagen befüllt. Keiner oder zumindest kaum einer dieser Tanks fängt Regenwasser auf, wie es Stephanos und Theodoros taten (wem auch immer das Wasser damals gehörte – aber den Streit wollen wir nicht erneut entfachen). Wenn es im heutigen Amman einmal regnet, fließt das wertvolle Wasser einfach in die Kanalisation.

Auch wenn wir über ökologische und regenerative Landwirtschaft sprechen, klingt es oft, als handle es sich dabei um moderne Erfindungen. Dabei war vor der Grünen Revolution der 1950er- und 1960er-Jahre, die uns moderne Düngemittel und Agrochemikalien brachte, *sämtliche* Landwirtschaft ökologisch und regenerativ. James Alexander, der Bauer aus Oxfordshire, erzählt mir, dass sein fast 90-jähriger Großvater sich noch an das Pflügen mit Pferden erinnern könne. »Damals haben sie den Boden nur 10 Zentimeter tief umgepflügt«, sagt er. »Heute sind es 15 bis 20 Zentimeter. Früher wurde also weniger Schaden angerichtet. *Und* es gab mehr Fruchtwechsel. *Und* auf den Feldern wurde Vieh gehalten [was für eine natürliche Düngung sorgte].«

Heute besinnt man sich in vielen Regionen der Welt auf die alten Techniken, da es eine Bewegung weg von teuren, umweltschädigenden, zentralisierten Projekten hin zu widerstandsfähigeren, lokal organisierten, autarken Lösungen gibt. Im Süden und in der Mitte von Bangladesch schwammen über Hunderte Jahre hinweg auf überfluteten Flächen kleine Gemüsegärten (*Dhap* oder *Baira* genannt), die mit dem Wasserpegel stiegen oder sanken.

Da Überschwemmungen in Bangladesch ein dauerhaftes Problem sind – 80 Prozent des Landes liegen in der Tiefebene und 48 Prozent der Bevölkerung verfügen nicht über Grundbesitz –, kehren die Landwirte zu dieser alten Technik zurück, die auf Flöße aus getrockneten Wasserhyazinthen oder Reishalmen setzt, meist um die 6 Meter, zum Teil aber auch bis zu 55 Meter lang.[14] Die Journalistin Archana Yadav schreibt, dass die *Dhap* zehnmal so viel Ertrag einbrächten wie der Anbau auf Feldern, da die aus Naturstoffen bestehenden Flöße stetig bewässert würden und voller Nährstoffe steckten. Praktischerweise verwandeln sich die schwimmenden Plattformen, wenn das Wasser abfließt, in nährstoffreichen Kompost, sodass die darauf befindlichen Pflanzen weiterwachsen können.[15]

Die Anbauflächen von La Huerta, der Region rund um die drittgrößte spanische Stadt Valencia, sind ein Labyrinth aus Kanälen, Gräben, Staustufen und Schleusen, das die muslimischen Herrscher vor 1200 Jahren angelegt haben. Acht Hauptkanäle, die *Acequías*, leiten Wasser aus dem Fluss Turia in eine Reihe kleinerer Rinnen ein, über die das Wasser mithilfe der Schwerkraft auf Tausende kleine Parzellen verteilt wird. Die Wassermenge, die jede von ihnen erhält, bemisst sich nicht in Litern, sondern am Pegelstand des Flusses. Die verwendete Einheit, eine *Fila* (vom arabischen Wort für »Faden«), bezeichnet das jeweilige Anrecht auf Wasser über einen gewissen Zeitraum hinweg; normalerweise umfasst der Bewässerungszyklus eine Woche, bei niedrigem Wasserstand aber auch länger. Der Journalist Keith Dew schreibt: »Es ist ein äußerst effizientes System. Jede Parzelle erhält gleich lange gleich viel Wasser, wo auch immer sie sich im Mosaik befindet, und es besteht niemals Mangel, nicht einmal in Dürrezeiten […] Das Ergebnis ist eine unheimliche Vielfalt im Anbau.«[16] Das Tribunal de las Aguas de Valencia (Wassergericht von Valencia), das über Streitfragen zur Bewässerung urteilt, wurde bereits um das Jahr 960 gegründet und gilt als eines der ältesten Rechtsorgane der Welt.

Auch das Ica-Tal in Peru, wo der Spargel wächst, war früher für ein ähnliches, auf Nachhaltigkeit bedachtes System bekannt – die *Pozas*. Im 19. Jahrhundert beobachtete ein Reisender, der dort unterwegs war: »Sämtliche Felder sind rechteckig und in den Boden eingelassen, 1 *vara* [83 cm] tief. Das saisonale Regenwasser aus den Bergen füllt diese Kästen, die je bis zu 2 000 Pflanzen enthalten. Sie [die Landwirte] belassen das Wasser dort. Bis zur Ernte bewässern sie die Felder nur einmal […] ohne Angst, weil der Ertrag zweifellos üppig ausfallen wird.«[17] Mit »nur einmal« meinte er wirklich einmal im Jahr – obwohl die Region damals nicht weniger heiß und trocken war als heute. Moderne Anthropologen haben Kleinbauern aufgespürt, die bis heute auf die *Poza*-Technik setzen. Besucher im Jahr 2008 beschrieben, dass sich diese Landwirte über den durch die Agrarkonzerne verursachten sinkenden Grundwasserspiegel beschwerten, weil dieser dazu führte, dass das Wasser in ihren *Pozas* jetzt zu schnell versickerte. Das jahrhundertealte System drohte durch die industrielle Überentnahme innerhalb weniger Jahrzehnte ausgerottet zu werden, doch es bewies, wie nachhaltige Landwirtschaft auch dort funktionieren konnte.

Peru könnte allerdings zu den alten Traditionen zurückkehren und zum Weltführer einer regenerativen, das Grundwasser anreichernden Landwirtschaft werden. 2018 verabschiedete das Parlament ein Rahmengesetz zum Klimaschutz. In Artikel drei steht, dass »das traditionelle Wissen der indigenen Bevölkerung und ihre Vision eines harmonischen Zusammenlebens mit der Natur wiederentdeckt, wertgeschätzt und genutzt« werden sollen und dass man »den Wasserkreislauf schützen, wiederherstellen und nachhaltig pflegen [wolle], durch eine sorgfältig geplante Wasser- und Bodennutzung, die die Empfindsamkeit gegenüber den Auswirkungen des Klimawandels einbezieht und das Anrecht auf Wasser garantiert«. Ende 2019 besichtigte der Journalist Alberto Ñiquen Guerra das *Qocha*-System, das sich hoch oben im Gebirge auf 4 300 Metern Höhe befindet. Dort fangen Rückhaltedämme und Stauseen, die noch aus der Zeit der Inka stammen sollen, das Regenwasser auf, verhindern seinen Abfluss und die dadurch bedingte Erosion, erhöhen die Wassermenge, die ins Grundwasser eindringt, und erhalten Feuchtgebiete und Quellen. »Heute hat [das *Qocha*-System] plötzlich viele Anhänger, weil wir alle Wasser wollen!«, so ein Einheimischer zu Guerra[18]. Mittlerweile werden im Rahmen des Programms zur Anpassung an den Klimawandel Kurse zum Bau und zur Nutzung von *Qochas* angeboten.

Im Iran hatte mir Rastynn Bilder vom *Ab anbar* gezeigt, dem zentralen Wassertank in den Dörfern, der mit einer weißen Kuppel abschließt und äußerlich – und vom Alter her – den indischen *Taankas* ähnelt. Doch noch älter und bedeutender sind die iranischen *Qanats*. Sie bestehen aus einer Reihe senkrechter Schächte, die in einen mit Ton ausgekleideten, meist in einen Hang hineingegrabenen Wassertunnel münden. *Qanats* dienen zwei verschiedenen Zwecken – sie ermöglichen den Zugang zum Grundwasser und leiten Regenwasser wieder in die Bodenschichten ein – also im Grunde eine frühe Form der kontrollierten Anreicherung (tut mir leid, Glasgow, damit bist du den MAR-Rekord leider los). Auf der Website »Iranian Qanats and Historic Hydraulic Structures« ist zu lesen: »Der erste Schacht (Mutterbrunnen) reicht bis unter den Grundwasserspiegel. Die weiteren Schächte werden im Abstand von 20 bis 200 Metern in gerader Linie zwischen der Grundwasseranreicherungszone und dem bewässerten Land gegraben.« Das vermittelt einen Eindruck davon, wie groß diese Systeme sind; sie erstrecken sich im Durchschnitt über 6 Kilometer. Wie auch in La Huerta in Spanien gelten für die Wasserverteilung ab der Austrittsstelle traditionell klare Regeln; die Beteiligten wechseln sich ab, sodass jeder von ihnen alle zwölf Tage Wasser erhält. Laut dem iranischen Energieministerium gibt es im Iran mehr als 36 000 *Qanats* – hintereinander aufgereiht, würden sie die Erde ganze neunmal umrunden (*das* nenne ich mal eine gigantische Infrastruktur). Angesichts des extremen Wassermangels im Iran – einem der schlimmsten weltweit – gibt es mittlerweile Bemühungen, das *Qanat*-System wieder in vollem Umfang in Betrieb zu nehmen, auch wenn es an vielen Stellen verfallen ist. Amin Mahan von der Islamischen Azad-Universität schrieb 2018 in einem Fachartikel, dass die modernen, in große Tiefen vordringenden Brunnenbohrtechniken »viele *Qanats* vollständig zerstört und unbenutzbar gemacht haben«. Doch aufgrund des jahrhundertealten, emissionsfreien und auf Schwerkraft basierenden Systems »erscheint es klug, die *Qanats* großflächig zu sanieren und zu nutzen«.[19]

2016 wurden die *Qanats* kollektiv als UNESCO-Weltkulturerbe anerkannt.[20] In der dazugehörigen Rede erwähnte Gary Lewis, der residierende UN-Koordinator im Iran, dass sie immer weniger zur Wasserversorgung eingesetzt würden. »Um den steigenden Wasserbedarf zu stillen, wird mithilfe moderner Maschinen großflächig Grundwasser aus dem Boden gepumpt. Das hat zum fast vollständigen Zusammenbruch des deutlich älteren und *nachhaltigen* Systems zur Gewinnung von unterirdischem Wasser im Iran geführt.« Stattdessen, drängte er, könne »die Reaktivierung der *Qanats* einige dieser Probleme lösen. Sie seien in der Lage, zur Abwendung der drohenden Wasserkrise im Iran beizutragen.«[21] 2021 berichtete die *Tehran Times*, dass der jahrhundertealte Behjat-Abad-*Qanat*, der bis ins Zentrum von Teheran führt, tatsächlich saniert werden solle, und zitierte eine staatliche Quelle mit den Worten: »Da wir mit einem erheblichen Wassermangel zu kämpfen haben, könnte die Wiederbelebung der *Qanats* ein guter Ansatz sein.«[22]*

---

* Genau genommen sind die *Qanats* keine speziell iranische Erscheinung – unter anderem Namen gibt es derartige Konstruktionen auch im Oman (dort finden sich mehr als 3 000 davon), in Nordafrika, in der Wüste im Nordwesten Chinas, in Afghanistan, Pakistan und Zentralasien; viele von ihnen liefern bis heute Wasser. Laut dem Thinktank Middle-East Institute existieren *Qanat*-Systeme in mehr als 34 Ländern.

Was wir aus den antiken Wasserversorgungssystemen (von denen es noch viel mehr gibt als die hier beschriebenen) lernen können, ist, dass viele dezentrale Anlagen oft nachhaltiger sind als die Megabauten von heute.* Das Problem besteht laut Om Prakash Sharma von WaterHarvest India darin, dass die traditionellen Techniken trotz des Engagements von Menschen wie ihm und Rajendra Singh weiterhin zugunsten des angeblichen Fortschritts verschmäht werden. »Schauen Sie sich nur Uidapur an. Die Stadt war eine Hochburg der Regenwassernutzung. Heute ist sie vollständig von Seen abhängig, die immer wieder aufgefüllt werden, damit die Touristen zufrieden sind.« Der Indira-Gandhi-Kanal, der in rund 470 Kilometern Entfernung aus dem indischen Punjab durch die Wüste Thar verläuft, ist ein Megaprojekt, das infolge des 1960 geschlossenen Indus-Wasservertrags zwischen Indien und Pakistan entstand. Er ließ die Wüste aufblühen. Damit »verloren die Menschen das Interesse an [traditionellen] kleinformatigen Techniken«, klagt Om. »Heute sind die 23 Millionen Bewohner der Region von diesen groß angelegten Systemen abhängig. So kann man [aber] nicht dauerhaft leben.« Dass das stimmt, beweisen die Wassersorgen Indiens ebenso wie der Wassermangel Pakistans, die von Gaddafi ersonnenen Torheiten in Libyen und der CAP-Kanal in Arizona. »Wir haben innerhalb von 30 oder 40 Jahren das gesamte Wasserwissen zerstört, das sich in 5 000 Jahren angesammelt hatte«, meint Om. In der Wüste von Rajasthan sei Wasser früher »wie eine Gottheit behandelt« worden. »Niemand durfte die vorhandenen Gewässer

---

* Obwohl einige der antiken Systeme mit Fug und Recht als Megaprojekte bezeichnet werden können. Zu ihnen zählt der 80 Kilometer lange, backsteingesäumte Zarch-*Qanat* im Iran, der um das Jahr 1300 entstand und wohl das längste unterirdische Aquädukt weltweit ist. Dennoch gilt, dass diese Form der Bewässerung – 36 000 *Qanats*, die auf den ganzen Iran verteilt sind – aus vielen lokalen Anlagen besteht, nicht aus wenigen zentralen.

verunreinigen – sie wurden gemeinschaftlich verwaltet. [...] Heute ist Wasser eine Ware, man kann es kaufen, man kann es wegwerfen, man kann es verschmutzen und darauf hoffen, dass neue Technologien Abhilfe schaffen.« Auf diese Weise »rennen wir in die Katastrophe.« Es widerstrebt Om zutiefst, sich so negativ zu äußern. Als von Natur aus optimistischer, praktisch veranlagter Mensch schiebt er deswegen gleich eine positive Aussage hinterher. Die berühmten Stufenbrunnen von Jaipur beispielsweise – die 1000 Jahre alten Tempel mit ihren gefliesten Regenauffangbecken – werden aktuell wieder ihrem ursprünglichen Zweck zugeführt. Das, sagt Om, sei womöglich der Auftakt zu einer umfassenderen Rückbesinnung.

Obwohl uns die historischen Techniken eine ganze Menge lehren können, ist es doch auch möglich, moderne, hoch technologisierte Methoden und das Konzept der dezentralen Verteilung zu kombinieren. In Ghana traf ich Christian Siawor, eigentlich hauptsächlich, um über ihn Zutritt zur Teshie-Entsalzungsanlage zu erhalten – ein Projekt am entgegengesetzten Ende der Krisenbekämpfungsskala. Siawor ist leitender Mitarbeiter der GWC, des staatlichen Wasserunternehmens, das für die Versorgung und Infrastruktur im gesamten Land zuständig ist; der Inbegriff eines zentralisierten Ansatzes. Und dennoch hat er, wie so viele einfallsreiche Ghanaer, noch einen kleinen Nebenerwerb am Laufen – und ich sage sofort zu, als er mir anbietet, mir diesen zu zeigen.

Unser Ziel befindet sich im ehemals ländlichen Ablekuma in der Nähe des Flusses Densu. Wie so viele Gebiete im Großraum Accra ist auch diese Gegend in den vergangenen zwei bis drei Jahren von der Stadt vereinnahmt worden, samt der dazugehörigen verstopften Straßen. Wir brauchen eine Stunde für die Strecke und unterwegs lauschen Chris und sein Fahrer der Predigt eines evangelikalen Priesters im Radio. »Ohne *Glauben*«, verkündet der, »ist es unmöglich, Gott zu gefallen.« Als wir schließlich in eine schmale Seitenstraße einbiegen, gleitet ein schweres, massives Metalltor langsam auf und gibt den Blick auf eine Überraschung frei. Obwohl Chris eine leitende Funktion bei der GWC bekleidet, hat er in seiner Freizeit auf eigene Kosten eine kleine, autarke Wasseraufbereitungsanlage konstruiert. Vor mir steht ein 3 Meter hoher Wasserbehälter aus glänzendem Edelstahl, der als Mischbecken dient, neben zwei ebenso hohen, makellos verschweißten Chemikalientanks. In einem ausgemusterten Schiffscontainer, auf dessen Dach ein Auffangbehältnis angebracht ist, wird gerade ein klimatisierter Kontrollraum eingerichtet. In dieser Anlage soll aus dem Fluss hochgepumptes Wasser den vollen Reinigungsprozess durchlaufen, Schritt für Schritt, nur durch Schwerkraft angetrieben. Der Platz auf dem Grundstück reicht sogar für eine Rasenfläche, ein schmales, wunderschön bepflanztes Blumenbeet und einen Fischteich – alles bewässert mit dem aufbereiteten Abwasser. Der Faulschlamm wird in der Sonne getrocknet und dann als Dünger verkauft, ganz ähnlich, wie ich es in der Kläranlage in Banbury gesehen habe.

»Ungefähr 400 Meter von hier entfernt fließt der Densu«, sagt Siawor. Aus diesem Fluss stammt auch das Rohwasser für das kommunale Weija-Reservoir. »Bei mir wird das Wasser hier aufs Grundstück und dann dort hinaufgepumpt.« Er zeigt auf den blauen Tank auf dem Schiffscontainer, wo dem Wasser Chemikalien zugesetzt werden. »Ich habe die ganze Anlage selbst entwickelt, das Alum-Dosierungssystem habe ich mir sogar patentieren lassen«, erzählt er stolz. »Eine solche Anlage finden Sie sonst nirgends auf der Welt.« Anschließend durchläuft das Wasser eine Belebungsphase, wird mit Chlor behandelt und bekommt eine kleine Menge Natriumkarbonat zugesetzt, um den pH-Wert zu regulieren. »Ich bin studierter Biochemiker«, erklärt Chris. »Ich wollte einen chemischen Prozess finden, mit dem sich die Wasseraufbereitung optimieren lässt. Dann bin ich in den Maschinen- und Anlagebau gewechselt.« Dieser Wechsel umfasste ein Masterstudium in Delft in den Niederlanden, der geistigen Heimat des Wasserbaus.

Siawor widmet sich diesem Nebenprojekt jetzt schon seit einiger

Zeit, ohne viel darüber zu reden. Sein auf Schwerkraft basierendes Dosierungssystem ist mit dem Preis der International Water Association (Internationaler Wasserverband) in Kenia ausgezeichnet worden, aber davon hat er seinen Kollegen nichts erzählt. Sobald die Anlage in Betrieb geht – was bald der Fall sein wird, hofft er –, will er sich ganz auf dieses Unternehmen konzentrieren, dem er den Namen Blue-Grey Aqua Technology gegeben hat. Das von ihm aufbereitete Wasser soll anfangs an private Wasserlieferanten gehen, mittelfristig aber zu einem günstigen Preis der Allgemeinheit zur Verfügung stehen. Chris betont, dass sein Wasser weniger kosten werde »als das Wasser, das die GWC verkauft. [...] Mir geht es nicht ums Geld. Mir geht es um das Allgemeinwohl.« Die meisten Menschen können sich die von der GWC verlangten Preise[23] nicht leisten – und wenn doch, machen die Kosten einen beträchtlichen Teil ihrer monatlichen Ausgaben aus. Die großen Aufbereitungsanlagen, die ich in Kpong besucht hatte, in der Nähe des gewaltigen Volta-Sees, erzeugen hervorragendes, qualitativ einwandfreies Wasser, das aber für viel Geld quer durch eine hügelige Landschaft gepumpt werden muss. »Solche Summen sind gar nicht nötig«, meint Chris und lässt den Blick über seine kleine Anlage schweifen, die problemlos überall nachgebaut werden könnte, wo das Wasser verbraucht wird. »Dass ich so etwas mit meinem Gehalt erschaffen kann, bedeutet, dass wir wirklich etwas erreichen könnten in diesem Land, wenn der Staat die Privatwirtschaft unterstützen würde.«

Das Projekt in Ablekuma ist sowohl ein Vorzeigeobjekt, um zu beweisen, was möglich wäre, als auch eine funktionierende, einsatzfähige Aufbereitungsanlage. Chris glaubt, dass es keine vier Wochen dauern würde, das System nachzubauen. Es nimmt eine Fläche von 8 x 15 Metern ein und könnte noch weiter komprimiert werden, wenn man die Blumenbeete weglässt. Ein erster Testlauf erzeugte 30 Kubikmeter Wasser pro Tag, aber Chris glaubt, dass sich die Kapazität auf bis zu 130 Kubikmeter erweitern ließe. So könnten viele kleine Aufbereitungsanlagen an Flüssen und Seen überall in Ghana entstehen, was die aus den Sechzigerjahren stammenden Riesenanlagen, die heute unter dem Druck des stetig wachsenden Bedarfs stöhnen, entlasten würde. Mit Chris' System wäre es möglich, die Aufbereitungskapazitäten im gleichen Maße zu steigern, wie sich die Metropole Accra ausdehnt. Es scheint für die Lebensrealität in Ghana und vielen anderen Entwicklungsländern bestens geeignet zu sein.

Statt sich eine relativ saubere Wasserquelle wie den Volta-See östlich der Stadt zu suchen, entschied sich Chris bewusst für den Densu, eben weil er so verschmutzt ist. »Das Wasser gehört zu den am schwersten aufzubereitenden in ganz Ghana«, sagt er. Wenn er zeigen könne, dass sein System hier funktioniert, funktioniere es überall. »Ich habe die Anlage gezielt so konzipiert, dass es nicht viele Menschen braucht, um sie zu betreiben. Sie läuft halbautomatisch, daher sind die Kosten gering. Als Brancheninsider weiß ich derartige Dinge zu schätzen.« Außerdem hat er nur hochwertige Materialien verbaut, um den Wartungsaufwand gering zu halten. Da seine Anlage nicht weit von der Wasserquelle entfernt steht, sind auch die Energiekosten gering, und sein patentiertes schwerkraftbasiertes Dosierungssystem* verbraucht gar keinen Strom. Ich muss an Teshie denken und frage, ob eine Vielzahl solcher kleinen Aufbereitungsanlagen für Länder wie Ghana nicht eine bessere Lösung wären als die Entsalzung. »Meiner Meinung nach ja. Davon bin ich ehrlich überzeugt«, sagt Chris.

In seinen Augen wäre es ideal, wenn er seine Minianlagen *für* die GWC entwickeln könnte, statt mit seinem Arbeitgeber in Konkurrenz zu treten. Er will nicht, dass sie eine nette kleine Ergänzung

* Chris erzählt mir, dass er das Patent unter der Bezeichnung »Constant Head Gravity Fluid Dispenser« (Schwerkrafts-Flüssigkeitsverteiler mit konstanter Druckhöhe) angemeldet hat, und erklärt stolz: »Wenn man diesen Namen googelt, erscheint mein Name.« Ich habe es getestet. Es stimmt. https://patentscope.wipo.int/search/en/detail.jsf?docId=WO2014006429

zum bestehenden System werden – sie sollen das System ersetzen. »Ich finde es erstaunlich, dass man dort keine [Infrastruktur] dieser Art entwickelt [...] Man könnte die ganze Stadt mit solchen Anlagen übersäen.« Er hofft, seine Anlage irgendwann komplett mit Solarenergie betreiben zu können, nicht nur weil das den ökologischen Fußabdruck verringern würde, sondern auch, weil es zuverlässiger wäre in einem Land, in dem Stromausfälle zum Alltag gehören und sogar den gewaltigen Anlagen in Kpong zusetzen.

Genügend Raum für diese skalierbaren, vom Leitungsnetz unabhängigen Lösungsansätze ist vorhanden. In Dakar an der Westküste Afrikas strebt die Bill-und-Melinda-Gates-Stiftung an, eine NEWater-Fabrik im Miniaturformat zu bauen. Der »Janicki Omni Processor« nimmt in etwa so viel Platz ein wie ein Basketballfeld und wandelt den Inhalt von Latrinen und Jauchegruben in Energie, Wasser und Kompost um. Der Fäkalschlamm wird erhitzt und mit dem Wasserdampf eine Turbine angetrieben. Zugleich wird dieser Dampf aufgefangen und kondensiert, sodass (nach dreifacher Filterung) Trinkwasser entsteht. Die erste kommerziell betriebene Anlage dieser Art erzeugte 7 000 Liter sauberes Wasser pro Tag und setzte dabei beeindruckende 30 Tonnen Fäkalschlamm um. Seither wird das System auch auf Milchbauernhöfen installiert. Bill Gates schrieb in seinem Blog: »Bedauerlicherweise sind die Lösungen aus der reichen Welt in armen Ländern nicht umsetzbar – sie benötigen zu viel teure Infrastruktur. Dieses Problem vermag jeder einzelne Omni-Prozessor zu lösen.«[24]

In Accra erklärt Chris nun ruhig und mit unterschwelligem Stolz: »Niemand weiß davon.« Wir lassen den Blick über seine makellose Anlage schweifen. Es ist ein ziemlich großes Geheimnis, das er da bewahrt. Ich freue mich für ihn, weiß aber auch, dass er mit vielen Hürden und einer Menge Widerstand zu kämpfen haben wird, wenn er sein Produkt in einem Land, in dem die staatliche Kontrolle über die Infrastruktur so tief verankert ist, auf den Markt bringen will. »Viele Leute werden erst einmal überrascht sein«, gibt er zu.

Auf der Rückfahrt ins Zentrum hören wir in den Radionachrichten, dass der Großraum Accra überbevölkert ist. Ein Experte erklärt: »Die Populationsdichte in der Metropolregion beträgt mittlerweile mehr als 1658 [Personen pro Quadratkilometer] – das entspricht zwei Personen pro Quadratmeter. [...] Wir müssen uns vor Augen führen, was das für die Ausbreitung von Krankheiten bedeutet.« Vor allem, denke ich, wenn diese Menschen nicht an das Wasser- und Sanitärsystem angeschlossen sind.

# 12 RENATURIERUNG

Es ist nicht unüblich, am Ende eines langen Spaziergangs durch die Natur einen Stock bei sich zu tragen. Doch hier habe ich einen Stock, der kein gewöhnliches Exemplar ist. Ihm fehlt die Rinde, stattdessen prangen im Holz die frischen Bissspuren breiter Zähne, wie man sie in diesem Teil Englands seit 800 Jahren nicht mehr gesehen hat. An seinem Ende, wo er mit einem kräftigen Biss vom Baum abgetrennt wurde, sind die Abdrücke dreier gekrümmter Zähne auszumachen. Der Weidenast wurde von einem Biber abgebissen. Bis vor sechs Monaten waren in Derbyshire keine Biber mehr gesichtet worden, seit man sie im 12. Jahrhundert durch die Jagd ausgerottet hatte. Warum aber wurden nun mithilfe des Wasserversorgers Severn Trent zwei fortpflanzungsfähige Biberpaare in das Feuchtgebiet Willington in der Nähe von Burton-on-Trent gebracht?

Während meiner Kindheit in den Midlands, die ich gar nicht einmal so weit weg vom Feuchtgebiet Willington verbracht habe,* waren wilde Biber in England unvorstellbar. Sie galten als exotische Geschöpfe, die man hauptsächlich aus amerikanischen Kinderbüchern kannte. Oder aus Erzählungen über eine längst vergangene Ära, so wie in archäologischen Ausgrabungsstätten manchmal Nashorn- oder Krokodilknochen gefunden wurden. Doch anders als ich und die meisten britischen Schulkinder glaubten, war der Europäische Biber nicht ausgestorben. Zumindest nicht ganz. Ende des

---

* 25 Kilometer entfernt, um genau zu sein – obwohl mir der Name damals nicht geläufig war, weil das Areal zu der Zeit noch eine aktive Kiesgrube war. Erst 2005 wurde sie geflutet und an den Derbyshire Wildlife Trust übergeben.

19. Jahrhunderts gab es noch rund 200 Exemplare in Deutschland und eine Handvoll in Osteuropa und Russland.

Der Europäische Biber ist etwas größer als der amerikanische (ja, liebe Amerikaner, unser Biber ist größer als eurer) und war aufgrund der auffälligen Bauten, die er anlegt, immer eine leichte Beute. Sein Pelz war ebenso beliebt wie sein Drüsensekret und sein Fleisch – selbst der Schwanz galt als traditionelle Freitagsmahlzeit. Anfang des 20. Jahrhunderts war es dann mit dem Biberschwanzschmaus vorbei (außer man lebte am sächsischen Teil der Elbe)*, auch wenn die ersten Wiederansiedlungsversuche bereits in den 1920er-Jahren in Schweden erfolgten. Frankreich und die Schweiz zogen in den 1950er-Jahren nach, doch in Großbritannien gab es solche Bemühungen nie.

Der letzte Biber in Schottland wurde 1526 in den *Schottischen Chroniken* erwähnt, bis der Scottish Wildlife Trust (Schottischer Wildtierbund) und die Royal Zoological Society of Scotland (Königliche Zoologengesellschaft von Schottland) 2007 endlich die Genehmigung erhielten, in Knapdale in der Grafschaft Argyll wieder Biber auszusetzen. 2009 schwamm zum ersten Mal seit 500 Jahren wieder ein Biber durch die Lochs der Region. Etwa zur gleichen Zeit wurden einige Artgenossen im Fluss Tay gesichtet – mehr als 160 Kilometer von der bewilligten Ansiedlungsstelle entfernt. Sie waren vermutlich von renitenten Naturschützern ausgesetzt worden. Da sämtliche Versuche, die Biber vom Tay einzufangen und umzusiedeln, an deren Anzahl scheiterten (sie waren wohl schon seit mehreren Jahren dort), beschloss die schottische Regierung 2012, die Biber zu »tolerieren« und die weitere Entwicklung zu überwachen. Plötzlich war das Interesse der Wasserunternehmen geweckt. Laut einem ersten Bericht der schottischen Behörden waren die Öko-

* Es gibt Vermutungen, dass in England die »Fish and Chips« den Biberschwanz als Freitagsessen ersetzten, weil sich ein flacher Fisch im Teigmantel äußerlich nur wenig von einem flachen Biberschwanz im Teigmantel unterscheidet.

systemdienstleistungen der Biber durchaus ansehnlich. Neben einer deutlichen »Verbesserung der Wasserqualität« sorgten sie auch für eine »erhöhte Menge an Grundwasser, stabilisierten die Durchflussmenge und beugten Überschwemmungen vor«. Vor allem »in trockenen Sommern vergrößern Biberdämme und -kanäle die vorhandene Wassermenge (einschließlich Grundwasser) nachgewiesenermaßen um mehr als 60 Prozent gegenüber vergleichbaren Umgebungen ohne Biber-Aktivitäten, und das aufgestaute Wasser könnte in trockenen Phasen dazu beitragen, die negativen sozioökonomischen Auswirkungen der Dürre zu lindern«.[1] Südlich der Grenze, wo man die Dürre von 2012 nur knapp ohne Notbrunnen überstanden hatte, sogen die englischen Wasserunternehmen diese Worte auf wie ein ausgetrockneter Schwamm.

Anfänglich waren die Fortschritte gering, aber man handelte entschlossen. Nach einer ersten Ansiedlung am Fluss Otter in Devon folgte eine weitere in Cornwall, dann in Wales. 2019 entstand die Organisation »Beaver Trust« (Biber-Stiftung) und 2021 und 2022 waren von einem regelrechten Biber-Boom gekennzeichnet. Plötzlich gab es derartige Projekte überall in England. In London kehrten die Tiere in ein umzäuntes Areal in Enfield zurück, das »in etwa die gleiche Größe wie Schloss Windsor« hatte.*[2] Und ein Standort war eben auch das Feuchtgebiet Willington, ganz in der Nähe meines Heimatortes und nur eine Bahnstation von der Brauereihochburg Burton-on-Trent entfernt. Dort war der Derbyshire Wildlife Trust für die Wiederansiedlung verantwortlich.

Dessen Vertreter Henry Richards treffe ich im April 2022 am Ende einer langen Schotterpiste inmitten von weiß blühendem Schlehdorn und zwitschernden Vögeln. Henry sitzt in seinem leuchtend roten Jeep, auf dem der Slogan des Wildlife Trusts zu lesen ist (»Wir verwandeln das Trent Valley«) und dessen hinterer Teil mit lauter

* In England werden Flächen grundsätzlich nur in Relation zu Schlössern gemessen.

Gummistiefeln, Jacken und Ausrüstungsgegenständen vollgestopft ist. Henry ist jung, aber erfahren, sein Vater nahm ihn früher häufig mit auf seine Wanderungen durch die Natur und vermittelte ihm viel Fachwissen, etwa wie man Nerzkot von Otterkot unterscheidet (offenbar riecht Letzterer nach Jasmintee). Während unseres Gesprächs bricht Henry mehrmals mitten im Satz ab, um einen Vogel anhand seines Rufs zu identifizieren. Doch in den vorausgegangenen Monaten haben vor allem die Biber seine Aufmerksamkeit in Anspruch genommen. Ich habe ihn genau zum passenden Zeitpunkt kontaktiert, denn der heutige Rundgang ist die erste offizielle Bibertour seit der Ankunft der Tiere im September. »Wir haben von Natural England eine Lizenz für zwei Biberfamilien erhalten«, erklärt er unserer kleinen, rund ein Dutzend Personen umfassenden Gruppe, die hauptsächlich aus Hobby-Vogelkundlern im Ruhestand und einer Familie auf Osterurlaub besteht. »Unsere Biber kommen aus Schottland. Das Gebiet hier ist rund 46 Hektar groß, deutlich größer als anderswo [...]. Es kann gut sein, dass wir weitere Tiere aufnehmen, sollte der Beaver Trust einmal einen Ort brauchen, um sie unterzubringen.« Doch aktuell will man erst einmal schauen, wie sich die beiden Paare in den folgenden fünf Jahren entwickeln. Eines von ihnen, das bisher sehr versteckt lebt, könnte bereits das erste Mal Nachwuchs zur Welt gebracht haben, erzählt Henry begeistert.

Wir laufen weiter, um uns die Stelle anzuschauen, an der die Biber ausgesetzt wurden, eine sattgrüne Grasfläche am Kiesgrubensee, die durch hohes Schilf vor Blicken geschützt ist. Auf einem Video sehen wir, wie die Biber nach der Freilassung direkt ins Wasser gleiten und kurz glücklich vor der Kamera herumschwimmen, bevor sie sich entfernen, um ihren neuen Lebensraum zu erkunden. Sie halten sich immer in Wassernähe auf, erklärt Henry, aus Angst vor Fressfeinden – obwohl es ihren Hauptfeind, den Wolf, in England gar nicht mehr gibt. Trotzdem gehörte zu den Bedingungen der Lizenz, das gesamte Areal mit einem robusten Metallzaun zu umgeben, damit die Biber nicht entkommen können. Das hat etwa

200 000 Pfund gekostet, eine gewaltige Summe für eine gemeinnützige Organisation, die sie mit Unterstützung des Wasserunternehmens Severn Trent aufgebracht hat. Der Trent – einer der größten Flüsse Englands – ist nur wenige 100 Meter entfernt, und es wäre (zumindest jetzt noch) zu riskant, wenn sich dort wilde Tiere ansiedeln würden. Doch auf Dauer gesehen wünschen sich Naturschützer und Wasserversorger gleichermaßen, dass der Fluss zu einer Biberheimat wird.

Lange bevor die Kiesunternehmen anfingen, hier ihre Löcher zu baggern, diente die Landschaft als Überflutungsfläche für den Trent, und auch heute kommt es noch mehrmals im Jahr zu Überschwemmungen, wenn der Fluss trotz der künstlichen Befestigungen über die Ufer tritt. Doch zuvor befand sich hier jahrtausendelang ein natürliches Feuchtgebiet unter der Herrschaft der Biber. In diesem System, erklärt Henry, hatte der Trent keinen festen Verlauf. »Wenn sich der Fluss einen neuen Weg suchte, bildeten sich Altwasser*, in denen im Verlauf der Zeit zunächst Schilf und dann Weiden wuchsen, bevor daraus erst ein feuchtes und irgendwann ein trockenes Waldgebiet entstand. Das war der natürliche Lauf der Dinge.« Es gibt seit etwa 20 Jahren Bemühungen, wieder mehr Schilfgebiete in Großbritannien entstehen zu lassen, aktiv gefördert vom Wildlife Trust, der Vogelschutzorganisation RSPB und anderen, aber diese Zonen müssten regelmäßig überschwemmt werden, um das trockene Gehölz und das Sediment wegzuspülen. Anderenfalls sind ehrenamtliche Helfer nötig, die in den Schilfzonen aufräumen und vor allem die schnell wachsenden Weidentriebe entfernen, die das Schilf sonst schnell überragen. Biber kümmern sich um beides – sie halten die Triebe kurz und bahnen sich Kanäle durch das Schilf.

---

* Ein Begriff, den ich seit dem Erdkundeunterricht in der Schule nicht mehr gehört hatte. Als Altwasser bezeichnet man die halbkreisförmigen Seen, die sich bilden, wenn ein Fluss eine Schlinge an der engsten Stelle durchbricht und so ein abgeschnittenes Gewässer entsteht.

Obwohl Henry und sein Team nur vier Tiere ausgesetzt haben, treten diese Vorteile schon nach sechs Monaten zutage. Durch das Feuchtgebiet Willington fließt ein kleiner Bach, der anschließend das gleichnamige Dorf passiert und dann in den Trent mündet. Europäische Biber bauen, anders als ihre protzigeren amerikanischen Verwandten, lieber mehrere kleine Dämme statt eines großen Prachtexemplars. Man hofft, dass die Biber durch ihre Bauten einen Teil des Baches aufstauen, sodass weniger Wasser ins Dorf gelangt. Sollten sie sich eines Tages auf einem größeren Areal ausbreiten dürfen, würde das Gleiche wahrscheinlich auch bei anderen Zuflüssen des Trent passieren, etwa dem Dove und dem Derwent – die Biber würden den Strom eindämmen, wodurch sich der Grundwasserleiter anreichern und der Pegelstand des Trent bei Hochwasser weniger schnell steigen würde.

Das sieht Graham Osborn, leitender Ökologe des Wasserversorgers Severn Trent, genauso: »Bei diesem Projekt geht es nicht nur darum, eine ausgestorbene Spezies zurückzuholen, sondern auch um die Wiederherstellung eines gesunden Feuchtgebiets. […] Wir sind immer auf der Suche nach naturnahen Lösungen, die die Überschwemmungsgefahr senken, und die Biber sind sehr nützlich, da sie nahe gelegene Gewässer aufstauen und säubern.« Da das Feuchtgebiet von kleinen, jungen Waldstücken umgeben ist, besteht die Möglichkeit, dass die Biber auch diese wieder in eine Auenlandschaft verwandeln. Biber, sagt Henry, schwimmen gern überall hin und graben sich auf der Suche nach neuen Weidenquellen lieber schmale Kanäle, als das Risiko einzugehen, über Land zu laufen. Deshalb werden sie im Nachhaltigkeitsbericht von Severn Trent auch als »Baumeister der Feuchtgebiete« bezeichnet, als »Schlüsselspezies, weil sie durch ihr Verhalten neue Feuchtgebiet-Lebensräume schaffen, was eine Bandbreite an ökologischen und wirtschaftlichen Vorteilen mit sich bringt«.[3]

Auf der anderen Seite des Sees folgen wir einem schlammigen Pfad und halten dabei immerzu Ausschau nach Biberkot (der aussieht wie kleine Pferdeäpfel), bis Henry an einem Uferabschnitt stehen bleibt, an dem Schilf und mittelgroße Weiden wachsen. »Das ist einer ihrer Lieblingsorte«, sagt er und zeigt auf eine Weide, die die Biber zu Fall gebracht und die Rinde abgefressen haben. Doch aus dem Stamm wachsen neue Triebe – Biber töten die Bäume nicht, sondern halten sie sich als Nahrungsquelle. Auf dem Boden liegen mehrere Zweige, die komplett abgenagt und von Zahnspuren übersät sind. Er ermuntert uns, sie als Souvenir mitzunehmen. »Als wir das erste Mal einen solchen Ast aus Schottland zu Gesicht bekamen, haben wir ihn ehrfürchtig herumgereicht«, sagt er. »Jetzt verschenken wir sie einfach!« Ich stecke zwei der Zweige in meinen Rucksack. Eines der kleinen Mädchen aus der Familie nimmt sich ein größeres Exemplar und benutzt es als Wanderstock – das hat hier in den Midlands seit 800 Jahren kein Kind mehr gemacht.

Als wir zum Bach kommen, der zu Zeiten der Kiesgrube stark begradigt und zubetoniert wurde, spüren wir, wie sehr sich Henry wünscht, der Natur hier wieder freien Lauf lassen zu können. In letzter Zeit seien die Biber abends am Zaun entlanggestrichen, weil sie unbedingt in den Bach wollten. Es ist interessant, wie sehr sie sich von fließendem Wasser angezogen fühlen, wenn man in Betracht zieht, dass sie ihre Dämme bauen, um es zum Stehen zu bringen:* Ihr natürlicher Instinkt scheint sie immer dorthin zu treiben, wo sie sich ans Werk machen können. »Vom Standpunkt des Menschen aus gesehen sind sie überaus nützliche Werkzeuge gegen Überschwemmungen«, so Henry. »Und sie können Dürren lindern. Wenn sie das Wasser ein Stück flussaufwärts aufstauen und Feuchtgebiete schaffen, wird es länger gehalten. Das ist deutlich besser, als Flüsse mit Beton zu begradigen, sodass das Wasser ungehindert

* Es ist ein verbreiteter Irrglaube, dass sie das täten, um Fische zu fangen. Europäische Biber sind Pflanzenfresser, sie ernähren sich von Wasserpflanzenwurzeln und der Rinde von Ästen, die sie zum Teil unter Wasser lagern, um im Winter etwas zu fressen zu haben – sie bauen also Dämme, um ihren Wasserpflanzengarten und ihre Speisekammer zu vergrößern.

Richtung Hauptfluss rauscht.« Sollte es einmal für längere Zeit nicht regnen, halten die Dämme der Biber Wasser vor. Das heißt: Wenn es trocken ist, sorgen sie für Wasser, und wenn es regnet, verhindern sie Überschwemmungen. Für Wasserunternehmen mit Bibern in ihrem Einzugsgebiet bedeute das womöglich, »dass die Reservoirs im Sommer mehr Wasser führen, und zwar saubereres, schilfgereinigtes Wasser«, sagt Henry. Er gibt zu, dass »ein Einzugsgebiet voller Biber« noch Zukunftsmusik ist, aber selbst kleine Wiederansiedlungen wie hier im Feuchtgebiet zeigten umgehend Wirkung.

Als ich mich mit Jake Rigg von Affinity Water im Südosten des Landes unterhalte, sagt er halb im Scherz: »Wir sollten eine ganze Biberkolonie anheuern [...] wir erwägen, eine Studie dazu in Auftrag zu geben, die untersucht, wie die Anwesenheit von Bibern die Strömungsgeschwindigkeit der Flüsse verlangsamt und ihre Widerstandsfähigkeit bei Niedrigwasser verbessert.« Eines der Dinge, das untersucht werden soll, ist die Frage, ob sich die Flüsse durch die Schaffung weiterer Feuchtgebiete zumindest teilweise in den Zustand »vor dem menschlichen Eingreifen« zurückversetzen lassen. »Aus den meisten *Chalk Streams* würden dann wieder verflochtene Flüsse,* in denen Bäume wachsen. Ich habe gehört, dass es das nur noch in einem einzigen *Chalk Stream* gibt [...] So etwas lässt sich doch sicherlich wiederherstellen, um die Fluten bei starkem Hochwasser zu bremsen. Und bei Niedrigwasser speichert das System eine Menge Wasser.« In Finchingfield in der Grafschaft Essex beispielsweise sorgte die Neuansiedlung des Bibers auf dem Land des nahe gelegenen Gut Spains Hall dafür, dass sich ein Waldstück durch die verringerte Strömungsgeschwindigkeit eines Baches wieder in ein Feuchtgebiet verwandelte. Als im Januar 2021 das unvermeidliche

* Ein weiterer Begriff, der mir noch vage aus dem Erdkundeunterricht in Erinnerung geblieben ist: Verflochtene oder verwilderte Flüsse bestehen aus vielen schmalen Armen, die sich wie ein Netz durch ein breites Flussbett ziehen und eine Menge kleiner, häufig nur vorübergehend existierender Inseln bilden, im Gegensatz zum mäandernden Fluss, der sich wie eine Schlange durchs Land zieht.

Winterhochwasser auftrat, zeigten Drohnenaufnahmen, dass das Areal, in dem Biber lebten, viel mehr Wasser aufgenommen hatte als in den Jahren zuvor, sodass stromabwärts deutlich weniger über die Ufer treten konnte. Der Gutsverwalter Archie Ruggles-Brise schrieb begeistert in einem Blog: »Die Biberteiche sind heute sehr voll! Doch die Tiere sind so veranlagt, dass sie ihre Dämme nach diesem Hochwasser höher und breiter bauen werden. Auf diese Weise vergrößert sich das Speichervolumen mit jedem Überflutungsereignis. Ein Teil des Wassers, das wir heute sehen, wird für lange Zeit aufgestaut, über die trockensten Monate des Jahres hinweg [...], was dazu beiträgt, dass der Fluss später im Jahr selbst dann weiter Wasser führt, wenn alles andere austrocknet.« Das sei der Beweis dafür, dass schon ein einziges Biberpaar »eine Überflutungsfläche wieder ihrer ursprünglichen Bestimmung zuführen« könne.[4]

2021 befragte die britische Regierung die Bevölkerung, was sie davon hielt, den Wildlife and Countryside Act (Gesetz zum Schutz von Wildtieren und dem ländlichen Raum) von 1981 zu ändern und den Status des Europäischen Bibers von »grundsätzlich ausgestorbenes Tier« zu »einheimisches Tier« zu ändern. Henry zufolge hängt vom Ausgang der Umfrage vieles ab. Da die Biber gerade erst einen Verlorener-Sohn-artigen Auftritt hingelegt haben, gelten sie noch nicht als einheimische Tiere. Sobald sie wieder offiziell als Briten anerkannt sind, dürfen sie sich frei im Land bewegen – erst dann werden wir sehen, wozu die pelzigen »Baumeister der Feuchtgebiete« wirklich in der Lage sind. Womöglich wird sich eine Reihe von Englands Wasserproblemen – vor allem Dinge wie Speicherkapazität, Wasserqualität und Überflutungsmanagement – dann ganz kostenlos und auf natürliche Weise lösen.

Die Landwirte hingegen sind von dem Gedanken weniger begeistert. Im Zusammenhang mit der öffentlichen Meinungsumfrage äußerte die National Farmers Union (Nationale Bauerngewerkschaft): »Die Wiederansiedlung der Biber kann sich negativ auswirken – es besteht die Gefahr, dass sie Uferbereiche aushöhlen, Bäume beschädigen, den Wasserabfluss von den Feldern beeinträchtigen und dafür sorgen, dass niedrige Anbauflächen überschwemmt werden.« Doch den Bauern schwebt eine einfache Lösung vor: »Wo ein landwirtschaftlicher Betrieb wirtschaftliche Schäden erleidet, muss eine angemessene Entschädigung gezahlt werden.«[5] Die Leistungen der DEFRA für umweltbewusste Bodenbewirtschaftung sind speziell darauf zugeschnitten, »den Wert bestehender Naturgüter anzuerkennen [...] und diese Güter zu schützen und auszubauen, um positive Auswirkungen auf die Umwelt und das Klima zu bewirken« – es wäre ziemlich einfach, die Liste der möglichen Entschädigungsgründe um den Punkt »Landverlust aufgrund von durch Biber verursachte Überschwemmungen« zu erweitern. Auch die Wasserunternehmen könnten etwas beisteuern. Der von Anglian Water und Severn Trent aufgestellte »Get River Positive«-Plan (in etwa: Plan zur Bewahrung gesunder Flüsse) will Biber ansiedeln und Anreize für regenerative Landwirtschaft und Zugang zu grünen Finanzierungsmodellen schaffen[6] – auch das ließe sich um Kompensationszahlungen für geringfügige Verluste durch Biberbauten ergänzen, die für Hochwasserschutz und Grundwasseranreicherung zugleich sorgen.

Dieses Thema ist nicht nur in Großbritannien relevant. Obwohl der süße, kleine amerikanische Biber nie vom Aussterben bedroht war, kann es nicht schaden, sich noch einmal vor Augen zu führen, wie wichtig die Verbreitung dieses Tieres ist. Vor der Ankunft der europäischen Siedler kam der Biber in sämtlichen Bächen und Feuchtgebieten vor, von der arktischen Tundra bis hinunter in die Wüsten von Nordmexiko. Alice Outwater schreibt in ihrem 2008 erschienenen Buch *Water: A Natural History*, dass in den Vereinigten Staaten einst geschätzt »200 Millionen Biber lebten und mit ihren Dämmen Wälder in Auenlandschaften verwandelten, während die von ihnen geschaffenen Feuchtgebiete die Sedimente aufnahmen«[7]. Heute ist die Anzahl der Biber auf ein Zehntel dessen geschrumpft.

Der Vorsitzende von UN-Water, Gilbert F. Houngbo, schrieb 2018 im Weltwasserbericht der Vereinten Nationen: »Zu lange hat sich die Welt im Umgang mit Wasser größtenteils auf vom Menschen errichtete, ›graue‹ Infrastruktur verlassen.« Stattdessen müsse man bei der Wasserbewirtschaftung eine Kehrtwende hinlegen und »mit der Natur zusammenarbeiten statt gegen sie«[8]. Das gilt selbst in den niedrig gelegenen Ländern Europas, die im Grunde nur existieren, weil die Natur gezähmt wurde. In Belgien, sagt Marijke Huysmans, seien mäandernde Flüsse bisher begradigt und in Kanäle überführt worden, um den Abfluss zu fördern. »Doch in der heutigen Situation ist das eine ziemlich schlechte Idee. Also müssen wir jetzt genau das Gegenteil tun.«

Charles Rangeley-Wilson kämpft nicht nur für eine Verringerung der Grundwasserentnahme, sondern befasst sich auch mit der Renaturierung von Flüssen. Er sagt, dass mit relativ wenig Geld viel bewirkt werden könne. »Ein Beispiel: Vor Kurzem habe ich einen mehr als 2 Kilometer langen Abschnitt des Flusses Nar von einem erhöhten, aufgestauten und ausgebaggerten Kanal, der aus ökologischer Sicht völlig unsinnig war, zurück in die Auenlandschaft verlegt, ein bisschen Holz darin verteilt [und] ihn so im Wesentlichen renaturiert.« Die Wasserunternehmen reagieren zu Recht verhalten auf die Forderung, die Durchflussmenge der Kreideflüsse zu erhöhen, wenn es sich dabei »im Grunde um erhöhte Kanäle« handelt. Daher muss die Verringerung der Entnahme mit einer Renaturierung der Flüsse und Flussauen einhergehen, um wieder eine Verbindung zwischen den Gewässern und den Grundwasserleitern herzustellen.

Der gegenteilige Ansatz – Ausbaggern, Stauwehre, Begradigung – hat immer noch Unterstützer. Charles glaubt, dass sich das langsam ändert, aber bei katastrophalen Hochwasserereignissen hebt dieses Monster noch immer kurz seinen hässlichen Kopf. So geschehen bei der Überschwemmung der Somerset Levels, einer Auenlandschaft im Südwesten Englands, im Jahr 2015. Charles selbst forderte damals in seinem Blog »ein Umdenken und eine Neuausrichtung der Politik, um zu einem guten *Umgang* mit Überschwemmungen zu finden, statt nur auf *Abwehr* zu setzen.« Hochwasser sei eine natürliche, wiederkehrende Erscheinung und unser Umgang mit der Landschaft mache sie anfällig für Schäden. »Unser zweigleisiger, auf technischen Lösungen basierender Ansatz des Ausbaggerns und Abwehrens ist in sich widersprüchlich und hat katastrophale Folgen [...] Flüsse auszubaggern, verschlimmert die Überschwemmungen nur.« Ausgebaggerte Flüsse sind tiefer und führen deshalb mehr Wasser, das mehr Schaden anrichten kann. Natürliche Flussläufe bringen ihre eigene Hochwasserschutzvorrichtung samt Speicherfläche mit: die Auen. Durch die Bebauung der Überflutungsbereiche und das Ausbaggern der Flüsse hätten die Stadtplaner der Vergangenheit »unfreiwillig natürliche Zeitbomben erschaffen und uns dann aufgefordert, uns direkt daneben niederzulassen«.[9]

Vor der Industrialisierung kam den Flussauen eine große Bedeutung zu. Ihr Bewuchs galt als äußerst vielfältig, dort fanden sich Heilpflanzen und sie waren als gemeinschaftlich genutzte Weideflächen beliebt. Stewart Clarke von der Kultur- und Naturschutzorganisation National Trust schreibt: »Wenn wir an die Auen denken, sehen wir oft Flächen vor uns, die überschwemmt werden, wenn etwas schiefläuft, doch diese kollektive Vorstellung muss korrigiert werden, weil wir dann ganz anders mit ihnen umgehen würden.« Die meisten Flussexperten würden die Hauptrinne des Flusses als sein Flussbett in trockenen Zeiten und die Auen als sein Flussbett in regenreichen Zeiten ansehen. Wenn diese Auen also zeitweise zum Flussbett gehören, ergebe es keinen Sinn, dort irgendetwas hineinzusetzen, das durch Wasser Schaden nehmen kann. Stattdessen sollten wir uns »ein breites Netz aus grünen Korridoren« vorstellen, die sich »durch unsere Landschaft winden, verschiedene Lebensräume miteinander verbinden und bis in unsere Städte und Dörfer reichen. So könnte eine alternative Nutzung der Flussauen aussehen.« Das Nature Recovery Network for England (Netzwerk zur Wiederherstellung der Natur in England) strebt genau das an, und wenn alles richtig läuft, könnte man »das Überschwemmungsrisiko senken, Kohlenstoff binden und Erholungsräume für Menschen in der Natur schaffen«, so Clarke.[10]

In England sind 95 Prozent aller naturnahen Grasflächen im 20. Jahrhundert der industriellen Landwirtschaft zum Opfer gefallen.[11] Schätzungen zufolge sind heute nur noch gut 10 Quadratkilometer unversehrter, noch niemals umgepflügter Auenwiesen übrig. Zu meiner Verwunderung befindet sich ein Teil davon in meinem eigenen Flusseinzugsgebiet, an der Themse in der Nähe von Oxford, weniger als 2 Kilometer vom Farmoor-Reservoir entfernt. Auch die Grundbesitzer waren ziemlich überrascht, als sie davon erfuhren. Im Jahr 2000 kauften die Oxford-Wissenschaftler Catriona Bass und Kevan Martin ein verfallenes Haus auf einer Insel in der Themse; das Stück Land, das dazugehörte, war für sie eher zweitrangig, stellte sich aber als eine der ältesten Auenwiesen des Landes heraus. »Long Mead« steht sogar im *Domesday Book* von 1086. Heute setzen Bass und Martin alles daran, das Land zu erhalten, zu schützen und auszudehnen und haben zu diesem Zweck bereits mehrere Umweltschutzinitiativen gegründet, etwa das Thames Valley Wildflower Meadow Restoration Project (Projekt zur Renaturierung der Wildblumenwiesen im Themsetal). Außerdem sind sie dem Nature Recovery Network beigetreten. Mittlerweile pilgert ein stetiger Strom von Forschern zu ihrer Wiese. Als ich Ende Mai 2022 dort bin, steht sie »wenige Wochen vor der vollen Blüte«, sagt Bass. Doch auch so ist der Anblick überwältigend. Wenn man in dieser Region einen normalen Acker brachliegen lässt, erobert ihn sich die Natur schnell zurück und bedeckt die Erde mit hohen Gräsern, Nesseln, Ampfer, Wiesenkerbel und Disteln. Doch von alldem ist hier nichts zu sehen. Vor mir erstreckt sich ein dichter Teppich niedriger Wildblumen wie Wiesen-Platterbse, Hornklee und Spitzwegerich. Bass beugt sich zu einer Pflanze mit dem klangvollen Namen Mädesüß hinab, die von einer Vielzahl von winzigen weißen Blüten bedeckt ist. Sie enthalte den Wirkstoff von Aspirin, sagt sie und zerdrückt einen dünnen Stängel zwischen den Fingern, um das Aroma freizusetzen. Die Pflanze riecht genauso wie das, was bei wasserlöslichem Aspirin nach oben sprudelt.

Bass' und Martins Nachforschungen zufolge dauert es mindestens 150 Jahre, bis eine Wiese so dicht bewachsen ist wie diese. Die weiche, niedrige Pflanzendecke ist zu engmaschig, als dass typische Unkrautpflanzen wie Nesseln sie durchdringen könnten. Die beiden Eigentümer glauben, dass ihre Wiese die größte Artenvielfalt in ganz Großbritannien birgt. Bei meinem Rundgang treffe ich einen der herbeigepilgerten Forscher, Mike Wilson vom Walisischen Nationalmuseum in Cardiff, der den Insektenbestand dokumentiert, indem er eine Art Laubbläser im Saugmodus durch die Luft schwingt, um seinen Fang später im Labor zu untersuchen. Einige der Insekten sind so spezialisiert, erzählt er mir, dass sie nur auf bestimmten seltenen Pflanzen leben. Eine (noch nicht veröffentlichte) Studie der Open University, die sich mit der Kohlenstoffbindung hier vor Ort befasst, legt nahe, dass diese Wiesen ähnlich viel Kohlendioxid speichern wie ein Torfmoor, mehr als ein Wald. Das Wurzelsystem dieser Naturschönheit reicht mehr als 2 Meter tief und dort unten befindet sich auch das Kohlendioxid. Als wir später in seinem Schuppen stehen, zeigt mir Martin einige der Bodenproben, die sie genommen haben, um Long Mead mit einem gewöhnlichen Weizenfeld und einer kürzlich renaturierten Wiese zu vergleichen. Ich fühle mich sofort an den Unterhosentest auf James Alexanders Feldern erinnert, doch hier tritt der Kontrast noch stärker hervor. Die Erde aus dem konventionellen Feld sieht aus wie ein Klumpen Lehm – als könnte man ein Gefäß daraus formen und Wasser hineinfüllen, ohne dass es austreten würde. Gleichzeitig ist die Long-Mead-Erde so locker und hell, der Bioboden hingegen so dunkel, dass die beiden Proben aus unterschiedlichen Ländern stammen könnten, nicht von benachbarten Feldern. Mir wird klar, dass ich hier das ultimative Direktsaatfeld vor mir habe. James hat gut daran getan, sein

Feld 25 Jahre lang nicht umzugraben; aber Long Mead ist seit über 1000 Jahren nicht bestellt worden. Und ganz wichtig: Diese Wiese wird regelmäßig überflutet. Vor ein paar Jahren stand sie im Winter fast drei Monate lang unter Wasser. Doch sämtliche Lebewesen hier sind perfekt an diese Bedingungen angepasst. Sobald sich das Wasser zurückzieht, wirken die Pflanzen und Insekten, als sei nichts geschehen (wie genau die Insekten überleben, hofft Mike in seiner Studie in Cardiff herauszufinden). Und das Wasser verschwindet schnell, »wie in einer Badewanne, wenn man den Stöpsel gezogen hat«, sagt Bass. Die Versickerungsleistung hier ist unübertroffen. Denn genau genommen ist eine Flussaue nichts anderes als ein riesiger Schwamm – auch das zeigt die Bodenprobe. Der Boden unter der Wiese ist immer feucht, er speichert das Wasser und gibt es in trockenen Zeiten langsam frei. Es handelt sich um ein Biotop, das auf einzigartige Weise darauf ausgelegt ist, Dürren vorzubeugen und Hochwasser zu entschärfen. Zwei Eigenschaften, die heute wichtiger sind als je zuvor.

Das Nature Recovery Network hofft, diesen Wiesen zu neuem Leben zu verhelfen und lückenlose Verbindungen quer durch das ganze Land zu erschaffen. Bass und Martin bemühen sich mit viel Geduld und auf eigene Kosten darum, immer mehr Landwirte in der Nachbarschaft von ihrem Konzept zu überzeugen und Flächen aufzukaufen, wenn die Pacht ausläuft, aber es ist eine langwierige, undankbare Aufgabe, die immer wieder von größeren, Schlagzeilen produzierenden Umweltprojekten wie den Solarfarmen rundherum in den Schatten gestellt wird. Ich erkundige mich, inwiefern sie Unterstützung von Thames Water erhalten – dem Unternehmen, das direkt von diesen Ökosystemdienstleistungen profitiert, weil das Farmoor-Reservoir nur ein kleines Stück stromabwärts liegt. Die beiden schauen mich verständnislos an: »Gar nicht.« Genau genommen ist es sogar noch schlimmer: Eine der Auenwiesen im Themsetal, die zu den verbliebenen gut 10 Quadratkilometern zählt – die Osney Meadow im nahe gelegenen Botley –, soll bald auf gemeinsame Anweisung von Thames Water und der Umweltbehörde EA hin weichen müssen, damit dort das Oxford Flood Alleviation Scheme (Hochwasserschutzprojekt Oxford) entstehen kann, und zwar – und das bringt mich am meisten auf die Palme – unter dem Schlagwort »naturnahe Lösungen«. Auf der Homepage der EA ist zu lesen, dass dort »ein neuer Fluss samt Lebensraum für die Flora und Fauna der Feuchtgebiete« entstehe, der »das Umweltprofil der Region weiter verbessern wird, indem unter anderem ein neues Feuchtgebiet mit direktem Anschluss an die bisherigen Lebensräume geschaffen wird«. Ein idyllisches Bild in Wasserfarbenoptik zeigt den neuen Fluss inmitten von »grasenden Nutztieren« und einer »artenreichen Auenwiese«.[12] An keiner Stelle wird erwähnt, dass dafür weite Teile eines seit 1000 Jahren unberührten Lebensraumes zerstört werden.

◆

Die Welt hing lange dem Irrglauben an, sagt Torgny Holmgren von Stockholm International Water Institute, »dass graue Infrastruktur, die bewusst vom Menschen erschaffen wurde, natürlichen Erscheinungen in Form von Mangroven, Marschland und Wiesen überlegen sei«. Dabei habe sich gerade diese graue Infrastruktur als »starr [und] wenig geeignet für sich wandelnde Bedingungen und zunehmend unsichere Zeiten« erwiesen.[13] Die Ökosysteme der Natur böten flexiblere, anpassungsfähigere Lösungen, die Wassersysteme effizienter machten. Da das SIWI quasi die inoffizielle UN für Wasser ist, handelt es sich dabei nicht um die Nischenmeinung radikaler Umweltschützer, sondern um eine anerkannte Sichtweise. Auch der Weltwasserrat geht davon aus, dass »gesunde Ökosysteme, ausreichend Wasser und eine große Biodiversität von entscheidender Bedeutung für die Infrastruktur sind« und dass »die Erhaltung oder Renaturierung von Ökosystemen eine vorrangige Rolle sowohl bei öffentlichen als auch bei privaten Investitionen spielen sollte«.[14]

Auch im IPCC-Bericht zum Thema »Minderung des Klimawandels« von 2022 heißt es: »Die Renaturierung der Landschaft stellt fast immer eine [Klima-]Schutzmaßnahme dar. […] Die Renaturierung von Ökosystemen geht mit mehr Versickerungsleistung, Grundwasseranreicherung und Hochwasserschutz einher.«[15]

Selbst über Pakistan – das Land, in dem relativ gesehen die meisten Megastaudämme zu finden sind – sagte der Vizekanzler der Pir-Mehr-Ali-Shah-Universität für Trockenlandbau in Rawalpindi: »Naturnahe Lösungen bergen das Potenzial, viele unserer Wasserprobleme zu lösen. Wir müssen deutlich mehr mit ›grüner‹ Infrastruktur arbeiten und die ›graue‹ Infrastruktur, wo immer möglich, daran anpassen, indem wir neue Wälder anpflanzen, Überflutungsflächen reaktivieren und Feuchtgebiete renaturieren, um so für ein Gleichgewicht im Wasserkreislauf zu sorgen.« Wenn das für Pakistan gilt, gilt es auch für jedes andere Land auf der Welt.[16]

Laut der Nichtregierungsorganisation American Rivers (Amerikanische Flüsse), die sich für den Abriss von Talsperren einsetzt, gilt: »Der Rückbau einer Talsperre stellt die schnellste, effektivste Möglichkeit dar, einen Fluss zu renaturieren. […] Kaum etwas hat so tiefgreifende Auswirkungen auf einen Fluss wie eine Talsperre.« Die Zeit, in denen der amerikanische Westen auf große Staudämme gesetzt hat, muss zu Ende gehen, allein schon, weil diese Anlagen den Wasserkreislauf unterbrechen. Helen Dahlke von der University of California in Davis berichtet mir, dass Kalifornien vor der Entstehung der Stauseen »durch die Schneeschmelze heftige Hochwasser erlebte; im Frühling waren ganze Täler im Grunde ein einziges Feuchtgebiet. Erst kam die Überschwemmung, dann sickerte das Wasser ins Grundwasser ein und die Flüsse konnten über einen langen Zeitraum hinweg aus dieser Quelle zehren.« Doch selbst wenn der Bundesstaat seine Talsperren entfernen sollte, »würde es natürlich Jahrzehnte dauern, zu diesem Zustand zurückzukehren«. Aber mit Überschwemmungen gewinne man keine Wahlen, meine ich. Helen stimmt zu: »Ja, Hochwasser ist immer noch die teuerste

Naturkatastrophe, die es gibt. Teurer als Dürren. Aber in Deutschland führen wir beispielsweise gezielte Überflutungen durch. Wenn der Flusspegel steigt, gibt es Vereinbarungen mit Landwirten, an bestimmten Punkten die Dämme zu öffnen und das Wasser auf die Felder strömen zu lassen, weil man weiß, dass der Fluss Raum benötigt.« In Kalifornien wäre dafür ein politischer Kraftakt nötig, der wahrscheinlich viele Klagen nach sich ziehen würde.

Doch so langsam erwärmen sich selbst die Republikaner für den Abriss von Talsperren. Mike Simpson, Senator von Idaho, will vier Dämme im Snake River entfernen lassen. Obwohl er anfangs skeptisch war, kam er, nachdem er drei Jahre lang Gespräche mit regionalen Interessenvertretern geführt hatte und der Lachsbestand auf kritische 4 Prozent der ursprünglichen Menge geschrumpft war, schließlich zu dem Schluss, dass es am besten sei, den Fluss wieder in seinen natürlichen Zustand zu überführen – »letztendlich erkannten wir, dass es keinen gangbaren Weg gibt, die Talsperren zu erhalten«, erklärte er.[17] Zu den Unterstützern dieses Plans gehören die indigenen Stämme der Spokane und der Shoshone-Bannock sowie die Zusammenschlüsse der Stämme aus dem Colville-Reservat, der Yakama Nation und aus dem Umatilla-Reservat. Shannon Wheeler, der Sprecher des Nez-Perce-Stammes, erklärte gegenüber einer Lokalzeitung: »Die Auswirkungen dieser Dämme haben unserem Volk wirtschaftlich, kulturell, spirituell und körperlich zugesetzt.«[18] Auch Senator Simpson ist kein verwirrter Außenseiter. Der Iron-Gate-Damm, einer von vieren im kalifornischen Klamath River, wird 2023 entfernt. Frankie Myers, stellvertretender Sprecher des Yurok-Stammes, sagte zu *Denver7 News*: »Für uns Yurok stellen die unteren vier Dämme im Klamath River ein Denkmal für den Kolonialismus dar.«[19] Eine so große Talsperre ist in den USA noch nie abgerissen worden.[20] Auch der Senator von Montana, Jon Tester, will 17 Flüsse unter Naturschutz stellen und in diesem Zusammenhang mehrere Minen und Staudämme sperren oder abreißen lassen – genau die Dinge, nach denen Senatoren früher gelechzt haben.

2020 gab es 90 000 Talsperren in den USA, von denen 85 Prozent das ursprünglich vorgesehene Maximalalter von 50 Jahren bereits überschritten hatten.[21]

Der Vjosa in Albanien ist einer der letzten wirklich wilden Flüsse Europas – auf seiner gesamten Länge von 270 Kilometern finden sich weder Talsperren noch Stauwehre. Als es schließlich doch Planungen für derartige Bauwerke gab, forderten die Gegner 2021 unter dem Hashtag #VjosaNationalParkNow mit prominenter Unterstützung durch den Outdoor-Bekleidungs Hersteller Patagonia und Leonardo DiCaprio, das Flussgebiet zum geschützten Nationalpark zu erklären. Im Januar 2022 kam die albanische Regierung ihnen entgegen und erhob den Fluss in den Stand des »Nationalparks« – das brachte zwar nicht den umfassenden Schutz, den sich die Aktivisten gewünscht hätten, galt aber als Schritt in die richtige Richtung. Die Pläne für zwei bereits bewilligte Wasserkraftwerke wurden nach Klagen auf Eis gelegt und die Genehmigungen zurückgezogen.[22] Wenn der Vjosa dem Druck standhält, könnte er zum Talisman der Wildflussbewegung werden, die ganz Europa erfasst hat. Die EU strebt an, im Rahmen der Europäischen Biodiversitätsstrategie bis 2030 25 000 Kilometer an Wildflüssen zu renaturieren. Das geht nur, indem Tausende Talsperren und Stauwehre abgebaut werden, von denen die meisten ohnehin nicht mehr ihre ursprüngliche Funktion erfüllen oder völlig verfallen sind. Das von der EU finanzierte AMBER-Projekt ermittelte, dass die europäischen Flüsse in ihrem Verlauf von 1,2 Millionen Bauwerken behindert werden, von denen fast 200 000 (etwa 17 Prozent) als überflüssig galten.*

Sandra Postel vom Global Water Policy Project hat erklärt, dass der Weg hin zu einer gesicherten und widerstandsfähigen Wasserversorgung der Zukunft darin bestehe, »partnerschaftlich mit der

* Auf der Homepage des Projekts findet sich eine enorm detaillierte, kostenlos herunterladbare Karte der europäischen Flussbarrieren: amber.international/european-barrier-atlas

Natur zusammenzuarbeiten« – weniger Herrschaft und Unterwerfung und mehr Natur- und Ökosystemdienstleistungen. »Wir sollten, wo immer möglich, auf die Natur schauen und mit ihr kooperieren.« Ein offensichtliches Beispiel ist unser Ansatz beim Hochwasserschutz, sagt sie. Wenn wir uns von der grauen Infrastruktur abwenden und zu naturnahen Lösungen zurückkehren, »bringt das überall eine Reihe von Begleitnutzen mit sich – wir lenken und verteilen das Hochwasser, speichern mehr Kohlenstoff im Boden, reichern das Grundwasser an und stauen und reinigen das Wasser, bevor es weiter flussabwärts strömt«.[23] Das heißt nicht, dass wir unsere Städte abreißen und wieder ganz von vorn anfangen sollten. Aber es bedeutet, einen Teil der Wehre und Staudämme zu entfernen und die ländlichen und halbstädtischen Auenlandschaften und Feuchtgebiete wiederherzustellen.

Es geht also nicht nur darum, die Fischwanderung zu erleichtern – so wichtig das auch ist. Betrachtet man die Sache rein aus der Perspektive der Wasserinfrastruktur, versorgen uns renaturierte Flüsse, Überflutungsflächen und angereicherte Grundwasserleiter deutlich besser mit ausreichend Wasser als Staudämme.

Das »Great Valley Grasslands Floodplain Restoration«-Projekt in Kalifornien (Projekt zur Renaturierung der Auenwiesen im Great Valley) beispielsweise hat es sich zum Ziel gesetzt, die Hochwasserschutzanlagen am San Joaquin River zurückzubauen, damit er bei Hochwasser über die Ufer treten kann. Durch die sich über 48,5 Hektar erstreckenden Überflutungsflächen werden sowohl der Grundwasser- als auch der Oberflächenwasserbestand gestärkt. Beim »Central Valley Flood Protection Plan« (Hochwasserschutzplan für das Central Valley) steht die Renaturierung von Auenlandschaften im Vordergrund, um »die Auswirkungen der unvermeidlichen Hochwasserereignisse abzumildern«. Auf der Startseite der Homepage dieses Plans, multibenefitproject.org, wird das naheliegendste Gegenargument direkt entkräftet: »Im Central Valley leben und arbeiten Millionen Menschen in Hochrisikozonen. Die Steuerzahler könnten für Schäden in Milliardenhöhe haften, wenn durch ein starkes Hochwasser Privatbesitz zerstört wird.« Statt dieses Risiko weiter zu erhöhen, soll der naturnahe »Mehrfachnutzen«-Ansatz es senken. Bisher wurden in diesem Zusammenhang Tausende Hektar Land im ganzen Tal gekauft, um dort Überflutungsflächen zu schaffen. Laut Julie Rentner, Präsidentin der Non-Profit-Organisation River Partners, die in das Vorhaben involviert ist, »bilden diese zurückgewonnenen Überflutungsflächen einen hervorragenden Lebensraum für Tiere und Pflanzen. Der gesamte Komplex hat in den vergangenen 20 Jahren häufig tief unter Wasser gestanden und dabei als eine Art Puffer gedient, um das Flusssystem weiter stromabwärts zu entlasten.« Wissenschaftlern vom Lawrence-Livermore-Nationallabor zufolge speisten die Flüsse im San Joaquin Valley einstmals doppelt so viel Wasser ins Grundwasser ein wie heute. »Das ist angesichts der in den letzten 100 Jahren entstandenen Talsperren nicht weiter verwunderlich«, lautet Rentners Kommentar dazu. »Daraus lässt sich schließen, dass auch heute mindestens doppelt so viel Wasser ins Grundwasser gelangen könnte. Wenn man zulassen würde, dass mehr Wasser durch die Flusskorridore strömt und dort versickert, vor allem in Gegenden mit einem niedrigen Grundwasserspiegel, könnten sich die Speicher wieder füllen.«[24] Bei River Partners ist man überzeugt, allein im Jahr 2021 für den Erhalt von 4,5 Milliarden Litern Wasser gesorgt zu haben, was etwa 12 300 Kubikmetern täglich entspricht, vergleichbar mit einer mittelgroßen Entsalzungsanlage (die Mossel-Bay-Anlage in Südafrika beispielsweise erzeugt 15 000 Kubikmeter am Tag[25]), aber ohne die dort anfallenden Betriebskosten. Außerdem gilt, wie ich in Oxford gesehen hatte, dass lebendige Flussauen Kohlenstoff binden, statt ihn freizusetzen.

Die Natur ist klimaresilienter als Beton, das ist schon eine ganze Weile bekannt. Ein interdisziplinärer Fachartikel aus dem Jahr 2009, an dem auch die US-Forstbehörde mitwirkte, empfiehlt die Renaturierung von Uferbereichen als wichtige Maßnahme im Rahmen des

Klimawandels: »Ökosysteme im Uferbereich sind von Natur aus widerstandsfähig, miteinander vernetzt, verbinden Lebensräume im Wasser und auf dem Land und dienen vielen Tieren als Rückzugsort – alles Eigenschaften, die zu einer ökologischen Anpassung an den Klimawandel beitragen können.« Außerdem gelte: »Um erneut ein funktionierendes Wassersystem herzustellen, ist auch eine Verringerung der Grundwasserentnahme im Oberlauf sowie eine Vermehrung des Oberflächenwassers notwendig.«[26] 2009 stieß dieser Artikel auf wenig Resonanz, doch das sieht heute ganz anders aus. Die *Los Angeles Times* hatte laut Marc Reisner 1905 über die erste Talsperre der Stadt berichtet: »Das Band, das das San Fernando Valley über zehn Jahrhunderte hinweg zum Vasallen des trockenen Dämons gemacht hat, wird nun durch den magischen Krummsäbel der modernen Ingenieurskunst durchschnitten.«[27] 2017 druckte die gleiche Zeitung einen Leitartikel ab, in dem der »Central Valley Floodplain Restoration Plan« (Plan zur Renaturierung der Auenlandschaften im Central Valley), »der zur Erholung der Ökosysteme am San Joaquin River beitragen und das Grundwasser anreichern soll« (und den Abriss von Talsperren vorsieht), der Leserschaft als »kaum bekannt, aber von entscheidender Bedeutung«[28] präsentiert wird.

### Invasionsbekämpfung

Eines der beeindruckendsten Beispiele für eine Naturschutzmaßnahme, die das Wasservorkommen in einem Einzugsgebiet steigert, findet sich an den Berghängen rund um Kapstadt. Was in einem Einzugsgebiet und drumherum wächst beziehungsweise angepflanzt wird, ist von großer Bedeutung. Mark Dent von der Alliance for Water Stewardship in Pietermaritzburg sagt: »Wenn wir den Regen, der in Südafrika fällt, als wichtigste Nachschubquelle für das System betrachten, verschwinden 92 Prozent davon in der Bodenmatrix und werden von den kleinen grünen Pumpen der Natur aufgesogen und anschließend wieder in die Atmosphäre ausgestoßen. Von den 8 Prozent, die in die Flüsse gelangen, wird rund die Hälfte bis 60 Prozent erneut entnommen und zur Bewässerung auf den Anbauflächen verteilt. Das heißt, dass insgesamt 95 bis 96 Prozent des Ganzen in Form von Evapotranspiration in die Luft entschwinden. [...] Daher stellt die pflanzliche und landwirtschaftliche Seite einen enormen Hebel dar.«

Louise Stafford, die Südafrika-Direktorin der Naturschutzorganisation The Nature Conservancy, die während unseres Gesprächs im Homeoffice in Scarborough am Rand von Kapstadt sitzt, lastet den *Day Zero* zum Teil der Ausbreitung invasiver Arten an. »Viele der Probleme hier in Kapstadt gehen darauf zurück, dass invasive Arten und invasive Bäume dem System Wasser entzogen haben, das ansonsten weiter stromabwärts in die Stauseen geflossen wäre«, sagt sie. Bestrebungen, gegen schädliche Neuankömmlinge in und um Kapstadt vorzugehen, gab es bereits zuvor, doch vor dem *Day Zero* hatte kaum jemand eine direkte Verbindung zum sinkenden Wasserpegel hergestellt – Stafford allerdings schon. »Wir schauten uns die verfügbaren Informationen an, glichen die Daten ab und wendeten dann hydrologische Modelle an, um die Auswirkungen auf das Wassersystem zu untersuchen.« Durch eine Raumanalyse erkannten Stafford und ihr Team, dass sich die invasiven Pflanzen in zwei Dritteln (69 Prozent) der 24 Wassereinzugsgebiete in der Provinz Westkap ausgebreitet hatten, mit der Folge, dass 14 400 Hektar Land (10 Prozent des Gebiets) unter schwerwiegendem Wassermangel litten. Die durstigen »Invasoren«, zu denen Akazien und Eukalyptus aus Australien und Kiefern aus Europa zählen, haben Wurzeln, die tief in die Erde reichen und bis zu 20 Prozent mehr Wasser verbrauchen als die heimischen Pflanzen des Fynbos. Staffords Untersuchungen ergaben, dass fünf Jahre nach einer Renaturierung der vorrangigen Einzugsgebiete durch Ausrottung der wasserhungrigen Eindringlinge jährlich 50 Milliarden Liter Wasser (50 Millionen Kubikmeter) mehr zur Verfügung stehen würden – ein Sechstel des Wasserverbrauchs von Kapstadt. Würde man die Arbeit fortführen und immer mehr invasive Pflanzen roden, würde sich diese Menge nach 30 Jahren auf 100 Milliarden Liter verdoppeln und ein Drittel des städtischen Bedarfs abdecken. Erstaunlicherweise ließe sich allein durch diese eine Maßnahme quasi garantieren, dass es in Kapstadt nie wieder einen *Day Zero* geben würde.

Während die Stadt in Erwägung zog, mithilfe von öffentlichen Mitteln in Höhe von 8 Milliarden Rand (428 Millionen Euro) tiefer in die Grundwasser führenden Schichten hineinzubohren oder Entsalzungsanlagen zu bauen, um neue Wasserquellen zu erschließen, meinten Stafford und ihr Team, dass sie das Gleiche für nur 372 Millionen Rand (20 Millionen Euro, also 95 Prozent weniger) erreichen könnten, was einen effektiven Rohwasserpreis von 0,8 Rand (gut 4 Cent) pro Kubikmeter ergab, verglichen mit 10 bis 15 Rand (54–80 Cent), die bei der Wasserwiederaufbereitung oder der Entsalzung anfielen. Im Artikel zur Studie heißt es: »Durch die Renaturierung der Einzugsgebiete ließe sich Wasser zu einem Preis beschaffen, der zwei Drittel bis ein Zehntel dessen beträgt, was die in Kapstadt erwogenen Alternativen kosten würden. […] Schon ab den ersten Winterniederschlägen stünde mehr Wasser zur Verfügung. Hinzu kommt, dass die Wasserzugewinne durch die Renaturierung fortbestehen, solange die invasiven Arten aus den betroffenen Gebieten ferngehalten werden.«[29] Durch die Baumfällarbeiten entstünden zudem etwa 200 dauerhafte Arbeitsplätze.

Um die zu Beginn anfallenden Kosten zu bestreiten, wurde ein Wasserfonds für den Großraum Kapstadt gegründet (basierend auf dem internationalen Wasserfonds-Modell, erst der zweite dieser Art in Afrika). So wurden private und öffentliche Akteure sowie die Lokalbevölkerung zusammengebracht. Wenn man die invasiven Arten im Einzugsgebiet eliminiere und stattdessen den heimischen Bewuchs zurückkehren lasse, gewinne man jährlich *zwei Monate* Wasser für die Stadt hinzu, erklärt mir Stafford. »Damit erkaufen wir uns viel Zeit.« Anschlussstudien hätten eine Kapitalrendite von 351 Prozent ergeben, sagt sie. Das waren Zahlen, die auch die Verantwortlichen in der Stadtverwaltung überzeugten, sodass sie eine neue Wasserstrategie ins Leben riefen. »Während invasive Bäume in der Vergangenheit zwar erwähnt, aber niemals Zahlen genannt wurden, erkannte die Stadt nun, dass es in ihrem eigenen Interesse lag, diese Maßnahme in den Katalog aufzunehmen. Also genehmigte sie den Fonds und bewilligte Mittel für die Erforschung naturnaher Lösungen außerhalb der Stadtgrenzen. So etwas hat es bisher noch in keiner südafrikanischen Stadt gegeben.« Doch die Vorgehensweise werde sicherlich bald Schule machen, meint sie.

Um zu verstehen, wie das Entfernen von Pflanzen derart massive Auswirkungen auf die Wasserbestände haben kann, muss man verstehen, wie groß das betroffene Gebiet ist. Allein die Reservoirs in den Teileinzugsgebieten der Flüsse Wemmershoek, Theewaterskloof und Berg erstrecken sich über eine Fläche von 54 300 Hektar (543 Quadratkilometer) – etwa so viel wie die beiden Teile des Bodensees zusammen. Sie liefern 73 Prozent des Wasserbedarfs von Kapstadt. »Alle diese Stauseen befinden sich im Gebirge«, erklärt Stafford. »Das heißt: Wenn es regnet, fließt das Wasser die Hänge hinab in die Seen. Wir haben hier eine sehr kurze Regenperiode, nur etwa drei Monate, und dann folgen neun trockene Monate, in denen die Flüsse weiter fließen.« Normalerweise landet ein Teil der Niederschläge direkt in den Flüssen und über sie in den Reservoirs, doch gleichzeitig wirken der einheimische Bewuchs – Fynbos – und die Bodenstruktur darunter wie eine Art Schwamm (ganz ähnlich wie die Auenwiesen bei Oxford) und geben das Wasser über die Sommermonate verteilt frei. Die invasiven Pflanzen haben den einheimischen gegenüber Vorteile, weil sie vor Ort keine natürlichen Feinde haben, größer sind und ihre Samen vom Wind verteilen lassen. Sie saugen das Wasser auf, sodass in die Nebenflüsse kein Wasser mehr eingespeist wird. Auf Luftaufnahmen sieht das Einzugsgebiet aus »wie das Fell auf einem Hunderücken«, erklärt Stafford, statt einheimischer Pflanzen erstrecken sich Kiefern »buchstäblich soweit das Auge reicht«.

In einem derart riesigen Gebiet, das in weiten Teilen nur per Helikopter zugänglich ist, Unmengen von Bäumen zu fällen, ist eine Mammutaufgabe. Anfangs schickte der Staat einige Waldbrandtrupps, um mit der Rodung zu beginnen, aber sie kamen mit der Arbeit nicht hinterher. Also stellte Stafford ein Anwerbe- und Ausbildungsprogramm auf die Beine. Heute durchlaufen die Kandidaten ein zehntägiges Spezialtraining, in dem sie lernen, sich in der Wildnis zurechtzufinden und Baumfällarbeiten in großer Höhe durchzuführen. Dann werden sie in ein Lager geflogen, wo sie einige Wochen lang bleiben und arbeiten. Das erinnert an die Arbeitsbedingungen auf Öl- und Gasplattformen, nur dass es hier um die Sicherung der Wasserversorgung geht statt um das Fördern fossiler Brennstoffe. Die Gegend ist derart unzugänglich, dass die Arbeiter die Bäume entweder ringeln, sodass sie absterben, oder sie direkt fällen und einfach liegen lassen. In leichter erreichbaren Bereichen werden die Stämme laut Stafford gehäckselt und im Winter auf den Feldern verteilt, damit die Erde nicht austrocknet. Angesichts der Ausmaße des Einzugsgebiets wird die Arbeit noch viele Jahre dauern; Stafford geht davon aus, dass ihre Arbeiter mit den hier erlangten Fähigkeiten später in anderen Regionen, die ebenfalls mit invasiven Baumarten zu kämpfen haben, sehr begehrt sein werden.

»Da die Einzugsgebiete so riesig sind, mussten wir mit den einfachsten Zonen anfangen, wo die Rendite am höchsten war«, erklärt Stafford. Sie und ihr Team definierten sieben Schwerpunktgebiete, immerhin »etwa 52 Prozent des gesamten Systems. Dort fielen rund 76 Prozent der aktuellen Wasserverluste an.« Die Arbeiten begannen im Februar 2019 und zum Zeitpunkt unseres ersten Gesprächs im Februar 2021 waren schon etwa 15 000 Hektar (27 Prozent) des Areals gerodet. Stafford schickte mir den Link zu einer Homepage, der ich den aktuellen Stand in den einzelnen Teileinzugsgebieten entnehmen konnte.* In den folgenden Monaten ertappte ich mich immer wieder dabei, wie ich den Fortschritt überprüfte und mir Staffords mutige Trupps vorstellte, wie sie an straff gespannten Seilen über Felsspalten hingen und Rinde von Stämmen schälten oder Schösslinge aus der Erde zogen. Im Oktober 2022 las ich, dass 25 670 Hektar (44 Prozent) geräumt und vier der sieben Schwerpunktgebiete bereits mehr als zur Hälfte von den Invasoren befreit waren.

Meine Gespräche mit Louise Stafford führten mir vor Augen, dass invasive Arten beim Thema Wasserversorgung meist völlig übersehen werden. Für uns sind Bäume an Berghängen einfach »Natur«, ohne dass wir hinterfragen, ob sie eigentlich einheimisch sind oder wie sie sich auf den Grundwasserspiegel auswirken. »Invasive Arten sollten international als wichtige Ursache von Wasserverlusten anerkannt werden«, meint Stafford. Ähnliche Auswirkungen haben beispielsweise das ursprünglich afrikanische Büffelgras in Arizona, Texas und Mexiko, gegen das ehrenamtliche Helfer (unter Bezeichnungen wie »State-Park-Büffelgrasjäger« oder »Sonora-Graskiller«) schon seit Jahren ankämpfen, Pappeln in Nevada, Eukalyptus in Kolumbien, das Drüsige Springkraut in Großbritannien und wohl auch der kontrollierte Anbau von Sitka-Fichten in einigen europäischen Ländern, unter anderem in Belgien und Irland. Stafford betont, wie sehr sich die Art und Weise der Bepflanzung auf unsere Wasserversorgung auswirkt. Das sollte auch bei entsprechenden Initiativen zur Bekämpfung des Klimawandels beachtet werden, etwa dem Plan der EU, bis 2030 3 Milliarden zusätzliche Bäume zu pflanzen, oder der »Trillion Tree Campaign« (Eine-Billion-Bäume-Kampagne) des WWF und der Hilfsorganisation Restore the Planet (Repariert die Erde). Die natürliche Bindung von Kohlendioxid ist essenziell – aber

* Was die Detailgenauigkeit und die Datenaufbereitung angeht, wird diese Seite wohl nur von der Homepage zur Jal-Jeevan-Mission übertroffen. Zum Zeitpunkt, an dem ich das hier schreibe, ist sie noch unter https://public.tableau.com/app/profile/waterfunds/viz/GCTWFDSSv1/PublicDSS abrufbar.

nur, wenn sie »in den richtigen Bäumen an den richtigen Orten« erfolgt, warnt Stafford. »Was bringt es, Flächen, die eigentlich Grassavannen sind, mit Bäumen zu bepflanzen? Wir müssen mit der Natur arbeiten.«

Nachdem Chennai ein Jahr nach Kapstadt ebenfalls einen *Day Zero* erlebt hatte, setzte man beim Umbau des Wassersystems auch hier auf Renaturierung und Naturschutz. Mit dem Verlust der Feuchtgebiete hatte die Stadt ihre Widerstandsfähigkeit eingebüßt. Der Zusammenhang war eindeutig. Früher war die Hauptstadt von Tamil Nadu von 8 000 Hektar Feuchtgebiet umgeben, doch nachdem jahrzehntelang immer mehr Häuser gebaut wurden, waren nur noch 10 Prozent davon übrig. »Es ist allgemein bekannt, dass Feuchtgebiete für Oberflächenwasser sorgen«, sagt Alpana Jain vom Nature Conservancy in Indien. Trotzdem zählt der Pallikaranai-Sumpf zu den letzten verbliebenen 800 Hektar Feuchtgebiet in Chennai. Der Rückgang habe unter den britischen Kolonialherren begonnen, erzählt Jain. »Warum sind die Gebiete überhaupt geschrumpft? Weil die Briten per Gesetz alle Feuchtgebiete zu Ödland erklärt haben. Und das ist erst vor Kurzem geändert worden, vor etwa zehn Jahren.« Doch obwohl die Engländer für das Zimmern des Sarges verantwortlich waren, wurden die Nägel von einer der großen indischen Erfolgsgeschichten der Moderne hineingeschlagen: dem IT-Boom. »Die gesamte IT-Branche ist auf den Feuchtgebieten angesiedelt«, sagt Jain. »Beim Hochwasser 2015 wurden die Keller und Erdgeschosse dieser Unternehmen überflutet. Das führte schlagartig zu der Erkenntnis, dass der Schutz unserer Feuchtgebiete auch unserem eigenen Schutz dient.« Die Dürre von 2019 stellte Chennai vor ein noch größeres Problem. Normalerweise dauert die Regenzeit hier von Oktober bis Anfang Januar, während es von April bis Juni sehr trocken ist. Das Wasser des Monsuns reicht nur aus, wenn die Feuchtgebiete es aufnehmen und ins Grundwasser einspeisen können.

Die IT-Branche ist hier schon zu tief verwurzelt, um abzuwandern.

Doch heute stehen die Überreste des Pallikaranai-Sumpfes unter dem Schutz der indischen Waldbehörde; mithilfe von Jain und dem TNC werden das verbliebene Feuchtgebiet und die 200 Seen in der Stadt renaturiert. Der TNC hat sich einen See herausgepickt, um seine Vorgehensweise zu demonstrieren, die andere dann nachahmen können. Der Lake Sembakkam, der inmitten von Wohnsiedlungen liegt, war durch unbehandeltes Abwasser und abgeladenen Müll verseucht. Sein Wasser floss in ein ebenso verschmutztes, 40 Hektar großes innerstädtisches Feuchtgebiet. Jain und ihr Team haben es mithilfe naturnaher Ansätze geschafft, diesen Schandfleck, der ein erhebliches Gesundheitsrisiko darstellte, in einen Ort zu verwandeln, der bei Fischen, Vögeln und Menschen gleichermaßen beliebt ist. »Als Erstes haben wir uns die Umgebung im Radius von 5 Kilometern rund um den See angeschaut, um die hydrologischen Gegebenheiten zu verstehen«, erklärt sie. »Dann haben wir einen Renaturierungsplan erstellt, in dem es darum ging, die Biodiversität und die Wasserqualität zu verbessern. Unser Ziel war der Standard D des Zentralen Verschmutzungskontrollgremiums, was im Grunde bedeutet, dass das Wasser für Fische und andere Tiere geeignet ist. Man kann es nicht trinken und nicht darin schwimmen, aber zur Anreicherung des Grundwassers reicht es aus.« Wer sich fragt, warum man nicht Standard A, B oder C angestrebt hat, muss sich die Ausgangssituation vor Augen führen. »Die Wasserqualität war wirklich grottenschlecht«, erläutert Jain. »Jeden Tag flossen etwa 7 Millionen Liter Abwasser in den See, eine Mischung aus Fäkalien und Wasch- und Spülwasser. Da es in der Region kein offizielles Klärsystem gibt, kippt einfach jeder, was bei ihm anfällt, in die Kanalisation, die hier in den See mündet.« Da ist es wenig überraschend, dass Labortests nicht nur dem See, sondern auch dem Grundwasser darunter einen extrem hohen Verschmutzungsgrad bescheinigten.

Der Renaturierungsplan, der gemeinsam mit der Universität IIT Madras ersonnen wurde, sah dort, wo das Abwasser in den See eintritt, Schilfzonen und Feuchtgebiete vor, in Kombination mit mechanischen Pumpen und Umwälzern, wie man sie auch in Kläranlagen findet – auch wenn Jain betont, dass das Schilf »die Vorklärfunktion übernimmt«. Zusätzlich zum Schilf pflanzt der TNC weitere einheimische Gewächse an, die hier im Pallikaranai-Sumpf früher weit verbreitet waren. Das soll nicht nur Pflanzen und Tiere anlocken, sondern auch Menschen. Die Verwandlung einer Müllkippe in ein grünes Naherholungsgebiet trage dazu bei, dass die Leute Stolz und Verantwortungsgefühl entwickeln, sagt Jain, und das sei notwendig, wenn der Plan langfristig aufgehen soll. Unser Gespräch findet statt, bevor die Schilfflächen vollständig bepflanzt sind, aber »schon jetzt ist der See nach dem Monsun komplett gefüllt und sieht wunderschön aus«, sagt sie. »Vögel, Flamingos, Pelikane, sie alle kehren zurück. Und die Leute sind so glücklich darüber, man sieht sogar Spaziergänger. […] Wir haben aufgeräumt und die invasiven Arten herausgerissen. Jetzt kann der See wieder atmen.« Durch diese erste Renaturierung hat sich die Füllkapazität um mehr als 100 000 Kubikmeter vergrößert. Jetzt steht der See drei Jahre lang unter engmaschiger Beobachtung, mit Vorgaben, die ständig aktualisiert werden, damit die städtischen Behörden die Erkenntnisse auf andere Seen und Feuchtgebiete übertragen können. Die Vertreter des Jal-Shakti-Wasserministeriums in Chennai »haben uns zu unserer Arbeit befragt und großes Interesse an unserer Strategie bekundet«, sagt Jain.

Sollte Chennai es schaffen, die 200 Seen und Feuchtgebiete zu renaturieren, könnte die Wasserversorgung der Stadt gesichert sein. Obwohl der stetige Bevölkerungszuwachs und der Klimawandel die Aufgabe stetig erschweren, kann die Vorgehensweise des TNC als Vorlage dienen. Chennai arbeitet an einem großen 20-Jahres-Plan, der ab 2026 gelten soll, und Jain sagt, sie befinde sich »in fortgeschrittenen Gesprächen«, um die naturnahen Lösungen und die natürliche Wasserinfrastruktur ins Zentrum dieses Plans zu rücken.

Auch in Peru gibt es Bestrebungen, naturnahe Lösungen zur nationalen Strategie zu erheben. Das erklärte Ziel des Projekts »Natürliche Infrastruktur für Wassersicherheit« besteht darin, den Schutz, die Renaturierung und die nachhaltige Nutzung der Ökosysteme und des Wissens der indigenen Bevölkerung zu fördern, um so die Wasserprobleme zu bekämpfen. Zwischen 2014 und 2020 wurde das Projekt mit immer mehr Mitteln ausgestattet, der Betrag stieg insgesamt 13-mal. Um eine bessere Versickerungsleistung ins Grundwasser zu erreichen, setzen die Verantwortlichen vor allem auf Aufforstung und Wiederaufforstung, aber auch auf Versickerungsgräben und indigene Techniken zum Wasser- und Bodenschutz. Bei den *Qochas* beispielsweise kann die Entwicklung mittlerweile als Kreislauf beschrieben werden: In früheren Zeiten waren sie das zentrale Mittel, um Wasser aufzufangen, bevor man sie belächelte und verfallen ließ, bis man sie heute wieder in den nationalen Maßnahmenkatalog aufnahm.[30]

Und hier schließt sich auch für uns der Kreis. Sollten wir einfach das gesamte System renaturieren? Dafür sorgen, dass sich sämtliche Flüsse wieder wild und ungehindert durch die Landschaften schlängeln, Überflutungsflächen schaffen und es der Natur überlassen, die Grundwasserleiter anzureichern? Niels Hartog hat da seine Bedenken: »In gewissem Sinne sitzen wir in der Falle, da wir das Land ja nutzen. Es erfüllt eine Funktion für uns. Also: Ja, mehr durchlässige Bodenbeläge, weniger Beton und Pflastersteine in den Gärten – das ist sicherlich ein Teil der Lösung. Aber eine vollständige Rückkehr zur Natur ist unmöglich. Daher bin ich der Ansicht: Wir sollten das, was uns die Natur anbietet, so gut wie möglich nutzen, aber es ist eine verquere Vorstellung, dass wir in reiner Harmonie mit ihr leben könnten – dafür sind wir einfach zu viele und haben zu hohe Ansprüche.« Ich hätte ihm gern vehement widersprochen, aber er hat recht. Wir werden unsere Städte – gänzlich vom Menschen erschaffen und ein unvermeidlicher Teil unserer Zukunft – nicht den Wölfen oder Bibern überlassen. »Die Regenfälle, die Niederschläge werden immer extremer ausfallen, mehr Wasser in kürzerer Zeit«, sagt Niels (so wie ungefähr jeder, mit dem ich im Rahmen meiner Recherchen spreche). »Und unsere heutige Infrastruktur ist darauf nicht ausgelegt. Daher spielt *alles*, was wir tun können, um diese Spitzen abzufangen – sämtliche Maßnahmen, die unsere Oberflächen verändern, [...] SuDS, begrünte Dächer, Parkanlagen – eine wichtige Rolle.« Und, ja, das gilt auch für Biber und andere naturnahe Ansätze im erweiterten Einzugsgebiet, auch wenn das Anbauflächen kostet. »Wir müssen klüger handeln, was das Wasser angeht«, sagt Niels.

# FAZIT: WIR MÜSSEN UNS MEHR ANSTRENGEN

Es gibt Menschen, denen zufolge die Wassersituation so kritisch ist, dass sie meinen: »Wasserkriege sind die neuen Ölkriege.« So äußerten sich Vizepräsidenten der Weltbank[1] und Vertreter des Weltwirtschaftsforums,[2] aber auch die US-Vizepräsidentin Kamala Harris, die in ihrer Rede anlässlich der ersten 100 Tage im Amt erklärte: »Über Jahre und Generationen hinweg sind Kriege um Öl ausgefochten worden. Es dauert nicht mehr lange, dann wird es um Wasser gehen.«[3] Nach Ansicht vieler westlicher Politiker und Kommentatoren war der syrische Bürgerkrieg ein solcher Wasserkrieg. US-Präsident Barack Obama sagte in einer Rede 2015, die durch den Klimawandel begünstigte Dürre habe »zu Unruhen in Syrien geführt, die sich dann zu einem Bürgerkrieg auswuchsen«[4], während sein Außenminister John Kerry meinte: »Es ist kein Zufall, dass Syrien unmittelbar vor Ausbruch des Bürgerkriegs von einer der schlimmsten Dürren der Landesgeschichte heimgesucht wurde [...] was die aufkeimenden politischen Unruhen massiv verschärfte.«[5] Und auch Peter Gleick, Mitgründer des Pacific Institute, das eine Datenbank der Wasserkonflikte betreibt, schreibt: »Ein jüngeres Beispiel für einen Konfliktherd mit komplexen, aber direkten Verbindungen zum Wasser ist der Kollaps des Staates Syrien und der Ausbruch eines massiven Bürgerkriegs.«[6]

Auf den ersten Blick scheint Ähnliches auch auf die Ukraine zuzutreffen, doch hier spricht – zu Recht – niemand von einem »Wasserkrieg«. Der Nord-Krim-Kanal wurde zwischen 1957 und 1975 von der Sowjetunion gebaut, um dringend benötigtes Wasser vom Dnjepr auf die Krim zu transportieren, wo es im Sommer heiß und trocken und im Winter kalt und trocken ist. Schon bald bezog die Halbinsel 85 Prozent ihres Wasserverbrauchs über den Kanal. 2014, als das russische Militär die Krim annektierte und die Russen den Kanal unter ihre Kontrolle stellten, reagierte die Ukraine, indem sie den Wasserzufluss abriegelte und die Krim damit über Nacht von ihrer Wasserquelle der letzten 40 Jahre abschnitt. Nach sieben Jahren Auseinandersetzung legte Russland im Juli 2021 beim Europäischen Gerichtshof für Menschenrechte Beschwerde gegen die Ukraine ein, in deren Zentrum die Blockade des Kanals stand. Russland verlangte, das Gericht solle »die ukrainischen Behörden anweisen, die Blockade aufzuheben«, doch das Gericht lehnte den Antrag ab. Stattdessen ersetzte die Ukraine die bisher aus Sandsäcken bestehende Barrikade durch eine dauerhafte aus Beton. Kurz darauf bezeichnete die *Financial Times* »Moskaus Schwierigkeiten, die 2,4 Millionen Einwohner der Krim mit Süßwasser zu versorgen« als »einen nicht offiziell erklärten Krieg«. Weiter hieß es im Artikel: »Kiew befürchtet, dass Moskau die Wasserversorgung durch einen militärischen Einmarsch sichern will.[7]« Der von Russland eingesetzte Gouverneur der Krim, Sergej Aksjonow, erklärte unmissverständlich: »Es wird keinen ›Wasserkrieg‹ geben.« Nur sechs Monate später, am 24. Februar 2022, überfiel Russland die gesamte Ukraine. Gleich am ersten Tag des Angriffskriegs zerstörten russische Soldaten den Damm im Kanal, sodass das Wasser des Dnjepr wieder ungehindert Richtung Krim fließen konnte.

Kann man also sagen, dass die Kriege der letzten Jahre durch Wasserknappheit ausgelöst wurden? Ein Verbund aus britischen, amerikanischen und deutschen Wissenschaftlern, die sich mit den Ursachen des Syrienkriegs auseinandergesetzt haben, halten diesen Schluss für verfehlt: Bis vor einigen Jahren sei der Krieg, der 2003 bis 2005 in Darfur stattfand, von vielen als »der erste Klimakrieg« bezeichnet worden, doch diese Behauptung gilt mittlerweile als entkräftet, unter anderem durch die Erkenntnis, dass er weder während noch kurz nach einer Dürre stattfand. Auch in Syrien ist die Situation nicht so eindeutig, wie es scheint: »Statt [...] von einer langfristigen Austrocknung kann man [in Syrien] eher von einem höchst variablen Niederschlagsmuster sprechen, mit einem abnormen Jahrzehnt zwischen 1999 und 2008, das in eine schwere Dürre (Höhepunkt 2007/08) mündete, in deren Anschluss der Niederschlag wieder zum Muster der extremen Schwankungen zwischen den einzelnen Jahren zurückkehrte (niederschlagsreich, trocken, niederschlagsreich). Unsere Analyse der Daten aus den Wetterstationen in Nordostsyrien bestätigt, [...] dass es, anders als von [...] anderen behauptet oder angedeutet, [...] keine Hinweise auf eine fortschreitende Austrocknung über Jahrzehnte hinweg gibt.« Außerdem hieß es in dem Artikel: »Schon weit vor der Dürre von 2006/07 bis 2008/09 gab es umfassende Migrationsbewegungen innerhalb des ländlichen Raumes und aus ihm heraus.« Das »Liberalisierungsprogramm« der syrischen Regierung hätte bereits zwischen 2000 und 2005 einen starken Anstieg der Landflucht bewirkt, was die Wissenschaftler zu dem Schluss kommen ließ, dass die meisten der Aussagen über einen »Wasserkrieg« »übertrieben und unbegründet« seien, auch wenn die Dürre zweifellos sozioökonomische Auswirkungen gehabt habe.[8]

Nur wenige Menschen kennen sich besser mit der Forschungslage zu »Wasserkriegen« aus als Mark Zeitoun, der Mitgründer des Water Security Research Centre (Forschungszentrum für Wassersicherheit) an der University of East Anglia. Er erklärt mir unverblümt: »Es gab bisher keine Wasserkriege. Und als jemand, der sich schon lange mit dem Thema befasst, sage ich Ihnen, dass es in absehbarer Zeit auch keinen geben wird.« Zeitoun hat sein ganzes Berufsleben dem Konflikt um das Wasser gewidmet. In jungen Jahren arbeitete er als Bauingenieur für Organisationen wie das Rote Kreuz, USAID und Oxfam an Projekten im Libanon, Irak, Kongo, Tschad, Gazastreifen und Westjordanland mit, bevor er später an die Universität wechselte und für Tony Allan forschte – den Wasserexperten vom King's College in London, der das Konzept des »virtuellen Wassers« prägte. Als wir uns im Dezember 2020 unterhalten, vertritt er die These, dass die sensationslüsternen Nachrichten über »Wasserkriege« nur von den alltäglichen Konflikten und Ungerechtigkeiten rund um das Thema ablenkten. Ist es richtig, Auseinandersetzungen, die sich nicht zu Kriegen auswachsen, weniger Aufmerksamkeit zu schenken? Oder warten wir ganz zynisch ab, bis ein »richtiger« Krieg ausbricht, bevor wir hinschauen? »Es gibt eine Menge Konflikte über Wasser, die keine Kriege sind, aber trotzdem unsere Aufmerksamkeit verdient haben«, sagt Zeitoun. »Wenn Sie eine eingängige Formulierung dafür finden könnten, wäre ich Ihnen dankbar, denn das ist meine Kernbotschaft. Wasserkriege: Nein. Wasserkonflikte: Ja.«

Beim Thema Syrienkrieg wird Zeitoun ungehalten. »Ich stimme in keinster Weise mit denen überein, die sagen, dass der Krieg in Syrien auch nur im Entferntesten mit der Dürre zusammenhing«, wettert er. Ihm zufolge gab es damals eine Vielzahl von Gründen, sich gegen die Regierung und andere staatliche Organe aufzulehnen. »Der Wassermangel und die Dürre haben die Probleme vielleicht verschärft. Aber die Menschen, die behaupten, das hätte den Krieg ausgelöst, haben sich nicht genug damit auseinandergesetzt, welche Spannungen ohnehin bestanden.« Zu diesen bestehenden Spannungen zählten »Konflikte zwischen den Gesellschaftsschichten, Konflikte zwischen den Religionen, Folter und Diskriminierung, wirtschaftliches Versagen, die neoliberale Wende im landwirtschaftlichen Sektor …« Er könnte noch mehr nennen, aber seine Aussage ist klar. Er unterstreicht sie durch ein Gedankenspiel: »Stellen Sie sich vor, im Winter 1985 wäre ein Trupp sudanesischer Wissenschaftler nach Belfast gekommen, hätte gesehen, wie sich die Menschen um die Torffeuer drängten, und anschließend geschrieben, dass das kalte Winterwetter den Nordirlandkonflikt ausgelöst habe. Man hätte sie ausgelacht. Aber wir Weißen kommen mit so etwas durch.« Deshalb hätten 2022 auch nur sehr wenige internationale Medien den russischen Angriffskrieg auf die Ukraine als einen Wasserkrieg beschrieben, auch wenn der Konflikt um den Nord-Krim-Kanal womöglich ein direkterer Auslöser war als die Dürre in Syrien. Offenbar betrachten wir mehrheitlich weiße Gesellschaften anders – bei Ländern, in denen Menschen mit dunkler Haut leben, glauben wir, dass sie sich aufgrund von Wasser und Hunger bekriegen, bei Ländern, in denen die Menschen weiß sind, hingegen nicht. Dem russischen Angriff auf die Ukraine liegen offensichtlich mehrere vielschichtige, jahrzehntealte Motive zugrunde, die weit über den Nord-Krim-Kanal hinausgehen. Deshalb sollte man ihn nicht vereinfacht und von oben herab als »Wasserkrieg« bezeichnen. Und das gilt genauso für Syrien und andere Länder.

Beim Thema Klimakonflikte brauchen die USA gar nicht in die Ferne zu schauen. Im Juni 2021 wäre in Klamath Falls im Bundesstaat Oregon beinahe eine Auseinandersetzung zwischen den staatlichen Behörden und einer rechtsradikalen Miliz eskaliert. Bewaffnete Demonstranten, die dem People's Rights Network – einem Bündnis rechter Regierungsgegner – angehörten, drohten damit, die Tore eines Staudamms zu öffnen. In der US-Ausgabe des *Guardian* hieß es: »Die Region ist eine Brutstätte der rechten Milizen und antistaatlichen Aktivisten und leidet zudem unter der Megadürre des amerikanischen Westens, die die dortige Landwirtschaft ins Chaos stürzt und zu immer größeren Konflikten rund um das Wasser führt.«[9] In Utah, dem zweittrockensten Bundesstaat, der trotzdem den größten Bevölkerungszuwachs aufweist, soll unterdessen eine 225 Kilometer lange Wasserpipeline ausgehend vom Lake Powell gebaut werden, ohne Rücksicht auf die Wasserversorgung der Bundesstaaten stromabwärts und die Tatsache, dass der Stausee ohnehin austrocknet. »Die Verantwortlichen von Utah sind noch nicht in der Realität angekommen«, erklärte Daniel McCool, Politikwissenschaftler an der University of Utah, gegenüber der Zeitschrift *Science*. Das Vorhaben sei »offen gesagt eine Wasserkriegserklärung«.[10]

Dabei braucht es eigentlich gar keine Kriege mehr, um massenhaft Menschen aus ihrer Heimat zu vertreiben. Einer Aussage des Flüchtlingskommissars der Vereinten Nationen zufolge wurden seit 2008 jährlich im Durchschnitt 21,5 Millionen Menschen durch wetterbedingte Umstände zur Flucht gezwungen – durch Überschwemmungen, Stürme, Flächenbrände oder extreme Temperaturen.[11] 2020 mussten dreimal mehr Menschen ihre Heimat aufgrund von Klimakatastrophen verlassen als aufgrund von bewaffneten Konflikten (30,7 Millionen neue Klimaflüchtlinge, 9,8 Millionen Kriegsflüchtlinge).[12] Der Umweltjournalist Abrahm Lustgarten befasste sich im Auftrag der *New York Times* und des Nachrichtenportals *ProPublica* mit dem Thema. Anfangs richtete er den Blick gen Süden und schrieb: »Da ihre Heimat sie nicht mehr versorgen kann, werden Hunderte Millionen Menschen aus Weltregionen wie Mittelamerika, dem Sudan und dem Mekongdelta gezwungen sein, sich zwischen Tod und Flucht zu entscheiden. Die Folge dürfte eine der größten globalen Flüchtlingswellen sein, die die Welt je gesehen hat.« Doch im September 2020 musste der in Kalifornien lebende Lustgarten gar nicht mehr verreisen, um auf Klimaflüchtlinge zu stoßen. Jetzt gab es sie plötzlich auch in seinem eigenen Land. Er berichtete darüber, dass »900 [aktuelle] Brände sechsmal so viel Fläche zerstört haben wie sämtliche kalifornischen Flächenbrände im Jahr 2019 zusammen, wodurch 100 000 Menschen aus ihren Häusern vertrieben wurden. Drei der größten je dokumentierten Feuer loderten gleichzeitig ringförmig rund um die Metropolregion San Francisco. […] In den USA werden höchstwahrscheinlich rund 162 Millionen Menschen – fast die Hälfte der Bevölkerung – Einbußen ihrer natürlichen Lebensumstände erleben, namentlich mehr Hitze und weniger Wasser.«[13] Er wies darauf hin, wie widersinnig es sei, dass »mehr als 1,5 Millionen Menschen in die Metropolregion Phoenix gezogen« seien, obwohl man dort vom stark schrumpfenden Lake Mead abhängig ist und die Temperaturen regelmäßig auf über 45 Grad steigen. In jenem Jahr, 2020, erlebte Kalifornien zum ersten Mal einen

Rückgang der Bevölkerungszahl. Das hätte man noch als pandemiebedingten Ausreißer betrachten können, doch das Gleiche ereignete sich 2021. Der Trend war nicht auf mehr Verstorbene oder weniger Zuwanderung zurückzuführen, sondern auf flüchtende Kalifornier. 2021 zogen etwa 280 000 Menschen mehr aus Kalifornien in andere Bundesstaaten als andersherum.[14]

Unreflektierte Aussagen wie »Wasserkriege sind die neuen Ölkriege« führen nicht nur in die falsche Richtung, sondern entbinden Staaten von ihrer Verantwortung, Mängel im Umgang mit den Wasserressourcen zu beheben, in die Infrastruktur zu investieren, zwischenstaatliche Einigungen zu erzielen und Korruption zu bekämpfen. Wie Mr. McCarthy in Ghana so eindrucksvoll sang, können Politiker alles auf den Klimawandel schieben, während sie sich vor schweren Entscheidungen drücken. Der ehemalige iranische Vizepräsident Kaveh Madani stimmt zu und schreibt über die Politik seines Landes: »Extreme Ereignisse dem Klimawandel zuzuschreiben ist ein Geschenk für die meisten Entscheidungsträger, die keine Verantwortung für ihre schlechten Entscheidungen übernehmen wollen. Sie sagen dann, dass sie nicht viel tun könnten [...], und erinnern daran, dass sie Opfer einer weltweiten Katastrophe sind«. Dabei dürfe man »unabhängig vom globalen Kampf gegen den Klimawandel nicht vergessen, die lokalen Entscheidungsträger für vermeidbare Fehler im Umgang mit natürlichen Ressourcen zur Verantwortung zu ziehen.«[15] Das gilt für alle Länder. Die *New York Times* schrieb: »Während sich der wissenschaftliche Konsens in Hinblick auf den Klimawandel und die Klimamigration verfestigt, haben die Vereinigten Staaten nur sehr wenig unternommen.«[16]

Trotz der vielen Debatten über Konflikte kann Wasser aber auch ein Instrument für den Frieden sein. Im November 2021 ging für EcoPeace Middle East – die jordanisch-palästinensisch-israelische Hilfsorganisation, die mich so bereitwillig im Jordangraben herumgeführt hatte – ein großer Traum in Erfüllung: der von Gidon Bromberg so lange ersehnte (beworbene, herbeiverhandelte, konzipierte)

»Wasser-Energie-Nexus«. Er ermöglichte es dem wasserarmen Jordanien, Solarstrom an das land- und erneuerbare-Energien-arme Israel und Palästina zu verkaufen und im Gegenzug entsalztes Wasser aus Israel zu beziehen. »Der israelische Energieminister [Dr. Yuval Steinitz] hat uns schriftlich seine Unterstützung für ein erstes Pilotprojekt zum Kauf von erneuerbaren Energien aus Jordanien mitgeteilt«, freute sich Bromberg im August 2020. Anderthalb Jahre später, im November 2021, waren sich Israel, Jordanien und die Vereinigten Arabischen Emirate, die den Deal vermittelt hatten, schließlich einig. Das emiratische Staatsunternehmen Masdar sollte einen großen Solarpark in Jordanien bauen, um Israel ab 2026 mit emissionsfreiem Strom zu beliefern. Im Gegenzug schickt Israel jährlich 200 Millionen Kubikmeter entsalztes Wasser nach Jordanien und zahlt 180 Millionen Dollar an Masdar, das seine Gewinne mit Jordanien teilt. Palästina spielte in dem Abkommen keine Rolle. Dennoch hatte der unermüdlich arbeitende Bromberg einen unmöglich wirkenden Traum in die Realität umgesetzt. Bei der Bekanntgabe kommentierte die Brookings Institution, ein amerikanischer Thinktank: »Gute Neuigkeiten sind im Nahen Osten Mangelware, ebenso wie praktische Fortschritte im Kampf gegen den Klimawandel.«[17]

## Teure Fehler

Adrian Sym von der AWS erklärte mir: »Es geht im Grunde gar nicht um Wasser. Es geht um Politik.« Die Wasserexperten Biswas und Tortajada sagen Ähnliches. Ihnen zufolge ist die Versorgung mit sauberem Wasser »keine Raketenwissenschaft. Die entsprechenden politischen Strategien sind [seit Jahrzehnten] bekannt, ebenso wie die Technologien.« Was fehlt, sagen sie, seien immer »der nachhaltige politische Wille« und »verantwortungsbewusstes Handeln« gewesen.[18]

Einige Jahre, bevor Australien sich bemühte, mit dem Murray-Darling-Beckenplan nachhaltige Bewässerung und Umweltschutz zusammenzubringen, hatte Spanien bereits etwas Ähnliches versucht. Der »Plan Especial del Alto Guadiana« (Sonderplan für den oberen Guadiana, PEAG) von 2008 sah vor, dass der Staat ökologische Restwassermengen – Wasser, mit dem die Natur Flüsse und Feuchtgebiete aufrechterhalten konnte – erstand, um so das vom Kollaps bedrohte Feuchtgebiet von La Mancha (vgl. S. 129ff.) zu retten. Zu dem Zeitpunkt waren die Überentnahme und die Torfbrände bereits durch die nationale und internationale Presse gegangen. Die UNESCO hatte gedroht, La Mancha den Status des Biosphärenreservats abzuerkennen, und gewährte der spanischen Regierung eine Frist bis 2011, um die Probleme anzugehen. Deshalb sah der PEAG den Rückkauf von Wasserrechten für 130 Gigaliter vor, die zwischen 2008 und 2015 über eine »öffentliche Wasserbank« erstanden wurden. Den Landwirten machte man den Verkauf schmackhaft, indem man ihnen versprach, dass bis zu 30 Prozent der Lizenzen an Bauern gehen würden, die bisher keine legalen Wasserrechte besaßen – mit anderen Worten: Man wollte illegale Brunnen in das legale System holen und mit Zählern versehen. Das war vor allem im Westen von La Mancha wichtig, wo seit 1987, als zum ersten Mal offiziell festgestellt worden war, dass die Entnahme zu hoch war, keine neuen Pumplizenzen mehr ausgestellt worden waren. Die Entnahmemenge war seitdem trotzdem weiter gestiegen, aber eben illegal und unkontrolliert. Von dem staatlich erstandenen Wasser sollten bis 2027 mindestens 35 Gigaliter in die Restwassermenge fließen, wofür Mittel in Höhe von fast 3 Milliarden Euro aufgebracht wurden (aus Töpfen der EU und des Staates). Die Brunnenbesitzer wurden verpflichtet, ihre Brunnen innerhalb eines Monats nach dem Rückkauf zu schließen und zu versiegeln. Bauern, die ihre Wasserrechte verkauft hatten, waren von da an auf Regen angewiesen. Wer weiterhin über Rechte verfügte, durfte seine bewässerten Anbauflächen nicht erweitern[19].

Der PEAG schien einwandfrei, ein vorbildliches Wassergesetz, das dem Goldstandard entsprach. Deshalb ist es so lehrreich, sich anzuschauen, woran der Plan scheiterte. In einem Fachartikel kam Nuria Hernández-Moria gemeinsam mit anderen Wissenschaftlern zu dem Schluss, dass die für das Einzugsgebiet zuständige Behörde nicht genügend Mitarbeiter »zur Kontrolle der Zähler und für Vor-Ort-Besuche« entsandt hatte. »Es gab Vorfälle manipulierter Zähler und direkter Sabotage. Außerdem [...] galten 95 Prozent der erstandenen Rechte für Gebiete außerhalb des für den Kauf vorgesehenen Areals.«[20] Anders formuliert: Der Staat wurde mit fadenscheinigen Behauptungen übers Ohr gehauen. Und: Unter dem Druck der Bauernlobby und der Lokalpolitiker entwickelte sich das, was eigentlich nur als Anreiz zum Verkauf gedacht gewesen war, zum Hauptzweck der Aktion: 81 Prozent der über den PEAG erstandenen Wasserrechte wurden an bisher illegale Wassernutzer vergeben, »wodurch das Vorhaben de facto zu einem Legalisierungsprogramm für die bisher rechtswidrige Grundwasserentnahme wurde«. Das ist bis heute das Erbe des PEAG.* Was die Restwassermenge anging, flossen nur 9 Prozent des angestrebten Zusatzvolumens in die Gewässer, und viele der Brunnen, die eigentlich hätten versiegelt werden müssen, waren weiter in Benutzung. Im Artikel heißt es ganz nüchtern, der PEAG »hat das ursprüngliche Umweltziel (die Regeneration des Grundwasservorkommens), mit dem die Durchführung und die Kosten gerechtfertigt wurden, nicht erreicht.« Im Juli 2013 wurde die Abwicklung des Projekts veranlasst.

In unserem Gespräch 2021 erklärt mir Nuria Hernández-Moria, die zu dem Zeitpunkt in Madrid sitzt, dass der PEAG eine internationale Erfolgsgeschichte hätte werden können und sollen: »Da ist eine Riesenchance verpasst worden.« Die konservative Regierung, die damals gerade an die Macht gekommen war, hatte wenig Interesse

* Sogar das sei aber nun durch das Aufkommen von Solarpumpen bedroht, sagt Nuria, weil illegale »autarke« Pumpen schwerer aufzuspüren sind.

daran, Wasserrechte zugunsten der Umwelt zu kaufen oder den Bauern etwas wegzunehmen. Nuria hat inzwischen von einem alten Bekannten erfahren, dass die zuständige Behörde mittlerweile »wieder zur Einstellung von vor 25 Jahren zurückgekehrt ist, so als wäre nichts passiert. Das Feuchtgebiet ist verloren.« Da der ähnlich konstruierte Murray-Darling-Beckenplan in Australien 2025 verlängert werden muss, steht man dort vor einer vergleichbaren Situation – ein paar kleine Änderungen durch eine Regierung mit einer anderen Zielsetzung, und das ganze Kartenhaus bricht in sich zusammen.

Die Welt wimmelt nur so von gut gemeinten, gut konzipierten Wassergesetzen, die durch politische Entscheidungen zu Papiertigern wurden. Der National Water Act (Nationales Wassergesetz, NWA), der 1998 in Südafrika verabschiedet wurde, galt damals als revolutionär und wurde von der internationalen Gemeinschaft als eines der progressivsten Gesetze der Welt gefeiert. Er teilte das Land in 19 Wassereinzugsgebiete ein, von denen sich einige zudem in weitere Zonen aufsplitteten. Jedes der Gebiete sollte eine eigene zuständige Behörde, eine *Catchment Management Agency* (CMA), mit klar definierten Aufgaben erhalten. »Im Grunde ist unser NWA perfekt auf ein gutes Wassermanagement ausgelegt«, sagt Mark Dent von der AWS in Südafrika. »Aber das ist 25 Jahre her, und seitdem ist so gut wie nichts passiert.« Von den 19 CMAs sind noch neun übrig, und von diesen neun waren 2015 nur noch zwei handlungsfähig. 2017 legte das Wasserministerium die beiden zusammen. Die staatliche Wasserforschungskommission bezeichnete die Entwicklung in einer Untersuchung 2020 als »historisches Versagen«, vor allem, da sich die Landwirte mit traditionellen Bewässerungsrechten »einer Umverteilung des Wassers widersetzten«.

Barbara Schreiner, die das Wasserministerium während der Reformen von 1995 bis 2007 beriet, spricht in diesem Zusammenhang vom »Volkswagen oder Rolls-Royce«-Problem. Das südafrikanische Wassergesetz sei international als »Rolls-Royce des Umgangs mit

Wasser«[21] gepriesen worden. Doch da sich der Staat damals an einem historischen Wendepunkt befand, wäre es Schreiner zufolge besser gewesen, einen schlichteren, massenkompatiblen Volkswagen-Ansatz zu wählen.

Bisher kann allerdings kein Land oder Bundesstaat der Welt einen echten Erfolg verzeichnen. Kalifornien, die fünftgrößte Wirtschaftsmacht der Welt, hofft, durch den Sustainable Groundwater Management Act (SGMA) einen Rolls-Royce auf den Asphalt des *Golden State* zu bringen. Aber SGMA greift nicht in die Wasserrechte der Grundbesitzer ein und definiert nicht, was »sustainable« – »nachhaltig« – genau bedeuten soll (es gibt nur eine Liste von sechs »unerwünschten Resultaten«). Stattdessen obliegt es den einzelnen Grundwasser-Nachhaltigkeitsbehörden, eigene Vorgaben zu definieren und »mit den lokalen Zuständigen, Grundbesitzern, Kommunen, Grundwassernutzern, Interessensgruppen und anderen beteiligten Parteien zusammenzuarbeiten, um sicherzustellen, dass alle Interessen berücksichtigt werden«.[22] Diese Umgehung des Themas »Wasserrechte« hat ihnen eine tickende Zeitbombe beschert. Im Sommer 2021 lagen 19 GSPs (Pläne, wie die Grundwasserentnahme nachhaltig gestaltet werden könnte) vor, doch gegen fünf von ihnen gab es bereits Klagen.[23] Die Anwaltskanzlei Brownstein Hyatt Farber Schreck schrieb im Februar 2022 an sämtliche Klienten: »Es sei noch einmal deutlich darauf hingewiesen, dass SGMA keinen Einfluss auf die Wasserrechte hat, darüber kann nur ein Gericht urteilen. Der Auftrag der [kalifornischen Behörde für Wasserressourcen] beschränkt sich darauf, die technischen Aspekte der GSPs zu überprüfen.«[24] SGMA war der Versuch, ein Auto davon abzuhalten, im Dunkeln ohne Licht in den Abgrund zu fahren (Rolls-Royce hin oder her); und obwohl SGMA es vielleicht geschafft hat, das Licht einzuschalten, rast das Auto weiterhin auf den Abgrund zu. Wenn man sich den heutigen Wasserstand des Lake Mead anschaut, Jay Famigliettis Grafik zum Grundwasserrückgang studiert oder mit Landwirten wie Bart und Dwayne spricht, wird klar, dass 2042, im Zieljahr des SGMA, womöglich nicht mehr viel Wasser da ist, das verwaltet werden müsste. Vor meinem inneren Auge sehe ich, wie in die Jahre gekommene kalifornische Abgeordnete 2042 auf ihrer Veranda sitzen und sich gegenseitig auf die Schulter klopfen, weil sie SGMA und den Dürre-Notfallplan eingeführt haben, neben sich ein Glas entsalztes Wasser und ein Glas importierten Wein, während sich hinter ihnen einstmals bewässerte Anbauflächen erstrecken, die sich mittlerweile in eine Wüstenlandschaft verwandelt haben. Beide Gesetze waren hart erarbeitet und wegweisend. Doch wie Jay sagen würde: »Es ist eine einfache Rechnung.«

Alexandra Kleeman veröffentlichte 2021 einen Roman, der 2022 unter dem Titel *Der Stoff, aus dem die Tränen sind* auf Deutsch erschien. Er spielt im Los Angeles der nahen Zukunft, das von außen durch Flächenbrände und von innen durch Straßenblockaden und Proteste bedroht wird. Nach dem Zusammenbruch der zentralen Wasserversorgung gibt es synthetisch erzeugtes Wasser namens WAT-R in Flaschen und Tankwagen füllen für viel Geld private Wassertanks auf. Die Hauptfigur kommt in einem billigen Hotel ohne fließendes Wasser unter – die Gäste erhalten eine Flasche WAT-R, um sich damit zu waschen und die Zähne zu putzen. (Ich weiß nicht, ob Kleeman vom NEWater in Singapur wusste, aber die Großbuchstaben könnten ein Verweis darauf sein.) Ein Kollaps des Lake-Mead-Systems und erschöpfte Grundwasservorkommen, die durch teures wiederaufbereitetes oder entsalztes Wasser ersetzt werden müssen, sind ein gar nicht unwahrscheinliches Zukunftsszenario.

Ende 2021 taten sich die Wasserversorger Metropolitan Water District und CAP, die Wasserressourcenbehörde von Arizona und die Wasserbehörde von Süd-Nevada (SNWA) zusammen, um das »Regional Recycled Water Program« (Regionales Wasser-Recycling-Programm) auf die Beine zu stellen – es war eine Art Superheldenteam für das Wasser im Westen der USA. Das Ziel bestand darin, geklärtes Abwasser so aufzubereiten, dass eine »neue, dürresichere Wasserquelle« für Südkalifornien entstand.[25] »Dieses Projekt könnte dem gesamten Südwesten zugutekommen«, hieß es in einer Pressemeldung von Metropolitan Water District, indem »neue Quellen wie wiederaufbereitetes Wasser erschlossen« würden. Das auf 3,4 Milliarden Dollar ausgelegte Projekt sollte 207 Millionen Kubikmeter Wasser pro Jahr erzeugen. Zum Vergleich: Der CAP-Kanal transportiert jedes Jahr allein 1,85 Milliarden Kubikmeter nach Arizona. Wir haben die Bestände, die uns die Natur kostenlos zur Verfügung gestellt hat, erschöpft, und beschaffen uns jetzt für viel Geld Nachschub.

Den Bundesstaaten am unteren Colorado River wird das Wasser niemals ausgehen. Sie sind »too big to fail«, zu groß, um sie scheitern zu lassen. Aber ihnen wird das günstige Wasser ausgehen, mit weitreichenden Folgen für die soziale Gerechtigkeit. Weitere »Wasserbanken« und Speichermaßnahmen werden den Schmerz lindern. Doch letztendlich gilt, wie Marco Velotta von der Stadtverwaltung Las Vegas es formuliert: »Man kann nicht speichern, was nicht da ist.« Der Westen verfügte nie über so viel Wasser, wie in den genau bezifferten Verträgen verteilt wurde. »Das alles basierte auf einer Lüge«, lacht Velotta nervös. Es war klar, dass der Tag der Abrechnung irgendwann kommen würde. Der Klimawandel hat nur dafür gesorgt, dass er früher und unter heißeren Bedingungen eintritt als erwartet, weshalb die Bundesstaaten nicht vorbereitet sind. In Kalifornien werden die Lachse jetzt in Lastwagen zum Meer gefahren, weil sie in den wasserarmen, warmen Flüssen nicht mehr überleben können.[26]

Doch egal, mit wem man sich im Westen der USA unterhält – irgendwann kommt jeder auf das nächste Megaprojekt zu sprechen, das die Erlösung bringen soll (für Menschen und für Lachse): Der neue Traum ist eine Querverbindung vom Mississippi River zum Colorado River. Das 1300 Kilometer lange Geflecht aus Rohren, Kanälen und Reservoirs würde Schätzungen zufolge 23 Milliarden Dollar kosten* und 1,2 Kubikkilometer Wasser liefern. Joanna Allhands

---

* Das sind allerdings eher konservative Schätzungen, zieht man die notwendigen Enteignungen und die unvermeidlichen gerichtlichen Auseinandersetzungen in

von *Arizona Republic* klagt: »Jedes Mal, wenn ich einen Artikel über Wasser veröffentliche, schreibt mir irgendein Leser, dass wir, wenn wir Öl-Pipelines bauen können, doch wohl auch in der Lage sein müssten, Rohre zu verlegen, um überschüssiges Hochwasser aus dem Mississippi in den Colorado zu transportieren.« Arizona hat sogar einen entsprechenden Antrag im Kongress gestellt. Aber Allhands meint: »Wir wirken völlig realitätsfremd [...] Das Thema ist schon mehrfach untersucht worden. Jeder Ansatz würde etliche Milliarden Dollar kosten, und die meisten brächten nicht einmal genug Wasser ein, um die bestehenden Probleme zu lösen. Und eines ist sicher: Sobald wir anfangen, mehrere 100 Kilometer Rohrleitung durch das Land zu verlegen, wird sich Widerstand regen.«[27] Dazu wird es also niemals kommen. Doch der Traum passt perfekt in die Tradition des amerikanischen Westens, wo die Wunderwerke der Ingenieurskunst im 20. Jahrhundert Wüsten aufblühen und Metropolen aus dem Sand emporwachsen ließen. Damals hat es funktioniert, zumindest ein paar Jahrzehnte lang. Also lautet die naheliegendste Lösung für viele auch jetzt: mehr Megaprojekte. Wenn es doch ohnehin schon einen 540 Kilometer langen Betonkanal quer durch die Wüste gibt, um den Swimmingpool zu füllen und die Zitrusbäume im Garten zu bewässern, warum dann nicht eine weitere Leitung bauen?

Sandra Postel formulierte es im Podcast *What About Water?* so: »Ich komme auf etwas zurück, das Einstein gesagt hat – wir können ein Problem nicht lösen, indem wir die gleiche Denkweise anwenden wie bei seiner Entstehung. Daher ist der Gedanke, die Lösung liege in der Ingenieurstechnik, wir müssten einfach immer mehr und immer größer bauen, völlig abwegig.« Deutlich wahrschein-

---

Betracht. Für die britische Schnellzugstrecke HS2 beispielsweise waren 2012 zunächst 32,7 Milliarden Pfund veranschlagt, doch bis der Staat das betroffene Land 2021 größtenteils in seinen Besitz gebracht hatte und die Bauarbeiten beginnen konnten, hatte sich die Summe bereits auf 107 Milliarden Pfund verdreifacht – Tendenz steigend.

licher ist, dass das Bureau of Reclamation, das einst solche Megaprojekte in Auftrag gegeben hat, jetzt – aus der Not heraus, weil man die Zeitbombe selbst verschuldet hat – Entsalzungs- und Abwasseraufbereitungsanlagen bauen lassen wird. Zur Zeit meines Besuches befasste sich der US-Kongress gerade mit Präsident Bidens Infrastrukturpaket. Bis dahin erhielt das Bureau of Reclamation jährlich 20 Millionen Dollar für Entsalzungsprojekte und 65 Millionen für die Wiederaufbereitung von Trinkwasser, doch das neue Gesetz sah über einen Zeitraum von fünf Jahren 250 Millionen Dollar für die Entsalzung und 1 Milliarde Dollar für die Wiederaufbereitung vor.[28] Das ist gleichzeitig eine rationale Reaktion auf die Wasserkrise und eine Kapitulation, ein Hissen der weißen Flagge – es war unser Fehler, liebe Natur, bitte entschuldige, dass wir dich leer gepumpt haben.

In Singapur ist die Entwicklung schon deutlich weiter fortgeschritten, dort ist man quasi vollständig abhängig von großen Umkehrosmose-Entsalzungsanlagen und NEWater. Aber »das ist sehr energieintensiv«, warnt mich Professor Hu Jiangyong vom Centre for Water Research. »Die Umkehrosmose erzeugt Wasser von hervorragender Qualität – fast sämtliche Verunreinigungen werden eliminiert –, aber das kostet einfach zu viel Energie. Daher benötigen wir [zusätzlich] eine andere, naturnahe Lösung, um den Energieverbrauch zu reduzieren. Wir sind uns sehr bewusst, wie viel Energie in die Rückgewinnung von Wasser fließt.« Die Wasserbehörde PUB erwartet, dass der Wasserbedarf sich bis 2060 verdoppelt. Dem will man vor allem mit mehr Entsalzung und weiteren NEWater-Anlagen begegnen. Die Keppel-Marina-East-Entsalzungsanlage – die vierte in Singapur – wurde 2020 eröffnet, eine fünfte 2021. Doch die Erkenntnis, dass »wir auch Lösungen brauchen, die weniger Energie verbrauchen«, setze sich langsam durch, sagt Hu.

Im Jahr 2020 regte Doug Ducey, der damalige republikanische Gouverneur von Arizona, an, über einen Zeitraum von drei Jahren 1 Milliarde Dollar für die Entsalzung von Meerwasser aus dem Golf von Mexiko auszugeben, um »die Wasserversorgung von Arizona für die nächsten 100 Jahre zu gewährleisten«. »Wie wäre es, wenn wir der Entsalzung – der Technologie, die Israel zur weltweiten Wassersupermacht erhoben hat – endlich aktiv den Weg bereiten, statt nur darüber zu reden?«, sagte er. Dass Arizona 13-mal so groß ist wie Israel und keinen Zugang zum Meer hat, spielte offenbar keine Rolle für ihn. Die beiden von ihm angestrebten Anlagen südlich von Puerto Peñasco würden jeweils 123 Millionen Kubikmeter Wasser pro Jahr produzieren, bei Baukosten von 3 bis 4 Milliarden Dollar plus Betriebskosten, wodurch sich der Wasserpreis auf etwa 1,60 bis 1,80 Dollar pro Kubikmeter belaufen würde.[29] Das Wasser aus dem CAP-Kanal kostet aktuell nur etwa 13 Cent für die gleiche Menge.[30] Das ist ein Preisanstieg um 1301 Prozent – und das, obwohl auch das CAP-Wasser seinerseits schon als zu teuer galt. Das bietet einen ersten Vorgeschmack darauf, wie anders – und wie viel teurer – die Wasserversorgung in einer Zukunft ohne Colorado River und Grundwasserpumpen wird.

Die Schere zwischen Arm und Reich wird, wie dystopische Werke wie der Roman von Kleeman andeuten, immer stärker auseinandergehen; die USA werden sich in Wohlhabende und Habenichtse aufteilen. Bei Themen wie Hausbesitz, Löhnen, Gesundheitsversorgung und Kryptowährungen haben wir uns bereits an die stetig wachsende Kluft gewöhnt, aber Wassermangel führt sehr schnell zu sehr realer Armut. Irgendwann werden in manchen Bereichen Pools, Springbrunnen und Agrarkonzerne mit entsalztem und aufbereitetem Wasser betrieben werden, während die Leute gleich nebenan – wie ich es in Ghana erlebt habe – die Hälfte ihres Einkommens dafür ausgeben, einen Kanister mit Wasser zu füllen. Das ist die Folge von teurem Wasser. Doch in Amerika, meint Bronson Mack, als wir an einer Luxusvilla am Rand von Las Vegas vorbeifahren, sei es so: »Jeder hier glaubt, schon am nächsten Tag zur Gruppe der Reichen gehören zu können. Wir sind alle Millionäre im Wartemodus.« Wenn wir nicht aufpassen, entwickelt sich der Zugang zu Wasser langsam, aber sicher zu einem weiteren Luxusgut, nach dem wir streben.

## Kulturschocks

Der Begriff *Day Zero* wurde geprägt, um eine Stadt aus ihrer selbstzufriedenen Untätigkeit zu reißen. Letztendlich kam es in Kapstadt dann doch nicht zum Schlimmsten, weil es regnete. Und wie Louise Staffords tatkräftiges Vorgehen gegen die invasiven Baumarten zeigt, ist die Wiederherstellung des natürlichen Wassersystems wohl deutlich wichtiger als der persönliche Wasserverbrauch. Doch die beiden Dinge sind miteinander verbunden. Ob ich einen Sparduschkopf bei mir zu Hause habe oder nicht, hat kaum Auswirkungen auf mein lokales Flusseinzugsgebiet; das Wasser fließt ohnehin zurück in den Fluss. Aber – und das gilt für alle Wassersparmaßnahmen – es schärft mein Bewusstsein. »Die meisten Leute denken nicht darüber nach, woher ihr Wasser kommt«, stimmt Stafford zu. »Und es liegt in unserer Verantwortung, darüber aufzuklären, damit diese Leute das Wasser schätzen lernen.« Letztendlich sei es doch so: »Egal, wie groß der Staudamm ist oder wie schön die Rohre und die Aufbereitungsanlagen sind – wenn das Wasser fehlt, ist die Infrastruktur nicht mehr als ein Denkmal. Wir müssen den Blick auf das richten, was jenseits der Dämme und Rohre liegt und dort investieren, wo das Wasser herkommt. Ansonsten haben wir ein schönes Auto vor der Tür stehen, aber ohne Benzin.«

Ein anderer Ansatz wäre es zu fragen, wie ein gut verwaltetes Wasserversorgungssystem eigentlich aussehen sollte. »Betrachten wir es so«, sagt Jay Famiglietti. »Wenn wir unser Wassersystem von Grund auf neu aufbauen könnten, sähe es ganz anders aus, als es heute der Fall ist. Wir würden deutlich größere natürliche Speicher einplanen und bei der Entnahme auf ein ausgewogenes Verhältnis zwischen Oberflächenwasser und Grundwasser achten. Statt riesige Monstren zu erschaffen, die sich über viele Bundesstaaten oder Provinzen erstrecken, gäbe es ein geschlossenes System pro Einzugsgebiet. Das Ganze würde dem ähneln, was John Wesley Powell vorschwebte: Man nutzt das, was im Einzugsgebiet vorhanden ist.«* Jay – immerhin ein Mann, der an NASA-Missionen beteiligt war – warnt vor rein technischen Lösungen. »Das Problem der ›lösungsorientierten Menschen‹ ist, dass sie einfach nur eine Lösung verkaufen wollen. Etwa die Leute, die Wasser aus der Luft ziehen wollen, ja? Die, die sagen, wenn wir das Wasser aus der Luft kondensieren, wäre das Problem gelöst. Ihr Ansatz *könnte* für eine kleine Gruppe von Menschen funktionieren. Aber das war es dann auch. Das gleiche gilt für die Entsalzung. Die Entsalzungsleute reden nie darüber, was eigentlich passiert, wenn wir an der Westküste der USA 40 Entsalzungsanlagen nebeneinander aufstellen. Was würde es anrichten, wenn wir die ganze Salzlake wieder ins Meer einleiten?« Stattdessen, sagt Jay, müssten wir ganzheitlicher denken: »Wir verstehen die Erde als System heute deutlich besser als früher. […] Wenn wir die Wasserversorgung heute neu aufbauen würden, enthielte sie sowohl graue Infrastrukturbauten als auch naturnahe Lösungen. Das ist keine Frage des Entweder-oder.«

Kaum ein Land der Welt ist so trocken und leidet so sehr unter dem Klimawandel wie Jordanien. Und dennoch geht die Hälfte des Wassers aus den kommunalen Leitungen durch Lecks verloren –

---

* Nach der Colorado-River-Expedition 1869 erstellte John Wesley Powell eine Liste mit Empfehlungen für den amerikanischen Kongress, wie eine nachhaltige Wasserversorgung funktionieren könne. Er schlug Bundesstaatsgrenzen vor, die sich an den Grenzen der Flusseinzugsgebiete orientierten, befand die Besiedlung von unbewirtschaftetem Land und das Knüpfen von Wasserrechten an Landbesitz für unsinnig und erklärte, dass nur ein kleiner Teil des trockenen Westens nachhaltig bewässert werden könne. Seine Hinweise wurden ignoriert. Mark Reisner legt diese bemerkenswerte Geschichte in voller Länge in *Cadillac Desert* (London: Penguin Books, 1986) dar.

obwohl ohnehin nur ein- bis zweimal wöchentlich Wasser durch die Rohre fließt. Seine Exzellenz Saad Saleh Abu Hammour beschrieb die Wasserverluste in Höhe von 50 Prozent als »nationale Schande«. »In den kommenden Jahren besteht die wichtigste Aufgabe für Jordanien darin, die Lecks zu beheben. Von 100 Millionen Kubikmetern Wasser, die wir durch die Leitungen pumpen, lösen sich 50 Millionen einfach in Luft auf; das ist eine gewaltige Menge.« Wenn das Land es schaffen würde, diese Zahl auf 20 Prozent zu senken, würde es »mehr Wasser gewinnen, als wir aus dem Disi-Aquifer entnehmen«. Auch er würde gern noch einmal von vorn anfangen und Amman in Bezirke einteilen, für jeden der Bezirke Angebote von internationalen Wasserversorgungsunternehmen einholen und die Gewinne, die sich aus möglichen Wassereinsparungen ergeben, gerecht zwischen Bevölkerung und Unternehmen aufteilen.* Warum ist das dann noch nicht passiert? »Nun ja … so ist das eben in Jordanien.«

Lecks – in Bilanzen und politischen Zusammenhängen manchmal als »unprofitables Wasser« bezeichnet – sind ein weltweites Problem, auch wenn einige Länder besser dastehen als andere. Sowohl Singapur als auch Israel schaffen es, die Verluste auf einen einstelligen Prozentbereich zu beschränken, während in Ländern wie Großbritannien eher Werte im Bereich von 25 Prozent an der Tagesordnung sind. In Delhi gehen auf diese Weise laut Kangkanika Neog »fast 40 Prozent des Wassers verloren«. Die Wasserversorger jammern gern und viel darüber, wie schwer es sei, veraltete Infrastruktur unter der Erde zu reparieren,** aber möglich ist es durchaus. Phnom Penh, die Hauptstadt von Kambodscha, verzeichnete einst

---

* Es ist wenig überraschend, dass auch die Weltbank beim Beheben von Lecks den Ansatz »Bezahlung nach Leistung« bevorzugt.

** In Großbritannien findet seit 2000 jährlich eine Konferenz zu dem Thema statt, wo der Wassersektor zusammenkommt, man sich gegenseitig versichert, wie schwierig die Ausbesserungsarbeiten sind, und gelegentlich eine Zielvorgabe für 2050 verkündet, wenn alle Anwesenden längst nicht mehr dabei sind.

Wasserverluste von fast 83 Prozent, hat diesen Wert mittlerweile aber dank einer durchgehenden Überwachung des Leitungsdrucks per Software und über eine Telefon-Hotline auf herausragend gute 8 Prozent reduziert – jetzt werden undichte Stellen innerhalb von drei Stunden repariert und unsichtbare Lecks nachts mithilfe einer Art Stethoskop aufgespürt.[31] So konnte viel Geld eingespart werden, sodass die Wasserrechnungen für alle sanken und arme Haushalte jetzt kostenlos versorgt werden. (Das könnte eine gute Antwort sein, wenn sich unsere Wasserversorger das nächste Mal über die alten Rohre beschweren – »Wenn das in Phnom Penh klappt, warum dann nicht bei Ihnen?«) Gleichzeitig ist das »unprofitable Wasser« in Gegenden, die auf das Grundwasser angewiesen sind, nicht komplett verloren. In Mexiko-Stadt, wo fast die Hälfte des Wassers durch Lecks versickert, saugen die Grundwasserleiter es dankbar auf, was die Stadt vermutlich vor einem weiteren Absinken bewahrt. Ich kann auch nachvollziehen, was Andrew Tucker meint, wenn er sagt, es sei wenig hilfreich, dass die Öffentlichkeit immer sofort »Repariert endlich die Lecks!« brüllt, sobald Wasserunternehmen in der Presse auf Wassersparmaßnahmen zu sprechen kommen. Das macht jede Debatte über naturnahe Lösungen, die Anreicherung der Grundwasserleiter, Speicheroptionen, Regenwassernutzung und Abwasseraufbereitung unmöglich. Wir müssen unser Blickfeld erweitern, nicht beschränken.*

Wenn wir unser Blickfeld beschränken, sagt Rick Hogeboom, bestehe die große Gefahr, dass die Entwicklung in die falsche Richtung gehe. »Wir haben in den letzten Jahren viel mit Investoren und Finanzinstituten zusammengearbeitet«, sagt er. »Man merkt, dass sie langsam aufwachen und die Wasserproblematik in den Blick nehmen, aber ihnen geht es um die finanziellen Aspekte, die Risiken: ›Stellt das ein Risiko für uns dar? Wenn ein Wassermangel droht, sollten wir unser Geld dann lieber abziehen?‹ Das ist eine andere

---

* Trotzdem gilt natürlich: Repariert endlich die Lecks!

Frage als: ›Tragen unsere Aktivitäten zu der nicht nachhaltigen Situation bei? Müssen wir als Unternehmen dafür Verantwortung übernehmen?‹« Beispiele dafür sind die kommerzielle Nutzung des Grundwassers in Arizona oder die Pensionsfonds, die sich in australische Nussfarmen einkaufen. »Wer von einem Kredit lebt, dem geht es gut, solange er die Zinsen nicht bezahlen muss, man gibt das Geld anderer Leute aus. Ich glaube, das ist die Phase, in der wir uns gerade befinden.« Soll heißen: Selbst wenn die Wasserknappheit anerkannt und einberechnet wird, können sich Unternehmen dafür entscheiden, das Wasser zu verbrauchen, großen Schaden anzurichten und dann weiterzuziehen. Irgendwo gibt es immer ein Land oder Einzugsgebiet, das »ausländische Direktinvestitionen« mit offenen Armen empfängt. In diesem Fall, warnt Hogeboom, »werden die Investitionsaktivitäten das Wasser noch jahrzehntelang weiter verbrauchen und verschmutzen. […] Das kann richtig schiefgehen.«

Unser enormer Wasserfußabdruck, der sich aus dem importierten oder virtuellen Wasser ergibt, wurde in der COVID-19-Pandemie offenbar. »Das hat die Schwächen des globalisierten Systems enthüllt«, sagt Rick. Wir bauen unsere Produkte nicht dort an, wo der Umgang mit Wasser am nachhaltigsten ist, sondern da, »wo die Arbeitskräfte am billigsten sind, wo genug Land verfügbar ist, wo die Gesetzeslage am günstigsten ist, wo es Wirtschaftsbeziehungen gibt. Wasser ist kein Faktor.« Das sollte es aber sein. Wenn der verantwortliche Umgang mit Wasser in jedem Kaufvertrag und in sämtlichen Wirtschaftsverhandlungen festgeschrieben würde, wäre das deutlich effektiver als alle Wasser-Label und Wasser sparenden Toiletten der Welt.

Gibt es denn gemeinsame internationale Bemühungen – oder zumindest ein Interesse – in diese Richtung? Das globale Gegenstück zur indischen Wasser-für-alle-Mission findet sich in den von der UN ausgegebenen Zielen zur nachhaltigen Entwicklung, deren Nummer sechs lautet: »Zugang zu Wasser und Sanitäranlagen für alle bis 2030«. Und mit »alle« sind hier wirklich alle gemeint, weltweit. Die 17 Ziele für nachhaltige Entwicklung wurden 2015 ausgegeben und rufen dazu auf, Armut zu beenden, die Erde zu schützen und dafür zu sorgen, dass bis 2030 alle Menschen »in Frieden und Wohlstand« leben.[32] Das klingt meiner Meinung nach ein bisschen nach der Vereinigten Föderation aus *Star Trek*, nach der Art von Formulierungen, mit denen Diplomaten gern bei Wein und Hummer in Davos um sich werfen, aber Maggie White vom SIWI belehrt mich eines Besseren. Die UN-Ziele, sagt sie, »sind insofern sehr nützlich, als sie im Moment überall für eine Koordination der Bemühungen sorgen. So kann sich beispielsweise kein Land Mittel bei der Weltbank, beim Internationalen Währungsfonds oder bei der französischen Entwicklungsbehörde beschaffen, ohne sich auf diese Ziele zu beziehen und darzulegen, wie dieses oder jenes Projekt auf ihr Erreichen hinwirken soll. [...] Alle Länder, die in der UN vertreten sind, haben sich auf diese globalen Ziele geeinigt, und somit hängen sämtliche Beurteilungen, Mittelzusagen, Kredite und Unterstützungen davon ab, wie sehr sie sich um die Umsetzung dieser Ziele bemühen.« White glaubt – wie auch viele ihrer Kollegen aus dem Bereich der internationalen Entwicklung –, dass das Ziel Nummer sechs nicht nur wichtig ist, sondern der Schlüssel, um auch die anderen 16 Ziele zu erreichen. Doch die Zwischenbilanz der Vereinten Nationen fällt nicht gut aus. Sie bescheinigt sogar einen »alarmierend unzureichenden Fortschritt«. Weltweit gesehen hat der Wasserstress seit 2015 zugenommen.[33] Im Jahr 2020 sah es so aus, als würden 129 Länder und Territorien das Ziel verfehlen. Wenn es so weitergeht wie bisher, werden Schätzungen von UNICEF und der WHO zufolge 2030 immer noch 1,6 Milliarden Menschen ohne sicheren Zugang zu Trinkwasser dastehen.

Erhält dieses Thema bei den jährlichen Weltklimakonferenzen genügend Aufmerksamkeit? Im Übereinkommen von Paris (2015) und auch im Entwurf zur Abschlusserklärung für den 26. Klimagipfel in Glasgow wird Wasser nicht einmal erwähnt.[34] Die Generaldirektorin der UNESCO, Audrey Azoulay, gibt zu, dass »das Wort ›Wasser‹ in den internationalen Klimavereinbarungen nur selten vorkommt, obwohl Wasser eine entscheidende Rolle für die Ernährungssicherheit, die Energieerzeugung, die wirtschaftliche Entwicklung und die Armutsbekämpfung spielt«.[35] Es wird also »viel geredet«, aber zu wenig getan, fasst Rick Hogeboom zusammen. Mein Eindruck ist, dass es damit ein bisschen ist wie mit dem Klimawandel. Wir wissen seit über 50 Jahren, dass Kohlendioxid eine Gefahr für das Klima ist, haben aber trotzdem ungefähr 40 Jahre gebraucht, um diese Erkenntnis in Taten umzuwandeln. Ähnlich wird es wohl beim Thema Wasser laufen. Aber wir haben keine 40 Jahre mehr. Irgendwann sitzen wir buchstäblich auf dem Trockenen.«

## Zurück ins Plus

Meine Onlinerechnung bei meinem Wasserversorger zeigt etwas Seltsames an. Ich werfe nur selten einen Blick darauf. Im Normalfall pflegt Thames Water einen bestenfalls »zurückhaltenden« Austausch mit seinen Kunden. Das Unternehmen schickt mir alle drei Monate eine Abrechnung, die ich mir manchmal anschaue, manchmal aber auch nicht. Auf meine Kosten hat sie ohnehin keine Auswirkungen – ich zahle trotz Wasserzähler jeden Monat das Gleiche, 47 Pfund, unabhängig davon, was meine Familie wirklich verbraucht. Eigentlich ist es so, dass wir im Winter ein bisschen weniger Wasser nutzen, im Sommer ein bisschen mehr, doch im Schnitt kommen wir auf Wasser für 47 Pfund im Monat. Als ich mich im Onlineportal anmeldete, hatte ich auf eine detaillierte Aufstellung des Verbrauchs gehofft, doch alles, was ich dort fand, waren meine früheren Abrechnungen im PDF-Format. Nicht sonderlich spannend. Im Februar 2021, als ich dieses Buch ungefähr zur Hälfte geschrieben hatte, landete die Quartalsabrechnung in meinem E-Mail-Postfach. Ich klickte darauf und erlebte eine Überraschung: 95 Pfund

Guthaben. Ich zahlte offensichtlich zu viel. Also rief ich beim Kundenservice an.

»Es sieht so aus, als wäre Ihr Wasserverbrauch eigentlich gar nicht so hoch«, bestätigt mir ein freundlicher Waliser namens Alan im Callcenter. Das ist eine gute Nachricht. Schließlich war meine Wasserrechnung aus dem Jahr 2019, der ich entnommen hatte, dass unser Haushaltsverbrauch bei täglich 160 Litern pro Person und damit über dem ohnehin schon hohen britischen Durchschnitt –, eine Art Weckruf gewesen, der mich dazu bewegt hatte, dieses Buch zu schreiben. Dabei war eines unserer Haushaltsmitglieder zu dem Zeitpunkt noch sehr klein – unsere Tochter war damals ein Jahr alt. Sie stand nicht täglich 20 Minuten lang unter der Dusche. Doch mittlerweile lag unser Verbrauch bei deutlich ehrenwerteren 110 Litern pro Person. Und das, obwohl Silvia jetzt drei war und es durchaus vorkam, dass sie 20 Minuten lang duschte. Ich frage Alan, wie viel wir von nun an bezahlen müssen. »Lassen Sie mich das kurz ausrechnen … Wenn wir im Hinterkopf behalten, dass der Verbrauch schwankt und in der Vergangenheit ein kleines bisschen über dem Durchschnitt lag … landen Sie jetzt bei 23 Pfund.« Das verschlägt mir die Sprache. Meine Wasserrechnung hat sich halbiert. Dabei haben wir weder eine Kreislaufdusche noch eine 1,5-Liter-Toilette eingebaut – wir haben im Sommer sogar das Planschbecken aufgestellt. Ich denke zurück an die Verbrauchsüberprüfung und die schockierende Erkenntnis, dass mehr als die Hälfte unseres Wasserverbrauchs auf das Duschen zurückzuführen war, mit einem ökologischen Fußabdruck, der schlechter war als der unseres Autos. Anschließend hatten wir einen Sparduschkopf installiert, der den Durchfluss von 12 auf 7 Liter pro Minute reduziert und somit fast halbiert. Und das undichte Klo repariert. Und die Spülmaschine durch ein Wasser sparendes Modell ersetzt, als sie kaputtging. Alles im Grunde nur kleine Veränderungen, nichts Weltbewegendes. Aber es hatte gereicht, um unsere Wasserrechnung zu halbieren und uns weit unter den landesweiten Durchschnitt zu drücken.

Ich weiß noch, wie ich gegen Ende meines Gesprächs mit dem Wassereffizienzverantwortlichen von Thames Water, dem Australier Andrew Tucker, sagte, dass manche Dinge (wie meine Wasserrechnung) erst richtig schlimm werden müssten, bevor sie besser werden. In Kapstadt und Chennai war ein *Day Zero* nötig, die Städte mussten buchstäblich erst auf dem Trockenen sitzen, bevor die Bevölkerung den Wassermangel wirklich ernst nahm. Vielleicht gilt das Gleiche für Südengland? »Ich habe so etwas bereits erlebt, und ich wünsche es nicht einmal meinem schlimmsten Feind«, sagte Tucker und erzählte mir von seinen beruflichen Anfängen in Australien. Er hatte als Umweltberater in einer der »größten, schlimmsten Minen überhaupt, der größten in der südlichen Hemisphäre« gearbeitet, in der Blei, Kupfer und Zink abgebaut wurden. Die Bergbaustadt hatte über 30 000 Bewohner und verfügte über einen riesigen Stausee, größer als diejenigen, aus denen London sein Wasser bezieht, der nur durch einen einzigen Fluss gespeist wurde. »Aber es hatte seit ungefähr drei Jahren nicht mehr geregnet und der See war nur noch zu etwa 15 Prozent gefüllt – die Turbinen sogen Schlamm an.« Es handelte sich also um eine Art *Day Zero*. Die Reaktion Tuckers und der Anwohner zeigt – im Kleinformat –, was passieren muss, um eine solche Wasserkrise zu lösen. Sie zeigt auch, wie weit entfernt das alles von unserer Lebensrealität ist. »Wir haben auf einen intensiven Austausch mit den Kunden gesetzt«, sagt Tucker. »Tägliche Empfehlungen an den Bürgermeister, umfassende Pläne zur Reparatur von Lecks, Informationskampagnen auf jedem Fernsehkanal: kein Duschen, keine Rasensprenger, keine Autowäsche, Rationierung des Wasserverbrauchs, Verbote bestimmter Dinge an geraden oder ungeraden Tagen, Bußgelder, die umgehend entrichtet werden mussten, Beschränkung auf vorrangige Nutzungszwecke.« Auf dem Minengelände, wo normalerweise ebenso viel Wasser verbraucht wurde wie in der Stadt selbst, wurde eine detaillierte Verbrauchsprüfung durchgeführt. »Jeder Wasserhahn, jeder Schlauch, jeder Abfluss wurde registriert und überprüft. Was ließ sich wiederverwenden? Welche Lecks ließen sich beheben? Wir bildeten 2000 Minenarbeiter zu Wassereffizienzexperten aus und kündigten an: ›In zwei Monaten machen wir den Laden hier dicht, wenn ihr nicht deutlich weniger Wasser verbraucht.‹ So gelang es, etwa 50 Prozent einzusparen, ohne den Betrieb einzustellen.« Irgendwann, sagt Tucker, hätten sie eine Prioritätenliste aufgestellt, um zu ermitteln, in welcher Reihenfolge das Wasser abgestellt würde – erst bei den Betrieben und Geschäften in der Stadt, dann im Bergbauunternehmen –, um Privathaushalte, Krankenhäuser und Schulen weiter versorgen zu können. »Wir waren bereit, es durchzuziehen.« Seine Familie zu Hause in Australien nehme immer noch einen Eimer mit unter die Dusche, um das Wasser weiterzuverwenden, sagt er. Wer das einmal erlebt hat, versteht, worauf es ankommt.

Auch die Bewohner von Santiago, der Hauptstadt von Chile, hätten nie erwartet, dass ihnen einmal das Wasser ausginge. Noch 2019 erklärte Dr. Pablo García-Chevesich von der Universidad de Chile, dass in der Stadt allgemein die Auffassung vorherrsche, »Wasser ist nicht viel wert […] Gärten mit einem hohen Wasserverbrauch sind absolut üblich […] die Leute duschen eine halbe Stunde lang und nutzen Gartenschläuche, um Laub von der Straße zu spülen«. Nur drei Jahre später wurden strenge Beschränkungen eingeführt. Das war das Ende der sattgrünen Rasenflächen – Gras gilt in Santiago jetzt als »Luxus«.[36] Niemand kann sich vorstellen, auf dem Trockenen zu sitzen, bis es so weit ist.

Letztendlich müssen die Maßnahmen, die wir gegen die Wasserkrise ergreifen, auf unsere Maßnahmen gegen den Klimawandel abgestimmt sein. Jedes Grad, um das sich die Erde erhitzt – jedes *Zehntelgrad* – hat Auswirkungen auf den Wasserkreislauf und erschwert den richtigen Umgang mit den Wasserressourcen, wenn es ihn nicht unmöglich macht. Eine 2020 in Deutschland veröffentlichte Studie, die auf Klimadaten aus 254 Jahren basiert, prophezeit, dass die Wahrscheinlichkeit einer schweren Dürre in Europa im

Zeitraum 2051–2100 bei einem hohen Kohlendioxidausstoß auf das Siebenfache steigt. Bei mittleren Emissionen fällt der Anstieg »gut halb so stark« aus, und im optimistischsten Szenario, dem $CO_2$-neutralen Pfad, ist der Anstieg »fast vernachlässigbar«.[37] Das ist eine enorme Streuung. Der Chef eines jeden Wasserunternehmens würde seine Großmutter verkaufen, wenn er so die Gefahr einer künftigen Versorgungslücke auf ein Siebtel reduzieren könnte. Doch genau das ist die Situation, mit der wir es zu tun haben: weniger $CO_2$-Ausstoß, weniger Wasserkrise.

Jennifer Francis vom Woodwell Climate Research Center bezeichnet Extremwetterereignisse – deren Anzahl sich seit 1980 verdreifacht haben – als »Symptome der zugrunde liegenden Krankheit«. Es sei Zeit, in den Triage-Modus zu wechseln: »eine sofortige und drastische Reduktion unseres Ausstoßes an Treibhausgasen, kombiniert mit der Vorbereitung auf immer verheerendere Wetterereignisse in der Zukunft.« Die kurzfristigen Störungen des Wasserkreislaufs könnten wir nicht mehr verhindern. Dafür sei es bereits zu spät. Aber wir können steuern, »wie viel schlimmer es noch wird«, sagt sie.

In seinem fünften Sachstandsbericht von 2018 erläutert der IPCC (Weltklimarat), was sich im Umgang mit Wasser hinsichtlich des Klimawandels ändern muss. Zu den empfohlenen »Anpassungsmaßnahmen« gehören »Regenwassernutzung, konservierende Bodenbearbeitung, durchgängiger Pflanzbewuchs [...], verbessertes Weidemanagement, Wiederverwendung von Wasser, Entsalzung und ein effizienterer Umgang mit Böden und Bewässerung«. Der einzige Ausreißer in dieser ansonsten sehr naturnahen und auf regenerative Landwirtschaft ausgelegten Liste ist die Entsalzung. Doch die Technik ist nun einmal in der Welt und wird sich weiter ausbreiten. Für einige Wüstenregionen stellt sie die einzige verfügbare Option dar. Wir können die Entsalzung nicht einfach ignorieren oder hoffen, dass sie wieder verschwindet; stattdessen sollten wir sie einsetzen, wenn alle anderen Möglichkeiten erschöpft sind (aber wirklich nur dann). In dem Fall muss das auf diese Weise erzeugte Süßwasser für den Endkunden oder den subventionierenden Staat bezahlbar sein. Auch die Renaturierung und der Schutz der Flussauen sind laut dem IPCC von entscheidender Bedeutung, aber die Vorteile machen sich nur dort bemerkbar, »wo die Infrastruktur zur Erschließung der Ressource« stromabwärts bereits vorhanden ist[38] – wir müssen weiter verstärkt auf naturnahe Lösungen und Wiederansiedlung setzen, aber in Kombination mit den nötigen Grundwasserbrunnen, Stauseen und Wasseraufbereitungsanlagen, um den Zugewinn nutzen zu können. Ein vollständiger Abschied von der grauen Infrastruktur ist nicht möglich – an einigen Orten, wie etwa in Südengland, brauchen wir sogar mehr davon. Sie kann neben grüneren Lösungen fortbestehen, doch in fast allen Ländern der Welt müssen wir den Schwerpunkt in Richtung der letzteren verlagern.

Als ich mich noch einmal mit Dr. Jennifer McIntosh in Tucson, Arizona, unterhalte, ist der Swimmingpool aus ihrem Garten verschwunden. Sie lacht und sagt, außer ihr sei niemand so verrückt gewesen, so etwas zu tun. »Wir haben hier jetzt Kunstrasen verlegt. Was ich an einigen Tagen, wenn es draußen 115 Grad [Fahrenheit, 46 Grad Celsius] heiß ist, ganz schön bereue.« Aber sie weiß, dass der Tag der Abrechnung naht. »Ist es überhaupt ethisch vertretbar, in einer Stadt wie Tucson zu leben? Die Leute ziehen in den Südwesten, weil das Leben hier günstig ist. Aber ist das die richtige Entscheidung, wenn man die Wassersituation und den Klimawandel in Betracht zieht? Und was ist die Alternative – sollen wir alle fliehen? Oder bleiben wir und versuchen, das Problem zu bekämpfen? Ich habe mich im Grunde entschlossen, zu bleiben und zu kämpfen […]. Beantworten Sie mir eine Frage: Was *heißt* Nachhaltigkeit eigentlich hier im Südwesten?« Falls die Antwort lautet »keine Swimmingpools und Kunstrasen für alle«, wollen dann immer noch so viele Leute dort wohnen? Im Juni 2022 war auch Kalifornien plötzlich mit dieser schwierigen Frage konfrontiert. »Stellen Sie sich auf Blitzduschen und verdorrten Rasen ein«, verkündete die *LA Times*. »Mehr als 6 Millionen Südkaliforniern stehen neue Dürreregeln bevor.« Ein Manager des Wasserversorgers Metropolitan erklärte der Zeitung gegenüber: »Wir müssen uns entscheiden, was uns wichtiger ist: Grüner Rasen oder Wasser für unsere Kinder und Enkel.«[39] Nun war also Realität geworden, wovor während meiner Besuche 2021 gewarnt worden war.

Doch die Lösung ist schon im Problem enthalten, um Charles Rangeley-Wilson zu zitieren. Aktuell gehen viele Menschen, Unternehmen und Staaten so verschwenderisch mit Wasser um, dass schon kleine Korrekturen und Veränderungen große Auswirkungen haben. Manches drängt sich geradezu auf – an unnötig unter Wasser gesetzten Gärten oder verschwendetem Regenwasser lässt sich leicht etwas ändern. Wir müssen uns alle mehr anstrengen, und das schnell. Denn der Wasserkreislauf hat sich bereits verändert. Die weltweite Ernährungskrise ist schon da. Und unsere Wasserinfrastruktur aus dem 20. Jahrhundert erfüllt ihren Zweck nicht mehr. Wie Jake Rigg von Affinity Water zu mir sagte: »Das Problem bei all dem ist doch, dass uns die Zeit davonläuft.«

Chloe Whipple, die ihre Erfahrungen mit nur 15 Litern Wasser am Tag auf die Bühne brachte, sagt am Ende unserer Unterhaltung zu mir: »Es klingt so, als hätten Sie und ich einen ähnlichen Erkenntnisprozess hinter uns, angefangen bei: ›Bitte was, unser Wassersystem geht so nicht auf? Warum ist das dann nicht das wichtigste Thema in sämtlichen Medien und Zukunftsplanungen, in der Welt und hier im Land? Wer löst das Problem? Wie kann es sein, dass niemand darüber redet?‹« Ich stimme ihr zu – das bringt es gut auf den Punkt. »Es ist total verrückt!«, ruft sie. Das ist es wirklich. Zum Abschluss ihrer Bühnenshow forderte Chloe das Publikum auf, die Augen zu schließen, sich an den Händen zu fassen und zu rufen: »WIR LIEBEN WASSER!« Wir alle lieben Wasser. Es ist unsere Lebensgrundlage. Und trotzdem behandeln wir es, als befänden wir uns in einer gewalttätigen Beziehung miteinander – und wir sind die Täter. »Es ist interessant, was passiert, wenn man sich mit nachhaltigen Lösungen beschäftigt«, fährt Chloe fort. »Sobald man anfängt, Regenwasser aufzufangen oder Abwasser wiederzuverwenden, stellt man plötzlich fest: ›Wow, es ist so viel davon da!‹ Erst da bemerkt man die Fülle, von der wir umgeben sind. Wenn wir so weitermachen wie bisher, ja – dann ist das Wasser irgendwann weg. Aber schon ein paar kleine Veränderungen reichen aus, damit genug da ist.«

Den Blick auf den letzten Tropfen zu richten, bedeutet nicht, darauf zu warten, dass das Wasser zur Neige geht. Es heißt, jeden einzelnen Tropfen wertzuschätzen. Wenn wir das tun – und die Politiker zur Verantwortung ziehen –, dürfte auf unserem blauen Planeten genug Wasser vorhanden sein, um uns alle zu versorgen.

# DANK

Mein unendlich großer Dank und meine Liebe gelten meiner Familie, die mich beim Schreiben dieses Buches in wirklich jeder Hinsicht unterstützt hat. Seine Entstehung wird in meiner Erinnerung auf ewig mit den Hindernissen und Schwierigkeiten durch die Pandemie, Krankheit, Homeschooling, Reiseverboten und einer allgemeinen Angst und Beklemmung verbunden sein. Daher danke ich dem National Health Service, der in dieser extrem schweren Zeit stets für meine Familie und das ganze Land da war. Ein großer Dank geht an meinen Verlag Picador und meinen herausragenden Lektor, George Morley, der von Anfang an an mich und dieses Buch geglaubt hat – und mich über Zoom aufgemuntert hat, als ich es am dringendsten brauchte. Außerdem danke ich meiner Agentin Jenny Hewson von Lutyens & Rubinstein, ohne die es dieses Buch nicht gäbe. Ich danke der Society of Authors und dem K Blundell Trust für das Stipendium, dank dem ich einige der wichtigen Überseereisen unternehmen konnte, ohne die meine Recherchen deutlich begrenzter ausgefallen wären. Ich danke Becky Trotman, der Medienbeauftragten von Thames Water, die eine Reihe von Gesprächen und Vor-Ort-Besuchen für mich organisierte, oft unter schwierigen Pandemiebedingungen. Manchmal muss es sich angefühlt haben, als hätte sie dem Fuchs die Tür zum Hühnerstall geöffnet, und trotzdem habe ich nie den Druck verspürt, das Unternehmen möglichst gut dastehen zu lassen. Ich danke dem Team der Chalk Aquifer Alliance, insbesondere Sharon Moat, Libby Ranzetta, Mark Wilkinson und John Pritchard, die mir ihre jeweiligen Kreideflüsse gezeigt haben (und meinen Freunden Emma und Carl Roche, die mich bei sich in Cambridgeshire beherbergt haben!). Die CAA hat mir (wie so viele andere Organisation und Menschen, die ich im Rahmen der Recherchen kennengelernt habe, unter ihnen Ash Smith) noch einmal vor Augen geführt, dass sich ohne engagierte, gut informierte Amateure, die viel Zeit in den häufig undankbaren Einsatz für die Umwelt investieren, einfach nichts ändern würde. Ich danke Virtalent und der virtuellen Assistentin Gina Wallace für die Hilfe bei der Organisation meiner Rechercherereisen in Zeiten von Einreiseverboten und PCR-Test-Vorgaben – ohne sie hätte ich das alles nicht bewältigt (und auch die Insidertipps zu Kalifornien waren sehr hilfreich!). Auf meinen Reisen konnte ich auf die Unterstützung und Gastfreundlichkeit vieler Menschen zählen. In Amman (Jordanien) waren es Dave Simpson und Emma Cliffe, die mich bei sich aufnahmen, obwohl sie mich kaum kannten (ich danke Dave Norton für die Kontaktvermittlung!), mir die Stadt zeigten und mich mit vielen Tipps versorgten, von SIM-Karten bis hin zur besten Seife vom Toten Meer. Ich danke EcoPeace Middle East und insbesondere der jordanischen Direktorin Yana Abu Taleb, die mich entgegenkommend empfangen und mir die verschiedenen Arbeits- und Standorte gezeigt hat – ihr habt Unglaubliches geleistet, und ich hoffe, dass mein Text eure Arbeit angemessen darstellt. In Ghana wäre ich ohne meinen Kontaktmann Komi »Fred« Vedomey völlig aufgeschmissen gewesen – selbst als zwischenzeitlich alles sehr düster aussah, fand er immer eine Lösung. Mein ewiger Dank gilt Lynda Person und ihrem Mann John Peterson in Arizona, die mir ihre Zeit und ihren Tesla zur Verfügung stellten und mir tiefe Einblicke in die Wasserprobleme Arizonas verschafften (und mir ein oder zwei mexikanische Restaurants zeigten). Kurz gesagt: Dieses Buch existiert – so wie alle Sachbücher, die ihr Geld wert sind – einzig und allein, weil Mitmenschen aus freien Stücken ihre Zeit opfern, ohne dafür eine nennenswerte Gegenleistung zu erwarten. Sie haben mir die Türen zu ihren Häusern, Betrieben und Kläranlagen geöffnet, obwohl sie genauso gut hätten Nein sagen können. Aus diesem

Grund ist dieses Buch all denen gewidmet, die Ja gesagt haben – ihr seid es, die meine Geschichten prägen und uns darüber aufklären, was in der Welt vor sich geht. Ohne euch wäre ich verloren. Daher danke ich allen, die mit ihren Aussagen in diesem Buch vertreten sind, dafür, dass sie Ja gesagt haben. Eure Arbeit wird fortbestehen.

# ANMERKUNGEN

## SCHMUCKZITATE AUF SEITE 5

1 John Steinbeck, »Jenseits von Eden«, dtv 2016, übers. v. Harry Kahn, S. 12.
2 Henry Blake (Produzent), John Huston (Regisseur). (1948). »Der Schatz der Sierra Madre« [Film]. USA: Warner Brothers

## EINLEITUNG: GEWÄSSER IN NOT

1 Jordan Karameh Dam, »Environmental Justice Atlas«, 2. September 2018, https://ejatlas.org/conflict/karama-dam-jordan
2 ›Parliamentary justice: the dream of a minister who cost the state treasury 80 million dinars‹, ammonnews.net, 12. Januar 2021, https://www.ammonnews.net/article/587592 [in Arabic]
3 OMICS International. ›Saad Saleh Abu Hammour, Arab Potash Company, Jordan‹, https://biography.omicsonline.org/jordan/arab-potash-company/saad-saleh-abu-hammour-224608 [aufgerufen am 21. Februar 2023]
4 Elias Mechael Salameh, ›The Tragedy of the Karama Dam Project/Jordan‹, *Acta Hydrochimica et Hydrobiologica* 32(3), September 2004, S. 249–258, https://www.researchgate.net/publication/230328743_The_Tragedy_of_the_Karama_Dam_ProjectJordan
5 Laith Al-Junaidi, ›Jordan to buy 50 million m3 of water from Israel‹, Anadolu Agency, 12. Oktober 2021, https://www.aa.com.tr/en/middle-east/jordan-to-buy-50-million-m3-of-water-from-israel/2389837
6 Rachel Ramirez, Pedram Javaheri und Drew Kann, ›The shocking numbers behind the Lake Mead drought crisis‹, *The Mercury News*, 17. Juni 2021, https://www.mercurynews.com/2021/06/17/the-shocking-numbers-behind-the-lake-mead-drought-crisis/

7 GWCL Company Profile, https://www.gwcl.com.gh/company-profile/

8 ›Average precipitation in depth (mm per year)‹, World Bank, https://data.worldbank.org/indicator/AG.LND.PRCP.MM.

9 Ebd.

10 Weltwasserbericht der Vereinten Nationen 2022

11 Europäischer Rechnungshof, Sonderbericht Nr. 33, ›Combating desertification in the EU: a growing threat in need of more action‹, 2018, https://op.europa.eu/webpub/eca/special-reports/desertification-33-2018/en/ #chapter0

12 UN Water, ›Summary Progress Update 2021: SDG 6 – water and sanitation for all‹, 24. Februar 2021, https://www.unwater.org/publications/summary-progress-update-2021-sdg-6-water-and-sanitation-all

13 Emma Howard Boyd, UK Environment Agency, ›Water Security in a Changing Environment‹, 30. Juni 2021, https://www.gov.uk/government/speeches/water-security-in-a-changing-environment

14 Helen Davidson, ›China drought causes Yangtze to dry up, sparking shortage of hydropower‹, *The Guardian*, 22. August 2022, https://www.theguardian.com/world/2022/aug/22/china-drought-causes-yangtze-river-to-dry-up-sparking-shortage-of-hydropower

## DER NÄCHSTE *DAY ZERO*

1 ›Disi water project comes on stream‹, Economist Intelligence, 29. Juli 2013, http://country.eiu.com/article.aspx?articleid=1590783543#:~:text=with%20the%20disi%20water%20estimated%20to%20last%20for%20just%2050%20years%3B%20it%20was%20originally%20regarded%20as%20a%20holding%20measure%20until%20major%20desalination%20projects%20could%20be%20completed

2 Johanna Montanari, ›Water woes pushing Jordan close to »Day Zero« scenario – experts‹, *Jordan Times*, 8. August 2019, https://jordantimes.com/news/local/water-woes-pushing-jordan-close-%E2%80%98day-zero%E2%80%99-scenario-%E2%80%94-experts

3 Petru Saal, ›This is how Cape Town's water collection points will work‹, *Times Live*, 28. Januar 2018, https://www.timeslive.co.za/news/south-africa/2018-01-28-this-is-how-cape-towns-water-collection-points-will-work/

4 Louise Stafford, ›Cape Town Faces »Day Zero«‹, Nature Conservancy, https://www.nature.org/en-us/about-us/where-we-work/africa/stories-in-africa/cape-town-faces--day-zero-/

5 Weltwasserbericht der Vereinten Nationen 2020 – Wasser und Klimawandel

6 Asit K. Biswas und Cecilia Tortajada, Policy Forum, 6. Juli 2018

7 Sujith Sourab Guntoju, Mohammad Faiz Alam und Alok Sikka, ›Chennai water crisis: A wake-up call for Indian cities‹, *Down To Earth*, 5. August 2019, https://www.downtoearth.org.in/blog/water/chennai-water-crisis-a-wake-up-call-for-indian-cities-66024

8 Rachel Salvidge, ›Countdown to Day Zero: what will happen when London runs out of water?‹, *ENDS Report*, 2020, https://www.endsreport.com/article/1690368/countdown-day-zero-will-happen-when-london-runs-water?s=09

9 NITI Aayog, ›Composite Water Management Index: A Tool for Water Management‹, Juni 2018, https://www.niti.gov.in/writereaddata/files/document_publication/2018-05-18-Water-index-Report_vS6B.pdf

10 Jaz da King of da South, Instagram, 3. März 2021, https://www.instagram.com/p/CL-XDwWADOM/

11 Will Stribling, ›Thousands of Jackson residents enter second week without running water‹, Mississippi Today, 1. März 2021, https://mississippitoday.org/2021/03/01/thousands-of-jackson-residents-enter-third-week-without-running-water/

12 Safia Samee Ali, ›Jackson, Mississippi, water crisis brings to light long-standing problems in city‹, NBC News, 3. März 2021, https://www.nbcnews.com/news/us-news/jackson-mississippi-water-crisis-brings-light-long-standing-problems-city-n1259376

13 Molly Schwartz, ›The Water Crisis in Jackson, Mississippi, Is a Dire Warning Sign‹, *Mother Jones*, 24. März 2021, https://www.motherjones.com/mojo-wire/2021/03/two-weeks-after-winter-storms-thousands-of-black-mississippians-still-cant-get-clean-water/

14 Henry Fountain, ›Severe Drought, Worsened by Climate Change, Ravages the American West‹, *New York Times*, 19. Mai 2021, https://www.nytimes.com/2021/05/19/climate/drought.html

15 L. O'Hanlon, ›The Looming Crisis of Sinking Ground in Mexico City‹, *Eos*, 22. April 2021, https://eos.org/research-spotlights/the-looming-crisis-of-sinking-ground-in-mexico-city

16 Joshua Greene, ›Bottled water in Mexico: The rise of a new access to

water paradigm‹, WIREs Water 5(4), Juli/August 2018, https://wires.onlinelibrary.wiley.com/doi/10.1002/wat2.1286

17 ›50 years later, donkeys continue delivering water in Mexico City villages‹, Mexico News Daily, 2. April 2021, https://mexiconewsdaily.com/news/50-years-later-donkeys-continue-delivering-water-in-mexico-city-villages/

18 MTST – Movimento dos Trabalhadores Sem-Teto, Facebook-Post, 25. September 2014, https://www.facebook.com/mtstbrasil

19 Carlos Meneses, ›Impact of severe Brazil drought seen in low reservoirs, soaring power bills‹, *La Prensa Latina*, 1. Oktober 2021, https://www.laprensalatina.com/impact-of-severe-brazil-drought-seen-in-low-reservoirs-soaring-power-bills/

20 ›Brazil hydro reservoirs at highest level since 2016, allaying rationing fears‹, Reuters, 7. Januar 2022, https://www.reuters.com/markets/commodities/brazil-hydro-reservoirs-highest-level-since-2016-allaying-rationing-fears-2022-01-07/

21 Ana Ferraz, ›Reservoirs in six Brazilian states are below 2021 levels‹, *The Brazilian Report*, 19. Januar 2022, ›https://brazilian.report/liveblog/2022/01/19/reservoirs-below-2021-levels/

22 Julieta Pelcastre, ›NASA, ESA Sign Climate Change Agreement‹, *Diálogo*, 12. August 2021, https://dialogo-americas.com/articles/nasa-esa-sign-climate-change-agreement/

23 John Vidal, ›Cities in peril as Andean glaciers melt‹, *The Guardian*, 29. August 2006, https://www.theguardian.com/environment/2006/aug/29/glaciers.climatechange

24 Lorena Guzmán, ›Chile's mega-drought rolls on‹, *Diálogo Chino*, 11. Oktober 2019, https://dialogochino.net/en/climate-energy/30820-chiles-mega-drought-rolls-on/

25 Andrea Becerra et al, ›A New Course: Managing Drought and Downpours in the Santiago Metropolitan Region‹, NRDC, Juli 2019, https://www.nrdc.org/sites/default/files/new-course-managing-drought-downpours-santiago-report.pdf

26 Chile announces unprecedented water rationing plan: Here's how it will work‹, CNBC TV18, 12. April 2022, https://www.cnbctv18.com/environment/chile-announces-unprecedented-water-rationing-plan-heres-how-it-will-work-13131372.htm

27 Mindy Wright, ›Most Water-Stressed Countries In The World For 2019‹, *CEO World Magazine*, 8. August 2019, https://ceoworld.biz/2019/08/08/most-water-stressed-countries-in-the-world-for-2019/

28 Marijke Huysmans, ›Minder oppompen of meer infiltratie? Hoe verhoog je de grondwaterstand het meest?‹, Mythes over grondwater (blog), 2. Juni 2020, https://grondwatermythes.blogspot.com/2020/05/meer-of-minder-grondwater-oppompen-meer.html

29 Zuhal Demir, ›Grondwaterstanden bij start zomervakantie 2021 hoger dan vorig jaar‹, Zuhal Demir, https://www.zuhaldemir.be/nieuws/grondwaterstanden-bij-start-zomervakantie-2021-hoger-dan-vorig-jaar?pq=nieuws&page=8#views-row-4

30 Zhang et al. ›Water Scarcity and Sustainability in an Emerging Economy: A Management Perspective for Future‹. *Sustainability*, 2021, 13, 144. https://dx.doi.org/10.3390/su13010144

31 ›Water shortage of 31m acre feet expected by 2025‹, *Dawn*, 29. März 2018, https://www.dawn.com/news/1398099

32 Alan Buis und Janet Wilson, ›Study: Third of Big Groundwater Basins in Distress‹, NASA, 16. Juni 2015, https://www.nasa.gov/jpl/grace/study-third-of-big-groundwater-basins-in-distress

33 Raghu Murtugudde, ›Pakistan world's top groundwater exporter, India third‹, Third Pole, 3. Mai 2017, https://www.thethirdpole.net/2017/05/03/pakistan-worlds-top-groundwater-exporter-india-third/

34 Jacob Kurtzer, ›Pakistan's Deadly Floods Pose Urgent Questions on Preparedness and Response‹, Center for Strategic & International Studies, 14. September 2022, https://www.csis.org/analysis/pakistans-deadly-floods-pose-urgent-questions-preparedness-and-response

35 ›Appeal: Devastating floods in Pakistan‹, Unicef, https://www.unicef.org/emergencies/devastating-floods-pakistan-2022

36 Mohsin Hafeez, ›How Pakistan can prevent another flood disaster‹, Al Jazeera, 11. Oktober 2022, https://www.aljazeera.com/opinions/2022/10/11/how-pakistan-can-prevent-another-flood-disaster

37 Brian Eyler, *Last Days of the Mighty Mekong* (London: Zed Books, 2019).

38 ›The Mekong Delta, the drama of all deltas‹, We Are Water Foundation, 3. Mai 2021, https://www.wearewater.org/en/the-mekong-delta-the-drama-of-all-deltas_339961

39 Ebd.

40 Brian Eyler et al, ›How China Turned Off the Tap on the Mekong River‹, Stimson Center, 13. April 2020, https://www.stimson.org/2020/new-evidence-how-china-turned-off-the-mekong-tap/

41 Vaibhav Chaturvedi et al, ›Reallocating Water for India's Growth‹, CEEW

Report, Dezember 2020, https://www.ceew.in/sites/default/files/CEEW-Reallocating-Water-for-Indias-Growth-20Nov20_0.pdf

42 Echo Xie, ›China on higher alert as floods hit – and climate change promises more extreme weather‹, *South China Morning Post*, 4. Juli 2020, https://www.scmp.com/news/china/society/article/3091831/china-higher-alert-floods-hit-and-climate-change-promises-more

43 ›Sahel: A food crisis fueled by conflict is set to worsen during lean period‹, ReliefWeb, 12. Mai 2022, https://reliefweb.int/report/burkina-faso/sahel-food-crisis-fueled-conflict-set-worsen-during-lean-period

44 ›Drought forces Mozambique capital to ration water‹, CGTN Africa, 15. Februar 2018, https://africa.cgtn.com/2018/02/15/drought-forces-mozambique-capital-to-ration-water/

## DER WASSERKREISLAUF IM UMBRUCH

1 Biografie von Jay Famiglietti, Steven Barclay Agency, https://www.barclayagency.com/speakers/jay-famiglietti

2 ›The Water Institute 2016 RBC Distinguished Lecture: Jay Famiglietti‹, Water Institute (Video), https://www.youtube.com/watch?v=8AXJMKdinBs

3 ›Water Resources Management‹, World Bank, https://www.worldbank.org/en/topic/waterresourcesmanagement

4 ›Replenishing a Broken Water Cycle, with Sandra Postel‹ (Episode), *What About Water?* (Podcast, Staffel 3), 24. November 2021, https://www.whataboutwater.org/s03e04/

5 Nadine Schmidt, Schams Elwazer, Barbara Wojazer und Sharon Braithwaite, ›Germany mounts huge rescue effort after floods leave dozens dead and many more missing‹, CNN, 16. Juli 2021, https://edition.cnn.com/2021/07/15/europe/germany-deaths-severe-flooding-intl/index.html

6 Luisa Neubauer, Twitter-Post, 16. Juli 2021, https://twitter.com/Luisamneubauer/status/1415982920951554049

7 Minghao Zhou, Twitter-Post, 21. Juli 2021, https://twitter.com/Minghao_Zhou/status/1417719446941192193

8 Peter Gleick, Twitter-Post, 22. Juli 2021, https://twitter.com/PeterGleick/status/1418338770542227457

9 ›Catastrophic floods caused by extremely heavy rains claim lives of at least 63 people in Henan, China‹, Watchers News, 21. Juli 2021,

https://watchers.news/2021/07/21/henan-zhengzhou-gongyi-china-flood-july-2021-casualties/

10 Hayley Smith und Lila Seidman, ›»Storm of the season« dumps record-breaking rainfall on SoCal and snow in the mountains‹, *Los Angeles Times*, 14. Dezember 2021, https://www.latimes.com/california/story/2021-12-14/storm-of-the-season-delivers-rain-snow-and-wind-to-socal

11 Jennifer Francis, ›Another week, another weather tantrum: We are changing the atmosphere and global weather patterns‹, *The Hill*, 21. Juli 2021, https://thehill.com/opinion/energy-environment/564077-another-week-another-weather-tantrum-we-are-changing-the/

12 Andrea Becerra et al, ›A New Course: Managing Drought and Downpours in the Santiago Metropolitan Region‹, NRDC, Juli 2019, https://www.nrdc.org/sites/default/files/new-course-managing-drought-downpours-santiago-report.pdf

13 ›Human Activities Are Drying Out the Amazon‹, NASA Earth Observatory, 2019, https://earthobservatory.nasa.gov/images/145834/human-activities-are-drying-out-the-amazon

14 Ebd.

15 ›Climate Change 2022: Mitigation of Climate Change‹, Working Group III contribution to IPCC's Sixth Assessment Report, https://report.ipcc.ch/ar6wg3/pdf/IPCC_AR6_WGIII_FinalDraft_FullReport.pdf

16 Y. Kamae et al, ›Atmospheric Rivers Bring More Frequent and Intense Extreme Rainfall Events Over East Asia Under Global Warming‹, *Geophysical Research Letters* 48(24), 28. Dezember 2021, https://agupubs.onlinelibrary.wiley.com/doi/10.1029/2021GL096030

17 Stuart Layt, ›»River in the sky« left south-east Queensland drenched, experts say‹, *Brisbane Times*, 28. Februar 2022, https://www.brisbanetimes.com.au/national/queensland/river-in-the-sky-left-south-east-queensland-drenched-experts-say-20220228-p5a0am.html.

18 Weltwasserbericht der Vereinten Nationen 2020 – Wasser und Klimawandel, Paris, UNESCO

19 Meiping Sun, Shiyin Liu, Xiaojun Yao et al, ›Glacier changes in the Qilian Mountains in the past half century: Based on the revised First and Second Chinese Glacier Inventory[J]‹, *Acta Geographica Sinica* 70(9), 2015, S. 1402–1414

20 ›Uganda: Floods and Landslides – Sep 2021‹, ReliefWeb, https://reliefweb.int/disaster/fl-2021-000153-uga

21 Aditya Tarar, ›Fire raining from the sky in Pakistan! Mercury crosses

51 degrees, Jacobabad becomes the hottest area in the world‹, Hindustan News Hub, 15. Mai 2022, https://hindustannewshub.com/world-news/fire-raining-from-the-sky-in-pakistan-mercury-crosses-51-degrees-jacobabad-becomes-the-hottest-area-in-the-world/
22 Al Shaw, Abrahm Lustgarten und Jeremy W. Goldsmith, ›New Climate Maps Show a Transformed United States‹, ProPublica, 15. September 2020, https://projects.propublica.org/climate-migration/

## WIE DER WESTEN VERLOREN GING

1 ›Municipal water consumption‹, Britannica, https://www.britannica.com/technology/water-supply-system/Municipal-water-consumption
2 David Owen, *Where the Water Goes: Life and Death Along the Colorado River* (New York: Riverhead Books, 2017)
3 A. Park Williams, Benjamin I. Cook und Jason E. Smerdon, ›Rapid intensification of the emerging southwestern North American megadrought in 2020–2021‹, *Nature Climate Change* 12, 14. Februar 2022, S. 232–234, https://www.nature.com/articles/s41558-022-01290-z.epdf
4 Steven R. Fassnacht, ›Snow can disappear straight into the atmosphere in hot, dry weather‹, The Conversation, 27. Juli 2021, https://theconversation.com/snow-can-disappear-straight-into-the-atmosphere-in-hot-dry-weather-162910
5 Andrew Schwartz, ›I'm a scientist in California. Here's what worries me most about drought‹, *New York Times*, 4. April 2022, https://www.nytimes.com/2022/04/04/opinion/environment/california-drought-wildfires.html
6 ›Fact Sheet: Drought Contingency Plan, Arizona Implementation‹, Central Arizona Project, Februar 2022, https://library.cap-az.com/documents/departments/planning/colorado-river-programs/CAP-FactSheet-DCP.pdf
7 Bureau of Reclamation, ›Inflow for Lake Powell 1964 to 2009‹, River Simulator, http://www.riversimulator.org/Resources/Graphs/InflowLakePowell1964to2009.pdf
8 ›Glen Canyon Dam‹, Bureau of Reclamation, 15. November 2022, https://www.usbr.gov/uc/water/crsp/cs/gcd.html
9 Stephanie Elam, ›Lake Mead plummets to unprecedented low, exposing original 1971 water intake valve‹, CNN, 29. April 2022, https://edition.

cnn.com/2022/04/27/us/water-intake-exposed-lake-mead-drought-climate/index.html

10 Lynda Person, ›Can agriculture use less water?‹ *Arizona Capitol Times*, 8. October 2021, https://azcapitoltimes.com/news/2021/10/08/can-agriculture-use-less-water/

11 ›Town Lake Water Quality‹, City of Tempe, AZ, https://www.tempe.gov/government/community-services/tempe-town-lake/how-town-lake-works/town-lake-water-quality

12 David Owen, *Where The Water Goes*, Riverhead Books 2017, S. 142

13 ›Central Arizona Project: Highlighting key features from the CAP system, an engineering marvel‹, https://storymaps.arcgis.com/stories/b7b28dd4c36a413e8d533ba540f998cb

14 David Owen, *Where The Water Goes*, Riverhead Books, 2017, S. 142

15 Mark Silverstein, ›Las Vegas, we have a problem‹, *Nevada Independent*, 19. Oktober 2021, https://thenevadaindependent.com/article/las-vegas-we-have-a-problem

16 W. Michael Hanemann, ›Working Paper No. 937: The Central Arizona Project‹, California Agricultural Experiment Station, Giannini Foundation of Agricultural Economics, Oktober 2002, https://gspp.berkeley.edu/assets/uploads/research/pdf/cap.pdf

17 ›Irrigation Non- Expansion Areas‹ (Informationsblatt), Arizona Department of Water Resources, 8. Juni 2017, https://infoshare.azwater.gov/docushare/dsweb/Get/Document-10190/Irrigation%20Non-Expansion%20Areas%20(INAs).pdf

18 Keith Schneider, ›Unsafe Yield‹, Circle of Blue, https://www.circleofblue.org/2022/world/unsafe-yield/

19 ›Ground-Water Depletion Across the Nation‹, US Geological Survey, November 2003, https://pubs.usgs.gov/fs/fs-103-03/#pdf

20 ›Human Effects on the Hydrologic System of the Verde Valley, Central Arizona, 1910–2005 and 2005–2110, Using a Regional Groundwater Flow Model‹, Scientific Investigations Report 2013–5029, USGS, 2013, https://pubs.usgs.gov/sir/2013/5029/sir2013-5029.pdf

21 ›GWSI Well Information‹, Arizona Department of Water Resources, https://gisweb.azwater.gov/gwsi/Detail.aspx?SiteID=332308111345001

22 ›GWSI Well Information‹, Arizona Department of Water Resources, https://gisweb.azwater.gov/gwsi/Detail.aspx?SiteID=331324111370001

23 Keith Schneider, ›Unsafe Yield‹, Circle of Blue, https://www.circleofblue.org/2022/world/unsafe-yield/

## BODENVERLUSTE

1 ›Iran: Deadly Response to Water Protests‹, Human Rights Watch, 22. Juli 2021, https://www.hrw.org/news/2021/07/22/iran-deadly-response-water-protests
2 Richard Spencer, ›Iran fast running out of water, says exiled expert after deadly protests‹, *The Times*, 24. Juli 2021, https://www.thetimes.co.uk/article/iran-fast-running-out-of-water-says-exiled-expert-after-deadly-protests-mt3gdndc3
3 World Commission on Dams, *Dams and Development: A New Framework for Decision-Making* (London: Earthscan Publications, 2000), S. xxviii, https://archive.internationalrivers.org/sites/default/files/attached-files/world_commission_on_dams_final_report.pdf
4 Ebd., S. xxx–xxxi
5 Ebd., S. 16
6 Ana Swanson, ›How China used more cement in 3 years than the U.S. did in the entire 20th Century‹, *Washington Post*, 24. März 2015, https://www.washingtonpost.com/news/wonk/wp/2015/03/24/how-china-used-more-cement-in-3-years-than-the-u-s-did-in-the-entire-20th-century/
7 Echo Xie, ›Explainer: Why are the floods so severe in China this year?‹, *South China Morning Post*, 19. Juli 2020, https://www.scmp.com/news/china/society/article/3093713/global-warming-and-illegal-land-reclamation-add-severe-floods
8 BBC News, ›Ethiopia's Abiy Ahmed: The Nobel Prize winner who went to war‹, 11. Oktober 2021, https://www.bbc.co.uk/news/world-africa-43567007
9 ›GERD: A year since talks collapsed‹, *Egypt Today*, 4. April 2022, https://www.egypttoday.com/Article/1/114516/GERD-A-year-since-talks-collapsed
10 Charlotte Bruneau und Ahmed Rasheed, ›As its rivers shrink, Iraq thirsts for regional cooperation‹ Reuters, 8. September 2021, https://www.reuters.com/business/environment/its-rivers-shrink-iraq-thirsts-regional-cooperation-2021-09-06/
11 UN Environment Programme, ›Options for decoupling economic growth from water use and water pollution‹, Report of the International Resource Panel Working Group on Sustainable Water Management, 2015
12 ›Lake Powell Reservoir: A Failed Solution‹, Glen Canyon Institute, https://www.glencanyon.org/lake-powell-reservoir-a-failed-solution

13 Sonoma Resource Conservation District/Resource Conservation District of Santa Cruz County, ›Slow it. Spread it. Sink it. Store it!‹ LandSmart, Juni 2015, https://dailyacts.org/wp- content/uploads/2015/12/Slow-it-Spread-it-Sink-it-Store-it.pdf
14 J. S. Famiglietti, Min-Hui Lo, James Bethune et al, ›Satellites Measure Recent Rates of Groundwater Depletion in California's Central Valley‹, *Geophysical Research Letters* 38(3), Februar 2011, https://www.researchgate.net/publication/237998500_Satellites_Measure_Recent Rates_of_Groundwater_Depletion_in_California's_Central_Valley
15 Leonard F. Konikow, ›Long-Term Groundwater Depletion in the United States‹, Groundwater 53(1), Januar–Februar 2015, S. 2–9, https://www.documentcloud.org/documents/1674356-konikow-2015-groundwater.html
16 ›Groundwater: »Go Deep or Go Dry« is Unsustainable‹, What About Water? (Podcast), Staffel 2, Episode 5, https://www.whataboutwater.org/s02e05/
17 Debra Perrone und Scott Jasechko, ›Deeper well drilling an unsustainable stopgap to groundwater depletion‹, *Nature Sustainability* 2, 22. Juli 2019, S. 773–782, https://www.nature.com/articles/s41893-019-0325-z
18 Scott Jasechko und Debra Perrone, ›Global groundwater wells at risk of running dry‹, *Science* 372(6540), 23. April 2021, S. 418–421, https://www.science.org/doi/abs/10.1126/science.abc2755
19 Elad Levintal, Maribeth L. Kniffin, Yonatan Ganot et al, ›Agricultural managed aquifer recharge (Ag-MAR) – a method for sustainable groundwater management: A review‹, *Critical Reviews in Environmental Science and Technology*, 28. März 2022, https://www.tandfonline.com/doi/full/10.1080/10643389.2022.2050160
20 GuruJal Information Brochure: An integrated water management initiative, 2020. https://gurujal.org/reports/
21 Alvar Closas, François Moll und Nuria Hernández- Mora, ›Sticks and carrots to manage groundwater over- abstraction in La Mancha, Spain‹, *Agricultural Water Management*, Bd. 194, Dezember 2017, https://doi.org/10.1016/j.agwat.2017.08.024
22 https://www.internationalrivers.org/wp-content/uploads/sites/86/2021/10/UN-CBD-COP15-Freshwater-Expert-Letter-Signatories-Oct-2021.pdf
23 ›Dead Sea sinkhole expansion recorded by scientists' camera‹, *Jerusalem Post*, 1. Februar 2021, https://www.jpost.com/israel-news/dead-sea-sinkhole-expansion-recorded-by-scientists-camera-watch-657437
24 Zahlen aus dem Gespräch mit Seiner Exzellenz Abu Hammour

1 S. Ayoob und A. K. Gupta, ›Fluoride in Drinking Water: A Review on the Status and Stress Effects‹, *Critical Reviews in Environmental Science and Technology* 36(6), November 2006, S. 433–487, https://www.researchgate.net/publication/233357494_Fluoride_in_Drinking_Water_A_Review_on_the_Status_and_Stress_Effects

2 Richard Damania, Sébastien Desbureaux et al, *Quality Unknown: The Invisible Water Crisis* (Washington, DC: World Bank Group, 2019), https://openknowledge.worldbank.org/bitstream/handle/10986/32245/9781464814594.pdf

3 Tushaar Shah, Chittaranjan Ray und Uma Lele, ›How to clean up the Ganges?‹, *Science* 362(6414), 2. November 2018, S. 503, https://www.science.org/doi/10.1126/science.aav8261

4 Richard Damania, Sébastien Desbureaux et al, *Quality Unknown: The Invisible Water Crisis*, https://openknowledge.worldbank.org/bitstream/handle/10986/32245/9781464814594.pdf

5 Stephanie L. Wear, Vicenç Acuña et al, ›Sewage pollution, declining ecosystem health, and cross-sector collaboration‹, *Biological Conservation* 255, März 2021, https://www.sciencedirect.com/science/article/pii/S0006320721000628

6 J. Mateo-Sagasta et al, *More people, more food, worse water? A global review of water pollution from agriculture* (Rom: Food and Agriculture Organization of the United Nations, 2018), https://www.fao.org/3/CA0146EN/ca0146en.pdf

7 *Pharmaceuticals in Drinking-Water* (Genf: WHO, 2012), https://apps.who.int/iris/bitstream/handle/10665/44630/9789241502085_eng.pdf

8 Karel Allegaert, Mariska Y. Peeters, Bjorn Beleyn et al, ›Paracetamol pharmacokinetics and metabolism in young women‹, *BMC Anesthesiology* 15, 13. November 2015, https://bmcanesthesiol.biomedcentral.com/articles/10.1186/s12871-015-0144-3

9 José Angosto et al, ›Removal of Diclofenac in Wastewater Using Biosorption and Advanced Oxidation Techniques: Comparative Results‹, *Water* 12(12), 2020, S. 3567, https://www.mdpi.com/2073-4441/12/12/3567

10 James Meador, Andrew Yeh, Graham Young et al, ›Contaminants of emerging concern in a large temperate estuary‹, *Environmental Pollution* 213, Juni 2016, S. 254–267, https://sci-hub.3800808.com/10.1016/j.envpol.2016.01.088

11 Ebd.

12 Reiner Hengstmann, *Scoping Study on the European Union Standards in Textile and Leather Sectors of Pakistan*, WWF-Pakistan, 2020, https://wwfasia.awsassets.panda.org/downloads/final_eu_scoping_study_1.pdf

13 ›Fresh Water‹, Forest & Bird, https://www.forestandbird.org.nz/what-we-do/fresh-water

14 Janet McConnaughey, ›Gulf of Mexico's »dead zone« much smaller this year‹, Associated Press, 4. August 2020, https://apnews.com/article/gulf-of-mexico-mississippi-river-weather-louisiana-9d1bcc60a66b54a96976ca17cf9ce3b3

15 Jennifer Collins, ›Ocean »dead zones« cover an area larger than the UK‹, Deutsche Welle, 8. März 2017, https://www.dw.com/en/ocean-dead-zones-cover-an-area-larger-than-the-united-kingdom/a-39941558

16 Richard Damania, Sébastien Desbureaux et al, *Quality Unknown: The Invisible Water Crisis*, https://openknowledge.worldbank.org/bitstream/handle/10986/32245/9781464814594.pdf

17 City of Toledo, Facebook-Post, 2. August 2014 https://www.facebook.com/cityoftoledo/posts/urgent-notice-to-residents-of-toledo-lucas-county-who-receive-water-from-the-cit/738905586173078/

18 ›Toxic Algae in Lake Erie‹, NASA Earth Observatory, 2013, https://earthobservatory.nasa.gov/images/82165/toxic-algae-in-lake-erie

19 Michigan Environmental Council, ›Another lackluster plan won't fix Lake Erie‹, 17. Dezember 2021, https://www.environmentalcouncil.org/another_lackluster_plan_won_t_fix_lake_erie

20 Fremont News-Messenger, USA TODAY Network, ›2021 Lake Erie algal bloom more severe than scientists predicted‹, 3. November 2021, https://eu.thenews-messenger.com/story/news/local/2021/11/03/lake-erie-algal-bloom-more-worse-year-than-scientists-predicted/6232058001/

21 J. Mateo-Sagasta et al, *More people, more food, worse water? A global review of water pollution from agriculture*, https://www.fao.org/3/CA0146EN/ca0146en.pdf

22 Richard Damania, Sébastien Desbureaux et al, *Quality Unknown: The Invisible Water Crisis*, https://openknowledge.worldbank.org/bitstream/handle/10986/32245/9781464814594.pdf

23 ›The Harrowing Trail of Toxic Nutrients in Farm Country Water‹, Circle of Blue, http://www.circleofblue.org/nitrate/

24 Richard Damania, Sébastien Desbureaux et al, *Quality Unknown: The Invisible Water Crisis* https://openknowledge.worldbank.org/bitstream/handle/10986/32245/9781464814594.pdf
25 J. Mateo-Sagasta et al, *More people, more food, worse water? A global review of water pollution from agriculture*, https://www.fao.org/3/CA0146EN/ca0146en.pdf
26 Brian Bienkowski, ›Peak Pig: Read our full series on the fight for the soul of rural America‹, *Environmental Health News*, 13. November 2017, https://www.ehn.org/peak-pig-the-fight-for-the-soul-of-rural-america-2504375655/day-3
27 Natalia Milojevic und Agnieszka Cydzik-Kwiatkowska, ›Agricultural Use of Sewage Sludge as a Threat of Microplastic (MP) Spread in the Environment and the Role of Governance‹, *Energies* 14(19), 2021 https://www.mdpi.com/1996-1073/14/19/6293/htm
28 Damian Carrington, ›Nanoplastic pollution found at both of Earth's poles for first time‹, *The Guardian*, 21. Januar 2022, https://www.theguardian.com/environment/2022/jan/21/nanoplastic-pollution-found-at-both-of-earths-poles-for-first-time
29 Graham Readfearn, ›WHO launches health review after microplastics found in 90% of bottled water‹, *The Guardian*, 15. März 2018, https://www.theguardian.com/environment/2018/mar/15/microplastics-found-in-more-than-90-of-bottled-water-study-says
30 Damian Carrington, ›Microplastics may be linked to inflammatory bowel disease, study finds‹, *The Guardian*, 22. Dezember 2021, https://www.theguardian.com/society/2021/dec/22/microplastics-may-be-linked-to-inflammatory-bowel-disease-study-finds
31 Mark Olalde, ›The Haunting Legacy of South Africa's Gold Mines‹, *Yale Environment 360*, 12. November 2015, https://e360.yale.edu/features/the_haunting_legacy_of_south_africas_gold_mines
32 Sara E. Pratt, ›All the glitters … Acid mine drainage: The toxic legacy of gold mining in South Africa‹, *Earth Magazine*, 5. Januar 2012, https://www.earthmagazine.org/article/all-glitters-acid-mine-drainage-toxic-legacy-gold-mining-south-africa/
33 S. Luzipo, ›Derelict and Ownerless Mine interventions‹, South Africa Parliamentary Monitoring Group, 20. November 2019, https://pmg.org.za/committee-meeting/29381/
34 Stephen Tuffnell, ›Acid drainage: the global environmental crisis you've never heard of‹, The Conversation, 5. September 2017, https://

theconversation.com/acid-drainage-the-global-environmental-crisis-youve-never-heard-of-83515

35 Sharon Lerner, ›3M knew about the dangers of PFOA and PFOS decades ago, internal documents show‹, The Intercept, 31. Juli 2018, https://theintercept.com/2018/07/31/3m-pfas-minnesota-pfoa-pfos/

36 ›Information on PFAS | Historical Use‹, DuPont, https://www.dupont.com/pfas/historical-use.html

37 *The Threat of PFAS: The Forever Chemicals*, Canadian Environmental Law Association, https://cela.ca/wp-content/uploads/2019/10/PFAS-Fact-Sheet.pdf

38 Richard Damania, Sébastien Desbureaux et al, *Quality Unknown: The Invisible Water Crisis*, https://openknowledge.worldbank.org/bitstream/handle/10986/32245/9781464814594.pdf

## DIE PROBLEME IN ENGLAND

1 ›England faces »serious risk of running out of water within 20 years«‹, Parlament des Vereinigten Königreichs, 10. Juli 2020, https://committees.parliament.uk/work/317/water-supply-and-demand-management/news/115817/england-faces-serious-risk-of-running-out-of-water-within-20-years/

2 Emma Howard Boyd/Environment Agency, ›Environment Agency Chair Emma Howard Boyd speaks about water scarcity at the WWT event »Water Security in a Changing Environment«‹, GOV.UK, 30. Juni 2021, https://www.gov.uk/government/speeches/water-security-in-a-changing-environment

3 Gareth Davies, Report by the Comptroller and Auditor General, National Audit Office, *Water supply and demand management*, 18. März 2020

4 *The Development of the Water Industry in England and Wales*, Ofwat/Defra, 2006, https://www.ofwat.gov.uk/wp-content/uploads/2015/11/rpt_com_devwatindust270106.pdf

5 ›Nine water bosses pocket £70 million as bills spiral‹, GMB Union, 10. Juni 2019, https://www.gmb.org.uk/news/nine-water-bosses-pocket-70-million-bills-spiral

6 Joe Watts, ›Michael Gove launches searing attack on water company bosses over tax avoidance and executive pay‹, *Independent*, 1. März 2018, https://www.independent.co.uk/news/uk/politics/michael-gove-water-company-bosses-speech-attack-audience-tax-executive-pay-a8235531.html

7 ›Sewage spills highlight decades of under-investment at England's water companies. *Financial Times*. 28. Dezember 2021, https://www.ft.com/content/b2314ae0-9e17-425d-8e3f-066270388331
8 Michael Robinson, ›How Macquarie bank left Thames Water with extra £2bn debt‹, BBC News, 5. September 2017, https://www.bbc.co.uk/news/business-41152516
9 Gareth Davies, *Water supply and demand management*, National Audit Office, 11. Juni 2020, https://www.nao.org.uk/wp-content/uploads/2020/03/Water-supply-and-demand-management.pdf
10 GARD, ›News Release: Thames Water reveals 10 year Abingdon Reservoir construction blight‹, 12. April 2010, https://www.abingdonreservoir.org.uk/downloads/news-release-04-10.pdf
11 RAPID, *Strategic regional water resource solutions guidance for gate two* (Birmingham: Ofwat, April 2022), https://www.ofwat.gov.uk/publication/strategic-regional-water-resource-solutions-guidance-for-gate-two/
12 Anglian Water/Affinity Water, *Strategic Solution Gate One Submission: Preliminary Feasibility Assessment – South Lincolnshire Reservoir*, 5. Juli 2021, https://www.anglianwater.co.uk/siteassets/household/about-us/strategic-solution-gate-one-submission-preliminary-feasibility-assessment-south-lincolnshire.pdf
13 Anglian Water/Cambridge Water, *Strategic Solution Gate One Submission: Preliminary Feasibility Assessment – Fens Reservoir*, 5. Juli 2021, https://www.anglianwater.co.uk/siteassets/household/about-us/strategic-solution-gate-one-submission-preliminary-feasibility-fens-reservoir.pdf
14 RAPID, *Strategic regional water resource solutions: Standard gate one final decision for Grand Union Canal Transfer* (Birmingham: Ofwat, Dezember 2021), https://www.ofwat.gov.uk/wp-content/uploads/2021/12/Standard-gate-one-final-decision-for-Grand-Union-Canal-Transfer.pdf
15 RAPID, *Standard gate one final decision for South East Strategic Reservoir Option* (Birmingham: Ofwat, 2022), https://www.ofwat.gov.uk/wp-content/uploads/2022/01/Standard-gate-one-final-decision-for-South-East-Strategic-Reservoir-Option_Final.pdf
16 Chris Yandell, ›Southern Water scraps plan for new plant near Ashlett Creek‹, *Southern Daily Echo*, 30. September 2021, https://www.dailyecho.co.uk/news/19613608.southern-water-scraps-plan-new-plant-near-ashlett-creek/

17 Charles Rangeley-Wilson, *Chalk Stream Restoration Strategy 2021*, CaBA Chalk Stream Restoration Group.

18 Agreement under Section 20 of the Water Resources Act 1991 Between Southern Water Services Limited and The Environment Agency, 2018, https://www.southernwater.co.uk/media/2665/sw-drought-permit-appendices-1-17-0719.pdf

19 Sandra Laville, ›England's privatised water firms paid £57bn in dividends since 1991‹, *The Guardian*, 1. Juli 2020, https://www.theguardian.com/environment/2020/jul/01/england-privatised-water-firms-dividends-shareholders

20 *Hertfordshire's State of Nature* (St Albans: Herts & Middlesex Wildlife Trust, 2020), https://www.hertswildlifetrust.org.uk/stateofnature

21 Affinity Water, *Designing Our Future Together: Our Strategic Direction Statement 2025–2050*, Dezember 2021, https://www.affinitywater.co.uk/docs/corporate/plans/strategic/AW0031_Strategic-direction-statement.pdf

22 ›Affinity Water launches Chalk Stream restoration in London and the Eastern Region‹, Affinity Water, 28. September 2020, https://www.affinitywater.co.uk/news/restoring-chalk-streams

23 Sandra Laville und Niamh McIntyre, ›Exclusive: water firms discharged raw sewage into England's rivers 200,000 times in 2019‹, *The Guardian*, 1. Juli 2020, https://www.theguardian.com/environment/2020/jul/01/water-firms-raw-sewage-england-rivers

24 Sandra Laville, ›Water firms discharged raw sewage into English waters 400,000 times last year‹, *The Guardian*, 31. März 2021, https://www.theguardian.com/environment/2021/mar/31/water-firms-discharged-raw-sewage-into-english-waters-400000-times-last-year

25 Rachel Salvidge, ›Water firm faces sentencing for 51 sewage pollution offences‹, *ENDS Report*, 6. Juli 2021, https://www.endsreport.com/article/1721425/water-firm-faces-sentencing-51-sewage-pollution-offences

26 Southern Water Annual Report and Financial Statements for the year ended 31 March 2021, https://southernwater.annualreport2021.com/media/unml5lxq/30055_southern-water-ar2021_full.pdf

27 Rachel Salvidge, ›Ignore reports of low-impact pollution events, Environment Agency tells staff‹, *The Guardian*, 10. Januar 2022, https://www.theguardian.com/environment/2022/jan/10/ignore-low-impact-pollution-events-environment-agency-staff

28 James Bevan/Environment Agency, ›Water is the most important thing there is‹, GOV.UK, https://www.gov.uk/government/speeches/water-is-the-most-important-thing-there-is
29 House of Commons Environmental Audit Committee, *Water Quality in Rivers: Fourth Report of Session 2021–22*, 5. Januar 2022, https://committees.parliament.uk/publications/8460/documents/88412/default/
30 Rebecca Duncan, ›New EA water quality statistics show failure at a national scale‹, Rivers Trust, 18. September 2020, https://theriverstrust.org/about-us/news/new-ea-water-quality-statistics-show-failure-at-a-national-scale
31 Defra, EA und Rebecca Pow MP, ›Taskforce sets goal to end pollution from storm overflows‹, GOV.UK, https://www.gov.uk/government/news/taskforce-sets-goal-to-end-pollution-from-storm-overflows
32 House of Commons Environmental Audit Committee, *Water Quality in Rivers: Fourth Report of Session 2021–22*, 5. Januar 2022, https://committees.parliament.uk/publications/8460/documents/88412/default/
33 *Rivercide*, Spanner Films, 2021, verfügbar auf YouTube: https://www.youtube.com/watch?v=kSPtVkJ_Uxs
34 Charles Rangeley-Wilson, *Chalk Stream Restoration Strategy 2021*, CaBA Chalk Stream Restoration Group
35 Charles Rangeley-Wilson, ›To remove P or not to remove P, that is the question‹, ChalkStreams.org, 22. Januar 2021, https://chalkstreams.org/2021/01/22/to-remove-p-or-not-to-remove-p-that-is-the-question/

## WOHER KOMMT DER GRÜNE SPARGEL?

1 ›Managing Alfalfa Under Pivot Irrigation‹, *American Dairymen*, 1. April 2014, https://www.americandairymen.com/articles/managing-alfalfa-under-pivot-irrigation
2 ›Alfalfa Irrigation‹, Valley irrigation equipment, https://www.valleyirrigation.com/science-engineering/alfalfa
3 Brian Leib und Tim Grant, ›Understanding Center Pivot Application Rate‹, University of Tennessee Institute of Agriculture, https://extension.tennessee.edu/publications/Documents/W809-F.pdf

4 *NASA Earth Observatory maps by Lauren Dauphin, using data from Deines, Jillian, et al. (2017). Story by Adam Voiland.* https://earthobservatory.nasa.gov/images/92387/satellites-investigate-irrigation-in-a-stressed-aquifer
5 Jillian Deines, Meagan Schipanski, Bill Golden et al, ›Transitions from irrigated to dryland agriculture in the Ogallala Aquifer: Land use suitability and regional economic impacts‹, *Agricultural Water Management* 233, 30. April 2020, https://www.sciencedirect.com/science/article/abs/pii/S0378377419318062#
6 E. Elhadj, ›Camels Don't Fly, Deserts Don't Bloom: an Assessment of SaudiArabia's Experiment in Desert Agriculture.‹ Occasional Paper 48, Water Issues Study Group, SOAS/KCL, University of London. 2004
7 ›Saudi Arabia ends domestic wheat production program‹, World-Grain.com, 18. März 2016, https://www.world-grain.com/articles/6275-saudi-arabia-ends-domestic-wheat-production-program
8 ›Almarai acquires huge farmland in Arizona‹, *Arab News*, 11. März 2014, https://www.arabnews.com/news/537336
9 The Metropolitan Water District of Southern California, Board of Directors Water Planning and Stewardship Committee board meeting information, 14. September 2021, https://mwdh2o.legistar.com/View.ashx?M=F&ID=9801165&GUID=B624E1D8-7809-4D23-8A35-0706EB31C0D2
10 John Bishop, ›Rushall Organic Farm: Education in the Countryside‹, Rushall Farm, http://www.rushallfarm.org.uk/blog/february-2020/
11 Guy Singh-Watson, ›Guy's news: Praying for thunder‹, *Wicked Leeks*, 28. November 2018, https://wickedleeks.riverford.co.uk/opinion/farming/guys-news-praying-thunder
12 Gian Singh, ›Punjab Assembly Elections 2022: Ignoring the groundwater depletion problem‹, *Down to Earth*, 27. Januar 2022, https://www.downtoearth.org.in/blog/water/punjab-assembly-elections-2022-ignoring-the-groundwater-depletion-problem-81286
13 Vaibhav Chaturvedi, Kangkanika Neog, Sujata Basu et al, *Reallocating Water for India's Growth: Sectoral Withdrawals, Water-efficient Agriculture, and Institutional Mechanisms* (New Delhi: Council on Energy, Environment and Water, 2020), https://www.ceew.in/publications/reallocating-water-to-grow-india
14 Abrahm Lustgarten, ›Use It or Lose It Laws Worsen Western U.S. Water Woes‹, *Scientific American*, 9. Juni 2015, https://www.scientificamerican.com/article/use-it-or-lose-it-laws-worsen-western-u-s-water-woes/

15 Arizona State Senate, Fifty-Fifth Legislature, First Regular Session, ›Fact Sheet for H. B. 2056/S. B. 1368: water conservation notice; no forfeiture‹, Februar 2021, https://www.azleg.gov/legtext/55leg/1R/summary/S.2056-1368NREW_ASENACTED.pdf

16 Timothy Egan, ›War on Peruvian Drugs Takes a Victim: U. S. Asparagus‹, *New York Times*, 25. April 2004, https://www.nytimes.com/2004/04/25/us/war-on-peruvian-drugs-takes-a-victim-us-asparagus.html

17 CRS Report for Congress, US–Peru Economic Relations and the US–Peru Trade Promotion Agreement, November 2007, https://www.files.ethz.ch/isn/118410/2007-11-06_US-Peru_Trade.pdf

18 Rachel Dring, ›Asparagus – draining Peru dry‹, Sustainable Food Trust, April 21, 2014. [Abrufbar über: https://www.resilience.org/stories/2014-04-21/asparagus-draining-peru-dry/]

19 N. D. Hepworth, J. C. Postigo, B. Güemes Delgado und P. Kjell, *Drop by Drop: Understanding the impacts of the UK's water footprint through a case study of Peruvian asparagus* (London: Progressio, CEPES and Water Witness International, 2010), https://www.progressio.org.uk/sites/default/files/Drop-by-drop_Progressio_Sept-2010.pdf

20 Ian James, ›The costs of Peru's farming boom‹, *Palm Springs Desert Sun*, 10. Dezember 2015, https://eu.desertsun.com/story/news/environment/2015/12/10/costs-perus-farming-boom/76605530/

21 Fabiola Torres und Cristian Díaz, ›The company that absorbed the home of the Lima bean‹, *Ojo Público*, 21. Mai 2018, https://ojo-publico.com/especiales/acuatenientes/the-company-that-absorbed-the-home-of-the-lima-bean.html

22 Sasha Chavkin, ›News drones reveal big companies are draining local water supplies in Peru, Colombia‹, International Consortium of Investigative Journalists, 4. Juni 2018, https://www.icij.org/inside-icij/2018/06/news-drones-reveal-big-companies-draining-local-water-supplies-peru-colombia/

23 23 Gaspar Nolte und Dwight Wilder, ›Voluntary Report: Asparagus Exports Down for the First Time‹, United States Department of Agriculture: Foreign Agricultural Service, 16. Februar 2021, https://apps.fas.usda.gov/newgainapi/api/Report/DownloadReportByFileName?fileName=Asparagus%20Exports%20Down%20for%20the%20First%20Time_Lima_Peru_02-16-2021

24 Andrea E. Becerra et al, ›A New Course: Managing Drought and Downpours in the Santiago Metropolitan Region‹, NRDC, Juli 2019,

https://www.nrdc.org/sites/default/files/new-course-managing-drought-downpours-santiago-report.pdf

25 World Avocado Organization, Markenhandbuch, 2020, https://avocadofruitoflife.com/wp-content/uploads/2020/06/wao-bm.pdf

26 Asit K. Biswas und Cecilia Tortajada, ›The slow drip of water policy‹, Policy Forum, 6. Juli 2018, https://www.policyforum.net/the-slow-drip-of-poor-water-policy/

27 ›Professor Tony Allan discusses water and food security in the Middle East and North Africa‹, YouTube: https://www.youtube.com/watch?v=9S5sWUEGviA [abgerufen am 8. März 2021]

28 Hepworth et al, ›Drop by drop: Understanding the impacts of the UK's water footprint through a case study of Peruvian asparagus‹, Progressio in association with Centro Peruano de Estudios Sociales and Water Witness International, September 2010, https://www.progressio.org.uk/sites/default/files/Drop-by-drop_Progressio_Sept-2010.pdf

29 Rick Hogeboom, ›Your water footprint revealed‹, TED-Talk, TEDxTwenteU, Mai 2018, https://www.ted.com/talks/rick_hogeboom_your_water_footprint_revealed

## DIE RÜCKZAHLUNG DER SCHULDEN

1 Steve Smith, ›Farmers in Cornwall are being encouraged to soil their underpants‹, Plymouth Live, 31. Januar 2018, https://www.plymouthherald.co.uk/news/plymouth-news/farmers-cornwall-being-encouraged-soil-1145173

2 https://www.nrcs.usda.gov/wps/portal/nrcs/detail/or/soils/health/?cid=nrcseprd1470410

3 Merlin Sheldrake: Verwobenes Leben (Ullstein, 2021, übers. v. Sebastian Vogel)

4 Brian Bienkowski, ›Can Farming Practices in Oklahoma Solve Climate Change?‹, *Scientific American*, 15. Oktober 2015, https://www.scientificamerican.com/article/can-farming-practices-in-oklahoma-solve-climate-change/

5 Severn Trent Plc, Sustainability Report 2021, https://www.severntrent.com/content/dam/stw-plc/interactive-sustainability report/publication/contents/templates/Severn_Trent_plc_Sustainability_Report_2021.pdf

6 Ebd.
7 ›Replenishing a Broken Water Cycle, with Sandra Postel‹ (Episode), *What About Water?* (Podcast, Staffel 3), 24. November 2021, https://www.whataboutwater.org/s03e04/
8 Rachel Becker, ›California enacted a groundwater law 7 years ago. But wells are still drying up – and the threat is spreading‹, CalMatters, 18. August 2021, https://calmatters.org/environment/2021/08/california-groundwater-dry/
9 Stephanie Osler Hastings, ›A Test for California's Groundwater Regulations in the Megadrought‹, *Bloomberg Law*, 7. September 2021, https://news.bloomberglaw.com/us-law-week/a-test-for-californias-groundwater-regulations-in-the-megadrought-17
10 ›Gov. Brown appoints UCI's Jay Famiglietti to state water board‹, UCI News, 9. Januar 2014, https://news.uci.edu/2014/01/09/governor-brown-appoints-ucis-jay-famiglietti-to-state-water-board/
11 Elad Levintal, Maribeth L. Kniffin, Yonatan Ganot et al, ›Agricultural managed aquifer recharge (Ag-MAR) – a method for sustainable groundwater management: A review‹, *Critical Reviews in Environmental Science and Technology*, 28. März 2022, https://www.tandfonline.com/doi/full/10.1080/10643389.2022.2050160
12 Augustine A. Ayantunde, Mawa Karambiri et al, *Multiple Uses of Small Reservoirs in Crop-livestock Agro-ecosystems of the Volta River Basin with an Emphasis on Livestock Management* (Colombo, Sri Lanka: International Water Management Institute, 2016), http://www.iwmi.cgiar.org/Publications/Working_Papers/working/wor171.pdf
13 Study: Colorado Set To Lose Half Of Its Snow In 60 Years‹, *CBS Colorado*, 8. Juni 2022, https://www.cbsnews.com/colorado/news/colorado-snowpack-study-runoff/
14 Nisha Marwaha, George Kourakos et al, ›Identifying Agricultural Managed Aquifer Recharge Locations to Benefit Drinking Water Supply in Rural Communities‹, *Water Resources Research* 57(3), März 2021, https://agupubs.onlinelibrary.wiley.com/doi/abs/10.1029/2020WR028811
15 Christoph Sprenger, Niels Hartog et al, ›Inventory of managed aquifer recharge sites in Europe: historical development, current situation and perspectives‹, *Hydrology Journal* 25(6), März 2017, https://www.researchgate.net/publication/315110753_Inventory_of_managed_aquifer_

recharge_sites_in_Europe_historical_development_current_situation_and_perspectives

16 Seth Owusu, Olufunke O. Cofie, Paa Kofi Osei-Owusu et al,*Adapting Aquifer Storage and Recovery Technology to the Flood-prone Areas of Northern Ghana for Dry-season Irrigation* (Colombo, Sri Lanka: International Water Management Institute, 2017), http://www.iwmi.cgiar.org/Publications/Working_Papers/working/wor176.pdf

17 Christoph Sprenger, Niels Hartog et al, ›Inventory of managed aquifer recharge sites in Europe: historical development, current situation and perspectives‹, *Hydrology Journal* 25(6), März 2017

18 CAWCD Board of Directors, 2022 Strategic Plan, Central Arizona Project, https://library.cap-az.com/documents/board/2022-Strategic-Plan.pdf

19 Keith Schneider, ›Unsafe Yield‹, Circle of Blue, https://www.circleofblue.org/2022/world/unsafe-yield/

20 Alma Road Rain Gardens, London – case study‹, Susdrain, https://www.susdrain.org/case-studies/case_studies/alma_road_rain_gardens_london.html

21 ›»Sponge city«: China tries new tack after centuries of trying to curb floods‹, *Japan Times*, 14. August 2020, https://www.japantimes.co.jp/news/2020/08/14/asia-pacific/sponge-city-china-floods/#.Xzvj6ehKjcs

22 L. E. Oates, L. Dai, A. Sudmant und A. Gouldson, *Building Climate Resilience and Water Security in Cities: Lessons from the sponge city of Wuhan, China* (London and Washington, DC: Coalition for Urban Transitions, 2020), https://www.academia.edu/43992773/BUILDING_CLIMATE_RESILIENCE_AND_WATER_SECURITY_IN_CITIES_LESSONS_FROM_THE_SPONGE_CITY_OF_WUHAN_CHINA?email_work_card=view-paper

23 Andrea Becerra et al, ›A New Course: Managing Drought and Downpours in the Santiago Metropolitan Region‹, NRDC, Juli 2019, https://www.nrdc.org/sites/default/files/new-course-managing-drought-downpours-santiago-report.pdf

24 Oates et al, ›Building Climate Resilience and Water Security in Cities: Lessons from the sponge city of Wuhan, China‹. *Coalition for Urban Transitions*. 2020, https://urbantransitions.global/publications

25 Shagun Garg, Mahdi Motagh, J. Indu und Vamshi Karanam, ›Tracking hidden crisis in India's capital from space: implications of unsustainable

groundwater use‹, *Scientific Reports* 12, 2022, https://www.nature.com/articles/s41598-021-04193-9

26 ›City of 1,000 Tanks, Chennai: Holistic urban strategy to combat floods, droughts and pollution through blue-green strategies‹, Ooze, http://www.ooze.eu.com/en/urban_strategy/city_of_1000_tanks_chennai/

27 ›Chennai Metropolitan Area: Towards a regional urban landscape structure‹, City of 1000 Tanks, https://www.cityof1000tanks.org/projectproposals#/chennai-metropolitan-area-towards-a-regional-urban-landscape-structure/

28 Seattle Office of Sustainability & Environment, ›Green Stormwater Infrastructure in Seattle, 2015-2020 Implementation Strategy‹, http://www.seattle.gov/documents/departments/ose/gsi_strategy_nov_2015.pdf

29 ›The Road to 700 Million Gallons: A Natural Approach to Stormwater Management‹, Green Stormwater Infrastructure, 2020 Progress Report, Seattle Public Utilities and King County, https://www.seattle.gov/documents/Departments/SPU/Documents/GSI-ProgressReport2020.pdf

## NEUE WASSERQUELLEN

1 Cecilia Tortajada, Yugal Joshi und Asit K. Biswas, *The Singapore Water Story* (Abingdon: Routledge, 2013)

2 ›Water Agreements‹, Ministry of Foreign Affairs, Singapore (Website), https://www.mfa.gov.sg/SINGAPORES-FOREIGN-POLICY/Key-Issues/Water-Agreements

3 ›NEWater‹, *Blueprint For Survival* (Dokumentarfilm), Staffel 1, Episode 2, CNA, 17. Januar 2018, https://www.channelnewsasia.com/watch/blueprint-survival/newater-1560961

4 Cecilia Tortajada, Yugal Joshi und Asit K. Biswas, *The Singapore Water Story* (Abingdon: Routledge, 2013)

5 ›NEWater‹, *Blueprint For Survival* (Dokumentarfilm), Staffel 1, Episode 2, CNA, 17. Januar 2018

6 ›Sunfruits: building water stewardship solutions in the Ica Valley‹, Peru. 1. Project/Program name: Rehabilitation & Operation of the Community of San Jose de Los Molinos

7 Mayor Eric Garcetti, ›L. A.'s Green New Deal: Sustainable City pLAn 2019‹, https://plan.lamayor.org/sites/default/files/pLAn_2019_final.pdf

8 David Garrick, ›San Diego launching Pure Water, largest infrastructure project in city's history‹, *San Diego Union-Tribune*, 20. August 2021, https://www.sandiegouniontribune.com/news/politics/story/2021-08-20/san-diego-officially-launching-pure-water-largest-infrastructure-project-in-city-history

9 Royal Haskoning DHV/European Investment Bank, *Report: Red Sea Dead Sea Water Conveyance Study*, 6. Dezember 2017, https://www.eib.org/attachments/registers/82425040.pdf

10 ›Jordan allocated $1.8bln for water project‹, ZAWYA, 1. April 2022, https://www.zawya.com/en/projects/utilities/jordan-allocates-18bln-for-water-project-w7ekn1f7

11 Andrew Roscoe, ›Developers weigh up Jordan's Aqaba–Amman water project‹, Energy & Utilities, 1. April 2022, https://energy-utilities.com/developers-weigh-up-jordan-s-aqabaamman-water-news116979.html

12 Accountant General, ›Background – Seawater Desalination in Israel‹, Ministry of Finance/Israeli government website, https://www.gov.il/en/departments/general/project-water-desalination-background

13 Soteris A. Kalogirou, ›Seawater desalination using renewable energy sources‹, *Progress in Energy and Combustion Science* 31(3), 2005, S. 242–281, https://www.sciencedirect.com/science/article/abs/pii/S0360128505000146

14 ›Does size matter? Meet ten of the world's largest desalination plants‹, Aquatech, 19. April 2021, https://www.aquatechtrade.com/news/desalination/worlds-largest-desalination-plants/

15 Gitika Bhardwaj, Interview mit Loïc Fauchon, ›Exploring the Looming Water Crisis‹, Chatham House, 28. November 2019, https://www.chathamhouse.org/2019/11/exploring-looming-water-crisis

16 ›Five things to know about desalination‹, UN Environment Programme, 11. Januar 2021, https://www.unep.org/news-and-stories/story/five-things-know-about-desalination

17 Angelakis et al, ›Desalination: From Ancient to Present and Future‹. *Water* 2021, https://doi.org/10.3390/w13162222

18 Michael Birnbaum, ›Desalination can make saltwater drinkable – but it won't solve the U.S. water crisis‹, *Washington Post*, 28. September 2021, https://www.washingtonpost.com/climate-solutions/2021/09/28/desalination-saltwater-drought-water-crisis/

19 ›Reserve Osmosis Desalination: Brine disposal‹, Lenntech, https://www.lenntech.com/processes/desalination/brine/general/brine-disposal.htm
20 ›UN Warns of Rising Levels of Toxic Brine as Desalination Plants Meet Growing Water Needs‹, United Nations University, 14. Januar 2014, https://unu.edu/media-relations/releases/un-warns-of-rising-levels-of-toxic-brine.html
21 ›Seawater Desalination: Ocean Plan Requirements for Seawater Desalination Facilities‹, California Water Boards, https://www.waterboards.ca.gov/water_issues/programs/ocean/desalination/
22 Alon Tal, ›Addressing Desalination's Carbon Footprint: The Israeli Experience‹, *Water* 10(197), 12. Februar 2018, https://www.mdpi.com/2073-4441/10/2/197/pdf#:~:text=All%20told%2C%20Israel's%20water%20supply,the%20energy%20demand%20%5B22%5D
23 IPCC, *Special Report: Global Warming of 1.5°C*, Kapitel 4: ›Strengthening and implementing the global response‹, 2018, https://www.ipcc.ch/sr15/chapter/chapter-4/
24 Elena Pappas, ›Quenching the world's thirst with off-grid water desalination‹, *Horizon*, 30. September 2021, https://ec.europa.eu/research-and-innovation/en/horizon-magazine/quenching-worlds-thirst-grid-water-desalination
25 Renee Cho, ›A 1,000 Year Drought is Hitting the West. Could Desalination Be a Solution?‹, State of the Planet (Columbia Climate School), 26. August 2021, https://news.climate.columbia.edu/2021/08/26/a-1000-year-drought-is-hitting-the-west-could-desalination-be-a-solution/
26 ›Unique Floating Wind Turbine Set for Middle East Debut‹, *Offshore Engineer*, 17. Februar 2021, https://www.oedigital.com/news/485362-unique-floating-wind-turbine-set-for-middle-east-debut
27 ›Ghana Water losing GHc6m monthly to Teshie desalination plant‹, Citi FM, 2. Oktober 2017, https://citifmonline.com/2017/10/ghana-water-losing-ghc-6m-monthly-to-teshie-desalination-plant/
28 ›GWCL shuts down Teshie Desalination plant again‹, GhanaWeb, 3. Oktober 2019 https://www.ghanaweb.com/GhanaHomePage/NewsArchive/GWCL-shuts-down-Teshie-Desalination-plant-again-7858077
29 Timothy Ngnenbe, ›GWCL pays GH¢1.4m monthly four months after

desalination plant closes‹, *Graphic Online*, 18 April 2018, https://www.graphic.com.gh/news/general-news/gwcl-pays-gh-1-4m-monthly-four-months-after-desalination-plant-closes.html

30 Vincent E. A. Post, Jacobus Groen, Henk Kooi et al, ›Offshore fresh groundwater reserves as a global phenomenon‹, *Nature* 504, 5. Dezember 2013, https://sci-hub.yncjkj.com/10.1038/nature12858

31 John Dennehy, ›Rain enhancement pioneers win UAE's $5 million award at Abu Dhabi Sustainability Week‹, *The National*, 17. Januar 2018, https://www.thenationalnews.com/uae/environment/rain-enhancement-pioneers-win-uae-s-5-million-award-at-abu-dhabi-sustainability-week-1.696102

32 John Dennehy, ›Seeding flights in UAE »boosting rainfall from clouds by a third«‹, *The National*, 11. Januar 2018, https://www.thenationalnews.com/uae/environment/seeding-flights-in-uae-boosting-rainfall-from-clouds-by-a-third-1.694589

33 Marianne Bray, ›Beijing to shoot down Olympic rain‹, CNN, 9. Juni 2006, https://edition.cnn.com/2006/WORLD/asiapcf/06/05/china.rain/index.html

34 Arwa Mahdawi, ›China is scaling up its weather modification programme – here's why we should be worried‹, *The Guardian*, 15. Dezember 2020, https://www.theguardian.com/commentisfree/2020/dec/15/china-scaling-up-weather-modification-programme-we-should-be-worried

35 ›China to forge ahead with weather modification service‹, State Council, People's Republic of China, 2. Dezember 2020, http://english.www.gov.cn/policies/latestreleases/202012/02/content_WS5fc76218c6d0f7257694125e.html

36 Katja Friedrich, Kyoko Ikeda, Sarah A. Tessendorf et al, ›Quantifying snowfall from orographic cloud seeding‹, *PNAS* 117(10), 24. Februar 2020, https://www.pnas.org/doi/10.1073/pnas.1917204117

37 Roy M. Rasmussen, Sarah A. Tessendorf, Lulin Xue et al, ›Evaluation of the Wyoming Weather Modification Pilot Project (WWMPP) Using Two Approaches: Traditional Statistics and Ensemble Modeling‹, *Journal of Applied Meteorology and Climatology* 57(11), 1. November 2018, https://journals.ametsoc.org/view/journals/apme/57/11/jamc-d-17-0335.1.xml

38 Aparna Roy, ›»Weather War«: A latest addition to the Sino-India conundrum?‹ Observer Research Foundation, 22. August 2018,

https://www.orfonline.org/expert-speak/43534-weather-war-a-latest-addition-to-the-sino-india-conundrum/https://journals.ametsoc.org/view/journals/apme/57/11/jamc-d-17-0335.1.xml

39 Farmers blame cloud seeding program for drought‹, E&E News, 7. August 2017, https://subscriber.politicopro.com/article/eenews/1060058470?show_login=1&t=https%3A%2F%2Fwww.eenews.net%2Fgreenwire%2F2017%2F08%2F07%2Fstories%2F1060058470

40 ›Iain Woessner, ›Cloud seeding scrutinized at public meeting‹, *Dickinson Press*, 8. August 2017, https://www.thedickinsonpress.com/business/cloud-seeding-scrutinized-at-public-meeting

41 Oliver Milman, ›Make it rain: US states embrace »cloud seeding« to try to conquer drought‹, *The Guardian*, 23. März 2021, https://www.theguardian.com/environment/2021/mar/23/us-stated-cloud-seeding-weather-modification

42 Gabe Allen, ›Cloud Seeding in Colorado Could Make Waves in the West‹, *Discover*, 27. Oktober 2021, https://www.discovermagazine.com/technology/cloud-seeding-in-colorado-could-make-waves-in-the-west

## SCHWERE ENTSCHEIDUNGEN, KLUGE LÖSUNGEN

1 Richard Kingsford, ›The tragedy of the Murray–Darling river system is man-made‹, *Sydney Morning Herald*, 25. Juli 2017, https://www.smh.com.au/opinion/the-tragedy-of-the-murraydarling-river-system-is-manmade-20170725-gxi35b.html

2 MDBA Chief Executive Phillip Glyde Cotton Collective Water Forum, Griffith‹ (Rede), Australian government Murray–Darling Basin Authority, 24. Juli 2019, https://www.mdba.gov.au/media/mr/mdba-chief-executive-phillip-glyde-cotton-collective-water-forum-griffith

3 *Murray–Darling Basin water markets inquiry: Final Report* (Canberra: Australian Competition and Consumer Commission, Februar 2021), https://www.accc.gov.au/system/files/Murray-Darling%20Basin%20water%20markets%20inquiry%20-%20final%20report%20-%20Overview.pdf

4 ›Announcement: Retirement of MDBA Chief Executive Phillip Glyde‹, Australian government Murray–Darling Basin Authority, 3. Dezember

2021, https://www.mdba.gov.au/news-media-events/newsroom/media-centre/announcement-retirement-mdba-chief-executive-phillip-glyde
5 ›Retirement of MDBA Chief Executive Phillip Glyde‹, National Irrigators' Council, 8. Dezember 2021, https://www.irrigators.org.au/retirement-of-mdba-chief-executive-phillip-glyde/
6 Mike Foley, ›Labor wades into Murray–Darling water wars to woo Adelaide voters‹, *Sydney Morning Herald*, 8. April 2022, https://www.smh.com.au/politics/federal/labor-wades-into-murray-darling-water-wars-to-woo-adelaide-voters-20220408-p5abx3.html
7 Kath Sullivan, ›Oil and gas lobby boss to head Murray–Darling Basin Authority, as former LNP politician set to chair river study‹, ABC News, https://www.abc.net.au/news/rural/2022-04-04/oil-and-gas-lobbyist-to-head-up-mdba/100964404
8 ›Nationals put »upstream mates« in charge of River Murray‹, *Herald Sun*, https://www.heraldsun.com.au/news/south-australia/national-party-under-fire-for-putting-upstream-mates-in-charge-of-river-murray-review/news-story/528898863fb7152a644072d2f7595728
9 Parameswaran Iyer (Hg.), *The Swachh Bharat Revolution: Four Pillars of India's Behavioural Transformation* (HarperCollins India, 2019).
10 *Rivercide*, Spanner Films, 2021, verfügbar auf YouTube: https://www.youtube.com/watch?v=kSPtVkJ_Uxs
11 ›TIME 100 Talks With Matt Damon And Gary White, Water.org and WaterEquity Co-founders‹, Youtube: https://www.youtube.com/watch?v=yUzqcLd-ErQ&ab_channel=TIME https://www.waterwise.org.uk/wp-content/uploads/2021/02/WESSG-A-Review-of-Water-Neutrality-in-the-UK-Feb-2021.pdf
12 Seth Siegel, *Let There Be Water: Israel's Solution for a Water-Starved World* (New York: St Martin's Press, 2015)
13 ›Water Funds by Region‹, Nature Conservancy, https://waterfundstoolbox.org/regions
14 ›EU slams plan to expand water use near Spain's Doñana park‹, *Independent*, 9. Februar 2022, https://www.independent.co.uk/news/world/europe/spain-barcelona-europe-andalusia-united-nations-b2011377.html
15 Mark Lowen, ›Spain's olive oil producers devastated by worst ever drought‹, BBC News, 29. August 2022, https://www.bbc.co.uk/news/world-europe-62707435

16 ›Independent review of the costs and benefits of water labelling options in the UK‹, Energy Saving Trust, Februar 2019, https://www.waterwise.org.uk/wp-content/uploads/2019/02/Water-Labelling-Summary-Report-Final.pdf
17 ›Use Cases: See how Hydraloop is used‹, Hydraloop-Website, https://www.hydraloop.com/#:~:text=water%2520recycling%2520system-,David%2520Mertens%2520and%2520his,per%2520person%2520per%2520day.,-I%2520work%2520for
18 Power Generation: Gas Based Power Stations‹, NTPC, https://www.ntpc.co.in/en/power-generation/gas-based-power-stations
19 ›Renewable future: Gujarat govt to set up 100 MW solar power project atop Narmada canal‹, *Financial Express*, 22. Februar 2019, https://www.financialexpress.com/india-news/renewable-future-gujarat-govt-to-set-up-100-mw-solar-power-project-atop-narmada-canal/1494866/ Kalpana Sunder, ›The »solar canals« making smart use of India's space‹, Future Planet, BBC, 4. August 20220, https://www.bbc.com/future/article/20200803-the-solar-canals-revolutionising-indias-renewable-energy

## EINFACHERE LÖSUNGEN

1 Peter Melville-Shreeve, ›Exploring Smart Rainwater Management Systems in a Small Island Economy‹, presented at the 6th Water Efficiency Conference, University of the West of England, Bristol, 3. September 2020, https://www.youtube.com/watch?v=-P_RuRyXqyg
2 Robert Edwards, ›Fawley Desalination Plant: The New Forest campaigners who have worked »tirelessly« opposing Southern Water plans‹, Hampshire Live, 1. Oktober 2021, https://www.hampshirelive.news/news/hampshire-news/fawley-desalination-plant-new-forest-5992271
3 Thorsten Schuetze, ›Rainwater harvesting and management – policy and regulations in Germany‹, *Water Supply*, 2013, https://doi.org/10.2166/ws.2013.035
4 ›Sedema and Milpa Alta seek to create a network of rain harvesters‹, Secretaría del Medio Ambiente, Gobierno de la Ciudad de México, 20. Januar 2022, https://www.sedema.cdmx.gob.mx/comunicacion/nota/buscan-sedema-y-milpa-alta-crear-red-de-cosechadores-de-lluvia

5 Nuevas Esperanzas, https://nuevasesperanzas.org/projectshttps://www.sedema.cdmx.gob.mx/comunicacion/nota/buscan-sedema-y-milpa-alta-crear-red-de-cosechadores-de-lluvia

6 Shehfar, ›Beris to the rescue‹, *Down To Earth*, 31. Januar 2013, https://www.downtoearth.org.in/coverage/beris-to-the-rescue-40065

7 ›PM launches »Jal Shakti Abhiyan: Catch the Rain« campaign on the occasion of World Water Day‹, Prime Minister's Office, 22. März 2021, https://pib.gov.in/PressReleasePage.aspx?PRID=1706580

8 Sana Jamal, ›Lahore sets up first underground rainwater storage system‹, Gulf News, 20. Juli 2020, https://gulfnews.com/world/asia/pakistan/lahore-sets-up-first-underground-rainwater-storage-system-1.72655677

9 Afzal Talib, ›Rainwater harvesting project delayed‹, *Express Tribune*, 13. Juli 2021, https://tribune.com.pk/story/2310215/rainwater-harvesting-project-delayed

10 ›Stormwater harvesting in Queen Victoria and Alexandra Gardens‹, Urban Water, https://urbanwater.melbourne.vic.gov.au/projects/water-capture-and-reuse/stormwater-harvesting-in-queen-victoria-and-alexandra-gardens/

11 ›World-class Underground Discharge Channel‹, Trends in Japan, März 2013, https://web-japan.org/trends/11_tech-life/tec130312.html

12 Giovani De Feo, Sabino De Gisi, Carmela Malvano et al, ›The Greatest Water Reservoirs in the Ancient Roman World and the »Piscina Mirabilis« in Misenum‹, *Water Science & Technology: Water Supply* 10(3), Januar 2013, https://www.researchgate.net/figure/The-Piscina-Mirabilis-in-Miseno-in-the-bay-of-Naples-Southern-Italy_fig1_234025426

13 Charles R. Ortloff, ›Hydraulic Engineering at 100 BC–AD 300 Nabataean Petra (Jordan)‹, *Water* 12 (12), 2020, https://www.mdpi.com/2073-4441/12/12/3498/htm

14 Kalpana Sunder, ›The remarkable floating gardens of Bangladesh‹, Future Planet, BBC, 11. September 2020, https://www.bbc.com/future/article/20200910-the-remarkable-floating-gardens-of-bangladesh

15 Archana Yadav, ›Resort to heritage‹, Down to Earth, 15. April 2016, https://www.downtoearth.org.in/news/agriculture/resort-to-heritage-53346

16 Keith Drew, ›Spain's ingenious water maze‹, BBC Travel, 21. Februar 2022, https://www.bbc.com/travel/article/20220220-valencias-la-huerta-spains-ingenious-water-maze?s=03
17 Vicuña Mackenna (1860), zitiert von Carolina Domínguez, Maria Teresa Ore und Andres Verzijl, ›Pozas: A short story with some musings on human-groundwater relations along the coast of Peru‹, Transformations to Groundwater Sustainability, https://www.t2sgroundwater.org/narrative-reports-peru
18 Alberto Ñiquen Guerra, ›In the Peruvian Andes, residents sow water for the future‹, *Earth Journalism Network*, 13. Dezember 2019, https://earthjournalism.net/stories/in-the-peruvian-andes-residents-sow-water-for-the-future
19 Amin Mahan, Reihaneh Khorramrouei, Ahmad Nasiri, ›Restoring the Qanats as a Traditional Water Transfer System: A Sustainable Approach‹, *International Journal of Architecture and Urban Development* 9(1), Winter 2019, https://ijaud.srbiau.ac.ir/article_14011_531192961bc388f1b3511a68b574cfeb.pdf
20 ›Tradition valued‹, GIAHS, Food and Agriculture Organization of the United Nations, https://www.fao.org/giahs/news/archives/2014/05-traditionl-valued/en/
21 Gary Lewis, UN-Koordinator für die Islamische Republik Iran, ›The need to restore Iran's Qanats – the »Veins of the desert«‹ (Rede am 25. Juni 2014)
22 ›Ancient qanat in Tehran to be restored, revived‹, *Tehran Times*, 27. Januar 2021, https://www.tehrantimes.com/news/457443/Ancient-qanat-in-Tehran-to-be-restored-revived
23 Tarifübersicht, Ghana Water Company Limited, https://www.gwcl.com.gh/approved-tariffs/
24 Bill Gates, ›Update: what ever happened to the machine that turns feces into water?‹ GatesNotes (Blog), 11. August 2015, https://www.gatesnotes.com/Development/Omni-Processor-Update

## RENATURIERUNG

1 Martin Gaywood, Jeanette Elisabeth Hall, Andrew P. Stringer et al, *Beavers in Scotland: A report to the Scottish Government* (Inverness: Scottish Natural Heritage, Juni 2015), https://www.researchgate.net/

publication/279751287_Beavers_in_Scotland_A_report_to_Scottish_Government

2 James Ashworth, ›Beavers reintroduced to London after 400 years‹, Natural History Museum, 17. März 2022, https://www.nhm.ac.uk/discover/news/2022/march/beavers-reintroduced-to-london-after-400-years.html#:~:text=Beavers%20have%20returned%20to%20London,council%20and%20Capel%20Manor%20College

3 Severn Trent Plc, Sustainability Report 2021, https://www.severntrent.com/content/dam/stw-plc/interactive-sustainability-report/index.html#page=1

4 Archie Ruggles-Brise, ›Flooding 14th Jan 2021‹, Spains Hall Estate, 17. Januar 2021, https://www.spainshallestate.co.uk/flooding-14th-jan-2021

5 ›Beavers given legal protection without clear management plan‹, NFU, 22. Juli 2022, https://www.nfuonline.com/updates-and-information/beaver-reintroduction-consultation-have-your-say/

6 ›Anglian Water joins forces with Severn Trent to revitalise the health of Britain's rivers‹, Anglian Water, 14. März 2022, https://www.anglianwater.co.uk/news/anglian-water-joins-forces-with-severn-trent-to-revitalise-the-health-of-britains-rivers/

7 Alice Outwater, *Water: A Natural History* (New York: Basic Books, 1996)

8 UN-Water, ›The United Nations World Water Development Report 2018: Nature-Based Solutions for Water‹. Paris, UNESCO. 2018

9 Charles Rangeley-Wilson, ›Why Dredging Makes Flooding Worse‹, Charles Rangeley-Wilson (Blog), 19. Dezember 2015, https://charlesrangeleywilson.com/2015/12/19/why-dredging-makes-flooding-worse/

10 Stewart Clarke, ›Why we need to talk about floodplains‹, *The Green Alliance Blog*, 27. August 2021, https://greenallianceblog.org.uk/2021/08/27/why-we-need-to-talk-about-floodplains/

11 Clare Lawson, Emma Rothero, David Gowing et al, ›The Natural Capital of Floodplains: management, protection and restoration to deliver greater benefits‹, Valuing Nature: Natural Capital Synthesis Report VNP09, 2018, https://www.floodplainmeadows.org.uk/sites/www.floodplainmeadows.org.uk/files/VNP09-NatCapSynthesisReport-Floodplains-A4-16pp-144dpi.pdf

12 Environment Agency, Policy Paper: Oxford Flood Scheme, GOV.UK, https://www.gov.uk/government/publications/oxford-flood-scheme/oxford-flood-scheme

13 Torgny Holmgren, ›Balancing Green & Grey this World Water Day‹, Inter Press Service News Agency, März 2022, https://www.ipsnews.net/2018/03/balancing-green-grey-world-water-day/

14 The World Water Council, Water and Green Growth, 23. Juli, 2012

15 Jim Skea, Priyadarshi R. Shukla, Andy Reisinger et al, ›Climate Change 2022: Mitigation of Climate Change – Working Group III Contribution to the IPCC Sixth Assessment Report‹, IPCC, 2022, https://report.ipcc.ch/ar6wg3/pdf/IPCC_AR6_WGIII_FinalDraft_FullReport.pdf

16 ›Water shortage of 31m acre feet expected by 2025‹, Dawn, 29. März 2018, https://www.dawn.com/news/1398099

17 ›Restoring Damaged Rivers‹, American Rivers, https://www.americanrivers.org/threats-solutions/restoring-damaged-rivers/, [aufgerufen am 11. Februar 2022]

18 Mike Simpson, ›What if? Simpson on Salmon Recovery‹ (Werbevideo), 7. Februar 2021, https://www.youtube.com/watch?v=z5_fm7UGsw4&ab_channel=CongMikeSimpson

19 Orion Donovan-Smith, ›Fate of Republican Mike Simpson's plan to remove Snake River dams lies with Democrats and Biden infrastructure package‹, *Spokesman-Review*, 8. März 2021, https://www.spokesman.com/stories/2021/mar/07/fate-of-republican-mike-simpsons-plan-to-remove-sn/

20 Bo Evans, ›Largest dam removal in US history set to begin‹, ABC Denver7 News, 24. Februar 2022, https://www.thedenverchannel.com/news/national/largest-dam-removal-in-us-history-set-to-begin#:~:text=HORNBROOK%2C%20Calif.,dam%20removal%20in%20U.S.%20history

21 Ebd.

22 Alice Taylor, ›Albanian government falls short of giving Vjosa River maximum protection‹, Euractiv, 28. Januar 2022, https://www.euractiv.com/section/politics/short_news/albanian-government-falls-short-of-giving-vjosa-river-maximum-protection/

23 ›Replenishing a Broken Water Cycle, with Sandra Postel‹ (Episode), *What About Water?* (Podcast, Staffel 3), 24. November 2021, https://www.whataboutwater.org/s03e04/

24 Julie Rentner (interviewt durch Sarah Bardeen), ›California's Rivers

Could Help Protect the State from Flood and Drought‹, Public Policy Institute of California, 18. April 2022, https://www.ppic.org/blog/californias-rivers-could-help-protect-the-state-from-flood-and-drought/

25 ›Mossel Bay desalination usage quandary for council‹, Water, Desalination + Reuse, https://www.desalination.biz/desalination/mossel-bay-desalination-usage-quandary-for-council/

26 Nathaniel E. Seavy, Thomas Gardall, Gregory H. Golet et al, ›Why Climate Change Makes Riparian Restoration More Important Than Ever: Recommendations for Practice and Research‹, *Ecological Restoration* 27(3), August 2009, https://www.researchgate.net/publication/228665764_Why_Climate_Change_Makes_Riparian_Restoration_More_Important_Than_Ever_Recommendations_for_Practice_and_Research

27 Marc Reisner, *Cadillac Desert: The American West and its Disappearing Water* (London: Penguin Books, 1986)

28 ›Editorial: Houston's floods are a warning for California to shore up its water systems. The good news: We're getting started‹, *Los Angeles Times*, 2. September 2017, https://www.latimes.com/opinion/editorials/la-ed-drought-flood-plans-20170902-story.html

29 Stafford et al, ›Greater Cape Town Water Fund: Business Case, Assessing the return on investment for ecological infrastructure restoration‹, The Nature Conservancy, April 2019, https://www.nature.org/content/dam/tnc/nature/en/documents/GCTWF-Business-Case-April-2019.pdf

30 Project: Natural Infrastructure for Water Security‹, Forest Trends, https://forest-trends.org/infraestructura-natural-en-peru

## FAZIT: WIR MÜSSEN UNS MEHR ANSTRENGEN

1 Gideon Rachman, ›The threat of conflict over water is growing‹, *Financial Times*, 1. November 2021, https://www.ft.com/content/b29578f1-c05f-4374-bbb4-68485ef6dbf7

2 Paul Ratner, ›Where will the »water wars« of the future be fought?‹ World Economic Forum, 23. Oktober 2018, https://www.weforum.org/agenda/2018/10/where-the-water-wars-of-the-future-will-be-fought

3 The Hill, Twitter-Post, 7. April 2021, https://twitter.com/thehill/status/1379603832888381443

4 Pete Kasperowicz, ›Obama: Climate change contributed to rise of Boko Haram, Syrian civil war‹, *Washington Examiner*, 20. Mai 2015

5 Tom S. Elliott, ›John Kerry: Global Warming Played a Role in Syrian Civil War‹, *National Review*, 17. Oktober 2015

6 Peter H. Gleick, ›Water, Drought, Climate Change, and Conflict in Syria‹, *Weather, Climate, and Society* 6(3), 1. Juli 2014, https://journals.ametsoc.org/view/journals/wcas/6/3/wcas-d-13-00059_1.xml

7 Roman Olearchyk und Max Seddon, ›Crimea ›water war‹ opens new front in Russia-Ukraine conflict‹, *The Financial Times*, 29. Juli 2021, https://www.ft.com/content/5eda71fc-d678-41cd-ac5a-d7f324e19441

8 Jan Selby, Omar S. Dahi, Christiane Fröhlich, Mike Hulme, ›Climate change and the Syrian civil war revisited‹, *Political Geography*, September 2017, https://doi.org/10.1016/j.polgeo.2017.05.007

9 Jason Wilson, ›Amid mega-drought, rightwing militia stokes water rebellion in US west‹, *The Guardian*, 8. Juni 2021, https://www.theguardian.com/us-news/2021/jun/08/klamath-falls-oregon-protests-ammon-bundy

10 Erik Stokstad, ›A voice for the river‹, *Science*, 1. Juli 2021, https://www.sciencemag.org/news/2021/07/colorado-river-shrinking-hard-choices-lie-ahead-scientist-warns

11 UNHCR, ›Displacement linked to climate change is not a future hypothetical – it's a current reality‹, 6. November 2016, https://www.unhcr.org/uk/news/latest/2016/11/581f52dc4/frequently-asked-questions-climate-change-disaster-displacement.html

12 Global Report on Internal Displacement 2021, IDMC, https://www.internal-displacement.org/sites/default/files/publications/documents/grid2021_idmc.pdf

13 Abrahm Lustgarten, ›How climate migration will reshape America‹, *The New York Times*, 15. September 2020, https://www.nytimes.com/interactive/2020/09/15/magazine/climate-crisis-migration-america.html?

14 ›California's population shrinks for second year in a row‹, The Guardian, 2. Mai 2022, https://www.theguardian.com/us-news/2022/may/02/california-population-decline-trend-covid https://www.theguardian.com/us-news/2022/may/02/california-population-decline-trend-covid?utm_term=Autofeed&CMP=twt_gu&utm_medium&utm_source=Twitter#Echobox=1651527921

15 Kaveh Madani, ›Iran's decision-makers must shoulder the blame for its water crisis‹, *The Guardian*, 5. August 2021, https://www.theguardian.com/commentisfree/2021/aug/05/iran-environmental-crisis-climate-change

16 Abrahm Lustgarten, ›The Great Climate Migration‹, *The New York Times* Magazine, 23. Juli 2020,https://www.nytimes.com/interactive/2020/07/23/magazine/climate-migration.html

17 Bruce Riedel und Natan Sachs, ›Order From Chaos: Israel, Jordan, and the UAE's energy deal is good news‹, Brookings, 23. November 2021, https://www.brookings.edu/blog/order-from-chaos/2021/11/23/israel-jordan-and-the-uaes-energy-deal-is-good-news/

18 Asit K. Biswas und Cecilia Tortajada, ›Untapped water‹, The Kathmandu Post, 14. März 2016

19 Alvar Closas, François Moll und Nuria Hernández-Mora, ›Sticks and carrots to manage groundwater over-abstraction in La Mancha, Spain‹, *Agricultural Water Management*, Band 194, Dezember 2017, https://doi.org/10.1016/j.agwat.2017.08.024

20 Ebd.

21 Barbara Schreiner, ›Viewpoint – Why has the South African National Water Act Been so Difficult to Implement?‹, *Water Alternatives*, 2013, https://www.researchgate.net/publication/285838406

22 Tara Moran und Dan Wendell, ›The Sustainable Groundwater Management Act of 2014: Challenges and Opportunities for Implementation‹, Water in the West, Stanford University, https://localwitw.stanford.edu/sites/default/files/WitW_SGMA_Report_08242015_0.pdf

23 Stephanie Osler Hastings, ›A Test for California's Groundwater Regulations in the Megadrought‹, Bloomberg Law, 7. September 2021, https://news.bloomberglaw.com/environment-and-energy/a-test-for-californias-groundwater-regulations-in-the-megadrought-17

24 ›Kicking Off 2022 with Significant Implications for Agriculture and SGMA: GSP Assessments, Submittals and Alternative Five-Year Updates‹, Client Alert, Brownstein, 4. Februar 2022,

25 ›Pure Water Southern California‹, Metropolitan Water District of Southern California, https://www.mwdh2o.com/planning-for-tomorrow/building-local-supplies/regional-recycled-water-program/

26 ›CDFW Takes Proactive Measures to Increase Salmon Smolt Survival‹, California Department of Fish and Wildlife News, 28. April 2021, https://cdfgnews.wordpress.com/2021/04/28/cdfw-takes-proactive-measures-to-increase-salmon-smolt-survival/
27 Joanna Allhands, ›Arizona needs more water, but tapping rivers in other states is no way to do it‹, *Arizona Republic*, AZCentral, https://eu.azcentral.com/story/opinion/op-ed/joannaallhands/2021/05/26/mississippi-river-pipeline-wont-save-arizona-but-these-ideas-might/7436318002/
28 Coral Davenport und Christopher Flavelle, ›Infrastructure Bill makes first major U.S. investment in climate resilience‹, 6. November 2021, https://www.nytimes.com/2021/11/06/climate/infrastructure-bill-climate.html
29 Minute No. 323 Binational Desalination Work Group, ›Binational Study of Water Desalination Opportunities in the Sea of Cortez‹, April 2020, https://library.cap-az.com/documents/departments/planning/colorado-river-programs/Binational-Desal-Study-Executive-Summary.pdf
30 ›Central Arizona Project: Final 2019–2024 Rate Schedule‹, 7. Juni 2018, https://library.cap-az.com/documents/departments/finance/Final-2019-2024-CAP-Water-Rate-Schedule-06-07-18.pdf
31 ›Phnom Penh: Upgrading a Major Water Treatment Plant‹, Agence Française de Développement, 20. März 2020, https://www.afd.fr/en/actualites/phnom-penh-station-des-eaux-chamcar-morn
32 ›What are the Sustainable Development Goals?‹ United Nations Development Programme, https://www.undp.org/sustainable-development-goals
33 ›Goal 6: Ensure availability and sustainable management of water and sanitation for all‹, United Nations Department of Economic and Social Affairs, https://sdgs.un.org/goals/goal6
34 Draft negotiating texts, UN Climate Change, https://unfccc.int/documents?f%5B0%5D=document_type%3A4168&search2=&search3=&page=%2C%2C0
35 ›Foreword‹, *The United Nations World Water Development Report 2020: Water and Climate Change* (Paris: United Nations Educational, Scientific and Cultural Organization, 2020), https://unesdoc.unesco.org/ark:/48223/pf0000372985.locale=en
36 ›In Chile's capital city, drought is making grass ›unacceptable‹ for many‹,

NBC News, 26. April 2022, https://www.nbcnews.com/news/latino/chiles-capital-city-drought-making-grass-unacceptable-many-rcna26098

37 Vittal Hari, Oldrich Rakovec, Yannis Markonis et al, ›Increased future occurrences of the exceptional 2018–2019 Central European drought under global warming‹, *Scientific Reports* 10, 6. August 2020, https://www.nature.com/articles/s41598-020-68872-9#Sec2

38 Blanca E. Jiménez Cisneros, Taikan Oki, Nigel W. Arnell et al, ›Freshwater Resources‹, *Climate Change 2014: Impacts, Adaptation, and Vulnerability* (Cambridge: Cambridge University Press, 2014), https://www.ipcc.ch/site/assets/uploads/2018/02/WGIIAR5-Chap3_FINAL.pdf

39 Hayley Smith, ›Unprecedented water restrictions hit Southern California today: What they mean to you‹, *Los Angeles Times*, 1. Juni 2022, https://www.latimes.com/california/story/2022-06-01/southern-california-new-drought-rules-june-2022